진짜 쓰는
프리미어 프로
영상 편집

진짜 쓰는 프리미어 프로 영상 편집 2025 (최신 개정판)

ⓒ 2025. 조블리 All rights reserved.

2판 1쇄 발행 2025년 2월 24일
　　2쇄 발행 2025년 4월 28일

지은이 조블리(조애리)
펴낸이 장성두
펴낸곳 주식회사 제이펍

출판신고 2009년 11월 10일 제406-2009-000087호
주소 경기도 파주시 회동길 159 3층 / **전화** 070-8201-9010 / **팩스** 02-6280-0405
홈페이지 www.jpub.kr / **투고** submit@jpub.kr / **독자문의** help@jpub.kr / **교재문의** textbook@jpub.kr

소통기획부 김정준, 이상복, 안수정, 박재인, 송영화, 김은미, 나준섭, 배인혜, 권유라
소통지원부 민지환, 이승환, 김정미, 서세원 / **디자인부** 이민숙, 최병찬

기획 송산수 / **진행** 안수정 / **내지 디자인** 다람쥐생활 / **내지 편집** 인투 / **표지 디자인** 이민숙
용지 타라유통 / **인쇄** 한길프린테크 / **제본** 일진제책사

ISBN 979-11-94587-04-0 (13000)
책값은 뒤표지에 있습니다.

※ 이 책은 저작권법에 따라 보호를 받는 저작물이므로 무단 전재와 무단 복제를 금지하며,
　　이 책 내용의 전부 또는 일부를 이용하려면 반드시 저작권자와 제이펍의 서면 동의를 받아야 합니다.
※ 잘못된 책은 구입하신 서점에서 바꾸어 드립니다.

제이펍은 여러분의 아이디어와 원고를 기다리고 있습니다. 책으로 펴내고자 하는 아이디어나 원고가 있는 분께서는
책의 간단한 개요와 차례, 구성과 지은이 / 옮긴이 약력 등을 메일(submit@jpub.kr)로 보내 주세요.

핵심만 빠르게, 활용도 100% 예제로 제대로 배우자!

진짜 쓰는 프리미어 프로

영상 편집

40만 구독자가 선택한 **조블리**의 프리미어 프로 특강

유튜브 및 SNS 콘텐츠 제작을 위한 동영상 편집 실무 강의

조블리(조애리) 지음

5년 연속
1위
영상 편집 분야
베스트셀러

2025
최신 개정판

※ 프리미어 프로가 처음이라면

프리미어 프로를 처음 사용한다면, 다음 동영상 강의부터 시청해 보세요.

https://bit.ly/pr-begin

※ 드리는 말씀

- 이 책에 기재된 내용을 기반으로 한 운용 결과에 대해 지은이, 소프트웨어 개발자 및 제공자, 제이펍 출판사는 일체의 책임을 지지 않으므로 양해 바랍니다.
- 이 책에 등장하는 회사명, 제품명은 일반적으로 각 회사의 등록 상표(또는 상표)이며, 본문 중에는 ™, ⓒ, ® 마크 등을 생략하고 있습니다.
- 이 책은 프리미어 프로 2025를 기준으로 설명하고 있으나, 버전과 상관없이 꼭 필요한 필수 기능 위주로 소개합니다.
- 제공하는 예제 파일은 하위 버전 호환을 위해 CC 2019 버전으로 제작하였으며, 상위 버전에서 실행 시 069쪽 설명처럼 자동으로 변환됩니다.
- Windows와 macOS의 화면은 거의 동일하며, 단축키 사용 시 Windows의 `Ctrl`, `Alt`, `Enter`는 macOS에서 `command`, `option`, `return`으로 대체하면 됩니다.
- 사용자의 운영 체제 및 프로그램 버전, 학습 시점에 따라 일부 기능은 지원하지 않거나 책의 내용과 다를 수 있습니다.
- 이 책은 실습 예제 파일을 제공하며, https://bit.ly/book_jpub에서 책 제목으로 검색하면 확인할 수 있습니다.
- 책 내용과 관련된 문의사항은 지은이 혹은 출판사로 연락해 주시기 바랍니다.
  - 지은이: jovely_vely@naver.com
  - 출판사: help@jpub.kr

차례

머리말 • 15
이 책의 구성 • 16
학습 전 준비 • 18
★★ 프리미어 프로 편집 과정 맛보기 • 19

CHAPTER 01 영상 편집을 위한 기본기 다지기

LESSON 01 화소, 픽셀, SD, HD, 4K 등의 해상도 관련 용어 알기 — 32
- 이미지를 구성하는 최소 단위, 화소 — 32
- 가로 × 세로 = 화소 수 — 33
- 이미지 또는 영상의 규격, 해상도 — 33
- 천 단위 화소 수를 표시하는 K — 35

LESSON 02 연속적인 동작의 한 순간, 프레임 이해하기 — 38
- 한 장의 정지된 이미지, 프레임 — 38
- 초당 프레임 수, 프레임 레이트 — 39
- 30프레임은 왜 29.97fps일까? — 40
- 슬로우 모션의 비밀, 고속 촬영 — 40

LESSON 03 영상은 어떻게 표시될까? 주사 방식 이해하기 — 41
- 화면을 구성하는 가로줄, 주사선 — 41
- 비월 주사 방식(i) vs. 순차 주사 방식(p) — 42

`밤샘 금지` 영상 편집에 유용한 사이트 알아보기 — 44

CHAPTER 02 프리미어 프로 설치 및 인터페이스 살펴보기

LESSON 01 프리미어 프로 설치하기 — 52
- 프리미어 프로 설치를 위한 시스템 요구 사양 — 52
- 프리미어 프로 최신 버전 설치하기 — 53
- 프리미어 프로 플랜 해지하기 — 57

다른 버전을 설치하거나 프로그램 삭제하기	58
프리미어 프로 초기화하기	61

LESSON 02 새 프로젝트 생성 및 프로젝트 저장 & 불러오기 — 63
새로운 프로젝트 시작하기	63
금손 변신 TIP 새 프로젝트와 가져오기 화면 금손처럼 사용하기	65
프로젝트 파일 저장하기	66
저장한 프로젝트 파일 열기	68

LESSON 03 편집 화면 및 주요 패널 살펴보기 — 70
프리미어 프로의 기본 인터페이스 살펴보기	70
금손 변신 TIP 상단 표시줄 금손처럼 사용하기	71
프리미어 프로의 주요 패널 알아보기	71
작업 영역 레이아웃 자유롭게 변경하기	75
나만의 작업 영역 레이아웃 만들기	78

LESSON 04 다양한 방법으로 영상 소스 가져오기 — 81
가져오기 창에서 소스 선택하기	81
소스가 있는 경로에서 직접 가져오기	83
[프로젝트] 패널의 보기 방식 변경하기	85

LESSON 05 영상 편집을 위한 도화지, 시퀀스 만들기 — 87
시퀀스 의미 알고 가기	87
다양한 방법으로 시퀀스 만들기	88

밤샘 금지 프리미어 프로 단축키 자유자재로 다루기	91
밤샘 금지 macOS 사용자를 위한 프리미어 프로 활용법	97

CHAPTER 03 영상 편집의 기초, 컷 편집

LESSON 01 편집 도구가 모인 [도구] 패널 — 100

LESSON 02 컷 편집이 이뤄지는 [타임라인] 패널 — 102
타임라인 알고 가기	102
재생헤드 알고 가기	103
타임코드 읽기	104
타임라인 확대/축소 및 시퀀스에 맞추기	105
타임라인 트랙 확장/축소하기	106
금손 변신 TIP 타임라인 트랙 금손처럼 사용하기	107

LESSON 03	**필요 없는 부분, NG컷 자르고 삭제하기**	**108**
	자르기 도구로 영상 자르기	108
	영상을 빠르게 자르는 단축키 `Ctrl` + `K`	112
	자른 클립을 다시 붙이는 관통 편집물 연결	114
	금손 변신 TIP 클립 자르기 금손처럼 사용하기	117

LESSON 04	**원본 영상에서 원하는 부분만 빠르게 가져오기**	**119**
	영상의 시작 표시와 종료 표시 지정하기	119
	비디오 또는 오디오만 가져오기	121
	시작 표시와 종료 표시 삭제하기	122
	금손 변신 TIP 비디오와 오디오 클립 분리 금손처럼 사용하기	124

LESSON 05	**삽입, 덮어쓰기로 빠르게 교차 편집하기**	**126**
	컷과 컷 사이에 영상 삽입하기, Insert	126
	영상 덮어쓰기, Overwrite	128
	금손 변신 TIP 삽입&덮어쓰기 금손처럼 사용하기	130

LESSON 06	**제거, 추출 기능으로 필요 없는 부분 빠르게 삭제하기**	**132**
	시작/종료 표시 구간 제거하기, Lift	132
	시작/종료 표시 구간 추출하기, Extract	134
	금손 변신 TIP 클립 편집 금손처럼 사용하기	135

LESSON 07	**텍스트 기반으로 컷편집하기**	**137**
	텍스트 기반 편집으로 불필요한 부분 삭제하기	137
	텍스트 기반 편집으로 필요한 부분 삽입하기	140
	금손 변신 TIP 자동 받아쓰기 금손처럼 사용하기	142

LESSON 08	**일시 정지된 구간과 추임새 자동 삭제하기**	**144**

LESSON 09	**생성형 확장 AI 도구로 자연스럽게 영상 늘리기**	**147**

LESSON 10	**잔물결, 롤링 편집 도구로 빠르게 컷 편집하기**	**150**
	잔물결 편집 도구로 트리밍하기, Ripple Edit	150
	롤링 편집 도구로 트리밍하기, Rolling Edit	153
	금손 변신 TIP 트리밍 도구 금손처럼 사용하기	155

LESSON 11	**밀어넣기, 밀기 편집 도구로 정밀하게 편집하기**	**157**
	시작 및 종료점을 바꾸는 밀어넣기 도구, Slip Tool	157
	인접한 클립을 트리밍하는 밀기 도구, Slide Tool	159

LESSON 12	**영상 위치, 크기, 회전, 불투명도 조정하기**	**161**
	영상 위치, 크기, 회전 설정하기	161
	불투명도 조절하여 반투명한 로고 삽입하기	165

LESSON 13 시퀀스 설정으로 화면 크기 조정하기 — 167
- 영상 규격과 일치하는 시퀀스 만들기 — 167
- 모바일에 적합한 세로 영상 시퀀스 만들기 — 169
- SNS에 적합한 정사각형 시퀀스 만들기 — 172
- **금손 변신 TIP** 가로세로 변경 금손처럼 사용하기 — 173

LESSON 14 자동 리프레임 효과로 영상 크기 자동 조정하기 — 174
- 개별 클립에 자동 리프레임 효과 적용하기 — 175
- 전체 시퀀스에 자동 리프레임 적용하기 — 178

LESSON 15 점점 빠르게, 느리게, 거꾸로 영상 속도 조절하기 — 180
- 속도/지속 시간 기능으로 빠르게, 느리게, 거꾸로 재생하기 — 180
- **금손 변신 TIP** 부드러운 슬로우 모션을 만들고 싶다면? — 184
- **금손 변신 TIP** 속도/지속 시간 금손처럼 사용하기 — 186
- 속도 조정 도구를 이용하여 속도 조절하기 — 188
- 시간 다시 매핑으로 점점 빠르게/느리게 재생하기 — 190
- **금손 변신 TIP** 시간 다시 매핑 금손처럼 사용하기 — 196

LESSON 16 다양한 방법으로 정지 화면 만들기 — 199
- 일시 정지 화면 만들기 — 199
- 스틸 이미지로 출력한 후 이미지 클립으로 삽입하기 — 201

LESSON 17 자연스럽게 화면 전환하기 — 203
- 디졸브 효과 적용하기 — 203
- **금손 변신 TIP** 화면 전환 단축키 금손처럼 사용하기 — 207
- 화면 전환 효과의 지속 시간 변경하기 — 209
- **금손 변신 TIP** 화면 전환의 기본 지속 시간 금손처럼 사용하기 — 210
- 다양한 화면 전환 효과 적용하기 — 212
- **금손 변신 TIP** 다양한 화면 전환 효과 금손처럼 사용하기 — 214

밤샘 금지 영상 또는 이미지 길이 한 번에 수정하기 — 216

밤샘 금지 영상이 버벅거린다면? 4K 영상, 프록시 편집하기 — 218

밤샘 금지 긴 영상 효율적으로 편집하는 하위 클립 만들기 — 221

CHAPTER 04 영상 편집의 꽃, 자막 다루기

LESSON 01	**기본 자막 만들기**	**228**
자막 내용 입력 후 상세 옵션 설정하기	229
금손 변신 TIP [문자 도구]와 [기본 그래픽] 패널 금손처럼 사용하기	233

LESSON 02	**그라디언트 텍스트로 예능 자막 만들기**	**237**
텍스트에 그라디언트 색상 적용하기	238
금손 변신 TIP 그라디언트 텍스트 금손처럼 사용하기	241

| LESSON 03 | **자동으로 늘어나는 반응형 자막 바 만들기** | **244** |

| LESSON 04 | **이미지가 포함된 반응형 자막 만들기** | **249** |

LESSON 05	**마스크 기능으로 텍스트 안에 그래픽 합성하기**	**256**
텍스트 안에 영상 합성하기	256
텍스트 안에 이미지 합성하여 질감 표현하기	259

| LESSON 06 | **마스크 기능으로 투명하게 뚫린 자막 만들기** | **262** |

| LESSON 07 | **비디오 전환 효과로 텍스트 애니메이션 만들기** | **267** |

| LESSON 08 | **텍스트가 위로 올라가는 엔딩 크레딧 만들기** | **271** |

| LESSON 09 | **사람이나 물체를 따라 움직이는 자막 만들기** | **276** |

| LESSON 10 | **꿈틀꿈틀 거리는 귀여운 텍스트 만들기** | **279** |
| 금손 변신 TIP 효과 적용 금손처럼 사용하기 | 282 |

LESSON 11	**음성을 텍스트로 변환하여 빠르게 자막 만들기**	**283**
음성을 인식하여 텍스트로 변환하기	284
캡션 스타일을 한 번에 변경하기	286
금손 변신 TIP 프리미어 프로 자동 자막 금손처럼 사용하기	289

LESSON 12	**고품질을 보장하는 모션 그래픽 템플릿 활용하기**	**292**
모션 그래픽 템플릿 추가한 후 사용하기	292
모션 그래픽 템플릿의 미디어 교체하기	295
금손 변신 TIP 모션 그래픽 템플릿 금손처럼 사용하기	299

| 밤샘 금지 | 자막 글꼴, 크기, 색상 한 번에 바꾸기 | 301 |

| 밤샘 금지 | 프로젝트 글꼴 한 번에 바꾸기 | 305 |
| 밤샘 금지 | 템플릿으로 자막 저장하고 불러오기 | 308 |

CHAPTER 05 실전 연습으로 영상 편집하기

LESSON 01 색상 매트를 이용하여 배경 색상 바꾸기 … 314
　색상 매트 추가 후 색상 변경하기 … 315
　금손 변신 TIP 색상 막대 및 톤으로 화면 조정 효과 연출하기 … 317

LESSON 02 사각형 도구를 이용하여 그라디언트 배경 만들기 … 318
　사각형을 그린 후 그라디언트로 채우기 … 319
　금손 변신 TIP 색상 피커 창 금손처럼 사용하기 … 322

LESSON 03 4분할 영상 만들고 중첩 관리하기 … 324
　크기와 위치를 조절하여 4분할 영상 만들기 … 325
　중첩 기능으로 여러 개의 클립을 합쳐서 관리하기 … 329
　금손 변신 TIP 영상 배치 시 위치 옵션 금손처럼 사용하기 … 332
　금손 변신 TIP 작업한 영상의 빠른 교체 및 분할 화면 섬네일 저장하기 … 333

LESSON 04 자르기 효과로 다양한 화면 분할 만들기 … 335
　자르기 효과로 영상의 일부분 잘라내기 … 336
　금손 변신 TIP 영상을 대각선으로 자르고 싶다면? … 339

LESSON 05 마스크 도구를 이용하여 도형에 영상 넣기 … 340
　마스크 생성 후 크기 및 위치 변경하기 … 341
　금손 변신 TIP [효과 컨트롤] 패널의 마스크 옵션 금손처럼 사용하기 … 344

LESSON 06 마스크 도구로 도플갱어 효과 만들기 … 345

LESSON 07 마스크 반전 기능으로 TV 이미지에 영상 넣기 … 349

LESSON 08 특정 부분 확대하여 강조 효과 만들기 … 355

LESSON 09 키프레임 설정으로 움직이는 사진 만들기 … 360
　움직이는 사진 애니메이션 만들기 … 360
　일시 정지 애니메이션 만들기 … 363
　움직임이 부드러운 애니메이션 만들기 … 364

LESSON 10 모퉁이 고정 효과로 화면 속 영상 합성하기 … 366

LESSON 11	**자동으로 따라다니는 모자이크 효과 만들기**	**369**
	모자이크 효과 적용하여 얼굴 가리기	370
	대상의 위치에 따라 마스크 추적하기	372
	금손 변신 TIP 모자이크와 마스크 금손처럼 사용하기	374

LESSON 12	**울트라 키 효과로 크로마키 영상 합성하기**	**376**
	크로마키 배경 제거하기	377
	깔끔하게 배경 합성하기	379
	금손 변신 TIP 울트라 키 효과 금손처럼 사용하기	383

LESSON 13	**루마 매트를 이용한 붓칠 화면 전환 효과 만들기**	**385**

LESSON 14	**흔들림 안정화 효과로 흔들리는 영상 보정하기**	**391**
	흔들린 영상 매끄럽게 보정하기	391
	흔들린 영상 카메라 고정하기	393

밤샘 금지	새롭게 추가된 [속성] 패널로 편집 효율 높이기	394
밤샘 금지	마스터 클립 효과로 한 방에 효과 적용하기	397
밤샘 금지	여러 클립에 같은 효과 적용하거나 한 번에 효과 지우기	399

CHAPTER 06 영상을 좀 더 풍요롭게 살리는 오디오 편집

LESSON 01	**오디오 편집의 필수품, [오디오 미터] 패널 파악하기**	**404**
	오디오 출력 정도를 파악하는 오디오 미터	404
	출력 한계를 넘어설 때 발생하는 클리핑 현상	405

LESSON 02	**오디오 게인으로 볼륨 조정하기**	**406**
	게인 설정과 게인 조정 옵션 이용하기	406
	금손 변신 TIP 오디오 게인 창 금손처럼 사용하기	409

LESSON 03	**볼륨 레벨로 오디오 조정하기**	**410**
	[타임라인] 패널과 [효과 컨트롤] 패널 이용하기	410
	[오디오 클립 믹서] 패널에서 볼륨 레벨 조정하기	412
	금손 변신 TIP 단축키로 볼륨 레벨 조정 금손처럼 사용하기	413

LESSON 04	**여러 클립의 오디오 볼륨 균일하게 맞추기**	**414**
	오디오 게인 창에서 볼륨 레벨 일괄 조정하기	414
	[기본 사운드] 패널에서 자동 일치 기능으로 오디오 일괄 조정하기	416
	금손 변신 TIP [기본 사운드] 패널 금손처럼 사용하기	418

LESSON 05	오디오 페이드 효과로 배경음악 볼륨 조정하기	420
	금손 변신 TIP 오디오 전환 효과 금손처럼 사용하기	422
LESSON 06	키프레임으로 특정 구간만 볼륨 조정하기	424
LESSON 07	오디오 싱크 쉽게 맞추기	428
	클립 동기화 기능으로 싱크 맞추기	428
	금손 변신 TIP 오디오 편집 기능 금손처럼 사용하기	433
LESSON 08	비디오와 오디오 클립의 싱크가 틀어졌을 때	435
LESSON 09	라디오에서 나오는 목소리 표현하기	438
LESSON 10	효과 적용하여 음성 변조 만들기	440
밤샘 금지	자동으로 볼륨이 조절되는 배경 음악	442
밤샘 금지	배경 음악 길이를 자동으로 조절하는 오디오 리믹스	447
밤샘 금지	Adobe Stock의 무료 음악과 효과음으로 빠르게 작업하기	450

CHAPTER 07 브이로그 영상의 필수 기능, 색 보정하기

LESSON 01	[Lumetri 범위] 패널에서 색상 정보 모니터링하기	454
	루마 파형	455
	RGB 퍼레이드	456
	벡터 스코프	458
LESSON 02	어두운 영상 밝게 보정하기	460
	Lumetri 기본 교정으로 어두운 영상 밝게 만들기	461
	Lumetri 자동 효과로 어두운 영상 밝게 만들기	465
LESSON 03	화이트 밸런스 기능으로 붉거나 푸른 영상 보정하기	467
	흰색을 흰색답게 보정하기	468
	금손 변신 TIP 기본 교정 영역 금손처럼 사용하기	470
LESSON 04	다양한 필터 효과 적용하기	472
	필터 효과를 적용하는 2가지 방법	472
	금손 변신 TIP 크리에이티브 영역 금손처럼 사용하기	475

| LESSON 05 | 대비와 채도를 조정하여 맑고 쨍한 여행 영상 만들기 | 478 |

LESSON 06	색조 및 채도 곡선으로 생기 있는 얼굴, 맑은 하늘 만들기	482
특정 색상을 지정하여 채도 조정하기	483
금손 변신 TIP 곡선의 조절점 금손처럼 사용하기	486

| LESSON 07 | 원하는 색만 남기고 흑백으로 만들기 | 488 |

LESSON 08	특정 색상을 다른 색상으로 변경하기	491
색조 및 색조 곡선으로 지정한 색 바꾸기	492
특정 영역에만 효과를 적용하는 마스크 기능 활용하기	495

LESSON 09	서로 다른 클립의 색감을 동일하게 보정하기	499
색상 일치 기능으로 클립 간 색감 맞추기	500
금손 변신 TIP 원본 영상 비교 금손처럼 사용하기	504

LESSON 10	뽀샤시하게 인물 영상 보정하기	505
점, 뾰루지 등 잡티 제거하기	506
얼굴 톤 밝게 보정하기	509
빛이 나는 뽀샤시한 효과 완성하기	513

| 밤샘 금지 조정 레이어로 여러 클립을 일괄 보정하기 | 516 |
| 밤샘 금지 사전 설정 저장으로 Lumetri 효과 한 번에 적용하기 | 518 |

CHAPTER 08 편집의 마무리, 영상 내보내기

LESSON 01	압축은 무엇이고, 왜 해야 할까요?	522
압축의 필요성 알고 가기	522
코덱 이해하기 H.264 vs. H.265	523
비트 전송률 이해하기	524

LESSON 02	다양한 포맷으로 영상 출력하기	527
유튜브 권장 설정 H.264 포맷으로 출력하기	527
금손 변신 TIP 내보내기 설정 금손처럼 사용하기	530
4K, 8K 영상 HEVC 포맷으로 출력하기	533
최대한 손실 없이 QuickTime 포맷으로 출력하기	534
MP3 포맷으로 오디오만 출력하기	537
JPEG 포맷으로 스틸 이미지 출력하기	538

LESSON 03	내 저작물을 보호할 워터마크 삽입하기	539
	영상의 처음부터 끝까지 나타나는 워터마크 삽입하기	539
	금손 변신 TIP 내보내기 화면의 효과 금손처럼 사용하기	542
LESSON 04	미디어 인코더로 영상 한꺼번에 출력하기	543

초보자 질문 Best 10 & 신기능 맛보기

BONUS 01	초보자가 가장 많이 묻는 질문 Best 10	548
	[Q1] 재생하거나 일시 정지하면 화면이 깨져 보여요!	548
	[Q2] 프리미어 프로에서 오디오 소리가 들리지 않아요!	549
	[Q3] 비디오 또는 오디오가 삽입되지 않아요!	550
	[Q4] 타임라인에서 클립이 자동으로 붙지 않아요!	551
	[Q5] 지워 버린 오디오 또는 비디오 클립을 찾고 싶어요!	551
	[Q6] 타임라인에서 시퀀스를 닫으면 모두 지워진 건가요?	553
	[Q7] 패널이 사라졌어요, 처음으로 되돌리고 싶어요!	554
	[Q8] 영상 소스가 사라지고 빨간 화면이 나타나요!	556
	[Q9] 프리미어 프로가 중간에 꺼졌을 때 복구할 수 있나요?	558
	[Q10] 프로젝트를 백업하여 다른 컴퓨터에서도 편집하고 싶어요!	559
BONUS 02	프리미어 프로 최신 기능 맛보기	563
	더 간편해진 '새 프로젝트' 만들기	563
	새롭게 추가된 [속성] 패널로 간편하게 작업하기	564
	클릭 한 번으로 '변형'과 '자르기' 조정하기	565
	'색상 테마' 모드로 화면 색상 조정하기	566
	'생성형 확장' 도구로 자연스럽게 동영상 늘리기	567
	실시간으로 반응하는 '동적 오디오 파형'	568
	'캡션 번역'으로 다양한 언어 자막 만들기	568

환상의 짝꿍, 애프터 이펙트 & 포토샵 (PDF 파일로 제공)

TIP 부록PDF는 https://bit.ly/real_prpro2025에서 다운로드할 수 있으며, 암호는 real_prpro입니다.

BONUS 01	애프터 이펙트 연동으로 타자 치는 효과 만들기	부록PDF 002
BONUS 02	애프터 이펙트 연동으로 마스크와 카툰 효과 적용하기	부록PDF 010
BONUS 03	프리미어 프로에서 포토샵 파일 만들기	부록PDF 018
BONUS 04	다양한 방법으로 포토샵 레이어 가져오기	부록PDF 024
BONUS 05	프리미어 프로와 포토샵 실시간 연동하기	부록PDF 028

머리말

안녕하세요? 영상 편집 크리에이터 조블리(조애리)입니다! 이 책은 지난 5년 동안 영상 편집 분야에서 베스트셀러를 기록했던 《유튜브 영상 편집을 위한 프리미어 프로》와 《진짜 쓰는 프리미어 프로》의 개정판입니다. 이번 개정판에서는 최신 버전에 맞춰 대부분의 이미지를 새로 캡처하고, 최신 기술인 AI 기능과 새롭게 추가된 내용을 꼼꼼하게 정리했습니다.

이 책과 함께 프리미어 프로를 공부하는 방법에 대해 알려 드릴게요. 우선은 책 019쪽에 있는 [프리미어 프로 편집 과정 맛보기]부터 확인해 보세요. 컷 편집부터 자막 편집, 오디오 편집 그리고 영상 출력까지 영상 편집의 모든 과정을 미리 볼 수 있도록 준비한 구성입니다. 아직 프리미어 프로를 설치도 하기 전이라면 챕터 1과 2에서 영상 편집 이론을 가볍게 읽고, 프리미어 프로를 설치한 후 [프리미어 프로 편집 과정 맛보기]를 살펴봐도 좋습니다. 아직은 영상 편집이나 프리미어 프로가 낯설고 생소하더라도 챕터 1과 2, 그리고 [프리미어 프로 편집 과정 맛보기]까지 살펴보면 프리미어 프로가 조금은 친숙해지면서 영상 편집을 할 수 있다는 자신감을 갖게 될 것입니다.

책에는 학습 중에 참고할 수 있는 유튜브 동영상 강의를 QR 코드와 URL 형태로 담았습니다. 막히는 실습이 있을 때 동영상 강의를 시청해 보세요. 또한, 해당 유튜브 채널에는 프리미어 프로의 최신 정보와 다양한 무료 템플릿을 제공하고 있으니 한 번씩 방문하시면 도움이 됩니다. 그럼에도 해결되지 않는 점이 있다면 언제든 jovely_vely@naver.com으로 메일을 보내 주세요. 최선을 다해 답변을 드리겠습니다.

지난 5년 동안 베스트셀러를 유지할 수 있었던 이유는 겉핥기식의 툴 소개가 아닌, 초보자의 마음을 헤아려 작은 부분도 놓치지 않으려고 했던 꼼꼼함과 친절한 설명이 아닌가 생각해 봅니다. 이번 개정판도 독자 여러분에게 받은 많은 응원에 보답하는 마음으로 더욱 꼼꼼하고 친절하게 준비했습니다. 바로 옆에서 1:1로 멘토링하는 것처럼 영상 편집의 모든 과정을 쉽고 자세하게 설명했으며, 밤을 꼴딱 새우지 않도록 효율적으로 작업하는 실무 팁까지 가득 담았습니다. 부디 이 책으로 영상 편집을 재미있게 배우고, 여러분의 소중한 추억을 생생한 영상으로 편집하여 간직할 수 있기를 진심으로 바랍니다.

끝으로 첫 번째 책에 이어 개정판까지 출간될 수 있도록 도움을 주신 제이펍 출판사 관계자 여러분과 한결같이 응원해 주시는 독자 및 유튜브 구독자 여러분, 늘 고맙고 사랑합니다♥

조블리(조애리) 드림

이 책의 구성

프리미어 프로를 이용한 영상 편집에 꼭 필요한 실용적인 기능들만 담았습니다. 기초부터 탄탄하게 다질 수 있도록 영상과 관련된 각종 용어 설명부터 컷 편집, 자막 편집, 오디오 편집, 색 보정, 그리고 영상 출력까지 프리미어 프로의 기능을 챕터별로 나누어서 자세하게 설명합니다.

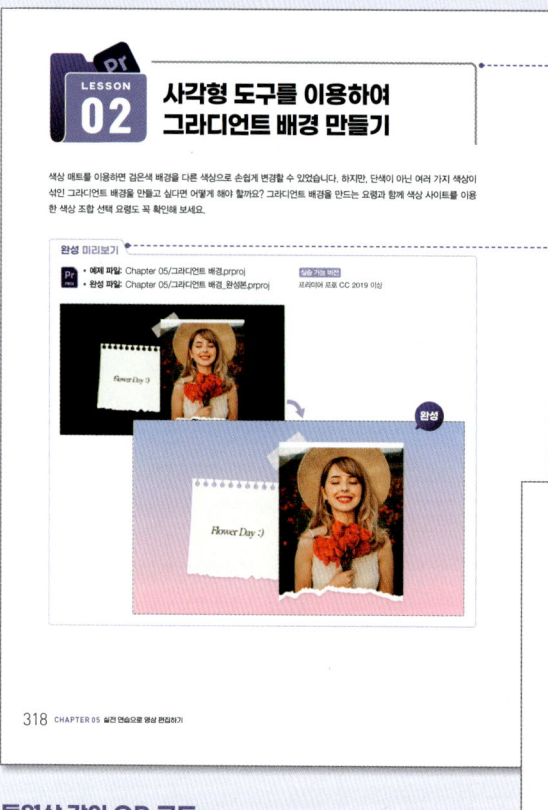

LESSON
프리미어 프로를 사용하기 전 알아야 할 영상 편집의 기본부터 필수 기능 및 다양한 영상 편집 실습 등을 체계적으로 구성하였습니다.

완성 미리보기
어떤 실습을 진행할지 완성 결과를 미리 확인할 수 있습니다. 또한 실습에 필요한 예제 파일과 실습 후 결과를 비교해 볼 수 있는 완성 파일도 함께 제공합니다.

동영상 강의 QR 코드
실습 전 또는 실습 후 참고하면 좋을 저자의 유튜브 채널 동영상을 빠르게 시청할 수 있습니다.

친절한 실습 과정
초보자도 쉽게 따라 할 수 있도록 설명 글과 이미지에 지시선을 표시하였으며, 주요 옵션 설명은 다른 스타일로 강조하였습니다.

TIP
실습 중 놓치기 쉬운 실수나 알아 놓으면 유익한 단축키 정보 등을 빠르게 확인할 수 있습니다.

금손 변신 TIP

프리미어 프로 영상 편집 실력을 중급까지 끌어올리는 지름길을 알려 드립니다. 본문에서 실습한 내용으로도 충분하지만, [금손 변신 TIP]까지 완벽하게 파악한다면 보다 폭넓게 응용할 수 있습니다.

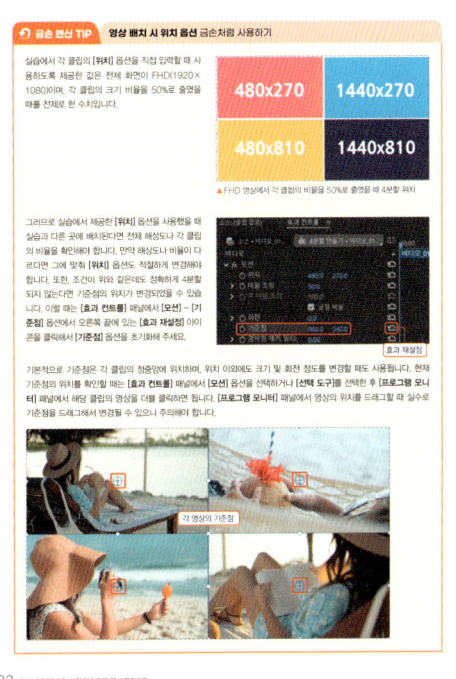

밤샘 금지

모르면 일일이 작업하면서 밤을 새워야 할지도 모를, 편집 작업을 간편하게 해결할 수 있는 주옥 같은 기능을 정리했습니다.

특별 부록 2가지

1 초보자가 자주 묻는 질문 Best 10 & 최신 기능 맛보기

수많은 독자와 수강생을 만나면서 들은 초보자의 프리미어 프로 질문 Best 10과 그 답변을 모았습니다. 또한, 최신 기능 중 가장 유용한 기능을 소개합니다. 548쪽에서 확인할 수 있습니다.

2 금손을 뛰어넘는 첫 걸음 애프터 이펙트 & 포토샵 연동하기(PDF 제공)

프리미어 프로는 어도비 프로그램과 자유롭게 연동됩니다. 부록으로 제공하는 5가지 보너스를 잘 익혀서 애프터 이펙트의 다양한 프리셋과 효과, 포토샵의 풍부한 이미지 소스를 영상 편집에 적용해 보세요.

PDF 다운로드: https://bit.ly/real_prpro2025　**암호**: real_prpro

학습 전 준비

자, 이제 본격적인 프리미어 프로 영상 편집에 입문할 준비가 되었나요? 눈으로만 보는 것이 아니라 직접 하나씩 따라 해 보세요. 여러분도 금세 금손이 되어 있을 거예요. 단, 실습 중에 막히는 일이 없도록 아래와 같이 예제 파일과 글꼴 등을 미리 준비하고 첫 장을 넘기세요. 여러분의 도전을 응원합니다.

> **TIP** 이 책은 한글 버전 기준입니다. 영문 버전 사용자라면 059쪽을 참고하여 한글 버전으로 변경하거나 다음 포스팅을 참고하여 이중 언어(한글/영문 동시 사용)로 변경한 후 실습하세요.
> https://bit.ly/pr-bilingual

실습을 위한 예제 파일 다운로드

> http://bit.ly/book_jpub에서 책 제목으로 검색하거나 https://bit.ly/real_prpro2025로 접속

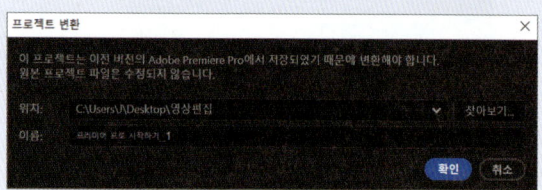

예제 파일은 하위 버전 호환을 위해 CC 2019 버전으로 제작하였습니다. 그러므로 최신 버전에서는 프로젝트 변환 과정을 거칩니다. 자세한 설명은 069쪽을 참고하세요.

> **TIP** 예제 파일이 열리지 않는다면 다음과 같은 내용을 확인해 보세요.
> 1. 사용 중인 프로그램 버전이 CC 2019보다 낮은 버전이라면 https://bit.ly/pr-downgrade 포스팅을 참고하세요.
> 2. 068쪽에서 프로젝트 파일 열기 방법을 다시 한번 확인해 보세요.
> 3. 예제 파일 압축을 풀고 프로젝트 파일만 따로 옮겼다면 제대로 실행되지 않습니다. 예제 파일의 압축을 풀고 그 상태에서 다시 열어 보세요.
>
> 위와 관련하여 좀 더 자세한 설명은 http://bit.ly/error_file을 참고하세요.

프로젝트에 사용한 글꼴 준비하기

예제 파일에는 영상 편집에 활용하면 좋은 몇 가지 대표적인 무료 글꼴을 사용했습니다. 실습 전 아래 글꼴을 미리 설치해 두는 것이 좋습니다. **Link** 다양한 무료 글꼴 설치 방법은 044쪽에서 자세히 설명합니다.

- **고딕체:** 본고딕(Noto Sans), 에스코어드림, 검은고딕, 나눔고딕, 나눔스퀘어, 여기어때 잘난체, 주아체, 어그로체, Gmarket Sans 등
- **명조체:** 나눔명조, 조선일보명조체, 제주명조, KoPub바탕, 카페24고운밤, 마포꽃섬 등
- **손글씨체:** 나눔손글씨, 교보손글씨, 카페24, 어비, 잉크립퀴드체, 즐거운이야기체 등

Pr 프리미어 프로 편집 과정 맛보기

본격적인 학습에 앞서 프리미어 프로를 이용한 편집 과정 전체를 무작정 따라 해 보세요. 처음이라 낯설고 어려울 수 있지만, 새로운 프로젝트 생성부터 영상 출력까지 편집의 전 과정을 순서대로 따라 해 본다면 영상 편집에 대한 전반적인 자신감을 얻을 수 있을 것입니다. 각 스텝이 끝나면 해당 실습을 구체적으로 설명하고 있는 위치를 안내하므로 필요할 때 원하는 과정을 빠르게 확인할 수 있습니다. Link 프리미어 프로를 설치하기 전이라면 설치 방법은 052쪽에서 자세히 설명합니다.

- **완성 파일:** 부록/프리미어 프로 맛보기.prproj
- **실습 가능 버전:** 프리미어 프로 2022 이상

▶ 유튜브 동영상 강의

프리미어 프로 편집 과정 맛보기
https://bit.ly/pr-basics

STEP 01 프로젝트 준비하기

01 프리미어 프로를 실행한 후 홈 화면에서 [새 프로젝트] 버튼을 클릭합니다.

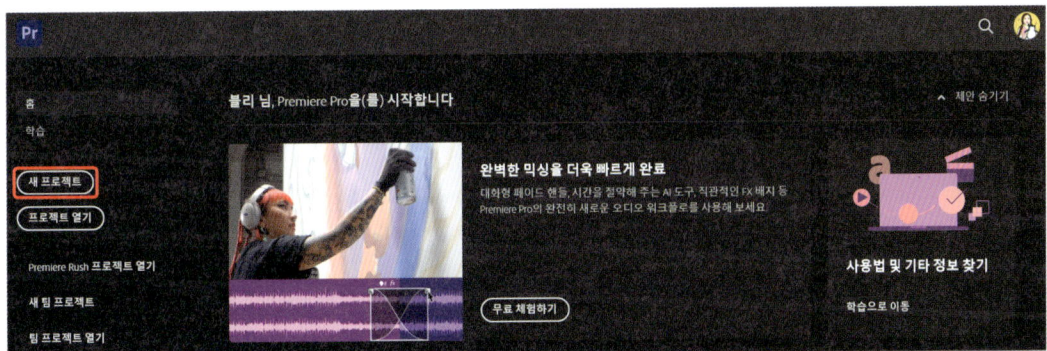

02 새 프로젝트 창이 열리면 [프로젝트 이름]과 [위치]를 지정한 후 [만들기] 버튼을 클릭합니다.

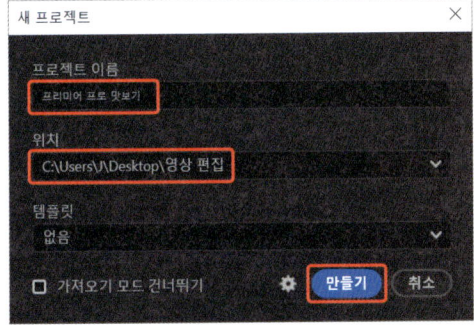

TIP 프로젝트를 생성하기 전에 미리 용량이 여유로운 저장 공간에 적당한 이름의 폴더를 생성해 놓는 것이 좋습니다.

Pr 프리미어 프로 편집 과정 맛보기

03 왼쪽 사이드바에서 ❶ 예제 파일의 저장 경로를 선택한 후 ❷ [부록/영상 소스] 폴더에서 ❸ [커피 01]~[커피 03] 영상 소스를 선택합니다. ❹ [새 시퀀스 만들기] 옵션을 비활성화하고 ❺ [가져오기] 버튼을 클릭합니다.

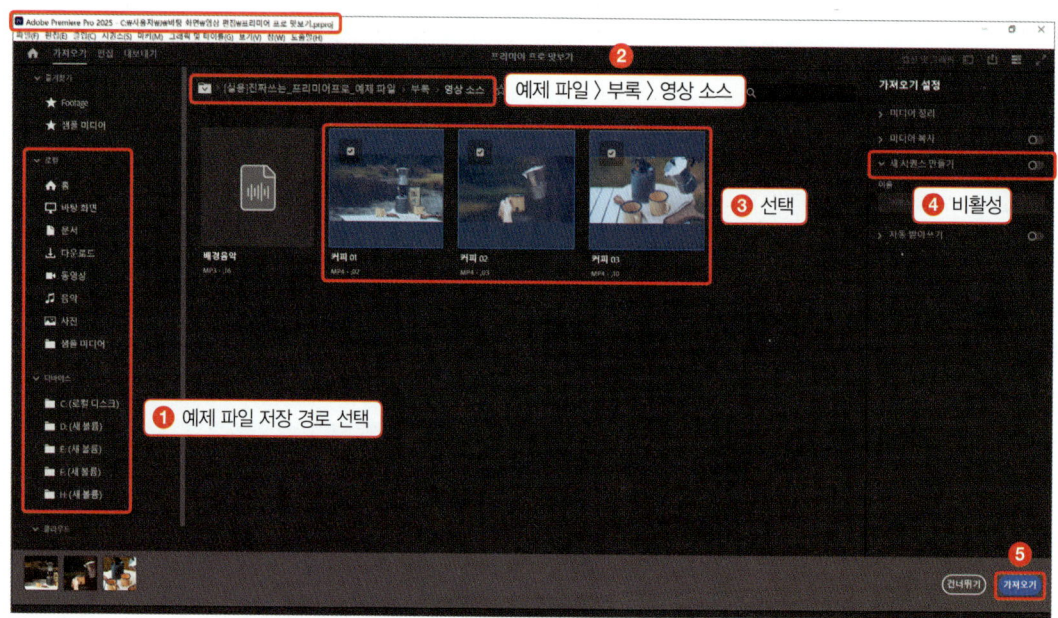

04 편집 화면이 열리면 기본적인 영상 편집에 최적화되어 있는 [편집] 레이아웃으로 변경합니다. ❶ 상단 표시줄에서 오른쪽에 있는 [작업 영역] 아이콘을 클릭한 후 ❷ [편집]을 선택합니다. 메뉴 바에서 [창] - [작업 영역] - [편집]을 선택해도 됩니다.

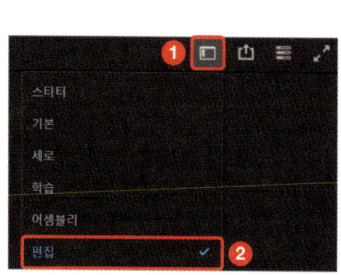
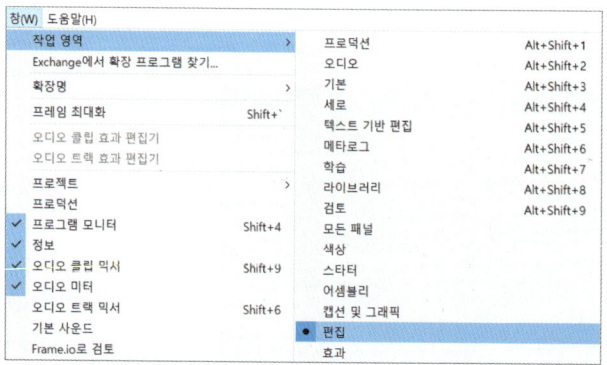

05 새로운 시퀀스를 만들기 위해 ❶ 프리미어 프로 왼쪽 아래에 있는 [**프로젝트**] 패널에서 [**커피 01**], [**커피 02**], [**커피 03**] 소스를 모두 선택한 후 ❷ [**타임라인**] 패널로 드래그합니다. 첫 번째로 선택한 영상 소스의 해상도 및 프레임 레이트에 맞춰 시퀀스가 생성됩니다.

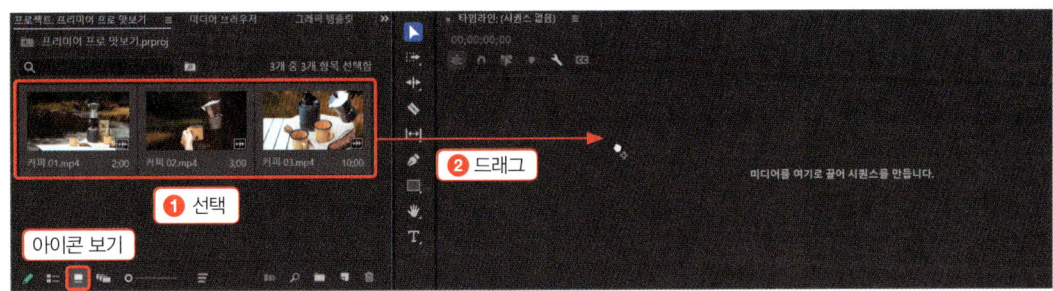

TIP [프로젝트] 패널 왼쪽 아래의 [아이콘 보기]를 클릭하면 위와 같이 섬네일 형태로 표시됩니다. 또한, 동영상 순서가 뒤죽박죽이라면 드래그하여 [커피01], [커피02], [커피03] 순서로 정리해 주세요. 이렇게 정리하면 타임라인에 순서대로 배치됩니다.

06 시퀀스를 생성된 후 [**프로젝트**] 패널을 보면 첫 번째로 선택한 영상(여기서는 [**커피 03**])과 동일한 이름의 시퀀스를 확인할 수 있습니다.

TIP 시퀀스와 영상은 섬네일에서 오른쪽 아래에 있는 아이콘 모양으로 구분할 수 있습니다.

프리미어 프로 편집 과정 맛보기

07 영상 소스와 시퀀스가 헷갈릴 수 있으므로 ❶ 시퀀스를 선택하고 Enter 를 누른 후 이름을 [커피 브이로그]로 변경합니다. ❷ [타임라인] 패널을 보면 시퀀스 이름에 맞춰 탭 이름도 변경된 것을 확인할 수 있습니다.

> **프로젝트 준비하기** 영상 편집을 시작하려면 가장 먼저 프로젝트를 만들어야 하며, 이때 영상 편집에 사용할 소스도 미리 선택할 수 있습니다. 프로젝트를 생성한 후에는 사용자의 취향이나 작업 종류에 따라 작업 영역 레이아웃을 변경하고, 이어서 시퀀스를 생성합니다. 영상 소스를 [타임라인] 패널로 드래그하면 새로운 시퀀스를 만들 수 있습니다.
>
> 프로젝트 만들기(063쪽) → 작업 영역 변경(075쪽) → 시퀀스 만들기(087쪽)

STEP 02 컷 편집하기

01 [타임라인] 패널에서 [커피 03] 클립 앞부분에 있는 불필요한 부분을 삭제해 보겠습니다. ❶ 타임코드를 클릭한 후 700을 입력합니다. ❷ 재생헤드가 7초(00;00;07;00)로 이동한 것을 확인할 수 있습니다.

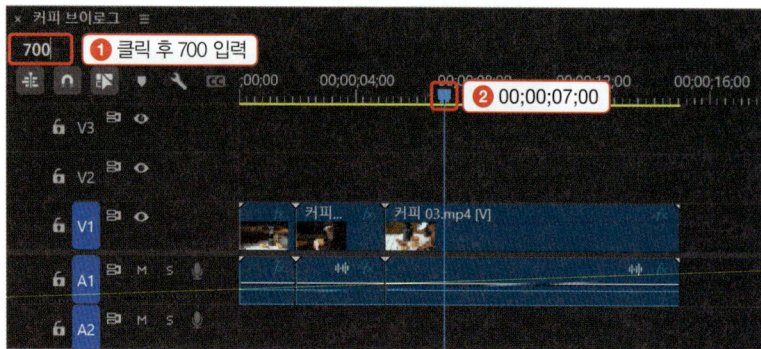

02 재생헤드가 위치한 곳에서 바로 클립을 자르기 위해 ❶ 단축키 [Ctrl]+[K]를 누릅니다. 재생헤드를 기준으로 정확하게 클립이 잘리는 것을 확인할 수 있습니다. [커피 03] 클립의 뒷부분도 자르기 위해 ❷ 재생헤드를 [00;00;14;00](14초)로 옮긴 후 ❸ 마찬가지로 [Ctrl]+[K]를 눌러 클립을 자릅니다.

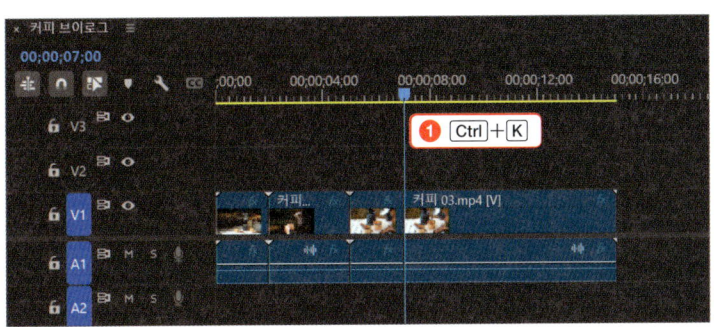

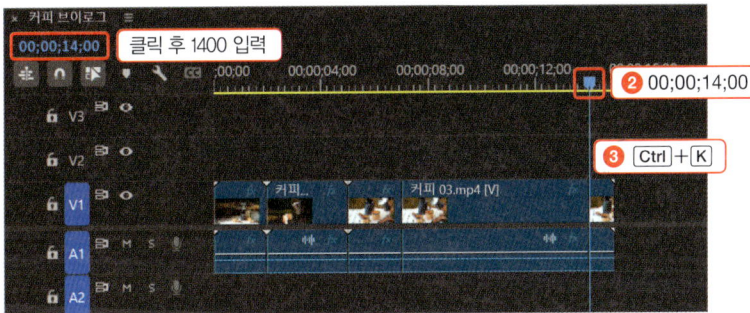

> **TIP** macOS에서는 [Command]+[K]를 이용해 클립을 자릅니다. 만약 단축키가 작동하지 않는다면 [타임라인] 패널을 선택 중인지, 키보드가 영문으로 설정되어 있는지 확인해 주세요.

03 자른 클립을 지우기 위해 [Shift]를 누른 채 [커피 03] 클립의 앞과 뒤에서 자른 클립을 각각 클릭해서 선택합니다. 이어서 [Delete]를 눌러 선택한 클립들을 삭제합니다.

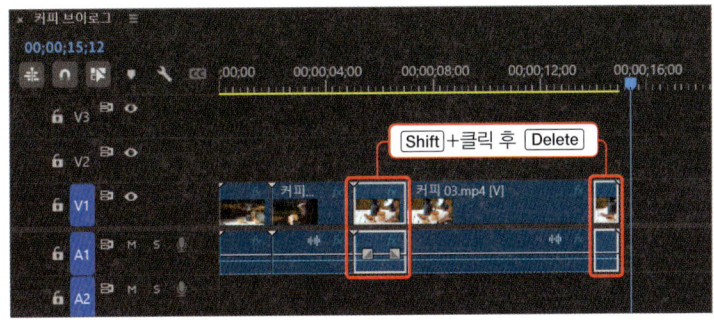

Pr 프리미어 프로 편집 과정 맛보기

04 삭제한 클립이 있던 자리에 빈 공간이 생겼습니다. ❶ 빈 공간에서 마우스 오른쪽 버튼을 클릭한 후 ❷ [잔물결 삭제]를 선택합니다. 빈 공간을 클릭해서 선택한 후 Delete 를 눌러도 됩니다. ❸ 재생헤드를 맨 앞으로 옮긴 후 Space bar 를 눌러 재생해서 자연스럽게 이어지는지 확인합니다.

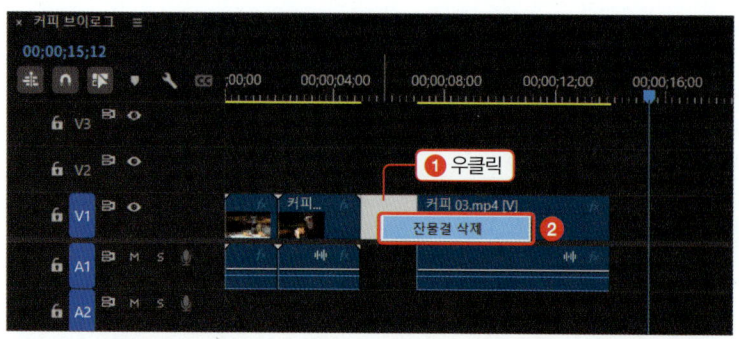

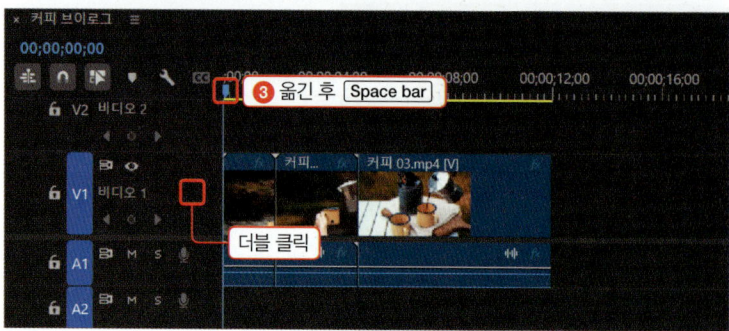

TIP 위와 같이 클립의 높이를 확장하고 싶다면 트랙 헤더의 빈 공간을 더블 클릭하거나 Shift + = , 다시 축소하고 싶다면 Shift + − 를 누릅니다.

컷 편집하기 시퀀스가 생성되었고, 타임라인에 편집할 소스들이 배치되었다면 필요 없는 부분을 자르거나 다른 소스 클립과 이어 붙이는 등 다양한 방법으로 컷 편집을 진행합니다. 컷 편집 중에는 별도로 순서가 정해져 있는 것이 아니므로 필요에 따라 적재적소에서 다양한 방법의 편집 작업 중 선택해서 진행합니다. 이러한 컷 편집이 끝나면 더 나은 결과물을 위해 다양한 효과를 추가하거나 색상 보정 작업 등을 진행할 수도 있습니다.

[CHAPTER 03] 영상 편집의 기초, 컷 편집 099쪽
[CHAPTER 05] 실전 연습으로 영상 편집하기 313쪽
[CHAPTER 07] 브이로그 영상의 필수 기능, 색 보정하기 453쪽

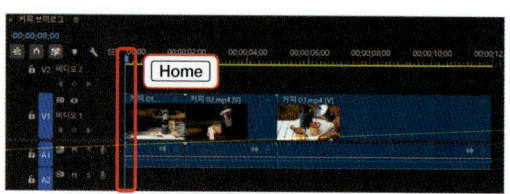

▲ 컷 편집이 끝난 후에는 재생헤드를 맨 앞으로 옮긴 후 자연스럽게 재생되는지 확인해 봐야 합니다.

STEP 03 자막 편집하기

01 컷 편집이 끝났으니 간단한 자막을 추가하겠습니다. ❶ [도구] 패널에서 [문자 도구]를 선택하고 ❷ [프로그램 모니터] 패널에서 자막 위치를 클릭하면 빨간색 텍스트 상자가 나타납니다. ❸ 동시에 타임라인에는 재생헤드 위치를 기준으로 비디오 트랙에 텍스트(자막) 클립이 추가됩니다.

02 ❶ 텍스트 상자에 **따뜻한 커피 한 잔 어때요?**를 입력한 후 ❷ [도구] 패널에서 [선택 도구]를 선택하면 입력이 완료됩니다. ❸ [선택 도구]가 선택된 상태에서 텍스트 상자 안쪽을 클릭한 채 드래그하여 위치를 옮깁니다. 이때 Ctrl 을 누른 채 드래그하면 안내선이 표시됩니다.

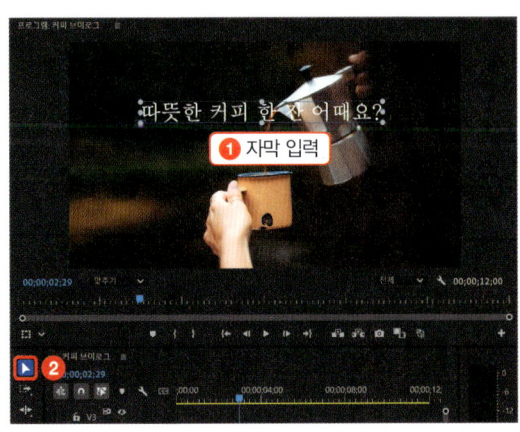
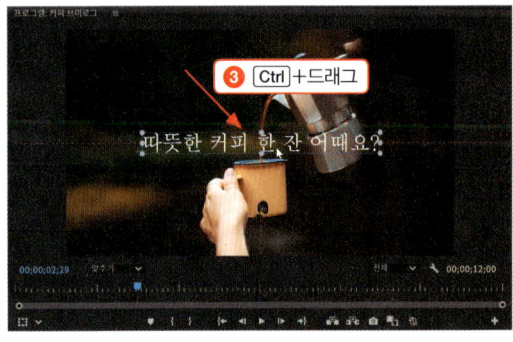

> **TIP** 자막을 입력한 후 Ctrl + Enter 를 눌러 입력을 마칠 수 있으며, 단축키 V 를 눌러 [선택 도구]를 선택할 수 있습니다.

Pr 프리미어 프로 편집 과정 맛보기

03 입력한 자막의 스타일을 변경하기 위해 ❶ 텍스트 클립을 선택합니다. ❷ [효과 컨트롤] 패널 (Shift + 5)을 확인한 후 ❸ [텍스트] − [소스 텍스트] 옵션을 펼치면 자막의 글꼴과 크기 관련 옵션이 나타납니다. ❹ 글꼴이나 크기, 색상을 변경해 봅니다. 여기서는 각각 [나눔손글씨 가람연꽃], [110], [흰색]으로 변경했습니다.

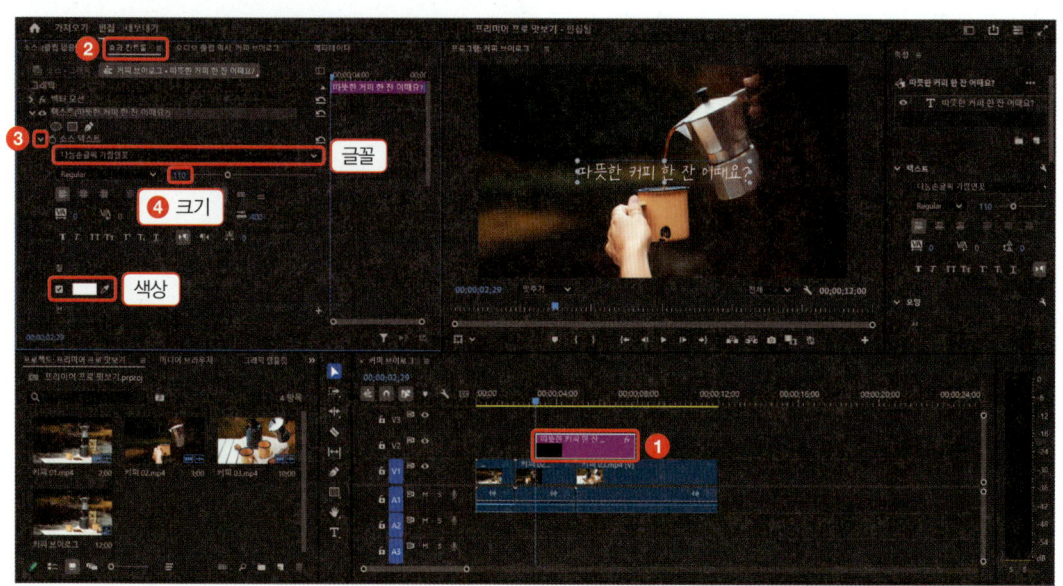

> **TIP** [나눔손글씨 가람연꽃]은 네이버에서 제공하는 무료 글꼴입니다. **Link** 무료 글꼴 및 설치 방법은 044쪽에서 자세히 설명합니다.

04 이어서 자막이 나타나는 시간과 길이를 조절합니다. ❶ [타임라인] 패널에서 텍스트 클립의 중간 부분을 클릭한 채 왼쪽 끝으로 드래그해서 0초부터 나타나도록 옮깁니다. ❷ 이어서 자막 클립의 오른 쪽 끝을 클릭하여 빨간색 화살표가 나타나면 오른쪽으로 드래그하여 비디오 클립의 길이만큼 자막의 길이를 늘립니다.

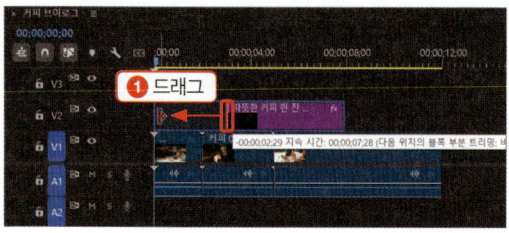 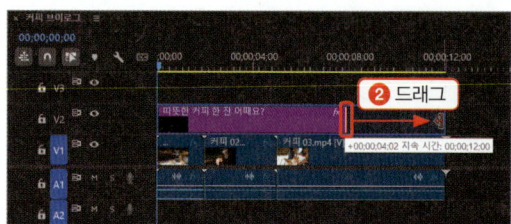

자막 편집하기 자막은 재미 요소 혹은 시청자의 편의를 위해 사용합니다. 여기서 소개한 가장 기본적인 자막 편집 작업 이외에도 [CHAPTER 04]에서 다양한 효과를 적용한 자막 활용 방법을 확인할 수 있습니다. 참고로 프리미어 프로 2020 버전까지는 '레거시 제목'이라는 기능을 주로 사용하여 그라디언트 자막을 만들었으나, 2021 버전부터는 프리미어 프로의 기본 문자 기능을 이용해 대부분의 자막 작업을 진행합니다.

[CHAPTER 04] 영상 편집의 꽃, 자막 다루기 227쪽

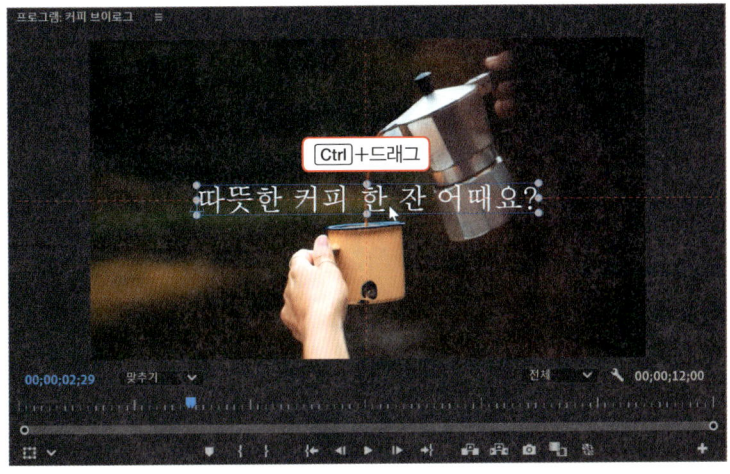

▲ 자막을 삽입한 후 [프로그램] 패널에서 자막이 표시될 위치나 내용 등을 수정할 수 있습니다.

STEP 04   오디오 편집하기

01 배경 음악으로 사용할 소스 파일을 가져오기 위해 ❶ [프로젝트] 패널에서 빈 공간을 더블 클릭합니다([Ctrl]+[I]). ❷ 가져오기 창이 열리면 예제 파일 폴더에서 [부록/영상 소스] 폴더에 있는 [배경음악.mp3] 파일을 찾아 선택하고 ❸ [열기] 버튼을 클릭합니다.

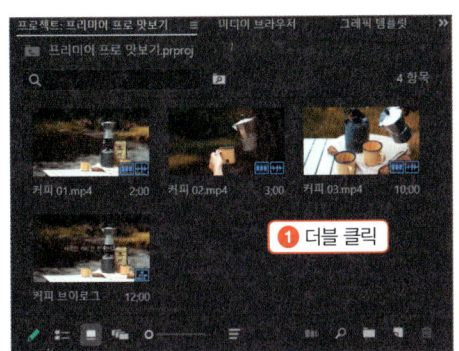

Pr 프리미어 프로 편집 과정 맛보기

02 [프로젝트] 패널에 가져온 [배경음악.mp3] 소스가 표시되면 ❶ [타임라인] 패널의 A2 트랙의 시작 지점으로 드래그하여 배치합니다. ❷ 이어서 배경 음악의 재생 시간을 조정하기 위해 오디오 클립의 오른쪽 끝을 클릭한 후 왼쪽으로 드래그하여 영상의 길이만큼 줄입니다.

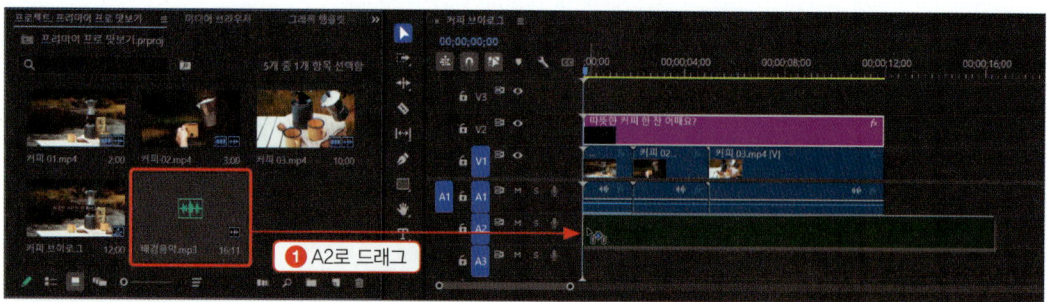

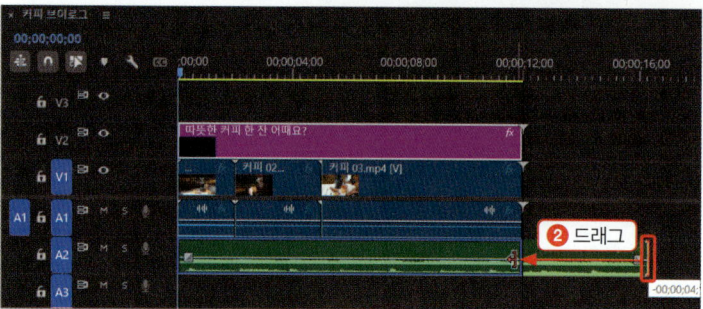

03 배경 음악을 재생해 보면 끝부분에서 툭 하고 끊깁니다. 자연스럽게 배경 음악이 시작되고, 조용히 줄어들도록 [배경음악] 클립을 선택한 후 단축키 Ctrl+Shift+D를 누릅니다. 선택한 [배경음악] 클립의 시작 지점과 끝 지점에 [페이드] 효과가 적용됩니다.

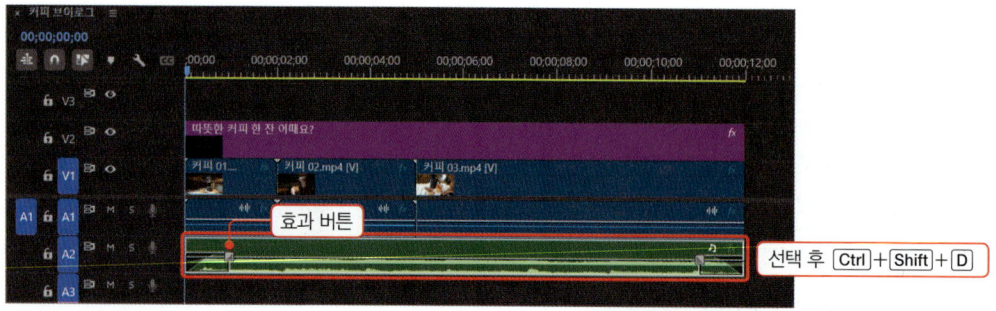

TIP 클립에 표시된 [페이드] 효과 버튼을 클릭해서 선택한 후 Delete 를 누르면 해당 효과가 삭제됩니다.

오디오 편집하기 단순한 영상이라도 적절한 배경 음악이 추가된다면 그럴 듯한 영상처럼 보일 수도 있습니다. 이때 자연스럽게 배경 음악이 시작하고 끝나도록 페이드 인, 페이드 아웃 효과를 적용해 줍니다. 이외에도 [CHAPTER 06]에서 오디오 볼륨을 균일하게 조정하거나 특정 구간만 조정하는 등 다양한 방법의 오디오 편집 방법을 확인할 수 있습니다.

[CHAPTER 06] 영상을 좀 더 풍요롭게 살리는 오디오 편집 403쪽

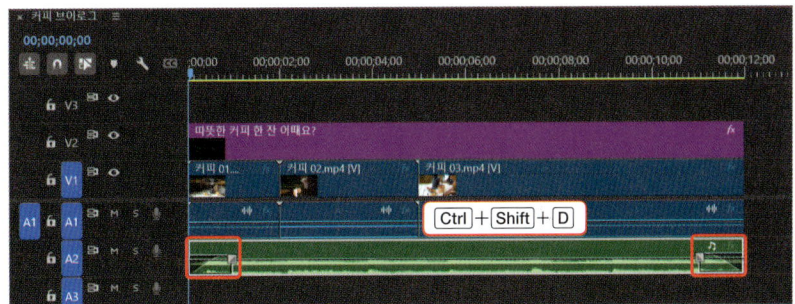

▲ 단축키 Ctrl + Shift + D 를 누르면 시작 부분과 끝부분에 자동으로 페이드 인과 페이드 아웃 효과가 적용됩니다.

STEP 05 영상 출력하기

01 지금까지 작업한 결과를 동영상 파일로 출력하기 위해 상단 표시줄에서 왼쪽에 있는 [내보내기] 탭을 클릭하거나 메뉴 바에서 [파일] – [내보내기] – [미디어]를 선택합니다(Ctrl + M).

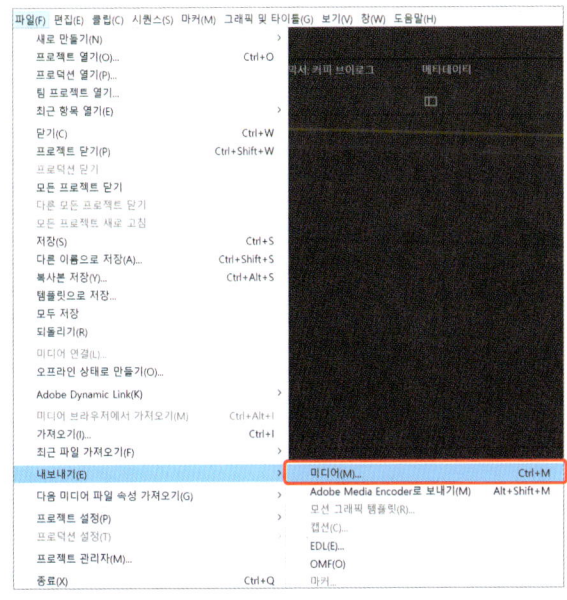

TIP 만약 메뉴 바에서 [내보내기] – [미디어]가 비활성화되어 있으면 [타임라인] 패널을 선택한 후 다시 진행해 주세요. 패널을 선택하면 해당 패널에 파란색 테두리가 표시됩니다.

프리미어 프로 편집 과정 맛보기 **29**

프리미어 프로 편집 과정 맛보기

02 내보내기 화면이 표시되면 ① [파일 이름] 옵션을 입력하고 ② 영상이 출력될 [위치]를 지정합니다. ③ [사전 설정]은 [고화질 1080p HD]를, ④ [포맷]은 [H.264]를 선택한 후 ⑤ 오른쪽 [미리 보기] 패널에서 출력할 영상을 확인하고 ⑥ [내보내기] 버튼을 클릭합니다.

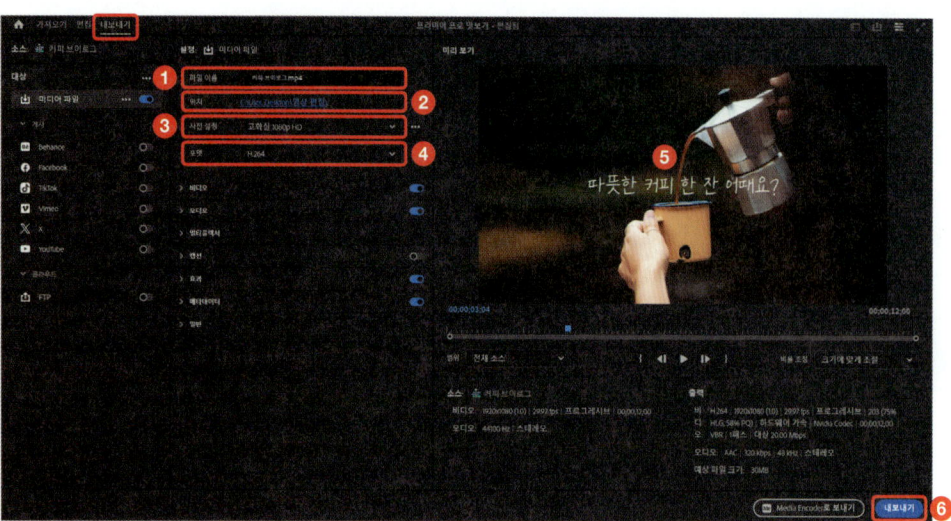

03 다음과 같이 ① 인코딩 과정이 시작되면서 진행 상황이 표시됩니다. ② 인코딩이 끝나면 앞서 지정한 위치에서 MP4 확장자로 출력된 동영상 파일을 확인할 수 있습니다.

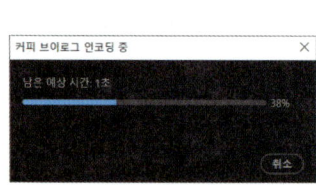

영상 출력하기 지금까지의 편집 과정을 거쳐 최종으로 완성된 결과물은 누구나 재생해서 확인할 수 있도록 대중적인 영상 포맷으로 출력하여 동영상 파일로 저장할 수 있습니다. 끝으로 동영상 파일을 저장한 후에는 이후에 추가 작업 등을 고려하여 프로젝트 파일도 백업해 두는 것이 좋습니다.

Link 다양한 포맷으로 영상 출력하기(527쪽) → 프로젝트 파일 백업하기(559쪽)

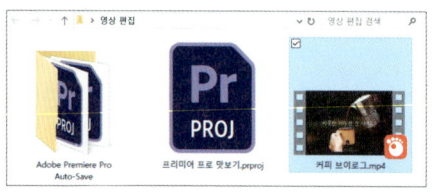

▲ 출력한 동영상 파일은 프리미어 프로가 없더라도 어디서나 재생할 수 있습니다.

영상 편집을 위한 기본기 다지기

1920×1080의 의미는 무엇일까요?
1080p처럼 숫자 뒤의 p는 무엇을 뜻하는 걸까요?
우리나라는 왜 29.97fps를 사용하게 되었을까요?
촬영 단계부터 필수로 알아야 할 영상 편집 기본 이론을
차근차근 자세히 알아보겠습니다.

화소, 픽셀, SD, HD, 4K 등의 해상도 관련 용어 알기

LESSON 01

세상은 4K를 넘어 이제 8K 시대로 나아가고 있습니다. 가전 매장에서는 4K TV가 흔하고, 8K TV도 속속 등장하고 있죠. 그런데 4K와 8K는 도대체 무슨 뜻일까요? TV를 살 때도 알아야 할 용어지만, 영상을 편집하려는 여러분이라면 반드시 알아 두어야겠죠? 이미지를 구성하는 가장 작은 단위인 픽셀부터 SD, HD, 4K, 8K까지 자세히 알아봅니다.

Pr 이미지를 구성하는 최소 단위, 화소

첫 번째로 화소에 대해 살펴보겠습니다. 흔히 화소와 픽셀(Pixel)을 혼용해서 사용하며, 이는 동일한 의미입니다. 아래 사진을 보면 제가 인형을 들고 있습니다. 이 사진에서 특정 부분을 늘릴 수 있을 때까지 최대한으로 크게 확대해 보겠습니다. 그림 아래에서 오른쪽 사진과 같이 모자이크처럼 무수히 많은 네모로 표현되는 것을 확인할 수 있습니다. 여기서 이 네모 하나를 우리는 화소 또는 픽셀이라고 부릅니다.

▲ 이미지를 구성하는 최소 단위, 픽셀

즉, <mark>이미지를 구성하는 가장 작은 단위를 화소 또는 픽셀이라고 말합니다.</mark> 그렇다면 이러한 화소가 많을수록 이미지에는 어떤 변화가 생길까요? 이어서 자세히 알아보겠습니다.

> **TIP** 픽셀은 영상의 규격마다 생긴 모양이 다릅니다. 가로로 넓은 픽셀도 있고 세로로 길쭉한 픽셀도 있습니다. 특히 과거 아날로그 시대에는 픽셀의 비율이 다양했습니다. 하지만 컴퓨터에서 영상을 제작하고 재생하는 환경에서는 특별한 이유가 없는 한, 위 예시처럼 정사각형 픽셀을 주로 사용합니다. 그러므로 시퀀스를 설정할 시에는 픽셀 종횡비를 정사각형 픽셀(1.0)로 선택합니다.
> **Link** 시퀀스 설정은 167쪽에서 자세히 설명합니다.

Pr 가로 × 세로 = 화소 수

이미지의 화소 수를 구하는 공식은 '가로(화소 개수) × 세로(화소 개수)'입니다. 아래 예시에서 왼쪽 위에 있는 이미지는 가로 5개, 세로 5개의 화소로 구성되어 있습니다. 그러므로 가로와 세로를 곱하면 5 × 5 = 25화소 이미지가 됩니다. 25화소의 이미지를 보면 어떤 느낌이 드나요? 어떤 이미지인지 파악할 수 있나요? 어떤 형태인지 알아보기 힘들 것입니다. 계속해서 화소가 조금 더 높은 이미지를 살펴보겠습니다. 예시에서 오른쪽 위에 있는 이미지는 가로 10개, 세로 10개로 이루어진 100화소 이미지입니다. 25화소 이미지보다는 대략적으로 형태를 파악할 수 있을 것 같지만 여전히 아리송합니다.

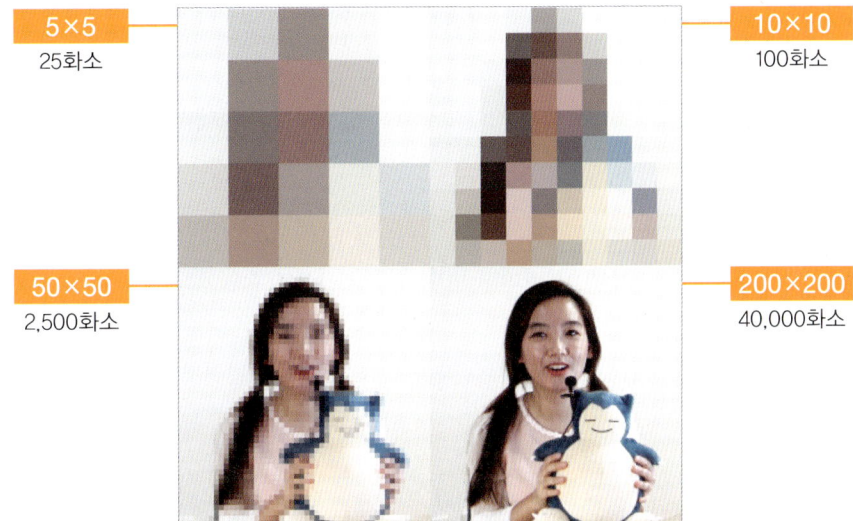

이번에는 화소를 훨씬 많이 높이겠습니다. 위 예시에서 오른쪽 아래에 있는 이미지를 확인해 보세요. 가로 200개, 세로 200개로 이루어진 40,000화소의 이미지입니다. 어떤가요? 이제는 '사람이 인형을 들고 있구나~'라고 확신할 수 있겠죠? 이처럼 화소의 개수가 많으면 많을수록 더 뚜렷하고 정밀하게 보입니다. 즉, 우리가 흔히 말하는 고화질 이미지라는 것은 그 이미지를 표현하고 있는 화소의 개수가 많다는 의미이며, 다른 말로 '해상도가 높다'라고도 이야기합니다. 그렇다면 해상도는 또 무엇일까요?

Pr 이미지 또는 영상의 규격, 해상도

종이에 인쇄를 한다고 생각해 보세요. 주변에 보이는 아무 종이나 프린터에 넣고 인쇄를 하나요? 아니죠. 우리는 A4용지 또는 B5용지처럼 규격화된 종이를 사용해서 인쇄를 합니다. 이처럼 이미지나 영상에도 산업적으로 규격화된 크기가 있습니다. 여기서는 비디오의 규격, 즉 해상도에 대해 자세히 알아보겠습니다.

720×480
SDTV. 표준화질 TV
(**S**tandard **D**efinition)

1280×720, 1920×1080
HDTV. 고화질 TV
(**H**igh **D**efinition)

해상도는 가로와 세로의 화소 수가 몇 개씩으로 이루어져 있는지를 나타내며, 해상도에 따라서 SDTV와 HDTV로 나눌 수 있습니다.

<u>SDTV(Standard Definition)</u>는 표준 화질 TV로 가로 720개, 세로 480개의 화소로 이루어져 있고, 화면 비율은 4:3입니다. 반면 <u>HDTV(High Definition)</u>는 고화질 TV로 가로 1,280개, 세로 720개의 화소로 이루어져 있고, 화면 비율은 16:9입니다. HDTV로 넘어오면서 가로 비율이 훨씬 넓어지게 되어 기존 4:3 비율인 SDTV보다 훨씬 생생한 영상을 감상할 수 있는 것이죠. 시야가 넓어지면서 입체감과 현장감을 생생하게 느낄 수 있게 된 것입니다.

	해상도	가로(px)	세로(px)	가로×세로	화소 수
SD	Standard Definition	720	480	345,600	35만 화소
HD	High Definition	1,280	720	921,600	100만 화소
FHD	Full HD	1,920	1,080	2,073,600	200만 화소
QHD	Quad HD	2,560	1,440	3,686,400	370만 화소
UHD	Ultra HD (4K UHD)	3,840	2,160	8,294,400	800만 화소
	Ultra HD (8K UHD)	7,680	4,320	33,177,600	3,300만 화소
2K	디지털 시네마 표준 규격	2,048	1,080	2,211,840	220만 화소
4K	디지털 시네마 표준 규격	4,096	2,160	8,847,360	880만 화소
8K	디지털 시네마 표준 규격	8,192	4,320	35,389,440	3,500만 화소

▲ 디지털 해상도, 방송 규격은 세로 해상도를 축약해서 사용

★ 현재 가장 많이 사용하는 영상 규격

앞의 표는 디지털 해상도에 따른 가로, 세로 화소를 정리한 내용입니다. HD 초반 규격은 1280 × 720이었으나, 기술의 발전으로 점점 화소 수가 많아지면서 본격적으로 고해상도의 시대가 시작되었습니다. ==현재 가장 많이 사용하고 있는 영상 규격은 FHD(Full HD)이며, 화소의 개수는 1920 × 1080(약 200만 화소)입니다.== 가장 많이 사용하고 있는 FHD 규격의 수치는 이후 영상을 만들 때 참고해야 하므로 꼭 암기해야 합니다.

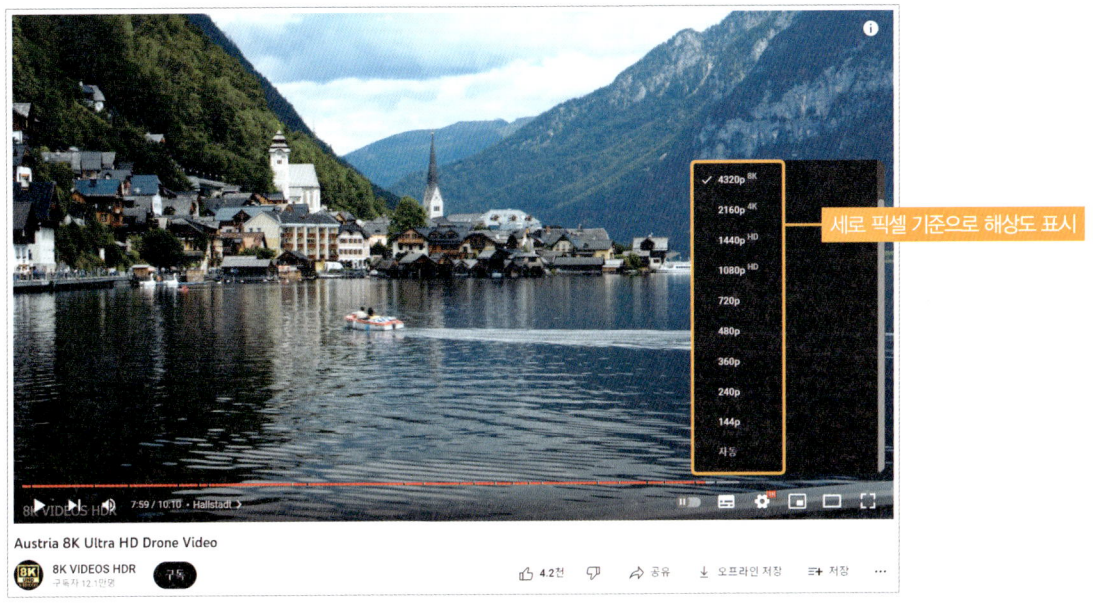

▲ 유튜브 해상도

방송 규격의 해상도는 일반적으로 세로 화소 수로 축약해서 표시합니다. 마찬가지로 대표적인 영상 플랫폼인 유튜브 화질 설정에서도 480p, 720p, 1080p 등 세로 화소 수로 해상도가 표시된 것을 확인할 수 있습니다. Link 숫자 뒤 p의 의미는 042쪽에서 자세히 설명합니다.

Pr 천 단위 화소 수를 표시하는 K

4K, 8K란 무엇일까요? K는 Kilo, 즉 1,000을 의미합니다. 그러므로, 4K는 4,000이란 뜻이겠죠? 가로의 화수 수가 약 4,000일 때 우리는 4K라고 부르는 것입니다. 여기서 4K 규격은 방송 규격과 시네마 규격 두 가지로 나뉩니다.

우선 방송 규격의 4K는 4K UHD라고 부르며 3840 × 2160입니다. 다시 말해 FHD 규격인 1920 × 1080이 4개 모이면 4K UHD 화질이 되는 것입니다.

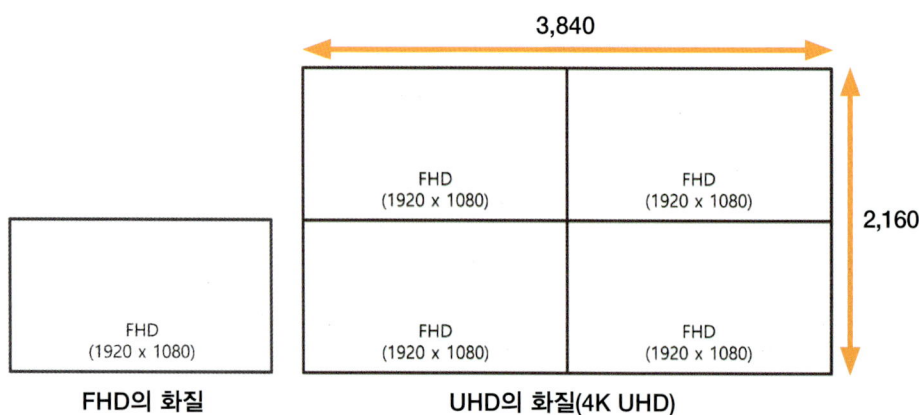

디지털 시네마 규격의 4K는 방송 규격보다 가로 해상도가 조금 더 긴 4096 × 2160입니다. 대부분 방송 규격인 4K UHD로 촬영하고 편집하기 때문에 3840 × 2160 수치를 기억하면 됩니다.

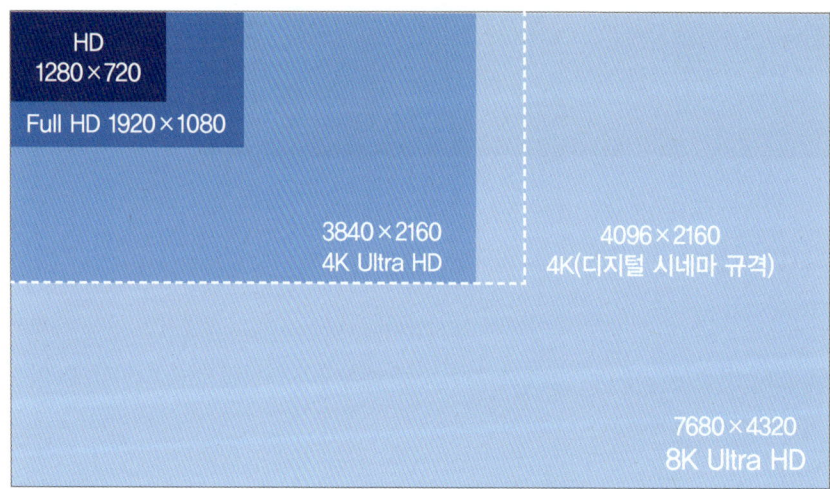

마찬가지로 8K는 가로의 화소 수가 약 8,000개를 말하는 것이겠지요? 8K UHD(7680 × 4320)는 4K UHD 화질의 4배, FHD 화질의 16배가 되는 것입니다. 현재 유튜브에서는 8K UHD 화질도 지원하고 있습니다.

이론적으로는 이해했지만 대체 얼마나 차이가 날지 궁금하시죠? 호랑이 예시 이미지를 통해 4K UHD의 화질(약 800만 화소)과 FHD 화질(약 200만 화소)의 차이를 비교해 보세요. 전체적인 이미지의 느낌만 봐도 4K UHD 화질이 훨씬 또렷하고 선명하며, 특정 부분을 확대하여 비교하면 차이를 더 확실하게 느낄 수 있습니다. 4K UHD는 FHD보다 화소 수가 4배 많기 때문에 확대해도 이미지의 뭉개짐이 거의 없이 선명함을 유지할 수 있는 것이지요.

▲ 4K UHD vs. FHD 화질 비교

요즘은 FHD 규격(1920 × 1080)으로 영상을 제작할 때도 영상 소스는 4K UHD(3840 × 2160)로 촬영하는 경우가 많습니다. 4K로 촬영한 소스는 줌인(Zoom-in) 효과를 적용해도 이미지가 깨지지 않는 장점이 있고, 편집할 때 다양한 화각으로 작업할 수 있습니다. 이런 이유로 영상 소스는 4K로 촬영하고, FHD로 편집하는 것입니다.

> **TIP** 고해상도인 4K 영상을 편집하려면 고사양 컴퓨터가 필요합니다. 4K는 FHD 용량보다 훨씬 크기 때문에 컴퓨터의 저장 공간도 충분해야 합니다. 그러므로 컴퓨터 성능과 편집 목적에 따라 해상도를 선택하여 작업하길 바랍니다. 만약, 사양이 낮은 컴퓨터에서 4K 영상을 편집해야 한다면 프록시 기능을 사용해 보세요. **Link** 프록시 기능은 218쪽에서 자세히 설명합니다.

연속적인 동작의 한 순간, 프레임 이해하기

LESSON 02

카메라에서 동영상 촬영 설정을 보면 24fps, 25fps, 30fps, 50fps, 60fps 등 선택 사항이 많습니다. 대체 무엇을 선택해야 할까요? 임의로 선택하고 촬영해도 될까요? 나라마다, 상황마다 선택해야 하는 기준이 다릅니다. 지금부터 이 숫자의 의미에 대해서 자세히 알아보겠습니다.

Pr 한 장의 정지된 이미지, 프레임

우리가 보는 영상은 움직이는 것처럼 보이지만 사실 아래의 예시처럼 여러 개의 낱장 이미지가 연속적으로 빠르게 흘러갈 뿐입니다. 이처럼 영상에서 정지된 이미지 한 장을 프레임(Frame)이라고 합니다.

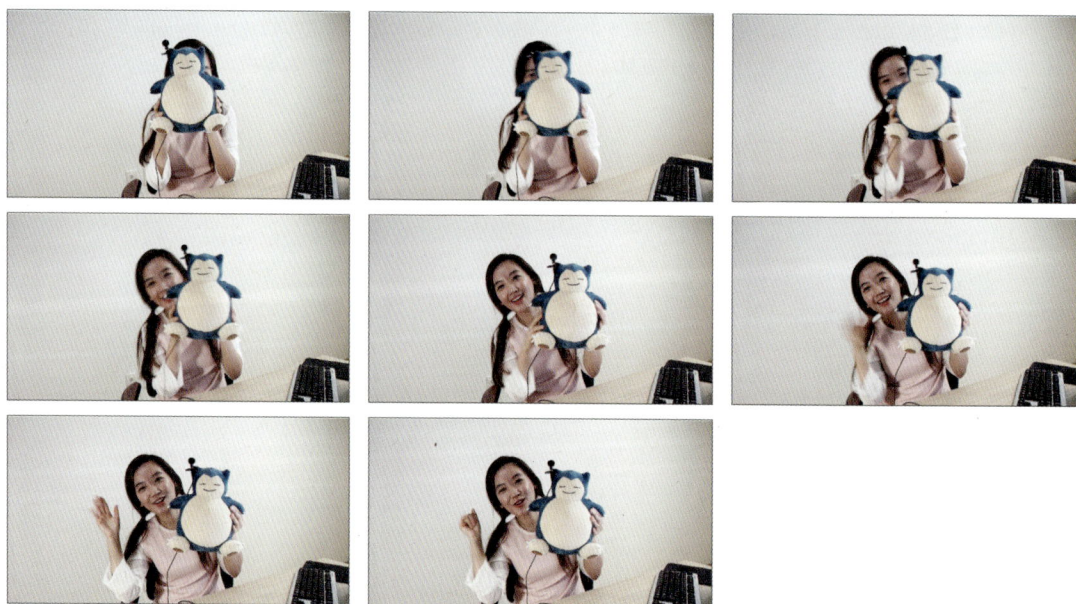

분명 정지된 이미지인데, 어떻게 움직이는 영상이라고 생각하게 되는 것일까요? 사람의 눈은 직전에 보았던 것을 뇌에서 기억하고, 그 다음에 보는 이미지를 이전 이미지와 겹쳐서 보게 됩니다. 이를 잔상 효과라고 합니다. 정지된 이미지를 빠르게 연속적으로 보여 주면 움직이는 것처럼 보이게 되는 착시 효과인 거죠. 사람의 눈은 1초에 약 15장 이상의 이미지를 보면 움직임으로 느낀다고 합니다. 그럼 우리가 흔히 보는 영화나 텔레비전은 1초에 몇 프레임일까요?

Pr 초당 프레임 수, 프레임 레이트

1초에 담겨 있는 프레임 수를 프레임 레이트(Frame Rate)라고 하며, 단위는 fps(Frames Per Second)를 사용합니다. 즉, 영상 1초에 몇 장의 이미지가 포함되어 있는지를 나타냅니다. 일반적으로 국내 방송에서는 30프레임(29.97fps)을 주로 사용하며, 영화는 24프레임을 사용합니다.

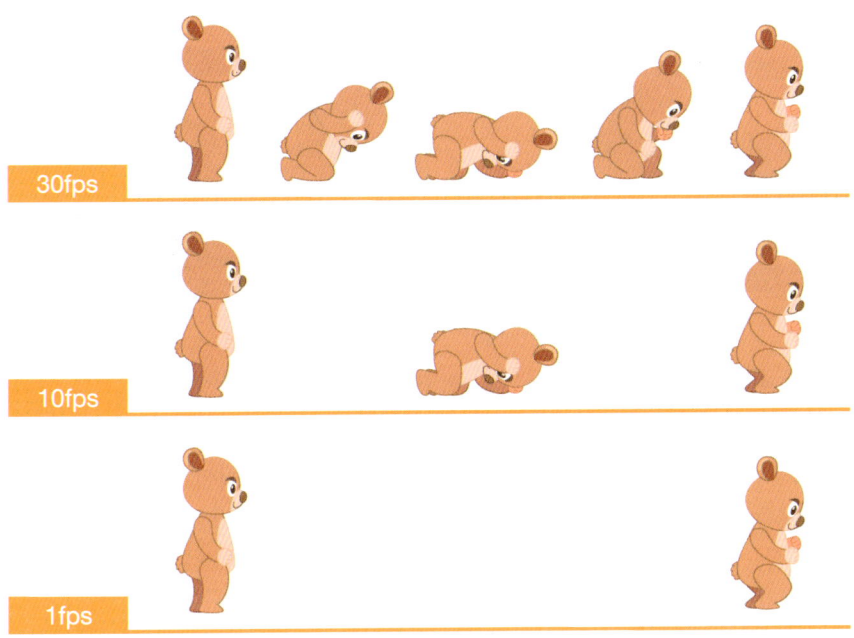

▲ 프레임 비교(출처: Designed by brgfx / Freepik)

위의 프레임 비교 예시에서 알 수 있듯이 프레임 수가 적을수록 영상이 뚝뚝 끊기는 것처럼 보이고, 프레임 수가 많을수록 부드럽고 자연스럽게 표현됩니다. 스포츠 경기 등에서 부드러운 움직임을 표현할 때 60프레임을 사용하기도 합니다. 참고로 초당 프레임 수는 나라마다 규격화된 수치가 다릅니다. 대한민국, 미국, 일본 등은 NTSC 방송 규격으로 초당 30프레임(29.97fps)을 사용하지만, 유럽, 호주, 중국 등에서는 PAL 방식으로 초당 25프레임을 주로 사용합니다. 이는 50Hz 또는 60Hz의 교류 전력 차이 때문입니다.

> **TIP** 간혹 카메라 설정에서 30fps는 보이지 않고 25fps, 50fps만 보이는 경우가 있습니다. 동영상 형식이 NTSC가 아닌 PAL 형식으로 되어 있는 경우이므로 NTSC로 설정을 변경하여 다시 프레임 레이트를 선택하면 됩니다.

Pr 30프레임은 왜 29.97fps일까?

그렇다면 왜 30프레임이 정확히 30fps가 아니고 29.97fps처럼 애매한 값일까요? 흑백 TV 시절에는 정확히 1초에 30fps를 사용했습니다. 그 이후 컬러 TV가 상용화되면서 문제가 생긴 것이지요. 기존의 흑백 TV와 컬러 TV와의 호환성 문제를 해결해야 했습니다.

흑백 TV는 밝음과 어두움으로 표현되는 신호만으로 동작할 수 있지만, 컬러 TV는 색상 정보가 필요합니다. 따라서 기존의 흑백 TV와 호환되도록 색상 신호를 추가하면서, 간섭 문제를 해결하기 위해 프레임 속도를 30fps에서 29.97fps로 조정했습니다. 이로 인해 방송 시간이 실제 시간과 약간 차이가 나는 문제가 생겼고, 이를 해결하기 위해 드롭 프레임 방식이 도입되었습니다. 드롭 프레임은 실제 프레임을 삭제하지 않고 타임코드 번호를 건너뛰어 시간을 맞추는 방법입니다.

Pr 슬로우 모션의 비밀, 고속 촬영

물이 가득 찬 풍선을 바늘로 터트리는 순간처럼 빠르게 지나가는 상황은 어떻게 촬영해야 할까요?

이런 장면은 프레임 레이트(Frame Rate)를 높여 촬영해야 합니다. 보통은 24프레임이나 30프레임으로 촬영하지만, 극적인 효과를 위해 60프레임, 120프레임, 240프레임 같은 더 높은 프레임 레이트를 사용합니다. 때로는 480프레임이나 960프레임 같은 초고속 촬영으로 아주 짧은 순간까지 생생하게 담아낼 수 있습니다. 이렇게 촬영된 영상은 편집 과정에서 재생 속도를 느리게 조정해 빠른 움직임도 부드럽고 자연스럽게 표현할 수 있습니다.

LESSON 03
영상은 어떻게 표시될까? 주사 방식 이해하기

대표적인 영상 플랫폼인 유튜브 설정을 보면 480p, 720p, 1080p 등으로 해상도를 선택할 수 있습니다. 앞의 숫자는 세로 화소 수를 의미한다고 배웠죠? 그럼 뒤에 p는 어떤 의미일까요? 픽셀(Pixel)로 오해할 수 있으나, 1080i 설정도 있습니다. 지금부터 1080p와 1080i가 어떻게 다른지 알아보겠습니다.

화면을 구성하는 가로줄, 주사선

아날로그 TV를 카메라로 찍으면 화면 속에 검은색 줄이 표시되는 것을 본 경험이 있을 겁니다. 우리 눈에는 보이지 않는 검은색 줄이 왜 카메라로 찍으면 보이는 것일까요?

▲ 화면 속에 표시되는 검은 줄

위의 예시 사진에서 화면이 여러 개의 가로줄로 나누어져 있는 것을 볼 수 있습니다. 이 가로줄을 주사선이라고 합니다. 주사선의 수는 방송 규격에 따라 다릅니다. 예전에는 우리나라에서 NTSC 형식을 사용했지만, 현재는 디지털 방송을 사용하고 있습니다. NTSC 규격에서는 SD급 TV가 525줄(유효 주사선 480개)을 사용하고, 디지털 HD 방송에서는 1080i가 1,125줄(유효 주사선 1,080개)을 사용합니다. 주사선이 많을수록 화질이 더 선명해집니다.

카메라로 아날로그 TV를 찍었을 때 중간중간 검은색 줄이 보였던 이유는 화면이 비어 있기 때문입니다. 화면이 비어 있다니 무슨 말일까요? 이어서 자세히 살펴보겠습니다.

Pr 비월 주사 방식(i) vs. 순차 주사 방식(p)

아날로그 TV 시절에는 기술적인 이유로 한 번에 많은 정보를 전송하기 어려웠습니다. 그러므로 한 장의 이미지를 한 번에 출력하는 것이 아니라 홀수 줄과 짝수 줄로 나누어서 출력했습니다. 적은 데이터로 많은 이미지를 표시하려는 방법이죠. 빠르게 화면이 교차하면 사람의 눈은 잔상 효과로 인해 자연스럽게 한 장으로 느낍니다. 하지만 카메라로 TV를 찍으면 순간을 포착하기 때문에 이미지 일부만 찍혀 검은색 줄이 보였던 것입니다.

▲ 비월 주사 방식과 순차 주사 방식의 비교

지금까지 설명한 것처럼 홀수 줄과 짝수 줄을 교차해서 화면을 표시하는 방식을 비월 주사라고 하며, 영어로는 Interlaced Scan이라고 합니다. 즉, 1080i처럼 해상도 뒤에 i가 붙는 것은 Interlaced의 앞 글자를 따서 축약한 것이며, 비월 주사 방식을 의미합니다.

반대로 화면을 처음부터 끝까지 순서대로 표시하는 방식을 순차 주사라고 하며, 비월 주사 방식보다 데이터 양은 많지만 훨씬 선명하고 떨림이 없습니다. 순차 주사 방식의 영어 표현은 Progressive Scan이며, 해상도를 표시할 때 1080p처럼 p가 붙는 것은 Progressive의 앞 글자를 따서 축약한 순차 주사 방식을 의미합니다.

전통적인 방송 기술이 HD 방송에도 이어져 주로 1080i 비월 주사 방식이 사용되지만, 컴퓨터에서 영상을 제작하고 재생할 때는 특별한 이유가 없는 한 순차 주사 방식을 사용합니다. 또한 4K 이상 해상도에서는 순차 주사 방식만 지원됩니다.

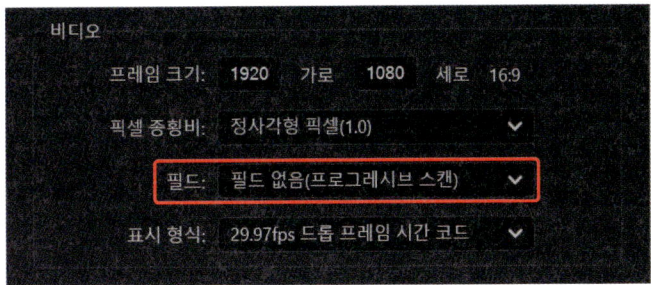

▲ 프리미어 프로 시퀀스 설정 화면

그러므로 프리미어 프로에서 시퀀스를 설정할 때에는 [필드] 옵션에서 [필드 없음(프로그레시브 스캔)]을 선택해야 합니다. Link 시퀀스 설정 방법은 167쪽에서 자세히 설명합니다.

지금까지 이미지를 구성하는 최소 단위인 화소부터 영상의 해상도, 프레임 레이트, 주사 방식까지 영상 편집을 하면서 꼭 알아야 하는 기본 용어들을 살펴보았습니다. 이제는 1920 × 1080, 1080p, 29.97fps의 숫자들이 친숙하게 다가오시나요? 이어지는 [밤샘 금지]에서 영상 편집에 유용한 사이트 몇 곳을 살펴보고, [CHAPTER 02]부터 본격적으로 프리미어 프로를 설치하여 실행해 보세요.

영상 편집에 유용한 사이트 알아보기

여기서는 영상을 제작할 때 필요한 다양한 글꼴, 영상 자료, 이미지 및 배경 음악 등을 무료로 다운로드할 수 있는 유용한 사이트를 소개합니다. 필요에 따라 직접 시간을 들여 제작해야 하는 다양한 영상 편집 소스를 무료로 다운로드할 수 있으므로, 작업 시간이 획기적으로 줄어듭니다.

상업용 무료 폰트 다운로드 및 설치하기

유튜브 등 SNS에 업로드하는 영상에 사용할 폰트는 저작권에 위배되지 않도록 유료 폰트나 상업적으로 사용할 수 있는 무료 폰트를 사용해야 합니다. 여기서는 상업적으로 사용할 수 있는 무료 한글 폰트를 모아 둔 눈누를 소개합니다.

01 브라우저를 실행한 후 눈누(https://noonnu.cc)에 접속합니다. ❶ 다양한 무료 폰트가 표시되면 사이트 왼쪽 위에서 [모든 폰트] 탭을 클릭한 후 ❷ '문구 적고 폰트 미리보기' 입력란을 클릭합니다. `Link` 눈누 이외의 다양한 무료 자료 사이트는 050쪽에서 자세히 설명합니다.

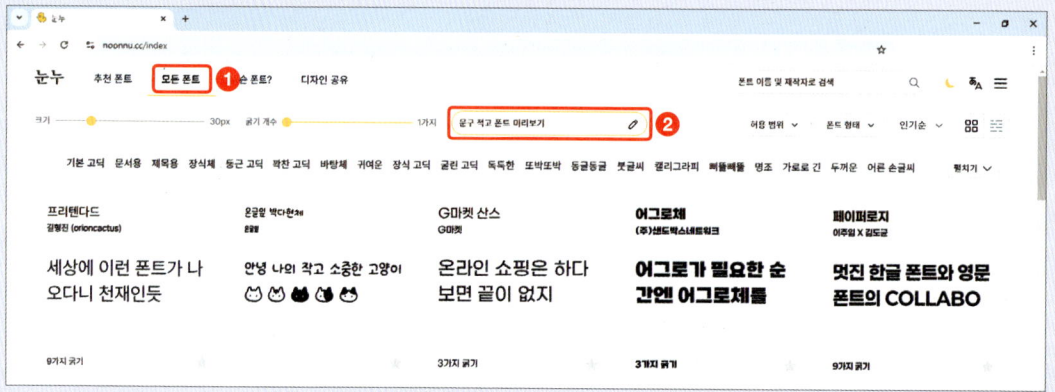

02 ❶ 입력란에 임의의 자막 내용을 입력하면 ❷ 폰트별 예시 문구가 입력한 내용으로 변경되어 원하는 스타일을 쉽게 찾을 수 있습니다. ❸ 또한, [폰트 형태] 옵션에서 원하는 자막 스타일을 지정할 수 있으며, ❹ [검색] 옵션에서 키워드로 검색할 수도 있습니다.

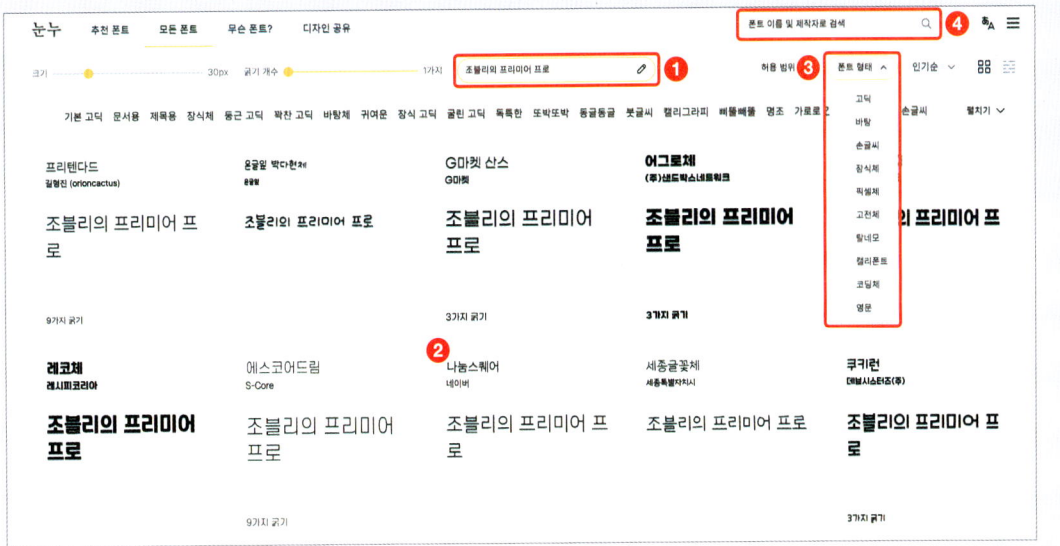

> **TIP** 종류별 영상 편집에서 자주 사용되는 폰트는 다음과 같습니다. [검색] 옵션에서 아래 폰트명으로 검색하여 미리 다운로드 및 설치해 놓으면 이후 편리하게 사용할 수 있습니다.
> - **고딕체**: 본고딕(Noto Sans), 에스코어드림, 검은고딕, 나눔고딕, 나눔스퀘어, 여기어때 잘난체, 주아체, 어그로체, Gmarket Sans 등
> - **명조체**: 나눔명조, 조선일보명조체, 제주명조, KoPub바탕, 카페24고운밤, 마포꽃섬 등
> - **손글씨체**: 나눔손글씨, 교보손글씨, 카페24, 어비, 잉크립퀴드체, 즐거운이야기체 등

03 원하는 폰트를 찾았으면 ❶ 해당 폰트명을 클릭하여 상세 페이지로 이동하고, ❷ 상세 페이지에서 [**다운로드 페이지로 이동**] 버튼을 클릭하여 원 저작자의 페이지로 이동합니다.

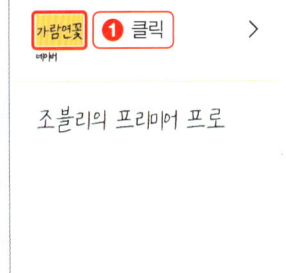

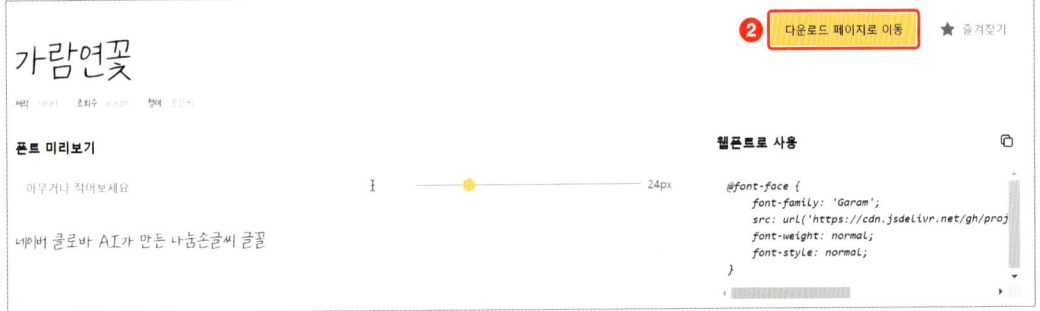

04 원 저작자에 따라 각각의 다운로드 페이지가 열립니다. 그러므로 해당 페이지를 꼼꼼하게 잘 살펴본 후 원하는 폰트 파일을 다운로드합니다. 일반적으로 해당 페이지 아래쪽에서 다운로드할 수 있습니다.

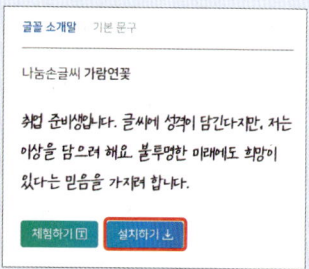

TIP 예시에 나오는 '가람연꽃' 폰트는 네이버에서 제공하는 무료 폰트입니다. 네이버 폰트 페이지에서 [설치하기] 버튼은 다운로드 버튼이라고 이해하면 됩니다.

05 다운로드가 끝나면 ① 폰트 파일을 모두 선택한 후 마우스 오른쪽 버튼으로 클릭하고 ② **[설치]** 를 선택합니다. 폰트 설치가 끝나면 프리미어 프로 글꼴 목록에서 확인할 수 있습니다.

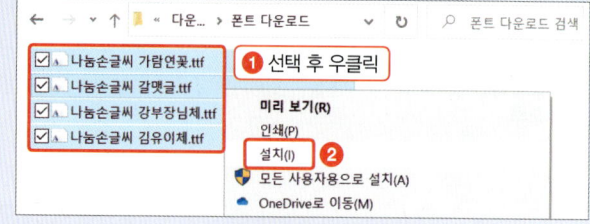

TIP 컴퓨터 설정을 변경하지 않았다면 일반적으로 다운로드한 파일은 파일 탐색기의 왼쪽 사이드바에서 [내 PC 〉 다운로드] 폴더를 선택하여 확인할 수 있습니다 .

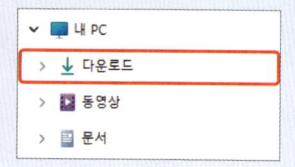

무료 영상 / 이미지 다운로드하기

영상을 편집할 때 다양한 영상과 이미지를 사용하면 시각적으로 풍성한 결과를 완성할 수 있습니다. 여기서는 저작권 걱정 없이 사용할 수 있는 무료 영상과 이미지를 제공하는 대표적인 사이트인 Pexels를 소개합니다.

01 Pexels(https://www.pexels.com/ko-kr)에 접속합니다. ① 페이지가 열리면 위쪽 검색란에 원하는 주제를 입력한 후 ② 필요한 소스 종류 버튼을 클릭합니다. 여기서는 **[동영상]** 버튼을 클릭했습니다.

TIP Pexels 페이지 오른쪽 위에 있는 [라이선스]를 클릭하면 다음과 같이 Pexels 미디어에 관한 저작권 내용을 자세히 확인할 수 있습니다.

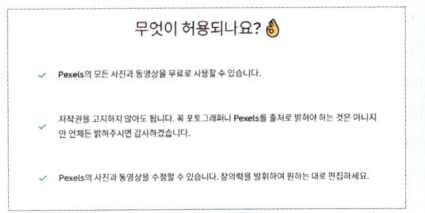

02 검색 결과에서 원하는 항목을 클릭하면 상세 페이지로 이동합니다. ❶ 여기서 [무료 다운로드] 버튼 오른쪽에 있는 [펼침] 버튼을 클릭한 후 ❷ 동영상 또는 사진의 크기를 선택하고 ❸ [선택한 크기 다운로드] 버튼을 클릭합니다. 크기를 선택하지 않고 바로 다운로드하고 싶다면 [무료 다운로드] 버튼을 클릭하면 됩니다.

무료 아이콘 PNG 파일 다운로드하기

영상을 꾸미는 방법 중 하나로, 자막과 어울리는 이미지를 배치하면 영상을 더욱 돋보이게 만들 수 있습니다. Flaticon에서는 다양한 이모티콘, 도형, 아이콘 등을 무료로 다운로드할 수 있지만 사용 시 반드시 출처를 표시해야 합니다.

01 Flaticon(https://www.flaticon.com/kr)에 접속합니다. ❶ 검색란에서 원하는 주제를 검색한 후 ❷ 검색 결과가 나타나면 원하는 아이콘을 클릭합니다.

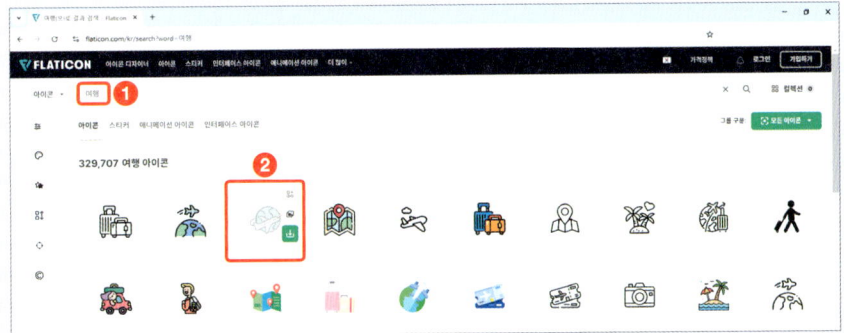

TIP Flaticon에 접속하면 페이지 중앙에 검색란이 표시되며, 검색 시 한국어를 사용해도 되지만, 영어로 검색하면 더 많은 자료를 찾을 수 있습니다.

02 선택한 아이콘의 상세 페이지가 열리면 ❶ [PNG] 버튼 오른쪽에서 크기를 선택하고, ❷ [PNG] 버튼을 클릭하여 다운로드합니다.

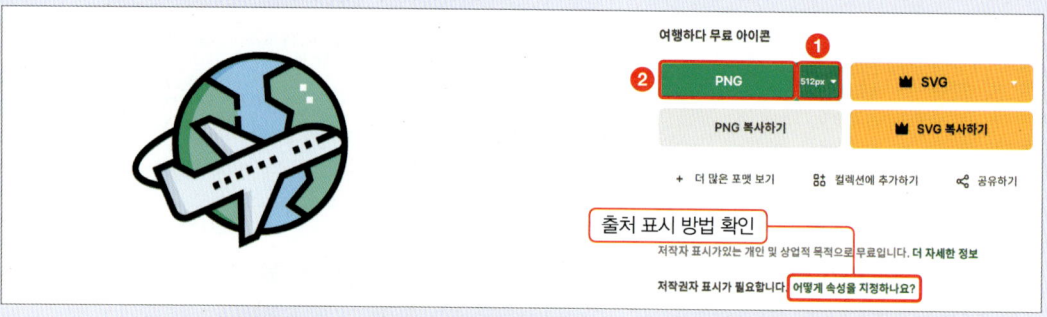

TIP Flaticon에서는 유료 및 무료로 아이콘을 다운로드할 수 있습니다. 유료로 사용할 때는 별다른 제약이 없지만, 무료로 사용할 때는 반드시 출처를 표시해야 합니다.

03 아이콘 상세 페이지에서 [PNG] 버튼 아래쪽에 있는 **[어떻게 속성을 지정하나요?]** 링크를 클릭하면 다음과 같은 내용의 팝업 창이 열립니다. 여기서 사용할 매체에 해당하는 탭을 클릭하면 구체적인 출처 표시 방법이 나타납니다. 만약, 유튜브에 영상을 업로드한다면 **[동영상]** 탭에서 **[링크 복사]** 버튼을 클릭한 후 유튜브 영상 설명란에 붙여 넣으면 됩니다.

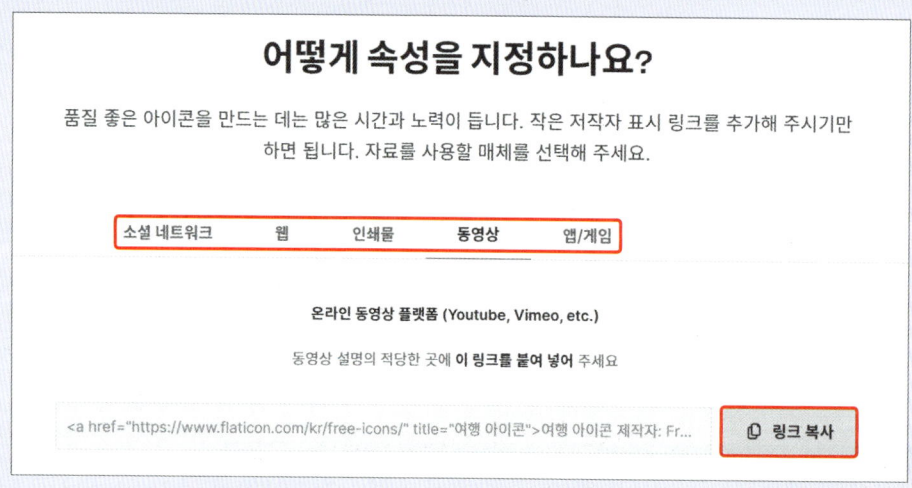

무료 음악 / 효과음 다운로드하기

유튜브에서는 저작권 문제없이 유튜브 수익 창출에도 사용할 수 있는 다양한 음악 및 음향 효과를 제공합니다. 자신의 YouTube 스튜디오에 접속한 후 왼쪽 사이드바에서 [**오디오 보관함**]을 선택하거나 오디오 보관함(https://www.youtube.com/audiolibrary)에 직접 접속한 후 로그인하면 다음과 같은 페이지가 열립니다. 여기서 검색이나 필터링 등의 방법으로 원하는 음악이나 음향 효과를 찾아 재생하거나 다운로드할 수 있습니다.

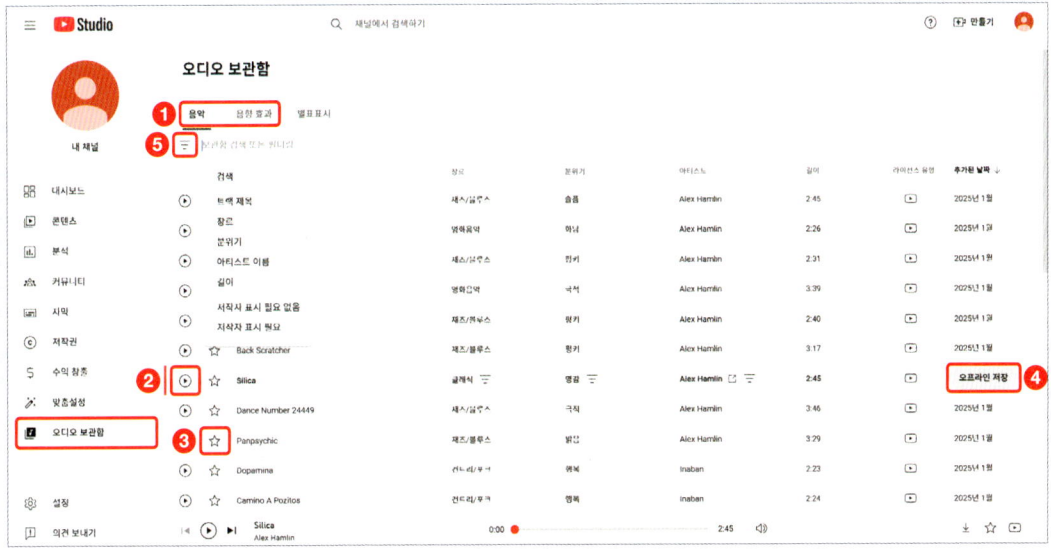

❶ [**음악**]과 [**음향 효과**] 중에 원하는 오디오 소스를 선택할 수 있습니다.

❷ 해당 오디오 소스를 재생해 볼 수 있습니다.

❸ [**별표 추가**] 아이콘을 클릭해 놓으면 이후 [**별표표시**] 탭에서 일괄 확인할 수 있습니다.

❹ '추가된 날짜' 항목에서 원하는 오디오로 마우스 커서를 옮기면 [**오프라인 저장**] 링크가 나타나며, 클릭해서 해당 오디오 소스를 다운로드할 수 있습니다.

❺ [**필터링**] 아이콘을 클릭해서 [**장르**], [**분위기**] 등 원하는 조건으로 오디오 소스를 필터링할 수 있으며, 바로 오른쪽에 있는 검색란에서 키워드로 검색할 수도 있습니다.

> **TIP** 오디오 보관함에 있는 모든 오디오 소스는 유튜브 수익 창출에 사용할 수 있습니다. 단, '라이선스 유형' 항목에 다음과 같이 CC 아이콘이 표시된 경우는 동영상 설명에 저작자 표시 정보를 기입해야 합니다. 자세한 출처 정보는 해당 아이콘을 클릭해서 확인할 수 있습니다.

영상 제작에 도움이 되는 다양한 추천 사이트

지금까지 소개한 대표적인 무료 소스 사이트 이외에도 다음과 같이 영상 제작 및 편집에 도움이 되는 다양한 사이트가 있습니다. 한 번씩 방문해 보면 많은 도움이 될 것입니다. 단, 무료로 제공하는 소스 중에는 출처를 반드시 표시해야 것들이 있습니다. 그러므로 소스를 다운로드하기 전에 반드시 해당 소스에 대한 저작권 내용을 확인한 후 사용하는 것이 좋습니다.

무료 동영상 / 이미지	펙셀스 https://www.pexels.com 픽사베이 https://pixabay.com 언스플래시 https://unsplash.com
무료 디자인 / 템플릿	프리픽 https://www.freepik.com 미리캔버스 https://www.miricanvas.com 캔바 https://www.canva.com/ko_kr
무료 아이콘	플랫아이콘 https://www.flaticon.com 아이콘 파인더 https://www.iconfinder.com
무료 음악	유튜브 오디오 보관함 https://www.youtube.com/audiolibrary 공유마당 https://gongu.copyright.or.kr
색상 조합 추천	어도비 컬러 https://color.adobe.com 컬러헌트 https://colorhunt.co 유아이그라디언트 https://uigradients.com
음성 인식 자동 자막	브루 https://vrew.voyagerx.com/ko
무료 폰트	눈누(한글 폰트) https://noonnu.cc 다폰트(영문 폰트) https://www.dafont.com 어도비 폰트 https://fonts.adobe.com

AI를 활용하면 영상 제작 과정이 훨씬 간편해집니다. 텍스트를 활용해 자연스러운 음성을 생성하고, 콘텐츠를 기획하거나 대본을 작성하며, 이미지와 영상을 손쉽게 생성할 수 있습니다. 아래는 영상 제작에 유용한 AI 사이트들입니다.

AI 음성 생성	클로바더빙 https://clovadubbing.naver.com 타입캐스트 https://typecast.ai/kr 일레븐랩스 https://elevenlabs.io	텍스트 음성 변환 (TTS)
AI 콘텐츠 제작	챗지피티 https://chat.openai.com	기획 및 대본 작성
	뤼튼 https://www.wrtn.ai	기획 및 이미지 생성
	어도비 파이어플라이 https://firefly.adobe.com	이미지 및 영상 생성
	미드저니 https://www.midjourney.com	이미지 생성
	레오나르도 AI https://leonardo.ai	이미지 생성
	런웨이 https://runwayml.com	영상 생성
	소라 https://sora.com	영상 생성

CHAPTER 02

프리미어 프로 설치 및 인터페이스 살펴보기

프리미어 프로를 설치하고 기본 인터페이스를 살펴봅니다.
그런 다음 본격적인 영상 편집 실습에 대비하여
새 프로젝트 만들기, 작업 영역 변경하기, 다양하게 영상 불러오기,
시퀀스 설정하기 등의 준비 과정을 설명합니다.
마지막으로 [밤샘 금지]에서 프리미어 프로의 단축키와
macOS 사용자를 위한 활용법까지 꼼꼼하게 살펴봅니다.

※ **프리미어 프로가 처음이라면**
프리미어 프로를 처음 사용한다면, 다음 동영상 강의부터 시청해 보세요.
https://bit.ly/pr-begin

LESSON 01 프리미어 프로 설치하기

어도비 홈페이지에서 프리미어 프로를 어떻게 설치하는지 알아보겠습니다. 어도비 제품은 유료이지만, 7일간은 무료 체험판을 사용할 수 있습니다. 최신 버전의 프리미어 프로 설치를 위한 시스템 요구 사양과 구체적인 설치 방법을 소개합니다.

Pr 프리미어 프로 설치를 위한 시스템 요구 사양

Windows용 최소 및 권장 시스템 요구 사양

	최소 사양	권장 사양
프로세서	Intel® 6세대 이상 CPU 또는 AMD Ryzen™ 1000 시리즈 이상 CPU	Intel® 11세대 이상 CPU 또는 AMD Ryzen™ 3000 시리즈, Threadripper 3000 시리즈 이상 CPU
운영 체제	Windows 10(64비트) 버전 V22H2 이상	Windows 10(64비트) 버전 22H2 이상 또는 Windows 11
RAM	8GB RAM	16GB RAM(HD 미디어용) 32GB 이상(4K 이상)
GPU	GPU 메모리 2GB	GPU 메모리 8GB
저장 공간	8GB 이상 하드디스크 여유 공간	캐시용 고속 내장 SSD
모니터 해상도	1920 x 1080	1920 x 1080 이상 DisplayHDR 1000(HDR 워크플로우용)

macOS용 최소 및 권장 시스템 요구 사양

	최소 사양	권장 사양
프로세서	Intel® 6세대 이상 CPU	Apple silicon M1 Pro, M1 Max, M1 Ultra 이상
운영 체제	macOS Monterey 버전 12 이상	macOS Monterey 버전 12 이상
RAM	8GB RAM	Apple silicon: 통합 메모리 16GB
GPU	Apple Silicon: 통합 메모리 8GB 이상 Intel: GPU 메모리 2GB	Apple silicon: 통합 메모리 16GB

저장 공간	8GB 이상 하드디스크 여유 공간	캐시용 고속 내장 SSD
모니터 해상도	1920 x 1080	1920 x 1080 이상 DisplayHDR 1000(HDR 워크플로우용)

TIP 원활한 영상 편집을 위해서는 권장 사양을 추천합니다. 또한, 위 시스템 요구 사항은 2025년 2월 기준 프리미어 프로 2025의 시스템 요구 사항으로, 버전에 따라 차이가 있을 수 있습니다. 좀 더 자세한 정보는 다음 어도비 홈페이지에서 확인할 수 있습니다.
https://helpx.adobe.com/kr/premiere-pro/system-requirements.html

Pr 프리미어 프로 최신 버전 설치하기

프리미어 프로를 포함하여 포토샵, 애프터 이펙트 등의 어도비 제품은 7일간 무료로 사용할 수 있습니다. 단, 무료 체험판을 사용하기 위해서는 회원 가입 및 지불 수단(신용카드 정보)을 입력해야 하며, 무료 체험 기간인 7일이 지나면 자동으로 유료 사용자로 결제가 진행됩니다. 그러므로, ==7일간 무료 체험 기간이 끝난 후 유료로 사용하지 않으려면 반드시 플랜 취소를 신청해야 합니다.== **Link** 플랜 취소 방법은 057쪽에서 자세히 설명합니다.

01 어도비 홈페이지(https://www.adobe.com/kr)에 접속합니다. ❶ [크리에이티비티 및 디자인] 메뉴를 선택한 후 ❷ [제품 모두 보기] 버튼을 클릭합니다.

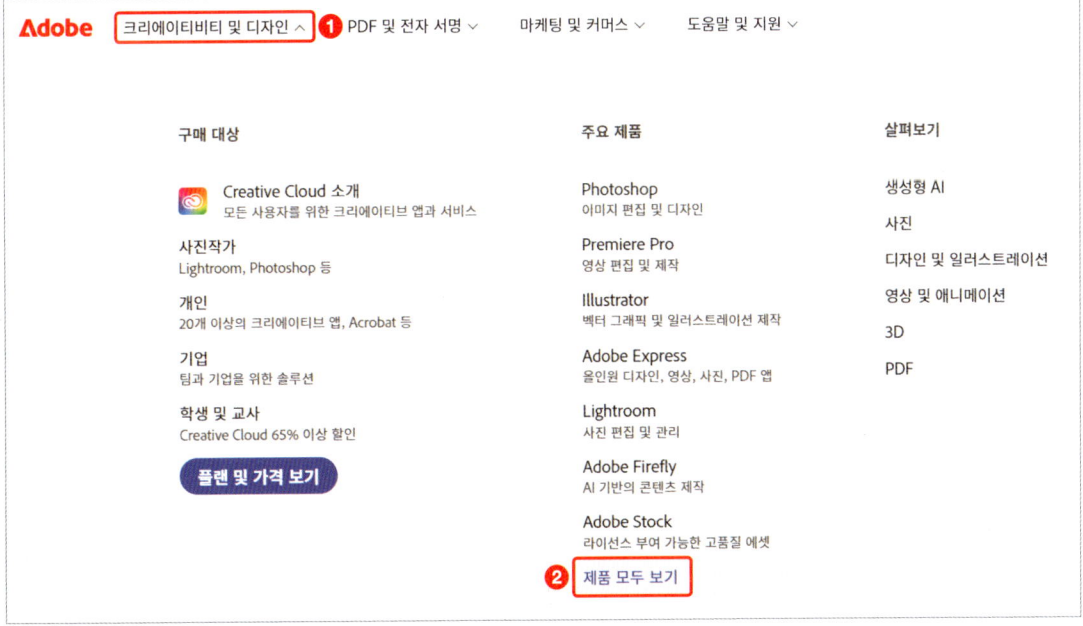

02 설치할 수 있는 어도비 제품 목록이 모두 나타나면 Premiere Pro를 찾아 [**무료 체험판**] 버튼을 클릭합니다.

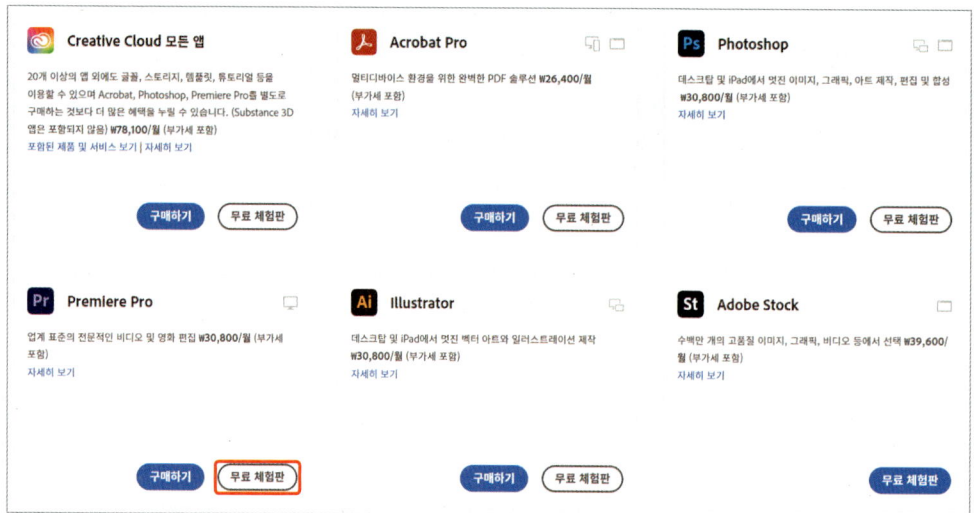

03 무료 체험 기간이 안내되며 사용할 플랜 선택 옵션이 표시됩니다. 사용 목적에 맞는 플랜을 선택합니다. ❶ 여기서는 [**개인**] 플랜을 선택하고 ❷ [**Adobe Premiere Pro 플랜**](단일 제품 플랜)을 선택했습니다. ❸ 오른쪽 [**구독 선택**] 옵션에서 약정 기간 및 청구 방식을 선택한 후 ❹ [**계속**] 버튼을 클릭합니다. 7일 전에 취소할 예정이면 임의의 방식을 선택해도 무방하며, 유료로 계속 사용할 예정이라면 청구 방식을 꼼꼼하게 확인한 후 선택합니다.

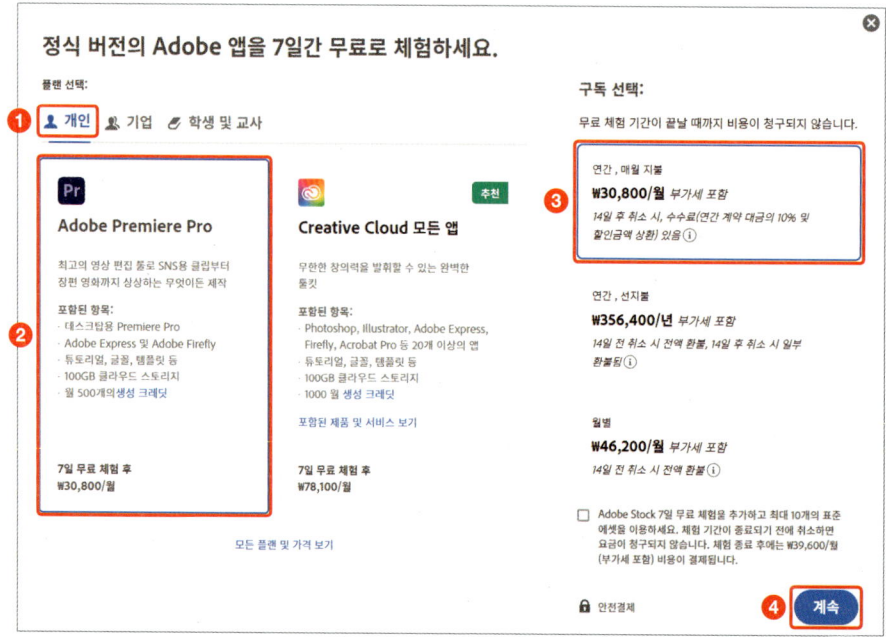

> **TIP** 프리미어 프로를 포함한 어도비의 제품을 구독할 때는 다음 사항들을 확인하고 진행하는 것을 추천합니다.

- [학생 및 교사용] 플랜은 학생이나 교사 혹은 교육기관 종사자를 위한 플랜으로 개인 사용자에 비해 좀 더 할인된 가격으로 어도비 제품을 사용할 수 있습니다.
- 어도비 유료 정책은 단일 제품을 사용하는 것보다 포토샵, 애프터 이펙트 등 어도비의 모든 제품을 사용할 수 있는 플랜이 효율적입니다. 상황에 따라 단일 제품 플랜과 모든 제품 플랜 중 선택하면 됩니다.
- 구독 방식 중 가장 비싼 것은 월간 구독으로 단일 제품 플랜 사용 시 매달 46,200원이 결제되며, 수수료 없이 취소할 수 있습니다. 연간 약정 중 월별 청구됨은 1년 약정으로 매달 30,800원 결제되며, 1년 내에 취소할 시 수수료가 부과됩니다. 마지막으로 연간 약정 중 선불 결제 방식은 가장 저렴하지만 1년 사용 비용을 선 결제해야 하며, 사용 중에 구독을 취소해도 환불이 되지 않습니다.
- 이 외에도 보다 자세한 정보는 어도비 플랜 및 가격 비교 페이지(https://www.adobe.com/kr/creativecloud/plans)에서 확인할 수 있습니다.

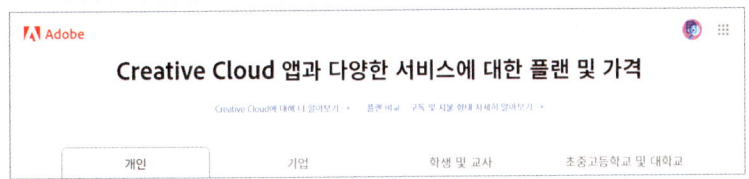

▲ 어도비의 다양한 서비스 및 플랜 비교(https://www.adobe.com/kr/creativecloud/plans)

04 계속해서 ❶ 어도비 홈페이지에서 ID로 사용할 이메일을 입력하고, ❷ '필수' 영역에 있는 개인 정보 사용 약관을 읽고 체크하여 동의한 후 ❸ [계속] 버튼을 클릭합니다.

LESSON 01 프리미어 프로 설치하기 55

05 어도비 ID가 생성되었으며, 이제 신용카드 정보를 입력합니다. ❶ 각 입력란에 신용카드 정보를 입력한 후 ❷ [동의 및 구독] 버튼을 클릭합니다. 곧바로 입력한 신용카드 정보를 확인하기 위해 100원이 결제된 후 다시 취소 처리됩니다.

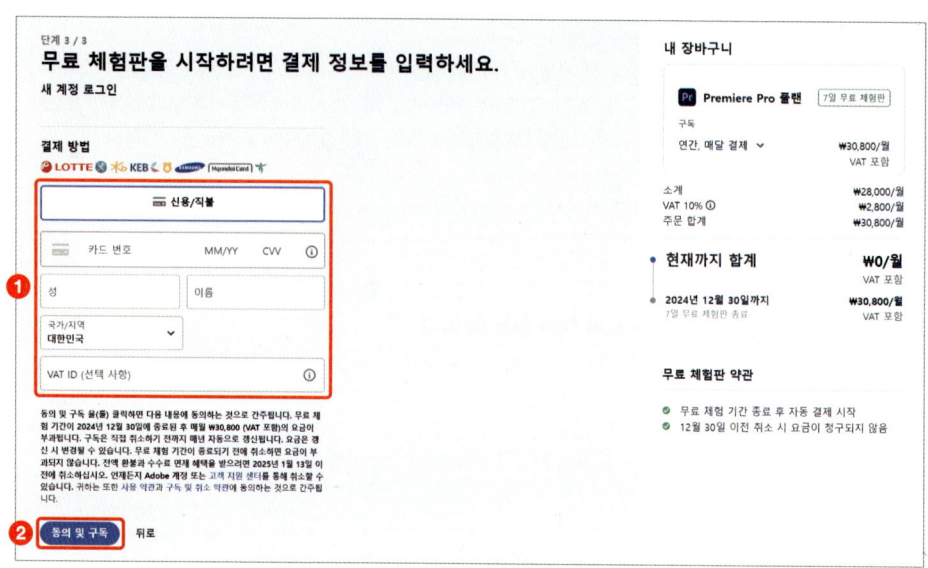

> **TIP** 체험 기간인 7일이 지나면 선택한 플랜에 따라 자동으로 비용이 결제됩니다. 그러므로 유료 사용을 원치 않으면 미리 플랜을 해지해야 합니다. 또한, 결제가 진행된 후라도 14일 이내에 취소하면 환불을 받을 수 있습니다. 자세한 정보는 구독 및 취소 약관에서 꼼꼼하게 확인하세요.

06 신용카드 정보 입력이 끝나면 암호 설정 및 이메일 확인 등의 절차를 통해 로그인하고 [Creative Cloud] 앱의 설치 및 실행이 진행됩니다. 이어서 자동으로 프리미어 프로(Premiere Pro)와 미디어 인코더(Media Encoder)가 설치됩니다.

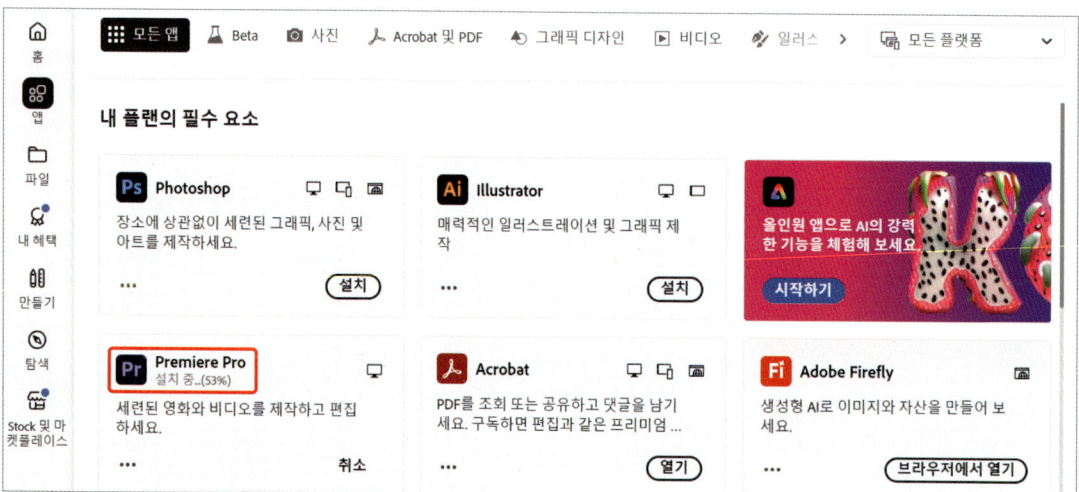

07 프리미어 프로 설치 과정이 완료되면 다음과 같은 시작 화면과 함께 프리미어 프로가 실행됩니다. 만약 프리미어 프로가 실행되지 않는다면 [Creative Cloud] 앱에서 프리미어 프로를 찾아 [열기] 버튼을 클릭하면 됩니다.

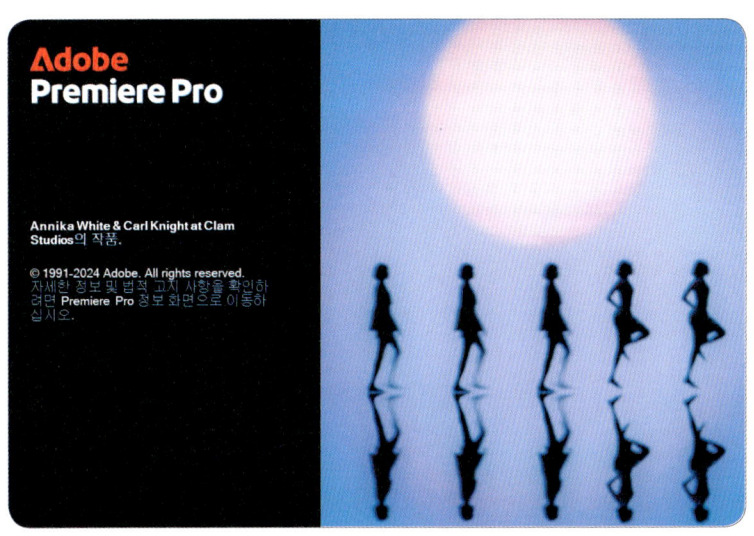

Pr 프리미어 프로 플랜 해지하기

7일 무료 체험 기간이 끝나면 설치할 때 등록한 신용카드 정보로 자동 결제가 진행됩니다. 그러므로 체험 기간만 사용할 예정이라면 무료 체험 기간이 끝나기 전에 Adobe Account 페이지에 접속하여 플랜을 취소해야 합니다.

01 Adobe Account(https://account.adobe.com)에 접속하여 앞서 만든 ID(이메일 주소)와 암호를 이용하여 로그인합니다. ❶ 현재 사용 중인 플랜과 결제 정보가 나타나면 왼쪽에 있는 [플랜 관리] 버튼을 클릭하고, ❷ 플랜 관리 창이 열리면 [플랜 취소] 버튼을 클릭합니다.

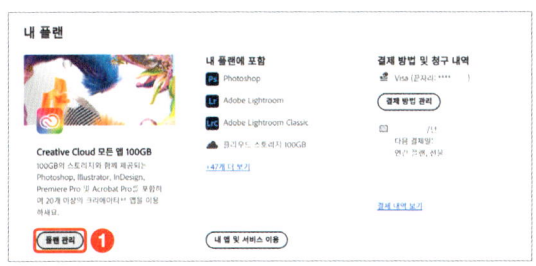

02 ❶ 플랜을 취소하려는 이유를 적당하게 선택하고 ❷ [계속] 버튼을 클릭하여 플랜을 취소합니다. 이때 선택한 이유에 따라 플랜 변경을 유도하는 팝업 창이 열리면 [아니요] 버튼을 클릭하면 됩니다.

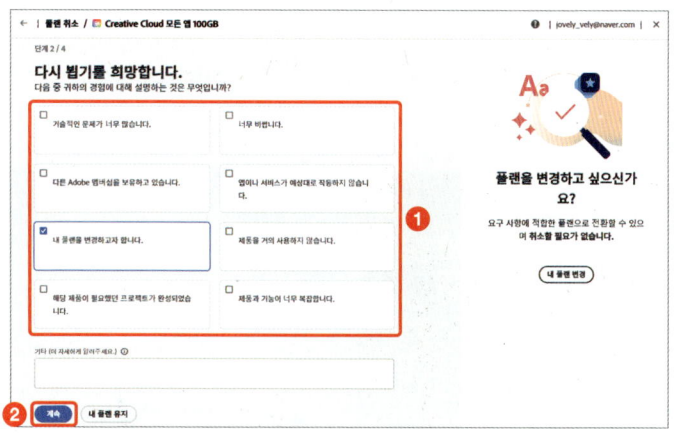

Pr 다른 버전을 설치하거나 프로그램 삭제하기

어도비의 각종 제품(프로그램)을 설치하면 기본으로 [Creative Cloud] 앱이 설치되며, 여기서 프리미어 프로, 애프터 이펙트 등 모든 어도비 제품을 통합 관리할 수 있습니다. 대표적으로 개선 사항을 반영한 업데이트, 원하는 제품 설치 및 실행, 이전 버전 설치, 사용 언어 변경 등 다양한 기능을 포함하고 있습니다.

최신 버전으로 업데이트

[Creative Cloud] 앱을 실행한 후 ❶ [앱] 탭을 클릭하면 현재 설치되어 있는 제품 목록이 표시되며, 각 제품명 아래쪽에 현재 버전과 함께 업데이트 여부가 표시됩니다. ❷ [업데이트 사용 가능] 링크가 표시되어 있다면 클릭해서 [업데이트] 탭으로 이동하고, ❸ 이어서 [업데이트] 버튼을 클릭하여 최신 버전으로 업데이트할 수 있습니다.

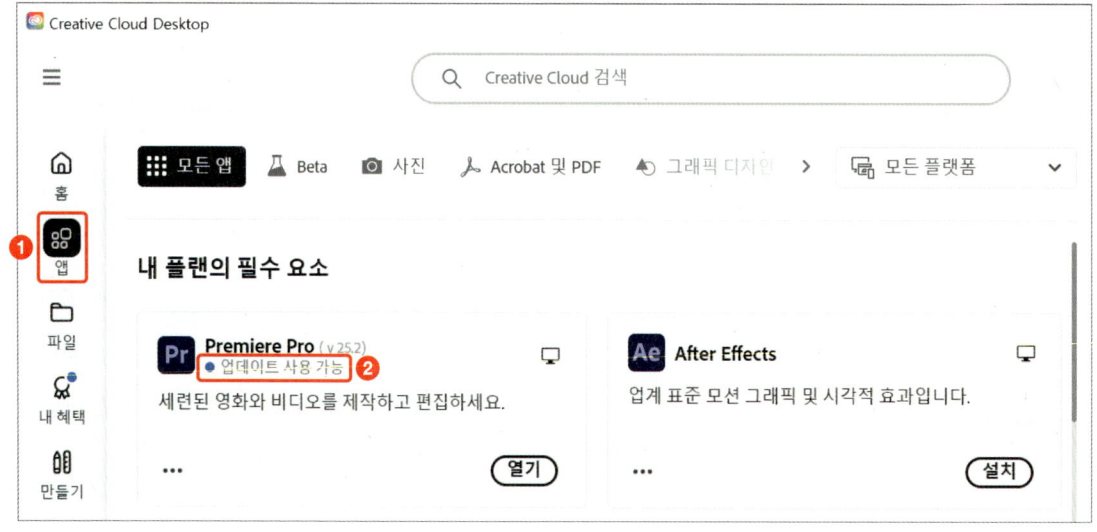

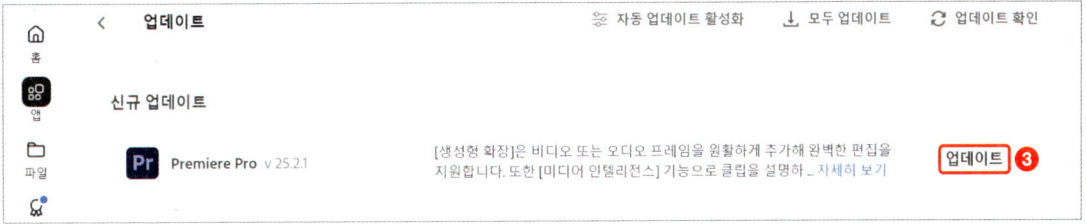

삭제 또는 이전 버전 설치

[Creative Cloud] 앱에서는 설치한 최신 버전을 삭제하거나 이전 버전을 설치할 수도 있습니다.

프리미어 프로 삭제 현재 사용 중인 프리미어 프로의 언어 설정을 변경하거나 오류 등으로 프로그램을 삭제하고 싶다면 [Creative Cloud]에서 [앱] 탭을 클릭한 후 프리미어 프로의 왼쪽 아래에 있는 ❶ [기타 액션] 아이콘을 클릭하고 ❷ 팝업 메뉴에서 [제거]를 선택합니다.

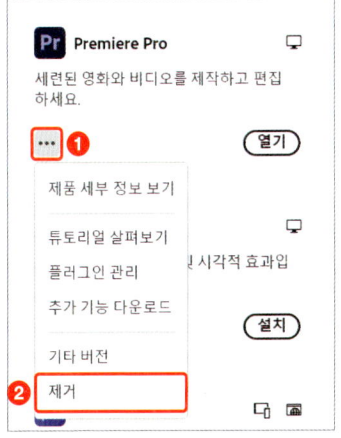

이전 버전 설치 프리미어 프로의 이전 버전 설치도 [Creative Cloud]에서 [앱] 탭으로 이동합니다. 그런 다음 프리미어 프로의 오른쪽 끝에 있는 [기타 액션] 아이콘을 클릭한 후 [기타 버전]을 선택하면 됩니다. 다음과 같은 팝업 창이 열리고 최신 버전과 이전 버전 목록이 표시되면 '이전 버전' 항목에서 원하는 버전에 있는 [설치] 링크를 클릭합니다.

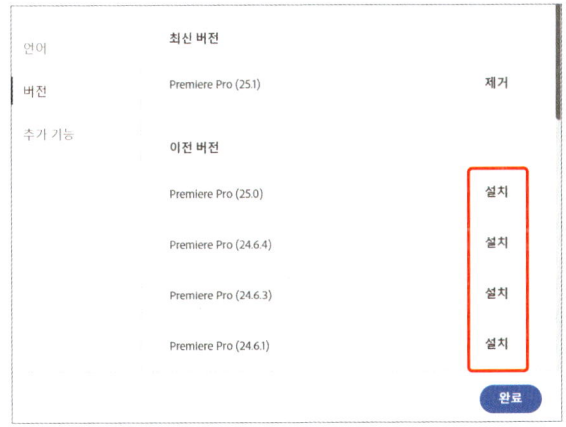

한글 / 영문 사용 언어 변경

별도의 설정 없이 프리미어 프로를 설치하면 한글 버전으로 설치됩니다. 하지만, 언제든 영문 버전으로 다시 설치하거나, 또 다시 한글 버전으로 설치할 수도 있습니다. 단, 기존에 설치되어 있는 한글 또는 영문 버전의 프리미어 프로를 먼저 삭제하고 다음 과정을 진행해야 합니다. 프리미어 프로를 삭제하려면 앞서 설명한 내용을 참고하세요.

01 기존에 설치된 프리미어 프로를 삭제했다면 우선 설치할 언어를 설정해야 합니다. [Creative Cloud]의 오른쪽 위에 있는 ❶ [계정] 아이콘(프로필 사진)을 클릭한 후 ❷ [환경 설정]을 선택합니다.

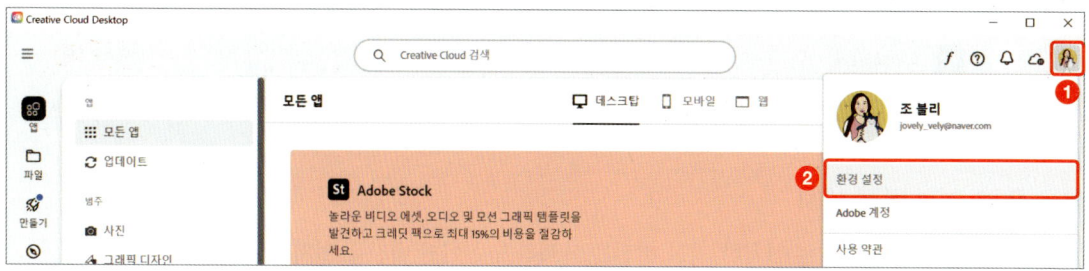

02 환경 설정 창이 열리면 ❶ [앱] 탭으로 이동한 후 ❷ [기본 설치 언어] 옵션에서 설치하고 싶은 언어를 선택하고 ❸ [완료] 버튼을 클릭합니다. 한글 버전을 설치하려면 [한국어]를, 영문 버전을 설치하려면 [English (international)]를 선택하면 됩니다.

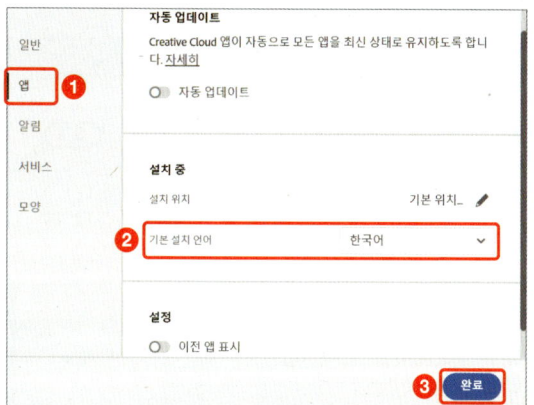
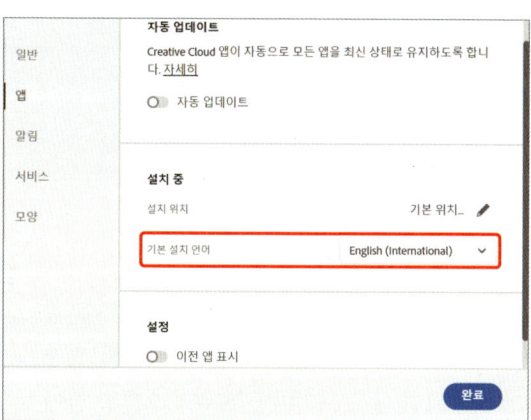

03 언어 설정이 끝났으면 [Creative Cloud]의 [앱] 탭으로 이동한 후 '내 플랜에서 사용 가능' 영역에서 프리미어 프로(Premiere Pro)를 찾아 [설치] 버튼을 클릭합니다.

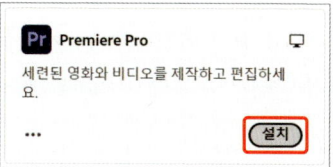

TIP 한글과 영문이 동시에 표시되도록 설정할 수도 있습니다. 이중 언어 설정은 다음 포스팅을 참고하세요.
https://bit.ly/pr-bilingual

Pr 프리미어 프로 초기화하기

프리미어 프로를 삭제한 후 다시 설치하는 방법 이외에도 처음 설치했을 때의 상태로 되돌리는 초기화 기능이 있습니다. 여기서 소개하는 방법은 프리미어 프로, 애프터 이펙트, 포토샵, 일러스트 등 모든 어도비 제품에서 동일한 방법으로 실행할 수 있으니, 이번 기회에 알아 놓으면 매우 유용합니다.

01 ❶ Windows의 [시작] 아이콘을 클릭한 후 모든 앱 목록이 나타나면 ❷ [Alt]를 누른 채 [Adobe Premiere Pro] 아이콘을 클릭합니다. 이때 [Alt]는 재설정 옵션 창이 열릴 때까지 계속해서 누르고 있어야 합니다. Windows 11을 사용 중이라면 [시작] 아이콘을 클릭한 후 [모든 앱] 버튼을 클릭하여 모든 앱 목록을 확인할 수 있습니다.

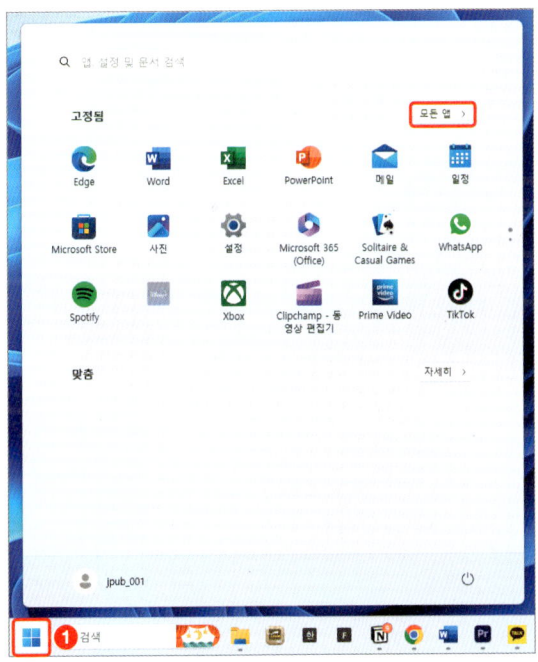

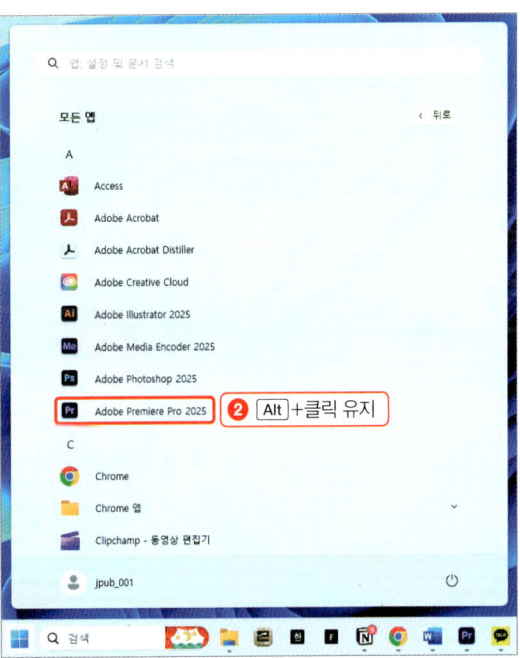

> **TIP** macOS에서는 [option]을 누른 채 프리미어 프로를 실행하면 초기화할 수 있습니다.

02 다음과 같이 ① 재설정 옵션 창이 열리면 [앱 환경 설정 재설정]에 체크하고 ② [계속] 버튼을 클릭하여 프리미어 프로를 초기화합니다.

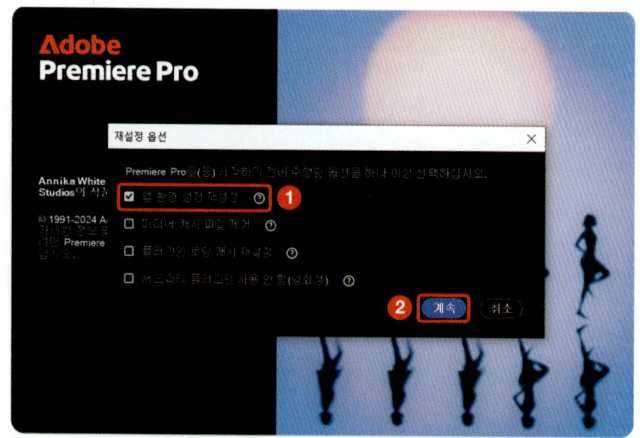

TIP 프리미어 프로 버전에 따라 아래와 같이 환경 설정 재설정 여부를 묻는 팝업 창이 나타날 수도 있습니다. [확인] 버튼을 클릭하면 프리미어 프로가 초기화됩니다.

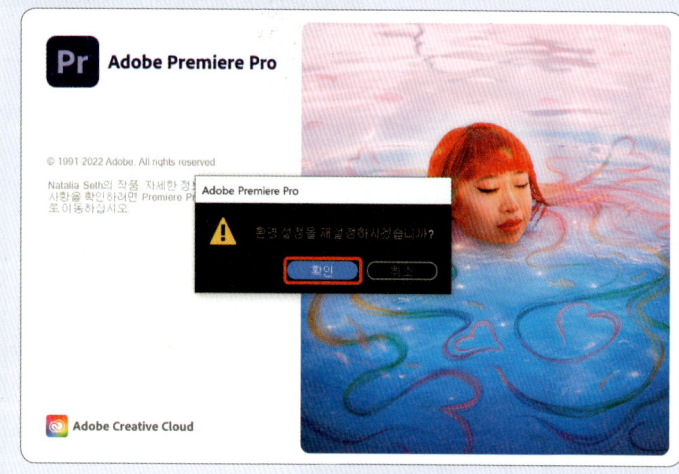

LESSON 02
새 프로젝트 생성 및 프로젝트 저장 & 불러오기

프리미어 프로를 실행한 후 본격적인 편집을 시작하기 위해 처음으로 진행해야 하는 과정은 새 프로젝트를 만드는 일입니다. 새로운 프로젝트를 만드는 방법부터 저장한 프로젝트를 여는 방법까지 자세하게 알아보겠습니다.

Pr 새로운 프로젝트 시작하기

새로운 프로젝트를 시작하려면 먼저 프리미어 프로부터 실행해야겠죠? Windows의 [시작] 아이콘을 클릭한 후 설치된 프로그램 목록에서 [Adobe Premiere Pro]를 찾아 선택하거나 [Creative Cloud]의 [앱] 탭에서 프리미어 프로의 [열기] 버튼을 클릭해서 실행합니다.

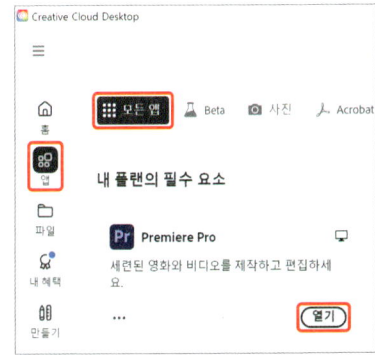

▲ [Creative Cloud]의 [앱] 탭에서 실행하기

01 프리미어 프로를 실행하면 시작 화면을 거쳐 다음과 같은 홈 화면이 나타납니다. 새로운 프로젝트를 시작하기 위해 왼쪽 사이드바에 있는 [새 프로젝트] 버튼을 클릭합니다.

TIP 메뉴 바에서 [파일] – [새로 만들기] – [프로젝트]를 선택하거나 Ctrl + Alt + N 을 눌러서 새로운 프로젝트를 시작할 수도 있습니다.

02 새 프로젝트 창이 열리면 ① 프로젝트 이름을 입력하고 ② 저장 위치를 설정한 후 ③ [만들기] 버튼을 클릭합니다.

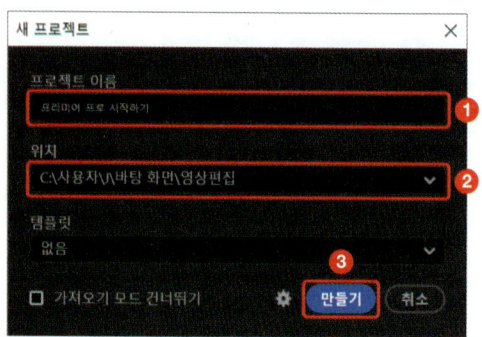

03 가져오기 화면이 열리면 ① 왼쪽 사이드바에서 미디어가 저장된 위치를 선택합니다. ② 화면 중앙에 미디어 목록이 표시되면 프로젝트에 사용할 미디어를 모두 선택한 후 ③ [가져오기] 버튼을 클릭합니다. 미디어를 선택하지 않고 ④ [건너뛰기] 버튼을 클릭하면 빈 프로젝트가 생성됩니다. `Link` 빈 프로젝트를 만든 이후에 미디어 소스를 가져오는 방법은 081쪽에서 자세히 설명합니다.

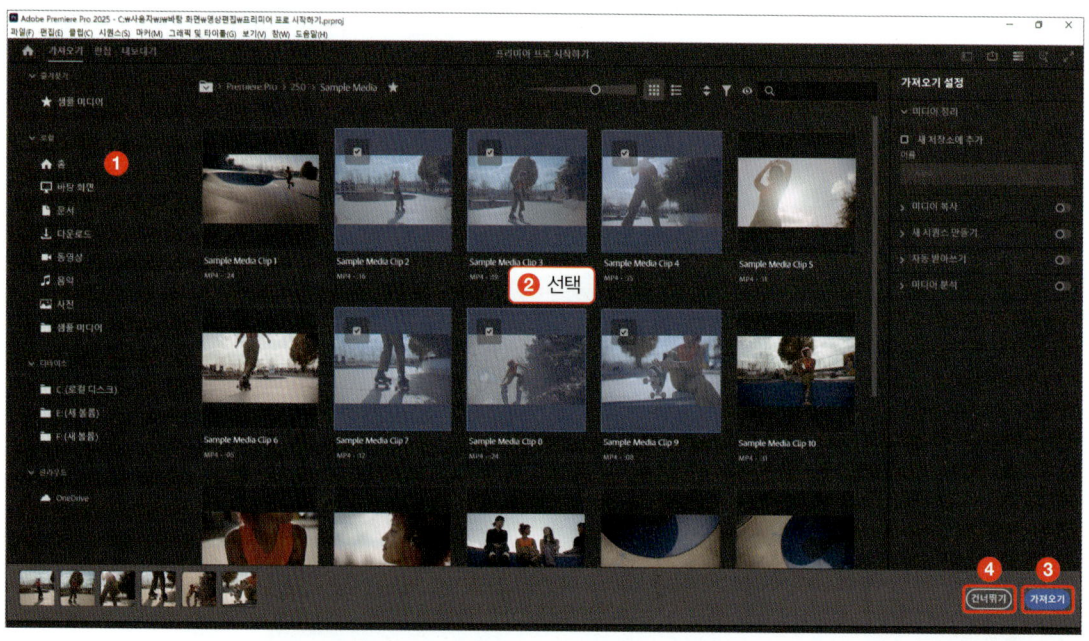

> **TIP** 프리미어 프로에서 영상을 편집하려면 프로젝트부터 만들어야 하며, 프리미어 프로 2022(v22.3)부터는 새 프로젝트 생성 시 위와 같이 미디어를 선택할 수 있도록 변경되었습니다. 홈 화면에서 [새 프로젝트] 버튼을 클릭했을 때 위와 다르다면 프리미어 프로 2022 이전 버전으로, 이름과 프로젝트 저장 위치만 지정한 후 [확인] 버튼을 클릭하여 새 프로젝트를 시작합니다.

금손 변신 TIP | 새 프로젝트와 가져오기 화면 금손처럼 사용하기

새 프로젝트 및 가져오기 화면은 프로젝트 이름과 저장 위치를 설정하고, 동영상, 이미지, 오디오 등 미디어 파일을 불러와 편집을 시작할 수 있도록 준비하는 공간입니다. 이제 각 옵션을 좀 더 자세히 살펴보겠습니다.

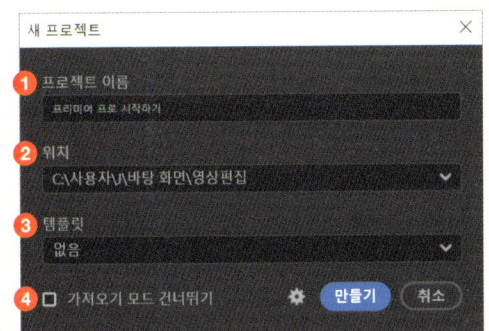

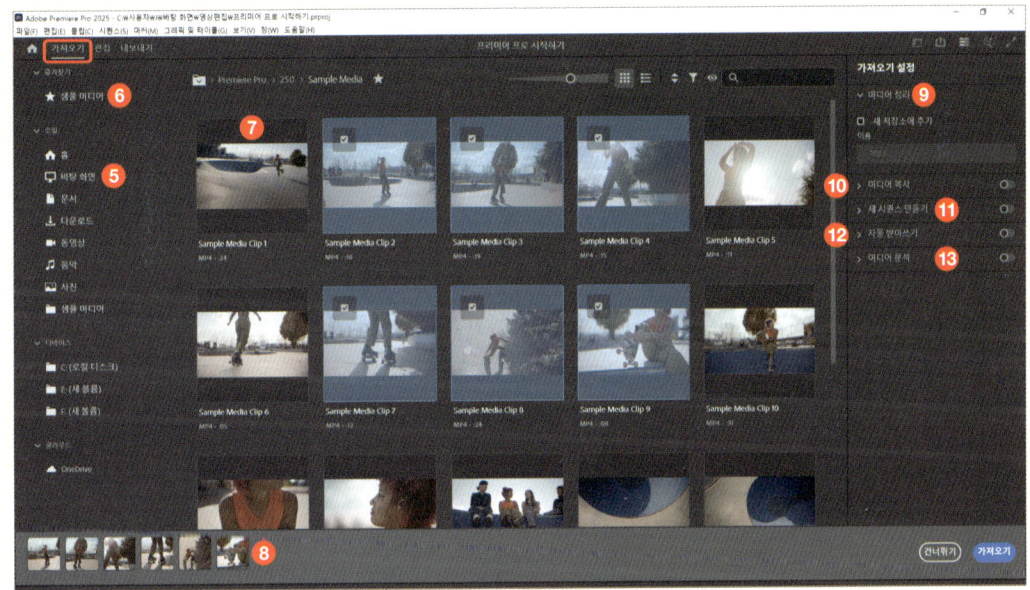

▲ 새 프로젝트를 만들 때 가져오기 화면

❶ **프로젝트 이름**: 프로젝트 이름을 입력합니다. 이름을 입력하지 않으면 '무제'라는 이름으로 프로젝트가 시작됩니다.

❷ **프로젝트 위치**: 프로젝트가 저장될 위치를 지정합니다. 여기서 지정한 프로젝트 저장 폴더에는 프로젝트뿐만 아니라 미리 보기 파일, 자동 저장 프로젝트 등 다양한 파일이 같이 저장됩니다. 그러므로 추후에 변경되지 않을 위치에 새로운 폴더를 만들어 사용하는 것이 좋습니다.

❸ **템플릿**: 프로젝트 시작 시 자주 사용하는 폴더 구조, 효과음, 이미지 등을 템플릿으로 추가하여 불러올 수 있습니다.

❹ **가져오기 모드 건너뛰기**: 옵션을 선택하면 새 프로젝트를 만들 때 미디어 가져오기 단계를 생략하고 빈 프로젝트로 바로 시작합니다.

❺ **미디어 저장 위치**: 프로젝트에 사용할 소스 미디어가 저장된 위치를 선택합니다.

⑥ **즐겨찾기**: 사이드바에서 미디어 저장 위치를 선택한 후 미디어 목록 위에 표시되는 경로에서 ☆ 아이콘을 클릭하면 선택한 위치를 즐겨찾기로 추가할 수 있습니다. 이후 사이드바에 있는 '즐겨찾기' 항목에서 빠르게 이동할 수 있습니다.

⑦ **미디어 목록**: 사이드바에서 선택한 위치에 포함되어 있는 미디어 목록이 표시됩니다. 여기서 프로젝트에 사용할 미디어를 모두 선택합니다. 선택 중인 미디어를 한 번 더 클릭하면 선택을 해제할 수 있고, 해당 목록을 모두 선택하려면 Ctrl + A 를, 모든 선택을 해제하려면 Ctrl + Shift + A 를 누릅니다.

⑧ **선택 트레이**: 미디어를 선택하면 아래쪽에 있는 선택 트레이에 추가되어 미디어의 순서를 확인할 수 있습니다. 선택 트레이에서 마우스 오른쪽 버튼을 클릭한 후 [모두 선택 해제]를 선택하면 미디어 선택을 취소할 수도 있습니다.

⑨ **미디어 정리**: '새 저장소에 추가' 옵션을 선택하면 프로젝트 생성 시 [프로젝트] 패널에 별도의 폴더가 생성됩니다. 미디어를 폴더로 정리하려면 이 옵션을 활성화합니다.

⑩ **미디어 복사**: 선택한 미디어를 지정한 위치로 복사합니다. 이동식 드라이브 등 임시 저장소에 있는 미디어 파일을 특정 위치로 옮기려면 이 옵션을 활성화합니다.

⑪ **새 시퀀스 만들기**: 해당 옵션이 활성화되어 있으면 미디어 소스를 포함한 시퀀스가 자동으로 생성되며, 비활성화되어 있다면 미디어만 가져옵니다. Link 시퀀스는 087쪽에서 자세히 설명합니다.

⑫ **자동 받아쓰기**: 비디오에 포함된 음성을 텍스트로 변환하여 대본을 만들며, 대본은 캡션을 만들거나 텍스트로 러프하게 컷 편집할 때 사용합니다. Link 자동 받아쓰기는 137쪽, 캡션 만들기는 283쪽에서 자세히 설명합니다.

⑬ **미디어 분석**: 가져온 영상과 이미지를 AI가 분석해 화면 속 시각 요소를 인식하고 검색할 수 있습니다.

Pr 프로젝트 파일 저장하기

새로운 프로젝트를 생성함과 동시에 지정한 위치에 지정한 이름의 프로젝트 파일이 저장됩니다. 프로젝트 파일은 [파일명.prproj]으로 확장자가 PRPROJ입니다. Windows의 파일 탐색기나 macOS의 Finder 등을 실행하여 프로젝트 위치로 지정한 곳으로 이동해 보면 생성된 프로젝트 파일을 확인할 수 있습니다.

변경 사항 저장하기

작업 중간에 혹은 모든 작업이 완료된 후 프로젝트 파일을 저장하려면 메뉴 바에서 [파일] - [저장]을 선택하거나 단축키 Ctrl + S 를 누릅니다. 프로젝트를 만들 때 지정했던 경로와 이름으로 저장됩니다.

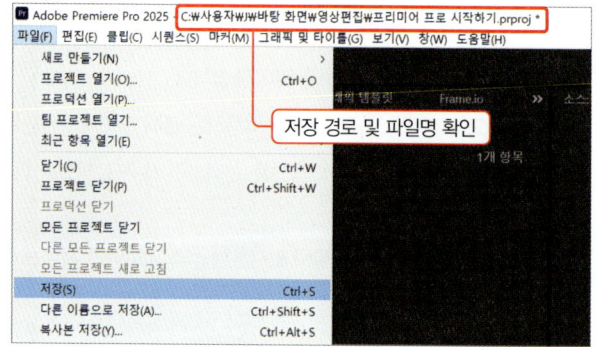

TIP 프로젝트의 경로와 파일 이름은 메뉴 바 위에 자세히 표시됩니다. 파일 이름 옆에 * 표시가 있다면 프로젝트의 변경 사항이 저장되지 않았다는 의미로 저장을 하면 사라집니다. 저장을 한 후에도 변화가 있으면 계속해서 *가 생깁니다. 편집을 하다 보면 갑자기 컴퓨터가 멈추는 일이 발생할 수 있으므로 Ctrl + S 를 수시로 누르면서 자주 저장하는 습관을 길러 주세요.

다른 이름으로 프로젝트 저장하기

버전 관리 등을 위해 프로젝트 파일을 다른 이름으로 저장하려면 메뉴 바에서 [파일] - [다른 이름으로 저장]을 선택하거나 단축키 Ctrl + Shift + S 를 누릅니다. 프로젝트 저장 창이 열리면 [파일 이름] 옵션에 다른 이름을 입력한 후 [저장] 버튼을 클릭합니다.

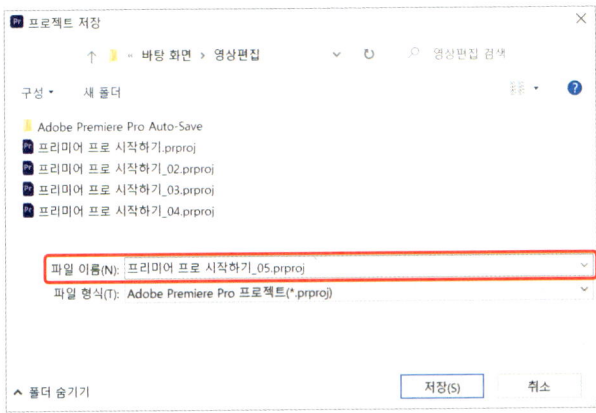

TIP 프로젝트를 같은 이름으로 계속 저장하면 마지막 작업했던 내용만 저장됩니다. 작업을 하다 보면 이전에 작업했던 내용으로 돌아가야 할 때나 예기치 못한 상황으로 다운이 될 수 있습니다. 그러므로 [파일명_02.prproj]처럼 이름 뒤에 숫자를 붙여서 여러 번 저장하면 이전으로 쉽게 돌아갈 수 있습니다. Link 프로젝트 백업 방법은 559쪽에서 자세히 설명합니다.

프로젝트 파일 자동 저장

프리미어 프로에는 자동으로 프로젝트를 저장해 주는 자동 저장(Auto-Save) 기능이 있습니다. 프로젝트가 저장된 경로에 가면 [Adobe Premiere Pro Auto-Save] 폴더를 확인할 수 있으며, 기본 설정에 따라 5분마다 자동으로 프로젝트가 저장됩니다.

자동 저장의 세부 설정은 메뉴 바에서 [편집] - [환경 설정] - [자동 저장]을 선택한 후 환경 설정 창에서 변경할 수 있습니다(macOS에서는 메뉴 바에서 [Premiere Pro]를 선택해야 환경 설정이 나타납니다).

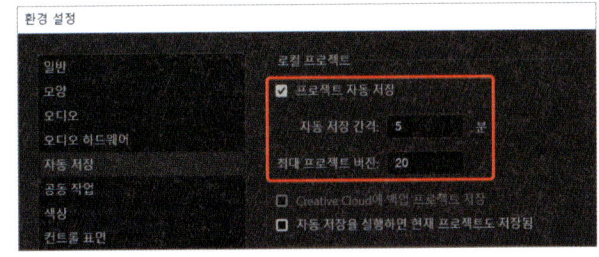

TIP 자동으로 저장되는 프로젝트는 5분에 한 번씩 한 개의 프로젝트를 생성하여 저장합니다. 위의 설정에 따르면 최대 20개의 프로젝트가 개별 저장됩니다. 그 이후에는 다시 첫 번째 프로젝트에 덮어쓰기로 저장됩니다. 자동 저장 기능은 보조 수단일 뿐입니다. 직접 자주 저장하는 습관을 기르는 것이 중요합니다.

Pr 저장한 프로젝트 파일 열기

저장한 프로젝트 파일을 열려면 메뉴 바에서 [**파일**] – [**프로젝트 열기**]를 선택하거나 단축키 Ctrl + O 를 누릅니다. 프로젝트 열기 창이 열리면 원하는 프로젝트 파일을 선택한 후 [**열기**] 버튼을 클릭하면 됩니다.

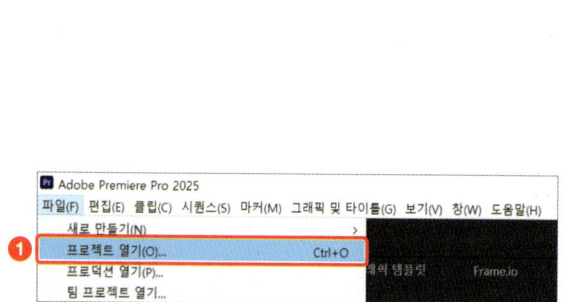
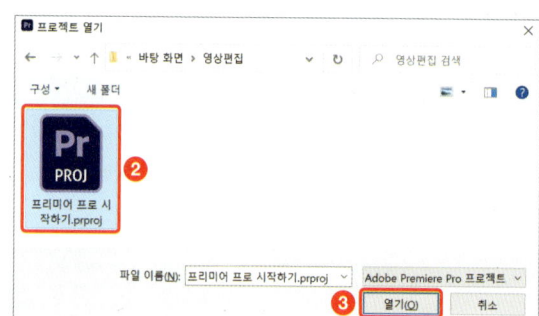

여러 개의 프로젝트 열기 및 닫기

프리미어 프로에서는 한 번에 여러 개의 프로젝트를 열어서 동시에 작업할 수 있습니다. 방법은 간단합니다. 앞서 소개한 '저장한 프로젝트 열기' 방법을 반복해서 실행하면 됩니다. 이때, 가장 최근에 연 프로젝트 혹은 마지막으로 작업한 프로젝트(선택한 프로젝트)는 프리미어 프로 최상단에 있는 제목 표시줄에서 이름을 확인할 수 있습니다.

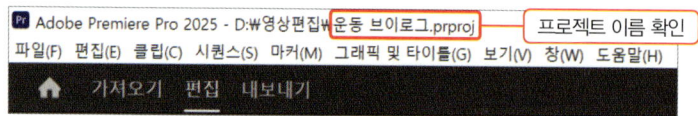

또한, 현재 열려 있는 프로젝트의 목록을 확인하거나 프로젝트를 닫는 방법은 다음과 같습니다.

열려 있는 프로젝트 확인하기 [프로젝트] 패널(Shift + 1)에서 각 탭을 확인하거나 메뉴 바에서 [**창**] – [**프로젝트**](Window – Projects)를 선택하면 확인할 수 있습니다.

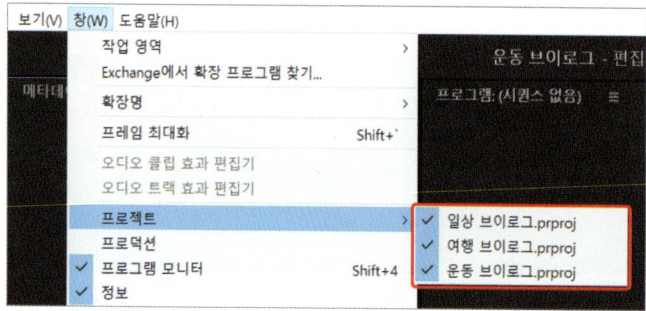

프로젝트 닫기 선택된 프로젝트를 제외하고 남은 프로젝트를 모두 닫고 싶다면 메뉴 바에서 [파일] − [다른 모든 프로젝트 닫기](File − Close All other Projects)를 선택하고, 선택된 프로젝트를 포함하여 모든 프로젝트를 닫을 때는 [모든 프로젝트 닫기](Close All Projects)를 선택합니다.

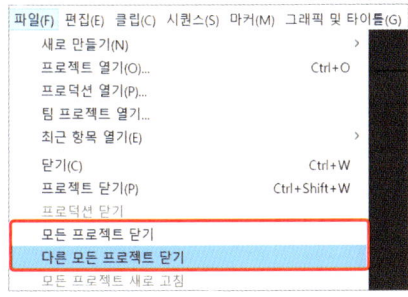

하위 버전에서 만든 프로젝트 파일 열기

<mark>프리미어 프로는 상위 버전에서 저장한 프로젝트 파일을 하위 버전에서 열 수 없습니다.</mark> 즉, 프리미어 프로 2025에서 저장한 프로젝트 파일을 그 하위 버전인 2023, 2024 등의 버전에서는 열 수 없습니다. 하지만 반대로 상위 버전에서는 하위 버전 프로젝트 파일을 얼마든지 열 수 있습니다.

방법은 일반적인 프로젝트 파일 열기와 마찬가지로 메뉴 바에서 [파일] − [프로젝트 열기]를 선택하면 됩니다. 단, 하위 버전에서 저장한 프로젝트를 열면 다음과 같은 프로젝트 변환 창이 나타나고 [확인] 버튼을 클릭하면 프로젝트를 상위 버전으로 변환하여 저장한 후 엽니다.

이때, 저장되는 파일명은 기본적으로 기존 프로젝트 파일명 뒤에 _1이 붙은 형태이며, 원하는 이름으로 저장하고 싶다면 [이름] 및 [위치] 옵션을 변경한 후 [확인] 버튼을 클릭합니다.

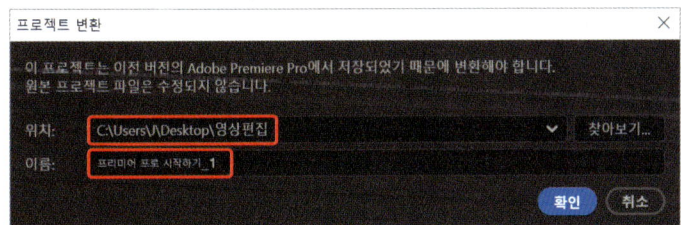

▲ 하위 버전에서 저장한 프로젝트 파일을 열면 프로젝트 변환 창이 열립니다.

TIP 만약 상위 버전에서 저장한 프로젝트 파일을 열고 싶다면 다음 포스팅을 참고하여 프로젝트 파일을 다운그레이드한 후 프로젝트 열기를 실행합니다.

https://bit.ly/pr-downgrade

LESSON 03
편집 화면 및 주요 패널 살펴보기

프리미어 프로의 기본 인터페이스는 항상 고정된 것이 아니므로 언제든 사용자 편의에 따라 변경하면서 사용할 수 있습니다. 여기서는 프리미어 프로의 기본 인터페이스와 자주 사용하는 패널을 살펴본 후, 사용자에 따라 자유자재로 패널을 이동하여 나만의 작업 영역 레이아웃을 만드는 방법 및 초기화 방법을 소개합니다.

프리미어 프로의 기본 인터페이스 살펴보기

프리미어 프로에서 새로운 프로젝트를 시작하면 열리는 편집 화면은 최상단에 제목 표시줄부터 메뉴 바, 상단 표시줄 그리고 다양한 패널의 배열로 이루어졌습니다. 여기서 패널들이 배치된 영역을 작업 영역이라고 하며 컷 편집, 자막 편집, 오디오 편집, 색 보정 등 작업 종류에 따라 원활하게 편집할 수 있도록 정리한 기본 레이아웃을 제공합니다. _{Link} 작업 영역 레이아웃 선택 방법은 075쪽에서 자세히 설명합니다.

▲ 프리미어 프로의 [학습] 레이아웃에서 기본으로 제공하는 튜토리얼

프리미어 프로를 처음 실행했다면 작업 영역은 [학습] 레이아웃으로 열립니다. [학습] 레이아웃의 가장 큰 특징은 화면 왼쪽에 [학습] 패널이 표시되는 것이며, 여기서 원하는 튜토리얼을 선택하여 프리미어 프로의 기본 기능을 배울 수 있습니다.

🔧 금손 변신 TIP 상단 표시줄 금손처럼 사용하기

메뉴 바 아래에 있는 상단 표시줄의 중앙에는 현재 열려 있는 프로젝트명이 표시되며, 왼쪽과 오른쪽에는 각각 다음과 같은 기능을 포함하고 있습니다.

❶ **홈**: 프리미어 프로 홈 화면으로 이동할 수 있습니다.

❷ **가져오기**: 편집에 사용할 소스를 빠르게 가져올 수 있습니다. Link 065쪽 참고

❸ **편집**: 프로젝트를 열었을 때 기본 화면으로 프로젝트의 작업 영역이 표시되고 실제 영상 편집 작업을 진행하는 곳입니다.

❹ **내보내기**: 완성한 작업을 동영상 파일로 저장합니다. Link 527쪽 참고

❺ **작업 영역**: 작업 종류에 따라 미리 저장되어 있는 다양한 레이아웃을 선택할 수 있습니다. Link 075쪽 참고

❻ **빠른 내보내기**: 미리 설정해 놓은 옵션을 이용해 빠르게 동영상 파일로 저장합니다. Link 529쪽 참고

❼ **진행 상황 대시보드 열기**: 프리미어 프로의 백그라운드에서 진행 중인 작업을 빠르게 확인할 수 있습니다.

❽ **검색 패널**: AI가 가져온 영상, 이미지, 대본을 분석해 화면 속의 사람, 사물, 배경 등을 인식하고, 원하는 장면을 빠르게 찾아줍니다.

❾ **전체 화면 동영상**: 전체 화면으로 편집 중인 영상을 확인합니다.

> **TIP** 위와 같은 상단 표시줄은 프리미어 프로 2022(v22.3) 버전부터 변경된 것으로, 각 탭 및 아이콘을 클릭하여 빠르게 이동 및 실행할 수 있습니다. 만약, 이전 버전을 사용하고 있다면 상단 표시줄 위치에 작업 영역 레이아웃을 선택하는 막대가 표시됩니다.

Pr 프리미어 프로의 주요 패널 알아보기

프리미어 프로에는 약 30여 개의 패널이 있지만, 편집 중에 모든 패널을 사용하는 것은 아닙니다. 지금부터 자주 사용하고, 꼭 알아야 할 패널들을 소개하겠습니다. 패널 소개는 기본적으로 많이 사용하는 **[편집]** (Editing) 레이아웃을 기준으로 살펴보겠습니다. Link 레이아웃 변경 방법은 075쪽에서 자세히 설명합니다.

> **TIP** 프리미어 프로를 실행한 후 편집 화면에서의 기본적인 작업 순서는 [프로젝트] 패널 → [소스 모니터] 패널 → [타임라인] 패널 → [프로그램 모니터] 패널입니다. 그러므로 단축키 또한 작업 순서에 맞춰 Shift + 1, Shift + 2, Shift + 3, Shift + 4 로 지정되어 있습니다.

① [프로젝트] 패널(Shift + 1) 영상을 편집할 때 사용할 소스를 불러오는 곳입니다. 동영상, 사진, 음악, 자막, 시퀀스 등 모두 [프로젝트] 패널에 표시됩니다. `Link` 영상 소스를 불러오는 방법은 081쪽에서 자세히 설명합니다.

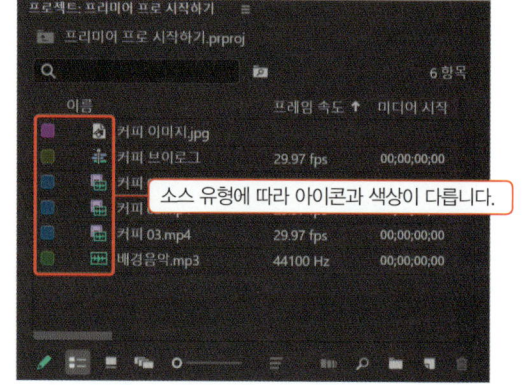

② [소스 모니터] 패널(Shift + 2) 원본 영상을 확인하는 곳입니다. 시작 표시와 종료 표시를 설정하여 해당 구간만 편집에 사용할 수 있으며, 삽입 또는 덮어쓰기 편집을 할 수 있습니다. `Link` 시작 및 종료 표시 설정은 119쪽에서 자세히 설명합니다.

❸ **[타임라인] 패널**(Shift + 3) 영상 자르기, 붙이기, 이동하기, 효과 적용 등 편집이 실제로 이루어지는 곳입니다. Link [타임라인] 패널은 102쪽에서 자세히 설명합니다.

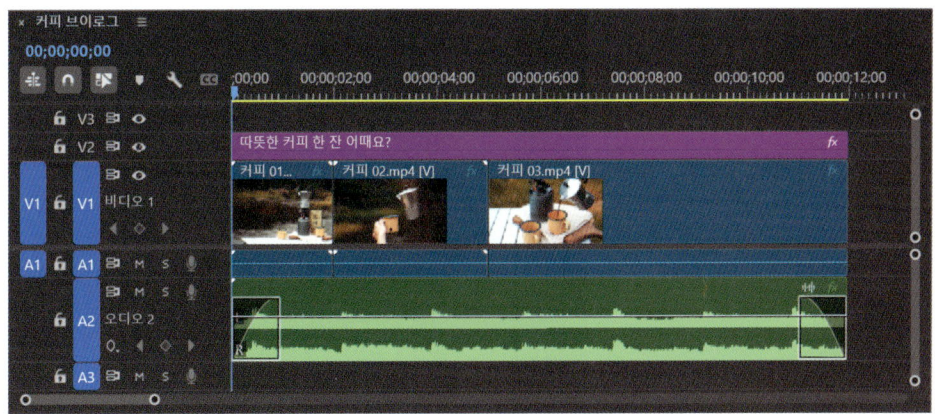

❹ **[프로그램 모니터] 패널**(Shift + 4) 편집한 결과를 확인하는 곳입니다. 재생헤드가 위치한 곳의 화면이 표시되며 제거 또는 추출 편집을 할 수도 있습니다. Link 제거 또는 추출 편집은 132쪽에서 자세히 설명합니다.

❺ **[도구] 패널** 편집을 도와주는 각종 도구를 모아 놓은 패널입니다. Link [도구] 패널은 100쪽에서 자세히 설명합니다.

❻ **[오디오 미터] 패널** 오디오의 레벨을 확인할 수 있습니다. Link 오디오 보정 방법은 403쪽, [CHAPTER 06]에서 자세히 설명합니다.

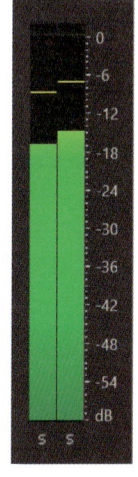

❼ **[효과] 패널**(Shift+7) 모자이크 효과, 음소거 효과, 디졸브, 페이지 벗기기 등 비디오와 오디오 효과가 모여 있는 패널입니다. Link 다양한 효과 활용 방법은 313쪽, [CHAPTER 05]에서 실습으로 확인할 수 있습니다.

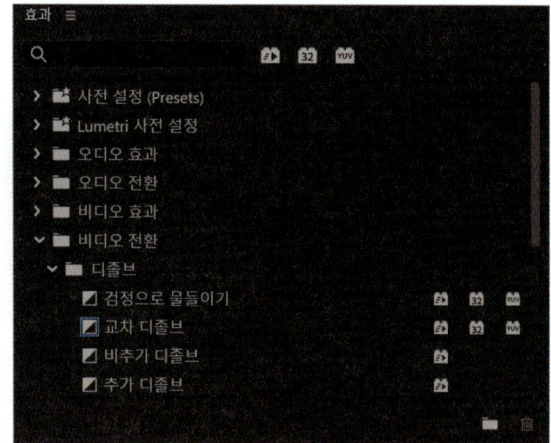

TIP [효과] 패널은 기본적으로 [프로젝트] 패널과 그룹으로 묶여 있으므로 » 아이콘을 클릭하고 [효과] 패널을 선택합니다. 만약, [효과] 패널이 보이지 않는다면 단축키 Shift+7을 누르거나 메뉴 바에서 [창]-[효과]를 선택하세요.

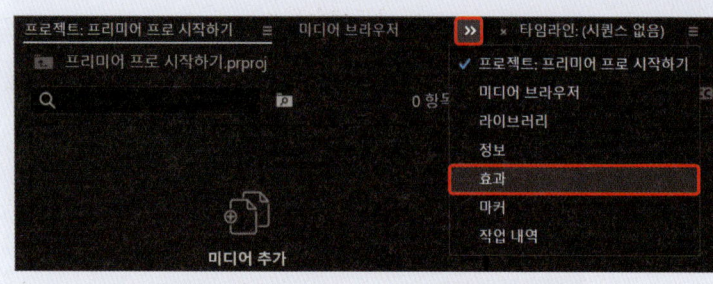

❽ **[효과 컨트롤] 패널**(Shift+5) 영상의 위치, 크기, 회전, 불투명도 등을 조정하는 곳입니다. 또한 추가한 효과에 대해 세밀하게 설정할 수 있습니다. Link 추가한 효과의 설정 방법은 313쪽, [CHAPTER 05]에서 실습으로 확인할 수 있습니다.

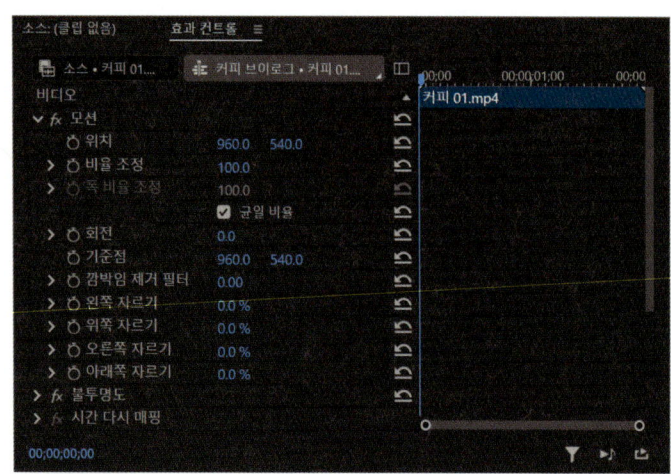

TIP [효과 컨트롤] 패널은 기본적으로 [소스 모니터] 패널과 그룹으로 묶여 있습니다.

❾ **[속성] 패널** 프리미어 프로 2025 버전에 새롭게 추가된 패널입니다. 동영상의 위치, 크기, 회전, 자르기, 속도를 조정할 수 있고, 오디오 볼륨 및 텍스트 설정도 가능합니다. 클립을 선택하면 관련 속성이 자동으로 표시됩니다. Link [속성] 패널에 대한 자세한 내용은 394쪽과 [CHAPTER 04] 실습에서 확인할 수 있습니다.

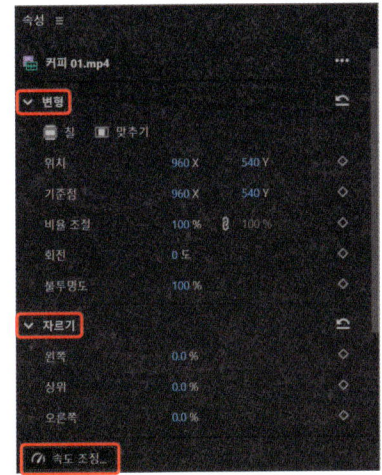
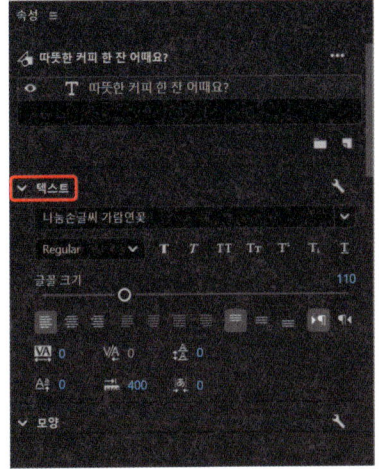

Pr 작업 영역 레이아웃 자유롭게 변경하기

프리미어 프로에서는 작업 특성에 맞게 패널을 자유롭게 배치해서 사용하거나 16개의 기본 레이아웃 중에 선택해서 사용할 수 있습니다.

기본 레이아웃 선택하기

상단 표시줄에서 프로젝트명 오른쪽에 있는 **[작업 영역]** 아이콘을 클릭하면 프리미어 프로에서 제공하는 레이아웃 중 선택해서 패널 배치를 변경할 수 있습니다. 또한, 패널의 위치 등이 변경되었다면 언제든지 **[작업 영역]** 아이콘을 클릭한 후 **[저장된 레이아웃으로 재설정]**을 선택해서 처음 상태로 되돌릴 수 있습니다.

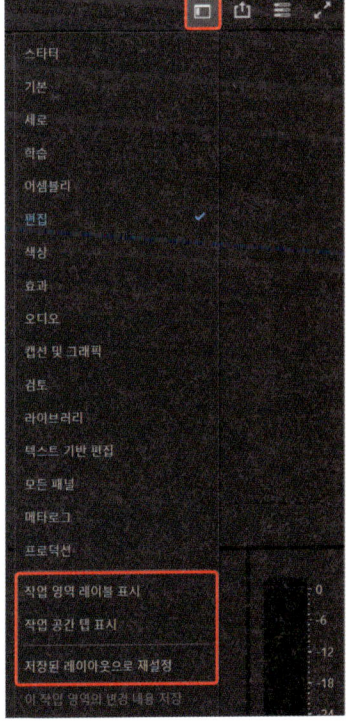

▲ 기본으로 제공하는 작업 영역 레이아웃

TIP 기본 레이아웃 선택 목록에서 [작업 영역 레이블 표시](Show workspace label)를 선택하면 [작업 영역] 아이콘의 왼쪽으로 현재 사용 중인 레이아웃 이름이 표시되고, [작업 공간 탭 표시](Show workspace tabs)를 선택하면 이전 버전처럼 모든 레이아웃 목록이 나열됩니다.

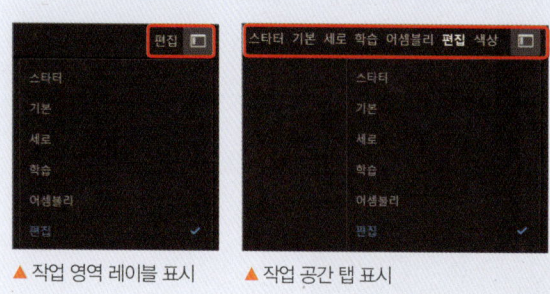

▲ 작업 영역 레이블 표시   ▲ 작업 공간 탭 표시

작업 영역 레이아웃은 메뉴를 이용해서 변경할 수도 있습니다. 상단 메뉴 바에서 [창] – [작업 영역]에 있는 하위 메뉴 중 원하는 레이아웃을 선택하면 되며, 마찬가지로 [창] – [작업 영역] – [저장된 레이아웃으로 재설정]을 선택해서 초기화할 수 있습니다.

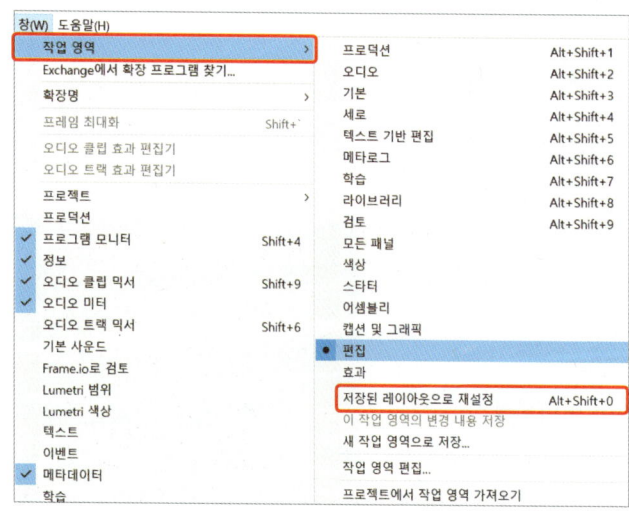

▲ [창] 메뉴에서 레이아웃 선택하기

TIP 프리미어 프로 2022 이전 버전을 사용 중이라면 상단 표시줄 위치에 작업 영역 레이아웃 목록이 표시되며, 여기서 원하는 레이아웃을 클릭하면 변경할 수 있습니다. 또한, 작업 영역 레이아웃 이름을 더블 클릭해서 작업 영역을 초기화할 수도 있습니다.

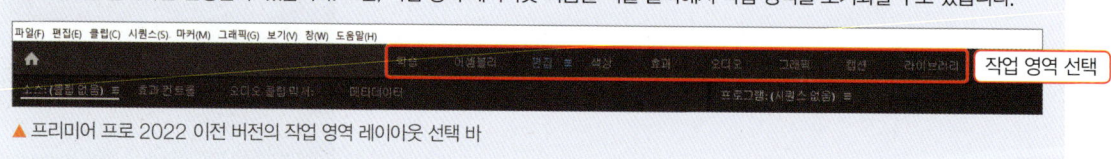

▲ 프리미어 프로 2022 이전 버전의 작업 영역 레이아웃 선택 바

패널 크기 및 위치 자유롭게 변경하기

각 패널의 배치는 고정된 것이 아니므로 자유롭게 옮겨서 재배치하거나 크기를 조절할 수 있습니다.

패널 크기 조정 패널과 패널 사이에 마우스 포인터를 놓으면 크기를 조정할 수 있는 아이콘이 나타납니다. 그 상태에서 클릭한 채 드래그하면 패널의 크기가 변경됩니다. 가로 또는 세로의 크기를 조정할 수 있습니다.

한쪽 방향이 아닌 가로, 세로의 크기를 한 번에 변경하려면 세 개 이상의 패널이 교차하는 지점에 마우스 포인터를 놓습니다. 십자 모양의 아이콘이 나타나면 클릭한 채 드래그해서 가로와 세로 크기를 변경합니다.

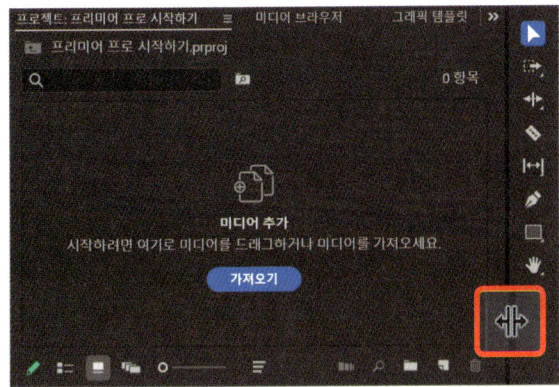
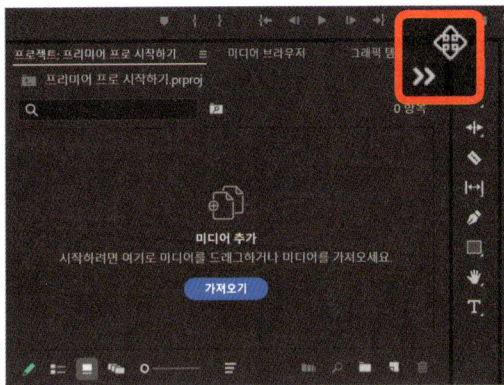

패널 이동 및 그룹화 패널 이름 부분을 클릭한 채 드래그하여 자유롭게 위치를 변경할 수 있습니다. 또한, 패널의 이름 부분을 클릭한 채 다른 패널의 가운데 영역으로 드래그하면 해당 패널과 그룹으로 묶을 수 있으며, 반대로 그룹으로 묶인 패널을 다른 패널의 가장자리(고정 영역)로 드래그하여 개별적으로 분리할 수 있습니다. 예를 들어 아래와 같이 [도구] 패널을 [프로젝트] 패널이 있는 그룹 가운데로 드래그하면 기존 그룹에 탭 형식으로 [도구] 패널이 추가됩니다.

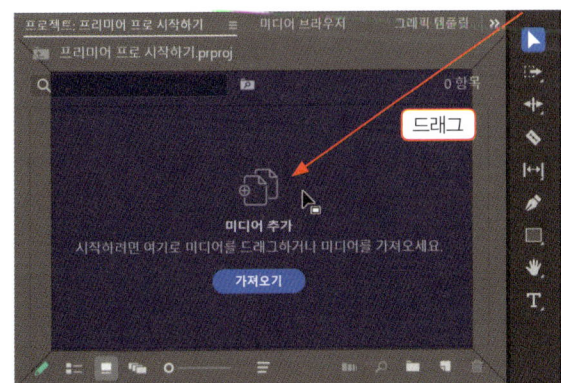

▲ 패널 그룹화

> **TIP** [도구] 패널은 단독으로 있을 때 패널 이름이 표시되지 않습니다. 그러므로 [도구] 패널을 옮길 때는 가장 상단 부분을 클릭한 채 드래그하면 됩니다.

반대로 다음과 같이 그룹으로 묶여 있는 [소스] 패널의 이름을 클릭한 채 가장자리로 드래그해서 옮기면 패널이 이동하여 단독으로 배치됩니다. 이동 후에는 자유롭게 크기를 조정해서 사용하면 됩니다.

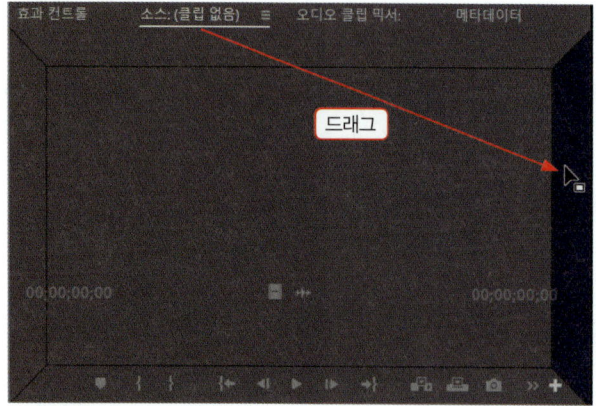

▲ 패널 분리

패널 닫기 각 패널에는 [메뉴] 아이콘이 있습니다. 그룹으로 묶인 상태에서 특정 패널을 닫고 싶으면 [메뉴] 아이콘을 클릭한 후 [패널 닫기]를 선택합니다. 이렇게 닫은 패널은 언제든지 메뉴 바에서 [창]을 선택한 후 하위 메뉴 중 선택해서 다시 표시할 수 있습니다.

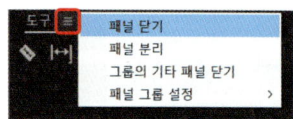

Pr 나만의 작업 영역 레이아웃 만들기

사용자 취향에 맞는 레이아웃으로 변경했다면 저장해서 사용할 수 있습니다. 처음부터 새로 배치하는 것보다 기본 레이아웃 중 가장 유사한 레이아웃을 선택한 후 추가로 패널의 크기 및 위치 등을 변경하면 빠르게 나만의 레이아웃을 완성할 수 있습니다. 나만의 레이아웃을 완성했다면 다음과 같은 방법으로 레이아웃을 저장하거나 삭제할 수 있습니다.

레이아웃 저장하기

01 패널의 크기와 배치 등을 재구성하여 작업하기 편리한 레이아웃을 완성했다면 메뉴 바에서 [창] – [작업 영역] – [새 작업 영역으로 저장]을 선택합니다.

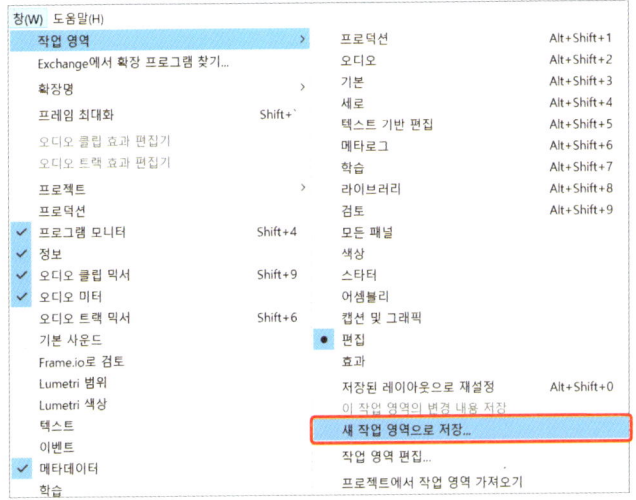

TIP [작업 영역] 아이콘을 클릭한 후 [새 작업 영역으로 저장]을 선택해도 됩니다.

02 새 작업 영역 창이 열리면 ❶ [이름] 옵션에 적당한 레이아웃 이름을 입력하고 ❷ [확인] 버튼을 클릭합니다.

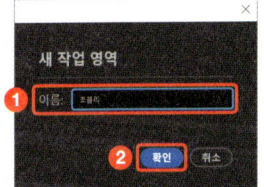

03 상단 표시줄에서 ❶ [작업 영역] 아이콘을 클릭해 보면 ❷ 레이아웃 목록에서 앞서 저장한 이름의 레이아웃을 확인할 수 있습니다.

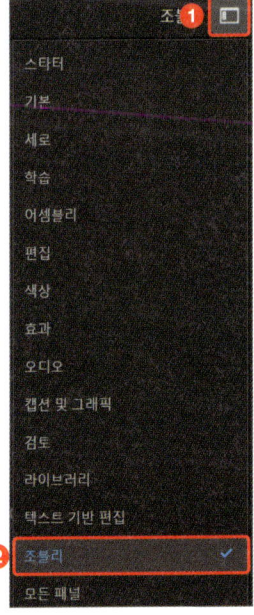

저장한 레이아웃 삭제하기

01 저장한 레이아웃을 삭제하고 싶다면 메뉴 바에서 [창] – [작업 영역] – [작업 영역 편집]을 선택합니다.

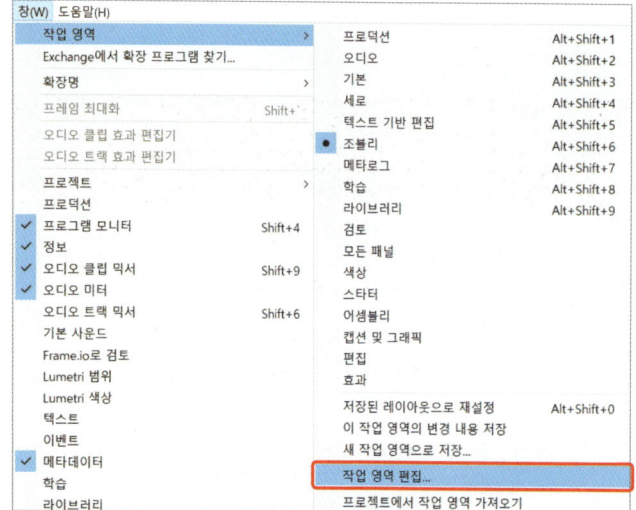

TIP [작업 영역] 아이콘을 클릭한 후 [작업 영역 편집]을 선택해도 됩니다.

02 작업 영역 편집 창이 열리면 ❶ 삭제할 레이아웃을 선택하고 ❷ [삭제] 버튼을 클릭합니다. 레이아웃이 삭제되면 ❸ [확인] 버튼을 클릭해서 창을 닫습니다.

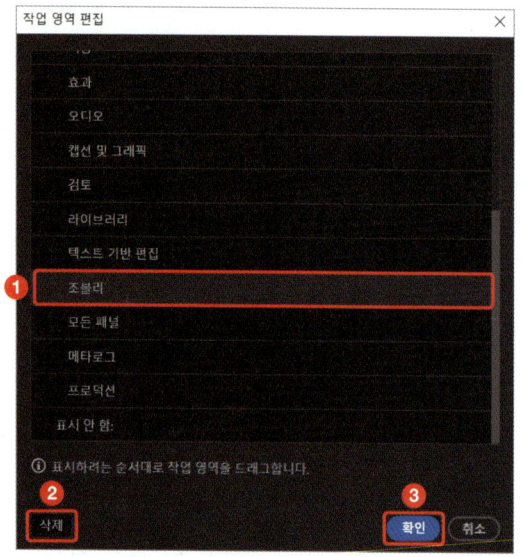

TIP 작업 영역 편집 창에서 레이아웃 이름을 클릭한 채 드래그하여 순서를 변경할 수 있습니다.

다양한 방법으로 영상 소스 가져오기

프리미어 프로 2022 이상의 버전을 사용 중이라면 프로젝트를 만들 때 사용할 영상 소스를 미리 선택합니다. 하지만 필요에 따라 빈 프로젝트만 생성하고 이후에 필요한 영상 소스를 가져올 수도 있습니다. 여기서는 편집에 사용할 영상 소스를 [프로젝트] 패널로 가져오는 다양한 방법을 알아보겠습니다.

새로운 프로젝트를 만들 때 누락한 영상 소스를 추가로 가져오거나 빈 프로젝트를 생성한 후 필요한 영상 소스를 가져오는 방법은 다양합니다. 동영상, 사진, 음악, 포토샵 파일 등 모두 같은 방법으로 가져올 수 있으므로 여기서 소개하는 방법 중 편한 방법을 사용하면 됩니다. 단, 영상 소스를 가져오기 위해서는 먼저 프로젝트를 만들어야 합니다.

> **TIP** 메뉴 바에서 [파일] – [새로 만들기] – [프로젝트]를 선택하여([Ctrl]+[Alt]+[N]) 가져오기 화면이 열리면 프로젝트의 이름과 저장 위치 등을 지정한 후 [만들기] 버튼을 클릭하여 새 프로젝트를 생성합니다. **Link** 새로운 프로젝트 만들기는 063쪽에서 자세히 설명합니다.

Pr 가져오기 창에서 소스 선택하기

흔히 파일을 불러올 때 사용하는 가져오기 창을 이용하여 [프로젝트] 패널로 영상 소스를 가져올 수 있습니다. 대표적으로 다음과 같이 2가지 방법으로 가져오기 창을 열 수 있으며, 가져오기 창에서 개별 소스 파일 혹은 여러 개의 파일이나 폴더를 통째로 선택해서 가져올 수 있습니다.

메뉴 바 이용하기

프로젝트를 만든 후 편집 화면이 열리면 ① 메뉴 바에서 [파일] – [가져오기]를 선택합니다([Ctrl]+[I]). ② 가져오기 창이 열리면 사용할 소스를 선택하고 ③ [열기] 버튼을 클릭합니다. 이때 [Ctrl]를 누른 채 다중 선택하여 한 번에 여러 개의 소스를 선택해서 가져올 수도 있습니다.

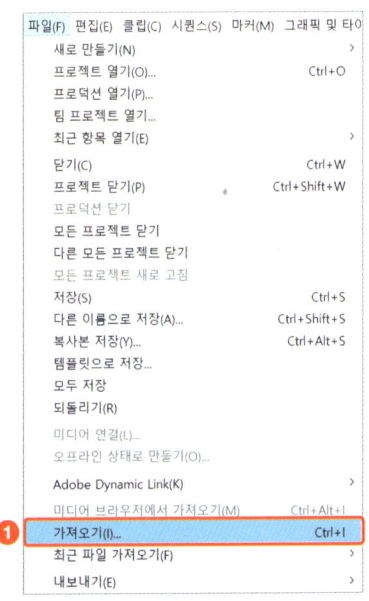

[프로젝트] 패널 이용하기

프로젝트의 편집 화면에서 [프로젝트] 패널의 빈 공간을 더블 클릭하거나 ❶ 마우스 오른쪽 버튼을 클릭한 후 ❷ [가져오기]를 선택합니다. 메뉴 바를 이용했을 때와 동일한 ❸ 가져오기 창이 열리면 사용할 소스를 선택합니다. ❹ 이때 파일이 아닌 폴더를 선택했다면 [폴더 가져오기] 버튼을 클릭합니다.

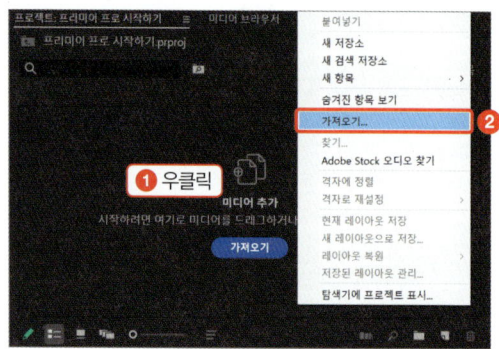 

TIP 프리미어 프로 2025 버전부터는 [프로젝트] 패널의 [가져오기] 버튼을 클릭해 바로 영상 소스를 불러올 수 있습니다.

가져오기 결과 확인하기

위의 2가지 방법 중 어떤 방법을 사용하든 선택한 편집 소스가 [프로젝트] 패널에 표시됩니다. 만약 폴더를 통째로 가져왔다면 [프로젝트] 패널에도 폴더가 생성되며, 폴더를 더블 클릭하면 폴더 안의 소스를 확인할 수 있습니다. **Link** [프로젝트] 패널의 소스 보기 방식은 085쪽에서 자세히 설명합니다.

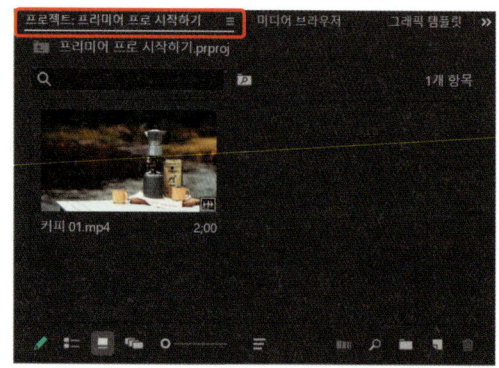

▲ 개별 파일을 가져왔을 때의 [프로젝트] 패널

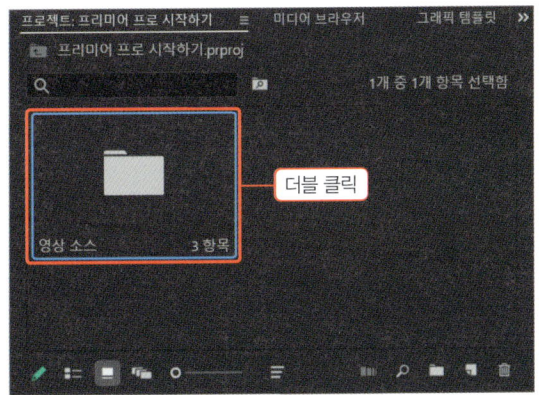 

▲ 폴더를 가져왔을 때의 [프로젝트] 패널

Pr 소스가 있는 경로에서 직접 가져오기

가져오기 창이 아닌 Windows나 프리미어 프로 자체에서 제공하는 파일 탐색기를 이용하여 소스를 선택하여 가져올 수 있습니다.

Windows 파일 탐색기 사용하기

Windows에서 제공하는 **[파일 탐색기]**를 실행합니다. 영상 편집에 사용할 소스가 있는 경로로 이동하여 필요한 소스를 모두 선택한 후 **[프로젝트]** 패널로 직접 드래그하여 추가합니다.

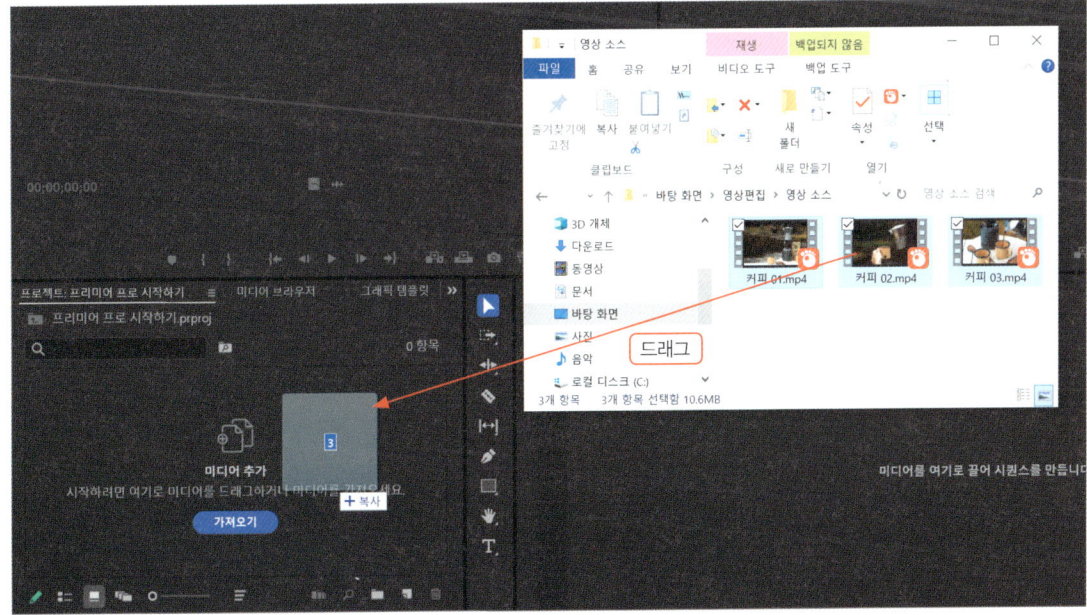

LESSON 04 다양한 방법으로 영상 소스 가져오기 83

미디어 브라우저 사용하기

[프로젝트] 패널이 배치된 그룹을 보면 ① [미디어 브라우저] 패널(Shift+8)이 포함되어 있습니다. [미디어 브라우저] 패널은 Windows의 [파일 탐색기]와 유사합니다. ② 왼쪽에서 경로를 선택하고, 오른쪽에 소스 목록이 표시되면 ③ 사용할 소스에서 마우스 오른쪽 버튼을 클릭한 후 ④ [가져오기]를 선택합니다.

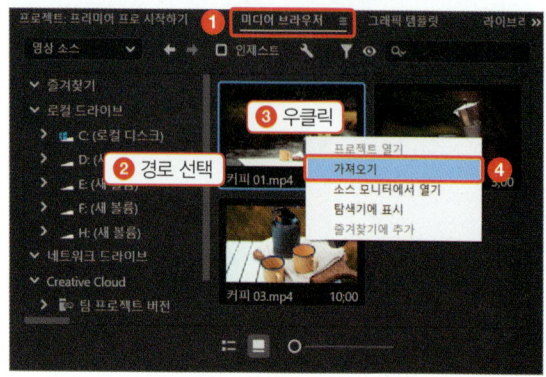

TIP [미디어 브라우저] 패널이 보이지 않는다면 메뉴 바에서 [창] - [미디어 브라우저]를 선택합니다(Shift+8).

가져오기 화면 사용하기

① 상단 표시줄에서 [가져오기] 탭을 클릭하면 가져오기 화면이 열립니다. 여기서 ② 영상 편집에 사용할 소스를 모두 선택한 후 ③ 화면 오른쪽 아래에 있는 [가져오기] 버튼을 클릭합니다. 이때, [새 시퀀스 만들기] 옵션이 켜져 있으면 미디어 소스를 포함한 시퀀스가 자동으로 생성되므로, 소스만 가져오는 상황에서는 반드시 해당 옵션을 끄고 [가져오기] 버튼을 클릭합니다. **Link** 가져오기 화면의 상세 옵션은 065쪽에서 자세히 설명합니다.

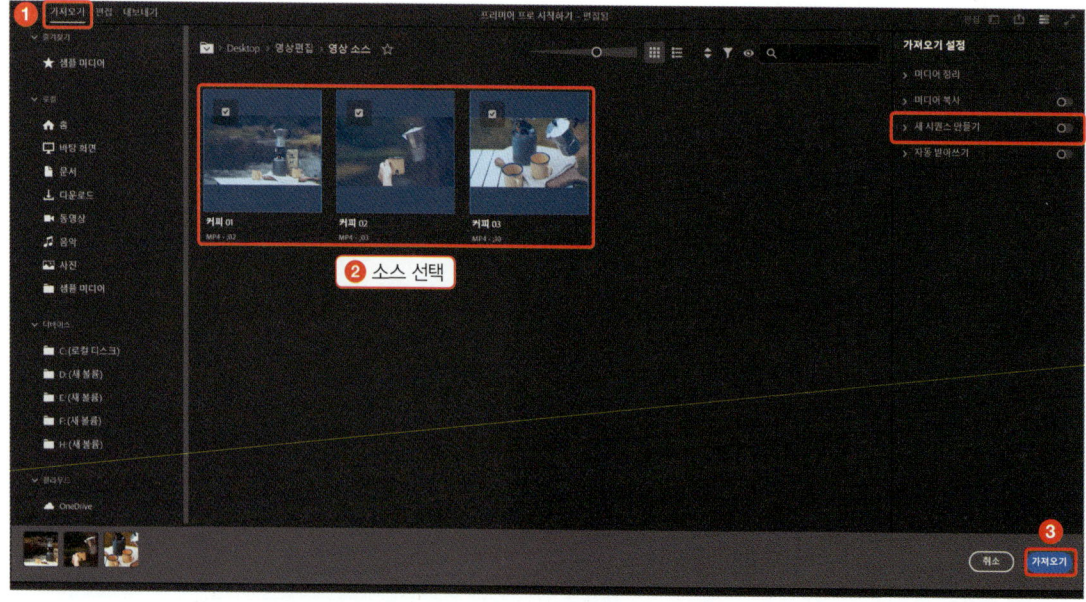

Pr [프로젝트] 패널의 보기 방식 변경하기

[프로젝트] 패널로 가져온 소스의 모양이 예시들과 다르다면 보기 방식이 다르기 때문입니다. [프로젝트] 패널로 가져온 소스는 [목록 보기], [아이콘 보기], [자유형 보기] 모양으로 보기 방식을 변경할 수 있습니다.

목록 보기, Ctrl + Page Up

[프로젝트] 패널에서 왼쪽 아래에 있는 [목록 보기] 아이콘을 클릭하면 소스 파일의 이름과 프레임 속도, 미디어 시간 등 파일의 정보를 목록 형식으로 확인할 수 있습니다.

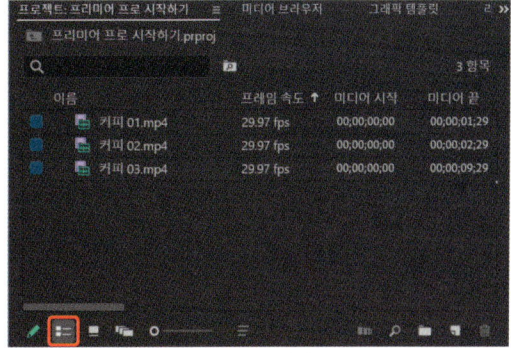

▲ 목록 보기

아이콘 보기, Ctrl + Page Down

[프로젝트] 패널에서 왼쪽 아래에 있는 [아이콘 보기] 아이콘을 클릭하면 다음과 같이 섬네일 형태로 표시됩니다. 섬네일 화면에 마우스 커서를 올리고 클릭하지 않은 채 좌우로 움직이면 앞으로 또는 뒤로 재생되어 소스 내용을 미리 확인할 수도 있습니다.

▲ 아이콘 보기

자유형 보기

[프로젝트] 패널에서 왼쪽 아래에 있는 [자유형 보기] 아이콘을 클릭하면 영상 소스를 격자 및 정렬 순서에 제한 없이 자유롭게 배치할 수 있습니다. [자유형 보기] 기능은 프리미어 프로 2019에서 추가된 기능으로 스토리보드로 유용하게 활용할 수 있습니다.

▲ 자유형 보기

섬네일 크기 조정하기

[프로젝트] 패널에서 보기 방식을 변경하는 아이콘 오른쪽을 보면 확대/축소 슬라이더가 있습니다. 슬라이더를 오른쪽으로 드래그하면 섬네일 크기가 확대되고, 왼쪽으로 드래그하면 섬네일 크기가 축소됩니다. 개별 소스의 내용을 미리 확인하고 싶다면 확대해서 사용하는 것이 좋고, 수많은 소스 중 원하는 소스를 빠르게 찾을 때는 축소해서 사용하면 편리합니다.

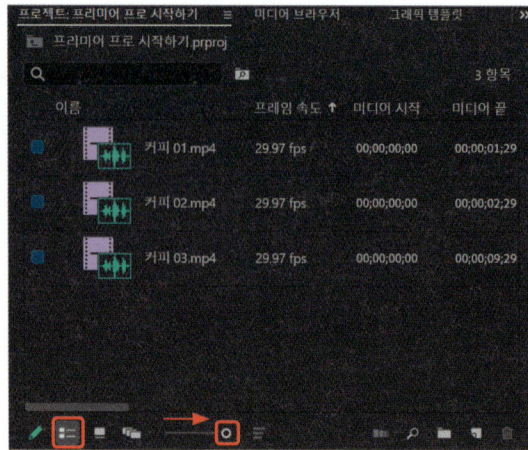

▲ 각 보기 방식에서 최대 크기의 섬네일

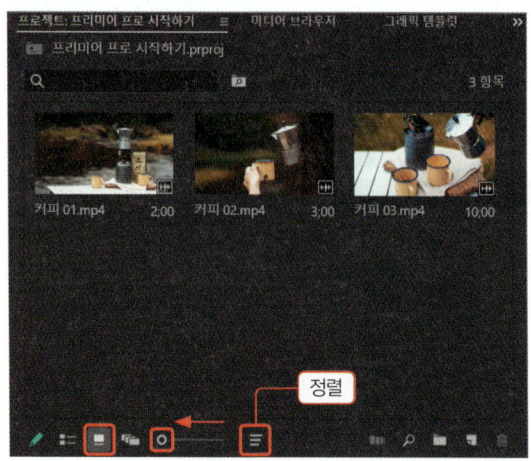
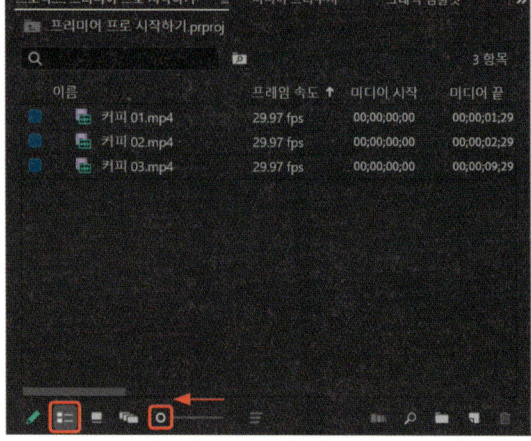

▲ 각 보기 방식에서 최소 크기의 섬네일

TIP 소스의 개수가 너무 많아서 섬네일을 축소해도 원하는 소스를 찾기 어렵다면 확대/축소 슬라이더 오른쪽에 있는 [정렬] 아이콘을 클릭하여 소스의 정렬 방법을 변경하면 좀 더 편리합니다.

LESSON 05 영상 편집을 위한 도화지, 시퀀스 만들기

지금까지 우리는 영상 편집을 위한 준비 작업으로 프리미어 프로를 설치하고, 새로운 프로젝트를 만들었으며, 영상 편집에 사용할 소스까지 불러왔습니다. 영상 편집을 위한 준비 과정의 마지막이 바로 시퀀스 만들기입니다. 우선 시퀀스의 개념을 파악한 후 다양한 방법으로 시퀀스 만드는 방법을 알아보겠습니다.

시퀀스 의미 알고 가기

시퀀스(Sequence)의 사전적 의미는 주제, 하나의 이야기를 뜻합니다. 하지만, 프리미어 프로에서는 그림을 그릴 때 사용하는 도화지 정도로 이해하면 됩니다. 즉, 도화지 위에 그림을 그리듯이 프리미어 프로에서는 시퀀스에서 다양한 소스를 이용해 영상을 완성하는 것이지요. 다시 말해 시퀀스에 다양한 컷이 모여 하나의 이야기가 완성되는 것입니다.

새로운 시퀀스를 만들면 [타임라인] 패널에서 탭 형태로 표시됩니다. [타임라인] 패널에서는 아래의 예시처럼 여러 개의 시퀀스를 열어 주제별로 편집할 수 있으며, 임의의 시퀀스에서 다른 시퀀스를 소스로 사용하여 작업할 수도 있습니다. 단, 자신의 시퀀스는 불러올 수 없습니다.

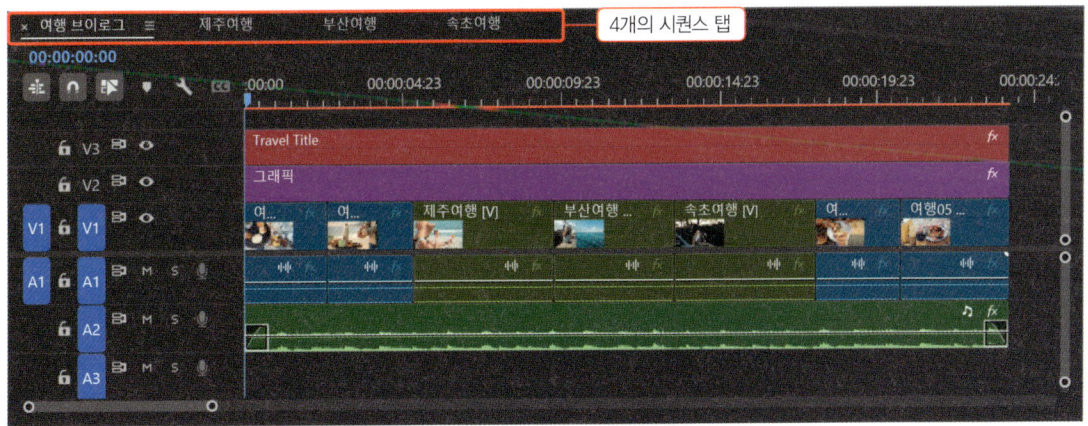

▲ [타임라인] 패널에서 작업 중인 4개의 시퀀스

Pr 다양한 방법으로 시퀀스 만들기

시퀀스는 영상을 편집하기 위한 작업 공간입니다. 그러므로 시퀀스를 만들기 전에 영상의 크기와 1초에 몇 장의 이미지를 움직여서 영상을 만들지 등을 미리 고민한 후 진행하는 것이 좋습니다.

영상 소스를 드래그하여 시퀀스 만들기

[타임라인] 패널이 비어 있을 때 사용할 수 있는 방법으로 [프로젝트] 패널에서 영상 소스를 선택한 후 [타임라인] 패널로 드래그하면 선택한 영상 소스와 동일한 설정으로 시퀀스가 자동으로 생성됩니다. 예를 들어 영상 소스의 해상도가 1920×1080이고, 프레임 레이트가 24fps였다면 시퀀스 설정도 동일하게 1920× 1080, 24fps로 생성됩니다. 만약 여러 개의 영상 소스를 선택해서 드래그했다면 첫 번째로 선택한 영상의 해상도와 프레임 레이트 등과 동일한 설정으로 시퀀스가 만들어집니다.

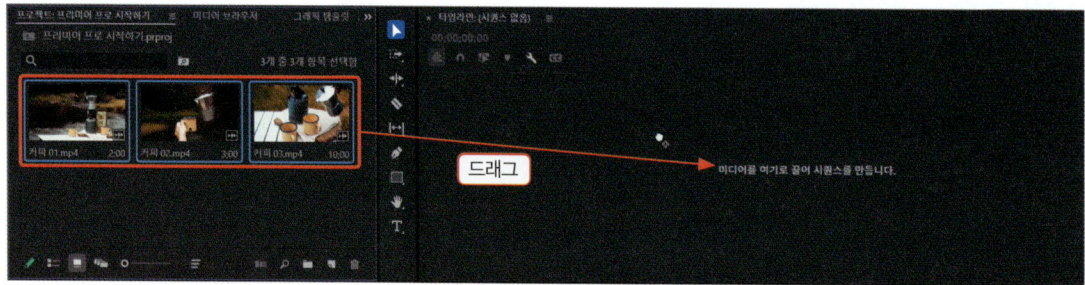

새로운 시퀀스가 만들어지면 [타임라인] 패널에는 해당 시퀀스의 타임라인이 표시되며, [프로젝트] 패널에는 생성된 시퀀스가 추가됩니다. 이때 영상 소스명과 시퀀스명이 동일하게 생성되므로, 섬네일에서 오른쪽 아래에 표시되는 아이콘 모양, ■(시퀀스)와 ■(영상 소스)를 이용해 구분합니다.

TIP 시퀀스와 영상 소스가 헷갈리지 않도록 시퀀스를 선택한 후 Enter 를 눌러 이름을 변경해서 사용하면 편리합니다.

시퀀스 규격을 직접 설정한 후 만들기

시퀀스를 만들 때 사용자가 임의로 시퀀스 규격을 설정할 수도 있습니다. 현재 가장 많이 사용하는 시퀀스 규격인 Full-HD(1920×1080)로 새로운 시퀀스를 만들어 보겠습니다. 이때, 모든 설정을 직접 변경하는 것보다는 사전 설정 목록에서 가장 유사한 것을 찾아 선택한 후 일부 옵션만 변경하면 편리합니다.

01 우선 비어 있는 새 프로젝트를 만듭니다. 그런 다음 메뉴 바에서 [파일] - [새로 만들기] - [시퀀스]를 선택하거나(Ctrl+N) ① [프로젝트] 패널에서 오른쪽 아래에 있는 [새 항목] 아이콘을 클릭한 후 ② [시퀀스]를 선택합니다. Link 새 프로젝트 만드는 방법은 063쪽에서 자세히 설명합니다.

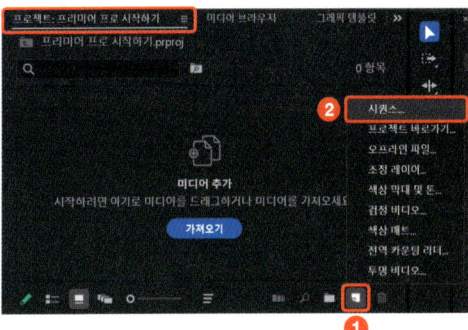

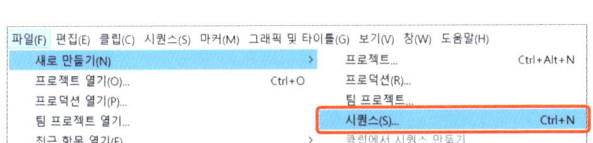

02 새 시퀀스 창이 열리면 ① [시퀀스 사전 설정] 탭의 ② '사용 가능한 사전 설정' 목록에서 [HD 1080p] - [HD 1080p 29.97 fps]를 선택하고 ③ [시퀀스 이름] 옵션에 사용할 시퀀스명을 입력합니다.

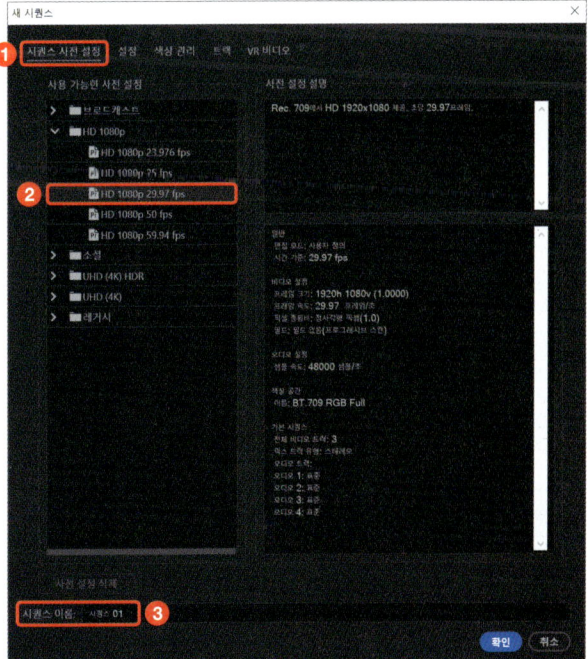

03 선택한 사전 설정의 세부 옵션을 확인하기 위해 ❶ [설정] 탭으로 이동합니다. ❷ 설정된 세부 옵션을 확인하고, 원하는 옵션을 변경합니다. ❸ 여기서는 별도로 옵션 변경 없이 [확인] 버튼을 클릭합니다.

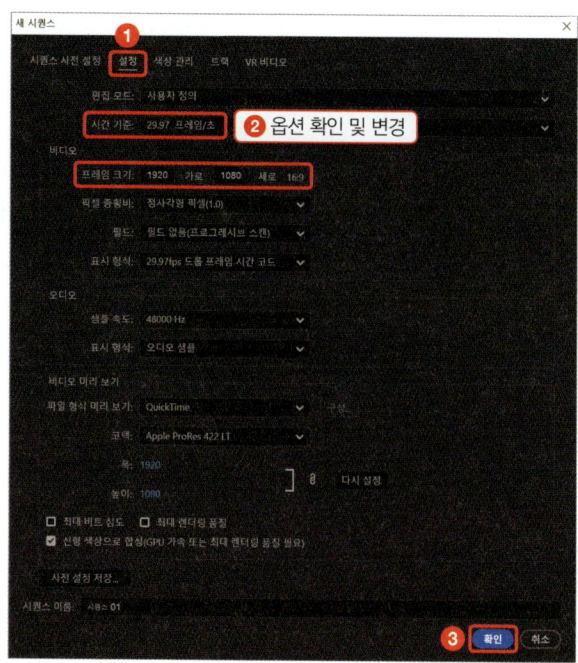

> **TIP** 4K UHD, 24fps 규격으로 시퀀스를 만들고 싶다면 [프레임 크기] 옵션에서 [3840, 2160]으로, [시간 기준] 옵션에서 [24.00 프레임/초]로 설정하면 됩니다. **Link** 다양한 크기로 시퀀스 만드는 방법은 167쪽에서 실습으로 확인할 수 있습니다.

04 설정한 규격에 따라 시퀀스를 만들면 ❶ [프로젝트] 패널에는 시퀀스 섬네일이 추가되고, ❷ [타임라인] 패널에는 해당 시퀀스의 타임라인이 표시됩니다. 이제 타임라인에 클립을 배치한 후 편집 작업을 진행하면 됩니다.

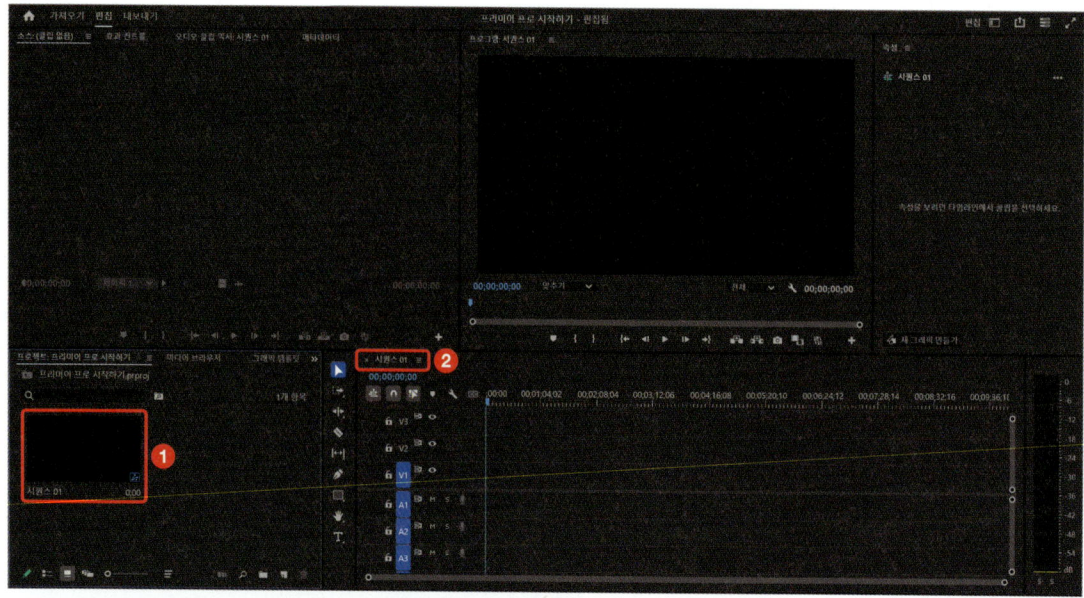

> **TIP** 지금까지의 방법을 반복하면 [타임라인] 패널에 여러 개의 시퀀스를 추가하고 편집할 수 있습니다.

프리미어 프로 단축키 자유자재로 다루기

똥손에서 금손으로 변신하는 비법 중 하나는 바로 단축키를 이용해서 작업하는 것입니다. 단축키를 사용하면 마우스만 사용할 때보다 작업 시간이 3배 이상은 빨라진다고 합니다. 그러므로 자주 사용하는 필수 단축키가 있다면 반드시 외워서 사용하고, 자주 사용하는 단축키인데 키 조합이 어려워 불편하다면 익숙한 형태로 변경해서 사용해 보세요. 프리미어 프로 편집 작업이 좀 더 빠르고 효율적으로 개선될 것입니다.

▶ **유튜브 동영상 강의**

단축키 설정하기
https://youtu.be/-U6C3DqXMJU

사용자 편의에 맞춰 단축키 변경하기

프리미어 프로에 기본으로 설정되어 있는 단축키를 사용자에게 익숙한 형태로 변경하거나, 단축키가 설정되지 않은 기능에 단축키를 할당해서 사용할 수 있습니다. 간격 닫기 기능에 단축키를 할당해 보면서 단축키 변경 방법을 알아보겠습니다.

01 ❶ 메뉴 바에서 [편집] – [키보드 단축키]를 선택합니다([Ctrl]+[Alt]+[K]). 단축키는 대부분 영문으로 설정되어 있으므로 ❷ 키보드 단축키 창이 열리면 [레이아웃] 옵션부터 [en]으로 변경하여 기본으로 설정된 단축키를 확인합니다.

TIP 보라색과 녹색은 단축키가 할당된 키입니다. 녹색은 패널 고유의 단축키이며, 이 경우 선택한 패널에 따라 서로 다른 기능을 지정할 수도 있습니다. 단, 패널이 선택되어 있어야만 동작하는 단축키입니다. 회색은 아직 단축키가 할당되지 않은 키입니다.

02 Shift, Ctrl, Alt를 각각 눌러서 해당 키와 조합하여 사용 중인 단축키도 확인해 봅니다. Shift+Z에 아직 기능이 할당되지 않았으므로 간격 닫기 기능의 단축키로 지정해 보겠습니다. 단축키에 지정할 기능을 찾기 위해 검색란에 **간격 닫기**(Close Gap)를 입력하여 찾습니다.

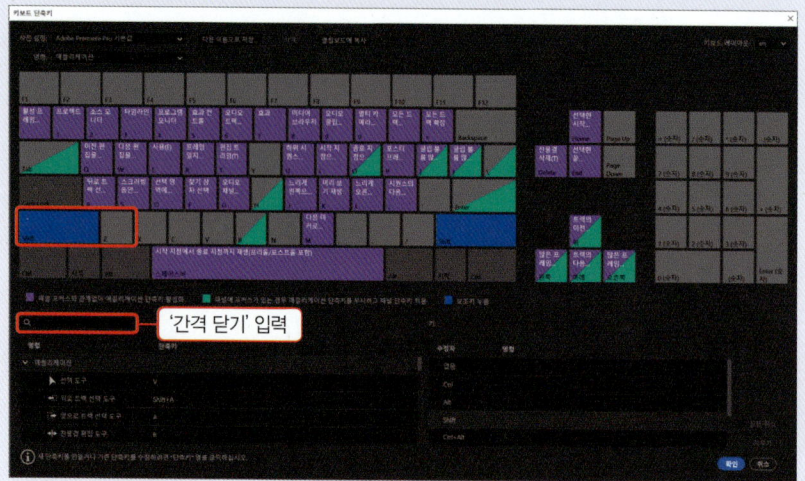

03 검색 결과 목록에서 단축키 부분에 할당된 단축키가 있으면 지우고 새로운 단축키를 입력합니다. **[간격 닫기]**는 단축키 부분이 비어 있으므로 그대로 클릭하여 입력 상태가 되면 단축키로 사용할 Shift +Z를 누릅니다.

TIP 단축키를 지정할 때는 영문 키로 변경한 후 입력해 주세요.

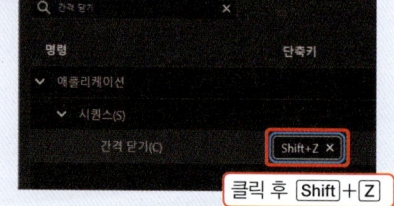

04 키보드 할당이 끝나면 ① Shift 를 눌러 Shift 조합 단축키를 확인해 봅니다. Z에 간격 닫기 기능이 할당된 것을 확인할 수 있습니다. ② **[확인]** 버튼을 클릭하여 단축키 설정을 완료합니다.

TIP 간격 닫기 기능은 클립 사이의 빈 여백을 한 번에 지울 때 사용합니다. 예를 들어 다음과 같이 [타임라인] 패널에서 여러 개의 클립을 편집한 후 사이 여백을 제거하지 않았을 때 간격 닫기 기능을 실행하면 클립 사이의 빈 여백이 일괄 사라집니다. 간격 닫기 기능에 대한 자세한 설명은 다음 동영상 강의를 참고하세요.

https://youtu.be/YX9im_1mabQ

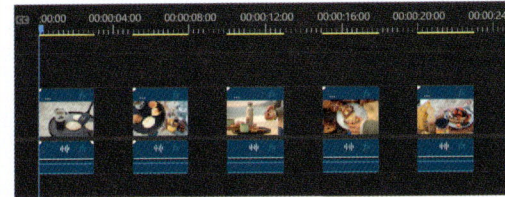 

파이널 컷 프로 단축키 사용하기

파이널 컷 프로를 오랫동안 사용해서 새로운 단축키를 외우려고 생각하니 걱정이 앞서신가요? 파이널 컷 프로의 단축키를 그대로 프리미어 프로에서 사용할 수 있는 방법을 알아보겠습니다.

01 메뉴 바에서 [편집] – [키보드 단축키]를 선택합니다(Ctrl+Alt+K). 키보드 단축키 창이 열리면 [키보드 레이아웃 사전 설정] 옵션을 [Final Cut Pro 7.0]으로 설정합니다.

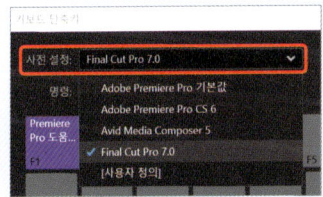

TIP 아비드 사용자라면 [Avid Media Composer 5]를 선택하여 아비드 단축키를 프리미어 프로에서 그대로 사용할 수 있습니다.

02 ❶ [레이아웃] 옵션을 [en]으로 변경하여 ❷ 파이널 컷 프로 설정으로 변경된 단축키를 확인하고, ❸ [확인] 버튼을 클릭하여 단축키 변경을 완료합니다.

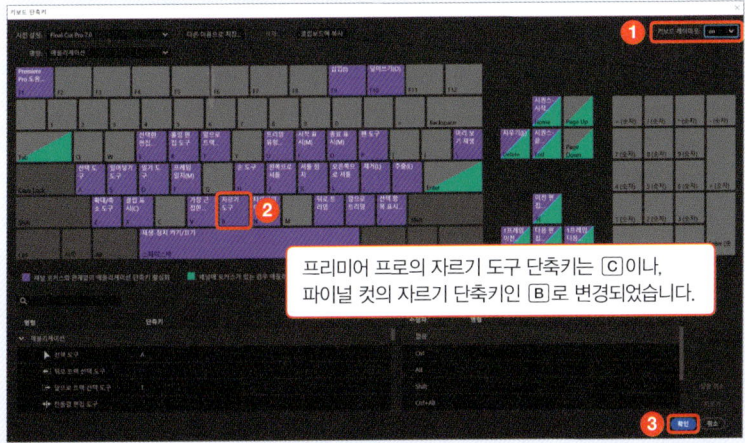

프리미어 프로의 자르기 도구 단축키는 C 이나, 파이널 컷의 자르기 단축키인 B 로 변경되었습니다.

프리미어 프로 주요 단축키 알고 가기

자주 사용하는 단축키를 정리했습니다. macOS 사용자라면 Ctrl을 command로 Alt를 option으로 변경해서 사용하면 됩니다. 이 규칙이 적용되지 않는 단축키에 한해서 macOS 단축키를 별도로 표기했습니다.

프로젝트 단축키

새 프로젝트	Ctrl + Alt + N	새 시퀀스	Ctrl + N
프로젝트 열기	Ctrl + O	파일 가져오기	Ctrl + I
프로젝트 저장	Ctrl + S	다른 이름으로 저장	Ctrl + Shift + S
미디어 내보내기	Ctrl + M	프로젝트 종료	Ctrl + Q

재생 단축키

재생 / 일시 정지	Space bar	미리 보기 재생	Shift + K
앞으로 / 뒤로 재생하기	L / J	재생 정지하기	K
앞으로 느리게 재생하기	Shift + L	뒤로 느리게 재생하기	Shift + J

TIP L이나 J를 2번 누르면 2배속, 3번 누르면 4배속, 4번 누르면 8배속으로 재생됩니다.

편집 단축키

복사	Ctrl + C	붙여넣기	Ctrl + V
삽입 붙여넣기	Ctrl + Shift + V	특성 붙여넣기	Ctrl + Alt + V
지우기	Delete	모두 선택	Ctrl + A
모두 선택 해제	Ctrl + Shift + A	실행 취소	Ctrl + Z
다시 실행	Ctrl + Shift + Z	키보드 단축키 설정하기	Ctrl + Alt + K

패널 단축키

프로젝트 패널	Shift + 1	소스 모니터 패널	Shift + 2
타임라인 패널	Shift + 3	프로그램 모니터 패널	Shift + 4
효과 컨트롤 패널	Shift + 5	오디오 트랙 믹서 패널	Shift + 6
효과 패널	Shift + 7	미디어 브라우저 패널	Shift + 8
오디오 클립 믹서 패널	Shift + 9	커서가 있는 패널 최대화	`(한 번 더 누르면 복원)

재생헤드 이동 단축키

1프레임씩 앞으로	→	1프레임씩 뒤로	←
5프레임씩 앞으로	Shift + →	5프레임씩 뒤로	Shift + ←
다음 편집 포인트로	↓	이전 편집 포인트로	↑
시퀀스-시작 클립으로	Home	시퀀스-끝 클립으로	End

클립 이동 단축키(클립 선택 필수)

클립 1프레임씩 앞으로 이동	Alt + → (: command + →)
클립 1프레임씩 뒤로 이동	Alt + ← (: command + ←)
클립 5프레임씩 앞으로 이동	Alt + Shift + → (: shift + command + →)
클립 5프레임씩 뒤로 이동	Alt + Shift + ← (: shift + command + ←)
클립 트랙 위로 이동	Alt + ↑
클립 트랙 아래로 이동	Alt + ↓

클립 편집 단축키

삽입하기	, (쉼표)	덮어쓰기	. (마침표)
제거하기	; (쌍반점)	추출하기	' (작은따옴표)
속도 변경	Ctrl + R	비디오 전환 적용	Ctrl + D
오디오 전환 적용	Ctrl + Shift + D	텍스트 추가	Ctrl + T
글꼴 크기를 한 단위 늘리기	Ctrl + Alt + →	클립 볼륨 높이기 / 낮추기	] / [
재생헤드 앞 / 뒤 클립 삭제	Q / W	오디오 게인 설정	G

도구 단축키

선택 도구	V	앞으로 트랙 선택 도구	A
뒤로 트랙 선택 도구	Shift + A	잔물결 편집 도구	B
롤링 편집 도구	N	속도 조정 도구	R
자르기 도구	C	밀어넣기 도구	Y
밀기 도구	U	펜 도구	P
손 도구	H	확대 / 축소 도구	Z

타임라인 패널 단축키

작업	단축키	작업	단축키
작업 영역 확대하기	=	작업 영역 축소하기	-
작업 영역 시퀀스에 맞추기	W	비디오 트랙 높이 늘리기	Ctrl + =
비디오 트랙 높이 낮추기	Ctrl + -	오디오 트랙 높이 늘리기	Alt + `
오디오 트랙 높이 낮추기	Alt + -	모든 트랙 확장하기	Shift + =
모든 트랙 축소하기	Shift + -	재생헤드에서 클립 자르기	Ctrl + K
재생헤드에서 모든 트랙 자르기	Ctrl + Shift + K	작업 영역의 효과 렌더링	Enter

마커 단축키

작업	단축키
시작 표시(인 점)	I
종료 표시(아웃 점)	O
시작 표시로 이동	Shift + I
종료 표시로 이동	Shift + O
시작 지우기(인 점 지우기)	Ctrl + Shift + I (⌘: option + I)
종료 지우기(아웃 점 지우기)	Ctrl + Shift + O (⌘: option + O)
시작 및 종료 지우기	Ctrl + Shift + X (⌘: option + X)
마커 추가	M
다음 마커로 이동	Shift + M
이전 마커로 이동	Ctrl + Shift + M
현재 마커 지우기	Ctrl + Alt + M (⌘: option + M)
모든 마커 지우기	Ctrl + Alt + Shift + M (⌘: option + command + M)

TIP 프리미어 프로의 모든 단축키는 아래 어도비 홈페이지에서 자세히 확인할 수 있습니다.
https://helpx.adobe.com/kr/premiere-pro/using/keyboard-shortcuts.html

macOS 사용자를 위한 프리미어 프로 활용법

이 책은 Windows 환경을 기준으로 설명합니다. 만약 맥북이나 아이맥 등 macOS를 사용 중이라면 책에서 설명하는 단축키 등이 일부 다를 수 있으므로 아래 내용을 숙지한 후 실습하면 좀 더 수월합니다.

macOS 사용자의 프리미어 프로 단축키

Windows가 아닌 macOS를 사용 중이라면 일반적으로 Ctrl을 command로, Alt를 option으로 변경해서 사용하면 됩니다. 단 일부 규칙에 맞지 않는 단축키도 있습니다.

여기서는 운영 체제 차이에 따른 기본적인 단축키 변경 규칙이 적용되는 단축키를 포함하여 macOS 사용자가 알아 놓으면 좋은 주요 단축키 몇 가지를 소개합니다.

기능	macOS 단축키
복사하기 / 붙여넣기	command + C / command + V
실행 취소하기	command + Z
다시 실행하기	command + shift + Z
한/영 전환하기	caps lock 또는 command + space
한자 입력하기	한글 입력 후 option + Enter
특수문자 입력하기	control + command + space
스크린샷 또는 화면 녹화하기	shift + command + 5
Home(재생헤드 맨 앞으로)	fn + ←
End(재생헤드 맨 뒤로)	fn + →
프리미어 프로 종료하기	command + Q
응용 프로그램 강제 종료	command + option + esc

TIP 한자와 특수문자는 별도의 [메모] 앱과 같은 프로그램에 먼저 입력한 후 복사하여 프리미어 프로에 붙여 넣는 것이 편리합니다.

macOS의 프리미어 프로 환경 설정 및 단축키 설정

Windows에서는 환경 설정을 변경하기 위해 상단 메뉴 바에서 [편집] – [환경 설정]을 선택했습니다. 하지만, macOS에서는 [Premiere Pro]를 선택한 후 [환경 설정]을 선택해야 합니다. 마찬가지로 키보드의 단축키 설정 등을 변경할 때도 Windows에서는 [편집] – [키보드 단축키]를 선택했으나 macOS에서는 [Premiere Pro] – [키보드 단축키]를 선택해야 합니다.

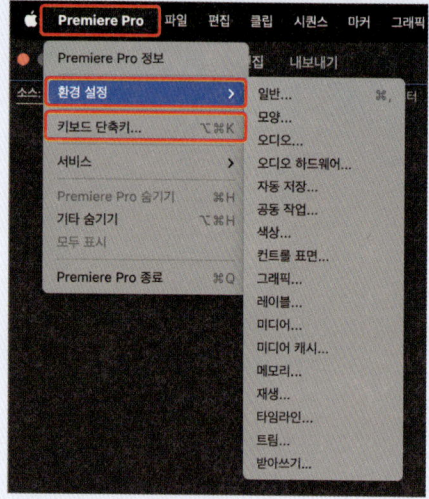

◀ macOS의 메뉴 바

macOS에서 프리미어 프로 초기화하기

macOS에서 프리미어 프로를 초기화할 때는 option 을 누르고 있는 상태에서 프리미어 프로를 실행해야 합니다. 계속해서 option 을 누른 상태로 유지하고 있으면 다음과 같이 재설정 옵션 창이 나타나고, [앱 환경 설정 재설정]을 선택하고 [계속] 버튼을 클릭하면 프리미어 프로가 초기화됩니다. Link Windows에서 프리미어 프로를 초기화하는 방법은 061쪽에서 자세히 설명합니다.

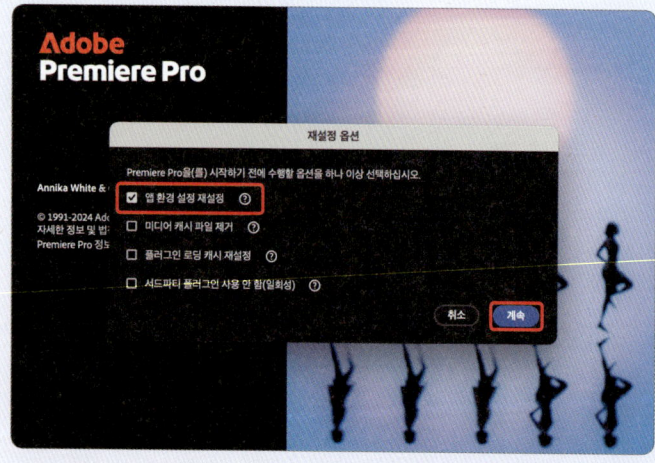

CHAPTER 03

영상 편집의 기초, 컷 편집

영상을 편집한다고 이야기할 때 가장 기본 기능이 바로 컷 편집입니다.
하지만, 가장 꼼꼼하게 살펴야 할 기능도 컷 편집입니다.
여기서는 컷 자르기부터 다양한 트리밍 방법, 시퀀스 설정, 영상 속도 조절, 프록시 편집,
그리고 프리미어 프로 고수로 가는 초석인 하위 클립 만들기까지 상세하게 다룹니다.
기본을 탄탄하게 다질 수 있도록 레슨 순서대로 실습하는 것을 추천합니다.
또한 실습 중 안내하는 유튜브 강의를 함께 시청하면 더욱 효과적입니다.
지금부터 편집의 결과는 같아도 작업 속도는 3배 이상 빨라지는 핵심 노하우를 배워 보세요.

LESSON 01
편집 도구가 모인 [도구] 패널

[도구] 패널은 편집에 사용하는 여러 도구가 모여 있는 영역입니다. 프리미어 프로 2025 베타 버전 기준으로 10개의 도구가 보이며, 일부 도구는 아이콘 오른쪽 아래에 작은 삼각형이 표시되어 있습니다. 삼각형이 표시된 아이콘은 길게 누르고 있으면 숨겨져 있던 하위 도구를 선택할 수 있으며, 하위 도구까지 포함하면 모두 19개의 도구가 있습니다. 여기서는 각 도구의 기능만 간단하게 살펴보겠습니다.

▶ **유튜브 동영상 강의**

프리미어 프로 [도구] 패널 살펴보기
https://bit.ly/pr-toolbox

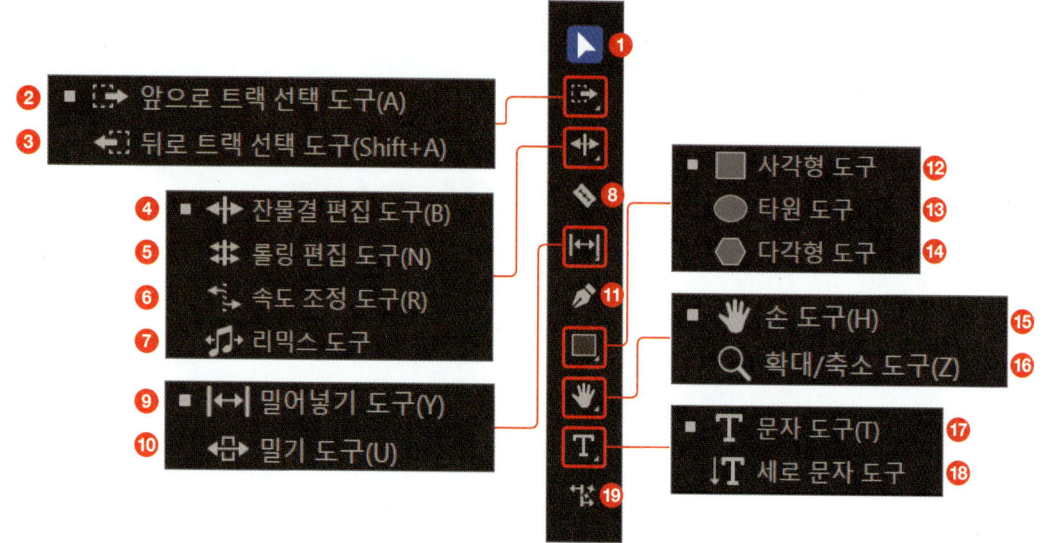

▲ [도구] 패널과 하위 도구들

① **선택 도구(Selection Tool)** Ⅴ 클립을 선택, 이동, 트리밍할 때 사용하는 도구로, 편집할 때 가장 많이 사용하는 기본 도구입니다.

② **앞으로 트랙 선택 도구(Track Select Forward Tool)** A 선택한 클립의 앞(오른쪽 방향)에 있는 모든 트랙의 클립을 한 번에 선택하는 도구입니다. Shift를 누른 상태로 클립을 클릭해서 선택하면 해당 트랙의 클립만 선택됩니다.

③ **뒤로 트랙 선택 도구(Track Select Backward Tool)** Shift + A 선택한 클립의 뒤(왼쪽 방향)에 있는 모든 트랙의 클립을 한 번에 선택하는 도구입니다. Shift를 누른 상태로 클립을 클릭해서 선택하면 해당 트랙의 클립만 선택됩니다.

❹ **잔물결 편집 도구(Ripple Edit Tool)** B 편집할 때 생기는 공백을 자동으로 없애면서 클립의 길이를 줄이거나 늘릴 때 사용합니다. Link 150쪽에서 자세히 설명합니다.

❺ **롤링 편집 도구(Rolling Edit Tool)** N 앞 클립의 종료 지점과 뒤 클립의 시작 지점을 한 번에 변경할 때 사용합니다. Link 153쪽에서 자세히 설명합니다.

❻ **속도 조정 도구(Rate Stretch Tool)** R 클립의 속도를 조정합니다. 클립의 가장자리를 오른쪽으로 늘리면 속도가 느려지고 왼쪽으로 줄이면 속도가 빨라집니다. Link 188쪽에서 자세히 설명합니다.

❼ **리믹스 도구(Remix Tool)** 지정한 길이만큼 오디오를 자동 리믹스합니다. 배경 음악을 자연스럽게 줄이거나 늘릴 때 사용합니다. Link 447쪽에서 자세히 설명합니다.

❽ **자르기 도구(Razor Tool)** C 원하는 위치에서 클립을 자를 때 사용합니다. Shift 를 누른 상태로 클릭하면 모든 트랙의 클립이 잘립니다. Link 108쪽에서 자세히 설명합니다.

❾ **밀어넣기 도구(Slip Tool)** Y 클립의 위치를 고정한 채 선택한 클립의 시작 지점과 종료 지점을 변경합니다. Link 157쪽에서 자세히 설명합니다.

❿ **밀기 도구(Slide Tool)** U 선택한 클립의 시작 지점과 종료 지점은 고정된 채 클립의 위치가 조정되며, 인접한 앞과 뒤의 클립 길이가 변경됩니다. Link 159쪽에서 자세히 설명합니다.

⓫ **펜 도구(Pen Tool)** P 직선 및 곡선을 그리거나 여러 포인트를 추가하여 자유형 모양을 만들 수 있습니다.

⓬ **사각형 도구(Rectangle Tool)** 직사각형이나 정사각형을 만듭니다. Shift 를 누른 상태로 드래그하면 정사각형이 됩니다.

⓭ **타원 도구(Ellipse Tool)** 타원이나 정원을 만듭니다. Shift 를 누른 상태로 드래그하면 정원이 됩니다.

⓮ **다각형 도구(Polygon Tool)** 삼각형, 사각형, 오각형 등 변의 수를 조정하여 다양한 도형을 만들 수 있습니다. Shift 를 누른 상태로 드래그하면 정다각형이 됩니다.

⓯ **손 도구(Hand Tool)** H [타임라인] 패널이 작업 공간을 좌우로 이동하거나 [소스] 및 [프로그램] 패널에서 확대된 화면을 이동할 때 사용합니다.

⓰ **확대/축소 도구(Zoom Tool)** Z [타임라인] 패널을 확대 및 축소할 때 사용합니다. Alt 를 누른 상태로 클릭하면 축소됩니다.

⓱ **문자 도구(Type Tool)** T [프로그램] 패널을 클릭하여 가로 방향으로 문자를 입력합니다. Link 문자 도구 사용 방법은 227쪽, [CHAPTER 04]에서 실습으로 확인할 수 있습니다.

⓲ **세로 문자 도구(Vertical Type Tool)** [프로그램] 패널을 클릭하여 세로 방향으로 문자를 입력합니다.

⓳ **생성형 확장 도구(Generative Extend Tool)** AI 기술로 비디오 클립의 시작이나 끝을 자연스럽게 늘리고, 부족한 부분을 채워 완성도 높은 편집을 제공합니다. 비디오는 최대 2초, 오디오는 최대 10초까지 자동으로 생성됩니다. Link 147쪽에서 자세히 설명합니다.

컷 편집이 이뤄지는 [타임라인] 패널

[타임라인] 패널은 비디오와 오디오 그리고 자막 등 다양한 클립을 편집하는 곳입니다. 그만큼 자주 활용하는 패널이므로 여기서 좀 더 확실하게 파악해야 이후 편집 작업이 수월합니다. 기본적으로 영상을 재생하는 방법부터 타임코드 읽는 법, 타임라인 확대하는 방법 등 [타임라인] 패널의 기능을 차근차근 알아보겠습니다.

타임라인 알고 가기

시퀀스를 만들면 [타임라인] 패널에 타임라인(Timeline)이 나타나며, 비디오 트랙과 오디오 트랙으로 구분되어 있습니다. V1, V2, V3처럼 V로 시작하는 곳이 비디오(Video) 트랙이고 A1, A2, A3처럼 A로 시작하는 곳이 오디오(Audio) 트랙입니다. 이러한 타임라인에 소스를 배치하면 소스의 종류에 따라 비디오 클립과 오디오 클립 등으로 구분되어 배치됩니다.

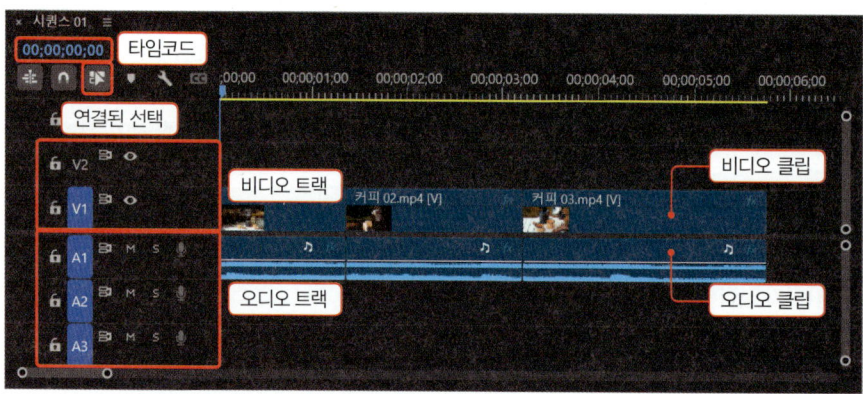

일반적으로 영상 소스에는 오디오와 비디오가 포함되어 있습니다. 이런 영상 소스를 타임라인에 배치하면 각각 비디오와 오디오 클립으로 나눠서 배치되며, 둘 중에 하나만 선택해도 비디오와 오디오 클립이 함께 선택됩니다.

▲ 비디오와 오디오 클립이 동시에 선택된 모습

하나의 영상 소스에서 배치된 클립이라도 필요에 따라 비디오와 오디오를 분리해 편집할 수도 있습니다. 타임코드 아래에 있는 **[연결된 선택]** 아이콘을 클릭하여 비활성 상태로 만든 후 클립을 선택하면 비디오와 오디오 클립을 개별적으로 선택할 수 있습니다.

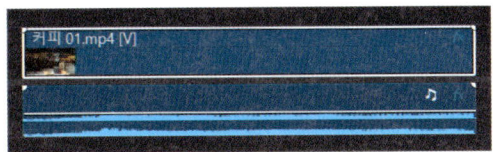

TIP [연결된 선택] 아이콘이 활성화 상태일 때에도 Alt 를 누른 채 비디오 혹은 오디오 클립을 선택하면 각각 선택할 수 있습니다.

▲ 비디오 클립만 선택된 모습

Pr 재생헤드 알고 가기

타임라인에 있는 파란색 막대를 재생헤드 또는 인디케이터(Indicator)라고 부릅니다. 이러한 재생헤드는 **[프로그램 모니터]** 패널의 미리 보기 화면 아래쪽에서도 확인할 수 있으며, 서로 연동되어 같이 움직입니다.

◀ [프로그램 모니터] 패널과 [타임라인] 패널

재생헤드는 Space bar 를 눌러서 움직이거나 멈추게 할 수 있는데, 재생헤드가 움직이면 그에 따라 **[프로그램 모니터]** 패널에서 영상이 재생되며, 마찬가지로 재생헤드가 멈추면 영상도 정지됩니다. 또한, 재생헤드의 윗부분■을 좌우로 드래그해서 특정 위치의 영상을 확인할 수 있으며, 정밀하게 영상을 편집할 때는 키보드의 좌우 방향키(← 또는 →)를 눌러 1프레임씩 이동하면서 영상을 확인합니다.

LESSON 02 컷 편집이 이뤄지는 [타임라인] 패널 **103**

TIP 재생헤드의 이동 및 재생은 아래와 같은 단축키를 이용하면 편리합니다. 아래에 소개한 단축키 이외에도 [Shift]를 누른 채 [L] 또는 [J]를 누르면 느리게 재생됩니다. 예를 들어 [Shift]+[L]은 느리게 앞으로 재생, [Shift]+[J]는 느리게 뒤로 재생입니다.

재생헤드 관련 단축키

이동 구간	앞으로 이동	뒤로 이동
1프레임씩 이동	→	←
5프레임씩 이동	Shift+→	Shift+←
클립 사이 이동	↓	↑
시퀀스 전체 클립	Home	End

재생 속도	뒤로 재생	앞으로 재생	일시 정지
1배속	J	L	K
2배속	J+J	L+L	
4배속	J+J+J	L+L+L	
8배속	J+J+J+J	L+L+L+L	

Pr 타임코드 읽기

타임코드(Timecode)는 재생헤드가 위치한 곳의 시간이며, [시간;분;초;프레임]으로 읽습니다.

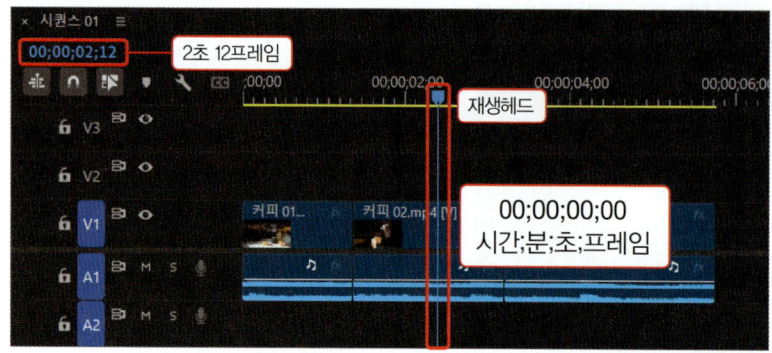

흔히 우리가 알고 있는 시간은 초로 끝납니다. 하지만, 타임코드의 맨 뒷부분은 초 단위가 아니고 프레임입니다. 프레임은 영상이 1초 동안 몇 장의 이미지로 이루어졌는지를 뜻하며, 주로 1초에 30프레임을 사용한다고 배운 것 기억하죠? 다음과 같이 프레임에 따른 표기 방법을 살펴보고 꼭 기억해 두세요.

시퀀스가 30프레임(29.97fps)일 때(1초 = 30프레임)

- 29프레임 00;00;00;29
- 30프레임 00;00;00;30 → 00;00;01;00
- 50프레임 00;00;00;50 → 00;00;01;20
- 90프레임 00;00;00;90 → 00;00;03;00

29프레임 다음에는 30프레임으로 표시되는 것이 아니라 1초로 표시됩니다.
50프레임일 때는 1초 20프레임으로 표시됩니다.

시퀀스가 24프레임일 때(1초 = 24프레임)

- 23프레임 00;00;00;23
- 24프레임 ~~00;00;00;24~~ → 00;00;01;00
- 50프레임 ~~00;00;00;50~~ → 00;00;02;02
- 90프레임 ~~00;00;00;90~~ → 00;00;03;18

> 시퀀스가 24프레임으로 설정되어 있을 때는 1초가 24프레임입니다. 그러므로 23프레임 다음에 1초가 되는 것이겠죠?

위에서 알 수 있듯이 타임코드는 시퀀스가 몇 프레임으로 설정되어 있는지에 따라 초 단위가 변경됩니다. 그러니 편집을 시작하기 전에 반드시 시퀀스 설정을 확인해야 합니다. **Link** 시퀀스 설정 변경 방법은 167쪽에서 자세히 설명합니다.

타임코드를 읽을 줄 알게 되면 이제 타임코드를 클릭한 후 숫자를 입력하여 원하는 시간대로 빠르게 이동할 수 있습니다. 타임코드를 직접 입력할 때는 앞에 있는 숫자 0을 생략하여 입력합니다. 예를 들면 숫자 5를 입력하면 5프레임으로 이동하고, 500을 입력하면 5초로 이동합니다. 520으로 입력하면 5초 20프레임으로 이동하겠죠?

▲ 타임코드에 500을 입력하면 5초 위치로 이동합니다.

00;00;00;05	5	5프레임
00;00;05;00	500	5초
00;00;05;20	520	5초 20프레임
00;02;15;00	21500	2분 15초

TIP 숫자 뒤에 마침표를 찍으면 초로 인식합니다. 예를 들어 3.을 입력하면 3초로 이동합니다.

Pr 타임라인 확대 / 축소 및 시퀀스에 맞추기

[타임라인] 패널에서 키보드의 Backspace 왼쪽에 있는 + 또는 -를 누르면 타임라인 클립을 확대/축소할 수 있으며, 이때 재생헤드가 위치한 곳을 기준으로 타임라인 클립이 확대/축소됩니다. 또한, W (키보드 종류에 따라 \)를 누르면 작업하고 있는 모든 클립이 시퀀스 크기에 맞춰 조절됩니다.

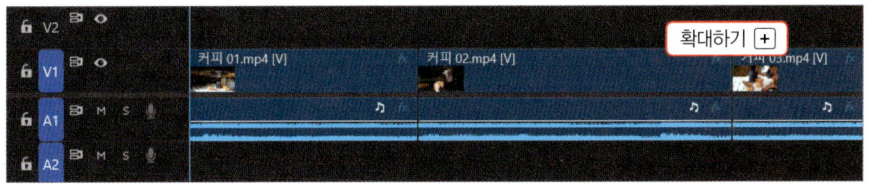

▲ 타임라인 클립이 확대된 모습

▲ 타임라인 클립이 축소된 모습

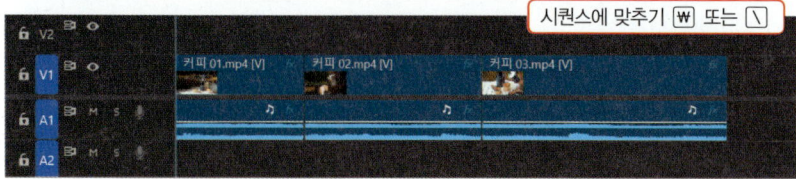

▲ 타임라인 클립이 시퀀스 크기에 맞춰진 모습

TIP 키보드 오른쪽에 있는 숫자 키패드의 ⊞ 또는 ⊟는 다른 기능입니다. 그러므로 꼭 Backspace 옆에 있는 ⊞ 또는 ⊟를 이용해 확대/축소해야 합니다.

Pr 타임라인 트랙 확장 / 축소하기

비디오 또는 오디오 트랙에서 다양한 아이콘들이 배치되어 있는 트랙 헤더의 빈 공간을 더블 클릭하거나 트랙 헤더에서 Alt 를 누른 채 마우스 휠을 스크롤하면 트랙을 확장하거나 축소시킬 수 있습니다.

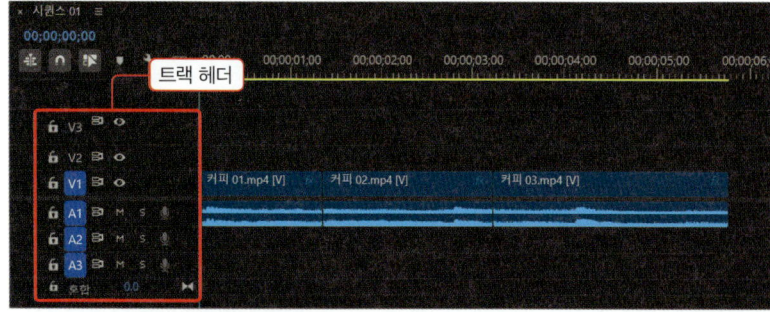

▲ 비디오/오디오 트랙이 축소된 모습

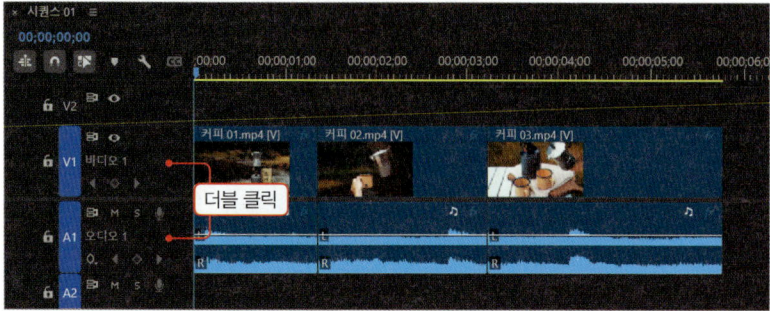

▲ 비디오/오디오 트랙이 확장된 모습

> **TIP** 다음과 같이 단축키를 활용하면 모든 트랙뿐만 아니라 비디오 또는 오디오 트랙만 확장하거나 축소할 수도 있습니다.

비디오 트랙 높이 늘리기	Ctrl + =	모든 트랙 확장하기	Shift + =
비디오 트랙 높이 낮추기	Ctrl + -	모든 트랙 축소하기	Shift + -
오디오 트랙 높이 늘리기	Alt + =	오디오 트랙 높이 낮추기	Alt + -

금손 변신 TIP 타임라인 트랙 금손처럼 사용하기

[타임라인] 패널을 보면 V1, V2, V3 등 층이 나누어져 있죠? V1을 비디오 1 트랙, V2를 비디오 2 트랙이라고 말합니다. 트랙은 투명 종이가 겹겹이 쌓였다고 생각하면 됩니다.

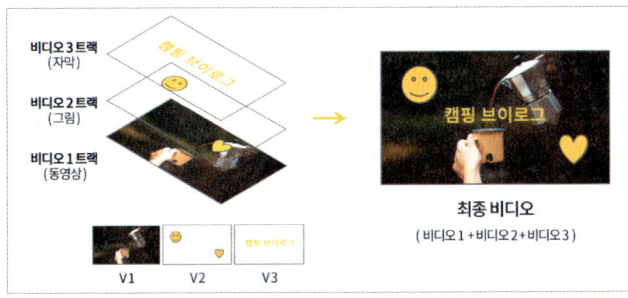

▲ [타임라인] 패널의 트랙, 투명 종이가 겹겹이 쌓인 것

위의 이미지를 보면 V1에는 동영상, V2에는 그림, V3에는 자막이 있습니다. 이렇게 트랙마다 클립을 쌓아 올려 영상을 만들고 맨 위에서 아래로 내려다본다고 생각해 보세요. 그럼 최종 비디오 화면처럼 자막 → 그림 → 영상이 합쳐져 모든 클립이 보이게 됩니다. 만약, 동영상과 자막의 트랙 위치를 변경한다면 어떻게 될까요?

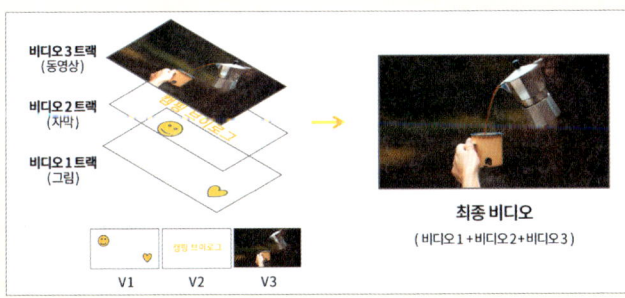

▲ 상위에 있는 트랙이 최종 비디오에 반영됨

비디오 트랙은 상위 트랙부터 순서대로 보이므로 동영상이 맨 위로 배치된다면 자막과 그림을 모두 가려 최종 비디오에는 동영상만 보이게 될 것입니다. 이처럼 비디오 트랙의 순서는 매우 중요합니다. 그러니 편집할 때는 항상 트랙의 순서를 유의하면서 작업해야 합니다. 하지만 오디오 트랙은 또 다릅니다. 오디오는 순서에 상관없이 트랙에 있는 모든 클립이 합쳐져서 최종 오디오가 됩니다. 현장음 + 내레이션 + 배경 음악으로 작업했다면 순서와 상관없이 모든 소리가 합쳐져 최종 오디오로 출력되는 것이지요.

LESSON 03
필요 없는 부분, NG컷 자르고 삭제하기

영상 편집의 기본은 컷 편집이며, 컷 편집의 기본은 영상 자르기입니다. 레슨이 진행될수록 빠르고 정확하게 자르는 방법을 배웁니다. 이번 레슨에서는 자르기 도구와 단축키를 사용하여 불필요한 부분을 잘라 영상을 자연스럽게 이어 보겠습니다.

▶ 자르기 도구로 영상 자르기

예제로 제공하는 프로젝트 파일에는 일부 중복되는 부분이 있는 2개의 클립이 배치되어 있습니다. [자르기 도구](Razor Tool, ⓒ)를 이용하여 중복되는 부분을 자른 후 삭제하고, 빈 공간을 삭제하여 2개의 클립을 자연스럽게 이어 보겠습니다.

▶ **유튜브 동영상 강의**
불러오기, 자르기, 이동하기, 클립 공백 제거
https://bit.ly/pr-editflow

- **예제 파일:** Chapter 03/클립 자르기.prproj
- **완성 파일:** Chapter 03/클립 자르기_완성본.prproj

실습 가능 버전
프리미어 프로 CC 모든 버전

01 메뉴 바에서 [파일] - [프로젝트 열기]를 선택하여 **클립 자르기.prproj** 예제 파일을 엽니다.

TIP 제공하는 예제 파일은 하위 버전 호환을 위해 CC 2019 버전으로 제작하였습니다. 그러므로 최신 버전에서 프로젝트 파일을 열면 프로젝트 변환 과정을 거칩니다. **Link** 새 프로젝트 만들기, 영상 소스 가져오기 등 편집의 전 과정은 019쪽, [편집 과정 맛보기]에서 실습해 볼 수 있습니다.

02 [타임라인] 패널을 선택하고, Space bar를 눌러 영상을 재생해 보면 [호박01] 클립에서 4초 후의 장면이 뒤 클립과 중복되는 것을 확인할 수 있습니다. 타임코드를 클릭하여 400을 입력하거나 재생헤드를 직접 드래그하여 [00;00;04;00](4초)로 이동합니다.

Link 재생헤드 이동 방법은 103쪽에서 자세히 설명합니다.

TIP [타임라인] 패널에 배치된 클립을 확대/축소하고 싶을 때는 키보드에서 Backspace 왼쪽에 있는 +/-를 누릅니다. 재생헤드 위치를 기준으로 클립이 확대/축소됩니다.

03 [호박01] 클립에서 재생헤드가 있는 4초 지점을 자르기 위해 ❶ [도구] 패널에서 면도날처럼 생긴 [자르기 도구] C를 선택합니다. ❷ 마우스 커서가 [자르기 도구]의 아이콘과 같은 모양으로 바뀌면 재생헤드가 위치한 곳을 클릭하여 클립을 자릅니다.

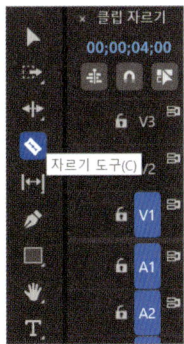 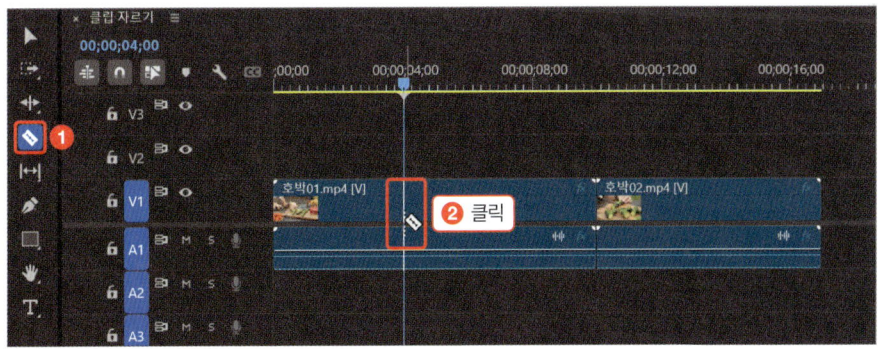

TIP [자르기 도구]는 말 그대로 클립을 자를 때 사용합니다. 또한, 단축키 Ctrl+K를 누르면 재생헤드가 위치한 곳에서 정확하게 클립이 잘립니다.

LESSON 03 필요 없는 부분, NG컷 자르고 삭제하기 **109**

04 클립이 제대로 잘렸는지 확인해 보겠습니다. ❶ 재생헤드를 드래그해서 옆으로 옮겨 봅니다. ❷ 하나였던 [호박01] 클립에 미세한 경계가 생기면서 둘로 나누어진 것을 확인할 수 있습니다.

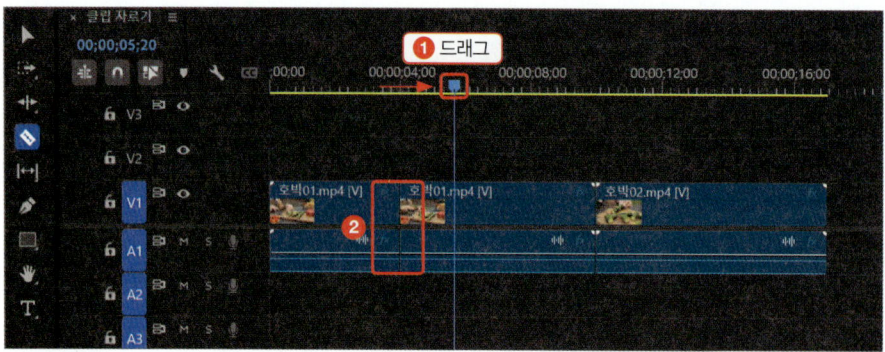

05 계속해서 [호박02] 클립도 잘라 보겠습니다. ❶ 재생헤드를 [00;00;14;20]으로 옮깁니다. 마찬가지로 재생헤드가 위치한 곳에서 ❷ [자르기 도구]로 클릭하여 클립을 자릅니다.

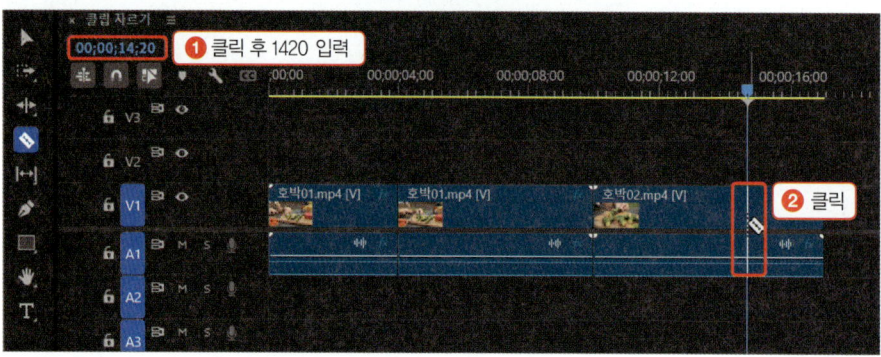

06 ❶ 재생헤드를 옆으로 옮겨 보면 2개였던 클립이 총 4개로 나누어진 것을 확인할 수 있습니다. ❷ [도구] 패널에서 [선택 도구] Ⓥ를 선택한 후 ❸ 두 번째 클립을 선택하고 [Delete]를 눌러서 해당 클립을 삭제합니다. ❹ 계속해서 맨 뒤 클립도 선택한 후 [Delete]를 눌러 삭제합니다.

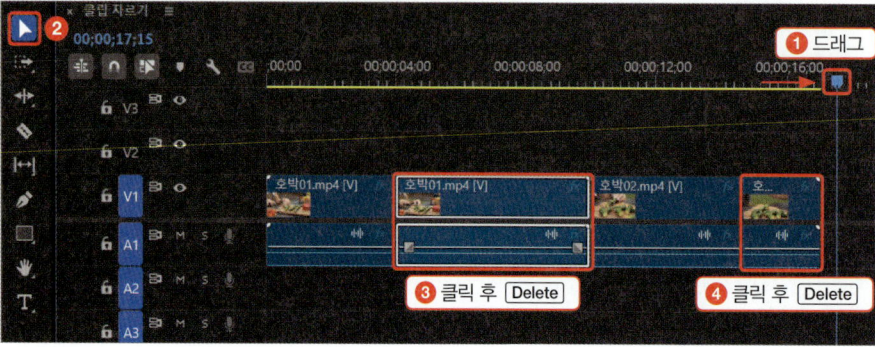

07 2개의 클립을 삭제했더니 다음과 같이 [호박01]과 [호박02] 클립 사이에 빈 공간이 남습니다. 이대로 두면 영상이 재생되다가 중간에 검은 화면이 나타납니다.

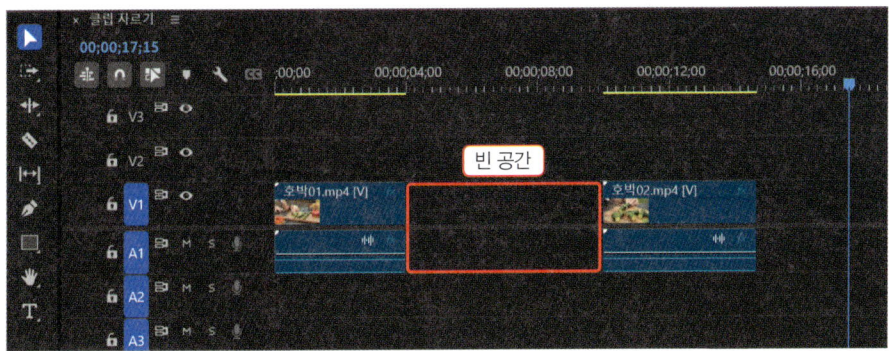

TIP 클립을 삭제할 때 Delete 가 아닌, Shift + Delete (macOS option + Delete)를 누르면 클립과 함께 클립이 있었던 공간도 삭제되므로 별도로 빈 공간을 제거하지 않아도 됩니다. 만약, 빈 공간이 남았다면 빈 공간을 클릭해서 선택한 후 Delete 를 누르거나 빈 공간에서 마우스 오른쪽 버튼을 클릭한 후 [잔물결 삭제]를 선택하는 방법도 있습니다. 이렇게 빈 공간을 삭제하면 뒤쪽 클립이 앞으로 이동합니다. **Link** 잔물결 삭제 기능은 150쪽에서 실습으로 확인할 수 있습니다.

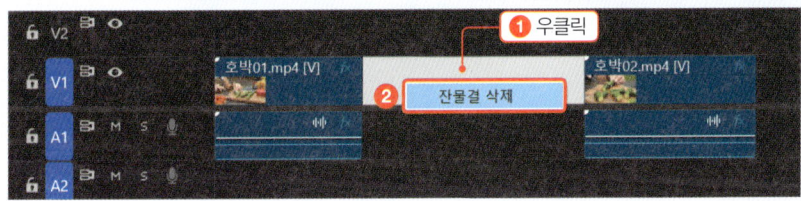

08 ① [선택 도구]를 선택 중인 상태에서 ② [호박02] 클립의 안쪽을 클릭한 채 왼쪽으로 드래그하여 [호박01] 클립 바로 뒤에 붙입니다.

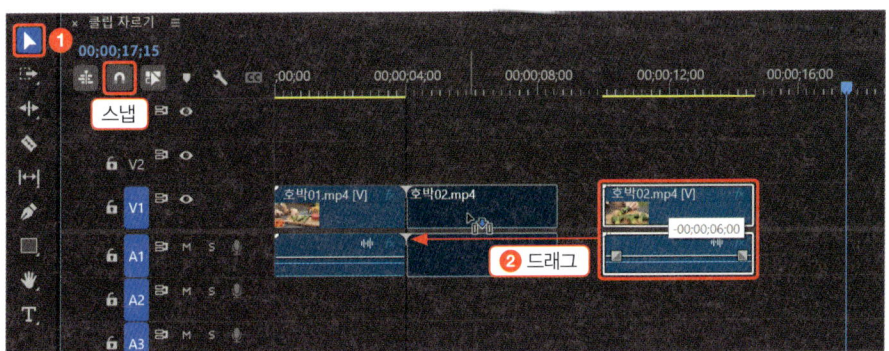

TIP 타임코드 아래 자석 모양의 [스냅] 아이콘이 켜져 있으면 클립을 이동할 때 가까운 클립에 자동으로 붙습니다. 만약 클립을 가까이 가져가도 잘 붙지 않으면 [스냅] 아이콘을 눌러 켜주세요.

LESSON 03 필요 없는 부분, NG컷 자르고 삭제하기 **111**

TIP 클립을 선택할 때는 가장자리를 피하고 클립의 안쪽을 클릭해야 합니다. 즉, 마우스 커서가 흰색 화살표 모양일 때 클릭해야 클립을 선택할 수 있습니다. 만약, 마우스 커서에 빨간색 화살표가 표시된다면 클립의 가장자리에 있다는 의미이며, 이 상태에서 클릭한 채 드래그하면 클립의 길이를 줄이거나 늘릴 수 있습니다.

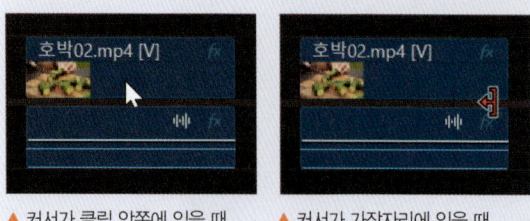

▲ 커서가 클립 안쪽에 있을 때   ▲ 커서가 가장자리에 있을 때

09 결과를 확인하기 위해 단축키 [Home]을 누르거나 재생헤드를 직접 드래그해서 맨 앞으로 옮긴 후 [Space bar]를 눌러 영상을 재생해 봅니다. 영상이 자연스럽게 이어진 것을 확인할 수 있습니다.

TIP 예제의 완성 결과는 클립 자르기_완성본.prproj 파일을 열어서 확인할 수 있습니다.

Pr 영상을 빠르게 자르는 단축키 [Ctrl]+[K]

[자르기 도구]를 선택한 후 원하는 위치로 재생헤드를 옮기고, 다시 클릭해서 클립을 자르는 번거로운 과정을 한 방에 해결하는 방법이 있습니다. 바로 단축키 [Ctrl]+[K]입니다.

트랙 대상 지정하여 여러 클립 자르기

[타임라인] 패널에서 원하는 위치로 재생헤드를 옮긴 후 단축키 [Ctrl]+[K]를 누르는 것만으로 현재 어떤 도구를 선택하고 있든 상관없이 재생헤드가 위치한 곳에서 클립이 잘립니다. 그렇다면 다음 예시처럼 트랙에 클립이 여러 개 있을 때 [Ctrl]+[K]를 누르면 어떻게 될까요?

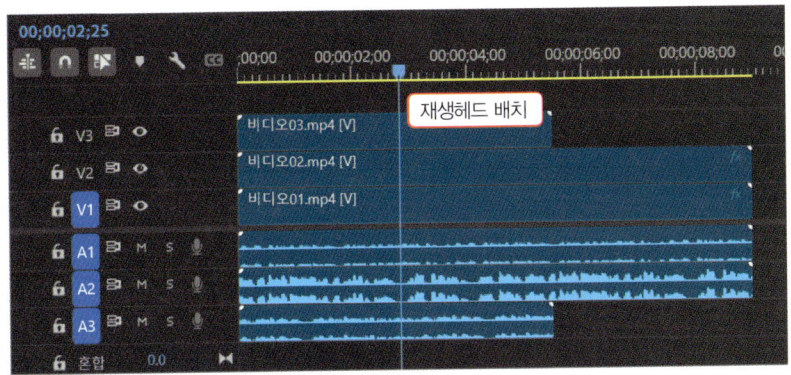

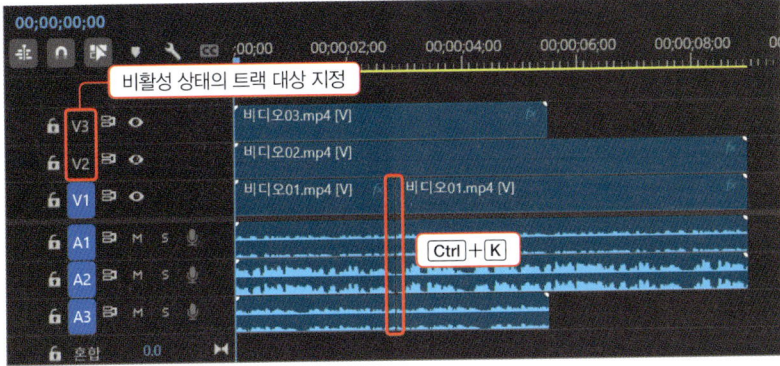

▲ 트랙에 클립이 여러 개일 때 Ctrl+K를 누르면 활성화된 트랙이 모두 잘립니다.

위 결과에서 보듯 V1 트랙과 A1, A2, A3 트랙의 클립은 잘렸지만 V2, V3 트랙의 클립은 잘리지 않았습니다. 그 이유는 V2, V3 트랙의 [트랙 대상 지정] 버튼이 비활성화되어 있기 때문입니다. 즉, Ctrl+K는 트랙 대상 지정이 활성화되어 있는 모든 트랙을 자를 때 사용하는 단축키입니다. 그러므로 예시의 모든 트랙에서 클립을 자르고 싶다면 V2, V3 트랙의 [트랙 대상 지정] 버튼을 클릭해서 활성화해야 합니다.

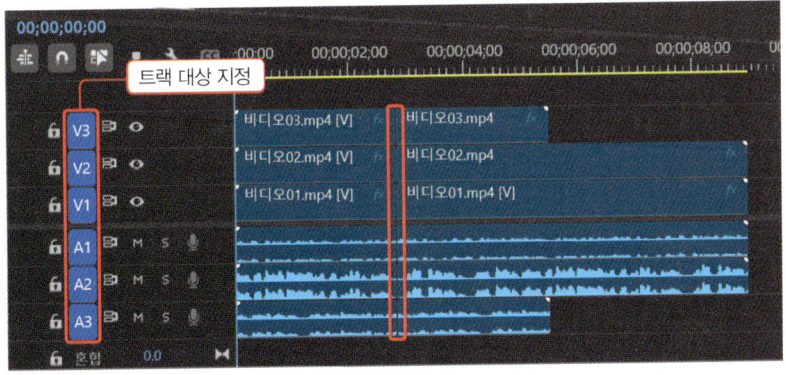

TIP [트랙 대상 지정] 버튼의 활성화 여부에 상관없이 모든 트랙의 클립을 자르고 싶을 때는 단축키 Shift+Ctrl+K를 누르면 됩니다.

클립을 선택하여 여러 클립 자르기

이번에는 아래와 같은 상황에서 Ctrl+K를 누르면 어떻게 될까요? 앞에서 배운 내용을 따르면 [트랙 대상 지정] 버튼이 활성화된 V3, V1, A1 트랙의 클립만 잘려야겠죠?

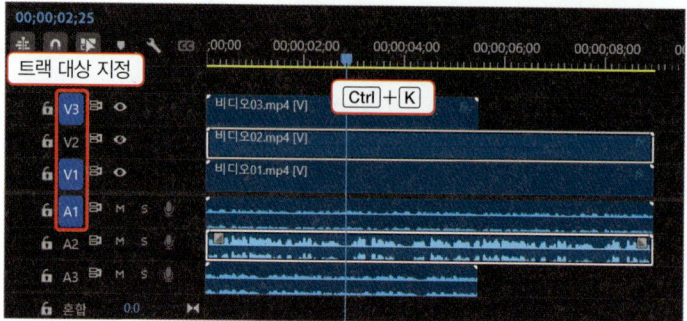

결과는 V2, A2 트랙의 클립이 잘립니다. 의외의 결과죠? 단축키 Ctrl+K는 트랙 대상 지정보다 직접 클릭해서 선택 중인 클립을 먼저 생각합니다. 예시를 다시 보면 V2, A2 트랙의 [트랙 대상 지정] 버튼이 비활성화되어 있지만, 해당 트랙에 있는 클립이 선택 중인 것을 확인할 수 있습니다.

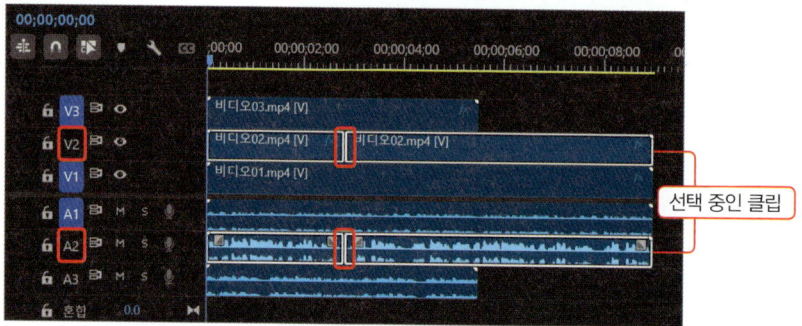

▲ 트랙 대상 지정보다 트랙 선택이 우선시됩니다.

정리하면 단축키 Ctrl+K는 최우선으로 현재 선택 중인 클립을 자르며, 선택 중인 클립이 없다면 [트랙 대상 지정] 버튼이 활성화된 트랙의 클립을 자릅니다. 끝으로, Shift를 추가하여 단축키 Shift+Ctrl+K를 누르면 트랙 대상 지정이나 선택 여부와 상관없이 현재 재생헤드가 있는 곳의 모든 트랙이 함께 잘립니다. 단축키 Ctrl+K, 영상 편집 중에 똑똑하게 활용해 보세요.

Pr 자른 클립을 다시 붙이는 관통 편집물 연결

프리미어 프로에서 실행 취소 단축키는 Ctrl+Z입니다. 그러므로 직전에 자른 클립은 실행 취소 단축키를 눌러서 다시 붙일 수 있습니다.

▶ 유튜브 동영상 강의
자른 클립 다시 붙이기
https://youtu.be/5elbmNJ3mzE

하지만, 클립을 자른 지 오래된 상황이라면 실행 취소 단축키를 사용할 수 없겠죠? 그럴 때는 관통 편집물 연결(Join Through Edits) 기능을 사용합니다.

01 임의의 프로젝트 파일을 열고 ❶ [타임라인] 패널에서 클립을 여러 컷으로 자릅니다. 그런 다음 왼쪽 위에서 ❷ 렌치 모양의 [타임라인 표시 설정] 아이콘을 클릭한 후 ❸ [관통 편집물 표시](Show Through Edits)를 선택합니다.

02 관통 편집물 표시 기능이 실행되면 클립이 잘린 곳에 하얀색 나비 모양의 아이콘이 표시되는 것을 확인할 수 있습니다.

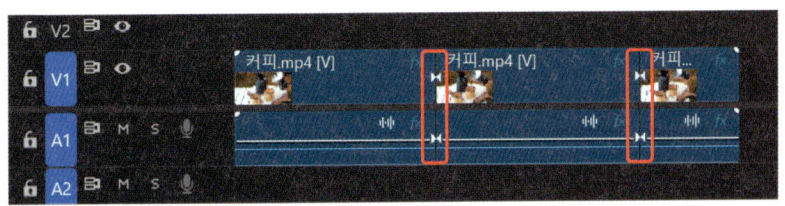

> **TIP** 클립이 잘린 곳에 나비 모양 아이콘이 표시되지 않는다면 클립 길이가 수정된 것으로, 해당 클립은 이어 붙일 수 없습니다.

03 ❶ [도구] 패널에서 [선택 도구]를 선택합니다. ❷ 나비 모양 아이콘이 있는 경계면에서 마우스 오른쪽 버튼을 클릭한 후 ❸ [관통 편집물 연결]을 선택합니다. 또는 경계면을 클릭해서 선택한 후 Delete 나 Backspace 를 눌러도 됩니다.

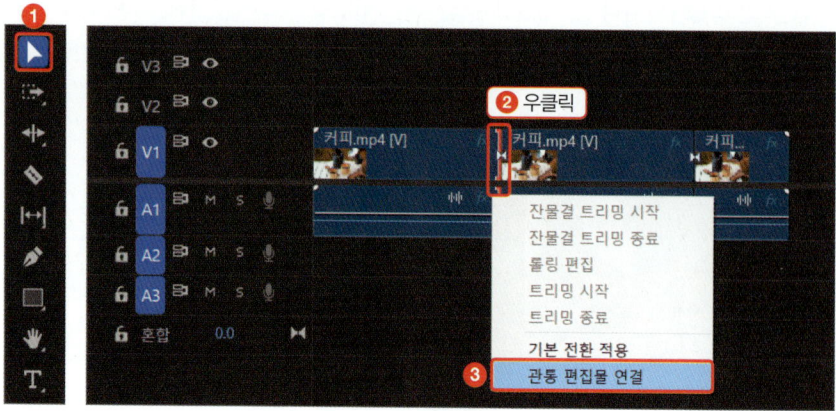

04 나비 모양 아이콘이 사라지고 잘렸던 클립이 다시 연결된 것을 확인할 수 있습니다. 이처럼 관통 편집물 연결 기능으로 자른 클립을 다시 이어 붙일 수 있습니다. 단, 클립을 자르고 1프레임이라도 줄이거나 늘렸을 때 또는 중간의 클립을 삭제했을 때는 관통 편집물 연결 기능을 사용할 수 없고, 단순하게 자르기만 했을 때 사용할 수 있습니다.

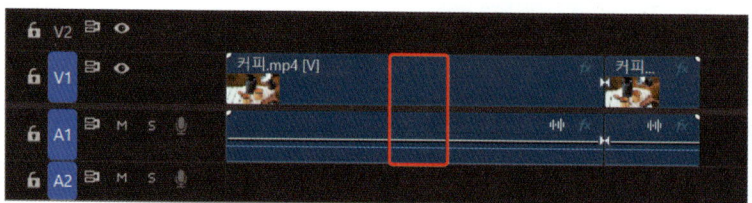

TIP 앞서 01번 과정의 [관통 편집물 표시] 메뉴를 반드시 실행해야 하는 것은 아닙니다. 실습 중에는 설명을 돕기 위해 나비 모양을 확인한 것이며, 실제 영상 편집 중에는 클립의 잘린 경계면을 클릭해서 선택한 후 Delete 또는 Backspace 를 눌러 삭제함으로써 클립을 빠르게 이어 붙일 수 있습니다.

금손 변신 TIP 클립 자르기 금손처럼 사용하기

▶ 모두 자르기 또는 특정 클립만 자르기

일반적으로 [자르기 도구]를 사용하여 클립을 자를 때는 선택한 트랙만 잘립니다. 다른 트랙에 있는 클립도 동시에 자르고 싶다면 Shift 를 누른 채 [자르기 도구]를 사용하면 됩니다.

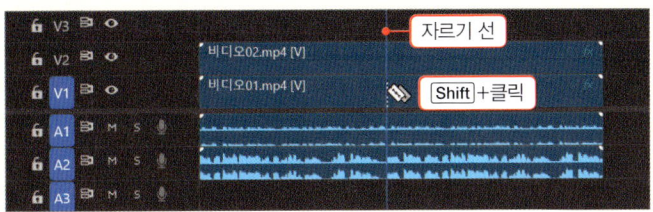

▲ Shift 를 누르면 전체 트랙에 자르기 선이 표시됩니다.

또한, [자르기 도구]는 비디오와 오디오를 같이 자릅니다. 비디오 또는 오디오만 자르고 싶다면 Alt 를 누른 채 비디오 또는 오디오 클립 위에서 [자르기 도구]를 사용하면 됩니다.

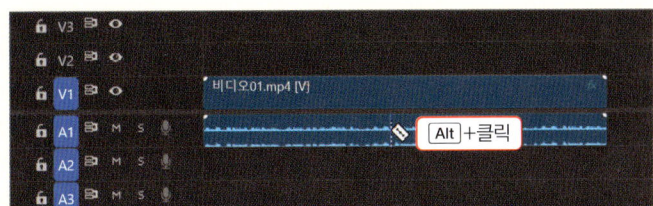

▲ Alt 를 누르면 비디오 또는 오디오 클립에만 자르기 선이 표시됩니다.

▶ 클립을 자르면 앞 또는 뒤가 완전히 삭제되는 것일까?

다음 예시는 앞에서 실습한 방법으로 호박 클립의 일부분을 잘라낸 상황입니다. 이 상태에서 클립의 가장자리로 마우스 커서를 옮기면 빨간색 화살표가 나타나는 걸 확인할 수 있습니다.

마우스 커서가 빨간색 화살표일 때, 즉 커서가 클립의 가장자리에 있을 때 클릭한 채 드래그하면 해당 방향으로 클립의 길이를 조절할 수 있습니다. 다시 말해 클립을 잘랐다고 해서 완전히 삭제되는 것이 아니라 언제든 다시 복구할 수 있도록 숨겨져 있는 것입니다.

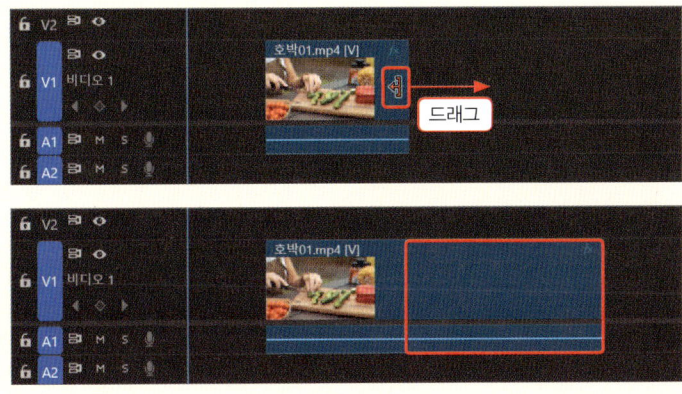

▶ **클립들 사이의 공백을 한 번에 지우는 방법은 없을까?**

▶ **유튜브 동영상 강의**

간격 닫기, 단축키 설정하기
https://youtu.be/YX9im_1mabQ

[**자르기 도구**] 등을 이용해 여러 개의 클립을 편집하다 보면 아래의 예시처럼 클립 사이의 공백이 생기곤 합니다. 이때 상단 메뉴 바에서 [**시퀀스**] – [**간격 닫기**](Sequence – Close Gap)를 선택하면 클립 사이의 공백을 한 번에 지울 수 있습니다.

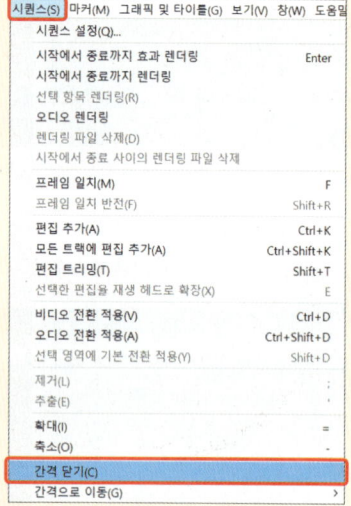

◀ 간격 닫기 실행 전

◀ 간격 닫기 실행 후

TIP 간격 닫기 기능처럼 자주 사용하는 기능이지만 단축키가 설정되어 있지 않다면 사용자 지정 단축키를 설정해서 사용하면 효과적입니다. **Link** 단축키 설정 방법은 091쪽에서 자세히 설명합니다.

LESSON 04 원본 영상에서 원하는 부분만 빠르게 가져오기

원본 영상을 통째로 [타임라인] 패널로 가져오면 불필요한 부분을 자르는 등의 추가 작업이 필요합니다. 그런 작업을 줄이기 위해 [소스 모니터] 패널에서 영상의 시작 표시와 종료 표시를 설정하여 더욱 빠르게 편집하는 방법을 배워 보겠습니다. 참고로 시작 표시는 Mark In, 종료 표시는 Mark Out이라고 하며, 주로 인 점, 아웃 점이라고 표현합니다.

▶ **유튜브 동영상 강의**

인 점, 아웃 점 잡아 빠르게 편집하기
https://bit.ly/pr-inout

영상의 시작 표시와 종료 표시 지정하기

[소스 모니터] 패널에서는 원본 영상을 확인하고, 편집에서 필요한 컷의 구간을 직접 설정할 수 있습니다. 이렇게 설정한 구간만 타임라인에 배치한다면 전체 영상을 가져온 후 자르거나 이어 붙이는 과정이 단축되어 더욱 빠르게 영상을 편집할 수 있습니다.

- **예제 파일:** Chapter 03/팬케이크_소스패널.prproj
- **완성 파일:** Chapter 03/팬케이크_소스패널_완성본.prproj

실습 가능 버전
프리미어 프로 CC 모든 버전

01 팬케이크_소스패널.prproj 예제 파일을 열면 [프로젝트] 패널에 [팬케이크] 영상 소스가 보입니다. ❶ [팬케이크] 소스를 더블 클릭하여 ❷ [소스 모니터] 패널에서 확인합니다.

TIP [프로젝트] 패널에서 [소스 모니터] 패널로 직접 드래그해도 됩니다.

02 [소스 모니터] 패널에서 영상의 시작과 종료 구간을 설정하겠습니다. 우선 시작 표시를 위해 ❶ [소스 모니터] 패널의 재생헤드를 딸기를 잡는 순간인 [00;00;13;13]으로 옮긴 후 ❷ [시작 표시] 아이콘을 클릭합니다.

TIP 시작 표시의 단축키는 ①입니다. 단축키를 눌러도 실행되지 않는다면 키보드가 영문으로 되어 있는지 확인해 주세요.

03 재생헤드가 있던 지점에 시작 표시가 나타났죠? 이번에는 종료 지점을 설정하기 위해 ❶ 재생헤드를 [00;00;17;00]로 옮긴 후 ❷ [종료 표시] 아이콘을 클릭합니다. ❸ 시작과 종료 구간의 설정이 끝나면 해당 구간은 회색으로 표시됩니다.

TIP 종료 표시의 단축키는 ⓞ입니다.

04 사용할 구간 설정이 끝났으니 이제 [소스 모니터] 패널에서 화면을 클릭한 채 [타임라인] 패널의 V1 트랙으로 드래그합니다. 시작 표시와 종료 표시로 설정한 딸기를 올려 놓는 구간만 [타임라인] 패널에 클립으로 배치되었습니다. 이처럼 [소스 모니터] 패널을 이용하면 필요한 장면만 빠르게 배치할 수 있어서 작업 시간이 현저히 줄어듭니다.

Pr 비디오 또는 오디오만 가져오기

[소스 모니터] 패널에서 시작 표시와 종료 표시를 설정하여 [타임라인] 패널로 가져올 때 비디오 또는 오디오만 선택해서 가져올 수도 있습니다.

01 **피아노_소스패널.prproj** 예제 파일을 엽니다. ❶ [프로젝트] 패널에서 [피아노] 소스를 더블 클릭하여 [소스 모니터] 패널을 실행한 후 ❷ [00;00;00;00]부터 [00;00;08;15]까지 시작 표시와 종료 표시로 구간을 지정합니다. 이 상태에서 [소스 모니터] 패널의 화면 아래쪽에 있는 ❸ [비디오만 드래그] 아이콘을 클릭한 채 [타임라인] 패널의 비디오 트랙으로 드래그합니다. 비디오 트랙에만 클립이 배치되는 것을 확인할 수 있습니다.

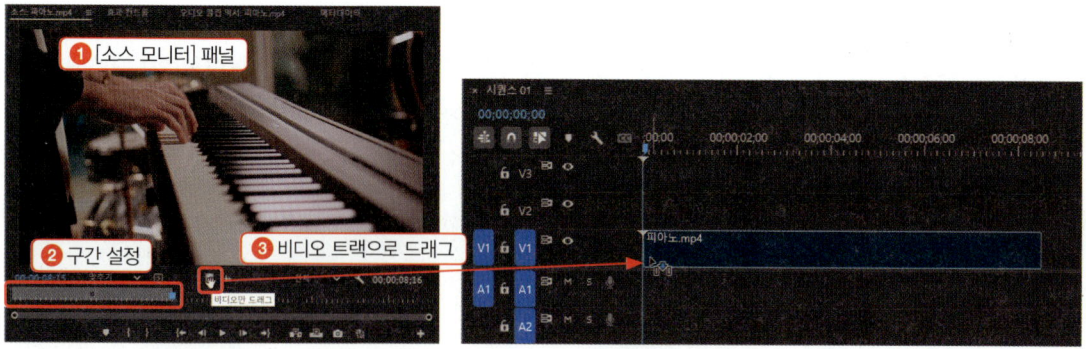

TIP 영상 전체의 비디오 또는 오디오만 사용하고 싶다면 별도로 구간을 설정하지 않아도 됩니다. **Link** 시작 표시와 종료 표시로 구간을 설정하는 방법은 119쪽에서 자세히 설명합니다.

02 이어서 오디오 클립도 배치해 보겠습니다. [소스 모니터] 패널에서 [오디오만 드래그] 아이콘을 클릭해 보면 화면에서 오디오 파형을 볼 수 있습니다. 아이콘을 클릭한 채 [타임라인] 패널의 오디오 트랙으로 드래그하여 오디오 클립을 추가로 배치합니다.

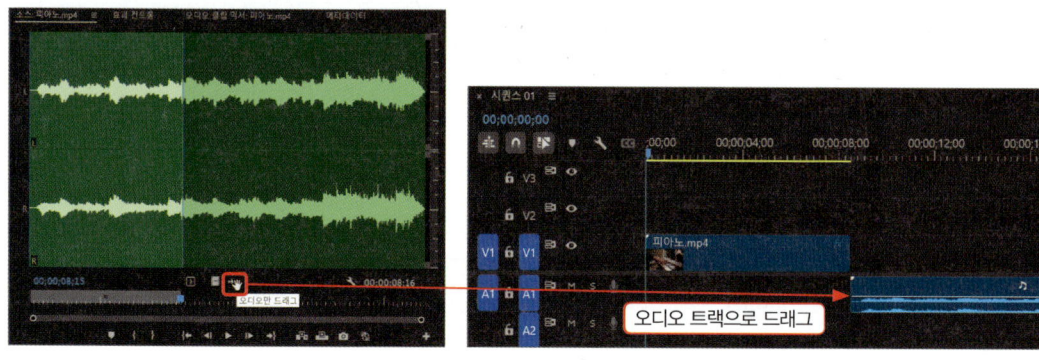

Pr 시작 표시와 종료 표시 삭제하기

[소스 모니터] 패널에서 시작 표시와 종료 표시를 하면 [프로젝트] 패널에 있는 원본 소스도 연동되어 동일하게 시작 표시와 종료 표시가 설정됩니다.

[소스 모니터] 패널에서 구간을 설정한 후 [프로젝트] 패널에서 원본 소스를 보면 파란색으로 구간이 설정된 것을 확인할 수 있습니다. 그러므로 [프로젝트] 패널에서 [타임라인] 패널로 드래그해도 시작/종료 표시로 설정한 구간만 클립으로 배치됩니다. 구간 설정 후 전체 길이의 영상을 추가로 [타임라인] 패널에 배치하고 싶다면 다음과 같은 방법으로 시작/종료 표시를 지워야 합니다.

[소스 모니터] 패널에서 구간

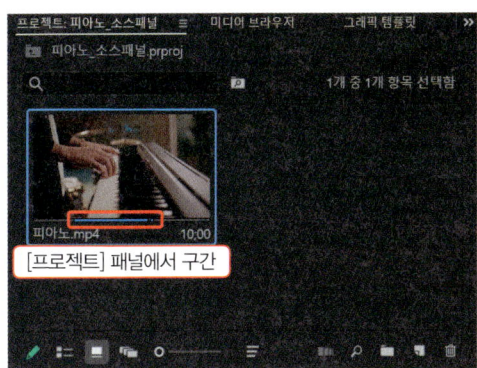
[프로젝트] 패널에서 구간

시작 지우기 및 종료 지우기 아이콘 이용하기

[소스 모니터] 패널에서 시작 표시와 종료 표시를 지우려면 기능 아이콘을 이용하거나 단축키를 이용하는 방법이 있습니다. 우선 아이콘을 이용하려면 [소스 모니터] 패널에 해당 아이콘을 추가해야 합니다.

[소스 모니터] 패널에서 오른쪽 아래에 있는 [단추 편집기] 아이콘을 클릭해 보면 다음과 같이 사용할 수 있는 전체 아이콘 목록을 펼칩니다. 여기에서 [시작 지우기] 아이콘과 [종료 지우기] 아이콘을 각각 아래로 드래그해서 [소스 모니터] 패널에 추가한 후 [확인] 버튼을 클릭하여 등록합니다.

[소스 모니터] 패널에 2개의 아이콘이 추가되었으면 이제 [시작 지우기] 아이콘과 [종료 지우기] 아이콘을 각각 클릭해서 설정한 구간을 지울 수 있습니다.

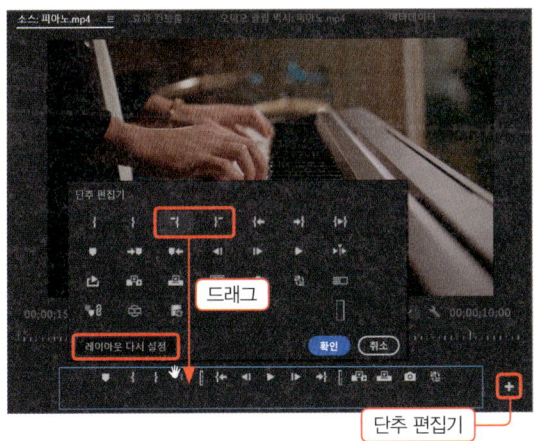

TIP 추가된 아이콘 중 사용하지 않는 것은 [단추 편집기]를 열어 목록 밖으로 드래그하면 제거할 수 있습니다. 또한, [레이아웃 다시 설정]을 누르면 기본 아이콘 구성으로 초기화됩니다.

단축키로 시작/종료 표시 삭제하기

다음과 같은 방법을 이용하면 별도로 아이콘을 추가하지 않고 시작 표시와 종료 표시를 지울 수 있습니다.

- Alt를 누른 채 [시작 표시] 아이콘과 [종료 표시] 아이콘을 클릭하면 각각 시작 지우기와 종료 지우기 기능이 실행됩니다.

- 다음과 같이 아이콘도 이용하지 않고 단축키만으로 시작 표시와 종료 표시를 지울 수도 있습니다.

기능	Windows	macOS
시작 지우기	Ctrl + Shift + I	option + I
종료 지우기	Ctrl + Shift + O	option + O
시작 및 종료 지우기	Ctrl + Shift + X	option + X

금손 변신 TIP 비디오와 오디오 클립 분리 금손처럼 사용하기

하나의 영상에 있는 비디오와 오디오를 구분해서 [타임라인] 패널에 배치한 것이 아니라면 [타임라인] 패널에 있는 비디오와 오디오 클립은 서로 연결되어 있습니다. 그러므로 각각 편집하고 싶다면 다음과 같은 방법을 이용합니다.

▶ **비디오 또는 오디오만 선택하여 삭제하기**

[타임라인] 패널에서 왼쪽 위에 있는 [연결된 선택] 아이콘을 클릭해서 비활성화 한 다음 클립을 선택하면 비디오 또는 오디오만 선택됩니다. 연결된 선택 기능을 비활성화하지 않은 상태라면 Alt 를 누른 채 클립을 클릭하여 따로 선택할 수 있습니다. 비디오 또는 오디오 클립만 선택한 상태에서 Delete 를 누르면 선택된 클립만 지워집니다.

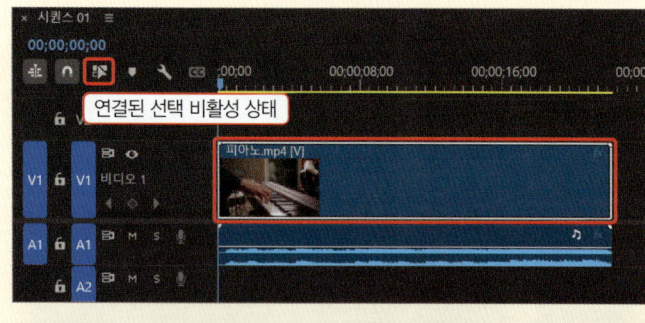

◀ 비디오 클립만 선택된 모습

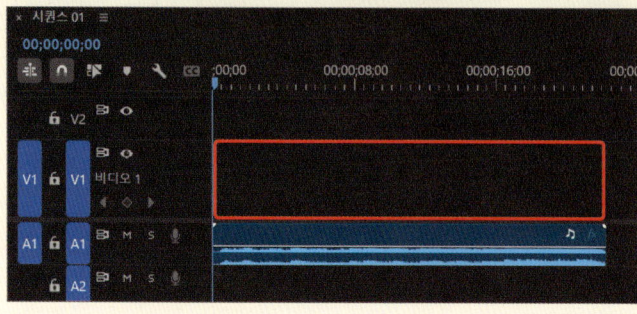

◀ 비디오 클립만 지운 모습

▶ **비디오와 오디오 연결 해제하기**

앞서 소개한 방법은 비디오 또는 오디오를 따로 선택할 수는 있지만 여전히 서로 연결된 상태입니다. 그러므로 별개의 클립으로 편집하고 싶다면 비디오와 오디오 클립을 모두 선택하고 마우스 오른쪽 버튼을 클릭한 후 **[연결 해제]**(Unlink)를 선택합니다.

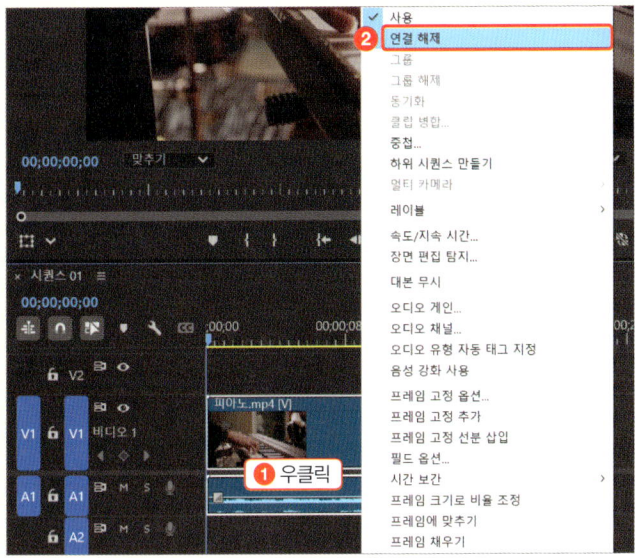

클립의 연결을 해제하면 **[연결된 선택]** 아이콘의 활성화 여부에 상관없이 비디오와 오디오 클립이 분리되어 개별적으로 편집할 수 있습니다. 분리한 클립을 다시 연결하고 싶다면 비디오와 오디오를 함께 선택한 다음 마우스 오른쪽 버튼을 클릭한 후 **[연결]**(Link)을 선택합니다.

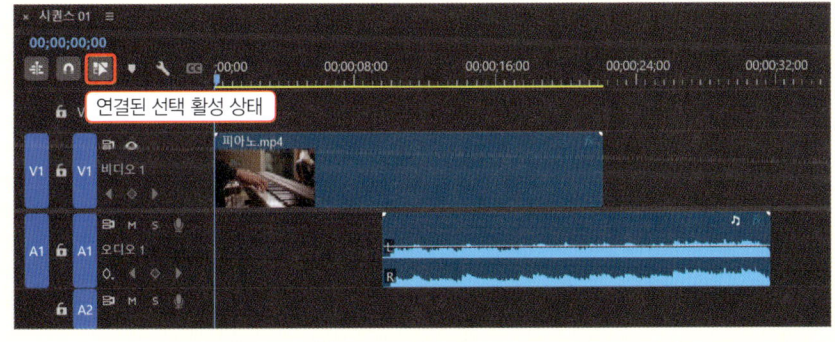

삽입, 덮어쓰기로 빠르게 교차 편집하기

LESSON 05

[소스 모니터] 패널에서 시작/종료 표시로 원하는 구간만 빠르게 편집에 사용하는 방법을 알아보았습니다. 다음 단계는 자른 클립을 삽입하거나 덮어쓰는 방법입니다. 참고로 영문 버전에서는 삽입을 Insert, 덮어쓰기를 Overwrite라고 표현합니다. 또한, 덮어쓰기와 유사한 의미이지만 클립을 지우지 않고 트랙 위에 덮어쓰는 것을 Overlay라고 합니다.

▶ **유튜브 동영상 강의**

삽입(Insert) vs 덮어쓰기(Overwrite)
https://bit.ly/pr-insert-over

컷과 컷 사이에 영상 삽입하기, Insert

이미 편집해 놓은 시퀀스에 다른 컷을 추가하고 싶다면 어떻게 해야 할까요? [소스 모니터] 패널의 삽입 기능으로 빠르게 컷 추가하는 방법을 알아보겠습니다.

> • 예제 파일:
> Chapter 03/바다_삽입하기.prproj
>
> 실습 가능 버전
> 프리미어 프로 CC 모든 버전

 01 **바다_삽입하기.prproj** 예제 파일을 엽니다. [타임라인] 패널을 보면 [여행] 시퀀스가 열려 있고, 편집된 [꽃밭]과 [눈밭] 클립이 있습니다. 두 클립 사이에 바다 컷을 빠르게 삽입해 보겠습니다.

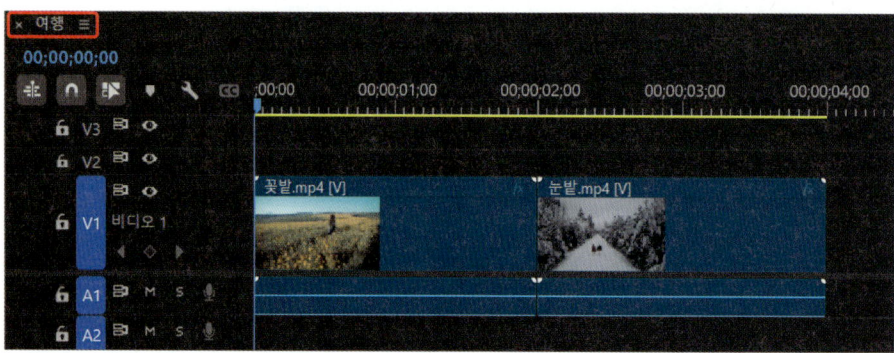

02 ① [프로젝트] 패널에서 [바다] 영상을 더블 클릭하여 [소스 모니터] 패널에서 확인합니다. [소스 모니터] 패널에서 삽입할 영상의 구간을 지정하기 위해 ② [00;00;03;00] 위치에서 [시작 표시] 아이콘을 클릭하고, ③ [00;00;04;29] 위치에서 [종료 표시] 아이콘을 클릭하여 시작/종료 표시를 설정합니다.

Link 시작/종료 표시 방법이 기억나지 않는다면 119쪽을 복습합니다.

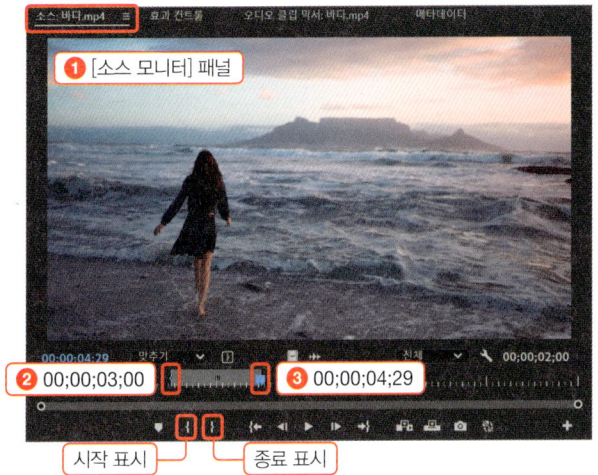

03 ① [타임라인] 패널에서 영상이 삽입될 위치인 [00;00;02;00](두 클립의 경계)로 재생헤드를 옮깁니다. ② [소스 모니터] 패널에서 [삽입] 아이콘을 클릭합니다.

TIP 삽입 기능의 단축키는 ,(쉼표)입니다. 또한, Ctrl을 누른 채 [소스 모니터] 패널의 화면을 타임라인의 배치할 위치로 드래그해서 삽입할 수 있습니다.

04 [타임라인] 패널을 보면 재생헤드 위치부터 [바다] 클립이 삽입되었습니다. [삽입] 아이콘을 클릭했는데, 클립이 삽입되지 않았다면 [소스 패치] 버튼을 클릭하여 활성화해 주세요. 소스 패치는 삽입과 덮어쓰기가 들어갈 트랙을 지정하는 역할을 합니다.

TIP 실습에서는 소스 패치가 V1, A1 트랙에 활성화되어 있으므로 V1, A1 트랙으로 삽입되었습니다. 소스 패치를 V2, A2 트랙으로 옮기면 영상도 V2, A2 트랙에 삽입됩니다.

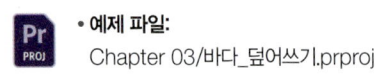 영상 덮어쓰기, Overwrite

삽입 기능을 이용하면 클립과 클립 사이에 새로운 클립이 추가되면서 전체 길이가 추가된 클립의 길이만큼 늘어납니다. 반면 이번에 실습할 덮어쓰기 기능은 기존에 있던 클립을 새로운 클립으로 덮어씌워서 겹치는 길이만큼 대체되는 기능입니다.

- **예제 파일:**
  Chapter 03/바다_덮어쓰기.prproj

  실습 가능 버전
  프리미어 프로 CC 모든 버전

01 바다_덮어쓰기.prproj 예제 파일을 엽니다. ❶ 삽입하기 기능과 같은 방법으로 [바다] 영상을 [소스 모니터] 패널에서 확인한 후 ❷ [00;00;03;00]와 [00;00;04;29]에 각각 시작/종료 표시를 합니다. ❸ [타임라인] 패널에서 재생헤드를 [00;00;02;00]로 옮긴 후 ❹ [소스 모니터] 패널에서 [덮어쓰기] 아이콘을 클릭합니다.

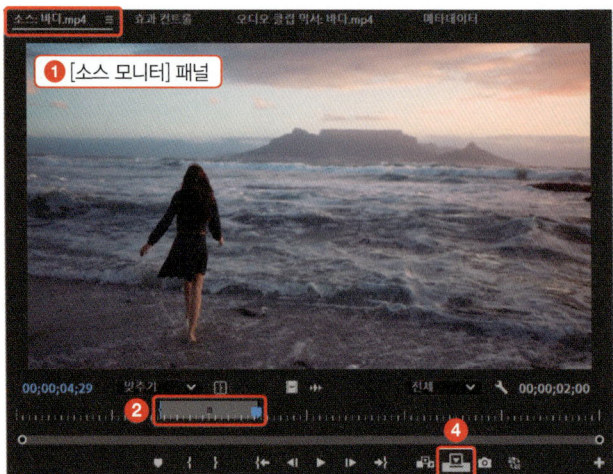

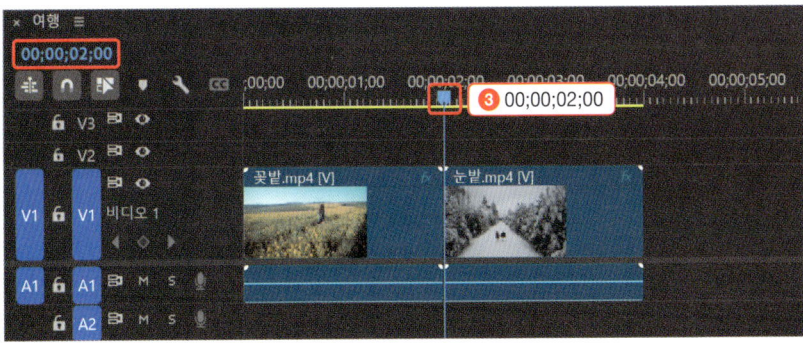

TIP 덮어쓰기 기능의 단축키는 ．(마침표)입니다. 또한, [소스 모니터] 패널의 화면을 타임라인의 배치할 위치로 드래그해서 덮어쓰기할 수 있습니다.

02 [타임라인] 패널을 보면 재생헤드가 위치한 곳부터 덮어쓰기가 실행되었습니다. 덮어쓰기 전에는 [꽃밭] 클립 바로 뒤에 [눈밭] 클립이 있었으나, 덮어쓰기 실행 후에는 재생헤드가 있던 2초부터 [눈밭] 클립이 [바다] 클립으로 교체되었습니다.

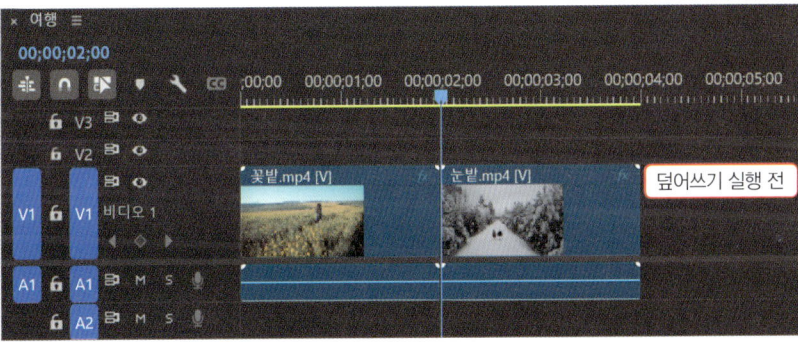

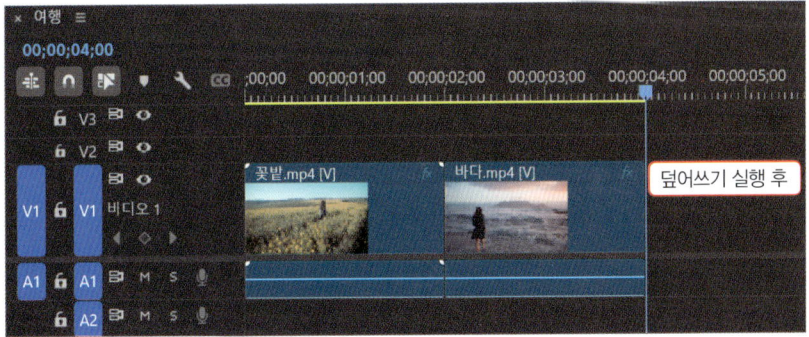

LESSON 05 삽입, 덮어쓰기로 빠르게 교차 편집하기 129

🔄 금손 변신 TIP | **삽입&덮어쓰기** 금손처럼 사용하기

▶ **삽입(Insert) vs. 덮어쓰기(Overwrite)**

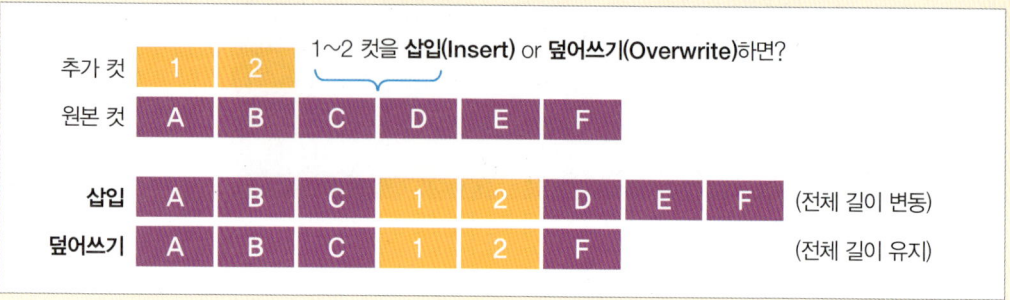
▲ 삽입 vs. 덮어쓰기

위의 이미지를 보면 알 수 있듯이 삽입 기능을 실행하면 컷이 추가되어서 전체 길이가 늘어납니다. 하지만, 덮어쓰기 기능을 실행하면 기존의 컷이 지워지고 교체가 되기 때문에 전체 길이에는 변함이 없습니다. 그러므로 이미 음악 작업까지 끝난 상태라면 전체 길이에 영향을 받지 않도록 덮어쓰기 기능을 사용해야겠죠? 상황에 맞게 삽입과 덮어쓰기를 활용해 주세요.

▶ **삽입 또는 덮어쓰기가 실행되지 않을 땐?**

삽입, 덮어쓰기 기능이 실행되지 않는다면 **[소스 패치]** 버튼 활성화 여부를 확인해 보세요. **[소스 패치]** 버튼은 **[타임라인]** 패널에서 각 트랙에 있는 자물쇠 모양 아이콘 왼쪽에 있습니다. 아래 이미지처럼 **[소스 패치]** 버튼이 비활성화되어 있으면 아무리 **[삽입]**이나 **[덮어쓰기]** 아이콘을 클릭해도 반응이 없습니다.

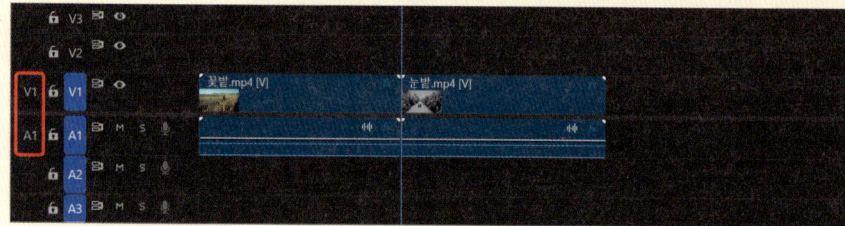
▲ 소스 패치 비활성 상태

다시 말해 **[소스 패치]** 버튼은 삽입과 덮어쓰기 기능이 실행될 트랙을 지정해 주는 역할을 합니다. 그러므로 비디오와 오디오 모두 가져오려면 비디오 트랙과 오디오 트랙에서 각각 **[소스 패치]** 버튼을 활성화해야 합니다. 활성화 방법은 **[소스 패치]** 버튼을 클릭하기만 하면 됩니다. 만약, 아래처럼 V1의 **[소스 패치]** 버튼만 활성화되어 있다면 비디오만 삽입됩니다.

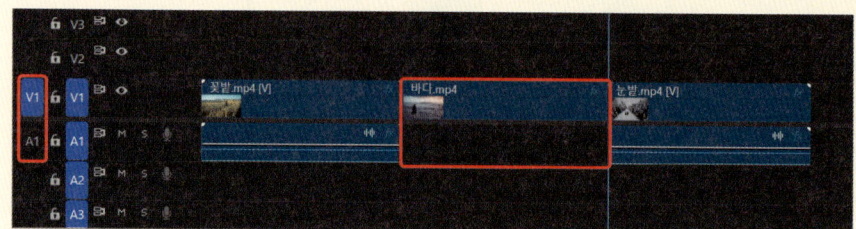
▲ V1 트랙만 활성 상태

1번 트랙뿐만 아니라 V2, A3 트랙 등 상황에 따라 원하는 트랙에서 [소스 패치] 버튼을 활성화하여 삽입, 덮어쓰기 기능을 실행할 수 있습니다.

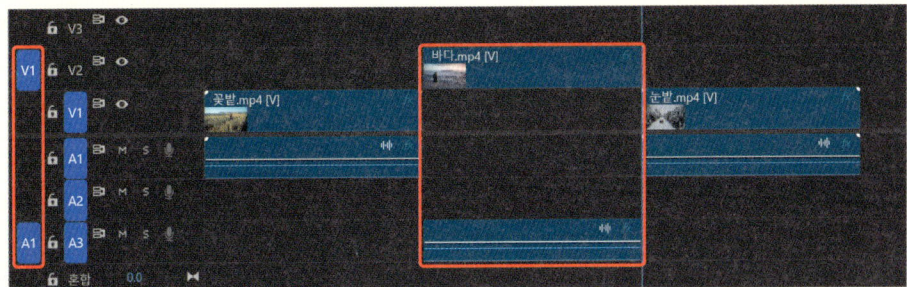

▲ V2, A3 트랙 활성 상태

▶ [프로그램 모니터] 패널의 화면으로 드래그하여 편집하기

[프로젝트] 패널이나 [소스 모니터] 패널에서 영상을 선택하고 [프로그램 모니터] 패널로 드래그하면 삽입, 덮어쓰기, 바꾸기 등의 기능이 화면에 나타납니다. 원하는 기능의 영역으로 드래그하면 [소스 패치] 버튼이 활성화된 트랙의 재생헤드가 있는 위치에서 해당 기능이 실행됩니다.

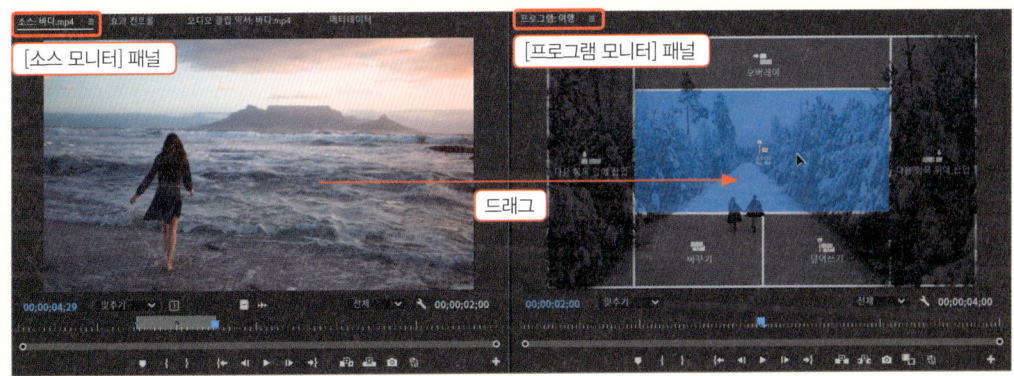

제거, 추출 기능으로 필요 없는 부분 빠르게 삭제하기

LESSON 06

[프로그램 모니터] 패널에서 시작/종료 표시를 설정하여 빠르게 컷을 제거(Lift)하거나 추출(Extract)할 수 있습니다. 제거는 빈 공간을 남겨 놓으나 추출은 공백까지 포함하여 삭제합니다.

▶ **유튜브 동영상 강의**
제거(Lift) vs 추출(Extract)
https://bit.ly/pr-lift-extract

- **예제 파일:** Chapter 03/유튜브_편집하기.prproj
- **완성 파일:** Chapter 03/유튜브_편집하기_완성본.prproj

실습 가능 버전
프리미어 프로 CC 모든 버전

시작/종료 표시 구간 제거하기, Lift

예제 파일의 영상에는 말을 더듬는 장면이 포함되어 있습니다. 시작 표시와 종료 표시 기능으로 말 더듬는 구간을 지정한 후 제거 기능으로 삭제해 보겠습니다.

01 유튜브_편집하기.prproj 예제 파일을 엽니다. ❶ 재생헤드를 말 더듬기 시작하는 지점인 [00;00;12;06]으로 옮기고 ❷ [시작 표시]  아이콘을 클릭합니다. ❸ 이어서 재생헤드를 [00;00;24;20]으로 옮기고 ❹ [종료 표시] 아이콘을 클릭하여 종료 위치를 설정합니다.

TIP [프로그램 모니터] 패널에서 시작/종료 표시로 구간을 설정하면 [타임라인] 패널에도 해당 구간이 표시됩니다. 또한, [타임라인] 패널에서도 단축키 ①와 ⓞ로 각각 시작 표시와 종료 표시로 구간을 설정할 수 있으며, 시작/종료 표시 설정과 삭제 방법은 [소스 모니터] 패널과 같습니다. **Link** [소스 모니터] 패널에서 시작/종료 표시 설정 및 지우는 방법은 119쪽에서 자세히 설명합니다.

02 시작/종료 표시로 설정한 구간, 즉 말 더듬는 장면을 제거하기 위해 [**프로그램 모니터**] 패널에 있는 [**제거**] 아이콘을 클릭합니다. 단축키는 ;(세미콜론)입니다.

03 [**타임라인**] 패널을 보면 시작/종료 표시로 설정한 구간이 삭제되어 빈 공간이 남아 있는 것을 확인할 수 있습니다.

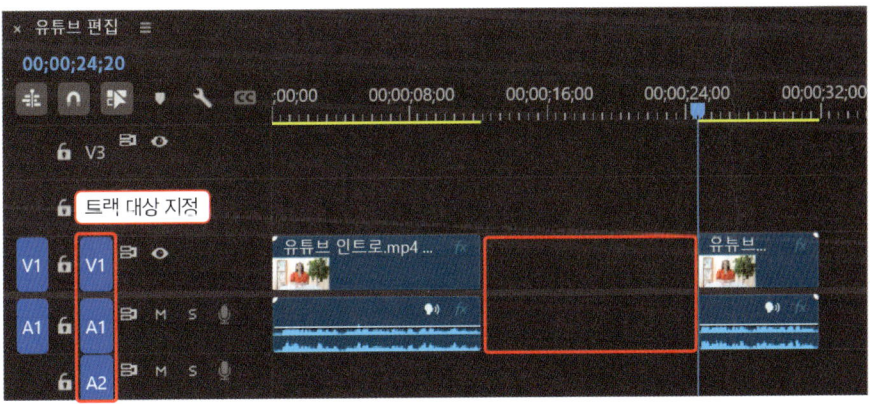

TIP [트랙 대상 지정] 버튼이 활성화되어 있는 트랙에서만 제거 기능이 적용됩니다. 그러므로, 제거 기능이 작동하지 않으면 [트랙 대상 지정] 버튼의 활성화 여부를 확인해 주세요.

Pr 시작/종료 표시 구간 추출하기, Extract

01 ❶ Ctrl + Z 를 한 번만 눌러 앞서 진행한 실습에서 [제거] 아이콘을 클릭하기 직전의 상태로 되돌립니다. 시작/종료 표시로 구간이 설정된 상태에서 ❷ [프로그램 모니터] 패널의 [추출] 아이콘을 클릭합니다. 단축키는 '(작은따옴표)입니다.

TIP [프로그램 모니터] 패널이나 [타임라인] 패널에서 시작/종료 표시가 설정되어 있는지 확인한 후 [추출] 아이콘을 클릭합니다.

02 [타임라인] 패널을 보면 이번에는 설정한 구간과 함께 해당 구간의 빈 공간까지 삭제되어 그 다음 컷이 바로 연결되어 있습니다. 영상을 재생해서 말 더듬는 구간이 자연스럽게 삭제되었는지 확인합니다. 이처럼 추출(Extract) 기능을 이용하면 컷을 자르지 않고 원하는 구간을 빠르게 삭제할 수 있습니다.

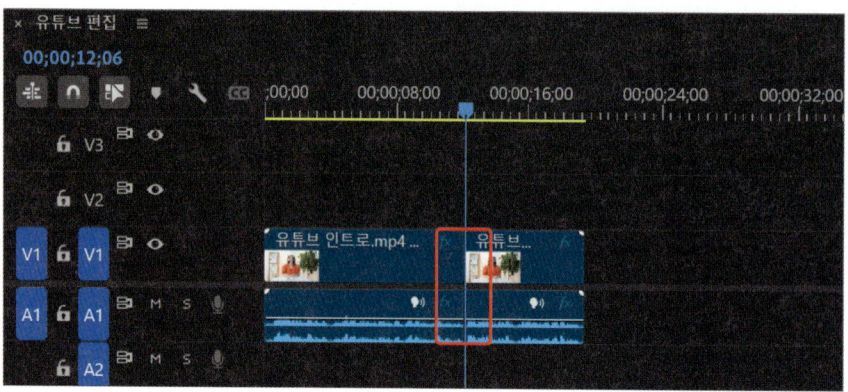

TIP 제거 기능과 마찬가지로 [트랙 대상 지정] 버튼이 한 군데 이상 활성화되어 있어야 추출 기능이 실행됩니다. 이러한 추출 기능은 영상 편집 중에 굉장히 유용하게 사용되며, 단축키를 이용하면 더욱 효과적입니다. 시작 표시는 I, 종료 표시는 O, 공백 포함 삭제하기는 '(작은따옴표)를 꼭 기억해 주세요!

금손 변신 TIP | 클립 편집 금손처럼 사용하기

▶ 재생헤드 기준으로 앞과 뒤 삭제하기

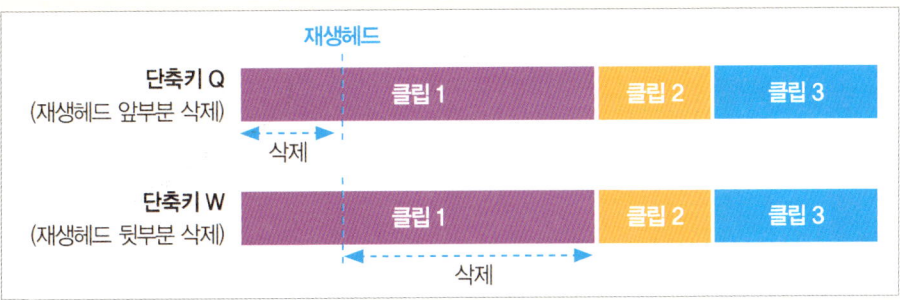

▲ 편집 단축키 Q, W

클립에서 특정 위치를 기준으로 앞부분을 모두 지우고 싶을 때는 재생헤드를 해당 위치로 옮긴 후 단축키 Q를 눌러 보세요. 재생헤드를 기준으로 클립의 앞부분이 모두 삭제됩니다.

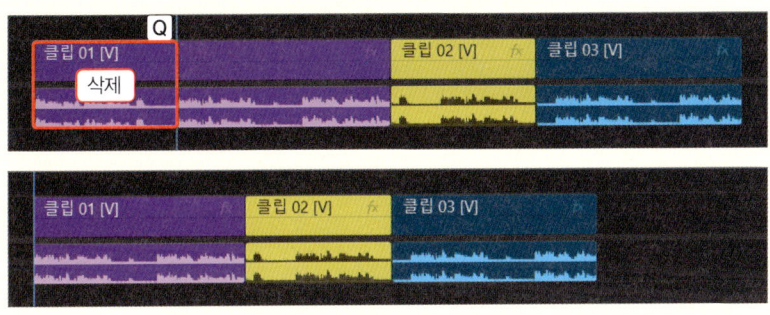

반대로 클립에서 뒷부분을 모두 지우고 싶다면 원하는 위치로 재생헤드를 옮기고 단축키 W를 눌러 보세요. 재생헤드를 기준으로 해당 클립의 뒷부분이 모두 삭제됩니다.

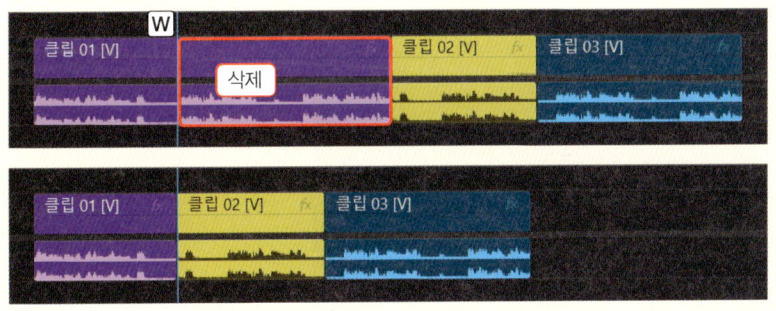

이 기능은 재생헤드가 위치한 클립만 삭제되며, 다른 클립은 영향을 받지 않습니다.

TIP 단축키가 실행되지 않을 때는 키보드 설정을 영문으로 변경합니다. 또한 [트랙 대상 지정] 버튼이 활성화되어 있어야 단축키가 적용됩니다.

▶ 클립 사이에 영상 삽입하기

[프로젝트] 패널에서 Ctrl 을 누른 채 원하는 영상을 [타임라인] 패널에서 클립과 클립 사이로 드래그해 보세요. 드래그해서 놓은 위치부터 해당 영상이 삽입되고, 기존에 있는 클립들은 자동으로 뒤로 밀려납니다. 이때 특정 클립의 중간으로 드래그하면 해당 위치에서 클립이 나눠지면서 뒤로 밀립니다.

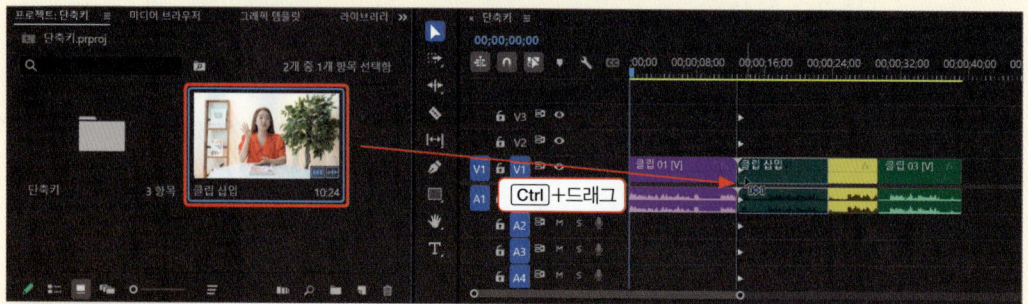

▶ 클립 순서 변경하기

[타임라인] 패널에서 임의의 클립을 선택하고 Ctrl + Alt 를 누른 채 드래그하면 클립의 순서가 변경됩니다.

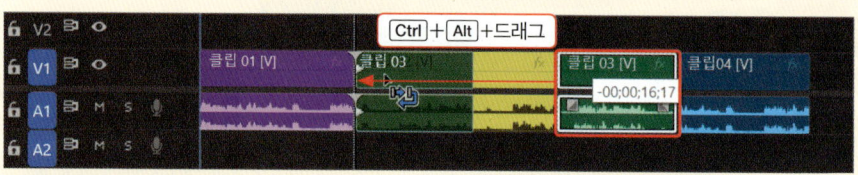

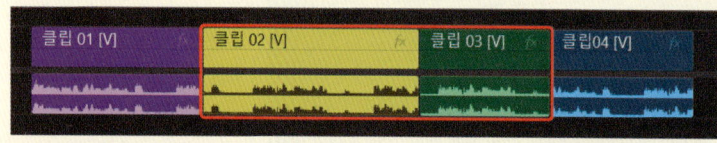

◀ 클립 순서 변경 전

◀ 클립 순서 변경 후

TIP 단축키를 사용하지 않고 그대로 드래그해서 이동하면 덮어쓰기가 되므로 주의가 필요합니다.

LESSON 07 텍스트 기반으로 컷편집하기

프리미어 프로 2023 버전에 새로 추가된 텍스트 기반 편집 기능을 사용하면, 영상 속 음성을 자동으로 텍스트로 변환할 수 있습니다. 변환된 텍스트를 활용해 간단히 컷 편집이 가능하며, 특히 인터뷰나 대화가 많은 영상에서 작업 시간을 크게 단축할 수 있습니다.

▶ **유튜브 동영상 강의**
프리미어 프로 텍스트 기반 편집
https://bit.ly/pr-textedit

- **예제 파일:**
Chapter 03/텍스트 기반 편집.prproj

실습 가능 버전
프리미어 프로 2023(버전 23.4) 이상

텍스트 기반 편집으로 불필요한 부분 삭제하기

텍스트 기반 편집은 불필요한 구간을 삭제하여 진행하는 방법과 필요한 구간을 지정하여 삽입하는 방법이 있습니다. 우선 불필요한 구간을 삭제하여 컷 편집하는 방법부터 알아보겠습니다.

01 **텍스트 기반 편집.prproj** 예제 파일을 엽니다. ❶ 텍스트 기반 편집을 하기 위해 작업 영역을 [텍스트 기반 편집] 레이아웃으로 변경하면 ❷ 화면 왼쪽에 [텍스트] 패널이 나타납니다.

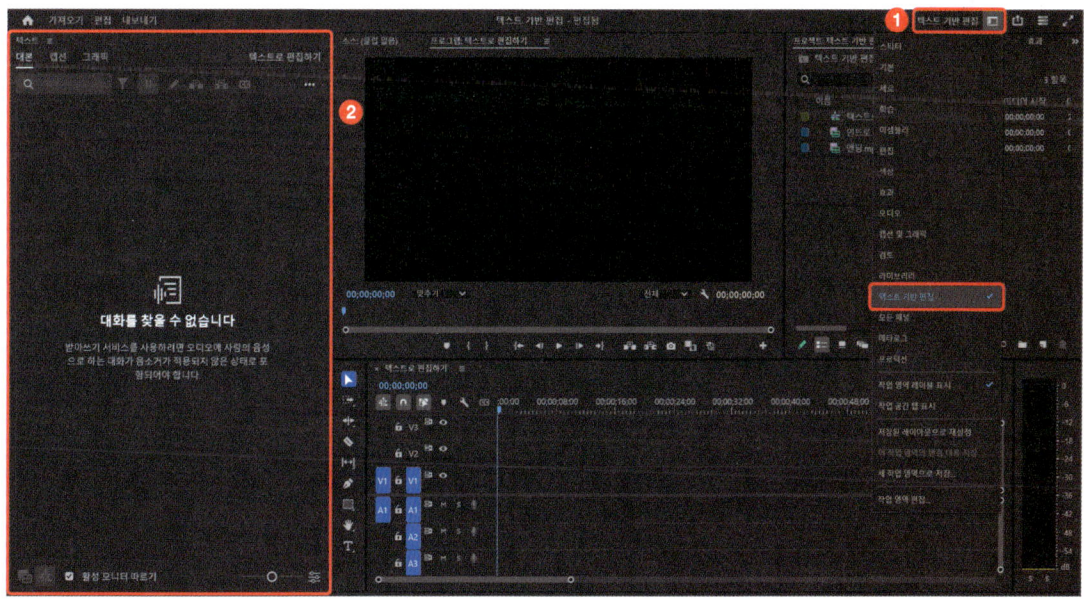

02 오른쪽 위에 있는 ❶ [프로젝트] 패널([Shift]+[1])에서 [인트로] 영상 소스를 [타임라인] 패널의 V1 트랙으로 드래그하여 배치합니다. ❷ [텍스트] 패널에서 [대본] 탭의 [받아쓰기] 버튼을 클릭하면 음성을 인식하여 ❸ 텍스트로 변환한 대본을 확인할 수 있습니다.

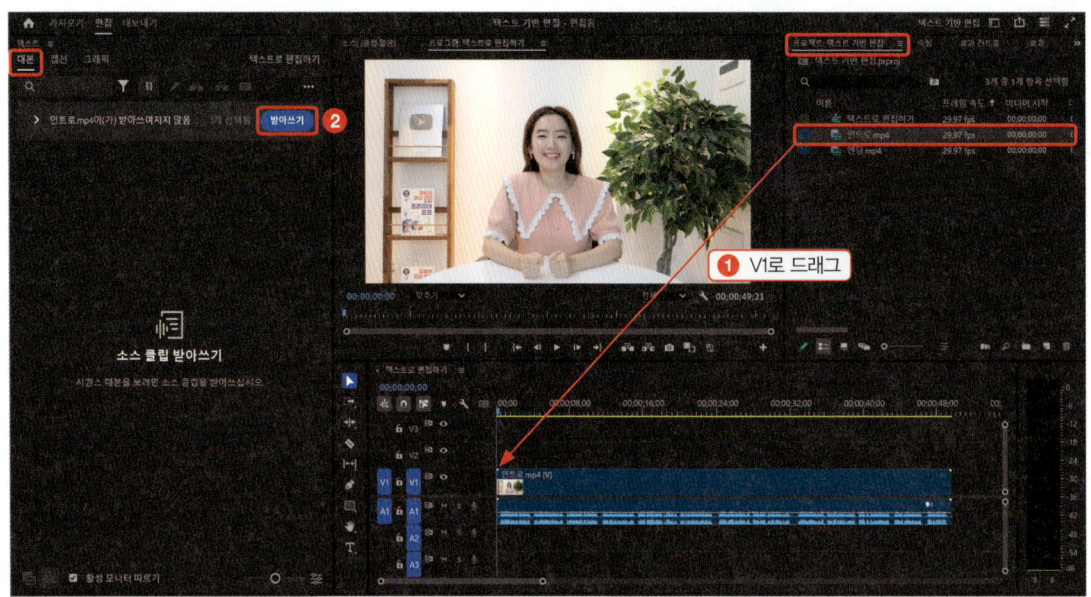

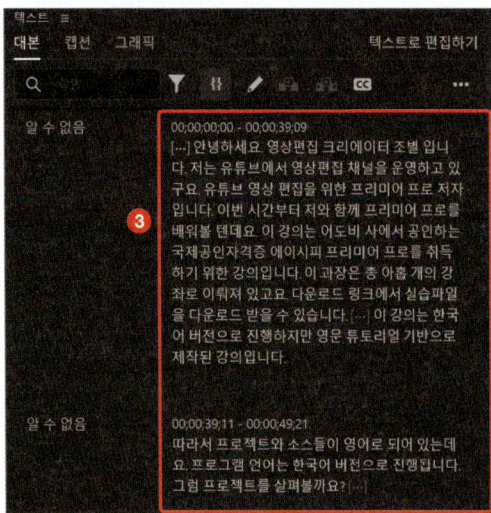

> **TIP** 이번 실습은 텍스트를 참고하여 러프하게 컷 편집하는 요령을 소개하는 것이므로 대본에 표시된 오타는 신경 쓰지 않아도 됩니다. **Link** 자동 자막으로 캡션을 만들거나 단어를 일괄 변경하는 방법 등 [텍스트] 패널의 사용법은 283쪽에서 자세히 설명합니다.

03 ① [대본] 탭에서 대본을 확인한 후 불필요한 구간을 드래그해서 선택합니다. 예제에서는 '이번 시간부터 저와 함께 ~ 취득하기 위한 강의입니다.'를 선택했습니다. ② [타임라인] 패널을 보면 선택한 텍스트에 해당하는 컷에 시작/종료 표시로 구간이 설정된 것을 확인할 수 있습니다.

04 [대본] 탭에서 [추출] 아이콘을 클릭하거나 단축키 ⌐'⌐(작은따옴표)를 눌러 선택한 텍스트를 삭제합니다. 텍스트를 지우면서 [타임라인] 패널에서도 설정된 구간이 삭제됩니다. 이와 같은 방법을 반복하면 텍스트만으로 내용을 확인하여 불필요한 구간을 빠르게 제거할 수 있습니다.

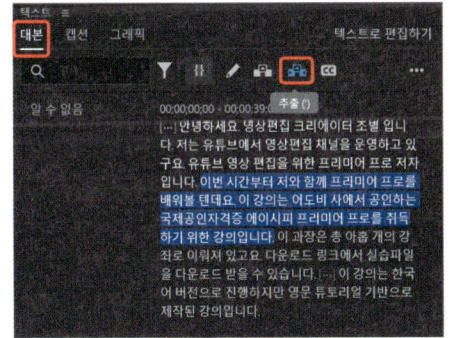 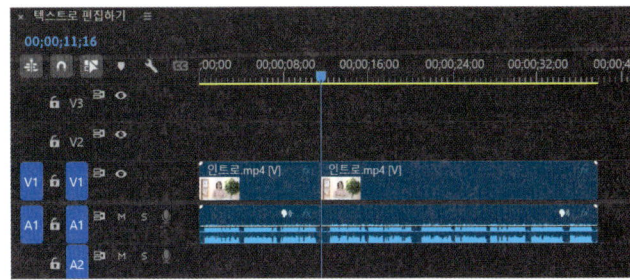

TIP [추출]이 아닌 [제거] 아이콘을 클릭하면 [타임라인] 패널에서 삭제된 부분에 공백이 남습니다. **Link** 타임라인에서 제거와 추출 기능을 실행하는 방법은 132쪽에서 자세히 설명합니다.

LESSON 07 텍스트 기반으로 컷편집하기 **139**

Pr 텍스트 기반 편집으로 필요한 부분 삽입하기

이번에는 대본을 이용하여 필요한 구간을 지정한 후 타임라인에 클립으로 추가하는 방법을 알아보겠습니다.

01 ❶ [프로젝트] 패널([Shift]+[1])에서 [엔딩] 영상을 더블 클릭한 후, [소스 모니터] 패널에서 확인합니다. 음성을 텍스트로 변환하기 위해 ❷ [텍스트] 패널의 [대본] 탭에서 [받아쓰기] 버튼을 클릭합니다.

02 소스 미디어에 대한 받아쓰기 생성 창이 열리면, ❶ [언어]는 [한국어]로, ❷ [화자 구분]은 [아니요, 화자를 분리하지 않습니다]를 선택한 후 [받아쓰기]를 클릭합니다.

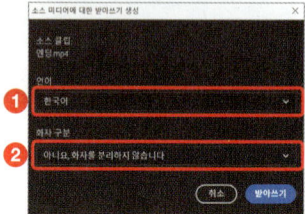

03 [엔딩] 영상의 대본이 자동으로 생성되면, 클립에 배치할 구간에 해당하는 텍스트를 드래그하여 선택합니다. 여기서는 '이 영상을 시청하고 있는 ~ 응원하고 있겠습니다.'를 선택했습니다.

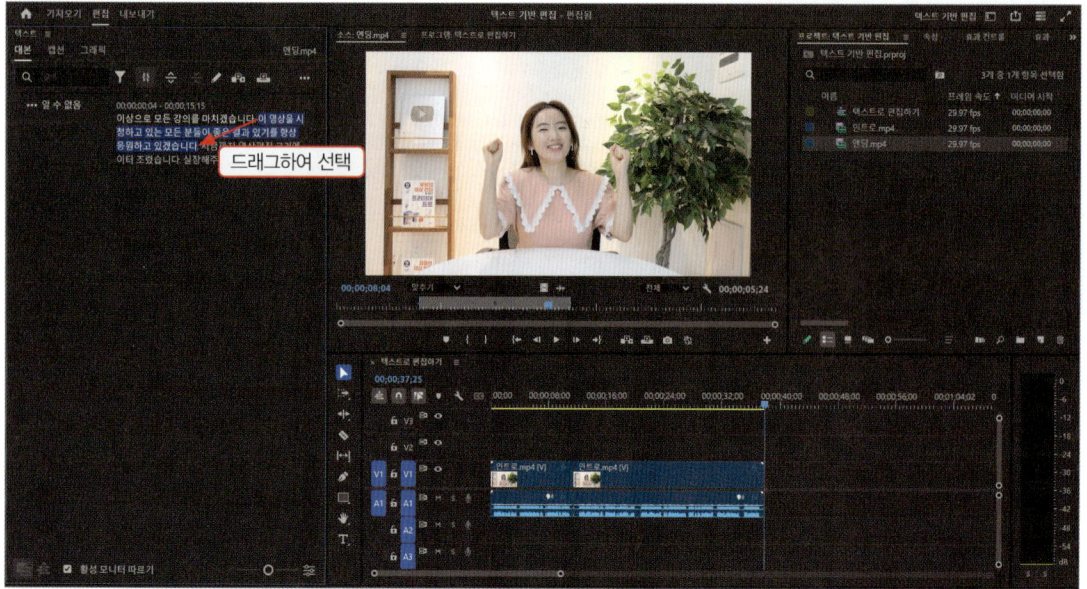

04 ❶ [타임라인] 패널에서 클립을 추가할 위치로 재생 헤드를 옮기고, ❷ [텍스트] 패널의 [대본] 탭에서 [삽입] 아이콘을 클릭하거나 단축키 ,(쉼표)를 누릅니다. 그러면 ❸ [타임라인] 패널에 선택한 텍스트 구간이 클립으로 추가된 것을 확인할 수 있습니다. 이처럼 텍스트 기반 편집 기능을 사용하면 텍스트로 필요한 구간을 빠르게 찾아 클립으로 추가할 수 있습니다. **Link** 삽입과 덮어쓰기의 차이는 126쪽에서 자세히 설명합니다.

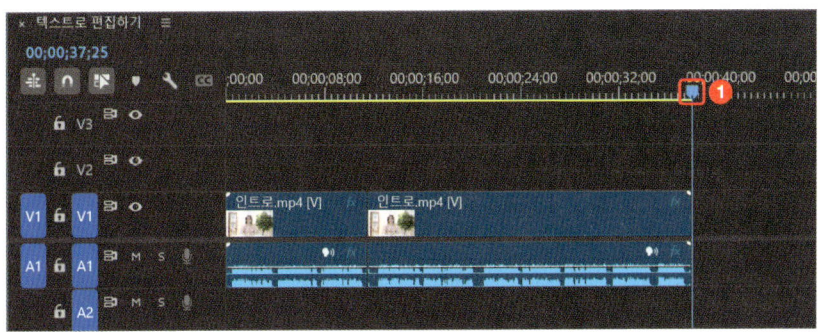

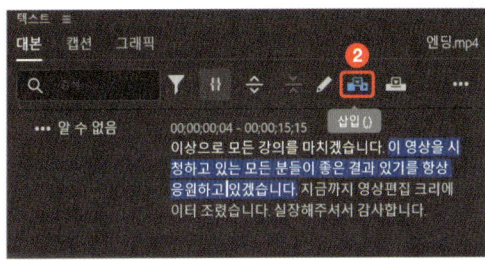

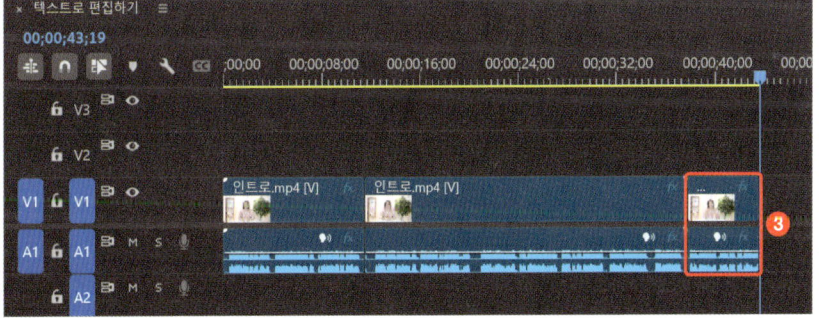

LESSON 07 텍스트 기반으로 컷편집하기 141

금손 변신 TIP — 자동 받아쓰기 금손처럼 사용하기

▶ 자동 받아쓰기 환경 설정하기

메뉴 바에서 [편집] - [환경 설정] - [미디어 분석 및 받아쓰기]를 선택한 후, [클립 자동 받아쓰기] 옵션을 활성화하면 받아쓰기 버튼을 누르지 않아도 자동으로 받아쓰기가 시작됩니다. 또한, [받아쓰기 환경 설정]에서 다음 두 가지 옵션을 선택할 수 있습니다.

TIP 이전 버전에서는 [미디어 분석 및 받아쓰기]가 [받아쓰기]로 표시됩니다.

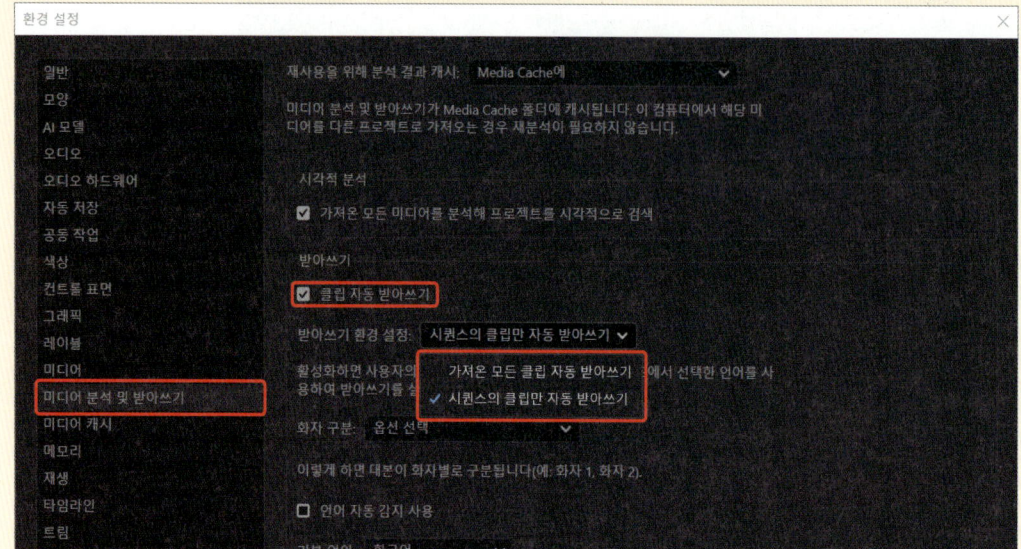

- **가져온 모든 클립 자동 받아쓰기** : 프로젝트에 가져오는 모든 비디오 클립에 대해 자동으로 받아쓰기를 생성합니다. 대화가 있는 영상이나 모든 클립의 대사를 확인할 때 유용합니다.

- **시퀀스의 클립만 자동 받아쓰기** : 타임라인에 있는 클립에 대해서만 자동으로 받아쓰기를 생성합니다. 최종 편집본에만 받아쓰기가 필요할 때 효율적입니다.

TIP 환경 설정은 다른 프로젝트에서도 동일하게 적용됩니다. 만약, 자동 받아쓰기 기능을 사용하지 않으려면 옵션을 해제하고 작업합니다.

▶ 화자 구분하기

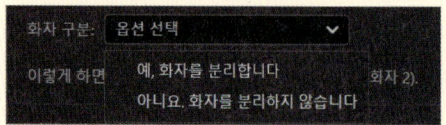

화자 구분 옵션에서 [예, 화자를 분리합니다]를 선택하면, 오디오에서 화자가 바뀔 때 자동으로 인식하여 '발표자 1', '발표자 2'와 같은 라벨을 추가합니다. 이 기능은 인터뷰, 대회, 팟캐스트 등 여러 사람이 나오는 콘텐츠의 자막이나 받아쓰기를 정리할 때 유용합니다.

▶ 받아쓰기 언어 설정하기

프리미어 프로는 오디오에서 자동으로 언어를 감지하지만, 항상 정확하지 않을 수 있습니다. 이럴 때 **[받아쓰기]**에서 **[기본 언어]**를 [한국어]로 설정합니다. 다른 언어를 원하면 여기서 기본 언어를 변경할 수 있습니다.

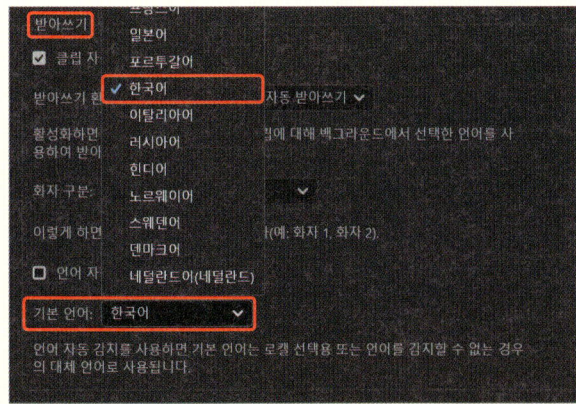

일시 정지된 구간과 추임새 자동 삭제하기

LESSON 08

프리미어 프로 2024 버전부터는 [텍스트] 패널의 [대본] 탭에서 일시 정지된 구간이나 추임새(예: '음', '어')를 자동으로 감지하고 손쉽게 삭제할 수 있습니다. 이제 이러한 간단한 작업들은 AI에게 맡겨보세요!

▶ **유튜브 동영상 강의**
무음 구간 자동 편집
https://bit.ly/pr-cut-silence

- **예제 파일:** Chapter 03/무음 구간 자동 편집.prproj
- **완성 파일:** Chapter 03/무음 구간 자동 편집_완성본.prproj

실습 가능 버전
프리미어 프로 2024 이상

01 무음 구간 자동 편집.prproj 예제 파일을 엽니다. ❶ [타임라인] 패널에서 [책소개] 클립을 선택하고 ❷ [텍스트] 패널의 [대본] 탭에서 [받아쓰기]를 클릭하여 음성을 텍스트로 변환합니다.

144 CHAPTER 03 영상 편집의 기초, 컷 편집

02 받아쓰기가 완료되면 ❶ [대본]탭에서 아이콘을 클릭한 후 ❷ [검색 설정]을 선택하여 대본 보기 옵션 창을 엽니다. ❸ '대본 보기' 영역을 펼치고 ❹ [일시 정지]의 [최소 일시 중지 길이] 옵션을 [0.20]초로 변경한 후 ❺ [저장] 버튼을 클릭합니다.

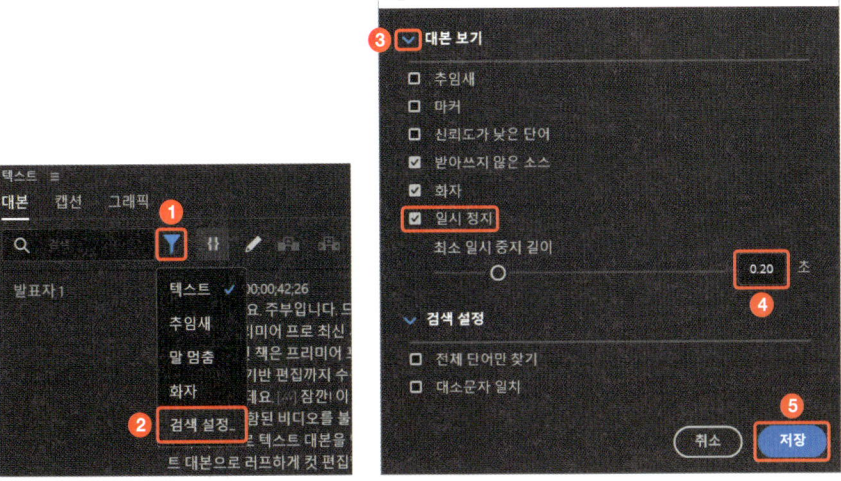

TIP [최소 일시 중지 길이] 옵션에서는 일시 정지로 감지할 최소 길이를 설정합니다. 짧은 호흡이 특징인 숏폼 영상은 짧게, 여운이 긴 영상은 길게 설정하면 좋습니다.

03 계속해서 ❶ [대본]탭에 있는 아이콘을 클릭한 후 ❷ [말 멈춤]을 선택하면 무음 구간이 주황색으로 표시됩니다. 무음 구간을 일괄 삭제하기 위해 ❸ [삭제] 아이콘을 클릭하고 ❹ [추출] 옵션을 선택한 후 ❺ [모두 삭제] 버튼을 클릭합니다.

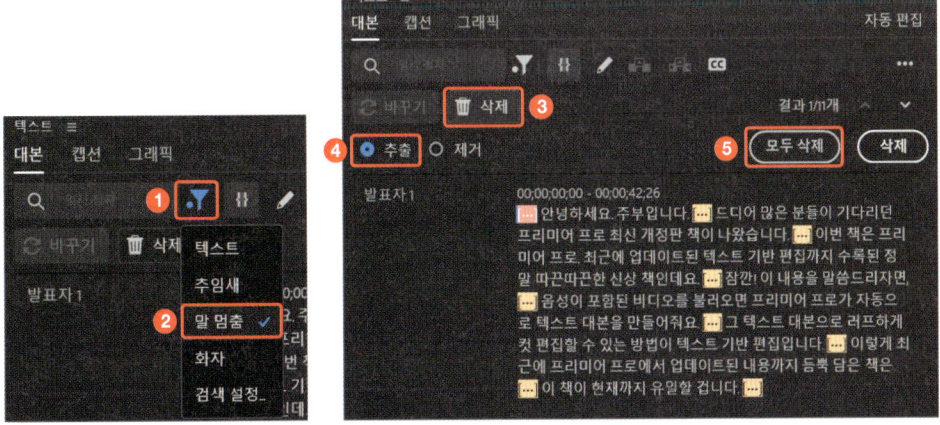

TIP 사용 중인 프리미어 프로의 버전에 따라 [말 멈춤]이 [일시 정지]로 표시되기도 합니다.

> **TIP** 추임새 자동 삭제하기
>
> '음', '어'와 같은 추임새를 자동으로 감지하여 삭제할 수도 있습니다. 사용방법은 위와 같이 [추임새]를 선택하고 [모두 삭제]를 클릭하면 됩니다.

04 [타임라인] 패널을 보면 일시 정지된 구간이 모두 삭제된 것을 확인할 수 있습니다. 이처럼 텍스트 기반 편집을 이용하면 빠르게 컷 편집을 할 수 있습니다.

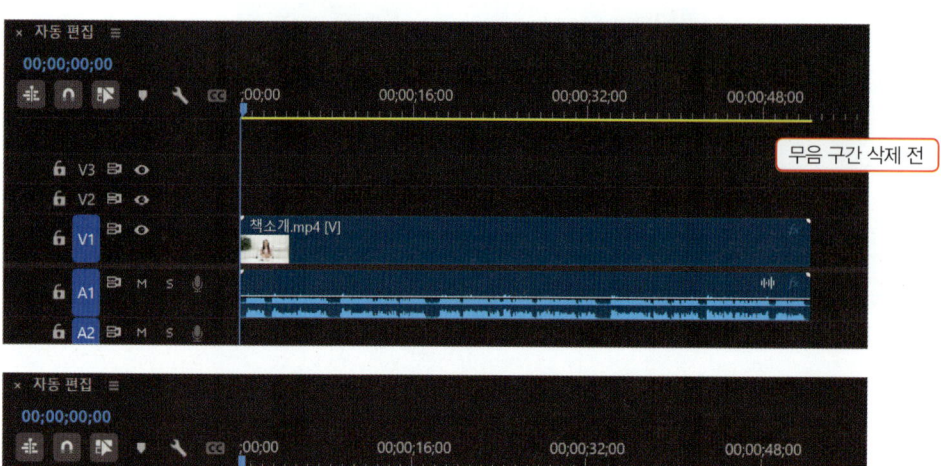

무음 구간 삭제 전

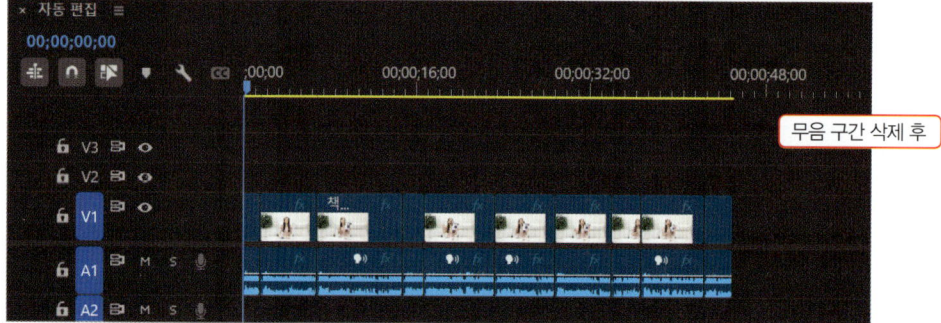

무음 구간 삭제 후

생성형 확장 AI 도구로 자연스럽게 영상 늘리기

LESSON 09

프리미어 프로 2025(버전25.2)에 새롭게 추가된 생성형 확장 도구는 AI를 활용해 비디오와 오디오 클립의 시작과 끝을 자연스럽게 이어주는 기능입니다. 이 도구로 부족한 영상이나 끊긴 소리를 간단히 채울 수 있어, 더 완성도 높은 결과물을 제작할 수 있습니다.

▶ **유튜브 동영상 강의**
생성형 확장으로 영상 길이 늘리기
https://bit.ly/pr-genextend

 • 예제 파일: Chapter 03/생성형 확장.prproj
• 완성 파일: Chapter 03/생성형 확장_완성본.prproj

실습 가능 버전
프리미어 프로 2025(버전25.2) 이상

01 생성형 확장.prproj 예제 파일을 엽니다. [생성형 확장 실습] 시퀀스에는 [오토바이] 클립이 배치되어 있습니다. 영상을 재생해보면 00;00;03;09에 클립이 잘려, 오토바이가 점프한 상태에서 영상이 끝나는 것을 확인할 수 있습니다.

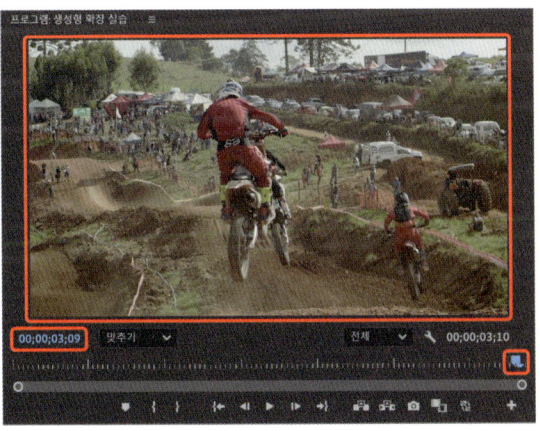

02 영상을 늘리기 위해 ❶ [도구] 패널에서 [생성형 확장 도구]를 선택합니다. [타임라인] 패널에서 [오토바이] 클립의 오른쪽 끝으로 마우스 커서를 이동하면 ❷ 생성형 확장 도구 아이콘이 나타납니다. 이 상태에서 ❸ 클릭한 채 클립을 오른쪽으로 드래그합니다.

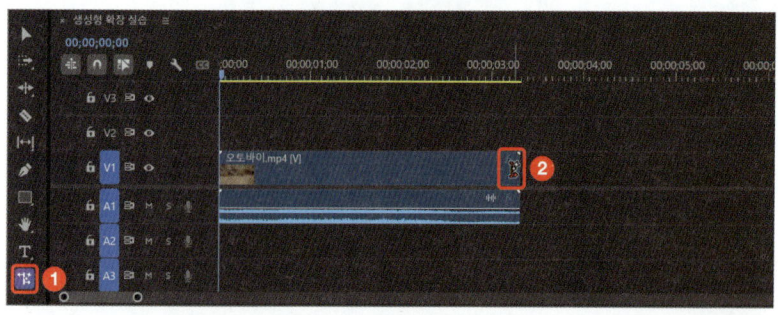

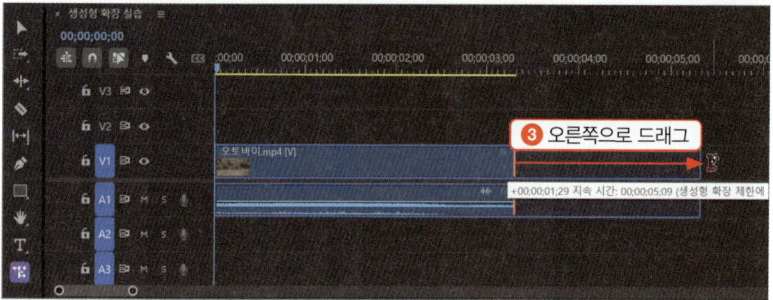

> **TIP** 생성형 확장을 사용하려면, 비디오 클립은 최소 2초, 오디오는 최소 3초 이상이어야 합니다. 지원되는 해상도는 16:9 또는 9:16 비율의 표준 해상도만 가능하며, 아래 해상도를 지원합니다:
>
> - **16:9 비율**: 1280×720, 1920×1080, 3840×2160, 4096×2160
> - **9:16 비율**: 720×1280, 1080×1920, 2160×3840, 2160×4096

03 클립 분석이 시작되면 '생성중' 표시가 나타나고, 생성이 완료되면 클립에 'AI 생성' 문구가 표시됩니다.

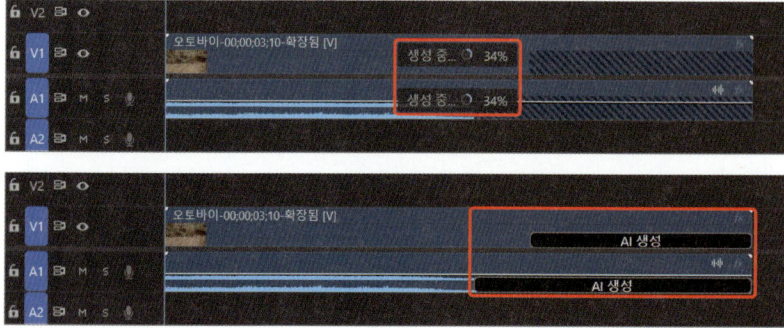

04 Space bar 를 눌러 재생해 보면, AI가 확장한 클립에서 오토바이가 점프 후 자연스럽게 땅에 착지하는 모습과 오토바이 소리가 자연스럽게 늘어난 것을 확인할 수 있습니다. 이처럼 생성형 확장 도구를 사용하면 클립의 시작이나 끝을 자연스럽게 늘릴 수 있으며, 비디오는 최대 2초, 오디오는 최대 10초까지 생성할 수 있습니다.

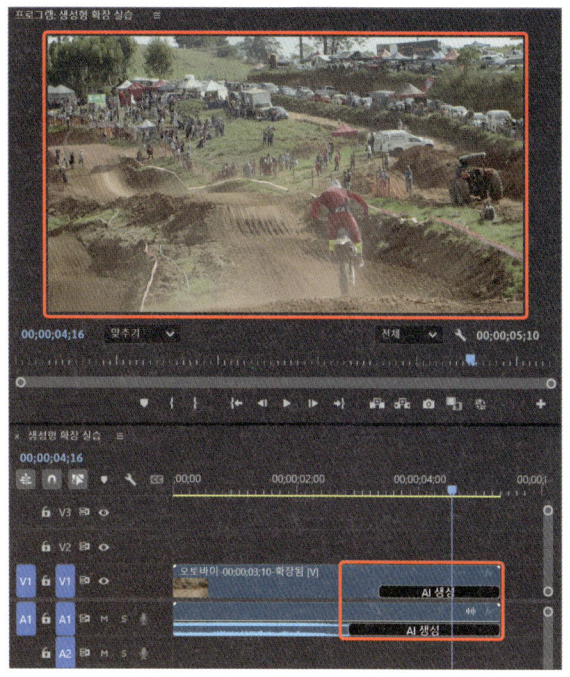

TIP 오디오 확장은 대화 음성에는 사용할 수 없으며, 배경음, 룸톤(녹음된 공간에서 자연스럽게 들리는 배경 소음), 음향 효과에만 사용할 수 있습니다.

05 결과물이 만족스럽지 않다면, 클립 위 'AI 생성' 문구를 우클릭한 후 [다시 생성]을 선택해 새로운 결과를 얻을 수 있습니다. 원본으로 되돌리려면 [원본으로 되돌리기]를 선택합니다.

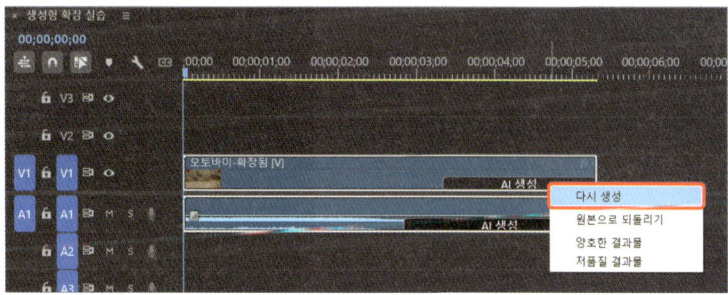

잔물결, 롤링 편집 도구로 빠르게 컷 편집하기

LESSON 10

클립의 길이를 줄이거나 늘리는 것을 트리밍(Trimming)이라고 합니다. 이번에 배울 잔물결 편집은 공백을 남기지 않고 트리밍하며, 롤링 편집은 클립 간의 타이밍을 조정하여 양쪽 모두 트리밍합니다. 참고로 영문 버전에서 잔물결 편집을 리플 편집(Ripple Edit)이라고 합니다. 기본 사용 방법부터 트리밍 단축키까지 꼼꼼하게 살펴보세요.

▶ **유튜브 동영상 강의**

잔물결(Ripple) vs 롤링(Rolling)
https://bit.ly/pr-ripple-roll

• 예제 파일:
Chapter 03/클립 트리밍.prproj

실습 가능 버전
프리미어 프로 CC 모든 버전

Pr 잔물결 편집 도구로 트리밍하기, Ripple Edit

클립 트리밍.prproj 예제 파일을 열고, [타임라인] 패널에서 영상을 재생해 봅니다. 보라색 클립(캠핑_02)의 뒷부분이 초록색 클립(캠핑_03)의 장면과 중복되어 컷 연결이 자연스럽지 않습니다. 그러므로 보라색 클립에서 중복되는 장면을 트리밍하여 자연스럽게 연결해 보겠습니다.

01 클립 트리밍.prproj 예제 파일을 엽니다. ❶ [도구] 패널에서 [선택 도구] 를 선택하고 ❷ [타임라인] 패널에서 보라색 클립의 오른쪽 가장자리로 마우스 커서를 옮깁니다. 커서의 모양이 빨간 화살표로 변경됩니다.

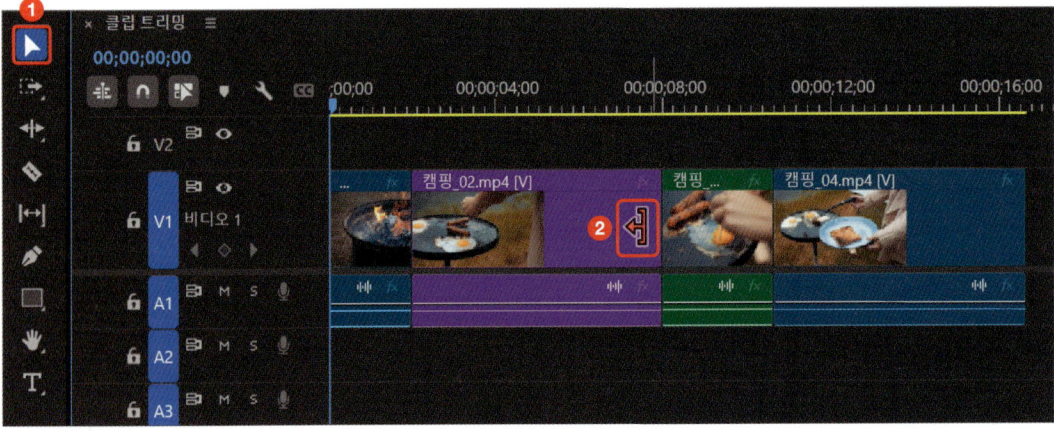

02 커서가 빨간 화살표인 상태에서 클릭한 채 왼쪽으로 드래그해 봅니다. 드래그한 만큼 클립의 길이가 줄어들고, 줄어든 만큼 빈 공간이 생깁니다.

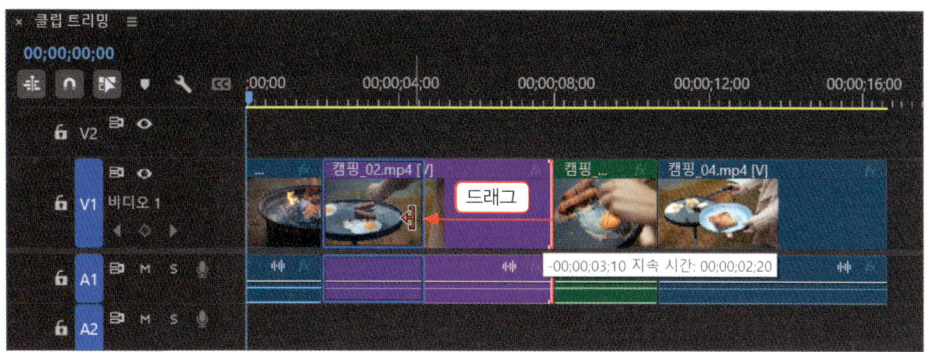

03 공백을 클릭해서 선택한 후 Delete 를 누르거나, ❶ 공백에서 마우스 오른쪽 버튼을 클릭한 후 ❷ [잔물결 삭제]를 선택합니다.

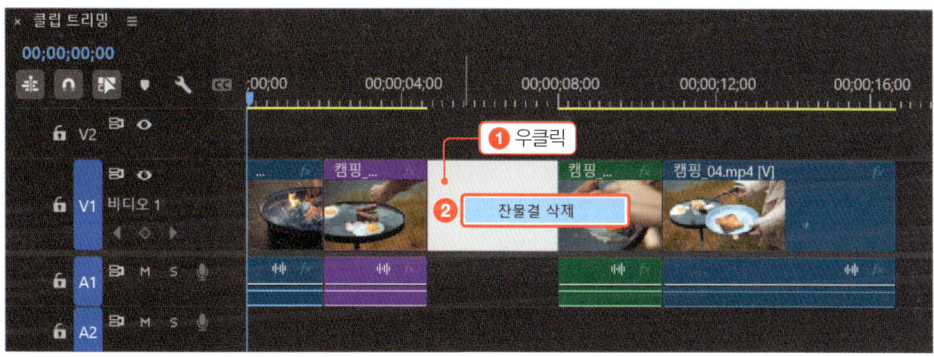

04 공백이 삭제되면 공백 뒤에 있던 클립들이 앞으로 당겨지면서 보라색 클립 뒤로 이어집니다. 이처럼 클립을 트리밍하면 공백이 생겨서 뒤에 있는 클립들을 당겨 줘야 하는 불편함이 있습니다.

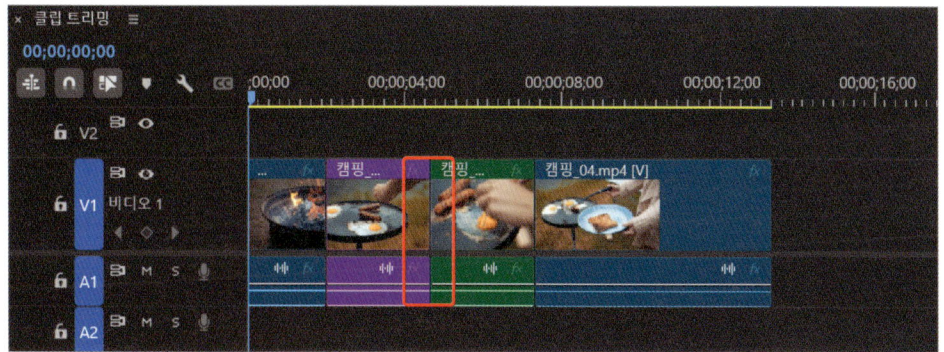

05 ❶ 실행 취소 단축키인 Ctrl+Z를 여러 번 눌러 보라색 클립을 트리밍하기 전으로 되돌립니다. 이번에는 ❷ [도구] 패널에서 [잔물결 편집 도구]를 선택합니다. ❸ 보라색 클립의 오른쪽 가장자리로 커서를 옮기면 이번에는 노란색 화살표가 표시됩니다.

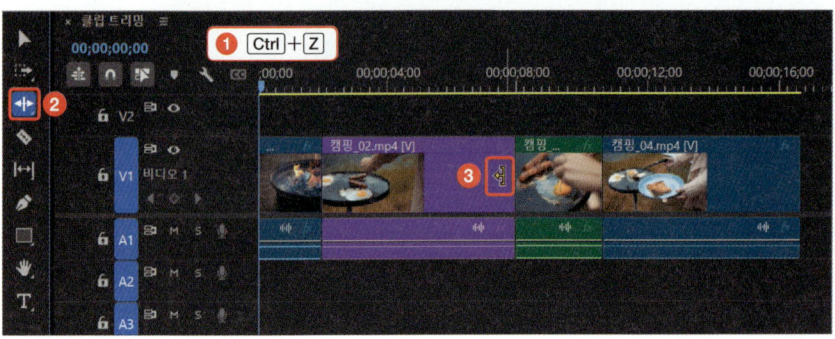

TIP [선택 도구]를 선택하고 커서를 클립의 가장자리로 옮기면 빨간 화살표가 나타났죠? 이때, Ctrl을 누르고 있으면 노란색 화살표로 변경되어 [도구] 패널을 이용하지 않고도 빠르게 잔물결 편집을 할 수 있습니다. 단, 커서가 가장자리 맨 끝에 위치하면 롤링 편집 기능이 실행되므로, 가장자리에서 살짝 안쪽에 위치해야 합니다.

06 노란색 화살표인 상태에서 ❶ 가장자리를 클릭한 채 왼쪽으로 드래그합니다. ❷ 드래그하면서 [프로그램 모니터] 패널을 보면 왼쪽 화면이 조정 중인 클립의 마지막 프레임이고, 오른쪽 화면이 다음 클립의 첫 번째 프레임입니다. 왼쪽 화면 시간이 [00;00;03;20]이 될 때까지 트리밍합니다.

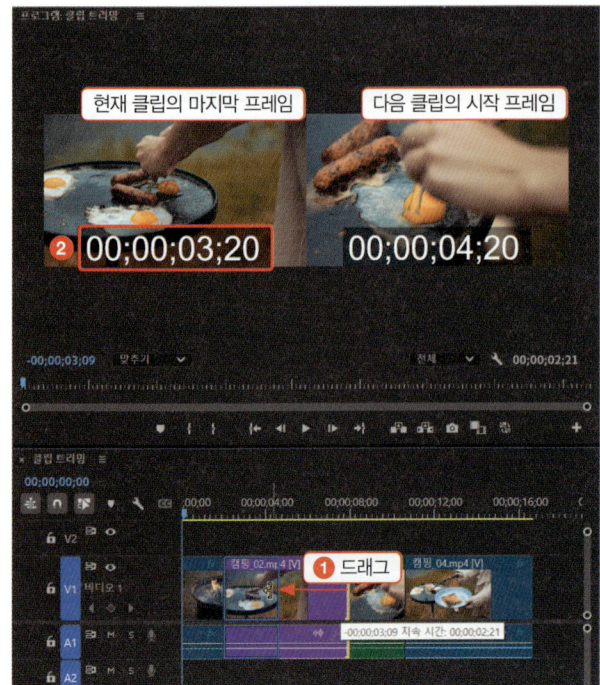

152 CHAPTER 03 영상 편집의 기초, 컷 편집

07 잔물결 편집(노란색 화살표) 기능으로 트리밍했더니 공백이 생기지 않고 뒤에 있는 클립들이 자동으로 당겨진 것을 확인할 수 있습니다. 영상을 재생해 보면 요리 장면이 확대 컷으로 자연스럽게 전환됩니다. 이처럼 잔물결 편집을 사용하면 공백을 남기지 않고 미세하게 편집할 수 있습니다.

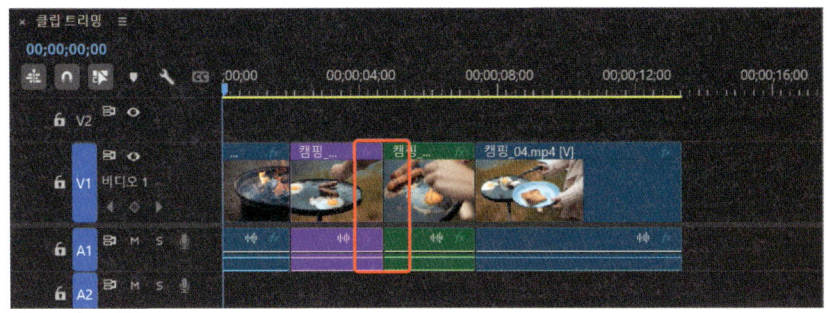

TIP 잔물결 편집은 클립을 늘릴 때도 뒤에 있는 클립들이 자동으로 밀려납니다.

Pr 롤링 편집 도구로 트리밍하기, Rolling Edit

01 앞에서 실습한 내용에 이어서 롤링 편집으로 트리밍해 보겠습니다. ① [도구] 패널에서 [잔물결 편집 도구]를 길게 누르면 하위 도구들이 나타납니다. ② 그중에서 [롤링 편집 도구]를 선택합니다.

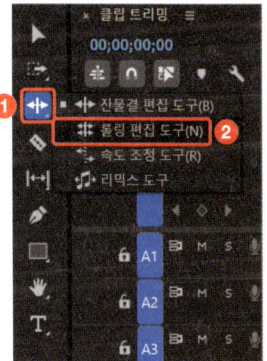

02 [타임라인] 패널에서 보라색 클립과 초록색 클립 사이로 커서를 옮기면 빨간색 쌍 화살표 가 표시됩니다.

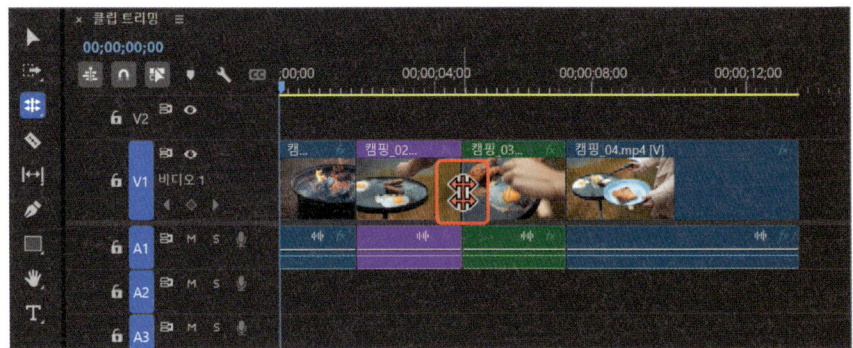

LESSON 10 잔물결, 롤링 편집 도구로 빠르게 컷 편집하기 153

TIP [선택 도구] 또는 [잔물결 편집 도구]가 선택된 상태에서 Ctrl을 누른 채 클립과 클립 사이의 경계로 커서를 옮기면 [롤링 편집 도구]의 아이콘인 빨간색 쌍 화살표가 나타납니다. 이렇게 하면 [롤링 편집 도구]를 선택하지 않아도 빠르게 롤링 편집을 할 수 있습니다.

03 롤링 편집 상태(빨간색 쌍 화살표 ⇔)에서 ❶ 클립의 가장자리를 클릭한 채 오른쪽으로 드래그해 보세요. ❷ 이때 [프로그램 모니터] 패널에서 정확한 트리밍 위치를 파악할 수 있습니다. 왼쪽 화면의 시간이 [00;00;04;20]이 될 때까지 드래그해서 트리밍합니다.

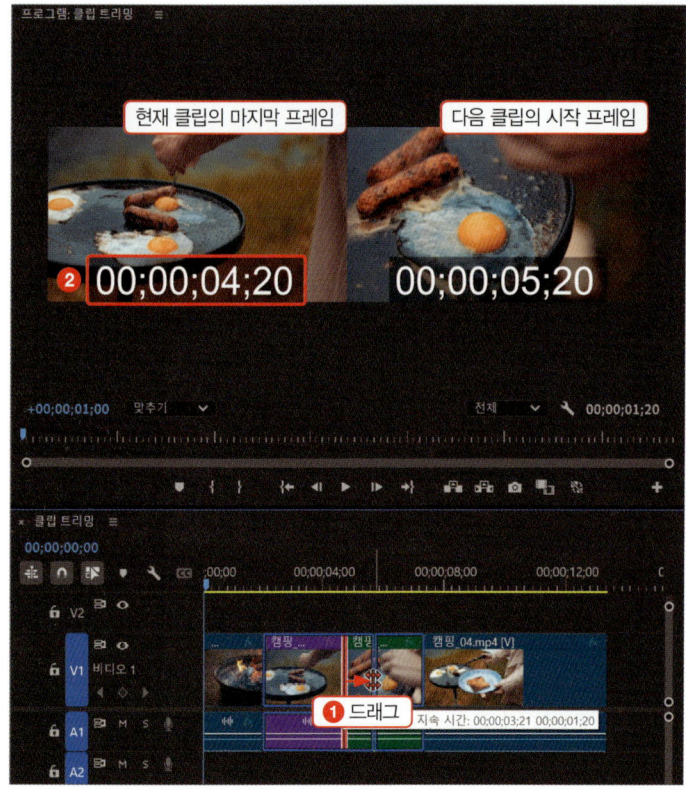

TIP [프로그램 모니터] 패널의 왼쪽 화면이 보라색 클립의 마지막 프레임이고, 오른쪽 화면이 초록색 클립의 첫 번째 프레임입니다. 잔물결 편집 때와는 다르게 양쪽 프레임이 모두 움직입니다.

04 롤링 편집 전과 후를 비교해 보세요. 보라색 클립의 길이가 오른쪽으로 늘어난 만큼 뒤에 이어지는 초록색 클립의 앞부분이 줄어든 것을 확인할 수 있습니다. 이처럼 롤링 편집은 두 클립의 타이밍을 조정하는 방식으로, 한 클립의 길이를 늘리면 그만큼 인접한 클립을 줄일 수 있습니다. 따라서 롤링 편집은 시퀀스 전체 길이가 변경되지 않습니다.

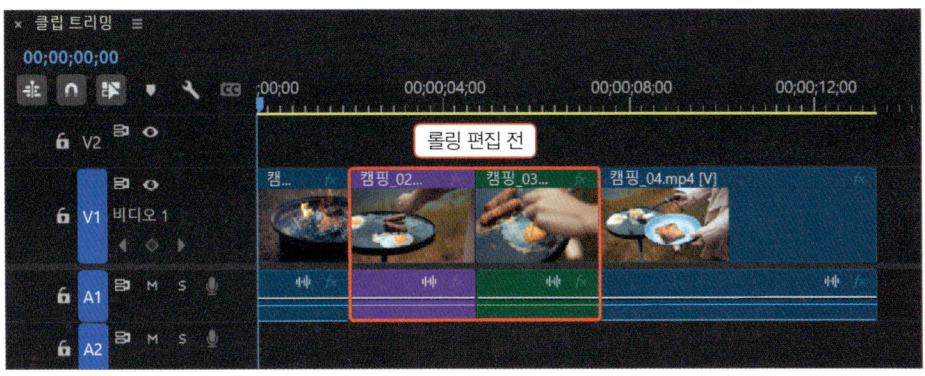

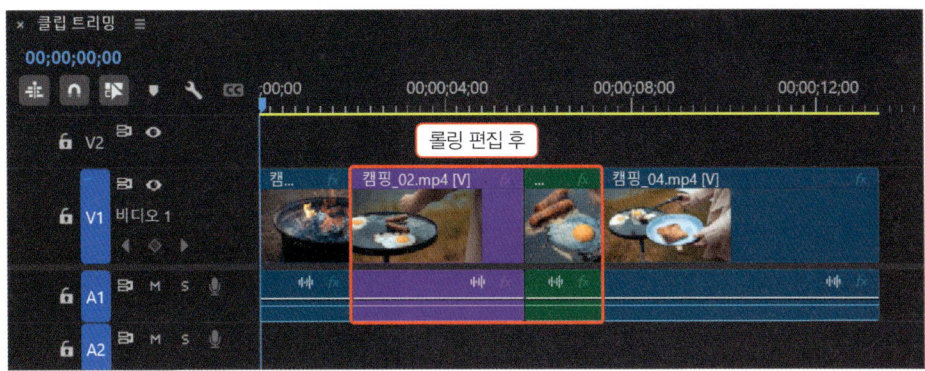

TIP 아래 이미지처럼 A 클립의 일부분을 왼쪽으로 트리밍한다고 가정해 보겠습니다. 잔물결 편집(Ripple Edit)은 A 클립의 길이만 줄고, B와 C 클립의 길이는 같습니다. 다만, A 클립이 줄어들기 때문에 다른 클립들의 위치가 앞으로 당겨집니다. 즉, 잔물결 편집을 이용하면 시퀀스의 전체 길이가 트리밍한 만큼 줄거나 늘어납니다.

반면, 롤링 편집(Rolling Edit)은 A 클립이 줄어든 만큼 B 클립의 시작점이 앞으로 당겨집니다. A와 B 클립 모두 길이가 변경되지만 나머지 클립과 시퀀스의 전체 길이에는 변화가 없습니다.

금손 변신 TIP | 트리밍 도구 금손처럼 사용하기

▶ 키보드 방향키로 편집하기

잔물결 편집 상태(노란색 화살표) 또는 롤링 편집 상태(빨간색 쌍 화살표)일 때 클립의 가장자리를 클릭하면 가장자리에 해당 색이 표시됩니다. 이 상태에서 Ctrl을 누른 채 키보드의 좌우 방향키를 누르면 1프레임 단위로 트리밍할 수 있습니다.

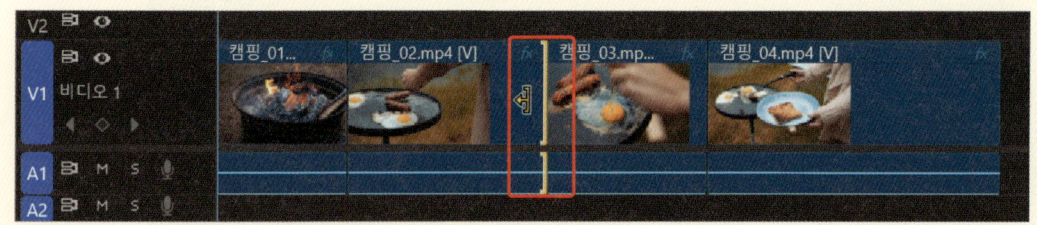

▲ 잔물결 편집 상태에서 클릭한 클립의 가장자리

이동 구간	Windows 단축키	macOS 단축키
1프레임씩	Ctrl + ←, →	option + ←, →
5프레임씩	Ctrl + Shift + ←, →	option + shift + ←, →

메뉴 바에서 [편집] – [환경 설정] – [트림]을 선택한 후 [복수 트림 오프셋] 옵션을 변경하면 단축키를 사용할 때 지정한 프레임만큼 편집됩니다.

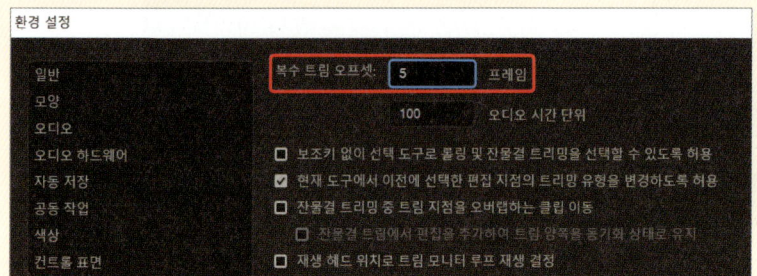

▶ 비디오 또는 오디오만 편집하기

롤링 편집 상태에서 [연결된 선택] 아이콘을 클릭해서 비활성화한 후 클립의 가장자리를 드래그하면 비디오 또는 오디오만 따로 트리밍할 수 있습니다. 예를 들어, 아래와 같이 [연결된 선택] 아이콘을 클릭해서 비활성화한 후 비디오 트랙의 클립에서 [롤링 편집 도구]로 드래그하여 트리밍하면 비디오만 조정되고, 오디오 트랙의 클립은 유지됩니다.

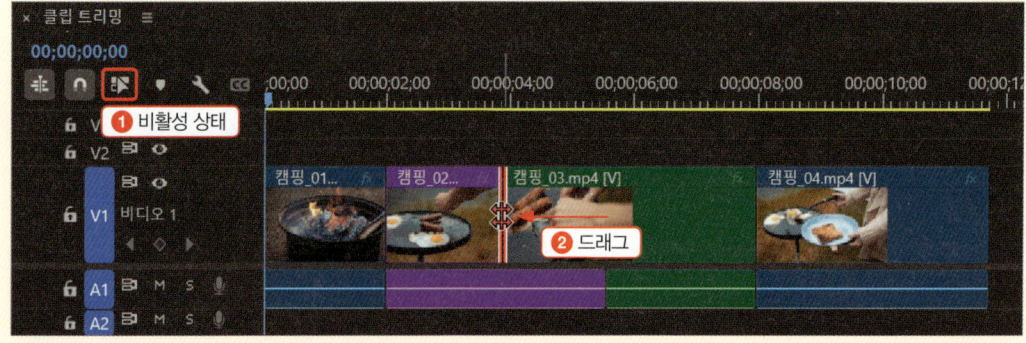

▲ 비디오만 롤링 편집하기

TIP [연결된 선택] 아이콘이 활성화되어 있을 때 단축키 Alt 를 누른 상태로 드래그해도 비디오 또는 오디오 트랙만 따로 편집할 수 있습니다.

밀어넣기, 밀기 편집 도구로 정밀하게 편집하기

LESSON 11

잔물결 편집과 롤링 편집은 두 클립 간의 컷을 조정했죠? 여기에서 다룰 밀어넣기와 밀기 편집은 순차적인 세 클립에서 두 컷을 조정할 때 유용한 기능입니다. 밀어넣기 도구(Slip Tool)는 선택한 클립의 시작 및 종료점을 변경할 때 사용하고, 밀기 도구(Slide Tool)는 인접한 클립을 동시에 트리밍할 때 사용합니다.

▶ **유튜브 동영상 강의**
밀어넣기(Slip) vs 밀기(Slide)
https://bit.ly/pr-slip-slide

• **예제 파일:**
Chapter 03/정밀하게 편집하기.prproj

실습 가능 버전
프리미어 프로 CC 모든 버전

시작 및 종료점을 바꾸는 밀어넣기 도구, Slip Tool

밀어넣기 기능을 이용하면 클립 자체의 위치는 변함이 없이, 선택한 클립 내에서 시작과 종료 지점이 변경됩니다. 그러므로 전체 길이에도 변함이 없습니다.

정밀하게 편집하기.prproj 예제 파일을 열고 재생해 보면 분홍색 클립에서 화면에 빵이 나오기까지 한참 시간이 걸립니다. 그러므로 밀어넣기 기능을 이용해 분홍색 클립의 시작점과 종료점을 변경해 보겠습니다.

01 **정밀하게 편집하기.prproj** 예제 파일을 엽니다. 분홍색 클립의 시작 지점과 종료 지점을 변경하기 위해 ❶ [도구] 패널에서 [밀어넣기 도구]를 선택합니다. ❷ 분홍색 클립으로 커서를 옮기면 밀어넣기 아이콘이 표시됩니다.

TIP [밀어넣기 도구]를 선택하는 단축키는 Y 입니다.

02 밀어넣기 아이콘이 표시된 상태에서 ❶ 분홍색 클립을 클릭한 채 왼쪽으로 드래그합니다. ❷ 이때 [프로그램 모니터] 패널에서 분홍색 클립의 시작 지점과 종료 지점을 실시간으로 확인할 수 있습니다. 왼쪽 화면 시간이 빵이 나오는 순간인 [00;00;04;00]가 되도록 드래그하여 시작 지점과 종료 지점을 변경합니다.

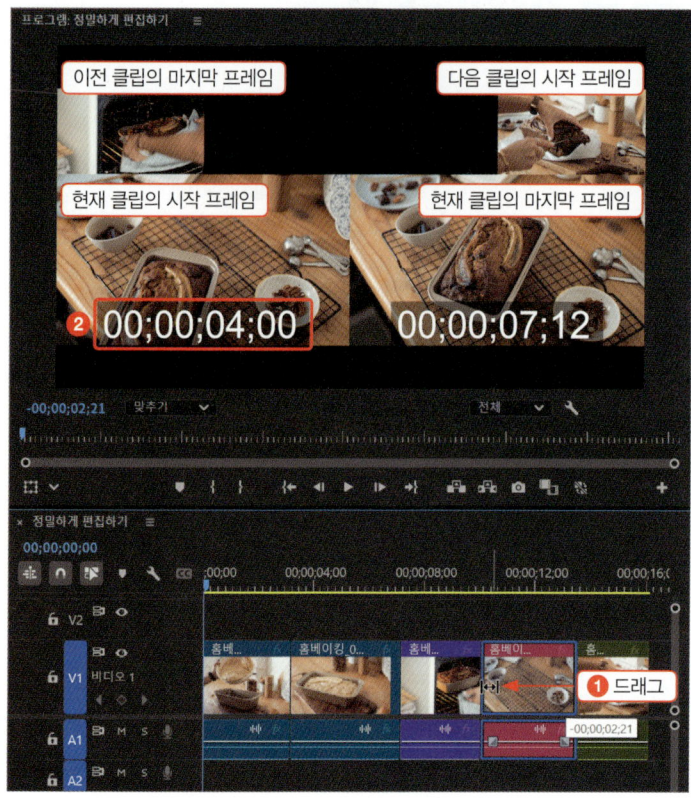

TIP 밀어넣기 기능을 사용하면 [프로그램 모니터] 패널에 4개의 화면이 표시됩니다. 각각 이전 클립(보라색 클립)의 마지막 프레임, 다음 클립(초록색 클립)의 시작 프레임, 현재 클립의 시작 프레임, 현재 클립의 종료 프레임입니다.

03 밀어넣기 기능으로 편집 후 영상을 재생해 보면 분홍색 클립의 시작점에서 빵이 바로 나와서 자연스럽게 컷이 연결되었죠? 이처럼 [**밀어넣기 도구**]를 사용하면 인접한 클립에 영향을 주지 않고 클립 자체의 시작점과 종료점을 빠르게 변경할 수 있습니다.

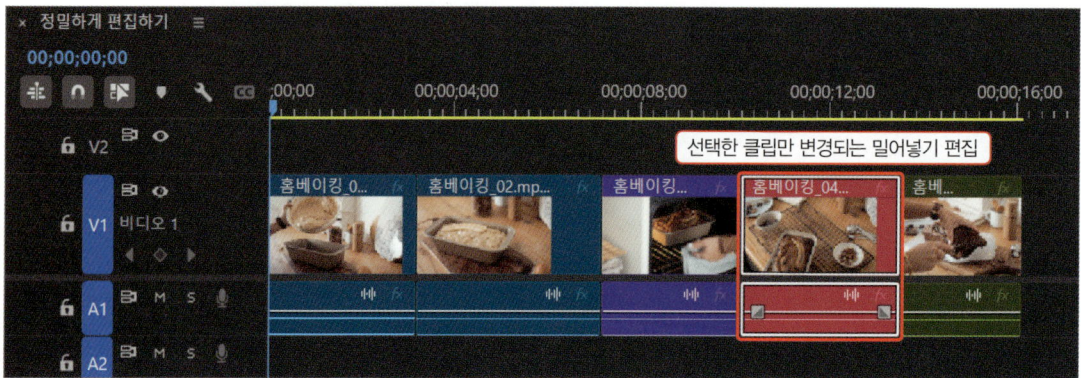

158 CHAPTER 03 영상 편집의 기초, 컷 편집

Pr 인접한 클립을 트리밍하는 밀기 도구, Slide Tool

밀기 기능을 이용하면 선택한 클립의 시작점과 종료점은 고정한 채 클립 자체의 위치를 조정하면서 동시에 인접한 앞과 뒤 클립의 길이를 변경합니다. 앞에서 실습한 결과에 이어서 다음 실습을 진행해 보세요.

01 인접한 클립을 트리밍하기 위해 ① [도구] 패널에서 [밀어넣기 도구]를 길게 누른 후 ② 하위 도구 중 [밀기 도구]를 선택합니다. ③ [타임라인] 패널에서 분홍색 클립으로 커서를 옮기면 밀기 아이콘이 표시됩니다.

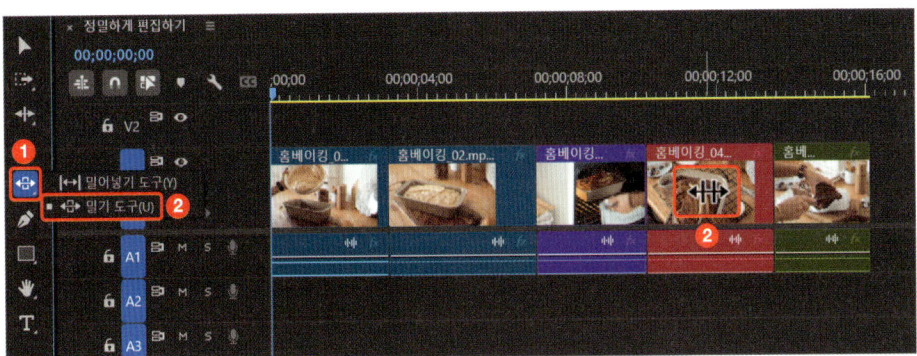

TIP [밀기 도구]를 선택하는 단축키는 U입니다.

02 밀기 아이콘이 표시된 상태에서 ① 분홍색 클립을 클릭한 채 왼쪽으로 드래그합니다. ② [프로그램 모니터] 패널에서 인접한 앞쪽 클립의 종료 지점과 뒤쪽 클립의 시작 지점을 실시간으로 확인할 수 있습니다. 왼쪽 화면 시간이 [00;00;04;00]가 될 때까지 드래그해서 트리밍합니다.

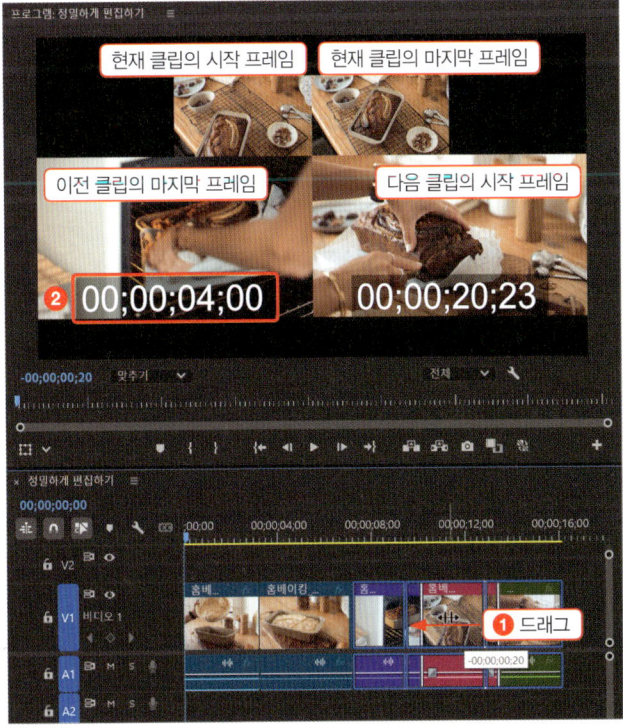

TIP [프로그램 모니터] 패널에 표시되는 4개의 화면은 각각 현재 클립의 시작 프레임, 현재 클립의 종료 프레임, 이전 클립(보라색 클립)의 종료 프레임, 다음 클립(초록색 클립)의 시작 프레임입니다.

03 영상을 재생하여 결과를 확인합니다. [밀기 도구]를 사용하여 왼쪽으로 드래그할수록 이전 클립(보라색 클립)의 종료 지점이 줄면서 그만큼 다음 클립(초록색 클립)의 시작 지점이 늘어납니다. 반대로 오른쪽으로 드래그할수록 이전 클립의 종료 지점이 늘어나면서 다음 클립의 시작 지점이 줄어듭니다. 즉, 앞에서 실습한 [밀어넣기 도구]와 다르게 선택한 클립에는 영향을 주지 않고, 인접한 클립만 트리밍됩니다.

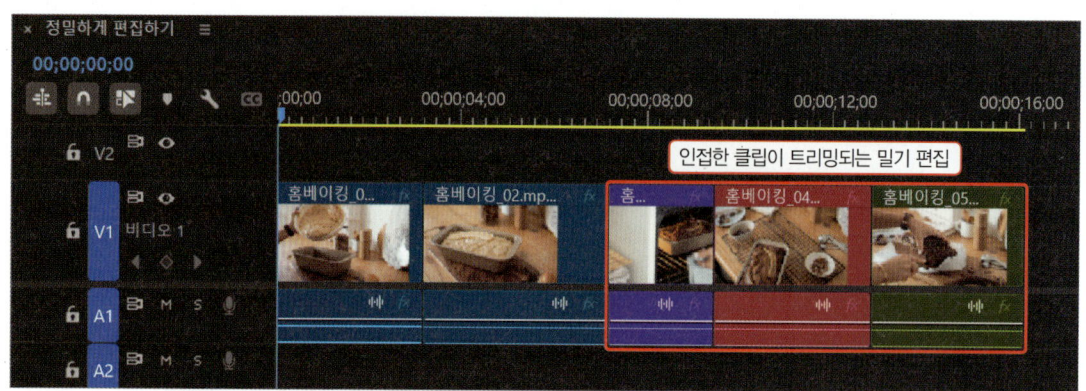

TIP 다음 이미지처럼 B 클립을 왼쪽으로 드래그한다고 가정하겠습니다. [밀어넣기 도구](Slip Tool)를 사용한다면 인접한 A와 C 클립에 전혀 영향을 끼치지 않습니다. 또한, B 클립의 길이나 위치도 변함이 없습니다. 오로지 B 클립 내에서 표시되는 영상의 시작과 종료 지점만 변경됩니다.

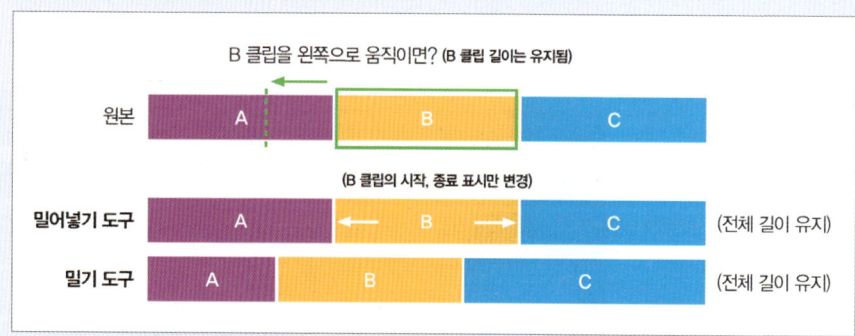

▲ 밀어넣기 도구 vs. 밀기 도구

반면, [밀기 도구](Slide Tool)를 사용하면 B 클립이 길이와 내용은 유지된 채 위치만 왼쪽으로 이동합니다. 단, B 클립이 이동한 만큼 앞에 있는 A 클립의 길이가 줄어들고, 뒤에 있는 C 클립의 시작 지점이 앞으로 당겨지면서 길이가 길어집니다. B 클립을 오른쪽으로 밀면, 반대로 C 클립의 길이가 줄고 A 클립의 길이는 늘어나겠죠?

이처럼 밀어넣기와 밀기는 편집하는 B 클립의 길이에는 영향을 주지 않습니다. 또한, 시퀀스 전체 길이도 모두 유지됩니다.

영상 위치, 크기, 회전, 불투명도 조정하기

영상을 편집하다 보면 화면에 또 다른 영상이나 이미지 소스 등을 배치해야 할 일이 종종 있습니다. 이럴 때 화면 속 편집 소스를 자유자재로 변경하려면 [효과 컨트롤] 패널의 [모션] 옵션이나 [속성] 패널을 활용합니다. 지금부터 노트북 화면에 영상을 합성하고, 나만의 로고를 삽입하면서 소스의 위치, 크기, 회전 및 불투명도 조정 방법을 알아보겠습니다.

▶ **유튜브 동영상 강의**
영상 크기 및 위치 조정하기
https://bit.ly/pr-transform

- **예제 파일:** Chapter 03/노트북 합성.prproj
- **완성 파일:** Chapter 03/노트북 합성_완성본.prproj

실습 가능 버전
프리미어 프로 CC 모든 버전

영상 위치, 크기, 회전 설정하기

노트북 합성.prproj 예제 파일을 더블 클릭해서 열어 보면 시퀀스만 생성된 [타임라인] 패널이 보입니다. 배경이 될 노트북 화면 영상과 화면에서 재생될 영상 소스를 각각 V1, V2 트랙에 배치한 후 위치, 크기, 회전 설정을 변경해 합성해 보겠습니다.

01 노트북 합성.prproj 예제 파일을 엽니다. ❶ [프로젝트] 패널에서 [노트북] 영상을 [타임라인] 패널의 V1 트랙으로 드래그하고, ❷ [일상] 영상을 V2 트랙으로 드래그하여 배치합니다.

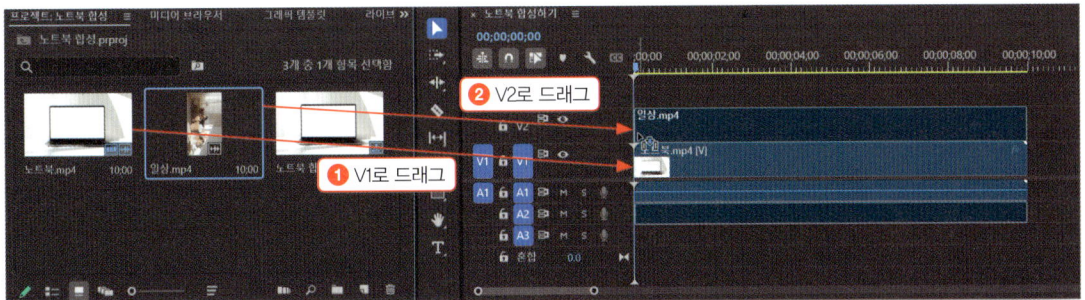

02 ❶ [프로그램 모니터] 패널을 보면 [일상] 영상의 크기 및 방향 조정이 필요해 보입니다. ❷ [타임라인] 패널에서 [일상] 클립을 선택하고 ❸ [효과 컨트롤] 패널([Shift]+[5])을 확인합니다. ❹ '비디오' 영역에서 [모션] 옵션을 펼치고 ❺ 하위 옵션 중 [비율 조정] 옵션을 50으로 변경합니다.

TIP [비율 조정] 옵션의 기본값은 100이며, 값이 클수록 영상이 커지고 값이 작을수록 영상이 작아집니다. [균일 비율]을 해제하면 가로, 세로의 크기를 각각 설정할 수 있습니다.

TIP 프리미어 프로 2025 버전에서는 [속성] 패널이 새롭게 추가되었으며, [속성] 패널의 [변형] – [비율 조절] 옵션으로도 수정할 수 있습니다.

03 ① [프로그램 모니터] 패널에서 [일상] 영상의 크기가 작아진 것을 확인합니다. ② 이어서 영상을 세로에서 가로로 변경하기 위해 [효과 컨트롤] 패널([Shift]+[5])에서 [회전] 옵션을 **-90**으로 설정합니다.

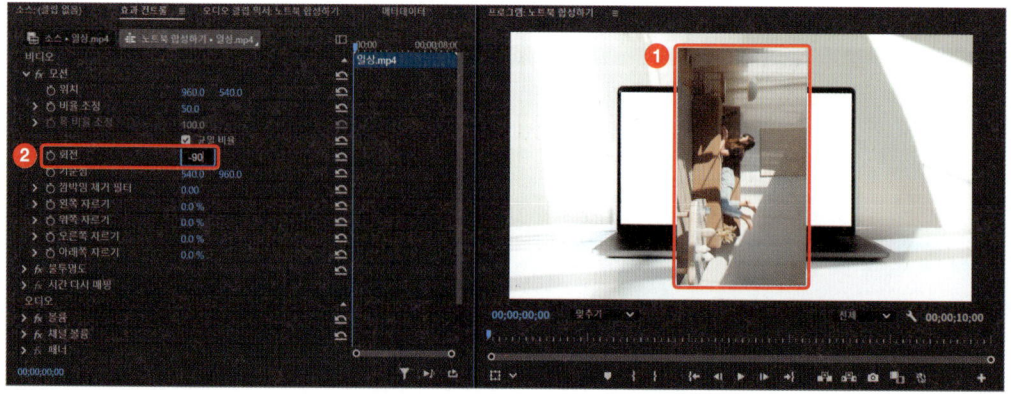

TIP 각 옵션에 있는 값을 클릭한 채 좌우로 드래그하는 방법으로 값을 변경할 수도 있습니다. 이렇게 값을 클릭한 채 드래그해서 변경하면 [프로그램 모니터] 패널에서 실시간으로 변경된 결과를 확인할 수 있습니다.

04 ❶ [프로그램 모니터] 패널을 보면 [일상] 영상이 반시계 방향으로 90도(-90) 회전되어 모니터와 비슷한 형태가 되었습니다. 하지만 여전히 위치가 정확하게 일치하지 않습니다. ❷ 영상의 위치를 조정하기 위해 [효과 컨트롤] 패널에서 [위치] 옵션에 있는 값을 각각 클릭하여 937과 508로 설정합니다.

TIP [위치] 옵션에 있는 값은 각각 가로와 세로 위치의 값이며, 오른쪽 끝에 있는 [효과 재설정] 아이콘을 클릭하면 값이 초기화됩니다.

05 [프로그램 모니터] 패널에서 영상을 재생하여 결과를 확인해 보세요. 모니터 화면에서 영상이 재생되는 것을 확인할 수 있죠? 이처럼 [효과 컨트롤] 패널에 있는 [모션]의 하위 옵션들을 이용하면 영상의 위치, 크기, 회전 등을 변경할 수 있습니다.

TIP 단순하게 크기나 위치를 변경하는 합성이 아닌 화면을 왜곡하여 합성하고 싶다면 모퉁이 고정 효과를 이용합니다. **Link** 모퉁이 고정 효과를 이용한 화면의 합성 방법은 366쪽에서 자세히 설명합니다.

TIP [속성] 패널로 간편하게 작업하기

프리미어 프로 2025에 새로 추가된 [속성] 패널을 사용하면 기존의 효과 컨트롤 패널처럼 영상의 위치, 크기, 회전, 불투명도를 쉽게 조정할 수 있습니다. [속성] 패널은 여러 클립을 한 번에 선택해서 설정을 바꿀 수 있어 작업이 훨씬 편리합니다.

또한, '변형' 영역의 '칠' 옵션은 콘텐츠를 화면 가득 채우는 효과를, '맞추기' 옵션은 비율을 유지하면서 화면에 딱 맞게 보여주는 효과를 제공합니다. 덕분에 작업 속도도 빨라지고 더 편리하게 작업할 수 있습니다.

Link [속성] 패널에 대한 자세한 내용은 394쪽과 [CHAPTER 04] 실습에서 확인할 수 있습니다.

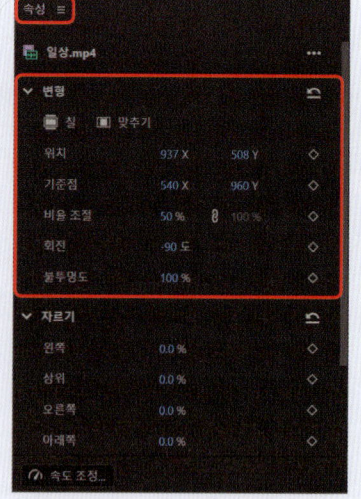

TIP [프로그램 모니터] 패널에서 [일상] 영상을 더블 클릭하면 파란색 테두리와 조절점이 표시됩니다. 이 상태에서 테두리 안쪽을 드래그하면 위치를 변경할 수 있고, 모서리에 표시된 흰색 조절점을 드래그하면 크기를 조절할 수 있습니다. 또한, 마우스 커서를 조절점에서 약간 바깥쪽으로 옮기면 회전 아이콘이 표시되고, 이때 드래그하면 영상을 회전시킬 수 있습니다.

▲ 위치 이동 아이콘

▲ 크기 조절 아이콘

▲ 회전 아이콘

불투명도 조절하여 반투명한 로고 삽입하기

영상 저작자를 표시하거나 브랜드를 표현할 때 효과적인 반투명 로고를 추가로 배치해 보겠습니다. 앞에서 작업한 [**노트북 합성하기**] 시퀀스에 이어서 진행합니다.

01 우선 로고로 사용할 소스를 [**프로젝트**] 패널로 가져와야 합니다. ❶ 가져오기 단축키인 Ctrl + I 를 눌러 가져오기 창이 열리면 ❷ 예제 파일 중 [**Chapter 03/영상 소스**] 폴더에서 [**로고.png**] 파일을 선택하고 ❸ [**열기**] 버튼을 클릭합니다. ❹ [**프로젝트**] 패널에서 [**로고**] 소스를 선택한 후 [**타임라인**] 패널의 V3 트랙으로 드래그하여 배치합니다. **Link** 소스를 가져오는 다양한 방법은 081쪽에서 자세히 설명합니다.

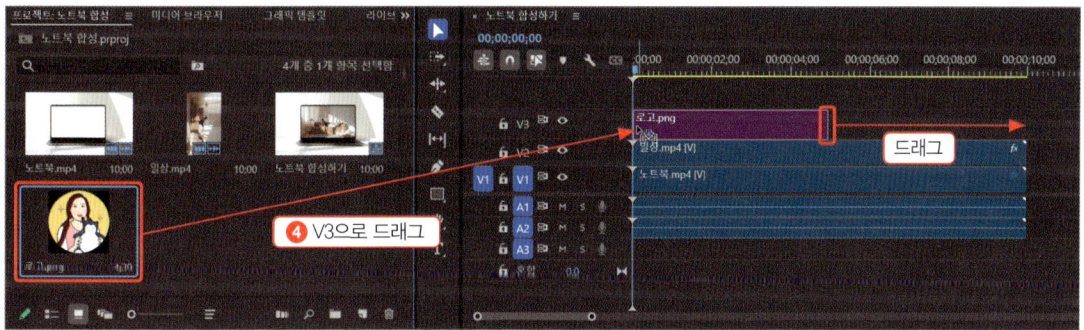

TIP [타임라인] 패널에 배치한 클립 길이에 따라 로고가 표시되는 시간이 결정됩니다. 그러므로 영상 끝까지 로고를 표시하려면 [로고] 클립을 영상 길이만큼 늘려 주세요.

02 ❶ [프로그램 모니터] 패널에서 로고 이미지를 더블 클릭하여 선택합니다. ❷ 로고 이미지에 파란색 테두리가 표시되면 테두리 안쪽을 클릭한 채 화면 오른쪽 아래로 드래그하여 위치를 변경합니다.

TIP 로고 영역이 아닌 부분을 클릭하면 뒤에 있는 비디오가 선택됩니다. 그러므로 로고를 정확히 더블 클릭해서 선택해 주세요. 또한, 다른 소스를 잘못 선택했다면 화면 주변의 검은색 빈 영역을 클릭해서 선택을 취소합니다.

03 삽입한 로고를 반투명하게 변경하기 위해 [타임라인] 패널이나 [프로그램 모니터] 패널에서 [로고]가 선택된 상태로 ❶ [효과 컨트롤] 패널을 확인합니다. ❷ '비디오' 영역에 있는 [불투명도] 옵션을 펼치고 ❸ 하위 옵션이 표시되면 [불투명도] 옵션을 80으로 변경합니다.

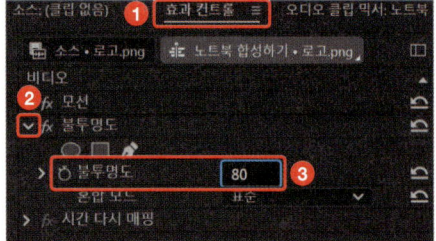

TIP [불투명도] 옵션의 기본값은 [100]이며, 숫자가 낮을수록 투명해집니다.

04 [프로그램 모니터] 패널을 보면 로고가 반투명해지면서 뒤로 배경이 살짝 비치는 것을 확인할 수 있죠? 이러한 [불투명도] 옵션은 이미지뿐만 아니라 영상이나 자막 등에도 설정할 수 있습니다.

LESSON 13
시퀀스 설정으로 화면 크기 조정하기

프리미어 프로에서는 다양한 방법으로 시퀀스를 만들 수 있습니다. 이번 레슨에서는 시퀀스를 만드는 다양한 방법 소개와 함께 원하는 규격으로 설정하는 방법까지 알아봅니다. 시퀀스 설정으로 세로 영상이나 SNS에서 활용할 수 있는 정사각형 영상을 만들어 활용해 보세요.

▶ **유튜브 동영상 강의**

세로, 가로, 정사각형 영상 크기 자유롭게 변경하기
https://bit.ly/pr-sequence

Pr 영상 규격과 일치하는 시퀀스 만들기

시퀀스의 기본 규격은 Full-HD(1920×1080)입니다. 하지만 영상 소스의 해상도와 프레임 레이트에 일치하도록 시퀀스를 만드는 방법도 자주 사용됩니다. 다음과 같이 다양한 방법으로 영상 소스의 규격과 일치하는 시퀀스를 만들 수 있으며, 결과는 모두 같으므로 편리한 방법을 선택해서 사용하면 됩니다. 참고로 선택한 영상 소스가 여러 개일 때는 첫 번째로 선택한 영상의 규격과 일치됩니다. **Link** 시퀀스에 대한 개념은 087쪽에서 자세히 설명합니다.

방법1 [타임라인] 패널에 생성된 시퀀스가 없을 때 사용할 수 있는 방법으로, [프로젝트] 패널에서 영상을 선택한 후 [타임라인] 패널로 드래그합니다.

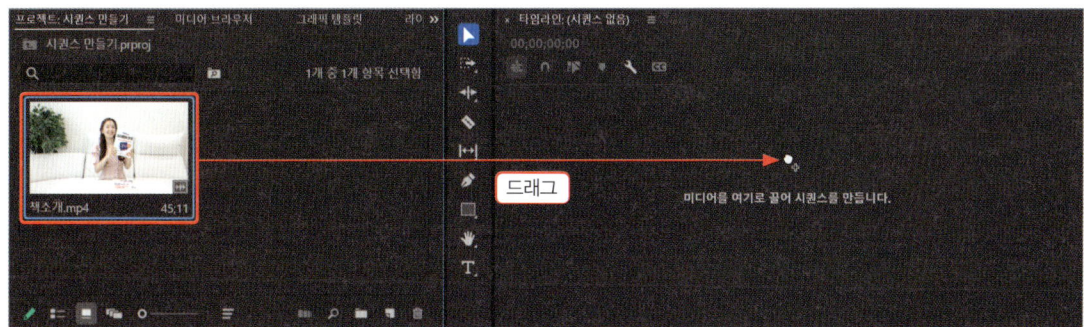

방법2 [프로젝트] 패널에서 영상을 마우스 오른쪽 버튼으로 클릭한 후 [클립에서 새 시퀀스 만들기](New Sequence From Clip)를 선택합니다.

방법3 [프로젝트] 패널에서 영상을 선택한 후 패널에서 오른쪽 아래에 있는 [새 항목] 아이콘으로 드래그합니다.

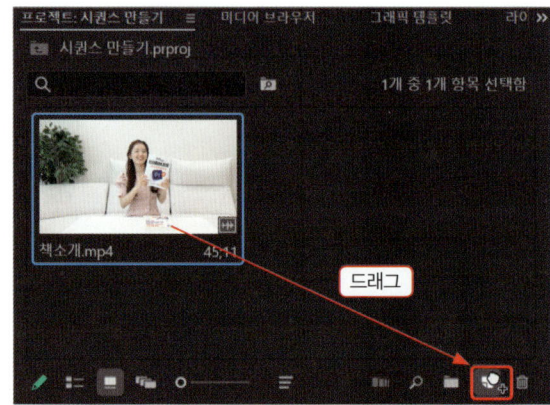

TIP 방법2와 방법3을 반복하면 [타임라인] 패널에 여러 개의 시퀀스를 만들어 주제별로 편집할 수 있습니다. 또한 시퀀스에 시퀀스를 불러와서 작업할 수도 있습니다. 단, 자신의 시퀀스는 불러올 수 없습니다.

결과 위에서 어떤 방법을 사용하든 결과는 같습니다. 아래처럼 처음 선택한 영상의 규격과 이름이 일치한 시퀀스가 생성됩니다. 시퀀스를 생성하면 [프로젝트] 패널에도 섬네일과 이름이 같은 시퀀스가 추가되므로, 영상과 시퀀스를 헷갈리기 않도록 시퀀스의 이름을 변경하는 것이 좋습니다.

TIP [프로젝트] 패널에서 영상과 시퀀스는 섬네일 오른쪽 아래에 있는 아이콘 모양으로 구분할 수 있으며, 이름을 변경할 때는 이름 부분을 클릭하거나 선택한 후 [Enter]를 누르면 됩니다.

모바일에 적합한 세로 영상 시퀀스 만들기

모바일 사용자가 주요 타깃인 영상을 제작 중이라면 세로 모드에서 편하게 시청할 수 있도록 세로 영상을 만드는 것이 좋습니다. 여기서는 세로로 긴 시퀀스를 만들고, 시퀀스에 맞춰 영상 소스의 비율과 위치를 조정해 보겠습니다.

- **예제 파일:** Chapter 03/시퀀스 설정.prproj
- **완성 파일:** Chapter 03/시퀀스 설정_완성본.prproj

실습 가능 버전
프리미어 프로 CC 모든 버전

01 **시퀀스 설정.prproj** 예제 파일을 엽니다. 새 시퀀스를 만들기 위해 메뉴 바에서 [파일] – [새로 만들기] – [시퀀스]를 선택합니다(Ctrl + N). 또는 [프로젝트] 패널에서 오른쪽 아래에 있는 ❶ [새 항목] 아이콘을 클릭한 후 ❷ [시퀀스]를 선택해도 됩니다.

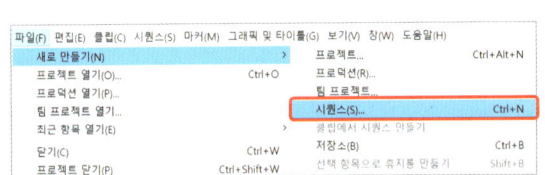

02 새 시퀀스 창이 열리면 ❶ [시퀀스 사전 설정] 탭에서 ❷ 사용 가능한 사전 설정 목록에 있는 [소셜] – [소셜 미디어 세로 9×16 30fps]를 선택합니다.

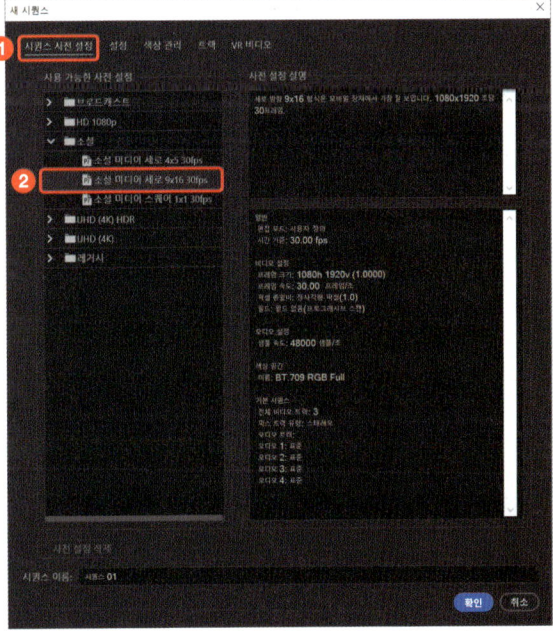

03 ① 사용 중인 버전에 [소셜] 사전 설정이 없으면 [설정] 탭으로 이동합니다. ② [프레임 크기](해상도) 옵션에서 가로와 세로의 값을 순서대로 **1080**, **1920**으로 변경하여 세로로 긴 프레임으로 설정하고, ③ [확인] 버튼을 클릭하여 시퀀스를 생성합니다.

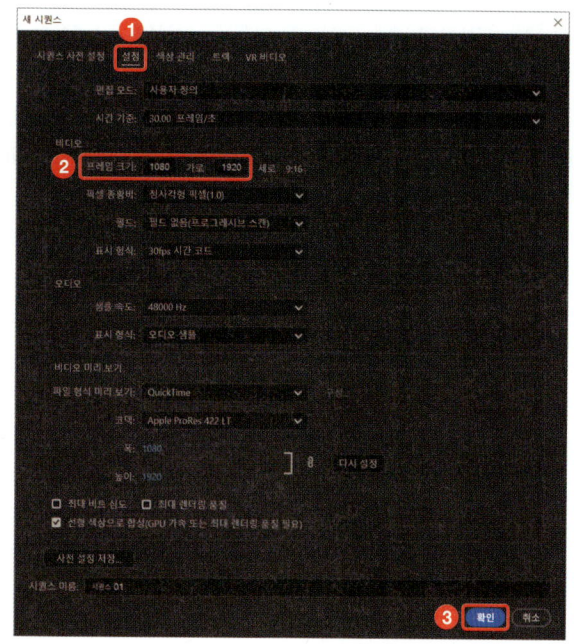

04 ① [프로젝트] 패널을 보면 세로로 긴 시퀀스를 확인할 수 있습니다. ② 이제 [프로젝트] 패널에서 [책소개] 영상을 선택한 후 [타임라인] 패널의 V1 트랙으로 드래그해서 배치합니다.

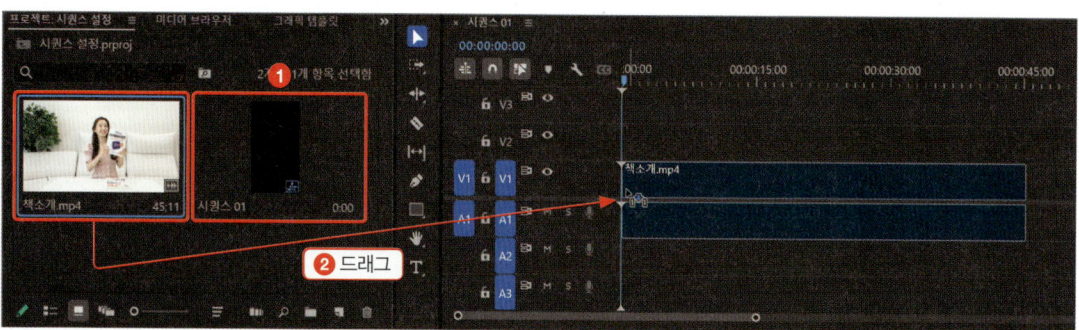

05 다음과 같은 클립 불일치 경고 창이 열리면 시퀀스 설정대로 작업할 것이므로 [기존 설정 유지] 버튼을 클릭합니다. [책소개] 영상의 해상도는 1920 × 1080입니다. 하지만 새로 만든 시퀀스는 해상도를 1080 × 1920으로 설정했죠? 이처럼 영상 소스와 시퀀스의 해상도 및 프레임 레이트 등이 일치하지 않으면 클립 불일치 경고 창이 나타납니다.

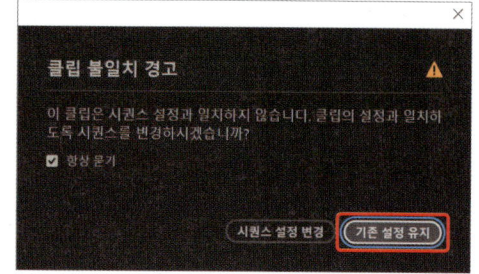

> **TIP** 클립 불일치 경고 창에서 [시퀀스 설정 변경]을 클릭하면 영상 소스의 설정에 맞춰 시퀀스가 변경되고, [기존 설정 유지]를 클릭하면 기존의 시퀀스 설정이 유지됩니다.

06 시퀀스 설정을 유지한 채 영상 소스를 배치했으니 문제점을 찾기 위해 **[프로그램 모니터]** 패널을 확인해 봅니다. 시퀀스의 해상도와 영상의 해상도 차이에 따라 위아래로 여백이 생겼죠?

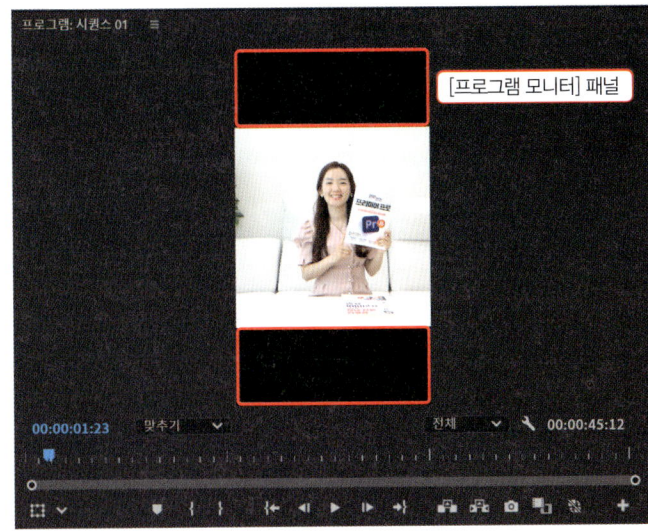

07 **[타임라인]** 패널에서 **[책소개]** 클립을 선택하고 ❶ **[효과 컨트롤]** 패널(Shift + 5)을 확인합니다. ❷ '비디오' 영역에서 **[모션]** 옵션을 펼친 후 ❸ 하위 옵션 중 **[비율 조정]** 옵션을 180으로 변경하여 영상을 키우고, ❹ **[위치]** 옵션을 430, 960으로 변경합니다.

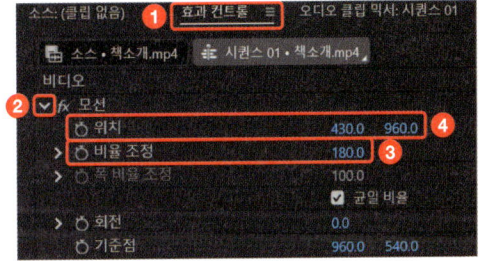

TIP [비율 조정] 옵션의 기본값은 [100]이며, 값이 커질수록 영상도 비례해서 커집니다.

08 **[프로그램 모니터]** 패널을 보면 영상의 크기를 180% 더 크게 조정하여 여백 없이 가득 채워졌으며, 위치도 알맞게 조정되었습니다.

Pr SNS에 적합한 정사각형 시퀀스 만들기

정사각형(1:1) 비율 콘텐츠는 다양한 플랫폼에서 안정감 있게 표현되며, 피드 게시물이나 디스플레이 광고 등 여러 용도로 활용하기 적합합니다. 이번에는 정사각형 시퀀스를 만들어 보겠습니다. 방법은 앞서 만든 세로 영상과 동일하며, 프레임 크기만 가로와 세로의 값을 동일하게 설정하면 됩니다.

01 앞서 실습에 사용한 시퀀스 설정.prproj 프로젝트에서 Ctrl + N 을 눌러 새 시퀀스 창을 열고 사전 설정 목록에 있는 [소셜] – [소셜 미디어 스퀘어 1×1 30fps]를 선택하고 [확인] 버튼을 클릭합니다.

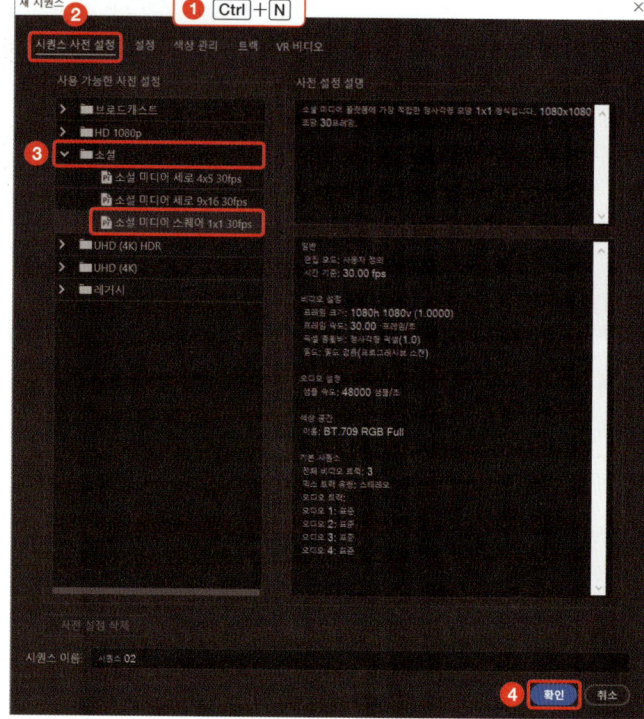

TIP 사용 중인 버전에 [소셜] 사전 설정이 없을 경우, [설정] 탭으로 이동하여 [프레임 크기] 옵션에서 가로와 세로 값을 모두 1080으로 변경합니다.

02 가로와 세로의 비율이 같은 정사각형 시퀀스가 생성되었습니다. [프로젝트] 패널에서 영상을 [타임라인] 패널로 드래그하여 배치하고, [프로그램 모니터] 패널에서 화면을 보며 세부 위치를 조정하면 완성됩니다. **Link** [프로그램 모니터] 패널에서 위치를 조정하는 방법은 164쪽에서 자세히 설명합니다.

금손 변신 TIP 가로세로 변경 금손처럼 사용하기

핸드폰에서 세로 방향으로 촬영한 영상은 프리미어 프로에 가져와도 세로 영상으로 표시됩니다. 그런데 그 영상이 의도치 않게 세로 방향으로 찍은 것이라면 가로 영상으로 변경해야 하겠죠?

위 예시는 세로 방향으로 잘못 촬영한 영상 소스를 가지고 영상과 동일한 설정의 시퀀스를 만든 상황입니다. 그러므로 우선은 시퀀스 설정부터 변경해야 합니다. [타임라인] 패널을 선택하고 메뉴 바에서 [시퀀스] - [시퀀스 설정]을 선택해 보세요. 시퀀스 설정 창이 열리면 [프레임 크기] 옵션에서 가로와 세로가 각각 [1080], [1920]으로 설정된 세로 영상임을 확인할 수 있습니다. 가로 영상으로 변경하기 위해 [프레임 크기] 옵션에서 가로와 세로를 각각 [1920], [1080]으로 설정하여 16:9 비율로 변경한 후 [확인] 버튼을 클릭합니다. 시퀀스가 세로에서 가로로 변경됩니다.

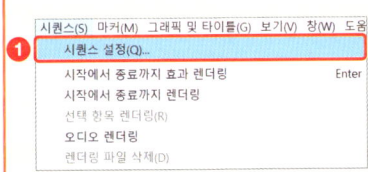
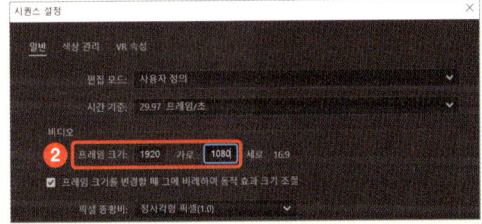

시퀀스의 가로세로 비율을 변경했으니 이제 영상을 회전시켜야 합니다. [타임라인] 패널에서 영상 클립을 선택하고 [효과 컨트롤] 패널에서 [모션] – [회전] 옵션을 [-90]으로 설정하여 영상을 회전시키면 가로 영상이 완성됩니다.

TIP [회전] 옵션을 양수로 설정하면 시계 방향으로 회전하고, 음수로 설정하면 반시계 방향으로 회전합니다.

자동 리프레임 효과로 영상 크기 자동 조정하기

자동 리프레임(Auto Reframe) 효과는 프리미어 프로 2020에서 추가된 기능입니다. [LESSON 10]에서 시퀀스의 크기를 변경한 후 직접 피사체의 위치를 수정해야 했죠? 하지만, 자동 리프레임 효과를 사용하면 어도비 인공지능이 피사체를 인식하여 화면 크기에 맞게 자동으로 위치를 조정해 줍니다.

▶ **유튜브 동영상 강의**

자동 리프레임으로 화면 크기 자동 조정하기
https://bit.ly/pr-autoreframe

완성 미리보기

 • 예제 파일: Chapter 03/자동 리프레임.prproj
• 완성 파일: Chapter 03/자동 리프레임_완성본.prproj

실습 가능 버전 프리미어 프로 2020 이상

▲ 16:9

▲ 1:1

▲ 9:16

Pr 개별 클립에 자동 리프레임 효과 적용하기

개별 클립에 자동 리프레임 효과를 적용하는 방법에 대해 알아보겠습니다. 시퀀스에 있는 특정 클립에만 효과를 적용할 때 사용하는 방법입니다.

01 **자동 리프레임.prproj** 예제 파일을 열고 [**프로그램 모니터**] 패널을 보면 16:9 비율의 커플 댄스 영상을 확인할 수 있습니다. 이 영상을 SNS에 적합한 1:1 비율의 영상으로 변경해 보겠습니다.

02 [**타임라인**] 패널을 선택하고 ❶ 메뉴 바에서 [**시퀀스**] – [**시퀀스 설정**]을 선택합니다. 시퀀스 설정 창이 열리면 ❷ [**프레임 크기**] 옵션을 가로와 세로 모두 **1080**이 되도록 설정하여 1:1 비율로 조정한 후 [**확인**] 버튼을 클릭합니다.

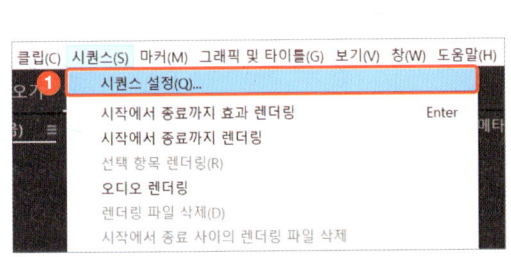
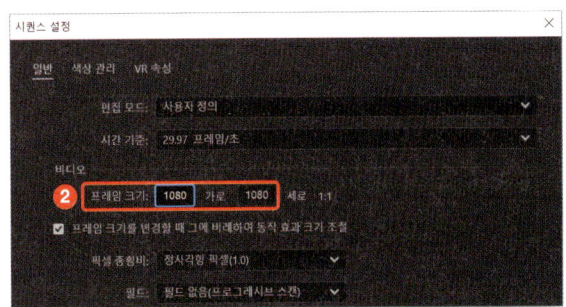

TIP [시퀀스 설정] 메뉴가 비활성화 상태라면 [타임라인] 패널을 선택했는지 확인해 봅니다. 선택 중인 패널에는 파란색으로 테두리가 표시됩니다.

03 [프로그램 모니터] 패널을 보면 1:1 비율로 변경되면서 여성의 모습이 사라진 것을 확인할 수 있습니다. 프리미어 프로 2020 이전 버전을 사용 중이라면 번거로운 편집 과정을 거쳐야 합니다. 하지만, 2020 이상 버전이라면 자동 리프레임 효과로 빠르게 편집할 수 있습니다.

04 ❶ 메뉴 바에서 [창] – [효과]를 선택하거나 Shift+7을 눌러 [효과] 패널을 열고 ❷ [비디오 효과] – [변형](Video Effects –Transform) 폴더에서 [자동 리프레임](Auto Reframe) 효과를 찾아 ❸ [타임라인] 패널의 [커플댄스] 클립으로 드래그하여 효과를 적용합니다.

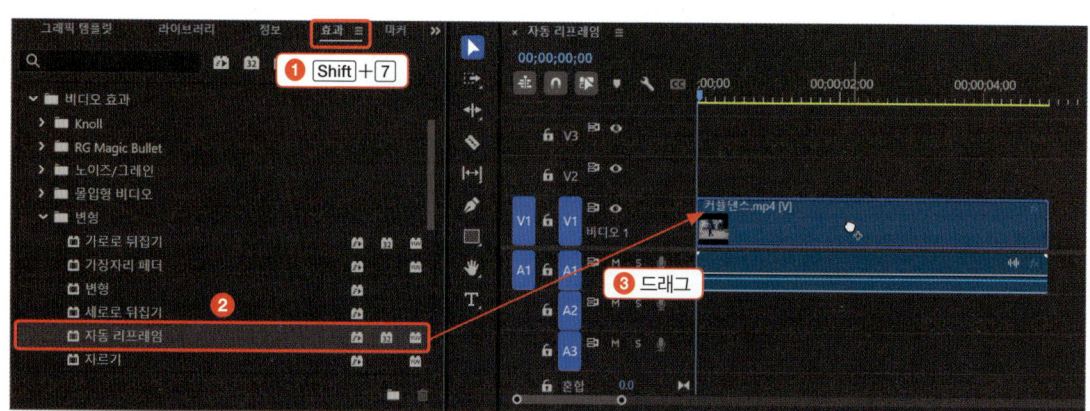

05 자동 리프레임 효과가 적용되면 인공지능이 피사체를 찾아 화면 중앙으로 위치시킵니다. [프로그램 모니터] 패널을 보면 사라진 여성이 다시 나타난 것을 확인할 수 있습니다.

> **TIP** 1:1 비율 이외에도 세로 영상인 9:16 비율 등 사용자가 지정한 영상 크기로 자유롭게 변경할 수 있습니다.

06 영상의 위치가 변경된 후 ❶ [효과 컨트롤] 패널([Shift]+[5])에서 ❷ [자동 리프레임] - [위치 조정] 옵션에 있는 [생성된 경로 덮어쓰기]에 체크하면 ❸ 자동으로 설정된 키프레임을 확인할 수 있으며 직접 키프레임을 조정하여 세부적으로 편집할 수도 있습니다. Link 키프레임은 360쪽에서 자세히 설명합니다.

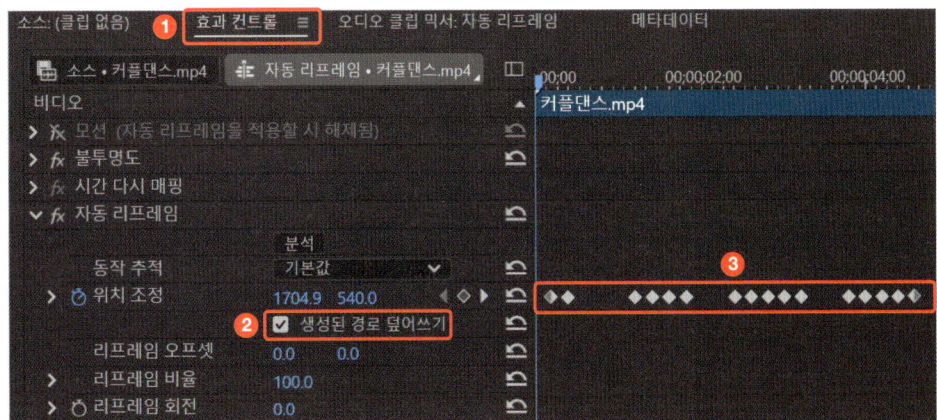

TIP 자동 리프레임 효과가 적용된 상태에서 키프레임을 수정하지 않고, 위치만 살짝 변경하고 싶다면 [자동 리프레임] - [리프레임 오프셋] 옵션을 변경합니다.

07 끝으로 [효과 컨트롤] 패널의 [자동 리프레임] - [동작 추적] 옵션을 변경하여 세부적으로 모션을 설정할 수도 있습니다. 여기서는 [기본값]을 그대로 유지합니다.

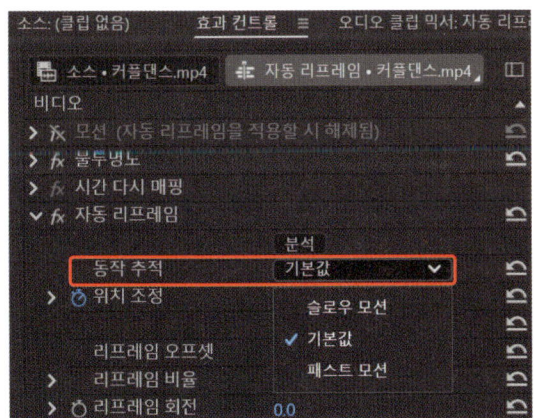

TIP [동작 추적] 옵션은 각각 다음과 같은 방식으로 모션을 변경합니다.
- 슬로우 모션(Slower Motion): 인터뷰 영상처럼 카메라 움직임이 없거나 적을 때 사용합니다.
- 기본값(Default): 대부분 영상에서 [기본값]을 사용합니다.
- 패스트 모션(Faster Motion): 스케이트보드 영상처럼 움직임이 빠를 때 사용합니다.

Pr 전체 시퀀스에 자동 리프레임 적용하기

여러 개의 클립을 이용해 편집을 완료한 시퀀스에서 화면 비율을 변경해야 하는 상황에서 개별 클립에 자동 리프레임 효과를 일일이 적용하려면 번거롭습니다. 이럴 때는 시퀀스에 있는 모든 클립에 일괄 자동 리프레임 효과를 적용할 수 있습니다.

- **예제 파일:** Chapter 03/시퀀스 자동 리프레임.prproj
- **완성 파일:** Chapter 03/시퀀스 자동 리프레임_완성본.prproj

실습 가능 버전 프리미어 프로 2020 이상

01 시퀀스 자동 리프레임.prproj 예제 파일을 엽니다. ① [프로젝트] 패널에서 [세계여행] 시퀀스를 찾아 마우스 오른쪽 버튼을 클릭하고 ② [시퀀스 자동 리프레임](Auto Reframe Sequence)을 선택합니다.

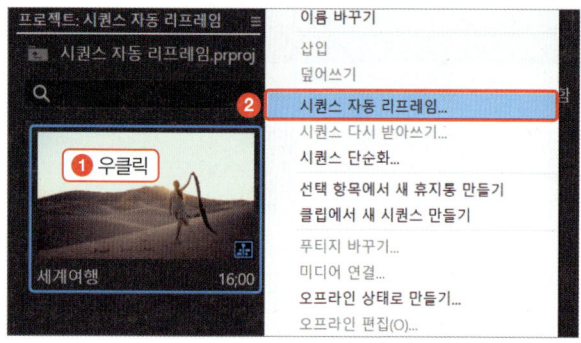

02 시퀀스 자동 리프레임 창이 열리면 ① [대상 종횡비] 옵션에서 원하는 영상 비율을 선택하고 ② [만들기] 버튼을 클릭합니다. 예제에서는 [세로 9:16]을 선택했습니다.

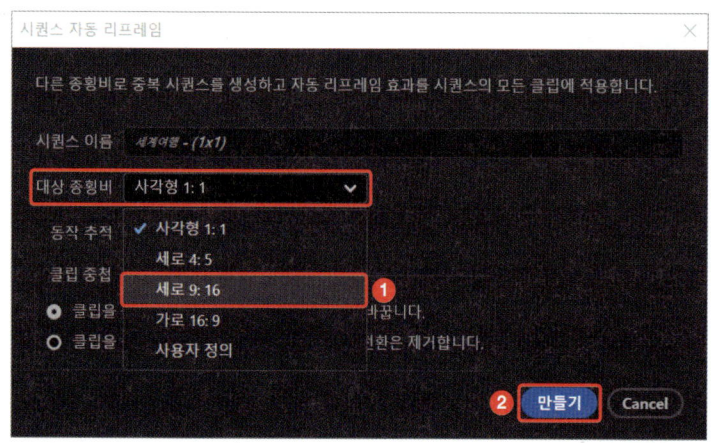

TIP 영상 종류에 따라 [동작 추적] 옵션을 변경해서 사용합니다. **Link** [동작 추적] 옵션은 177쪽 [TIP]에서 자세히 설명합니다.

03 앞에서 설정한 영상 비율에 맞춰 새로운 시퀀스가 만들어집니다. [**타임라인**] 패널에서 시퀀스를 확인해 보면 시퀀스에 포함된 모든 클립에 자동 리프레임 효과가 적용되어 피사체가 중앙으로 이동된 것을 확인할 수 있습니다.

TIP 클립에 효과가 적용되었는지는 [fx] 아이콘의 색상으로 확인할 수 있습니다. 효과가 없을 때는 옅은 색으로 표시되고, 효과가 적용되거나 수정되면 흰색으로 강조되어 표시됩니다.

TIP 시퀀스 내에 속도 및 지속 시간 조정, 비율 조정, 기존의 모션 키프레임이 설정되어 있다면 시퀀스 자동 리프레임 창에서 [클립 중첩] 옵션을 [클립을 중첩합니다~]로 선택해야 합니다. 그래야만 모든 비디오 클립을 중첩한 후 자동 리프레임을 적용하므로 원본에 영향을 주지 않습니다.

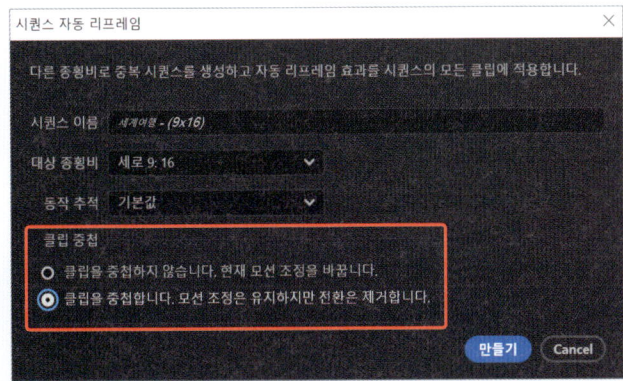

LESSON 14 자동 리프레임 효과로 영상 크기 자동 조정하기

점점 빠르게, 느리게, 거꾸로 영상 속도 조절하기

해가 지는 영상을 만든다면 오랜 시간 촬영했더라도 편집으로 빠르게 넘겨서 지루함을 줄이는 것이 좋겠죠? 여기서는 영상을 빠르거나 느리게 또는 거꾸로 재생하는 방법부터 점점 빠르게 또는 점점 느리게 재생하는 시간 다시 매핑(Time Remapping) 효과까지 배워 보겠습니다.

▶ **유튜브 동영상 강의**

영상 속도 자유롭게 조절하기
https://bit.ly/pr-speed

속도/지속 시간 기능으로 빠르게, 느리게, 거꾸로 재생하기

클립의 속도를 자유롭게 조절할 수 있는 속도/지속 시간 기능을 이용하여 영상의 속도를 빠르게, 느리게, 그리고 거꾸로 재생해 보겠습니다.

- **예제 파일**: Chapter 03/속도 조절.prproj
- **완성 파일**: Chapter 03/속도 조절_완성본.prproj

실습 가능 버전
프리미어 프로 CC 모든 버전

빨리 감기 효과 만들기

속도 조절.prproj 예제 파일을 열어 보면 매우 느린 속도로 롤케이크 장식하는 영상을 확인할 수 있습니다. 다소 지루한 느낌이죠? 영상을 2배속으로 빠르게 재생해서 지루함을 줄여 보겠습니다.

01 **속도 조절.prproj** 예제 파일을 열고 ❶ [타임라인] 패널에서 [빠르게 재생] 시퀀스를 선택합니다. 영상의 속도를 변경하기 위해 ❷ [빨리 감기] 클립을 마우스 오른쪽 버튼으로 클릭한 후 ❸ [속도/지속 시간] (Speed/Duration)을 선택합니다.

> **TIP** [타임라인] 패널에서 클립을 클릭하면 기본적으로 비디오와 오디오 클립이 동시에 선택됩니다. 만약 둘 중 하나만 선택된다면 패널에서 왼쪽 위에 있는 [연결된 선택] 아이콘이 활성화되어 있는지 확인해 보세요.

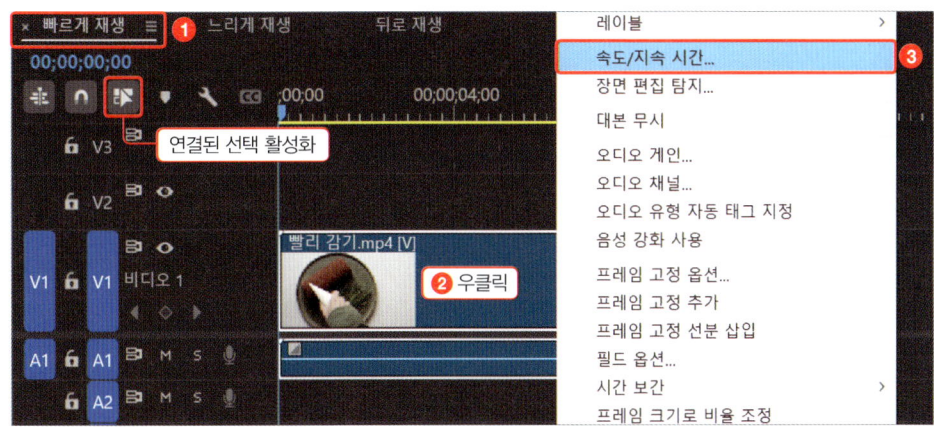

TIP 프리미어 프로 2025 버전에서는 새롭게 추가된 [속성] 패널의 왼쪽 아래에 있는 [속도 조정] 버튼을 눌러 속도를 간편하게 조절할 수 있습니다.

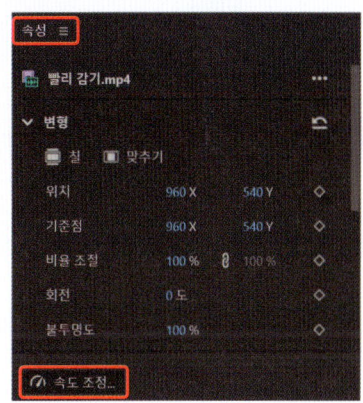

02 클립 속도/지속 시간 창이 열리면 ❶ [속도] 옵션에서 정상 재생 속도를 뜻하는 100%를 **200%**로 변경합니다. 속도를 2배(200%) 빠르게 조정했으니 클립 길이에 해당하는 ❷ [지속 시간] 옵션은 14초에서 절반인 7초로 자동 변경됩니다. ❸ [확인] 버튼을 클릭하여 속도 조절을 완료합니다.

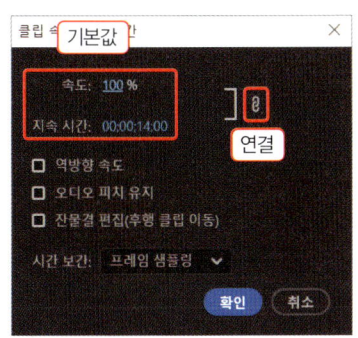
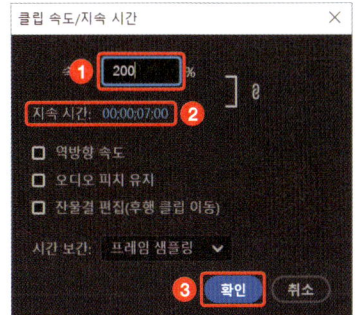

TIP [속도]와 [지속 시간] 옵션은 서로 연결되어 있어서 하나만 변경하면 나머지는 자동으로 변경됩니다. 만약, 두 옵션 중 하나만 변경하고 싶다면 오른쪽에 있는 [연결] 아이콘을 클릭하여 비활성화 상태에서 옵션을 변경하면 됩니다.

03 [타임라인] 패널을 보면 [빨리 감기] 클립의 길이가 절반으로 짧아졌으며, 클립 이름 뒤에는 [200%]라고 속도가 표시됩니다. Space bar 를 눌러 재생해 보면 영상의 속도가 처음보다 2배 빨라진 것을 확인할 수 있습니다.

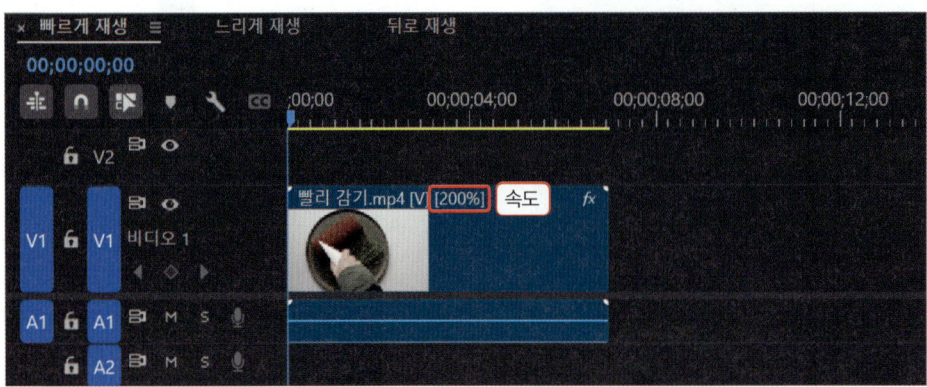

> **TIP** 200%는 2배속, 400%는 4배속, 800%는 8배속을 의미합니다. 그러므로 수치가 클수록 영상의 속도도 점점 빨라집니다.

> **TIP** 영상의 일부 구간만 속도를 조절하고 싶다면 원하는 위치에서 단축키 Ctrl + K 를 눌러 클립을 자른 후 속도를 조절해 주세요. Link 클립 자르기는 108쪽에서 자세히 설명합니다.

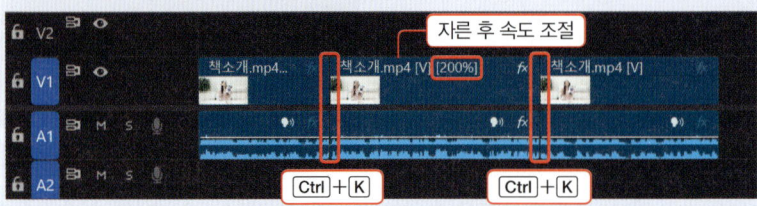

이때 오디오에 음성이 포함되어 있다면 주의할 점이 있습니다. 전체 영상에서 해당 부분의 음성만 톤이 다르다면 어색하겠죠? 그러므로 자른 클립에서 속도를 조절할 때는 [오디오 피치 유지]에 체크해 주세요. 목소리 톤이 유지되어 한결 자연스러운 영상이 완성됩니다.

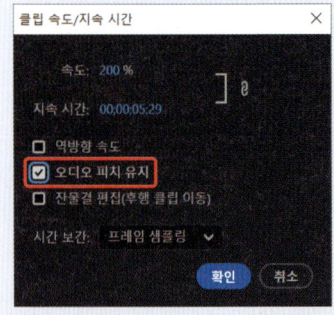

슬로우 모션 효과 만들기

이번에는 반대로 영상을 1/2배속으로 느리게 만들어 볼까요? **속도 조절.prproj** 예제 파일에 있는 **[느리게 재생]** 시퀀스를 선택하고 실습합니다.

01 [타임라인] 패널에서 ❶ [느리게 재생] 시퀀스를 선택합니다. ❷ [슬로우 모션] 클립을 선택한 후 클립 속도/지속 시간 실행 단축키인 Ctrl + R 을 누릅니다.

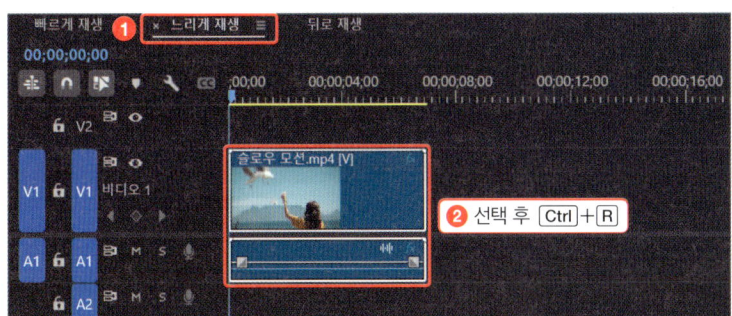

TIP [타임라인] 패널에 [느리게 재생] 시퀀스가 보이지 않는다면 [프로젝트] 패널에서 [느리게 재생] 시퀀스를 더블 클릭해서 열 수 있습니다.

02 클립 속도/지속 시간 창이 열리면 ❶ [속도] 옵션을 50%로 변경합니다. ❷ [지속 시간] 옵션을 보면 클립의 길이가 7초에서 2배인 14초로 변경되었습니다. ❸ [확인] 버튼을 클릭하여 속도 조절을 완료합니다.

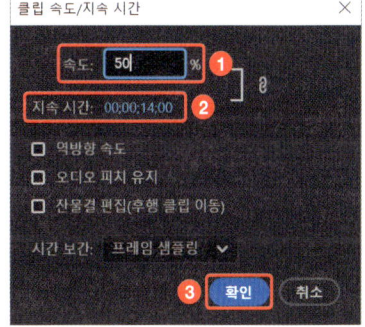

03 [타임라인] 패널의 [슬로우 모션] 클립을 보면 정상 길이보다 2배만큼 늘어났습니다. Space bar 를 눌러 결과를 재생해 보면 영상의 속도가 1/2로 느려진 것을 확인할 수 있습니다.

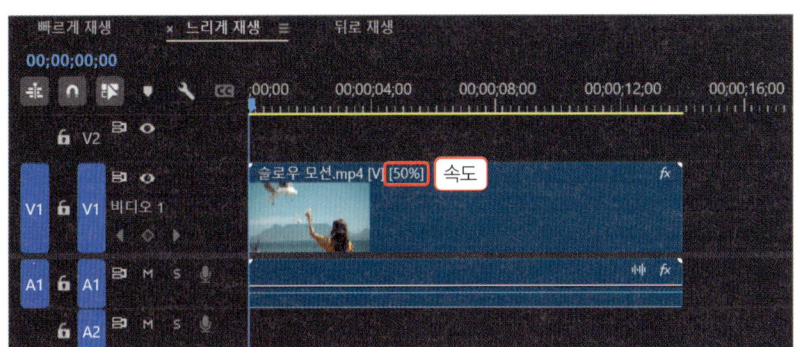

TIP [속도] 옵션의 수치가 작을수록 영상의 속도는 점점 느려집니다.

역재생 효과 만들기

요즘 유행하는 짧은 영상을 보면 영상을 거꾸로 재생하여 만든 재미있는 콘텐츠를 종종 볼 수 있습니다. **속도 조절.prproj** 예제 파일에 있는 [뒤로 재생] 시퀀스에서 거꾸로 재생되는 영상을 만들어 보겠습니다.

01 [타임라인] 패널에서 ❶ [뒤로 재생] 시퀀스를 선택합니다. ❷ [뒤로 감기] 클립을 선택한 후 단축키 Ctrl+R을 누릅니다.

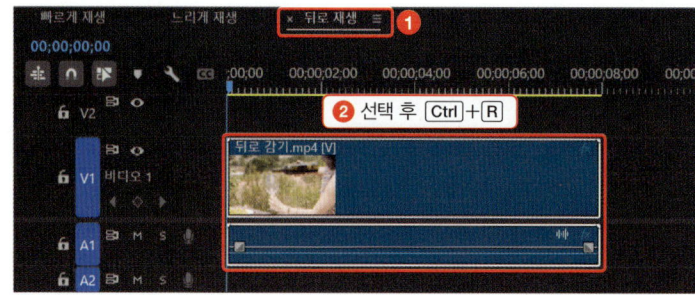

02 클립 속도/지속 시간 창이 열리면 ❶ [역방향 속도]에 체크한 후 ❷ [확인] 버튼을 클릭합니다.

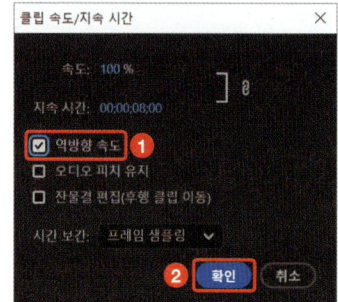

> **TIP** [속도] 옵션에 [-100%]를 입력하면 [역방향 속도]를 체크한 것과 동일한 결과를 얻을 수 있습니다. 참고로 이전 버전에서는 [역방향 속도]가 [뒤로 재생]으로 표시됩니다.

03 [타임라인] 패널에서 [뒤로 감기] 클립을 보면 이름에 [-100%]가 표시되어 있습니다. Space bar 를 눌러 영상이 거꾸로 재생되는 것을 확인합니다.

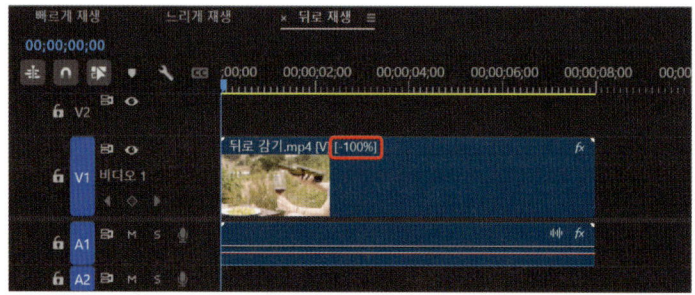

🖐 금손 변신 TIP 부드러운 슬로우 모션을 만들고 싶다면?

슬로우 모션을 좀 더 부드럽게 표현하고 싶다면 처음부터 계획하여 프레임(fps)을 높여 촬영해야 합니다. 기본적으로는 30프레임으로 촬영하지만, 슬로우 모션 효과를 계획했다면 60프레임 이상으로 촬영하는 것이 좋습니다. 183쪽에서 실습한 슬로우 모션 효과 만들기에서 속도를 50%로 조정한 클립을 이용해 설명해 보겠습니다.

[타임라인] 패널에서 키보드 방향키 중 →를 누르면 재생헤드가 1프레임씩 오른쪽으로 이동합니다. 재생헤드를 1프레임씩 옮기면서 **[프로그램 모니터]** 패널에서 화면의 변화를 주의 깊게 관찰해 주세요.

▲ 2초 일 때

▲ 2초 1프레임일 때

[프로그램 모니터] 패널에서 2초(00;00;02;00)와 2초 1프레임(00;00;02;01) 화면을 보면 움직임 없이 동일한 것을 확인할 수 있습니다. 계속해서 오른쪽 방향키를 눌러 보면 2초 2프레임과 2초 3프레임도 같은 화면입니다. 이처럼 영상을 느리게 만드는 방법은 프레임을 복제해서 동일한 프레임을 연속으로 보여 주는 방식입니다.

즉, 영상을 강제로 늘리기 위해 2장면 혹은 3장면을 동일하게 보여 주기 때문에 재생했을 때 끊기는 것처럼 느껴집니다. 그러므로 처음부터 계획하여 높은 프레임으로 촬영한다면 좀 더 부드러운 슬로우 모션을 만들 수 있는 것입니다. 예를 들어 30프레임 또는 24프레임으로 시퀀스를 만든 후 60프레임 이상으로 촬영한 영상을 클립으로 배치하여 슬로우 모션을 적용하면 부드러운 슬로우 모션 영상이 됩니다.

이미 촬영이 끝난 상황이라면 프리미어 프로에서 프레임을 보간해 주는 기능을 이용해 보세요. 지금부터 부드러운 슬로우 모션을 만드는 꿀팁을 소개합니다.

▶ 광학 흐름으로 시간 보간하기

속도 조절.prproj 예제 파일에 있는 [느리게 재생] 시퀀스를 이용해 실습해 봅니다.

01 ❶ [슬로우 모션] 클립을 선택하고 단축키 Ctrl + R 을 누릅니다. 속도/지속 시간 창이 열리면 ❷ [속도] 옵션을 [50%], ❸ [시간 보간] 옵션은 [프레임 샘플링]에서 [광학 흐름]으로 변경한 후 ❹ [확인] 버튼을 클릭합니다.

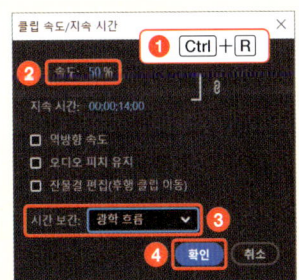

02 [타임라인] 패널에 빨간색 줄이 표시됩니다. 이는 현재 실시간으로 재생하기 어렵다는 뜻입니다. 그러므로 초록색 줄이 표시되도록 프리뷰 렌더링 기능을 실행해야 합니다.

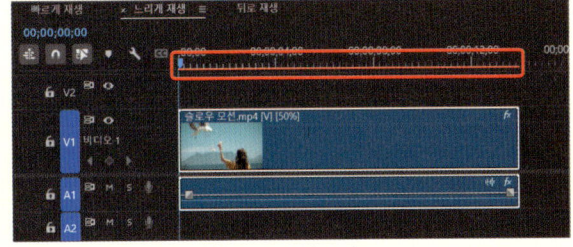

LESSON 15 점점 빠르게, 느리게, 거꾸로 영상 속도 조절하기

03 ❶ 메뉴 바에서 [시퀀스] - [시작에서 종료까지 효과 렌더링]을 선택합니다 (Enter). ❷ 렌더링 창이 열리면서 프리뷰 렌더링이 진행됩니다.

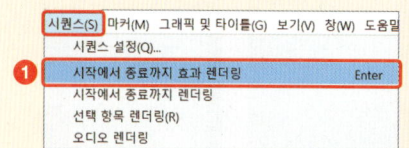
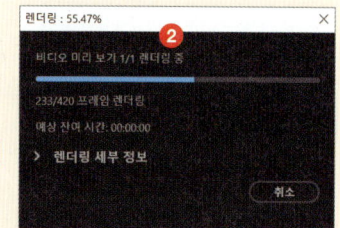

04 프리뷰 렌더링이 끝나면 [타임라인] 패널에 초록색 줄로 표시되고, 정상적으로 재생됩니다. 또한, 1프레임씩 이동해 보아도 반복되는 프레임이 없어 부드럽게 재생되는 것을 확인할 수 있습니다.

이처럼 광학 흐름 기능을 이용하면 컴퓨터가 자동으로 누락된 프레임을 생성하여 부드러운 슬로우 모션을 만들 수 있습니다. 하지만, 모든 영상을 완벽하게 보간해 주지는 않습니다. 그러므로 좀 더 정밀하고 높은 품질의 슬로우 모션 영상을 만들고 싶다면 촬영 단계부터 프레임을 높여서 촬영해야 한다는 것을 잊지 마세요.

금손 변신 TIP 속도/지속 시간 금손처럼 사용하기

▶ 속도 변경에 따른 클립 길이의 변화

(숫자가 클수록 빨라짐)	속도 200%	빠르게
(정상 속도)	속도 100%	정상 속도
(숫자가 작을수록 느려짐)	속도 50%	느리게

▶ **잔물결 편집(후행 클립 이동)**

클립을 선택한 후 Ctrl+R을 누르면 열리면 클립 속도/지속 시간 창에서 **[잔물결 편집(후행 클립 이동)]**에 체크하면 속도 변경 후 생긴 빈 공간을 뒤에 있는 클립을 이용해 자동으로 채워 줍니다.

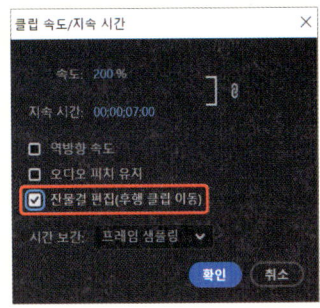

예를 들어 아래와 같은 시퀀스에서 **[비디오01]** 클립의 속도를 2배(200%) 빠르게 조정하면 클립도 짧아지겠죠? 이때 **[잔물결 편집(후행 클립 이동)]**에 체크했을 때와 체크하지 않았을 때의 결과를 비교해 보세요.

▲ 속도 변경 전 클립 배열

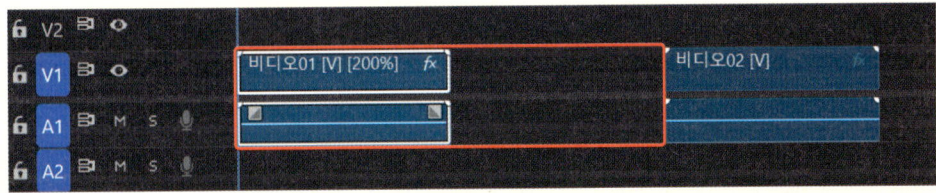

▲ [잔물결 편집(후행 클립 이동)]에 체크하지 않고 속도를 조절했을 때

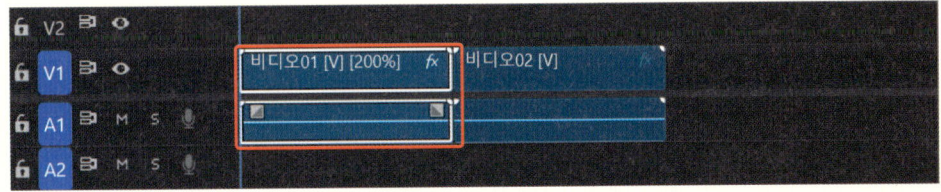

▲ [잔물결 편집(후행 클립 이동)]에 체크한 후 속도를 조절했을 때

[잔물결 편집(후행 클립 이동)]에 체크했을 때는 속도에 따라 클립이 짧아지더라도 뒤에 있는 클립이 자동으로 빈 공간을 채워 주고, 체크하지 않았을 때는 그대로 빈 공간이 생기는 것을 확인할 수 있습니다. 또한, **[잔물결 편집(후행 클립 이동)]**에 체크하고 속도를 느리게 조정하면 클립이 길어진 길이만큼 뒤에 있는 클립이 자동으로 뒤로 밀려납니다.

Pr 속도 조정 도구를 이용하여 속도 조절하기

앞서 클립 속도/지속 시간 창을 열고 수치를 직접 입력해서 영상의 빠르기를 조절해 봤다면 여기서는 클립의 길이를 조정하면 그에 따라 속도도 자동으로 조절되는 방법을 배워 보겠습니다.

• 예제 파일:
Chapter 03/속도 조정 도구.prproj

실습 가능 버전
프리미어 프로 CC 모든 버전

01 **속도 조정 도구.prproj** 예제 파일을 엽니다. [타임라인] 패널에서 [속도 조정 도구] 시퀀스를 보면 빈 공간 뒤에 클립이 배치되어 있습니다. [팬케이크] 클립을 추가로 배치하고 빈 공간에 딱 맞도록 속도를 조정해 보겠습니다.

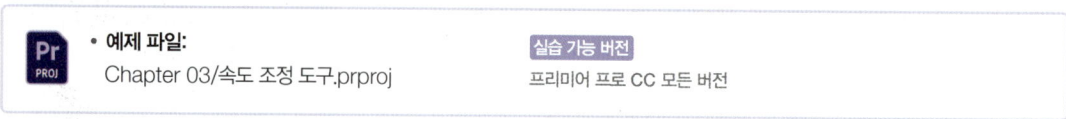

02 [프로젝트] 패널에서 [팬케이크] 영상을 선택한 후 V2 트랙으로 드래그하여 배치합니다.

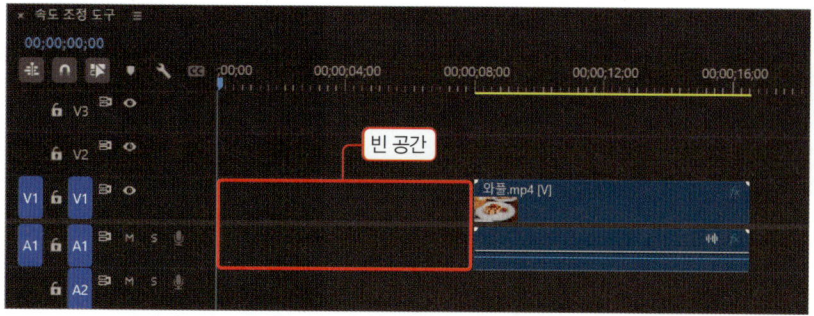

03 [도구] 패널에서 ❶ [잔물결 편집 도구] 아이콘을 길게 누르면 하위 도구 목록이 나타납니다. ❷ 하위 도구 중 [속도 조정 도구][R]를 선택합니다.

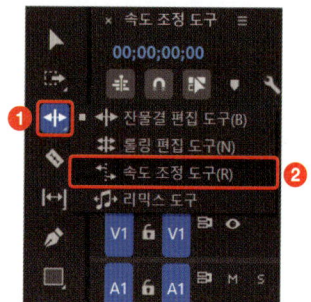

04 [속도 조정 도구]를 선택한 후 ❶ [타임라인] 패널에서 [팬케이크] 클립의 오른쪽 끝부분으로 마우스 커서를 옮기면 [속도 조정 도구] 아이콘이 나타납니다. ❷ 그 상태에서 클릭한 채 V1 트랙에 있는 클립의 시작 부분까지 드래그합니다.

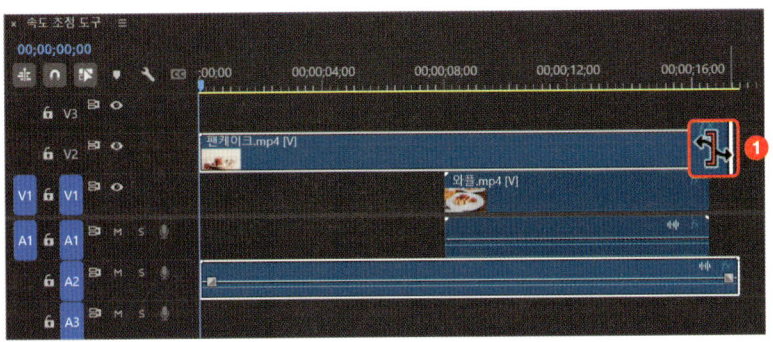

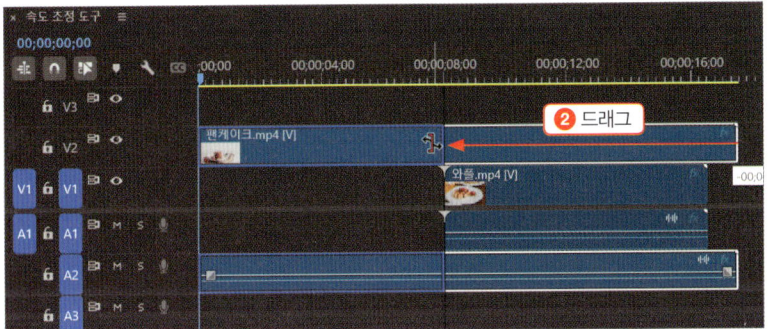

05 [팬케이크] 클립의 길이가 빈 공간에 딱 맞게 조절되었습니다. 클립에 표시된 이름 부분을 보면 클립 길이가 짧아진 만큼 재생 속도가 [220%]로 변경된 것을 알 수 있습니다. 이처럼 [속도 조정 도구]를 이용하여 클립이 길이를 원하는 만큼 조절함으로써 재생 속도를 빠르게 또는 느리게 조정할 수 있습니다.

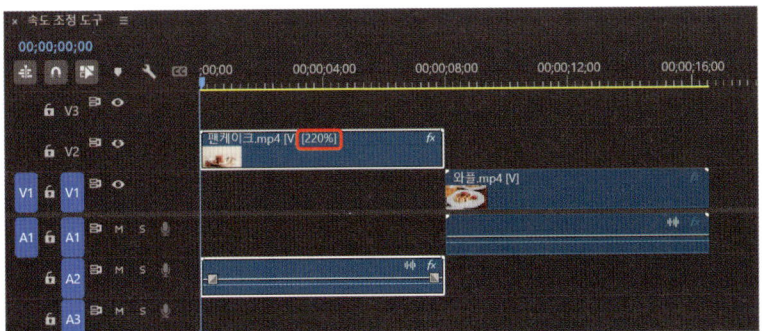

TIP [속도 조정 도구]를 이용해서 클립의 길이를 줄이면 그만큼 영상이 빨라지고, 클립의 길이를 늘리면 영상이 느려집니다. 속도를 원래대로 되돌리고 싶다면 클립을 선택한 후 클립 속도/지속 시간 창을 열고 (Ctrl + R) [속도] 옵션을 [100%]로 변경합니다.

시간 다시 매핑으로 점점 빠르게/느리게 재생하기

클립 속도/지속 시간 창이나 [속도 조정 도구]를 이용하는 방법은 클립 전체가 빨라지거나 클립 전체가 느려지는 방법입니다. 만약 하나의 클립에서 일부 구간만 점점 빠르게 혹은 점점 느리게 속도를 조정하고 싶다면 지금부터 다룰 시간 다시 매핑(Time Remapping) 기능을 사용합니다. 집중해서 살펴보세요.

시간 다시 매핑 효과 적용하기

영상이 정상 속도로 재생되다가 속도가 점점 느려지는 시간 다시 매핑 기능을 실습해 보겠습니다.

- **예제 파일**: Chapter 03/타임 리맵핑.prproj
- **완성 파일**: Chapter 03/타임 리맵핑_완성본.prproj

실습 가능 버전: 프리미어 프로 CC 모든 버전

01 타임 리맵핑.prproj 예제 파일을 엽니다. [타임 리맵핑] 시퀀스에는 V1 트랙에 [농구] 클립이 배치되어 있습니다. V1 트랙에서 눈 모양의 [트랙 출력 켜기/끄기] 아이콘 오른쪽 빈 공간을 더블 클릭하여 트랙을 확장합니다. 트랙을 확장하면 다음과 같이 트랙의 높이가 높아집니다.

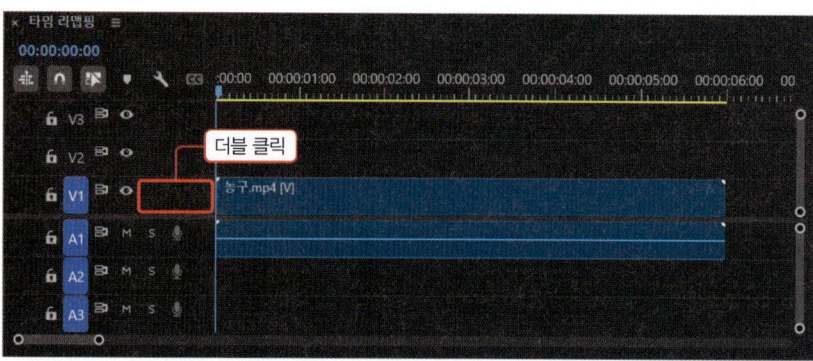

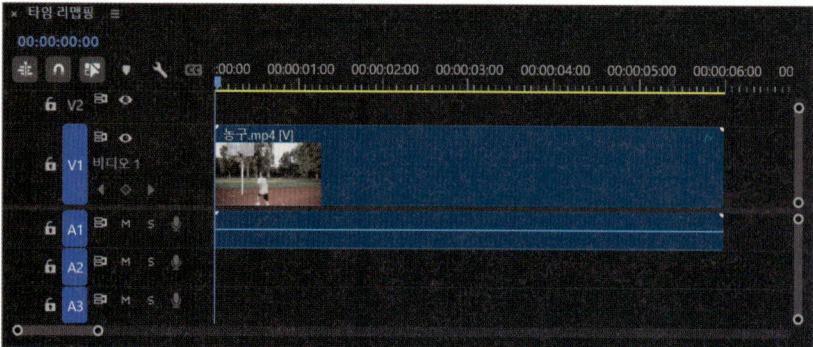

02 [선택 도구]가 선택된 상태에서 클립 이름 오른쪽에 있는 ❶ [fx] 아이콘을 마우스 오른쪽 버튼으로 클릭한 후 ❷ [시간 다시 매핑] - [속도]를 선택합니다.

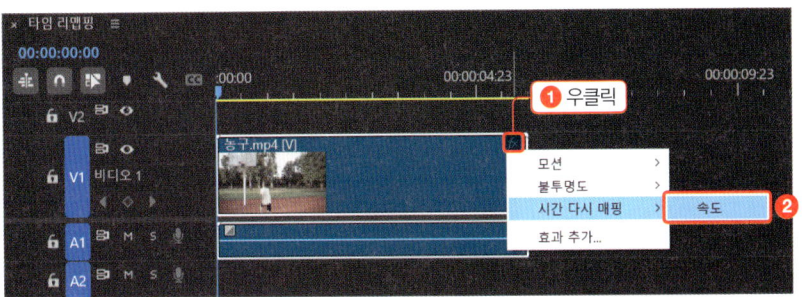

TIP [선택 도구]가 선택되어 있지 않거나 [fx] 아이콘이 아닌 클립의 임의 위치에서 마우스 오른쪽 버튼을 클릭하면 위와 다른 메뉴가 나타납니다. 꼭 [선택 도구]로 [fx] 아이콘에서 마우스 오른쪽 버튼을 클릭하세요. 참고로 이전 버전에서는 클립 이름 왼쪽에 [fx] 아이콘이 위치해 있습니다.

03 클립의 가운데 부분에 속도 선이 하나 생겼죠? 마우스 커서를 선으로 옮긴 후 잠시 기다리면 '속도 100%'가 표시됩니다. 이 선은 현재 속도로 위로 올리면 속도가 빨라지고 아래로 내리면 느려집니다.

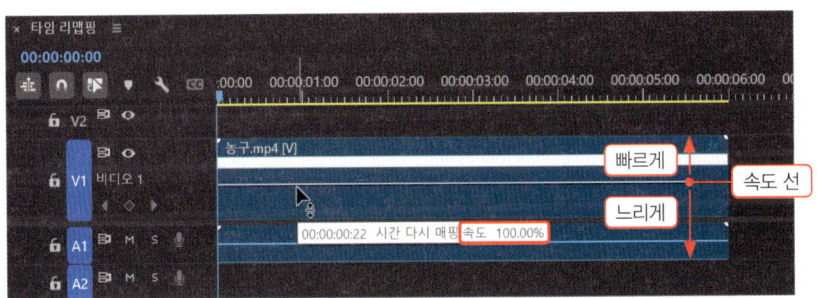

04 특정 구간만 속도가 느려지도록 조정하기 위해 ❶ 재생헤드를 [00;00;01;10]으로 옮깁니다. ❷ V1 트랙에서 다이아몬드 모양의 [키프레임 추가-제거] 아이콘을 클릭하여 키프레임을 추가합니다.

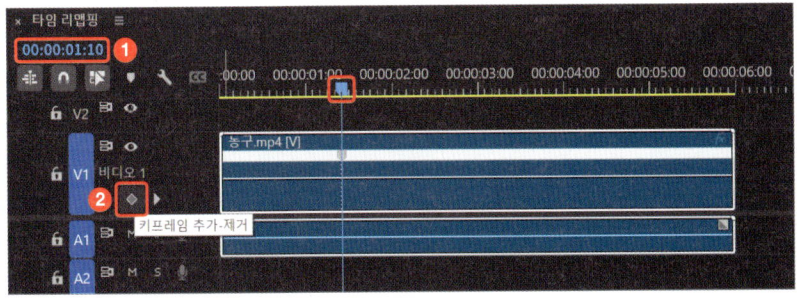

TIP 클립을 선택 중이어야 [키프레임 추가-제거] 아이콘이 활성화됩니다.

05 계속해서 ① 재생헤드를 [00;00;02;10]으로 옮긴 후 ② Ctrl을 누른 채 재생헤드 위치에서 속도 선을 클릭하여 키프레임을 추가합니다. 이처럼 [키프레임 추가-제거] 아이콘을 이용하지 않더라도 빠르게 키프레임을 추가할 수도 있습니다.

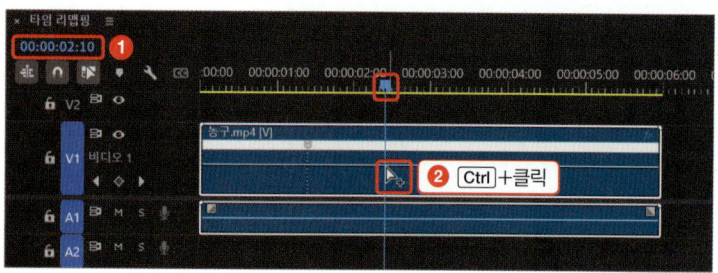

06 클립을 보면 [00;00;01;10] 지점과 [00;00;02;10] 지점에 키프레임이 추가되었습니다. 이처럼 시간 다시 매핑으로 속도를 조절하려면 키프레임으로 시작 지점과 끝 지점을 먼저 지정해야 합니다.

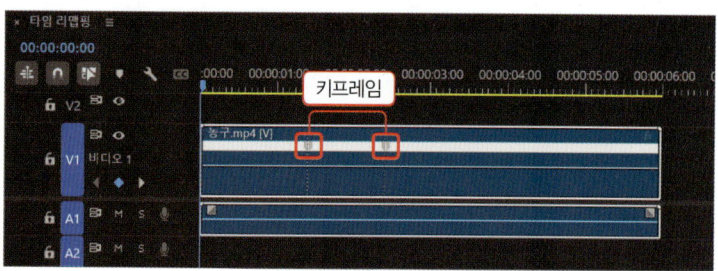

> **TIP** 추가된 키프레임은 회색 아이콘으로 표시되며, 클릭해서 선택하면 파란색으로 바뀝니다. 그 상태에서 Delete를 누르면 키프레임을 삭제할 수 있습니다. **Link** 키프레임은 360쪽에서 자세히 설명합니다.

07 두 지점 사이 구간에서 속도 선을 클릭한 채 아래로 쭉 드래그합니다. 속도 선을 아래로 내릴수록 속도가 느려지면서 해당 구간의 길이도 길어집니다. 예제에서는 25%만큼 내렸습니다.

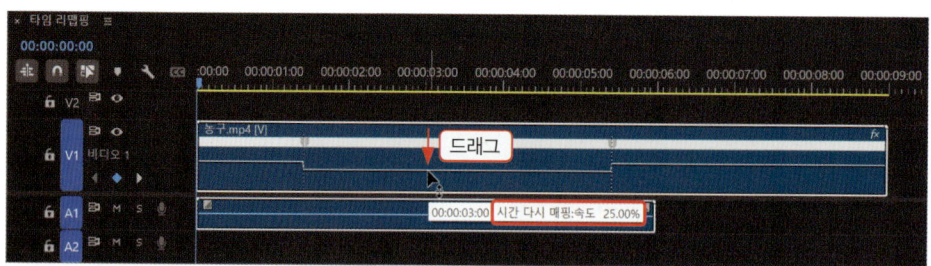

> **TIP** 시간 다시 매핑 기능은 비디오의 속도만 조절할 수 있습니다. 만약 오디오 속도까지 조절하고 싶다면 오디오 클립에서 특정 구간을 자른 후 클립 속도/지속 시간 창이나 [속도 조정 도구]를 이용하여 해당 구간의 속도를 조절합니다. 오디오 클립만 선택하려면 Alt 를 누른 채 오디오 클립을 클릭하거나, [타임라인] 패널의 [연결된 선택] 아이콘을 비활성화한 후 선택합니다.

08 Space bar 를 눌러 영상을 재생해 봅니다. 정상 속도로 재생되다가 첫 번째 키프레임 위치(00;00;01;10)부터 영상이 급격히 느려졌다가 두 번째 키프레임 위치(00;00;02;10)에서 다시 정상 속도로 재생되는 것을 확인할 수 있습니다.

09 키프레임 사이 구간을 보면 속도 선이 직각으로 변하고 있죠? 이처럼 속도 선이 직각으로 변하면 영상의 속도도 급격하게 변합니다. 그러므로 속도가 점차적으로 변하도록 선을 완만하게 변경해 보겠습니다.
❶ 시작 지점의 키프레임을 클릭한 채 왼쪽으로 드래그합니다. ❷ 키프레임이 두 쪽으로 쪼개지면서 직각으로 변했던 속도 선의 경사가 완만해집니다.

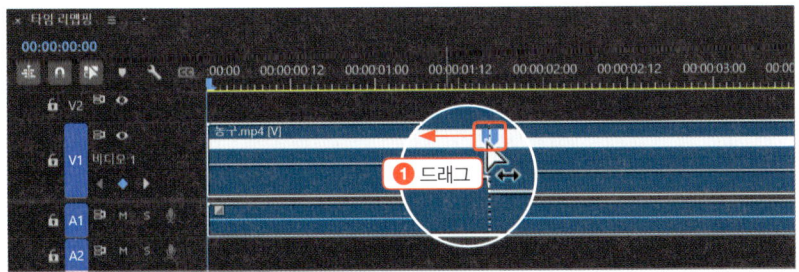

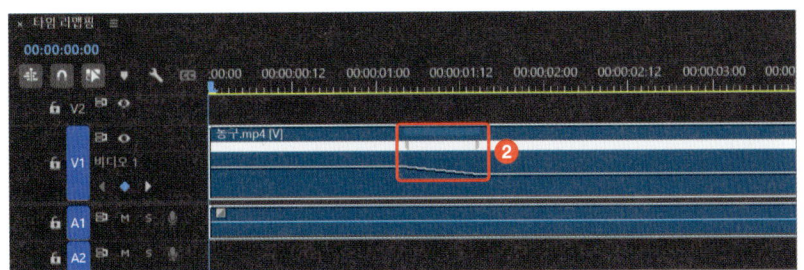

TIP 타임라인이 축소된 상태에서는 속도 선의 완만한 정도를 확인하기 어렵습니다. 그러므로 Backspace 왼쪽에 있는 ➕를 눌러 시작 지점 쪽으로 타임라인을 확대한 후 작업하는 것이 좋습니다.

LESSON 15 점점 빠르게, 느리게, 거꾸로 영상 속도 조절하기 **193**

10 계속해서 같은 방법으로 끝 지점의 키프레임에서 드래그하여 속도 선을 완만하게 조절합니다. 선이 완만할수록 영상의 속도 변화도 자연스러워집니다.

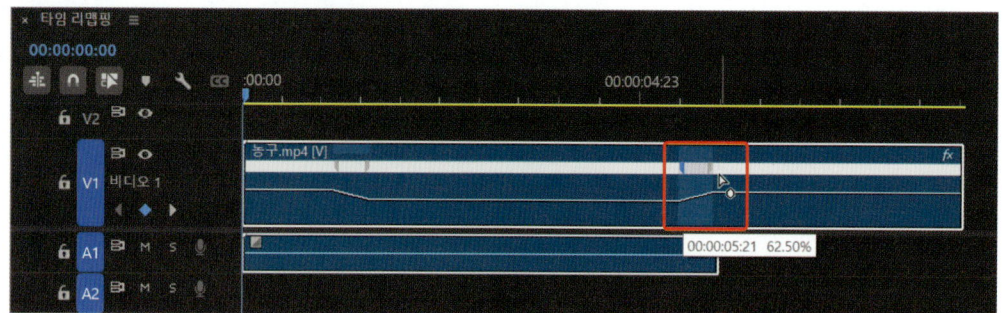

11 Space bar 를 눌러 결과를 확인해 봅니다. 점점 느려졌다가 점점 원래 속도로 되돌아가는 것을 확인할 수 있습니다. 하지만 느려지는 구간에서 뚝뚝 끊기는 현상이 보이죠? 이럴 때 광학 흐름 기능을 사용하면 됩니다. ❶ [농구] 클립에서 마우스 오른쪽 버튼을 클릭한 후 ❷ [시간 보간] - [광학 흐름](Time Interpolation - Optical Flow)을 선택합니다. Link 광학 흐름은 185쪽 [금손 변신 TIP]에서 자세히 설명합니다.

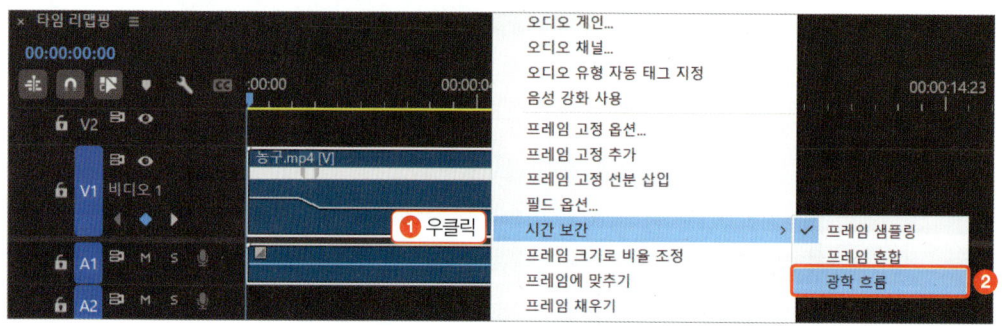

12 광학 흐름 적용 후 단축키 Enter 를 눌러 프리뷰 렌더링을 진행합니다. [타임라인] 패널에 초록색 줄이 표시되면 Space bar 를 눌러 재생해서 결과를 확인해 봅니다. 이전보다 훨씬 부드러운 슬로우 모션을 확인할 수 있습니다.

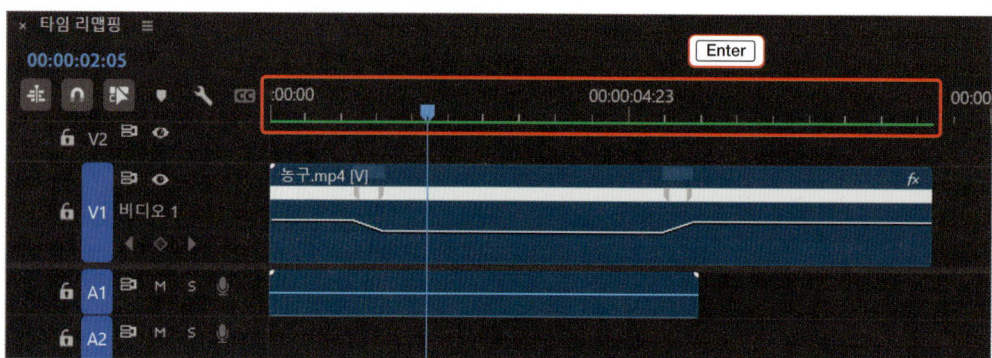

시간 다시 매핑 효과 지우기

적용한 시간 다시 매핑 효과를 지우고 처음 상태로 되돌리고 싶다면 [효과 컨트롤] 패널을 이용합니다. 앞서 실습에 이어서 진행해 보세요.

01 [타임라인] 패널에서 [농구] 클립이 선택된 상태로 ❶ [효과 컨트롤] 패널(Shift + 5)을 확인합니다. ❷ '비디오' 영역에서 [시간 다시 매핑] - [속도] 옵션을 보면 지난 실습에서 추가한 키프레임이 그대로 적용되어 있고 ❸ [속도] 옵션을 펼치면 ❹ 속도 선도 확인할 수 있습니다. 즉, [효과 컨트롤] 패널에서도 같은 방법으로 속도를 변경할 수 있다는 의미입니다.

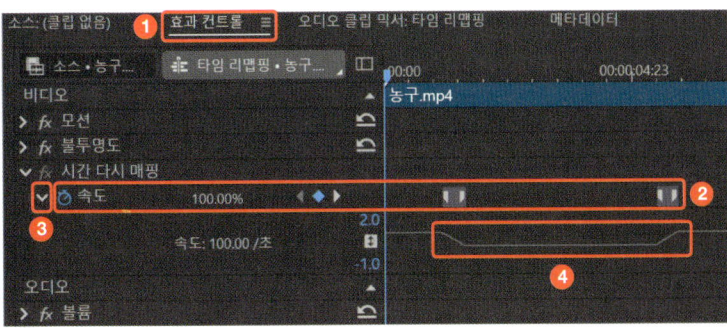

02 여기서 속도 변경을 원래대로 되돌려 보겠습니다. [시간 다시 매핑] - [속도] 옵션에 있는 시계 모양의 [애니메이션 켜기/끄기] 아이콘을 클릭합니다.

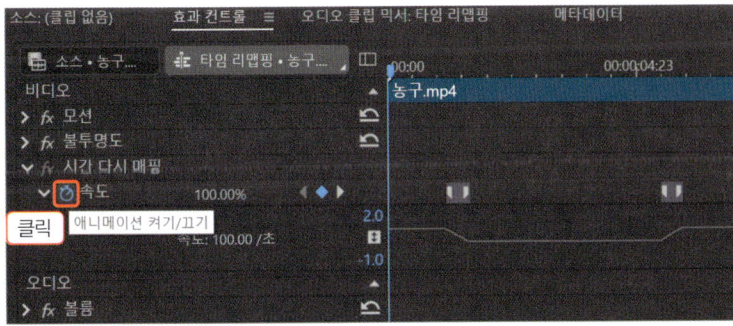

03 다음과 같은 경고 창이 나타나면 [확인] 버튼을 클릭하여 추가한 모든 키프레임을 삭제합니다.

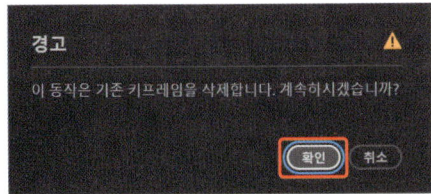

04 ❶ [효과 컨트롤] 패널과 ❷ [타임라인] 패널을 보면 키프레임이 모두 사라지고, 속도 선도 처음 상태로 초기화된 것을 확인할 수 있습니다.

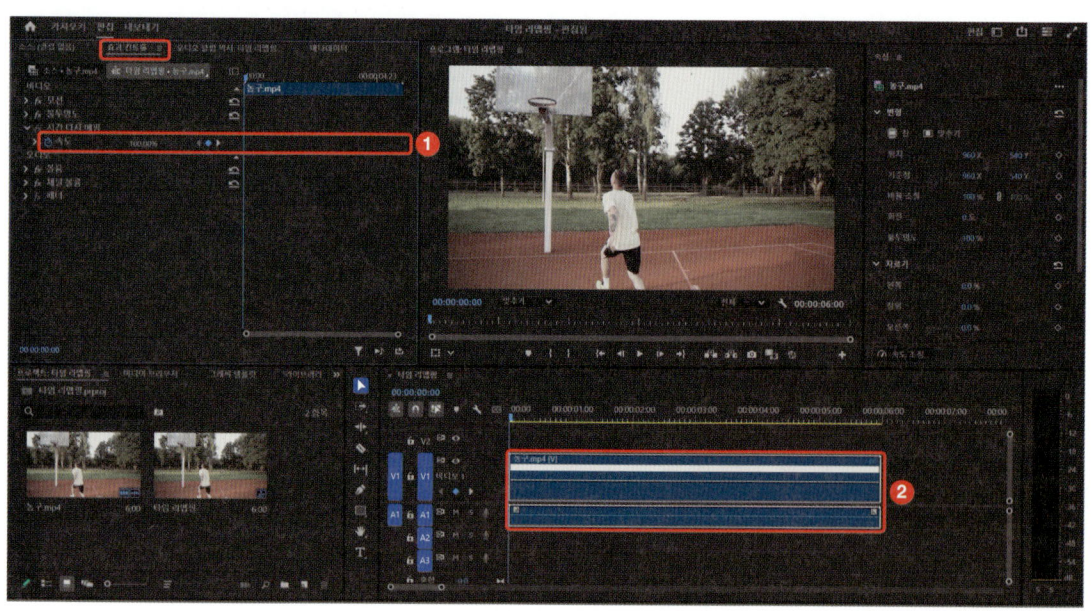

> 🔔 **금손 변신 TIP** **시간 다시 매핑** 금손처럼 사용하기

[fx] 아이콘에서 마우스 오른쪽 버튼을 클릭하여 [시간 다시 매핑] – [속도]를 선택하면 속도를 변경할 수 있을 뿐만 아니라 단축키를 이용해서 일시 정지와 거꾸로 재생 효과까지 만들 수 있습니다.

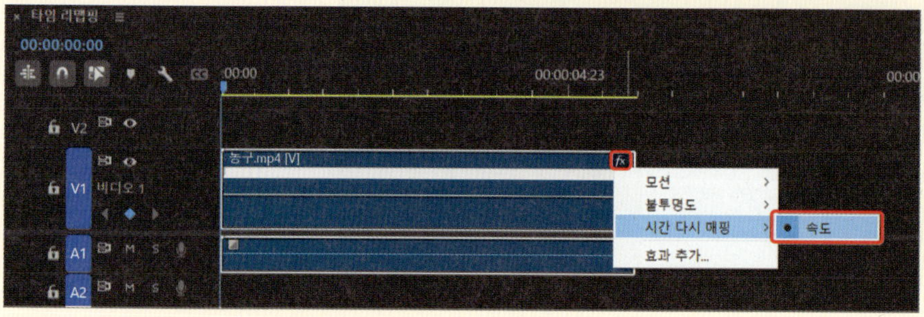

▶ 시간 다시 매핑 시 속도 선에 따른 빠르기

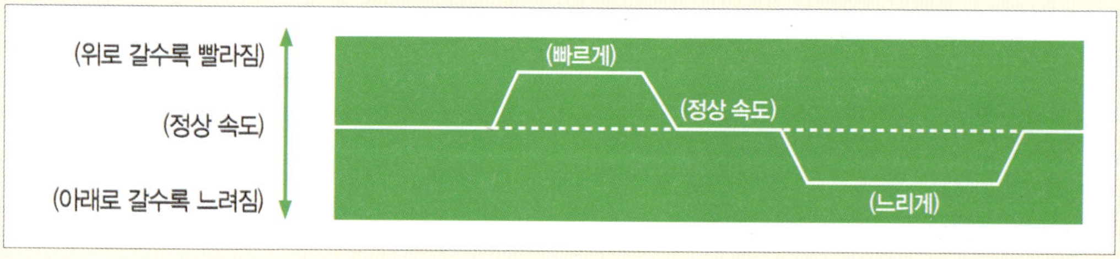

(위로 갈수록 빨라짐)
(정상 속도)
(아래로 갈수록 느려짐)

(빠르게) (정상 속도) (느리게)

▶ **시간 다시 매핑으로 일시 정지**

예를 들어 2초부터 4초 구간을 일시 정지하고 싶다면 시간 다시 매핑 상태에서 일시 정지할 시작 지점인 [00;00;02;00]로 재생헤드를 옮긴 후 키프레임을 추가합니다. 이어서 Ctrl + Alt 를 누른 채 키프레임을 일시 정지가 끝나는 지점까지 드래그합니다.

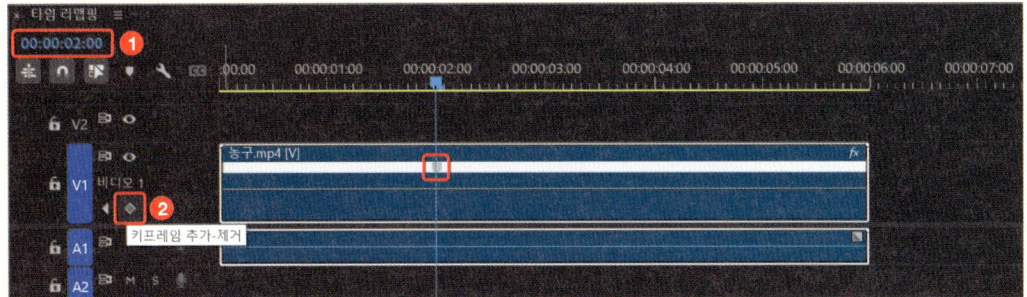

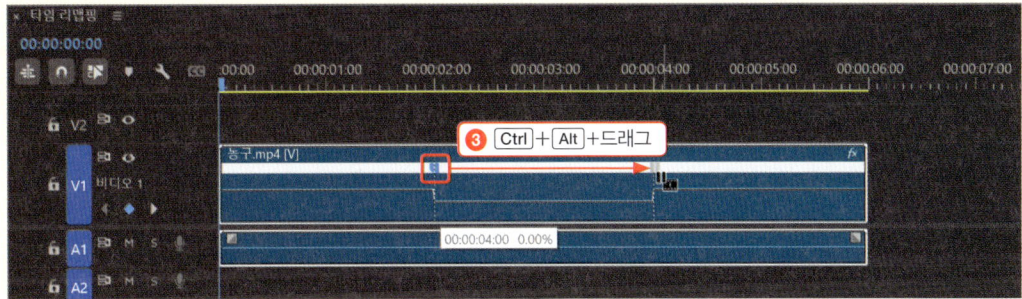

일시 정지 구간은 아래와 같이 여러 줄의 세로선으로 표시됩니다. 영상을 재생해 보면 정상으로 재생되다가 2초 후에 일시 정지되고, 다시 2초 후(4초 지점)에 재생되는 것을 확인할 수 있습니다.

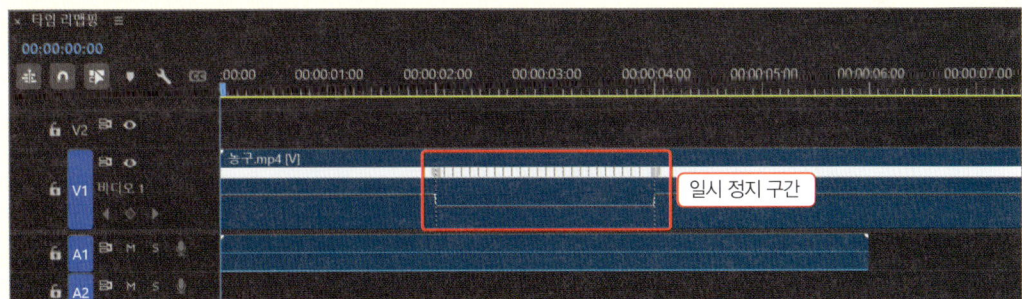

TIP 일시 정지 효과를 적용하면 정지한 시간만큼 전체 클립의 길이가 늘어납니다.

▶ **시간 다시 매핑으로 역재생**

이번에는 3초에서 5초 구간에서 역으로 재생해 보겠습니다. 역재생의 시작 지점인 [00:00:03:00]로 재생헤드를 옮긴 후 키프레임을 추가합니다. 이번에는 Ctrl 만 누른 채 키프레임을 역재생이 끝나는 지점까지 드래그합니다.

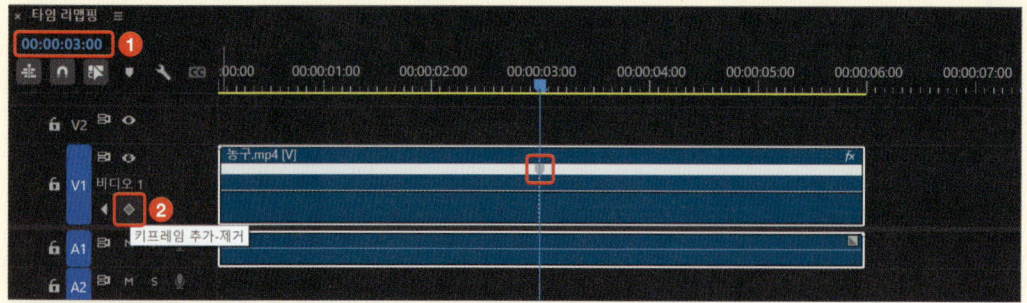

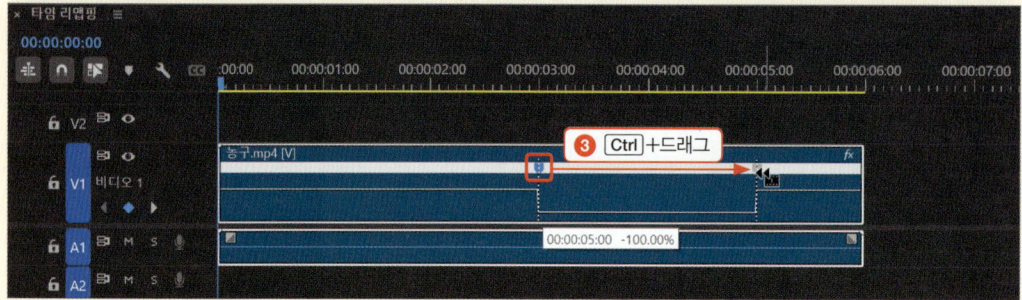

역재생 구간은 아래와 같이 여러 개의 〈로 표시됩니다. Space bar 를 눌러 재생해 보면 정상으로 재생되다가 3초 후부터 역으로 재생되고, 다시 2초 후(5초 지점)에 정상으로 재생되는 것을 확인할 수 있습니다.

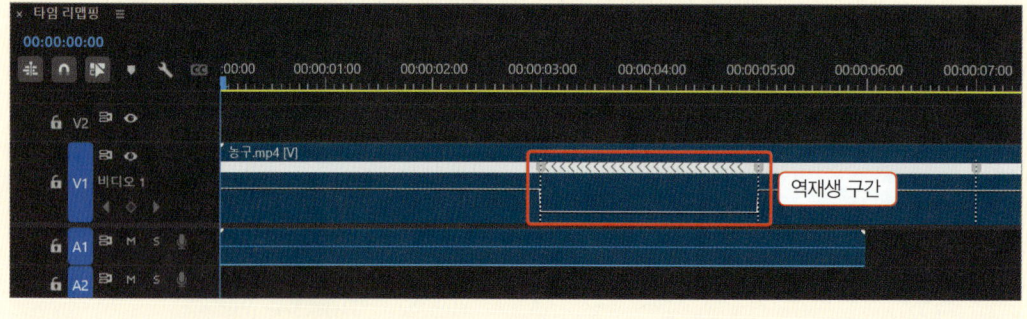

LESSON 16
다양한 방법으로 정지 화면 만들기

놓치고 싶지 않은 순간을 촬영하셨나요? 그 순간을 정지 화면 효과로 표현해 보세요. 한 장면을 더욱 돋보이게 만들 수 있습니다. 여기서는 중요한 순간을 캡처하듯 다양한 방법으로 일시 정지해서 강조하는 방법을 살펴보겠습니다.

▶ **유튜브 동영상 강의**

정지 화면 만들기
https://bit.ly/pr-freeze

- **예제 파일**: Chapter 03/정지화면 만들기.prproj
- **완성 파일**: Chapter 03/정지화면 만들기_완성본.prproj

실습 가능 버전
프리미어 프로 CC 모든 버전

Pr 일시 정지 화면 만들기

정지화면 만들기.prproj 예제 파일을 열고 재생해 보면 멋진 자전거 묘기 영상을 확인할 수 있습니다. 영상 중에 자전거가 점프하는 순간을 포착하여 정지 화면으로 만들어 보겠습니다.

01 **정지화면 만들기.prproj** 예제 파일을 엽니다. ❶ [타임라인] 패널에서 재생헤드를 자전거가 점프하는 순간인 [00;00;01;20]으로 옮깁니다. 재생헤드 위치에서 일시 정지하기 위해 ❷ [자전거] 클립을 마우스 오른쪽 버튼으로 클릭한 후 ❸ [프레임 고정 선분 삽입](Insert Frame Hold Segment)을 선택합니다.

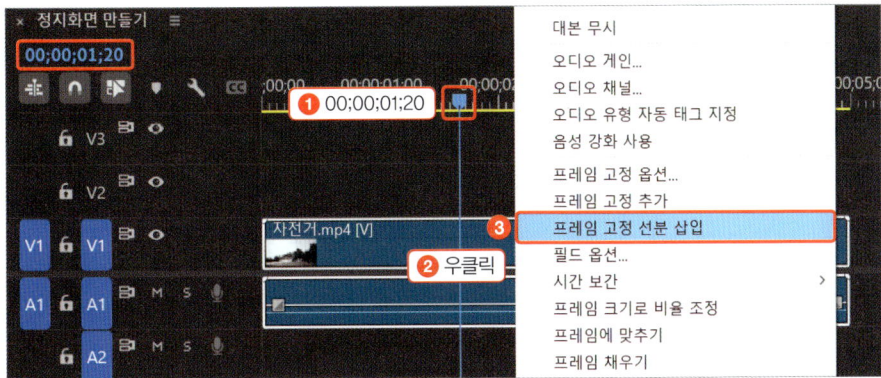

TIP 정지 화면으로 만들 장면으로 재생헤드를 옮긴 후 마우스 오른쪽 버튼을 클릭하면 나타나는 메뉴는 다음과 같습니다.

- **프레임 고정 옵션(Frame Hold Options)**: 영상 전체를 정지 화면으로 만듭니다.
- **프레임 고정 추가(Add Frame Hold)**: 재생헤드를 기준으로 앞부분은 영상이 재생되고, 뒷부분은 정지 화면이 됩니다.
- **프레임 고정 선분 삽입(Insert Frame Hold Segment)**: 재생헤드를 기준으로 2초간 정지된 이미지가 삽입됩니다.

02 [프레임 고정 선분 삽입] 메뉴를 선택한 순간 재생헤드가 위치한 곳에서 클립이 분할되고, 2초 길이의 정지된 이미지 클립이 삽입됩니다. 이때 재생헤드 뒤에 있던 영상 클립은 자동으로 뒤로 밀려납니다.

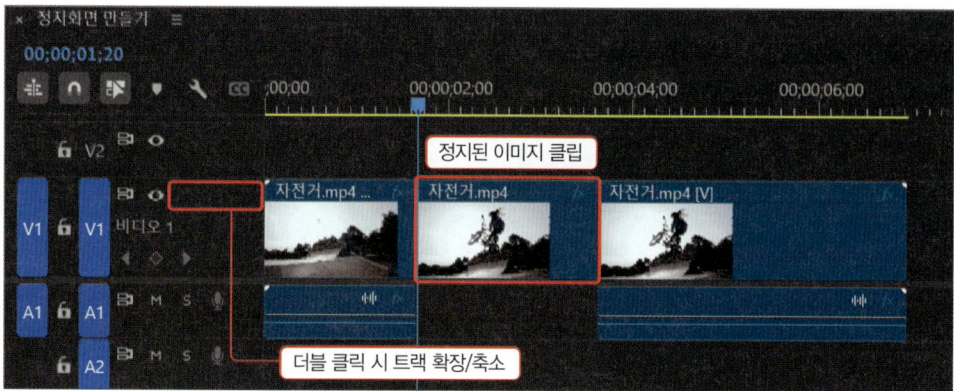

03 일시 정지되는 시간을 조절하고 싶다면 클립의 오른쪽 가장자리로 마우스 커서를 이동합니다. 그 상태에서 Ctrl을 눌러 커서가 노란색 화살표로 바뀌면 클릭한 채 좌우로 드래그하여 클립의 길이를 조정합니다.

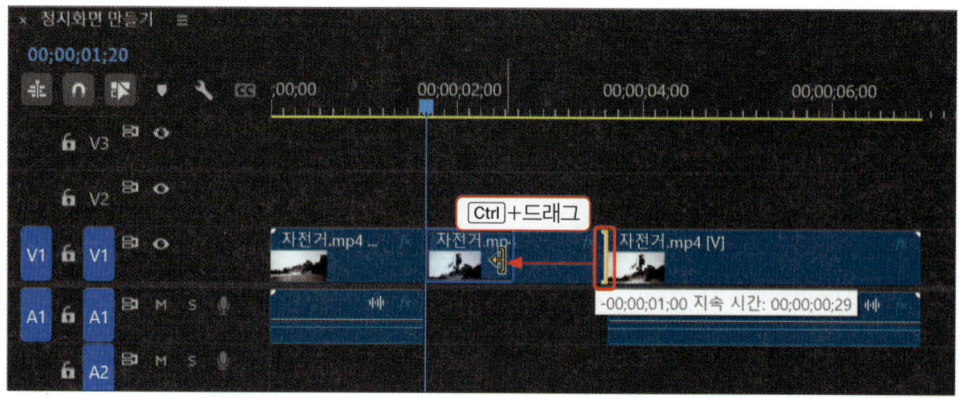

TIP Ctrl을 눌러 표시되는 노란색 화살표는 [잔물결 편집 도구]이며, 공백 없이 클립을 트리밍할 수 있습니다. **Link** [잔물결 편집 도구]는 150쪽에서 자세히 설명합니다.

Pr 스틸 이미지로 출력한 후 이미지 클립으로 삽입하기

이번에는 찰나의 순간을 스틸 이미지로 저장한 후 이미지 소스를 클립으로 배치해서 편집해 보겠습니다. 앞서 실습을 진행했다면 실행 취소 단축키 Ctrl + Z 를 여러 번 눌러서 처음 상태로 되돌리고, 그렇지 않다면 **정지화면 만들기.prproj** 예제 파일을 열고 실습합니다.

01 [프로그램 모니터] 패널에서 스틸 이미지로 저장할 장면으로 재생헤드를 옮깁니다. 예제에서는 ① 자전거가 점프하는 순간인 [00;00;01;20]으로 옮겼습니다. 이어서 아래쪽에 있는 도구 모음에서 ② 카메라 모양의 [프레임 내보내기] 아이콘을 클릭합니다(Ctrl + Shift + E).

02 프레임 내보내기 창이 열리면 이미지 저장 경로와 파일 이름, 형식 등을 지정하여 이미지 파일로 저장합니다. 예제에서는 ① [이름] 옵션은 **자전거 정지화면**, ② [형식] 옵션은 [JPEG]로 설정하고 ③ [프로젝트로 가져오기]에 체크한 후 ④ [확인] 버튼을 클릭했습니다.

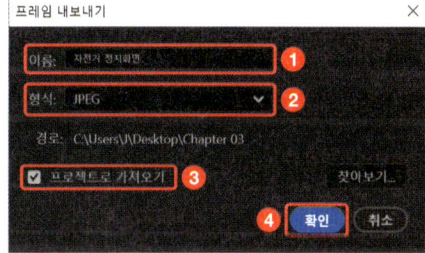

> **TIP** [경로] 옵션은 [찾아보기] 버튼을 클릭하여 변경하며, 설정한 경로에 스틸 이미지가 저장됩니다. 유튜브 등에서 활용할 영상 섬네일을 만들 때도 유용한 기능입니다.

03 프레임 내보내기 창에서 [프로젝트로 가져오기]에 체크했으므로, 저장된 스틸 이미지가 [프로젝트] 패널에 이미지 소스로 추가됩니다.

04 스틸 이미지를 배치할 위치로 재생헤드를 옮깁니다. 예제에서는 ❶ 처음 스틸 이미지로 저장한 장면인 [00;00;01;20]으로 재생헤드를 옮긴 후 ❷ [프로젝트] 패널에서 [자전거 정지화면] 소스를 선택하고 ❸ Ctrl을 누른 채 재생헤드 위치로 드래그합니다.

TIP Ctrl을 누른 채 소스를 드래그해야 재생헤드 기준으로 클립이 삽입됩니다. Ctrl을 누르지 않은 채 드래그하면 덮어쓰기가 되어 겹쳐지는 영상이 지워지므로 주의해 주세요.

05 재생헤드를 기준으로 [자전거 정지화면] 이미지 클립이 삽입되었습니다. 스틸 이미지는 길이에 제한이 없으므로 원하는 만큼 자유롭게 조절해서 사용합니다.

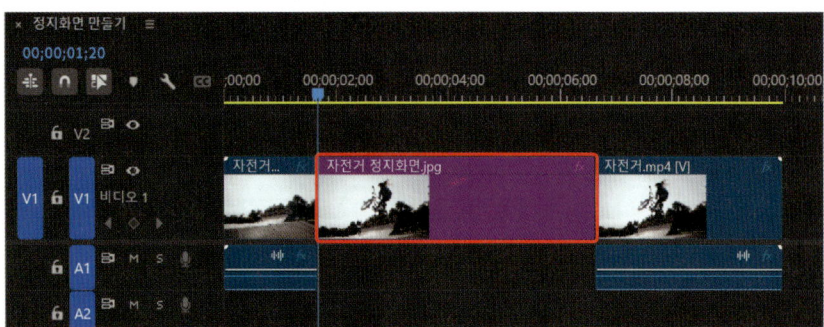

TIP 스틸 이미지 클립도 영상 클립과 동일하게 Ctrl을 누른 채 가장자리를 드래그하면 잔물결 편집 기능으로 공백 없이 길이를 조절할 수 있습니다.

자연스럽게 화면 전환하기

화면 전환 기능을 사용하면 컷과 컷을 자연스럽게 연결할 수 있습니다. 또한, 서로 다른 분위기의 컷과 컷을 연결할 때도 화면 전환 기능을 사용하면 효과적입니다. 화면 전환에서 가장 많이 사용하는 [교차 디졸브]를 적용해 보면서 기본적인 화면 전환 기능 사용 방법을 알아보겠습니다.

▶ **유튜브 동영상 강의**

다양한 화면 전환 효과 적용하기
https://bit.ly/pr-transition

 디졸브 효과 적용하기

디졸브 효과.prproj 예제 파일을 열어 보면 편집된 클립들이 배치되어 있습니다. 영상을 재생해 보면 클립간 전환이 다소 아쉽습니다. 디졸브 효과를 적용하여 좀 더 자연스러운 영상을 완성해 보겠습니다.

- **예제 파일:** Chapter 03/디졸브 효과.prproj
- **완성 파일:** Chapter 03/디졸브 효과_완성본.prproj

실습 가능 버전
프리미어 프로 CC 모든 버전

 디졸브 효과.prproj 예제 파일을 엽니다. [화면 전환하기] 시퀀스에 바다 여행과 겨울 여행을 주제로 한 클립들이 배치되어 있습니다. 주제별 클립들 사이에 [교차 디졸브] 효과를 적용하면서 기본적인 사용 방법과 발생할 수 있는 문제 및 해결 방법을 알아보겠습니다.

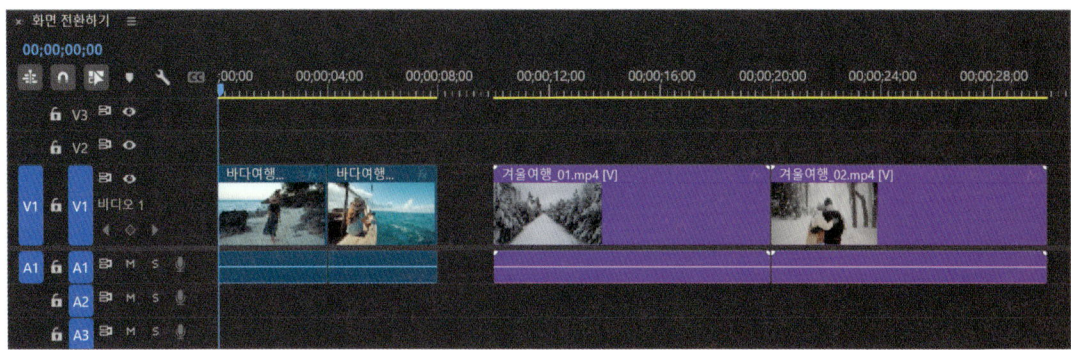

02 우선 바다 여행 영상에 디졸브 효과를 적용하겠습니다. ❶ 메뉴 바에서 [창] – [효과]를 선택해서 [효과] 패널(Shift)+(7))을 확인합니다. ❷ [효과] 패널에서 [비디오 전환] – [디졸브] 폴더의 [교차 디졸브] 효과를 선택한 후 ❸ [바다여행_01]과 [바다여행_02] 클립 사이로 드래그합니다.

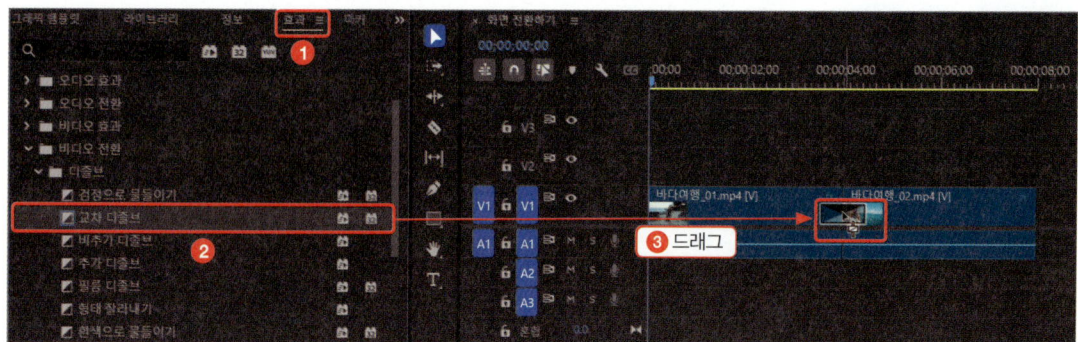

TIP [교차 디졸브]는 단축키를 이용하면 더욱 빠르게 적용할 수 있습니다. 클립을 선택하지 않은 상태에서 [바다여행_01]과 [바다여행_02] 클립 사이로 재생헤드를 옮기고 (Ctrl)+(D)를 누르면 됩니다.

03 클립 사이에 [교차 디졸브] 효과를 적용하면 [교차 디졸브] 버튼이 표시됩니다. (Space bar)를 눌러 재생해 보면 앞의 컷이 점점 사라지면서 뒤의 컷이 서서히 나타나는 디졸브 효과를 확인할 수 있습니다.

TIP [교차 디졸브] 효과를 컷과 컷 사이가 아닌 영상의 시작 지점이나 끝 지점으로 드래그해서 적용해 보세요. 시작 지점에서는 영상이 점차 밝아지고 끝 지점에서는 영상이 점차 어두워집니다.

또한, 영상이 시작될 때 흰색 배경으로 점차 밝아지게 하고 싶다면 [흰색으로 물들이기] 효과를 시작 지점에 적용하고, 영상이 끝날 때 검은색 배경으로 어둡게 끝내고 싶다면 [검정으로 물들이기] 효과를 끝 지점에 적용합니다. 상황에 맞게 적절한 디졸브 효과를 활용해 보세요.

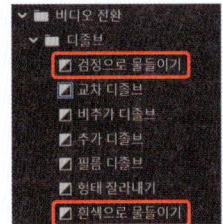

04 이번에는 앞의 과정을 참고하여 ① 겨울 여행 영상에 [교차 디졸브] 효과를 적용해 봅니다. 바다 여행 영상 때와 달리 아래처럼 미디어가 부족하다는 내용의 경고 창이 나타납니다. ② [확인] 버튼을 클릭해서 창을 닫습니다.

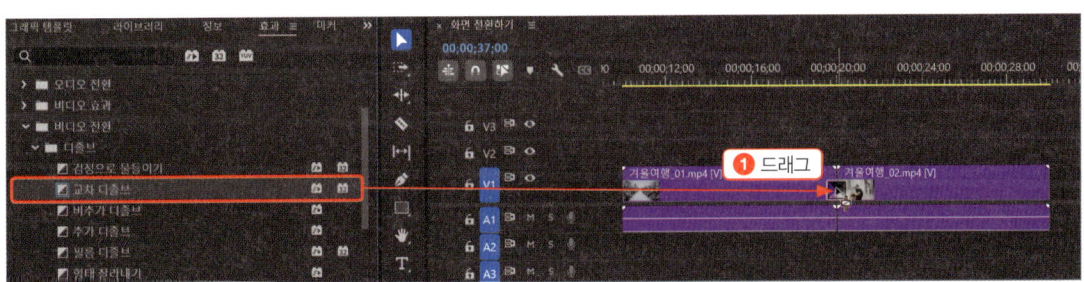

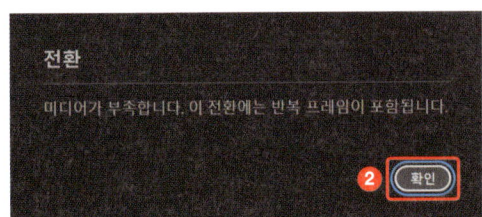

TIP [겨울여행_01]과 [겨울여행_02] 클립을 자세히 보면 시작과 끝 지점에 흰색 삼각형 표시가 있습니다. 이 표시는 클립의 시작과 끝을 나타내는 표시입니다. 즉, 앞뒤로 더는 여유 컷이 없다는 뜻입니다. 이렇게 여유 컷이 없는 상태로 화면 전환 효과를 적용하면 미디어가 부족하여 화면이 정지된 채 뚝뚝 끊기는 느낌으로 전환될 수 있습니다. 그러므로 화면 전환 효과를 적용하기 위해서는 먼저 컷 편집으로 여유 컷을 준비해야 합니다.

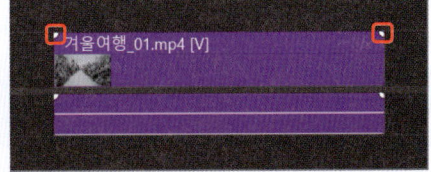

05 컷 편집을 진행한 후 다시 화면 전환 효과를 적용하기 위해 앞서 적용한 효과를 삭제하겠습니다. [도구] 패널에서 [선택 도구]▶를 선택하고 [겨울여행_01]과 [겨울여행_02] 클립 사이에 있는 [교차 디졸브] 버튼을 클릭해서 선택한 후 Delete 를 눌러 삭제합니다.

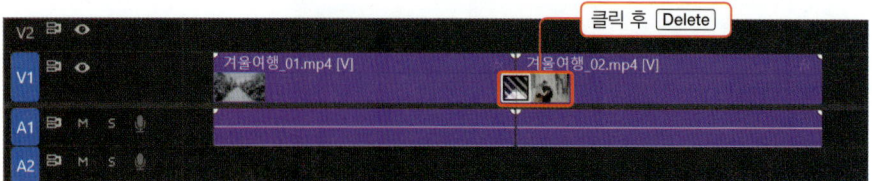

06 이제 여유 컷을 만들기 위해 [선택 도구]가 선택 중인 상태에서 [겨울여행_01] 클립의 오른쪽 가장자리를 클릭한 채 왼쪽으로 드래그합니다. 클립의 가장자리를 드래그하면 팝업 창으로 지속 시간이 얼마나 줄어드는지 표시됩니다. 예제에서는 -2초로 클립을 줄였습니다.

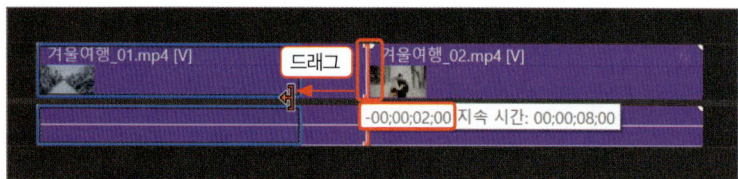

07 이번에는 [겨울여행_02] 클립에서 왼쪽 가장자리를 클릭한 채 오른쪽으로 드래그하여 2초로, 클립을 줄였습니다. 이렇게 효과가 적용될 위치에서 컷 편집으로 여유 컷을 만들면 삼각형 표시가 사라집니다.

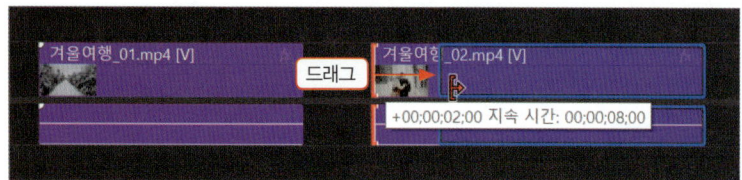

08 클립을 편집했더니 사이에 빈 공간이 생겼습니다. ❶ 빈 공간에서 마우스 오른쪽 버튼을 클릭한 후 ❷ [잔물결 삭제]를 선택하여 빈 공간을 삭제합니다.

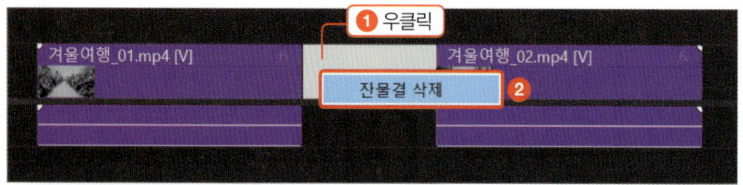

TIP 빈 공간을 선택하고 Delete 를 눌러서 삭제할 수도 있습니다.

09 다시 [효과] 패널([Shift]+[7])에서 [교차 디졸브]를 선택한 후 [겨울여행_01]과 [겨울여행_02] 클립 사이로 드래그하여 적용해 봅니다. 이번에는 경고 창 없이 디졸브 효과가 정상적으로 적용됩니다.

TIP 화면 전환을 하기 전에는 클립의 앞뒤를 여유 있게 편집하는 것이 좋습니다. 그러므로 촬영 단계부터 화면 전환을 생각하여 여유 있게 촬영해야 합니다.

금손 변신 TIP — 화면 전환 단축키 금손처럼 사용하기

▶ **단축키로 한 번에 기본 전환 효과 적용하기**

01 범위를 드래그하여 화면 전환이 필요한 클립을 모두 선택합니다.

02 클립이 선택된 상태에서 단축키 [Ctrl]+[D]를 누르면 선택 중인 모든 비디오 클립의 앞뒤로 기본 화면 전환 효과가 적용됩니다.

03 Ctrl+Z를 눌러 효과 적용을 되돌립니다. 다시 모든 클립을 선택한 후 Ctrl+Shift +D를 누릅니다. 앞서와 달리 오디오 클립에만 전환 효과가 적용됩니다.

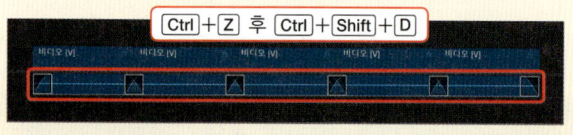

04 Ctrl+Z를 눌러 다시 되돌립니다. 이번에도 모든 클립을 선택한 후 Shift+D를 누릅니다. 비디오와 오디오 클립 모두 전환 효과가 적용됩니다.

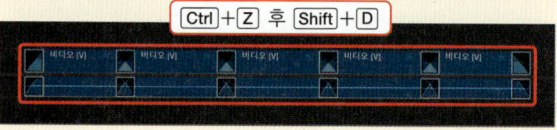

결과	Windows	macOS
비디오 기본 전환 적용	Ctrl+D	command+D
오디오 기본 전환 적용	Ctrl+Shift+D	command+shift+D
비디오+오디오 기본 전환 적용	Shift+D	shift+D

▶ 기본 전환 효과 변경하기

Ctrl+D를 눌렀을 때 비디오 클립에 적용되는 기본 전환 효과는 [교차 디졸브] 효과입니다. 기본 전환 효과는 [효과] 패널을 보면 파란색 테두리로 표시되어 구분할 수 있습니다. 또한, 기본 전환 효과는 [교차 디졸브] 효과 이외에 다른 효과로 변경할 수도 있습니다.

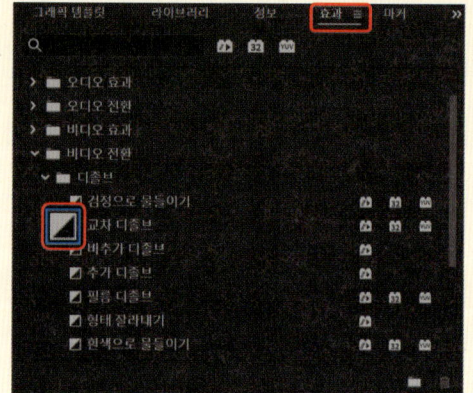

예를 들어 [비디오 전환] – [지우기] 폴더에 있는 [바람개비] 효과를 기본 전환 효과로 적용하고 싶다면 해당 효과에서 마우스 오른쪽 버튼을 클릭한 후 [선택한 항목을 기본 전환으로 설정]을 선택하면 됩니다.

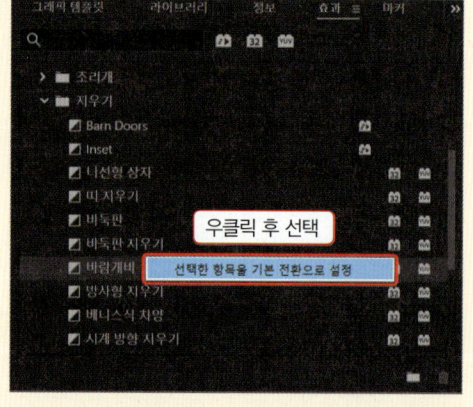

▶ 비디오와 오디오 클립에 빠르게 기본 전환 효과 적용하기

기본 전환 효과를 적용하는 단축키가 생각나지 않는다면 마우스를 이용해 빠르게 기본 전환 효과를 적용할 수 있습니다. 방법은 간단합니다. 효과를 적용할 클립의 가장자리에서 마우스 오른쪽 버튼을 클릭한 후 [기본 전환 적용]을 선택합니다. 비디오와 오디오 클립에 기본 전환 효과가 적용됩니다.

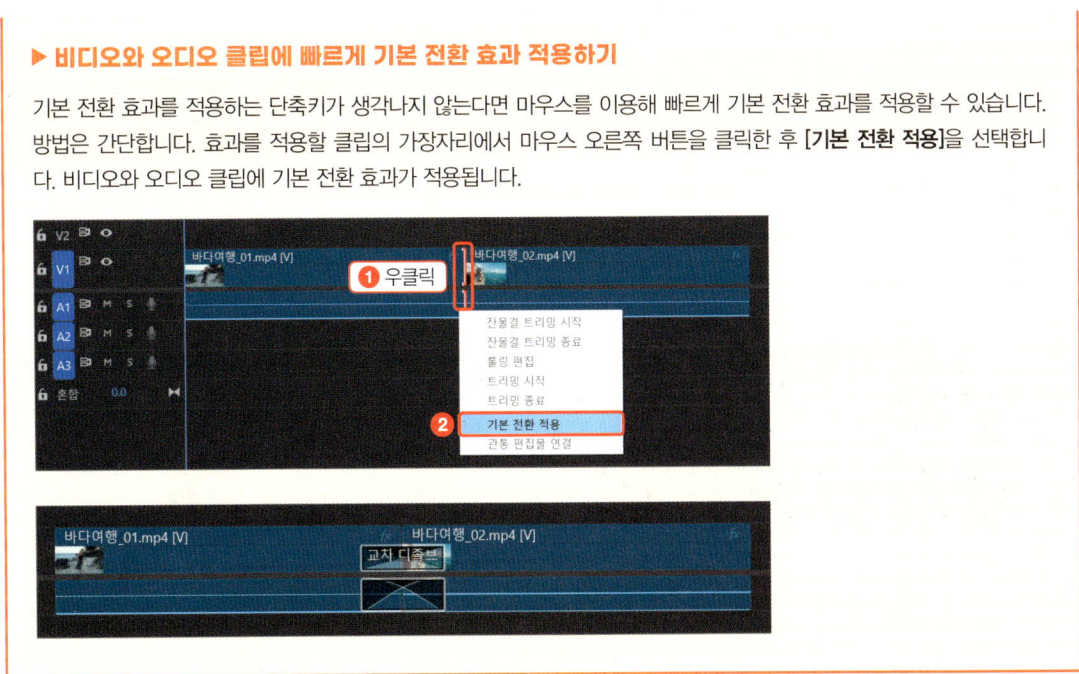

화면 전환 효과의 지속 시간 변경하기

화면 전환 효과는 기본적으로 지속 시간이 30프레임(1초)로 설정되어 있으나 상황에 따라 간단하게 화면 전환 효과의 지속 시간을 변경할 수도 있습니다.

· 예제 파일:
Chapter 03/디졸브 지속시간.prproj

실습 가능 버전
프리미어 프로 CC 모든 버전

01 디졸브 지속시간.prproj 예제 파일을 엽니다. [타임라인] 패널을 보면 [교차 디졸브] 효과가 적용되어 있으며, 1초(30프레임) 동안 지속됩니다. 지속 시간을 변경하기 위해 [교차 디졸브] 효과 버튼을 더블 클릭합니다.

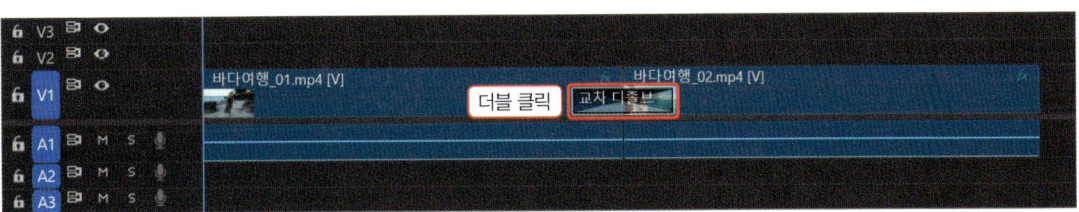

LESSON 17 자연스럽게 화면 전환하기 209

02 전환 지속 시간 설정 창이 나타납니다. ❶ [지속 시간] 옵션을 00;00;02;00(2초)로 변경하고 ❷ [확인] 버튼을 클릭합니다.

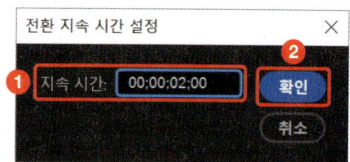

03 지속 시간이 늘어나면서 [교차 디졸브] 버튼의 길이도 길어집니다. 영상을 재생해 보면 화면 전환이 더욱 길어진 것을 확인할 수 있습니다.

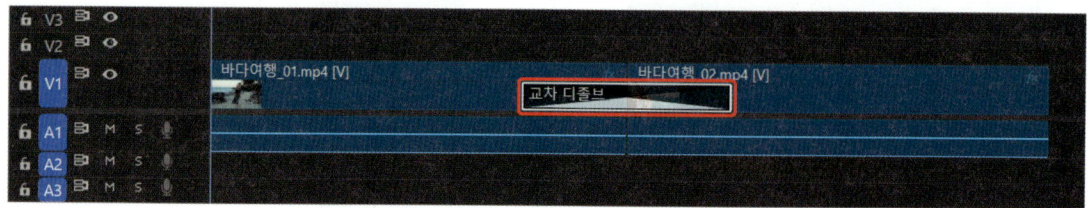

금손 변신 TIP 화면 전환의 기본 지속 시간 금손처럼 사용하기

▶ **화면 전환 지속 시간을 변경하는 다양한 방법**

적용한 효과의 버튼을 더블 클릭하는 방법 이외에도 다음과 같은 방법으로 화면 전환 효과의 지속 시간을 변경할 수 있습니다. 편한 방법을 선택해서 사용하면 됩니다.

- **방법 1:** 적용한 효과 버튼을 클릭해서 선택한 후 마우스 커서를 효과 버튼의 가장자리로 가져다 놓습니다. 다음과 같은 지속 시간 변경 아이콘이 나타나면 클릭한 채 오른쪽 혹은 왼쪽으로 드래그해서 지속 시간을 변경합니다.

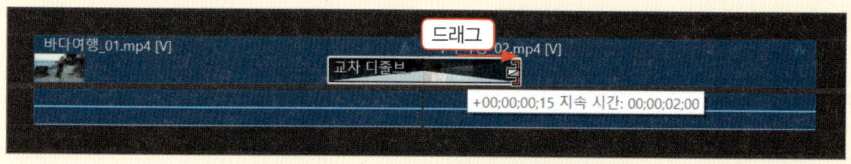

- **방법 2:** [타임라인] 패널에서 효과 버튼을 클릭해서 선택한 후 [효과 컨트롤] 패널(Shift+5)에서 [지속 시간] 옵션을 변경하면 됩니다. 만약 다음과 같은 [지속 시간] 옵션이 보이지 않는다면 효과 버튼이 선택되지 않았기 때문입니다. 그러므로 [타임라인] 패널에서 효과 버튼을 선택 중인지 다시 한번 확인해 보세요.

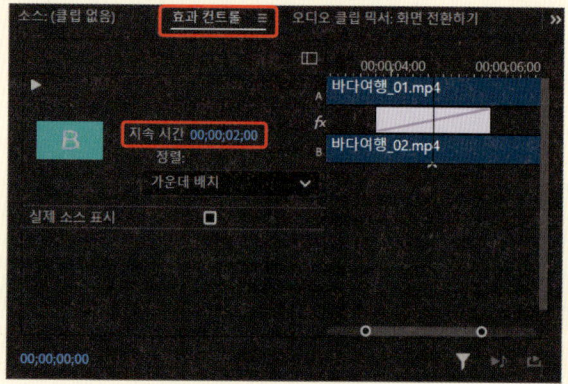

▶ 기본 지속 시간 변경

화면 전환 효과의 지속 시간은 기본적으로 30프레임(1초)입니다. 작업하는 프로젝트의 분위기상 느린 화면 전환을 자주 사용해야 한다면 매번 지속 시간을 변경할 것이 아니라 기본 지속 시간을 변경하는 것이 효과적입니다.

01 기본 지속 시간을 변경하기 위하여 메뉴 바에서 [**편집**] – [**환경 설정**] – [**타임라인**]을 선택합니다.

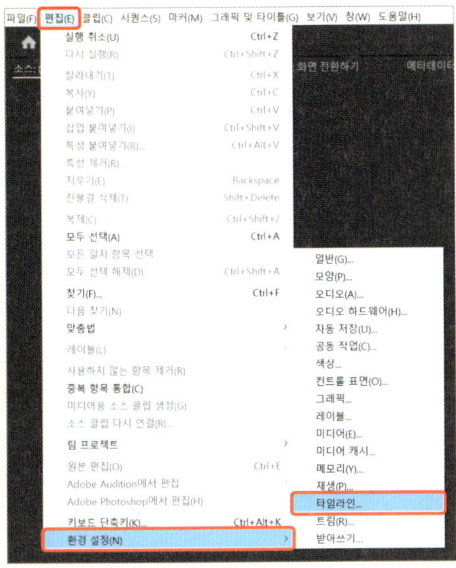

02 '타임라인' 환경 설정 창이 열리면 [**비디오 전환 기본 지속 시간**] 옵션이 [**30프레임**]으로 설정되어 있을 겁니다. 옵션을 [**60프레임**](2초)으로 변경합니다. 단위인 [**프레임**]을 [**초**]로 변경하여 수정할 수도 있습니다. 옵션 변경이 끝나면 [**확인**] 버튼을 클릭하여 변경한 설정을 적용합니다.

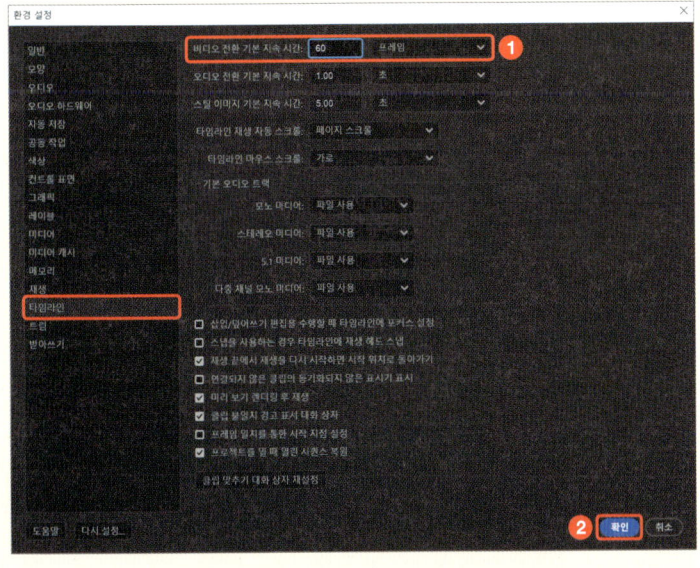

다양한 화면 전환 효과 적용하기

지금까지 사용해 본 [교차 디졸브] 효과는 앞의 장면이 사라지는 동안 새 장면이 살짝 겹쳐서 나타나는 디졸브 효과 중 하나입니다. 이번에는 디졸브 효과 이외에 다른 종류의 화면 전환 효과를 적용해 보고, 이동 방향 등의 옵션을 수정해 보겠습니다.

> • **예제 파일:** Chapter 03/화면 전환.prproj
> • **완성 파일:** Chapter 03/화면 전환_완성본.prproj
>
> **실습 가능 버전**
> 프리미어 프로 CC 모든 버전

01 **화면 전환.prproj** 예제 파일을 엽니다. 여기서는 밀기 효과 중 하나를 적용해 보겠습니다. ❶ [효과] 패널([Shift]+[7])에서 ❷ [비디오 전환] – [밀기](Video Transitions – Slide) 폴더에 있는 [밀어내기](Push)를 선택한 후 ❸ [해변]과 [노란 꽃밭] 클립 사이로 드래그해서 적용합니다.

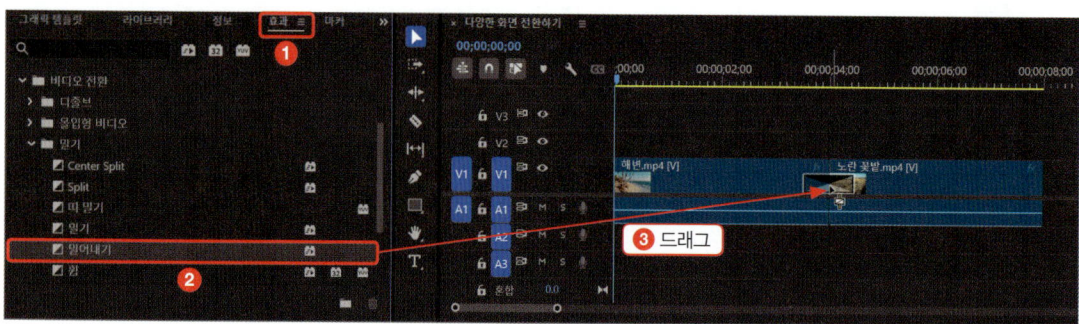

> **TIP** [비디오 전환]의 하위 목록에는 페이지 벗기기, 확대/축소, 지우기 등 다양한 화면 전환 효과가 있습니다. 적용하는 방법은 같습니다. 하나씩 적용하여 다양한 효과를 확인해 보세요. 비디오뿐만 아니라 사진, 자막 클립에도 화면 전환 효과가 적용됩니다.

02 영상을 재생하여 [밀어내기] 효과가 어떻게 표현되는지 살펴보세요. 다음 컷이 이전 컷을 오른쪽으로 밀어내면서 나타나는 것을 확인할 수 있습니다.

03 기본적으로 설정된 밀어내기 방향을 아래에서 위로 변경해 보겠습니다. [타임라인] 패널에서 클립 사이에 적용된 [밀어내기] 버튼을 클릭해서 선택합니다.

04 ❶ [효과 컨트롤] 패널(Shift+5)을 보면 다음과 같이 선택한 효과의 옵션들이 보입니다. ❷ 밀어내기 방향을 변경하기 위해 작은 섬네일에서 삼각형 모양의 [아래쪽에서 위쪽으로] 아이콘을 클릭합니다. 아이콘을 클릭하면 바로 변경됩니다.

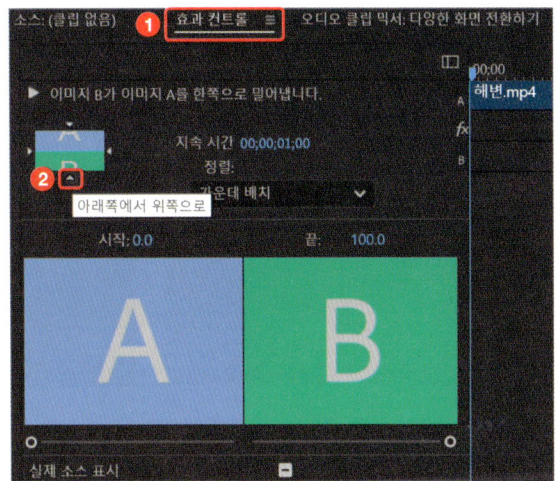

TIP 옵션들이 보이지 않는다면 [타임라인] 패널에서 [밀어내기] 효과 버튼을 선택 중인지 다시 한번 확인해 보세요.

05 다시 영상을 재생해 보면 이번에는 아래에서 위로 화면이 전환되는 것을 확인할 수 있습니다.

06 좀 더 세부적인 옵션을 변경해 보겠습니다. [밀어내기] 효과 버튼이 선택된 상태에서 다시 ❶ [효과 컨트롤] 패널을 확인합니다. 스크롤을 아래로 내려 ❷ [실제 소스 표시]에 체크하면 섬네일에서 실제 영상을 미리 볼 수 있으며, ❸ 화면 전환 시작과 끝의 타이밍도 설정할 수 있습니다. ❹ [테두리 폭]과 [테두리 색상] 옵션으로 화면 전환 시 테두리를 표현할 수도 있습니다.

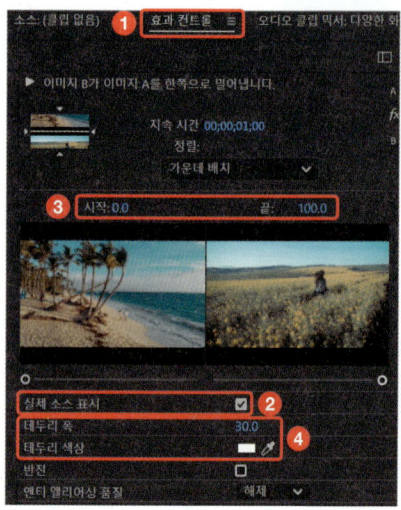 

> **TIP** [효과 컨트롤] 패널에서 설정을 변경할 수 있는 옵션은 화면 전환 종류에 따라 다릅니다. 전환 효과를 적용한 후 [효과 컨트롤] 패널에서 다양한 옵션을 직접 변경하면서 결과를 확인해 보세요.

🔄 금손 변신 TIP 다양한 화면 전환 효과 금손처럼 사용하기

프리미어 프로에서 사용하는 대표적인 화면 전환 효과를 소개합니다. 프리미어 프로에는 여기에서 소개하는 효과 외에도 다양한 화면 전환을 제공하며 정렬, 방향, 지속 시간 등 [효과 컨트롤] 패널에서 화면 전환의 세부 설정을 변경하면 같은 효과라도 조금 다른 느낌을 표현할 수 있습니다.

▲ 조리개 원형(Iris Round) ▲ 조리개 다이아몬드형(Iris Diamond)

▲ 시계 방향 지우기(Clock Wipe)

▲ 바람개비(Pinwheel)

▲ 여닫이문(Barn Doors)

▲ 바둑판 지우기(Checker Wipe)

▲ 페인트 튀기기(Paint Splatter)

▲ 페이지 벗기기(Page Peel)

TIP 사용할 효과의 이름을 알고 있다면 [효과] 패널의 검색란에서 효과명을 검색하여 더욱 빠르게 찾을 수 있습니다. 한글 버전은 한글로, 영문 버전은 영문으로 검색해야 합니다.

영상 또는 이미지 길이 한 번에 수정하기

스톱 모션이나 타임 랩스 등을 편집할 때 컷의 길이를 동일하게 맞춰야 하는 상황이 생길 수 있습니다. 이럴 때는 클립 속도/지속 시간 창을 활용하면 빠르게 편집할 수 있습니다. 영상 또는 이미지 길이를 일괄 수정하는 방법을 알아보겠습니다.

- **예제 파일:** Chapter 03/동영상 길이 조절.prproj
- **완성 파일:** Chapter 03/동영상 길이 조절_완성본.prproj

실습 가능 버전
프리미어 프로 CC 모든 버전

동영상 길이 조절.prproj 예제 파일을 열고 [스톱모션] 시퀀스를 재생해 보면 각 컷의 길이가 달라 스톱 모션이 다소 어색한 느낌입니다. 속도는 변함 없이 컷의 길이만을 일괄 동일하게 변경하여 좀 더 자연스러운 스톱 모션을 완성해 보겠습니다.

01 동영상 길이 조절.prproj 예제 파일을 엽니다. [타임라인] 패널을 보면 길이가 제각각인 클립들이 배치되어 있습니다. 모든 클립의 시간(길이)을 같게 만들기 위해 ① Ctrl + A 를 눌러 모든 클립을 선택하고 ② 임의 클립에서 마우스 오른쪽 버튼을 클릭한 후 ③ [속도/지속 시간](Speed/Duration)을 선택합니다.

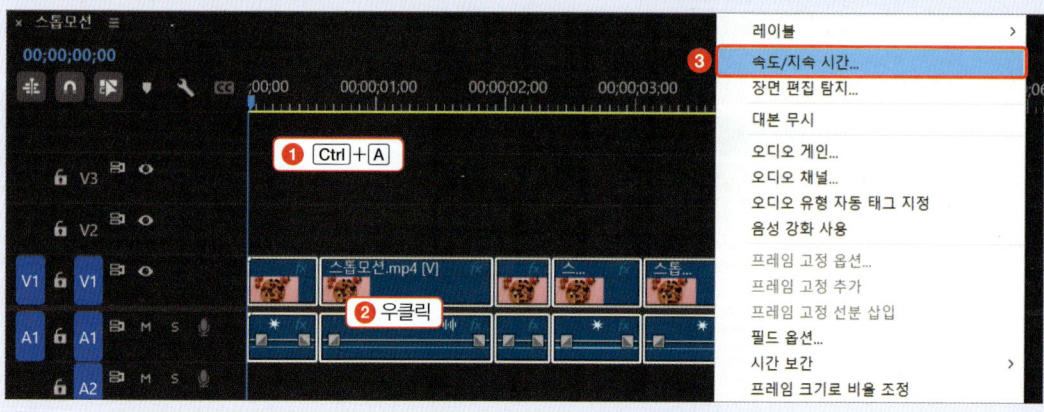

TIP 속도/지속 시간 기능의 단축키는 Ctrl + R 입니다.

02 클립 속도/지속 시간 창이 열리면 속도의 변함없이 길이만 변경하기 위해 ❶ 연결 아이콘을 클릭하여 해제합니다. ❷ 이어서 **[지속 시간]** 옵션을 00;00;00;15로 변경하고, ❸ **[잔물결 편집(후행 클립 이동)]** 에 체크한 후 ❹ **[확인]** 버튼을 클릭합니다.

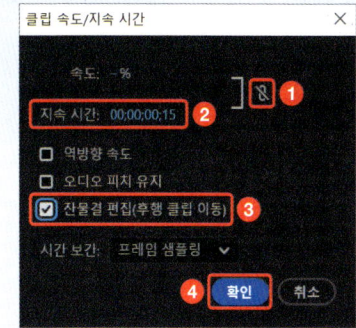

TIP [잔물결 편집(후행 클립 이동)]에 체크하면 편집 후 공백을 자동으로 없애 줍니다. Link 자세한 설명은 187쪽 [금손 변신 TIP]을 참고하세요.

03 **[타임라인]** 패널을 확인해 보면 모든 클립이 15프레임으로 일괄 변경되었습니다. Space bar 를 눌러 재생해 보면 자연스러운 스톱 모션을 확인할 수 있습니다. 이처럼 **[지속 시간]** 옵션만 변경하여 속도 변경 없이 컷의 길이만 빠르게 변경할 수 있습니다.

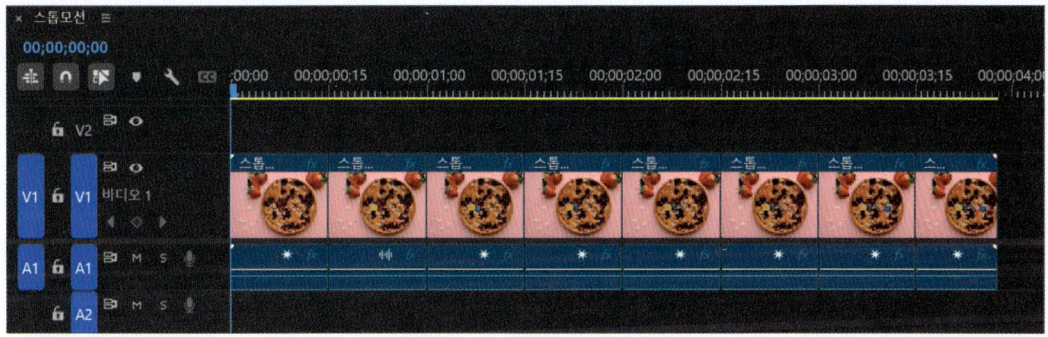

TIP 위와 같은 방법으로 여러 이미지 클립의 길이도 일괄 수정할 수 있습니다.

밤샘 금지

영상이 버벅거린다면?
4K 영상, 프록시 편집하기

사양이 낮은 컴퓨터에서 4K 영상을 재생하면 버벅거려서 편집하는 데 어려움이 있습니다. 이럴 때는 원본 영상을 저해상도로 변환하여 자동으로 연결시켜 주는 프록시(Proxy) 기능을 사용해 보세요. 프록시 기능을 사용하면 사양이 낮은 컴퓨터에서도 4K 영상을 매끄럽고, 끊김 없이 편집할 수 있습니다.

- **예제 파일:**
  Chapter 03/프록시 편집하기.prproj

실습 가능 버전
프리미어 프로 CC 2019 이상

프록시 편집하기.prproj 예제 파일을 열고 **[타임라인]** 패널을 보면 4K 영상 클립이 배치되어 있습니다. 재생헤드를 움직여 보면 해상도가 높아 다소 끊기는 느낌으로 재생될 것입니다. 이 상태에서 영상을 편집하면 작업 효율이 매우 떨어집니다. 이럴 때 원활한 편집이나 매끄러운 재생을 위해서 프록시 기능을 사용하면 됩니다.

01 프록시 편집하기.prproj 예제 파일을 엽니다. 프록시 기능을 사용하기 위해 ① [프로젝트] 패널에서 ② 클립으로 배치된 [4K_01], [4K_02] 영상 소스를 모두 선택하고 마우스 오른쪽 버튼을 클릭한 후 ③ [프록시] – [프록시 만들기](Proxy – Create Proxies)를 선택합니다.

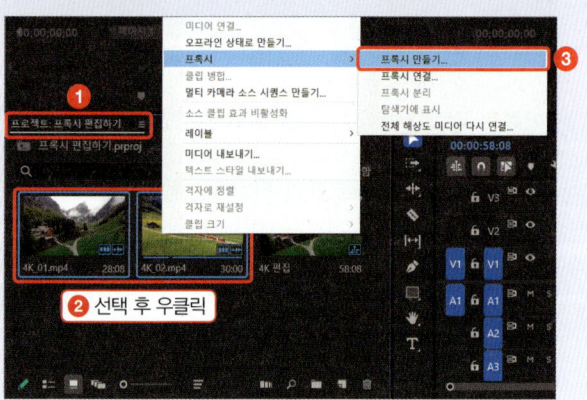

TIP 프록시 기능이 제대로 작동하려면 현재 사용 중인 프리미어 프로와 같은 버전인 어도비 미디어 인코더가 설치되어 있어야 합니다.

02 프록시 만들기 창이 열리면 원본 영상과 미디어를 연결할 코덱 그리고 해상도를 선택합니다. 예제에서는 ① [프레임 크기]와 [사전 설정] 옵션에서 다음과 같이 기본값을 유지했으며, ② 저장 경로에 해당하는 [위치] 옵션은 [프록시 폴더의 원본 미디어 옆]을 선택하고 ③ [확인] 버튼을 클릭합니다.

TIP 프록시는 원본 영상을 저해상도로 인코딩하여 자동으로 연결시켜 주는 기능입니다.

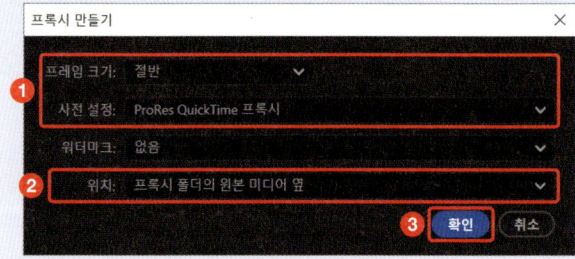

> **TIP** 프레임 크기와 사전 설정 살펴보기
>
> 프레임 크기는 프록시 파일의 해상도를 정하는 옵션입니다.
>
>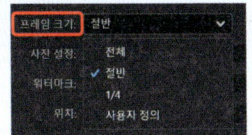
>
> - **전체**: 원본 영상 해상도와 동일한 크기로 만듭니다.
> - **절반**: 원본 영상 해상도의 50% 크기로 만듭니다.
> - **1/4**: 원본 영상 해상도의 25% 크기로 만듭니다.
> - **사용자 정의**: 원하는 크기를 직접 설정할 수 있습니다.
>
> 사전 설정은 프록시 파일의 코덱과 형식을 선택하는 옵션입니다.
>
>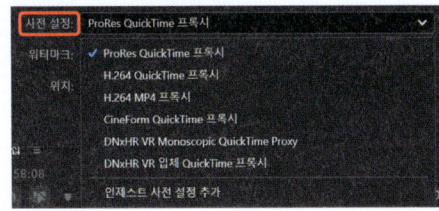
>
> - **ProRes QuickTime**: 고품질이고 안정적인 편집을 위한 설정입니다.
> - **H.264**: 파일 크기를 줄이고 빠르게 작업할 때 유용합니다.
> - **CineForm**: 색상과 디테일을 잘 유지하는 고품질 코덱입니다.
> - **DNxHR VR**: 일반 VR과 3D 입체감이 있는 VR 영상 제작에 적합합니다.

03 어도비 미디어 인코더(Adobe Media Encoder)가 실행되며 ❶ 설정에 따라 인코딩이 자동으로 진행됩니다. ❷ 프로젝트 파일(예제 파일)이 저장된 폴더에서 **[영상 소스]** 폴더를 확인해 보면 **[Proxies]** 폴더가 생성되어 저해상도로 인코딩된 영상을 확인할 수 있습니다.

04 인코딩이 완료되면 자동으로 프록시 파일이 연결됩니다. 프리미어 프로의 **[프로젝트]** 패널과 **[타임라인]** 패널을 보면 섬네일 및 클립에서 **[프록시]** 아이콘이 표시된 것을 볼 수 있습니다.

> **TIP** 참고로 프리미어 프로 이전 버전에서는 프록시 파일이 연결된 상태여도 [프록시] 아이콘이 표시되지 않습니다.

05 아직까지는 원본 영상과 프록시 파일이 연결만 된 상태입니다. 프록시로 편집을 하려면 **[프로그램 모니터]** 패널에서 **[프록시]** 아이콘을 클릭하여 활성화합니다.

TIP [프록시] 아이콘이 보이지 않는다면 이전 버전을 사용 중인 것입니다. 이럴 때는 [단추 편집기]를 클릭한 후 [프록시] 아이콘을 드래그하여 추가한 후 사용합니다.

06 **[프록시]** 아이콘을 활성화했다면 **[타임라인]** 패널에서 재생헤드를 옮겨가며 영상을 확인해 보세요. 4K 영상이 끊김 없이 매끄럽게 재생됩니다. 이때 **[프로그램 모니터]** 패널의 화면에는 낮은 해상도로 표시되지만, 이후 영상을 출력하면 원본 영상과 연결되어 고해상도로 출력됩니다.

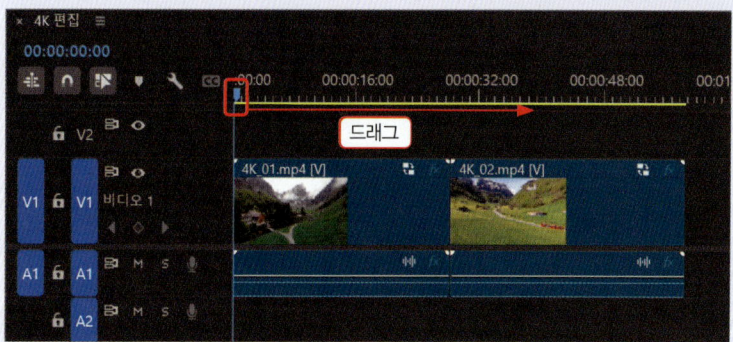

TIP 편집하는 과정에서 [프록시] 아이콘을 다시 클릭하여 비활성화하면 원본 화질을 확인할 수 있습니다.

TIP 프록시 파일과 연결을 해제하려면 [프로젝트] 패널에서 영상을 선택하고 마우스 오른쪽 버튼을 클릭한 후 [프록시] - [프록시 분리](Detach Proxies)를 선택합니다. 반대로, 프록시 파일을 연결할 때는 [프록시] - [프록시 연결](Attach Proxies)을 선택합니다.

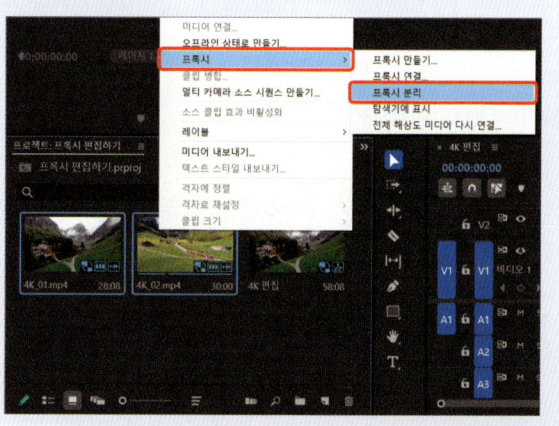

긴 영상을 효율적으로 편집하는 하위 클립 만들기

[소스 모니터] 패널에서 시작 및 종료 표시를 하면 필요한 부분만 빠르게 편집에 사용할 수 있었습니다. 하지만, 한 구간만 지정할 수 있다는 단점이 있습니다. 만약, 긴 영상에서 여러 구간을 사용해야 한다면 어떻게 작업해야 할까요? 긴 영상을 효율적으로 편집할 수 있는 하위 클립(Subclip)에 대하여 알아보겠습니다.

▶ **유튜브 동영상 강의**

원하는 부분만 짧은 클립으로 만드는 방법
https://youtu.be/XwS9o8MTzQw

[소스 모니터] 패널에서 하위 클립 만들기

하위 클립 만들기.prproj 예제 파일을 열어 보면 [프로젝트] 패널에 [말레이시아] 영상 소스가 있습니다. 영상 소스를 더블 클릭하여 [소스 모니터] 패널에서 확인하면서 필요한 부분만 별도의 하위 클립으로 만들어 보겠습니다.

- **예제 파일**: Chapter 03/하위 클립 만들기.prproj
- **완성 파일**: Chapter 03/하위 클립 만들기_완성본.prproj

실습 가능 버전
프리미어 프로 CC 모든 버전

01 하위 클립 만들기.prproj 예제 파일을 엽니다. ❶ [프로젝트] 패널에서 [말레이시아] 영상을 더블 클릭하여 [소스 모니터] 패널에서 확인한 후 국기가 나오는 구간만 하위 클립으로 만들기 위해 ❷ [00;00;00;00]에 시작 표시()를, ❸ [00;00;04;29]에 종료 표시([O])를 지정합니다. Link 시작/종료 표시 방법은 117에서 자세히 설명합니다.

02 [소스 모니터] 패널에서 원하는 구간을 지정했으면 ① 화면에서 마우스 오른쪽 버튼을 클릭한 후 ② [하위 클립 만들기](Make Subclip)를 선택합니다.

TIP 구간을 지정한 후 곧바로 단축키 Ctrl + U 를 눌러도 됩니다.

03 하위 클립 만들기 창이 나타납니다. ① [이름] 옵션에 클립 이름을 입력하고 ② [확인] 버튼을 클릭합니다. 예제에서는 **말레이시아 국기**라고 입력했습니다.

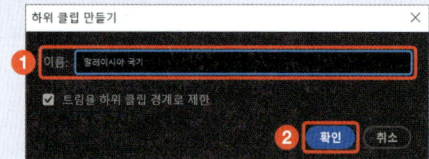

04 [프로젝트] 패널을 보면 [말레이시아 국기] 영상이 새롭게 추가되었습니다. 이처럼 원본 영상에서 원하는 구간을 지정하여 하위 클립 만들기 기능을 실행하면 해당 구간이 새로운 영상 소스로 [프로젝트] 패널에 추가됩니다.

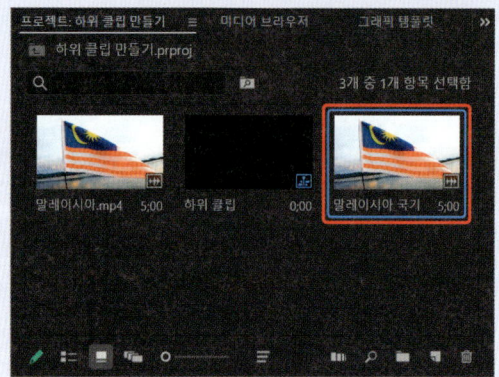

05 이번에는 또 다른 방법으로 해상 모스크가 나오는 구간을 하위 클립으로 만들어 보겠습니다. [소스 모니터] 패널에서 ① [00;00;05;00]에 시작 표시(I)를, ② [00;00;09;29]에 종료 표시(O)를 지정합니다.

222 CHAPTER 03 영상 편집의 기초, 컷 편집

06 ❶ [소스 모니터] 패널에서 Ctrl을 누른 채 화면을 [프로젝트] 패널로 드래그합니다. 하위 클립 만들기 창이 열리면 ❷ [이름] 옵션을 입력하고 ❸ [확인] 버튼을 클릭합니다. 예제에서는 **해상모스크**로 입력했습니다.

07 마찬가지로 [프로젝트] 패널에 [해상모스크] 영상이 추가되었습니다. 이처럼 하위 클립 만들기 기능을 이용하면 하나의 영상에서 원하는 구간을 지정하여 독립적인 여러 개의 영상으로 개별 편집할 수 있게 됩니다.

[타임라인] 패널에서 하위 클립 만들기

이번에는 [타임라인] 패널에서 컷 편집을 진행한 클립을 하위 클립으로 만들어 보겠습니다.

- **예제 파일:** Chapter 03/하위 클립 만들기2.prproj
- **완성 파일:** Chapter 03/하위 클립 만들기2_완성본.prproj

실습 가능 버전
프리미어 프로 CC 모든 버전

01 하위 클립 만들기2.prproj 예제 파일을 엽니다. **[타임라인]** 패널에는 편집된 시퀀스가 열려 있습니다. 주황색 클립을 하위 클립으로 만들기 위해 ❶ 주황색 클립에서 마우스 오른쪽 버튼을 클릭한 후 ❷ **[하위 클립 만들기]** 를 선택합니다.

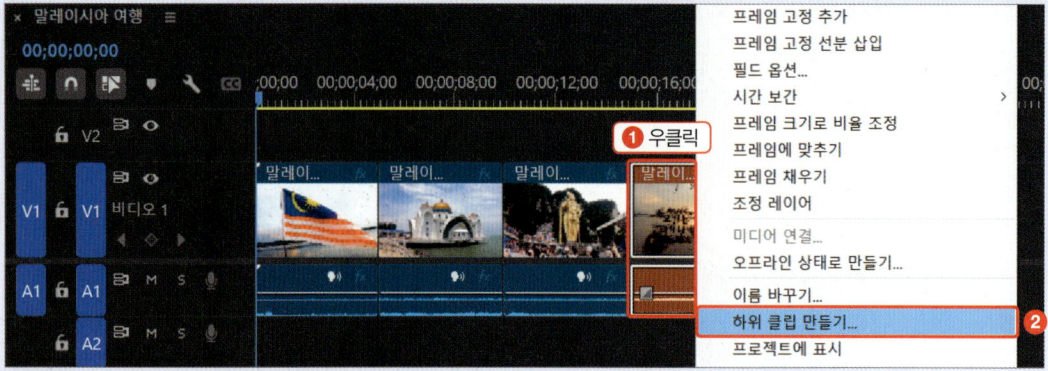

TIP [소스 모니터] 패널에서와 유사하게 클립을 선택하고 단축키 Ctrl + U 를 누르거나 Ctrl 을 누른 채 [프로젝트] 패널로 드래그 해도 됩니다.

02 하위 클립 만들기 창이 열리면 ❶ **[이름]** 옵션을 입력하고 ❷ **[확인]** 버튼을 클릭합니다. 예제에서는 **코타키나발루**로 입력했습니다.

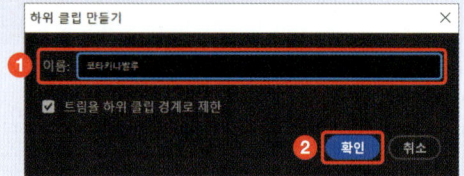

03 **[프로젝트]** 패널에 **[코타키나발루]** 영상이 추가되었습니다. 이처럼 일부 편집이 진행된 클립을 자주 사용할 것 같다면 하위 클립으로 만들어 활용하면 편리합니다.

TIP [코타키나발루] 영상을 더블 클릭하여 [소스 모니터] 패널에서 확인해 보세요. 컷 편집된 구간만 영상으로 만들어진 것을 확인할 수 있습니다.

하위 클립 만들기 창의 [트림을 하위 클립으로 제한] 옵션

하위 클립 만들기 창에는 [트림을 하위 클립 경계로 제한]에 기본으로 체크가 되어 있습니다. 체크를 해제하면 어떻게 될까요?

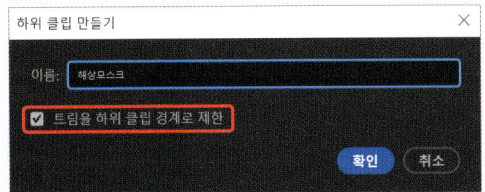

먼저, 아래 예시는 [트림을 하위 클립 경계로 제한]에 체크한 후 생성한 하위 클립을 [타임라인] 패널에 배치했을 때의 모습입니다. 클립의 맨 앞과 뒤에 조그마한 하얀 삼각형이 보이나요? 삼각형 표시는 클립의 시작과 끝을 나타내는 표시입니다. 즉, 앞뒤로 더는 늘릴 것이 없다는 뜻이지요. 이처럼 [트림을 하위 클립 경계로 제한]에 체크하고 생성한 하위 클립은 정확하게 지정한 구간만 클립으로 사용할 수 있습니다.

▲ 옵션에 체크한 후 만든 하위 클립

반면, 아래 예시는 옵션의 체크를 해제한 후 생성한 하위 클립을 배치한 모습입니다. 위와 다르게 삼각형 표시가 없죠? 즉, 앞뒤로 클립에 여유가 있다는 뜻이며, 클립을 늘릴 수 있는 상태입니다. 그러므로 하위 클립을 만든 원본 영상의 길이만큼 마음껏 조정할 수 있습니다.

▲ 옵션의 체크를 해제한 후 만든 하위 클립

한마디로 옵션에 체크해서 생성한 하위 클립은 선택한 구간 이외의 구간을 잘라서 버리는 거고, 체크를 해제하고 만든 하위 클립은 선택한 구간을 제외한 나머지 구간을 숨김 상태로 처리한다고 이해하면 됩니다.

[프로젝트] 패널에서 하위 클립 구분하기

[프로젝트] 패널을 [목록 보기]로 전환해 보세요. 아이콘 모양으로 클립을 구별할 수 있습니다. 일반 영상 아이콘에는 비디오와 오디오 파형이 표시되어 있지만, 하위 클립 아이콘에는 양쪽으로 시작/종료 표시가 추가되어 있습니다.

TIP [프로젝트] 패널에서 [목록 보기]로 전환하는 단축키는 Ctrl + Page up 입니다.

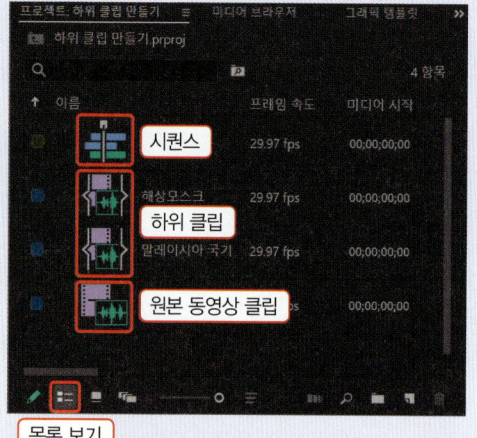

하위 클립의 구간 편집

하위 클립으로 만든 후에 하위 클립의 구간을 다시 수정할 수도 있습니다. ① [프로젝트] 패널에서 수정할 하위 클립을 마우스 오른쪽 버튼으로 클릭한 후 ② [하위 클립 편집]을 선택하면 됩니다.

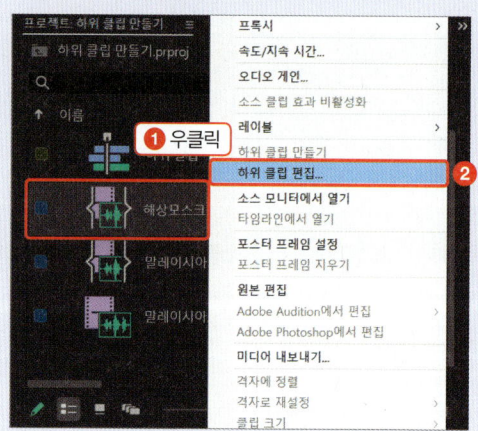

하위 클립 편집 창이 열리면 하위 클립 항목의 [시작]과 [끝] 옵션에서 시간을 조절할 수 있으며, [트림을 하위 클립 경계로 제한]의 체크 여부를 변경할 수 있습니다. 또한 [소스 클립으로 변환]에 체크하면 하위 클립을 다시 원본 영상으로 되돌릴 수 있습니다.

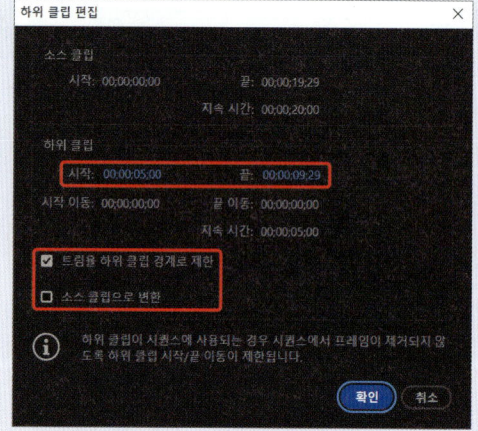

CHAPTER 04

영상 편집의 꽃,
자막 다루기

프리미어 프로의 문자 도구를 활용하면 유튜브나 SNS 콘텐츠에서
자주 사용하는 예능 자막, 자동으로 늘어나는 자막 바,
물체를 따라다니는 자막은 물론, 텍스트 안에 영상을 합성할 수도 있습니다.
또한, 자동 자막 만들기 기능을 이용하여 음성을 텍스트로 변환할 수도 있습니다.
자막이나 텍스트 관련된 다양한 기능을 실습해 보고,
자막 관련 작업을 3배 이상 빠르게 처리할 수 있는 꿀팁까지 챙겨 가세요.

LESSON 01 기본 자막 만들기

[문자 도구]를 이용하여 기본 자막을 만들어 보면서 텍스트를 입력하고 수정하는 방법을 자세히 살펴보겠습니다. 이어서 [금손 변신 TIP]에서 소개하는 [속성] 패널의 옵션과 자막 추가 시 주의할 점까지 꼼꼼하게 확인해 보세요. 참고로 프리미어 프로 2025 버전부터는 텍스트 설정을 [속성] 패널에서 할 수 있으며, 2024 이전 버전에서는 [기본 그래픽] 패널을 사용해야 합니다.

▶ 유튜브 동영상 강의

프리미어 프로 자막 만들기
https://bit.ly/pr-subtitles

완성 미리보기

- 예제 파일: Chapter 04/기본 자막.prproj
- 완성 파일: Chapter 04/기본 자막_완성본.prproj
- 사용 글꼴: 여기어때 잘난체, 나눔손글씨 가람연꽃

실습 가능 버전
프리미어 프로 2020 이상

Pr 자막 내용 입력 후 상세 옵션 설정하기

01 **기본 자막.prproj** 예제 파일을 엽니다. 프리미어 프로 오른쪽 위에 있는 [작업 영역] 아이콘을 클릭한 후 [캡션 및 그래픽]을 선택하거나 메뉴 바에서 [창] - [작업 영역] - [캡션 및 그래픽]을 선택하여 자막 편집에 용이한 레이아웃으로 변경합니다.

TIP [캡션 및 그래픽] 레이아웃으로 변경하면 위와 같이 화면 오른쪽에 [속성] 패널과 [그래픽 템플릿] 패널이 표시됩니다. 이전 버전 사용자라면 패널 명칭이 [기본 그래픽]으로 표시됩니다.

02 본격적으로 자막을 입력해 보겠습니다. ❶ [도구] 패널에서 [문자 도구]를 선택하고 ❷ [프로그램 모니터] 패널에서 화면을 클릭하면 빨간색 텍스트 상자가 생성되며 텍스트 입력 상태가 됩니다.

03 ① **여름휴가**를 입력한 후 Enter 를 눌러 줄을 바꾸고, **여행 브이로그**를 입력하여 두 줄로 자막을 작성합니다. 내용을 모두 입력했으면 ② [도구] 패널에서 [선택 도구]를 선택해 입력을 마칩니다.

> **TIP** 자막 입력을 마쳤는데 ㅁㅁㅁ로 표시되었나요? 이는 한글을 지원하지 않는 영문 글꼴을 사용했기 때문입니다. 이럴 때는 다음 과정을 참고해 한글을 지원하는 글꼴로 변경하면 됩니다.

04 자막 스타일을 수정해 보겠습니다. [타임라인] 패널에서 텍스트(자막) 클립을 선택한 상태에서 ① [속성] 패널의 ② 텍스트(자막) 레이어를 선택합니다. 텍스트 설정 옵션들이 표시되면 ③ '텍스트' 영역에서 [글꼴] 옵션은 [여기어때 잘난체], [크기] 옵션은 170, [정렬] 옵션은 [가운데 정렬], [자간] 옵션은 -20, [행간] 옵션은 -5 로 설정하고, 마지막으로 [포 이탤릭] 아이콘을 클릭하여 텍스트를 기울입니다.

> **TIP** 텍스트 클립을 선택한 후 [효과 컨트롤] 패널([Shift]+[5])에서 [텍스트] 옵션을 펼치면 [속성] 패널과 동일한 상세 옵션을 수정할 수 있습니다.

05 자막의 위치를 변경하기 위해 위해 [속성] 패널의 '정렬 및 변형' 영역에서 [정렬] 옵션에 있는 [가로로 가운데 맞춤]과 [세로로 가운데 맞춤] 아이콘을 순서대로 클릭하여 화면 중앙에 배치합니다.

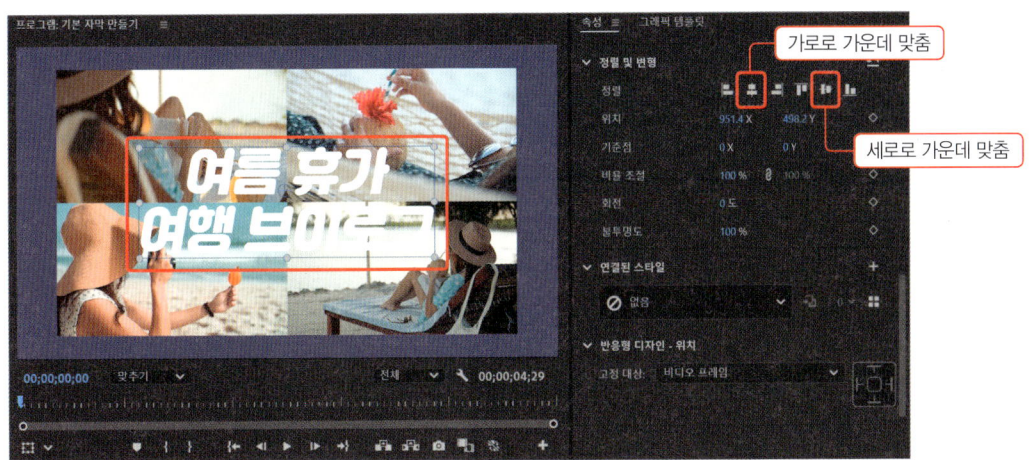

TIP [선택 도구]를 이용해 텍스트 상자 안쪽을 클릭한 채 드래그해도 텍스트 상자의 위치를 변경할 수 있습니다. Link 정렬 관련해서는 234쪽 [금손 변신 TIP]에서 자세히 설명합니다.

06 텍스트에 색상과 테두리 및 그림자를 추가하겠습니다. [속성] 패널에서 텍스트 레이어 선택을 유지한 채 ❶ '모양' 영역의 [칠] 옵션인 [흰색(#FFFFFF)](기본값)을 확인하고, ❷ [선] 옵션에 체크한 후 **군청색(#4C4C6D)**, 선 폭을 10으로 변경합니다. ❸ 계속해서 [어두운 영역] 옵션에 체크한 후 **군청색(#4C4C6D)**, ❹ 불투명도는 100%, 각도는 135, 거리는 7, 크기는 10, 흐림 효과는 0으로 그림자를 설정합니다.

TIP [칠] 옵션은 글자, [선] 옵션은 테두리 색상입니다. 테두리를 설정하려면 먼저 [선] 옵션에 체크한 후 색 및 폭을 변경합니다. 또한, [어두운 영역] 옵션의 색상을 테두리와 같은 색상으로 설정하면 두께감 있는 자막으로 표현할 수 있습니다. Link 색상 변경 방법은 322쪽에서 자세히 설명합니다.

07 텍스트 상자 내에서 일부만 색을 변경하겠습니다. ❶ [프로그램 모니터] 패널에서 텍스트를 더블 클릭한 후 ❷ 아랫줄만 드래그해서 선택합니다. ❸ [속성] 패널에서 [칠] 옵션을 **옅은 노랑색(#FFE194)**으로 변경합니다. 자막 수정이 끝난 후에는 [도구] 패널에서 [선택 도구] 를 선택하여 완료합니다.

08 자막을 추가해 보겠습니다. 앞의 과정들을 참고하여 ❶ **#혼자 떠나기 좋은 여행지 Best5**를 입력하고, ❷ 글꼴은 [나눔손글씨 가람연꽃], 크기는 70, 자간은 -10, [포 이탤릭]을 클릭하여 기울인 후 위치를 조정합니다. ❸ [선]과 [어두운 영역] 옵션의 체크는 해제하고, ❹ [배경] 옵션에 체크한 후 색상은 **군청색(#4C4C6C)**, 불투명도는 100%, 배경 크기는 10으로 설정하여 자막 바를 완성합니다.

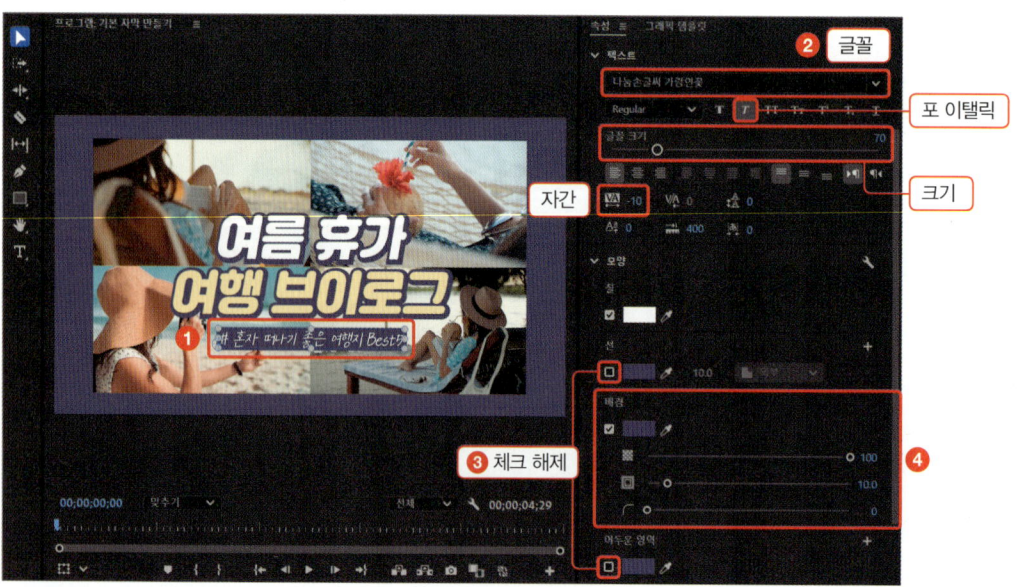

> **TIP** 텍스트 상자를 추가하면 마지막 설정이 유지되므로, [선]과 [어두운 영역] 옵션은 체크를 해제하여 비활성화합니다.

09 영상을 재생하여 결과를 확인합니다. 이처럼 텍스트를 입력하여 ❶ [타임라인] 패널에 텍스트 클립이 배치되면, ❷ [속성] 패널의 텍스트 레이어를 선택한 후 상세 옵션을 수정할 수 있습니다. 무엇보다 자막과 같은 텍스트 작업은 [캡션 및 그래픽] 레이아웃을 이용하는 것이 좋습니다.

금손 변신 TIP [문자 도구]와 [기본 그래픽] 패널 금손처럼 사용하기

▶ **텍스트를 세로로 입력하고 싶다면?**

[도구] 패널에서 [문자 도구]를 길게 누르면 [세로 문자 도구]를 선택할 수 있으며, [세로 문자 도구]가 선택된 상태에서 [프로그램 모니터] 패널을 클릭하면 세로 텍스트를 입력할 수 있습니다.

▶ 텍스트를 화면 한가운데로 정렬하고 싶다면?

[도구] 패널에서 [선택 도구]를 선택한 후 [프로그램 모니터] 패널에서 Ctrl 을 누른 채 텍스트 상자를 드래그해 보세요. 화면에 빨간색 가이드라인이 표시되면서 한가운데를 쉽게 파악하고 정렬할 수 있습니다.

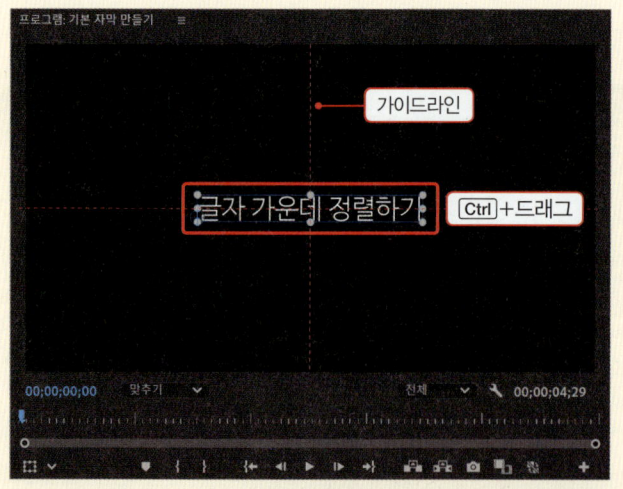

[속성] 패널에서 '정렬 및 변형' 영역에 있는 [정렬] 옵션에서도 위치를 조정할 수도 있습니다. 우선 [가로 가운데 맞춤]을 클릭하여 가로 방향 가운데로 정렬한 후 [세로 가운데 맞춤]을 클릭하여 세로 방향 가운데로 정렬하면 한가운데로 정렬됩니다.

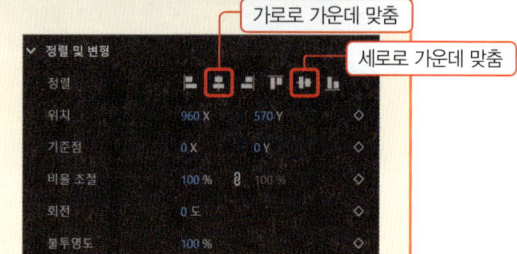

▶ 텍스트를 자유자재로 수정하고 싶다면?

[속성] 패널에서 '텍스트' 영역에 있는 옵션들을 이용하면 자막으로 사용한 텍스트 스타일을 자유롭게 수정할 수 있습니다.

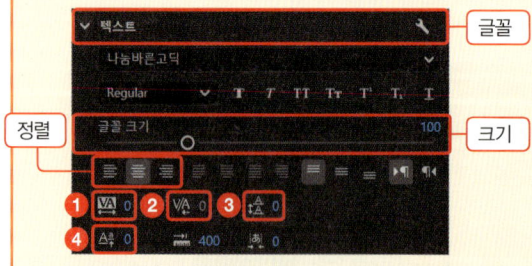

❶ **자간(Tracking)**: 문자와 문자 사이 간격을 조절합니다.
❷ **커닝(Kerning)**: 커서 위치를 기준으로 문자와 문자 사이의 간격을 줄이거나 늘릴 때 사용합니다.
❸ **행간(Leading)**: 줄과 줄 사이의 간격을 조절합니다.
❹ **기준선 이동(Baseline Shift)**: 위 첨자, 아래 첨자 등을 표현할 때 사용하며, 기준이 되는 위치를 조절합니다.

TIP '정렬 및 변형' 영역에 있는 [정렬] 옵션은 화면을 기준으로 텍스트 상자 자체의 위치를 정렬하는 기능이고, '텍스트' 영역에 있는 [정렬] 옵션은 텍스트 상자 내에서 텍스트 위치를 정렬하는 기능입니다.

▶ **텍스트 색상, 테두리, 배경을 설정하고 싶다면?**

[속성] 패널의 '모양' 영역에서는 체크 여부로 텍스트나 테두리 및 배경 사용 여부를 설정할 수 있습니다.

① **칠(Fill):** 텍스트 색상을 변경합니다.

② **선(Stroke):** 테두리 색상 및 굵기를 변경합니다. +를 클릭하면 최대 10개까지 추가할 수 있습니다.

③ **배경(Background):** 텍스트의 배경(자막 바)을 설정합니다. 배경 색상, 불투명도, 크기, 모서리 반경을 조정할 수 있습니다.

④ **어두운 영역(Shadow):** 텍스트의 그림자를 설정합니다. 색상, 불투명도, 각도, 거리, 크기, 흐림 효과를 조정할 수 있습니다. +를 클릭하여 그림자를 여러 개 추가할 수 있습니다.

⑤ **텍스트 마스크(Mask with Text):** 텍스트의 특정 부분만 보이거나 숨길 수 있습니다. Link 텍스트 마스크 기능은 256쪽에서 실습으로 확인할 수 있습니다.

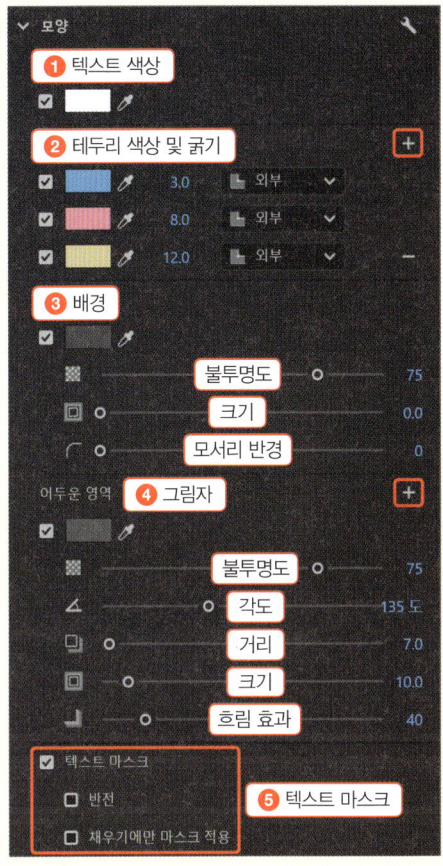

▶ **텍스트 상자로 자막을 추가할 때 주의할 점**

예시처럼 세 개의 자막을 만든다고 가정하겠습니다. 우선 첫 번째 텍스트 상자(자막)를 추가한 후 새로운 자막을 추가할 때 [타임라인] 패널에서 텍스트(자막) 클립을 선택하는 경우와 선택하지 않는 경우로 구분할 수 있습니다. 두 사례의 결과는 얼핏 같아 보이지만 큰 차이가 있습니다.

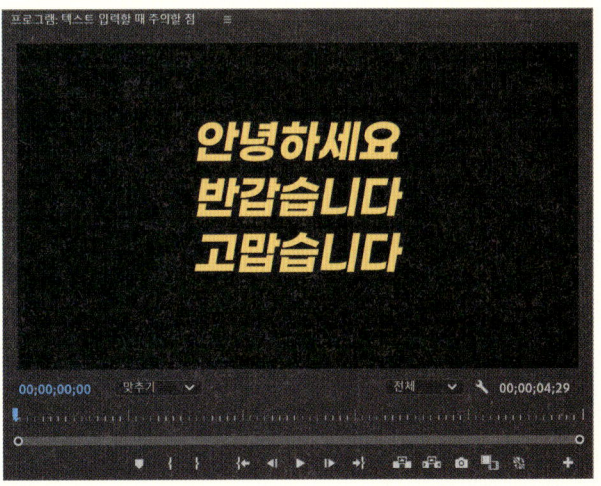

먼저, [타임라인] 패널에서 클립을 선택한 채 새로운 텍스트를 추가하면 새로운 클립이 생성되지 않고, 현재 선택 중인 클립에 텍스트 레이어가 추가되는 형태가 됩니다. 따라서 텍스트를 수정할 때 [효과 컨트롤] 패널이나 [속성] 패널에서 수정할 텍스트에 해당하는 텍스트 레이어를 선택한 후 옵션을 변경해야 합니다.

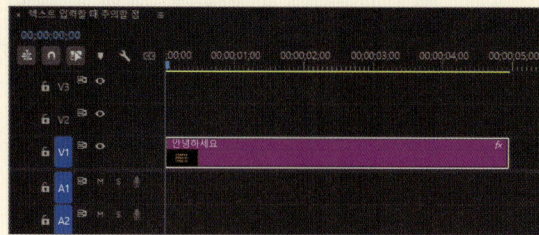 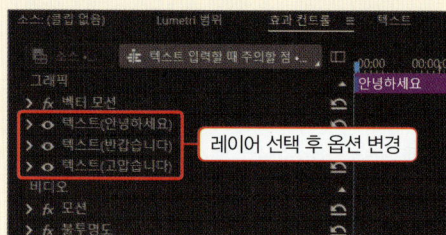

▲ 하나의 클립에 추가된 3개의 텍스트 레이어

반대로 [타임라인] 패널에서 클립을 선택하지 않고 새로운 텍스트 상자를 추가하면 그에 따라 새로운 클립이 추가됩니다. 이후 텍스트를 수정한다면 해당 자막이 입력된 클립을 선택하면 됩니다. 이처럼 텍스트를 입력할 때 기존 클립을 선택했는지, 선택하지 않았는지 사소한 차이로 작업의 효율성이 달라지니 적절한 방법을 선택해서 작업해야 합니다.

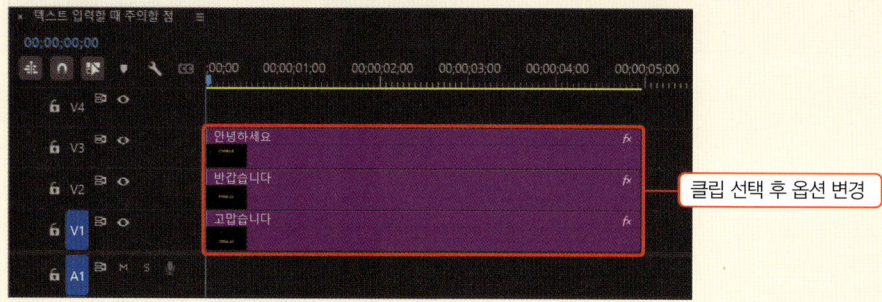

▲ 클립을 선택하지 않고 텍스트를 추가했을 때

LESSON 02
그라디언트 텍스트로 예능 자막 만들기

텍스트를 입력한 후 두 개 이상의 색상을 사용하여 그라디언트 자막을 만들고 싶다면 어떻게 해야 할까요? 이번 레슨에서는 그라디언트 기능으로 예능 자막 효과를 만들어 보겠습니다. 이번 실습은 프리미어 프로 2021 이상에서만 가능하며, 그 이하 버전은 아래 유튜브 강의를 참고하여 레거시 제목에서 작업해야 합니다.

▶ **유튜브 동영상 강의**
그라디언트 텍스트 만들기(최신 버전)
https://youtu.be/xSEzTTT6vMA

▶ **유튜브 동영상 강의**
레거시 제목으로 그라디언트 텍스트 만들기(이전 버전)
https://youtu.be/8UBZon0sVTA

완성 미리보기

- **예제 파일:** Chapter 04/예능 자막.prproj
- **완성 파일:** Chapter 04/예능 자막_완성본.prproj
- **사용 글꼴:** 배달의민족 을지로체

실습 가능 버전
프리미어 프로 2021 이상

Pr 텍스트에 그라디언트 색상 적용하기

01 예능 자막.prproj 예제 파일을 엽니다. ❶ [도구] 패널에서 [문자 도구]를 선택한 후 ❷ [프로그램 모니터] 패널을 클릭하여 텍스트를 입력하고 ❸ [선택 도구]를 선택하여 입력을 마칩니다. ❹ [속성] 패널에서 다음과 같이 상세 옵션을 설정합니다. Link 텍스트 관련 옵션은 233쪽에서 자세히 설명합니다.

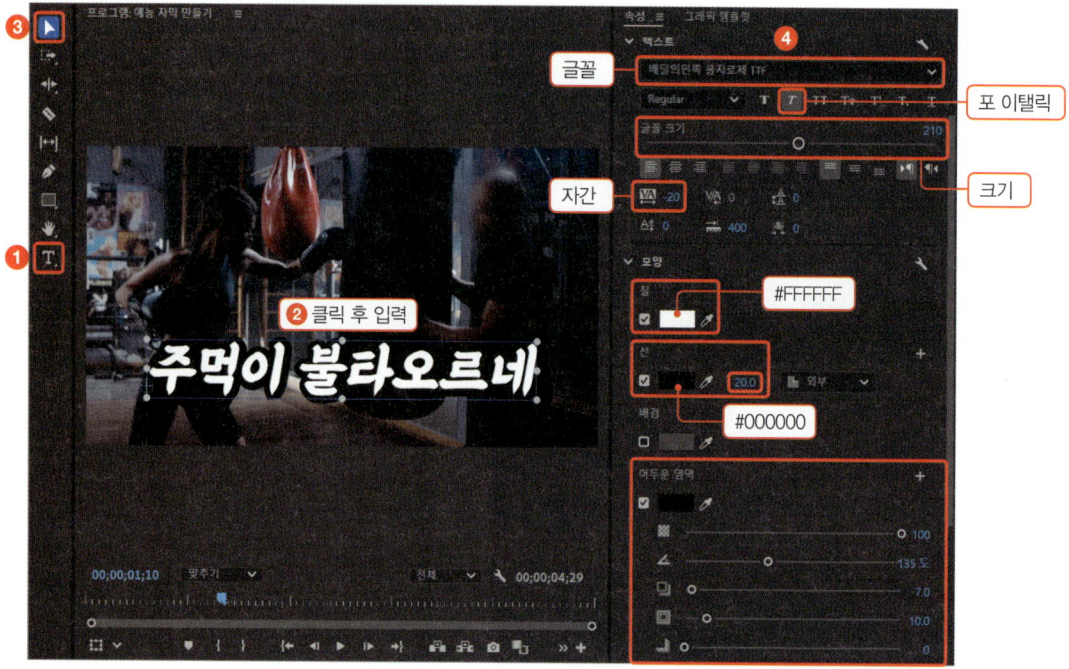

02 입력한 자막에서 '불타오르네'만 그라디언트 색상으로 변경하기 위해 ❶ [프로그램 모니터] 패널에서 텍스트를 더블 클릭한 후 '불타오르네'만 드래그해서 선택합니다. ❷ [속성] 패널의 '모양' 영역에서 [칠] 옵션에 있는 색상을 클릭하여 ❸ 색상 피커 창이 열리면 왼쪽 위에서 [단색]을 [선형 그라디언트]로 변경합니다.

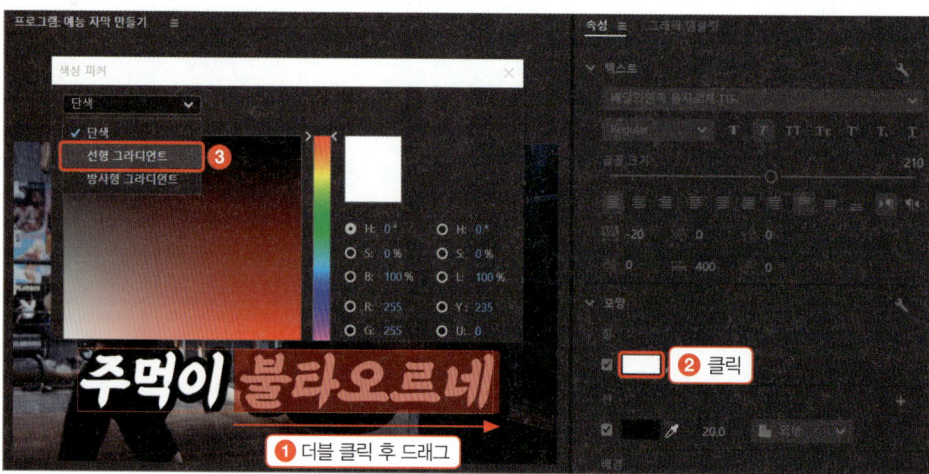

03 색상 피커 창에 그라디언트 바가 표시되며, 아래쪽에 있는 [색상 중지]를 이용하여 색상을 두 개 선택할 수 있습니다. ❶ 왼쪽의 [색상 중지]를 클릭한 후 ❷ **노란색(#EEDB3A)**으로 설정하고, ❸ 오른쪽의 [색상 중지]를 클릭한 후 ❹ **주황색(#F6391E)**으로 설정합니다. ❺ [확인] 버튼을 클릭하여 색상 설정을 마칩니다.

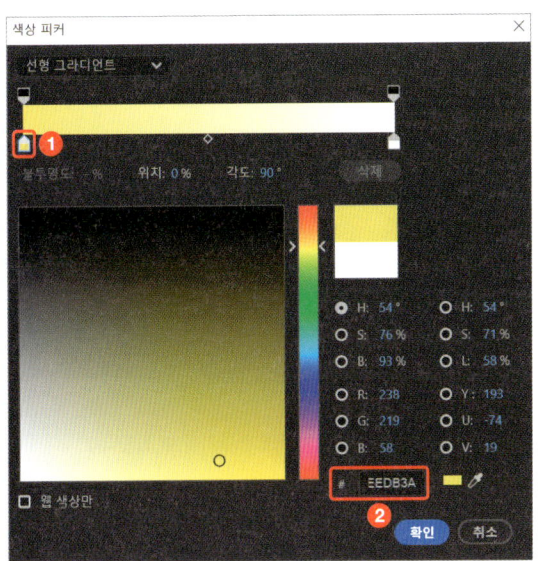
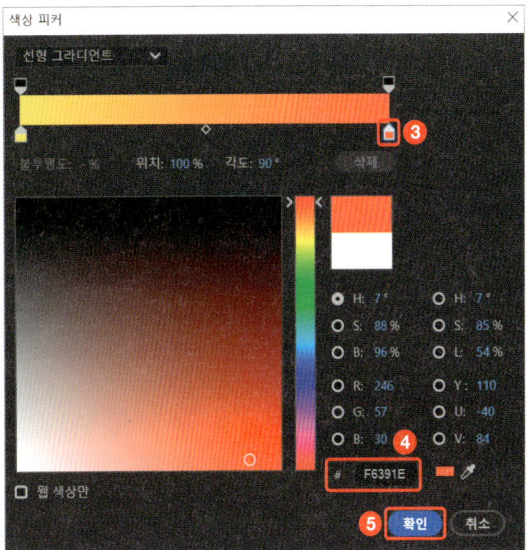

04 ❶ [선택 도구]▶를 선택하여 텍스트 수정을 마치면 [프로그램 모니터] 패널에서 완성된 그라디언트 자막을 확인할 수 있습니다. 자막에 예능감을 더하기 위해 이미지를 추가해 보겠습니다. ❷ [속성] 패널에서 ❸ [새 레이어] 아이콘을 클릭한 후 ❹ [파일에서]를 선택합니다.

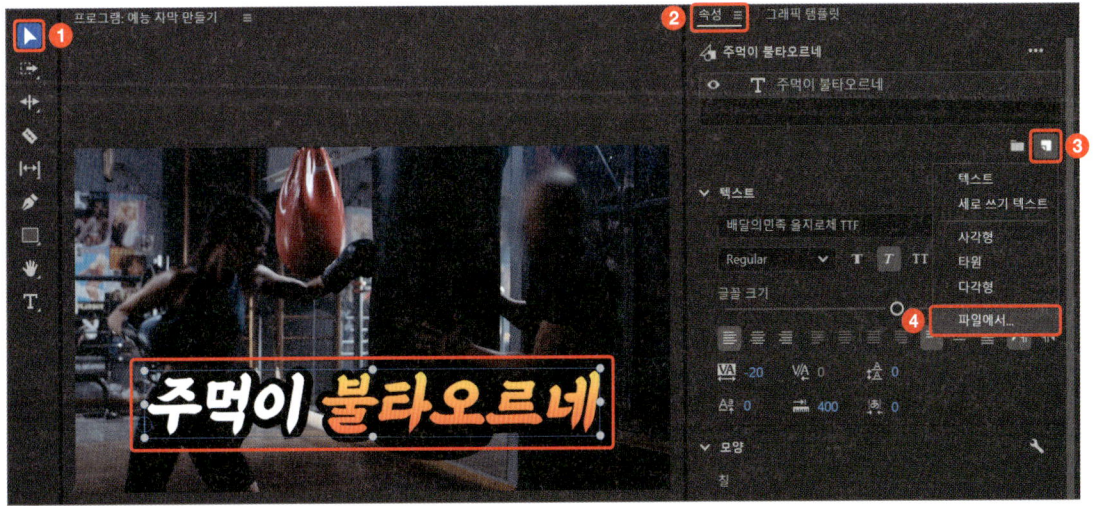

05 가져오기 창이 열리면 ❶ 예제 파일이 저장된 폴더의 [Chapter 04 / 영상 소스] 폴더에서 [불꽃.png] 이미지 파일을 선택하고 ❷ [열기] 버튼을 클릭합니다. ❸ [속성] 패널의 레이어 목록에 [불꽃] 이미지 레이어가 추가되면 [불꽃] 레이어에서 마우스 오른쪽 버튼을 클릭하고 ❹ [복제]를 선택합니다.

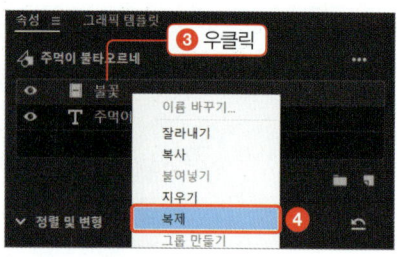

TIP [프로젝트] 패널에 이미지 소스가 있다면 곧바로 [속성] 패널의 레이어 목록으로 드래그하여 빠르게 추가할 수 있습니다.

06 ❶ 레이어 목록을 보면 [불꽃] 레이어가 하나 더 추가되었습니다. ❷ ❸ [선택 도구]▶를 선택한 후 [프로그램 모니터] 패널에서 불꽃 이미지를 각각 클릭한 채 드래그하여 아래와 같이 텍스트 앞쪽에 배치합니다.

07 불꽃 이미지에 가려 텍스트가 보이지 않죠? 이미지 레이어가 텍스트 레이어 위에 있기 때문입니다. ① 레이어 목록에서 Ctrl 을 누른 채 [불꽃] 레이어를 모두 클릭하여 선택한 후 ② 텍스트 레이어 아래로 드래그하여 배치 순서를 변경합니다.

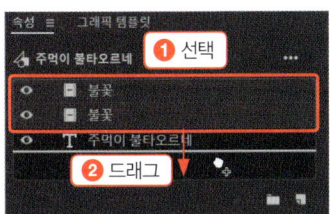 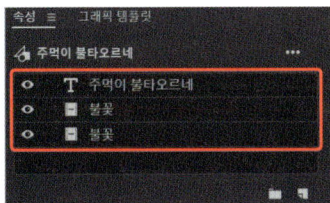

08 [프로그램 모니터] 패널에서 결과를 확인해 봅니다. 텍스트 앞에 있던 이미지가 뒤로 가면서 텍스트를 제대로 확인할 수 있게 되었죠? 이처럼 그라디언트 텍스트에 이미지를 추가하면 손쉽게 예능 자막을 만들 수 있으며, 레이어 배치 순서를 잘 조절해야 합니다.

금손 변신 TIP 그라디언트 텍스트 금손처럼 사용하기

▶ **경계가 뚜렷한 그라디언트를 만들고 싶다면?**

색상 피커 창에서 [선형 그라디언트]로 설정한 후 그라디언트 바에서 2개의 색상을 선택하면 아래 그림처럼 색상이 자연스럽게 스며들죠? 예시처럼 자연스럽게 연결되는 그라디언트가 아닌 색상과 색상의 경계가 뚜렷한 그라디언트를 만들고 싶다면 어떻게 해야 할까요?

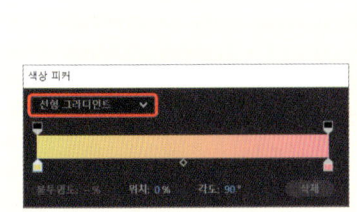

방법은 간단합니다. [**색상 중지**]의 간격을 좁힐수록 두 색상의 경계는 뚜렷해집니다.

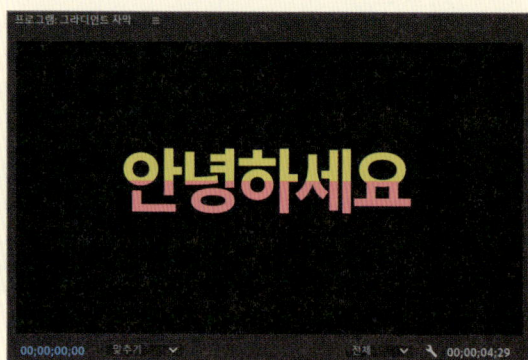

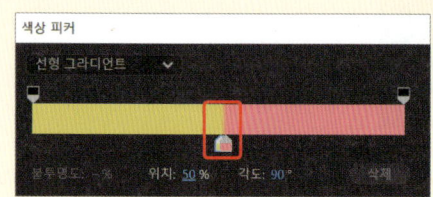

▲ 색상 중지 간격을 좁혔을 때

또한, 그라디언트 바 아래쪽에 있는 [**각도**] 옵션을 변경하여 그라디언트 각도를 변경할 수 있습니다.

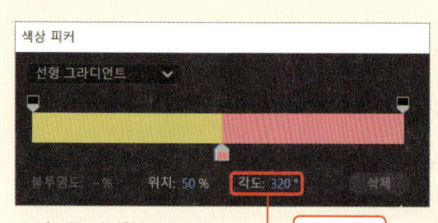

▲ 각도를 변경한 그라디언트

색상 피커 창 왼쪽 위에서 [**방사형 그라디언트**]로 변경하면 전혀 다른 느낌을 연출할 수 있습니다.

[**방사형 그라디언트**]에서는 왼쪽 [**색상 중지**]가 안쪽 원형의 색상이며, 오른쪽 [**색상 중지**]가 배경 색상이 됩니다. 또한, 색상의 간격을 서로 조정하여 원형 부분의 범위를 변경할 수 있습니다.

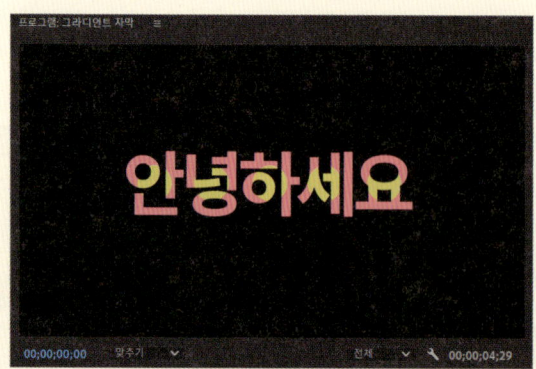

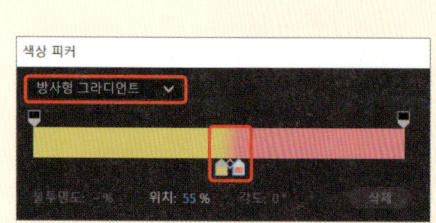

▲ 방사형 그라디언트

▶ 그라디언트 색상 추가 및 삭제하기

그라디언트 색상 추가: 그라디언트 바에는 기본으로 2개의 [색상 중지]가 있지만, 얼마든지 [색상 중지]를 추가하여 더욱 다양한 색상의 그라디언트를 만들 수도 있습니다. 그라디언트 바의 아래쪽을 클릭하면 새로운 [색상 중지]가 추가됩니다. 또한, [색상 중지]를 좌우로 드래그하여 해당 색상의 범위를 변경합니다.

그라디언트 색상 삭제: [색상 중지]를 삭제할 때는 원하는 [색상 중지]를 선택한 후 그라디언트 바 아래쪽으로 드래그하거나, [삭제] 버튼을 클릭합니다. 단, [색상 중지]의 최소 개수는 2개이므로, 3개 이상일 때만 [삭제] 버튼이 활성화됩니다.

▲ 5가지 색상의 그라디언트

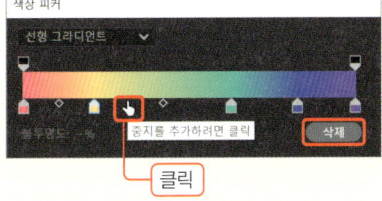

▶ 그라디언트 설정이 가능한 영역 파악하기

프리미어 프로 2022부터는 [기본 그래픽] 또는 [속성] 패널의 '모양' 영역에서 [칠] 옵션부터 [선], [어두운 영역] 옵션에도 그라디언트를 적용할 수 있습니다. 즉, [배경] 옵션 이외에는 모두 그라디언트를 적용할 수 있습니다.

▲ 선(테두리)에 적용한 그라디언트

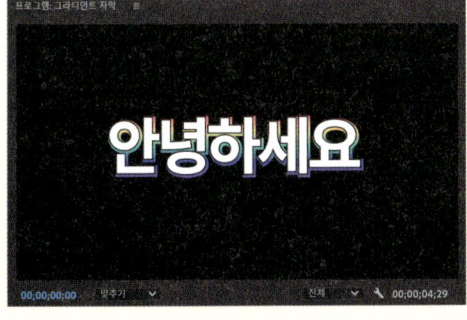
▲ 어두운 영역(그림자)에 적용한 그라디언트

LESSON 03 자동으로 늘어나는 반응형 자막 바 만들기

하나의 프로젝트에서 같은 스타일의 자막 바를 여러 개 사용한다면 하나만 완성한 후 복사해서 사용하면 편리할 겁니다. 이때, 입력한 자막 길이에 따라 자막 바의 길이도 자동으로 늘어나거나 줄어드는 반응형 자막 바라면 더욱 편리하겠죠?

완성 미리보기

- **예제 파일:** Chapter 04/반응형 자막.prproj
- **완성 파일:** Chapter 04/반응형 자막_완성본.prproj
- **사용 글꼴:** G마켓 산스

실습 가능 버전
프리미어 프로 CC 2018 이상

01 **반응형 자막.prproj** 예제 파일을 엽니다. ❶ [문자 도구]를 선택한 후 ❷ [프로그램 모니터] 패널에 **# 캠핑 브이로그**를 입력하고, 화면 중앙에 정렬합니다. ❸ [속성] 패널의 '텍스트' 영역에서 [글꼴]은 [G마켓 산스 Bold], [크기]는 140, [자간]은 -70, [정렬]은 [텍스트 가운데 맞춤]으로 설정합니다. Link 텍스트 입력 및 정렬 등 상세한 옵션 설명에 대해서는 228쪽 [기본 자막 만들기]를 복습하세요.

TIP 직전에 다른 자막을 만들었다면 입력한 텍스트에도 직전에 사용한 색상 설정 등이 적용됩니다. 그럴 때는 [속성] 패널의 '모양' 영역에서 칠, 선, 배경 등의 색상을 변경합니다.

02 이어서 자막 바를 만들기 위해 ❶ [속성] 패널의 레이어 목록 오른쪽 아래에 있는 ❷ [새 레이어] 아이콘을 클릭한 후 ❸ [사각형]을 선택합니다.

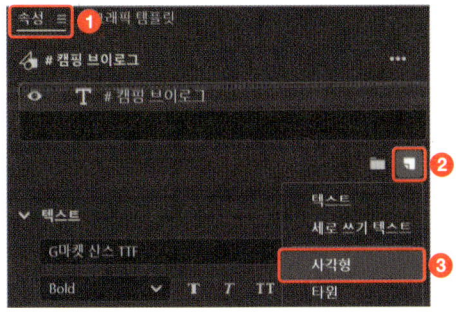

TIP 텍스트 클립이 선택된 상태에서 [도구] 패널에 있는 [사각형 도구]를 이용해도 됩니다. Link [사각형 도구]는 319쪽에서 자세히 설명합니다.

LESSON 03 자동으로 늘어나는 반응형 자막 바 만들기 **245**

03 ❶ 레이어 목록에 [모양 01] 모양 레이어가 생성되었습니다. ❷ [프로그램 모니터] 패널을 보면 추가한 사각형이 텍스트를 가리고 있죠? ❸ 레이어 목록에서 [모양 01]을 [# 캠핑 브이로그] 아래로 옮겨서 배치 순서를 조정합니다. 레이어 배치 순서에 따라 텍스트가 앞으로, 사각형이 뒤로 배치됩니다.

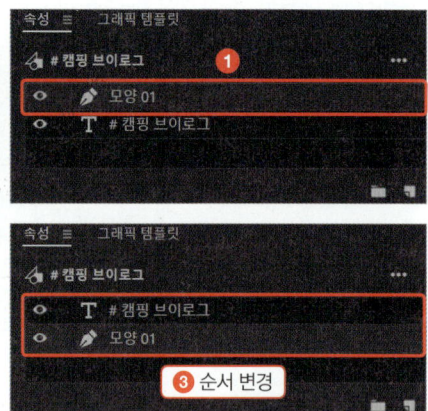

04 ❶ [도구] 패널에서 [선택 도구]를 선택하고 ❷ [모양 01] 레이어를 선택하면 사각형 주위로 조절점들이 표시됩니다. 각 조절점을 드래그하면 크기를 조절할 수 있고, 사각형 안쪽을 클릭한 채 드래그하면 위치를 옮길 수 있습니다. ❸ 아래처럼 텍스트보다 좀 더 여유 있게 사각형의 크기를 조절한 후 위치를 조절합니다.

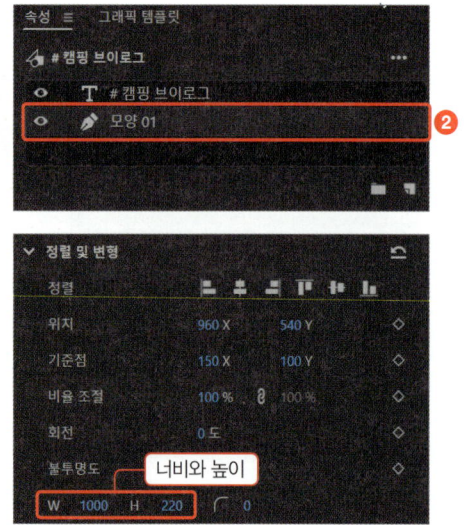

TIP [속성] 패널의 '정렬 및 변형' 영역에서도 도형의 너비(W)와 높이(H)를 조절할 수 있습니다. 예제에서 사각형의 너비는 [1000], 높이는 [220]입니다.

TIP [속성] 패널에서 Ctrl을 누른 채 텍스트와 모양 레이어를 선택하고 '정렬 및 변형' 영역에서 [가로로 가운데 맞춤]과 [세로로 가운데 맞춤] 아이콘을 순서대로 클릭하면 선택한 레이어를 일괄 화면 가운데로 정렬시킬 수 있습니다.

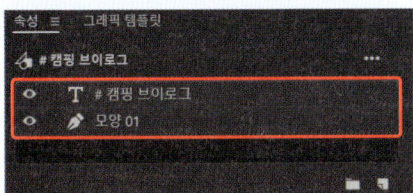 

05 계속해서 사각형 모양의 세부 옵션을 설정하겠습니다. [속성] 패널의 '모양' 영역에서 ① [칠] 옵션의 체크를 해제하여 투명하게 만들고, ② [선] 옵션에 체크한 후 ③ 색상은 **흰색(#FFFFFF)**, ④ 두께는 **12**로 설정하여 ⑤ 굵은 테두리의 자막 바를 표현합니다.

06 계속해서 자막 내용이 변하면 그에 따라 자막 바(사각형 모양)도 자동으로 늘어나거나 줄어들도록 설정해 보겠습니다. ① [모양 01] 레이어를 선택하고 ② '반응형 디자인' 영역에서 [고정 대상] 옵션을 자막 바의 기준이 될 [#캠핑 브이로그](텍스트 상자)로 변경합니다.

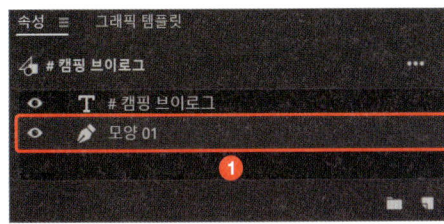 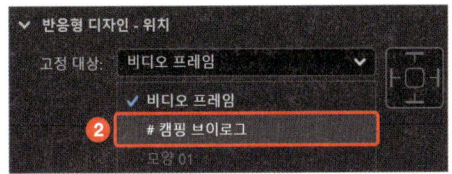

07 이어서 고정 대상의 기준 방향은 상하좌우 모두 흰색으로 활성화합니다. 상하좌우를 각각 클릭하거나 가운데 네모 상자를 클릭하면 됩니다.

08 이제 [프로그램 모니터] 패널에서 '# 캠핑 브이로그' 텍스트를 더블 클릭하여 자유롭게 내용을 변경해 보세요. 반응형 디자인으로 설정했으므로 자막 내용이 변하면 자막 바도 자동으로 변경됩니다.

> **TIP** 이번 실습처럼 자막 바가 투명한 것이 싫다면 [칠] 옵션에 체크한 후 원하는 색상을 선택해서 배경을 채워 보세요. 여러 가지 색상이 섞인 그라디언트 자막 바도 만들 수 있습니다. **Link** 그라디언트 배경 만들기는 241에서 자세히 설명합니다.

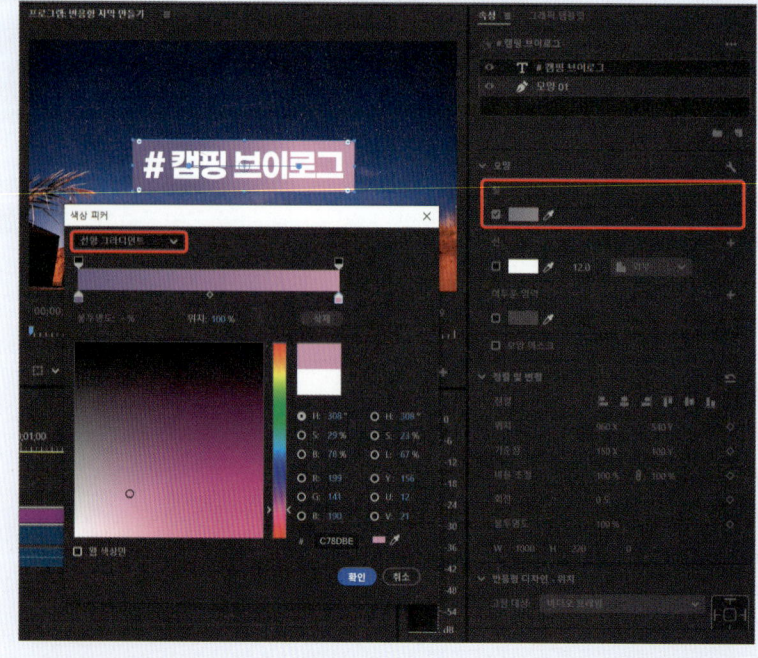

이미지가 포함된 반응형 자막 만들기

LESSON 04

텍스트에 따라 자동으로 늘어나고 줄어드는 반응형 자막 바를 만들 수 있다면, 로고 이미지와 이름까지 추가하여 디자인적으로 보강된 반응형 자막도 쉽게 만들 수 있습니다. 여기서 포인트는 로고 이미지와 이름이 자막 바 왼쪽에 항상 고정되어 있어야 한다는 것입니다.

완성 미리보기

- 예제 파일: Chapter 04/반응형 말자막.prproj
- 완성 파일: Chapter 04/반응형 말자막_완성본.prproj
- 사용 글꼴: 카페24 단정해

실습 가능 버전
프리미어 프로 2020 이상

01 **반응형 말자막.prproj** 예제 파일을 엽니다. ❶ [문자 도구]를 선택하여 ❷ [프로그램 모니터] 패널에서 오디오 음성과 동일하게 **안녕하세요, 조블리입니다 :)** 라고 입력하고, ❸ [선택 도구]를 선택합니다. ❹ [속성] 패널의 '텍스트' 영역에서 [글꼴]은 [카페24 단정해], [크기]는 55로 설정하고, ❺ [가운데 정렬]을 클릭한 후 ❻ '모양' 영역에서 [칠] 색상을 **검은색(#000000)** 으로 변경합니다.

> **TIP** 텍스트를 입력한 후에는 [도구] 패널에서 [선택 도구]를 선택해서 입력을 완료해야 합니다.

02 이어서 자막 바로 사용할 사각형 모양을 추가하기 위해 [속성] 패널의 레이어 목록 아래에서 ❶ [새 레이어] 아이콘을 클릭한 후 ❷ [사각형]을 선택합니다.

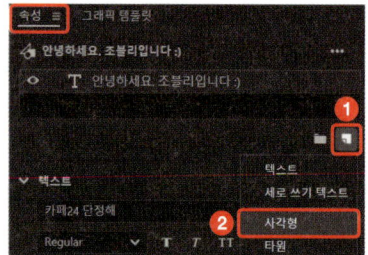

03 레이어 목록에 [모양01] 레이어가 생성되면 ❶ [모양01] 레이어를 텍스트 레이어 아래로 드래그하여 텍스트 뒤에 배치하고, ❷❸❹ 다음 표와 이미지를 참고하여 세부 옵션을 변경합니다. 이어서 ❺ [프로그램 모니터] 패널에서 텍스트 레이어와 모양 레이어를 선택한 후 화면 아래쪽 중앙으로 정렬합니다. **Link** 레이어 위치 정렬 방법은 234쪽 [금손 변신 TIP]을 참고하세요.

도형 너비(W)	800	모서리 반경	10
도형 높이(H)	88	칠 색상	흰색(#FFFFFF)
어두운 영역	분홍색(#E57283), 불투명도: 100, 각도: 135, 거리: 13, 크기: 0, 흐림 효과: 0		

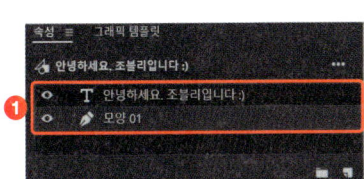 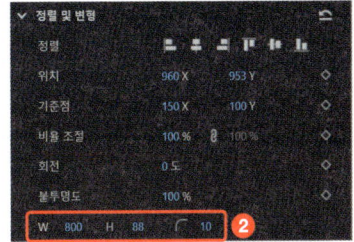 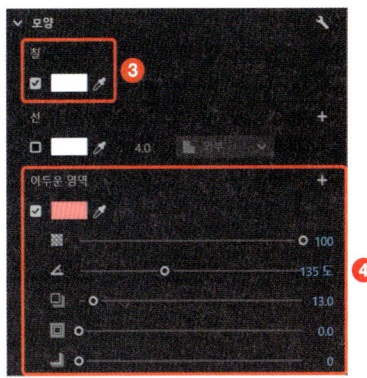

> **TIP** 도형의 너비와 높이 및 모서리 반경은 최신 버전의 옵션입니다. 위 옵션이 보이지 않는다면 [프로그램 모니터] 패널에서 도형에 표시되는 조절점을 드래그하여 도형 크기를 변경합니다.

04 자막 바를 반응형으로 변경하기 위해 ❶ [모양01] 레이어를 선택한 후 ❷ '반응형 디자인' 영역에서 [고정 대상] 옵션을 [안녕하세요~] 텍스트 레이어로 선택합니다. ❸ 이어서 고정 방향을 상하좌우로 지정하기 위해 가운데 네모 모양을 클릭하여 상하좌우를 모두 활성화합니다.

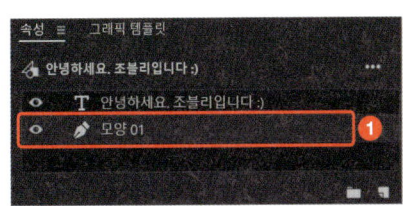 

05 이제 로고 이미지를 삽입하여 반응형 자막에 고정시키겠습니다. ❶ 레이어 목록 아래에서 [새 레이어] 아이콘을 클릭한 후 ❷ [파일에서]를 선택합니다. ❸ 가져오기 창이 열리면 예제 파일 폴더의 [Chapter 04 / 영상 소스]에서 [조블리 로고]를 선택하고 ❹ [열기] 버튼을 클릭합니다.

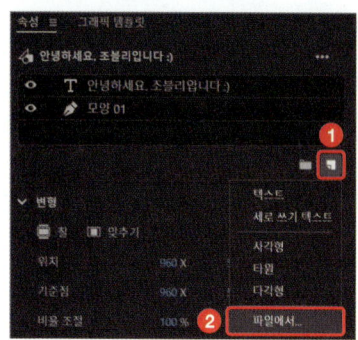
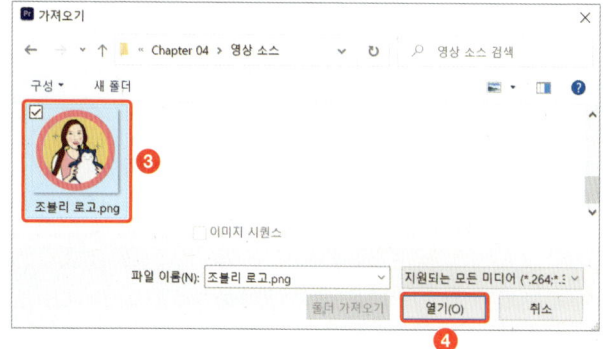

06 ❶ [조블리 로고] 레이어가 추가되면 레이어 목록에서 맨 위로 올려서 텍스트 앞에 배치하고, ❷ [프로그램 모니터] 패널에서 로고를 드래그하여 자막 바 왼쪽으로 옮깁니다. ❸ 다시 [속성] 패널에서 '반응형 디자인' 영역의 [고정 대상] 옵션을 [안녕하세요~]로 설정하고 ❹ 고정 방향에서 [왼쪽]과 [위쪽]을 클릭해서 흰색으로 활성화합니다. 이제 텍스트의 왼쪽 위를 기준으로 로고가 고정됩니다.

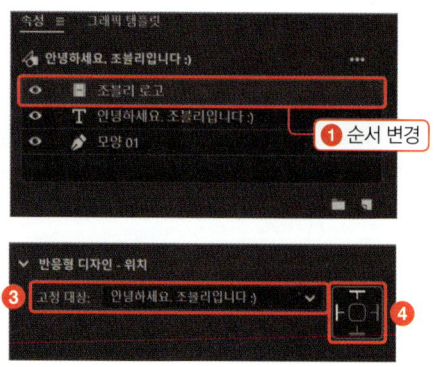

TIP 텍스트가 항상 한 줄이라면 [왼쪽]만 활성화해도 됩니다. 하지만 여러 줄로 입력할 때도 있으므로, 고정 방향을 [위쪽]까지 추가하여 로고 위치를 텍스트 왼쪽 위로 고정했습니다.

07 계속해서 자막 왼쪽 위에 고정될 이름을 추가해 보겠습니다. ❶ [속성] 패널에서 [새 레이어] 아이콘을 클릭한 후 ❷ [텍스트]를 선택하여 텍스트 상자가 추가합니다.

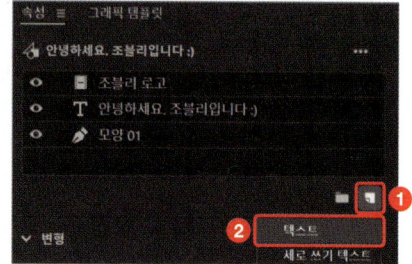

08 레이어 목록 또는 ❶ [프로그램 모니터] 패널에서 추가된 텍스트를 더블 클릭하여 내용을 **조블리**로 변경하고, ❷ 다음 표를 참고하여 옵션 설정을 변경합니다.

글꼴	카페24 단정해	칠 색상	흰색(#FFFFFF)
글꼴 크기	50	배경 색상	분홍색(#E57283), 불투명도: 100, 크기: 10, 모서리 반경: 10

 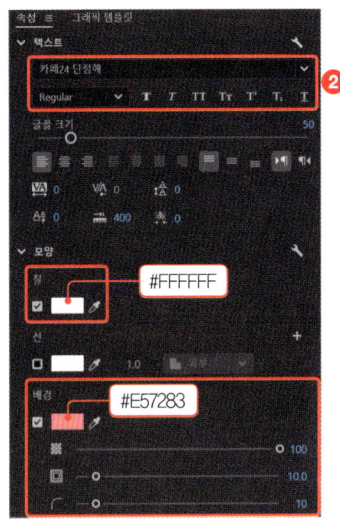

TIP 이름을 입력할 때 앞뒤로 빈 칸 Space bar 을 여러 개 추가해야 위와 같이 배경(자막 바)의 길이가 여유 있게 표현됩니다.

09 [속성] 패널의 레이어 목록에서 ❶ [조블리] 텍스트 레이어를 선택한 후 [조블리 로고] 레이어 아래로 드래그하여 로고 뒤로 이름이 표시되도록 순서를 변경하고, ❷ [프로그램 모니터] 패널에서 그림과 같이 이름을 드래그하여 위치를 옮깁니다. ❸ [속성] 패널의 '반응형 디자인' 영역에서 [고정 대상] 옵션을 [안녕하세요~]로 변경하고, ❹ 고정 방향은 [왼쪽]과 [위쪽]을 활성화합니다.

 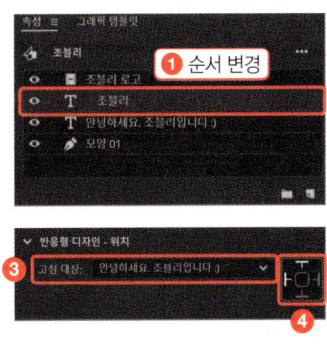

LESSON 04 이미지가 포함된 반응형 자막 만들기

10 이제 [프로그램 모니터] 패널에서 자막을 더블 클릭해서 자유롭게 내용을 수정하고, 자막 내용에 따라 로고와 이름이 항상 왼쪽 위에 고정되는지 확인해 보세요. 이처럼 [고정 대상] 옵션을 설정하면 원하는 요소를 추가하더라도 반응형 자막을 쉽게 만들 수 있습니다.

TIP 이번 실습에서 고정한 모든 레이어의 기준은 메인 자막입니다. 그러므로 자막 위치를 변경할 때는 메인 자막을 선택하고 옮겨야 합니다.

11 이제 클립을 이용해 자막 표시 시간을 조정합니다. ❶ [타임라인] 패널에서 텍스트 클립의 가장자리를 클릭한 채 드래그하여 영상의 길이만큼 조절합니다. ❷ 영상을 재생하면서 자막 내용이 바뀌어야 하는 부분으로 재생헤드를 옮기고 단축키 Ctrl + K 를 눌러 클립을 자릅니다.

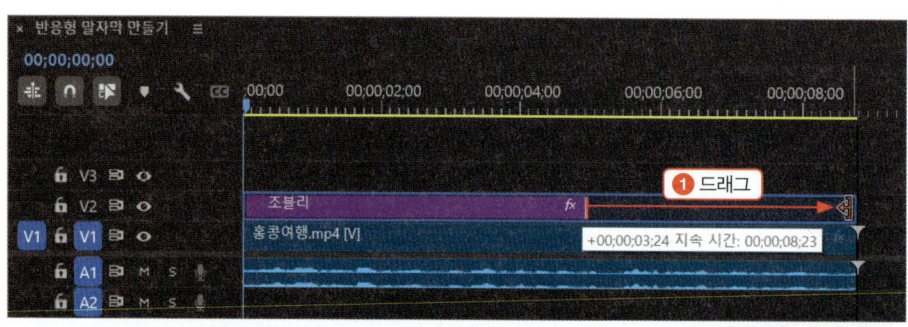

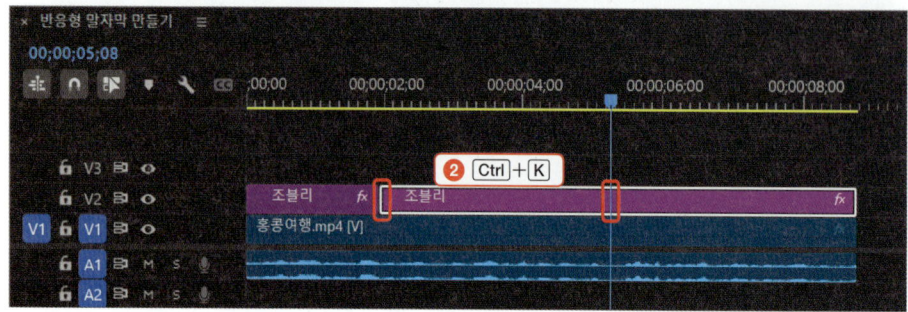

TIP 텍스트(자막) 클립만 자르기 위해서는 Ctrl + K 를 누를 때 텍스트 클립이 선택된 상태여야 합니다. Link Ctrl + K 단축키 사용 요령은 112쪽에서 자세히 설명합니다.

12 자른 클립의 자막 내용을 변경하기 위해 ① 메뉴 바에서 [창] - [텍스트]를 선택하여 [텍스트] 패널을 열고, ② [그래픽] 탭으로 이동하면 클립별(시간대별)로 자막 내용을 확인할 수 있습니다. ③ 변경할 텍스트를 더블 클릭하여 내용을 수정하고, ④ [프로그램 모니터] 패널에서 실시간으로 결과를 확인합니다. 오디오 음성에 맞춰 자막 내용을 변경하면 완성입니다.

TIP [텍스트] 패널의 [그래픽] 탭에서 수정하는 작업은 프리미어 프로 2022 이상에서만 가능합니다. 그 이하 버전을 사용 중이라면 [프로그램 모니터] 패널에서 자막을 더블 클릭하여 수정해야 합니다.

LESSON 05 마스크 기능으로 텍스트 안에 그래픽 합성하기

[문자 도구]의 텍스트 마스크 기능을 이용하면 텍스트 안에서 영상이나 이미지와 같은 그래픽을 합성하여 다양한 효과를 연출할 수 있습니다. 이러한 텍스트 마스크 기능은 프리미어 프로 2019(버전 13.1)에서 추가된 기능으로, 낮은 버전을 사용한다면 아래 유튜브 강의를 참고하여 트랙 매트 기능을 사용합니다.

▶ **유튜브 동영상 강의**

트랙 매트 기능으로 텍스트 안에 그래픽 합성하기
https://youtu.be/CDCl2kzVKME

Pr 텍스트 안에 영상 합성하기

텍스트 마스크 기능을 이용하여 입력한 텍스트 안에서만 재생되는 영상을 만들어 보겠습니다.

완성 미리보기

- 예제 파일: Chapter 04/텍스트_영상 합성.prproj
- 완성 파일: Chapter 04/텍스트_영상 합성_완성본.prproj
- 사용 글꼴: 본고딕 KR

실습 가능 버전
프리미어 프로 2020 이상

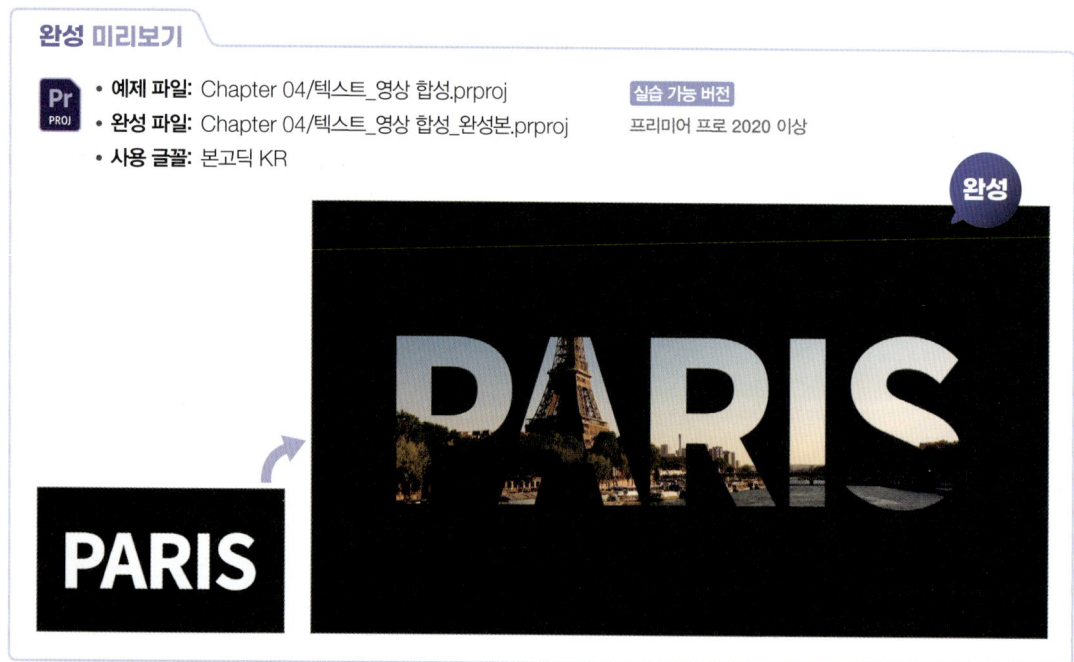

01 **텍스트_영상 합성.prproj** 예제 파일을 열면 [**본고딕 KR**] 글꼴로 텍스트가 입력되어 있습니다. ❶ [**타임라인**] 패널에서 텍스트 클립을 선택하고 ❷ [**속성**] 패널을 확인합니다. 그런 다음 ❸ [**프로젝트**] 패널에서 [**에펠탑**] 영상 소스를 선택한 후 레이어 목록의 텍스트 레이어 아래로 드래그하여 추가합니다.

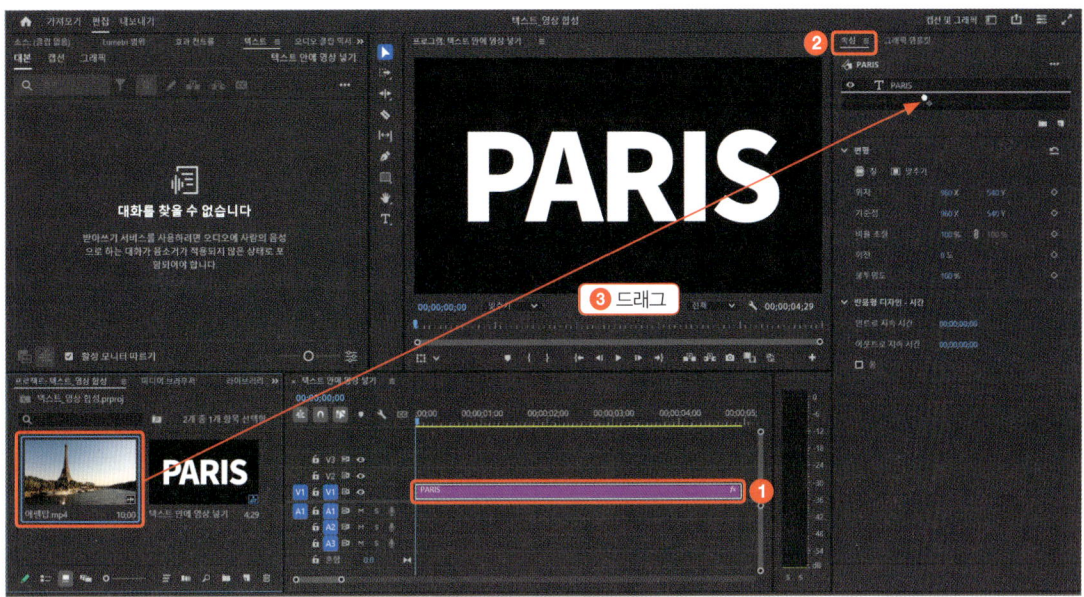

02 텍스트 안에 영상을 합성하기 위해 ❶ [**속성**] 패널의 레이어 목록에서 텍스트 레이어를 선택하고 ❷ 스크롤을 내려 '모양' 영역에서 [**텍스트 마스크**] 옵션에 체크합니다.

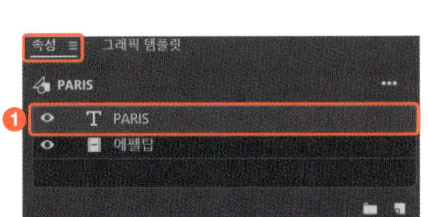

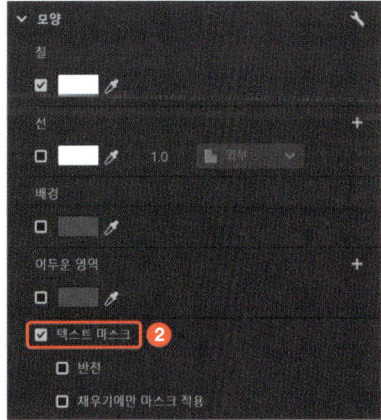

TIP 텍스트 마스크 기능은 프리미어 프로 CC 2019(버전 13.1)부터 사용할 수 있는 기능으로, 텍스트 레이어 아래에 있는 영상이나 이미지 레이어의 내용을 '텍스트' 영역만큼 보이게 합니다. 그러므로 반드시 영상이나 이미지 레이어가 텍스트 레이어 아래에 있어야 합니다.

LESSON 05 마스크 기능으로 텍스트 안에 그래픽 합성하기

03 [프로그램 모니터] 패널을 보면 체크하는 즉시, '텍스트' 영역에서만 영상이 표시되는 것을 확인할 수 있습니다. '텍스트' 영역에서 표시되는 영상의 위치와 크기는 ❶ [속성] 패널에서 [에펠탑] 레이어를 선택한 후 ❷ '정렬 및 변형' 영역에서 [위치]와 [비율 조절] 옵션을 수정합니다.

TIP [속성] 패널에서 [에펠탑] 영상 레이어를 선택한 후 [선택 도구]를 이용하여 [프로그램 모니터] 패널에서 영상의 위치와 크기를 직접 조절할 수도 있습니다.

TIP 다음과 같이 영상과 합성한 텍스트에 테두리를 넣을 수도 있습니다.

텍스트 레이어를 선택한 후 '모양' 영역에서 [선] 옵션에 체크하고 색상 및 두께를 지정하면 됩니다. 단, [텍스트 마스크] 옵션의 하위 옵션 중 [채우기에만 마스크 적용]에 체크해야 합니다. 그렇지 않으면 테두리에도 영상이 합성됩니다. 이 기능은 프리미어 프로 2023부터 사용할 수 있습니다.

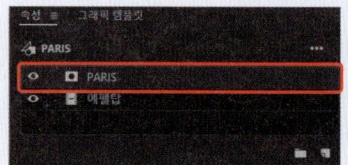
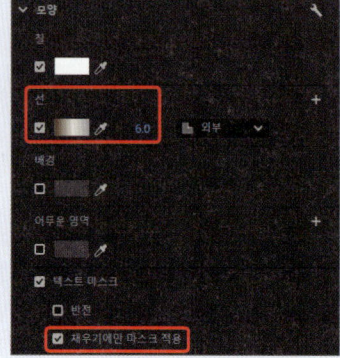

텍스트 안에 이미지 합성하여 질감 표현하기

텍스트 마스크 기능을 사용하되 영상이 아닌 이미지 소스를 활용해 보겠습니다. 사용하는 이미지에 따라 영화 예고편 타이틀처럼 질감을 표현하여 거친 느낌의 텍스트를 만들 수 있습니다.

완성 미리보기

- **예제 파일:** Chapter 04/텍스트_이미지 합성.prproj
- **완성 파일:** Chapter 04/텍스트_이미지 합성_완성본.prproj
- **사용 글꼴:** G마켓 산스

실습 가능 버전 프리미어 프로 2020 이상

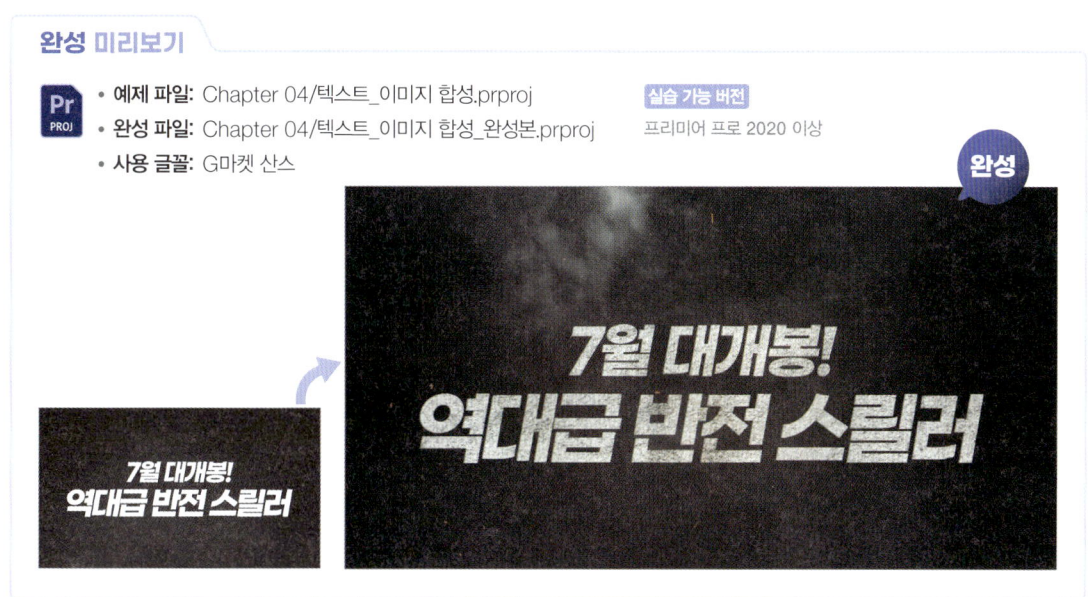

01 **텍스트_이미지 합성.prproj** 예제 파일을 엽니다. ❶ [타임라인] 패널에서 텍스트 클립을 선택한 후 ❷ [속성] 패널의 레이어 목록을 확인합니다. ❸ 이어서 [프로젝트] 패널에서 [텍스처] 이미지를 선택한 후 레이어 목록의 텍스트 레이어 아래로 드래그하여 배치합니다.

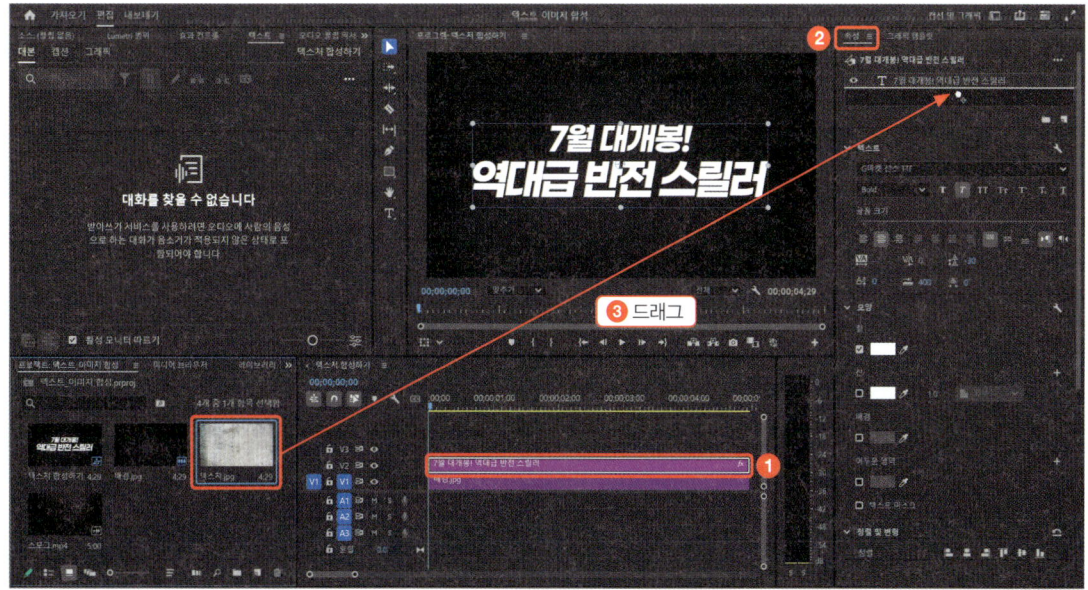

TIP 무료 이미지 사이트에서 'Texture'로 검색하면 다양한 텍스처 이미지를 다운로드할 수 있습니다. Link 무료 이미지 및 글꼴 다운로드는 044쪽에서 자세히 설명합니다.

02 추가한 이미지가 화면 전체에 나타납니다. '텍스트' 영역에서만 질감을 표현하기 위해 ① [속성] 패널의 레이어 목록에서 텍스트 레이어를 선택하고 ② 스크롤을 내려 '모양' 영역에서 [텍스트 마스크] 옵션에 체크합니다.

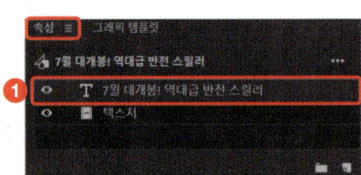
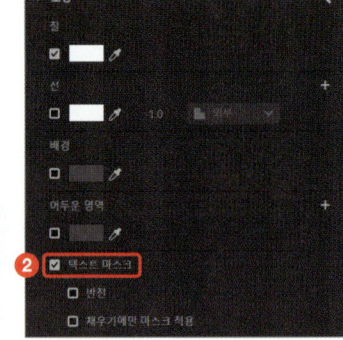

03 [프로그램 모니터]에서 결과를 확인해 봅니다. 텍스트에 질감 이미지(텍스처)를 합성하기 전과 비교했을 때 더욱 거친 느낌이 들죠?

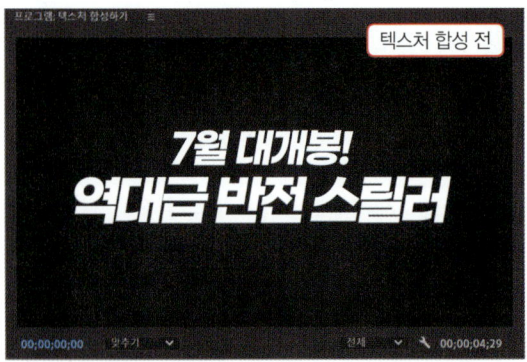
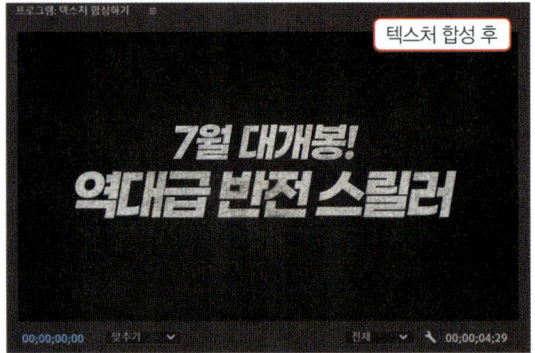

04 마지막으로 으스스한 분위기를 연출하기 위해 자연스럽게 스모그를 합성해 보겠습니다. [프로젝트] 패널에서 [스모그] 영상을 선택한 후 [타임라인] 패널의 V3 트랙으로 드래그하여 배치합니다.

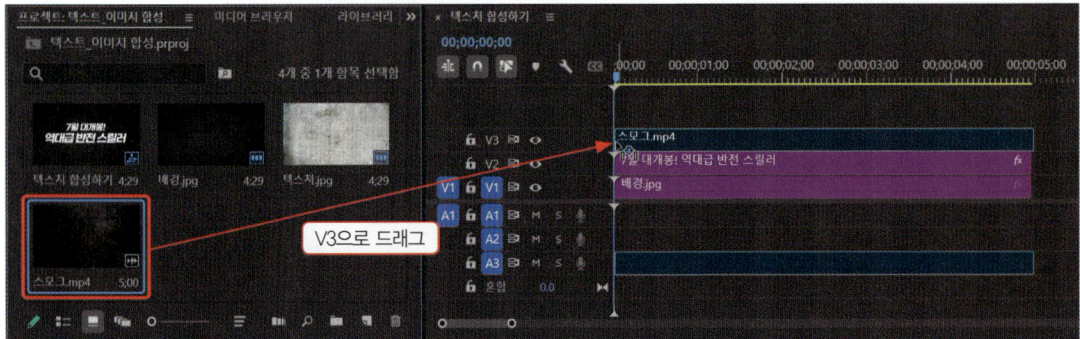

05 화면 가득 스모그가 나타나면 아래에 배치된 텍스트와 자연스럽게 어울리도록 합성하기 위해 ❶ [타임라인] 패널에서 [스모그] 클립을 선택하고 ❷ [효과 컨트롤] 패널([Shift]+[5])에서 [불투명도] 옵션을 펼친 후 ❸ [혼합 모드] 옵션에서 [화면](Screen)을 선택합니다.

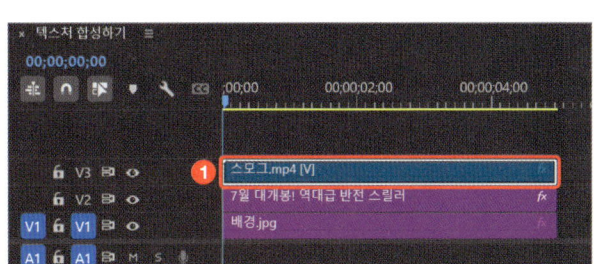
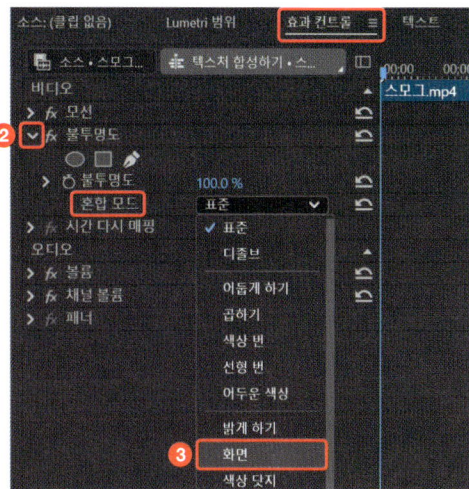

TIP [혼합 모드] 옵션에서 [화면]을 선택하면 영상에서 어두운 부분은 사라지고 밝은 부분만 남아 합성할 때 자주 사용합니다.

06 영상을 재생하여 최종 결과를 확인합니다. 스모그가 가득한 화면에 거친 느낌의 텍스트를 확인할 수 있습니다.

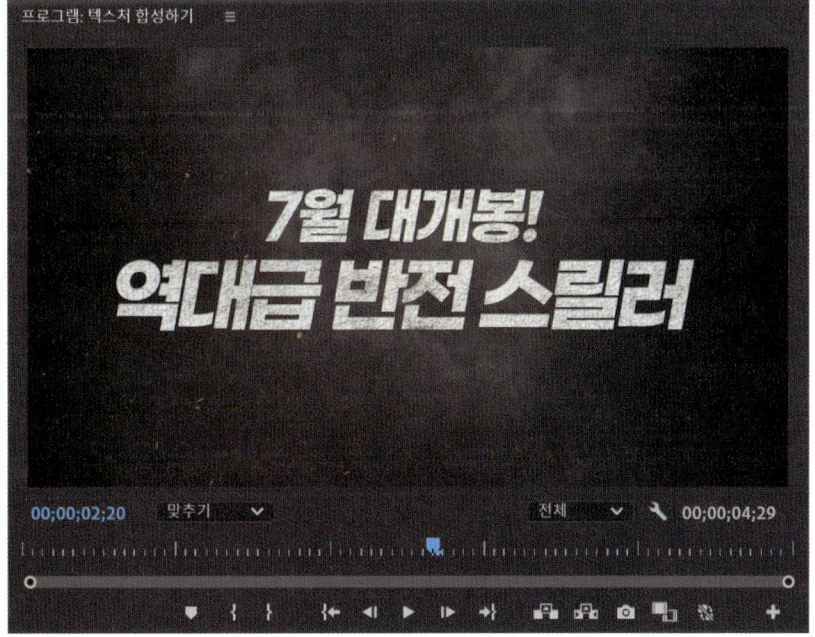

LESSON 06
마스크 기능으로 투명하게 뚫린 자막 만들기

텍스트 마스크 기능으로 텍스트 안에 영상이나 이미지 합성하는 방법을 배웠죠? 여기서는 텍스트와 모양 마스크의 반전 효과를 이용하여 텍스트 영역이 뚫려 있는 투명한 자막 효과를 만들어 보겠습니다.

▶ **유튜브 동영상 강의**

텍스트가 뚫린 자막 효과 만들기
https://youtu.be/khZTud6qx-E

완성 미리보기

- **예제 파일:** Chapter 04/투명 자막.prproj
- **완성 파일:** Chapter 04 /투명 자막_완성본.prproj
- **사용 글꼴:** 카페24 단정해

실습 가능 버전
프리미어 프로 2020 이상

262   CHAPTER 04 영상 편집의 꽃, 자막 다루기

01 **투명 자막.prproj** 예제 파일을 엽니다. 입력되어 있는 텍스트를 투명하게 표현하려면 배경(자막 바)부터 만들어야 합니다. ❶ [타임라인] 패널에서 텍스트 클립을 선택하고 ❷ [속성] 패널의 레이어 목록에서 [새 레이어] 아이콘을 클릭한 후 ❸ [사각형]을 선택합니다.

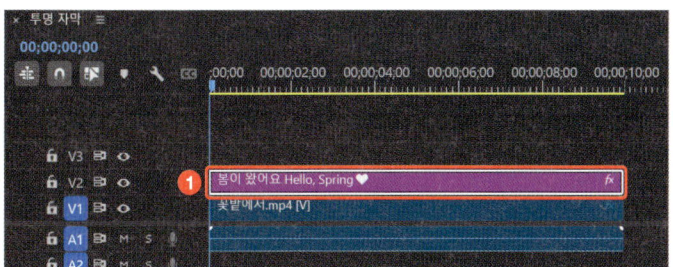 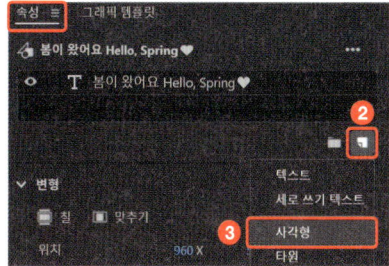

02 ❶ [속성] 패널의 레이어 목록에 [모양 01]이 생성되었습니다. ❷ [프로그램 모니터] 패널을 보면 사각형이 텍스트를 가립니다. 사각형 모양을 자막 바로 사용할 것이므로 ❸ 레이어 목록에서 [모양 01]을 [봄이 왔어요] 텍스트 레이어 아래로 드래그해서 옮깁니다.

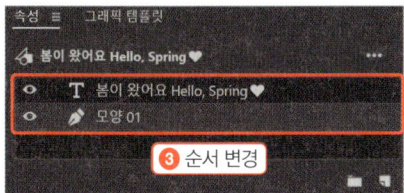

03 ① [속성] 패널에서 [모양 01] 레이어가 선택된 상태에서 ② '모양' 영역의 [칠] 옵션에만 체크한 후 색상을 **흰색(#FFFFFF)**으로 변경합니다. ③ 그런 다음 [선택 도구]를 선택한 후 사각형의 조절점을 드래그하여 자막보다 여유 있는 크기로 조절하고, 사각형 안쪽을 클릭한 채 드래그하여 그림과 같이 위치를 옮깁니다.

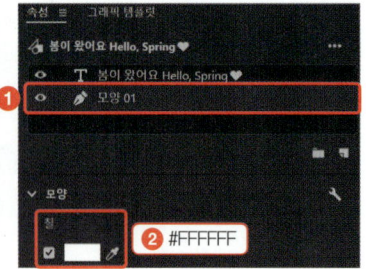
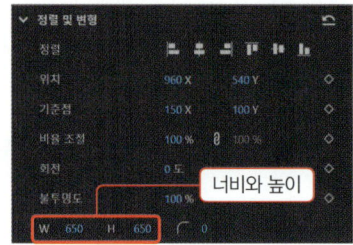

> **TIP** 최신 버전을 사용 중이라면 '정렬 및 변형' 영역에서 도형의 너비(W)와 높이(H)를 직접 입력할 수 있습니다. 실습에서는 너비와 높이 모두 [650]으로 설정했습니다.

04 이제 텍스트 마스크 기능을 적용하겠습니다. ① 레이어 목록에서 [봄이 왔어요] 텍스트 레이어를 선택하고 스크롤을 아래로 내려 ② '모양' 영역에서 [텍스트 마스크] 옵션에 체크한 후 이어서 ③ [반전] 옵션까지 체크합니다.

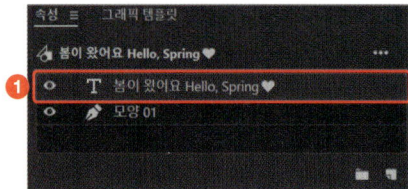
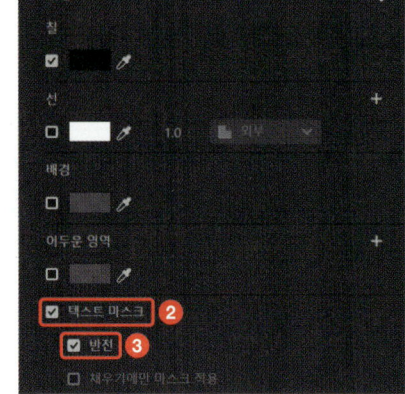

05 ① [프로그램 모니터] 패널을 보면 텍스트가 뚫린 투명 자막을 확인할 수 있습니다. 계속해서 자막 바 (배경)를 꾸미는 용도로 투명하고 얇은 선을 추가해 보겠습니다. ② 레이어 목록에서 [모양 01]을 마우스 오른쪽 버튼으로 클릭한 후 ③ [복제]를 선택합니다.

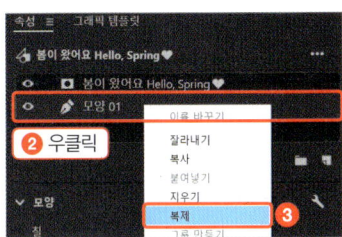

06 ① 레이어 목록 맨 위에 있는 복제된 [모양 01]을 선택한 후 ② 아래쪽에 있는 '정렬 및 변형' 영역에서 [비율 조절] 옵션을 90으로 축소합니다.

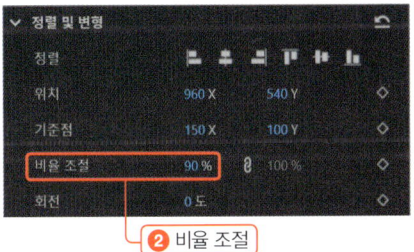

07 계속해서 '모양' 영역에서 ① [칠] 옵션의 체크는 해제하고, ② [선] 옵션에만 체크합니다. ③ 그런 다음 알아보기 쉽게 색상은 **검은색**, 선 폭은 7로 설정합니다. 얇은 검은색 선이 만들어졌죠? 이어서 검은색 선을 투명하게 만들기 위해 ④ [모양 마스크] 옵션을 체크한 후 ⑤ [반전] 옵션까지 체크합니다.

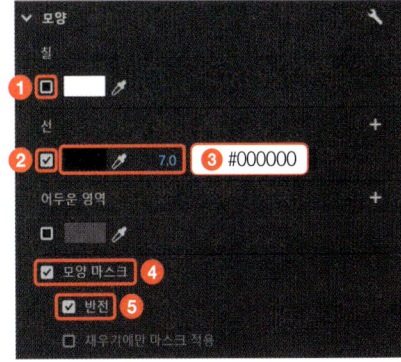

08 [프로그램 모니터] 패널에서 투명하게 변한 얇은 선을 확인한 후 그림과 같이 중앙에 정렬합니다. 이처럼 텍스트나 도형에서 [마스크 반전] 효과를 사용하면 뚫린 자막 효과를 쉽게 만들 수 있습니다.

Link 텍스트나 도형 등을 정렬하는 방법은 234쪽에서 자세히 설명합니다.

추가한 투명한 선

LESSON 07 비디오 전환 효과로 텍스트 애니메이션 만들기

[CHAPTER 03]에서 컷 편집 관련 실습 중 자연스러운 화면 전환을 위해 살펴본 디졸브 효과는 영상뿐만 아니라 텍스트에도 적용할 수 있습니다. 여기서는 비디오 전환 효과를 이용하여 자막이 나타나거나 사라지는 애니메이션 효과를 실습해 보겠습니다.

완성 미리보기

- **예제 파일:** Chapter 04/자막 전환 효과.prproj
- **완성 파일:** Chapter 04/자막 전환 효과_완성본.prproj
- **사용 글꼴:** 카페24 빛나는별

실습 가능 버전
프리미어 프로 CC 모든 버전

01 **자막 전환 효과**.prproj 예제 파일을 엽니다. 텍스트 클립에 디졸브 효과를 적용하기 위해 ❶ [효과] 패널([Shift]+[7])에서 [비디오 전환] – [디졸브](Video Transitions – Dissolve) 폴더에 있는 [교차 디졸브](Cross Dissolve)를 찾아 선택한 후 ❷❸ [타임라인] 패널에서 텍스트 클립의 맨 앞과 맨 뒤로 각각 드래그하여 적용합니다.

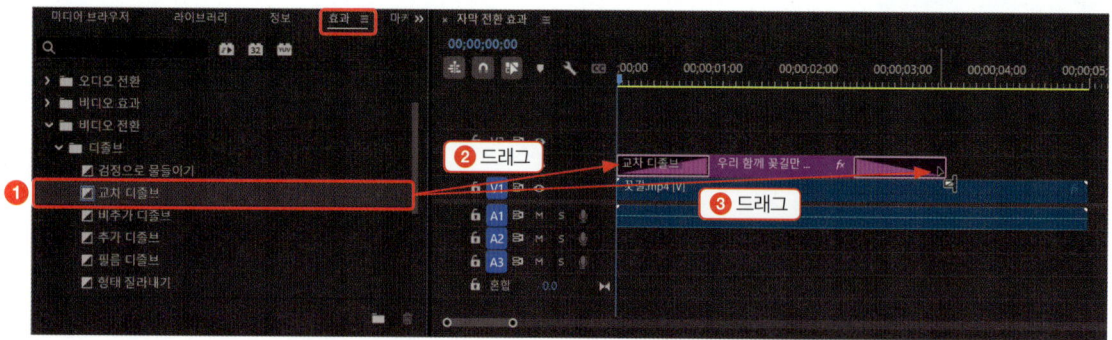

> **TIP** 텍스트 클립을 선택한 후 기본 전환 효과를 적용하는 단축키 [Ctrl]+[D]를 누르면 해당 클립의 시작과 끝부분에 교차 디졸브 효과를 빠르게 적용할 수 있습니다.

02 ❶ 영상을 재생해 보면 시작 부분에서 서서히 나타나고, 끝부분에서 서서히 사라지는 디졸브 효과가 적용된 자막을 확인할 수 있습니다. ❷ 나타나거나 사라지는 시간을 조절하고 싶다면 효과 버튼의 가장자리를 클릭한 후 왼쪽이나 오른쪽으로 드래그해서 버튼의 길이를 조절합니다.

> **TIP** 클립에 적용된 효과 버튼을 선택한 후 [Delete]를 누르면 효과가 삭제됩니다. **Link** 비디오 전환 효과는 203쪽에서 자세히 설명합니다.

03 이번에는 옆에서 들어오는 자막으로 변경해 볼까요? ① [효과] 패널에서 [비디오 전환] - [밀기] (Video Transitions - Slide) 폴더에 있는 [밀어내기](Push)를 선택한 후 ② ③ [타임라인] 패널에서 기존 효과의 버튼(클립의 맨 앞과 맨 뒤)으로 각각 드래그하여 적용된 효과를 대체합니다.

04 영상을 재생해서 [밀어내기] 효과를 확인합니다. 시작 부분에서는 자막이 왼쪽에서 오른쪽으로 들어왔다가 끝부분에서는 오른쪽으로 이동하면서 사라지는 것을 확인할 수 있습니다.

05 효과의 세부 옵션을 변경하기 위해 ❶ 왼쪽에 있는 [밀어내기] 효과 버튼을 선택하고 ❷ [효과 컨트롤] 패널(Shift+5)에서 [아래쪽에서 위쪽으로] 삼각형을 클릭합니다. 삼각형을 클릭하면 바로 옵션이 변경됩니다. ❸ 영상을 재생해 보면 자막이 아래에서 위로 나타나는 것을 확인할 수 있습니다.

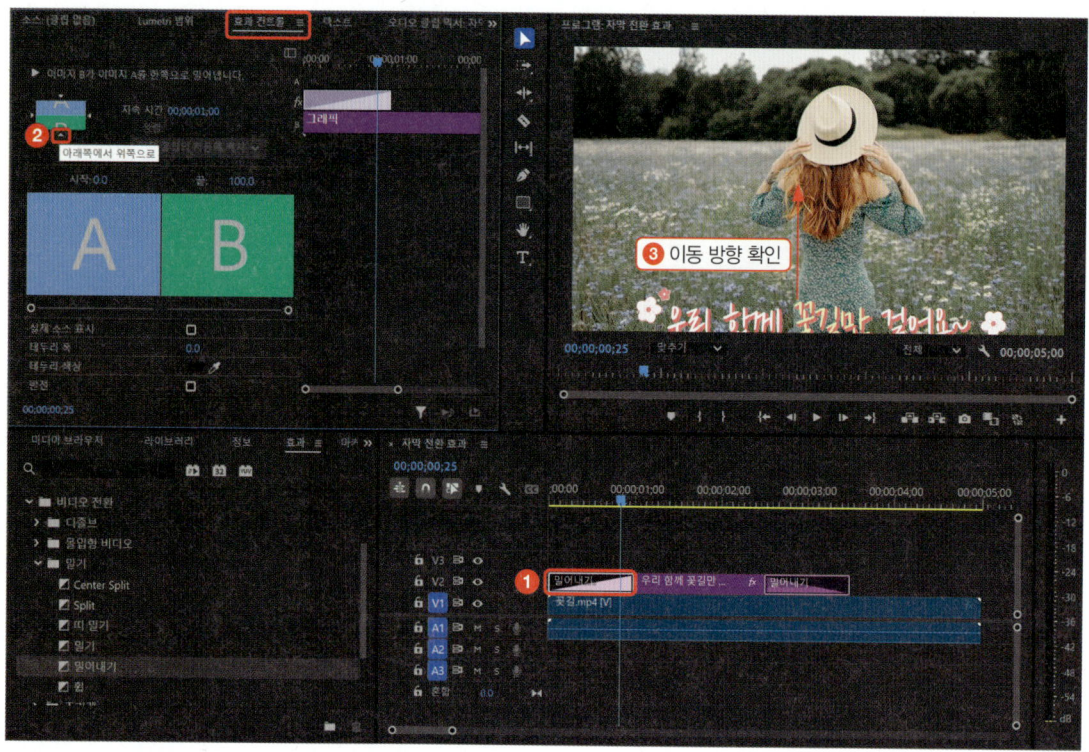

> **TIP** 자막이 나타나는 속도가 느리다면 [타임라인] 패널에서 [밀어내기] 효과 버튼의 길이를 짧게 조절합니다.

> **TIP** [효과] 패널에서 [비디오 전환] – [밀기] 폴더에 있는 [휩](Whip)을 찾아 텍스트 클립에 적용한 후 효과 버튼의 길이를 [15프레임]으로 짧게 조절해 보세요. 왼쪽에서 오른쪽으로 들어오는 효과는 [밀어내기]와 비슷하지만 모션 블러 효과가 적용되어 속도감 있는 자막 애니메이션을 완성할 수 있습니다. 단, [휩] 효과는 프리미어 프로 2021부터 사용할 수 있습니다.

LESSON 08
텍스트가 위로 올라가는 엔딩 크레딧 만들기

[문자 도구]로 텍스트를 입력한 후 [속성] 패널에서 [롤] 옵션을 사용하면 영화의 엔딩 크레딧처럼 화면 아래쪽에서 위쪽으로 올라가는 자막을 만들 수 있습니다. 텍스트뿐만 아니라 이미지도 함께 움직이는 엔딩 크레딧 자막을 만들어 보겠습니다.

▶ **유튜브 동영상 강의**

엔딩 크레딧 만들기
https://youtu.be/prthNxw9GW8

완성 미리보기

- **예제 파일:** Chapter 04/엔딩 크레딧.prproj
- **완성 파일:** Chapter 04/엔딩 크레딧_완성본.prproj
- **사용 글꼴:** 카페24 단정해

실습 가능 버전
프리미어 프로 2020 이상

LESSON 08 텍스트가 위로 올라가는 엔딩 크레딧 만들기 **271**

01 **엔딩 크레딧.prproj** 예제 파일을 열면 배경과 텍스트가 배치되어 있습니다. 엔딩 크레딧을 만들기 위해 ❶ [타임라인] 패널에서 V2 트랙에 있는 텍스트 클립을 선택하고 ❷ [속성] 패널의 레이어 목록에서 텍스트 레이어를 마우스 오른쪽 버튼으로 클릭한 후 ❸ [복제]를 선택합니다.

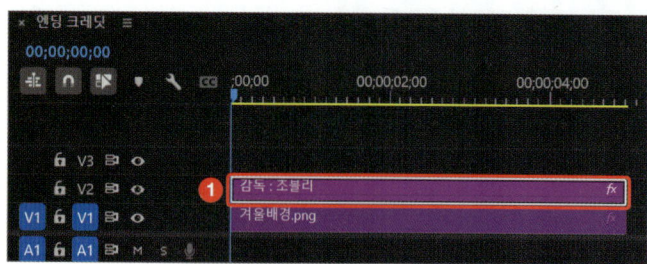 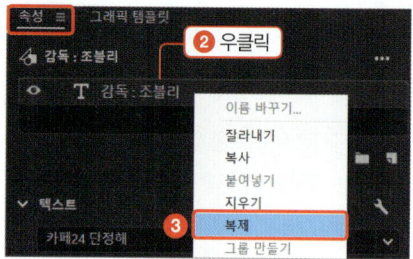

> **TIP** 텍스트 레이어를 선택하고 Ctrl + C 를 눌러 복사한 후 Ctrl + V 를 눌러 붙여넣기를 실행해도 됩니다.

02 ❶ 텍스트 레이어 복제를 반복해서 총 5개의 텍스트 레이어를 준비합니다. ❷ [선택 도구] ▶를 이용하여 [프로그램 모니터] 패널에서 각 텍스트 상자의 위치와 내용을 다음과 같이 변경합니다. 텍스트 상자의 안쪽을 클릭한 채 드래그하면 위치를 변경할 수 있고, 텍스트 상자를 더블 클릭하면 내용을 변경할 수 있습니다.

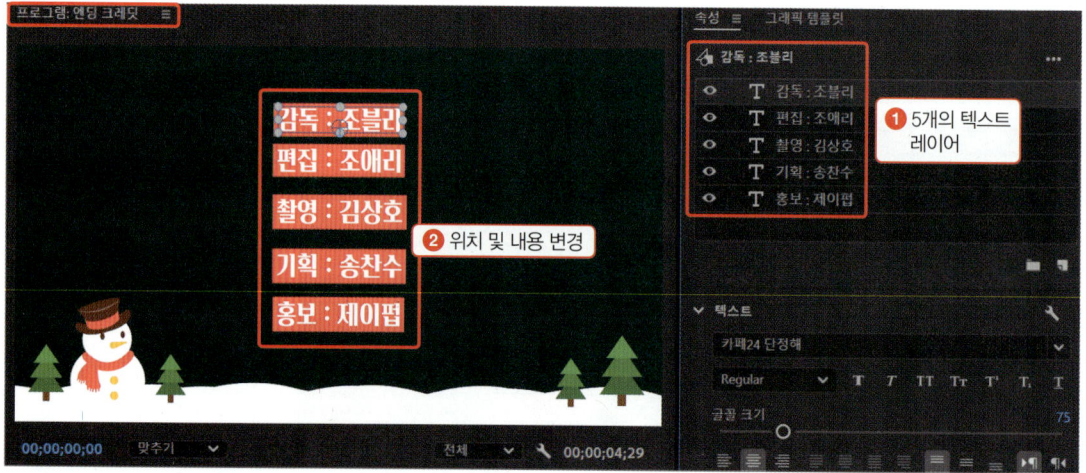

> **TIP** [선택 도구]로 텍스트 상자 안쪽을 클릭한 채 드래그해서 위치를 옮기면서 추가로 Shift 를 누르면 처음 있는 위치에서 수직, 혹은 수평으로만 움직일 수 있습니다.

03 텍스트 사이 간격을 동일하게 맞추기 위해 ① 레이어 목록에서 맨 위의 텍스트 레이어를 클릭해서 선택한 후 ② [Shift]를 누른 채 맨 아래 텍스트 레이어를 선택하면 5개의 텍스트 레이어가 모두 선택됩니다. ③ '정렬 및 변형' 영역의 [분포] 옵션에서 [세로로 분포]를 클릭하여 텍스트 상자의 세로 간격을 동일하게 맞춥니다.

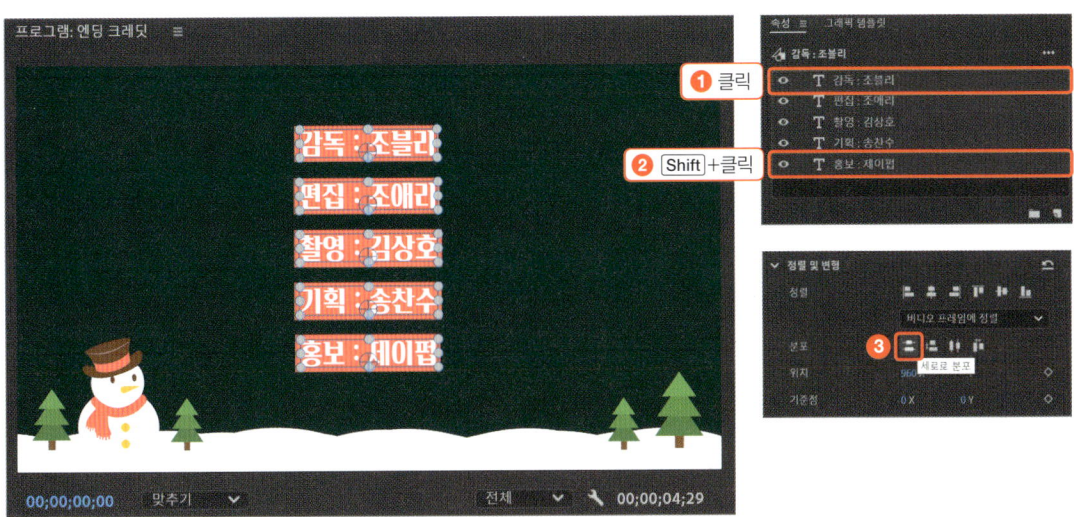

04 이번에는 짝수 줄의 텍스트만 배경을 변경하기 위해 ① 레이어 목록에서 [Ctrl]을 누른 채 두 번째와 네 번째 텍스트 레이어를 클릭해서 선택하고 ② '모양' 영역에서 [배경] 옵션의 색상을 청록색(#1E857B)으로 변경합니다.

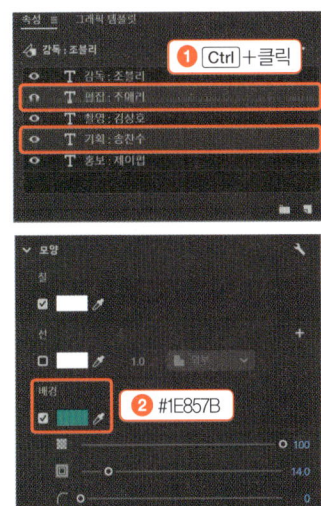

LESSON 08 텍스트가 위로 올라가는 엔딩 크레딧 만들기 273

05 이어서 엔딩 크레딧 꾸미기에 사용할 이미지를 추가하기 위해 ① 레이어 목록에서 [새 레이어] 아이콘을 클릭하고 ② [파일에서]를 선택합니다. ③ 가져오기 창이 열리면 [Chapter 04 / 영상 소스 / 크리스마스 장식] 폴더에서 이미지 파일을 모두 선택하고 ④ [열기] 버튼을 클릭합니다.

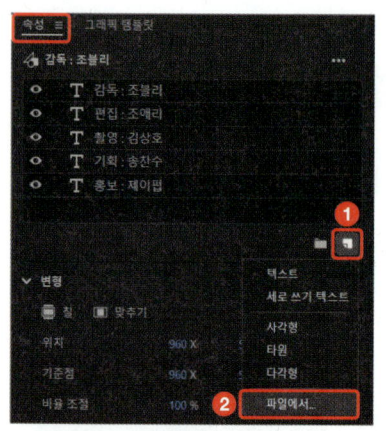
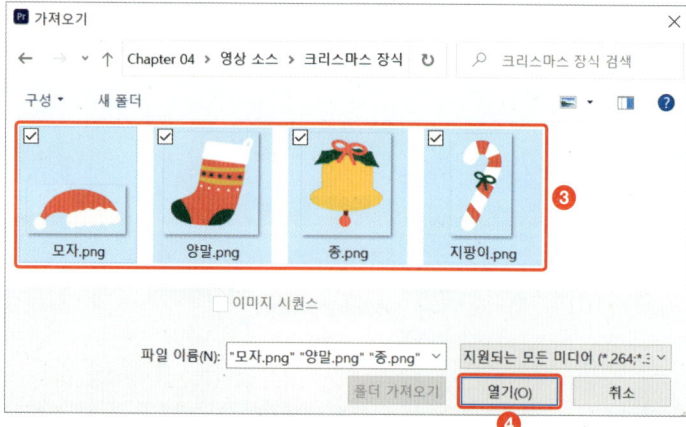

06 ① 레이어 목록에 4개의 이미지 레이어가 추가되었습니다. ② [선택 도구]를 이용하여 [프로그램 모니터] 패널에 있는 각 장식 이미지를 선택하고 위치, 크기, 각도 등을 조정하여 다음과 같이 배치합니다.

Link [프로그램 모니터] 패널에서 크기 및 위치를 변경하는 방법은 164쪽에서 자세히 설명합니다.

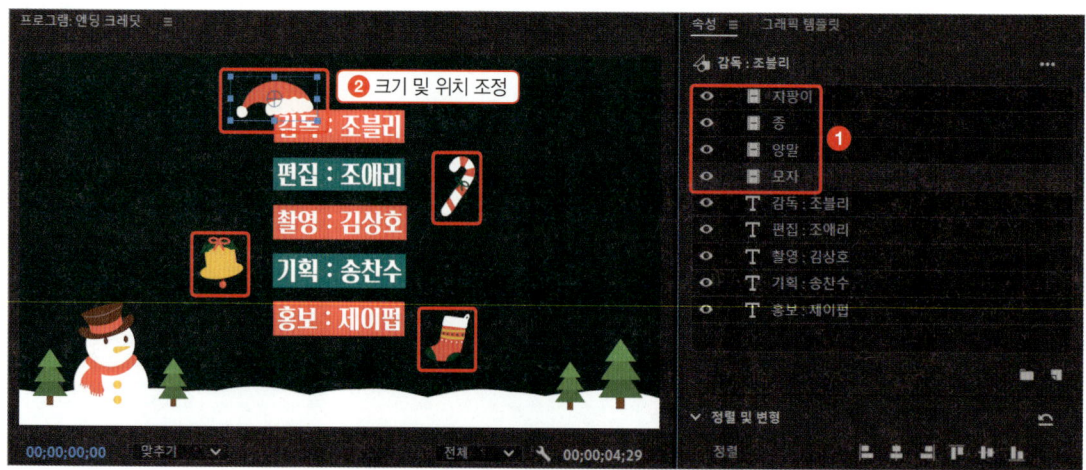

TIP 엔딩 크레딧과 같은 롤 자막은 아래에서 위로 움직이므로 텍스트 및 이미지 요소를 배치할 때 화면의 위 또는 아래 영역을 벗어나게 배치해도 됩니다.

07 지금부터는 텍스트가 아래에서 위로 올라가는 롤 자막으로 설정하겠습니다. [속성] 패널의 ❶ 레이어 목록에서 빈 공간을 클릭하여 모든 레이어 선택을 해제합니다. ❷ '반응형 디자인' 영역에서 [롤] 옵션에 체크하고, ❸ 이어서 [화면 밖에서 시작]과 [화면 밖에서 종료] 옵션에도 체크되어 있는지 확인합니다.

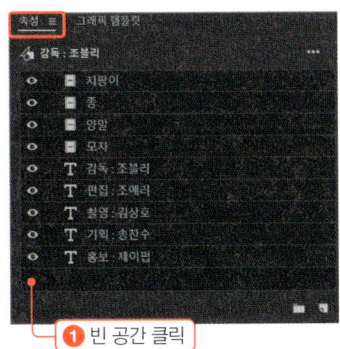
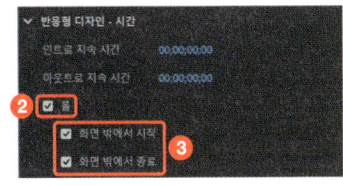

TIP 선택 중인 레이어가 있다면 [롤] 옵션이 나타나지 않습니다. 반드시 모든 레이어의 선택을 해제해 주세요.

08 영상을 재생하여 아래에서 위로 올라가는 롤 자막을 확인합니다. [프로그램 모니터] 패널을 보면 화면 오른쪽에 스크롤이 생성되어 롤 자막임을 확인할 수 있습니다.

TIP 롤 자막은 텍스트뿐만 아니라 레이어 목록에 추가된 이미지까지도 같이 움직입니다.

09 롤 자막의 속도는 [타임라인] 패널에 있는 클립의 길이로 조정할 수 있습니다. 클립의 길이가 늘어날수록 속도가 느려지고 클립의 길이가 짧아질수록 속도가 빨라집니다.

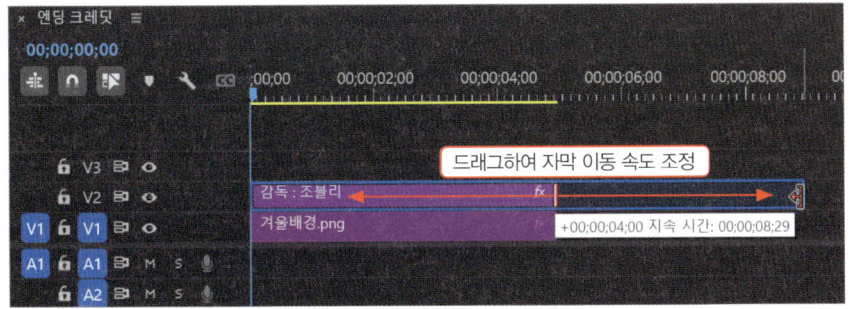

LESSON 09

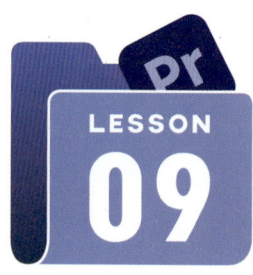

사람이나 물체를 따라 움직이는 자막 만들기

유튜브 영상에 자주 사용하는 자막 효과 중 트래킹(Tracking) 효과라는 것이 있습니다. 밋밋하고 심심한 영상도 사람이나 물체를 따라 움직이는 자막이 있으면 소소한 재미를 느낄 수 있습니다. 하나씩 움직임을 지정해야 하는 수고스러움은 있지만 일단 완성하면 만든 사람이나 보는 사람 모두 만족도 높은 결과를 얻을 수 있습니다.

완성 미리보기

- **예제 파일:** Chapter 04/자막 트래킹.prproj
- **완성 파일:** Chapter 04/자막 트래킹_완성본.prproj
- **사용 글꼴:** tvN 즐거운이야기 Bold

실습 가능 버전
프리미어 프로 CC 2018 이상

완성

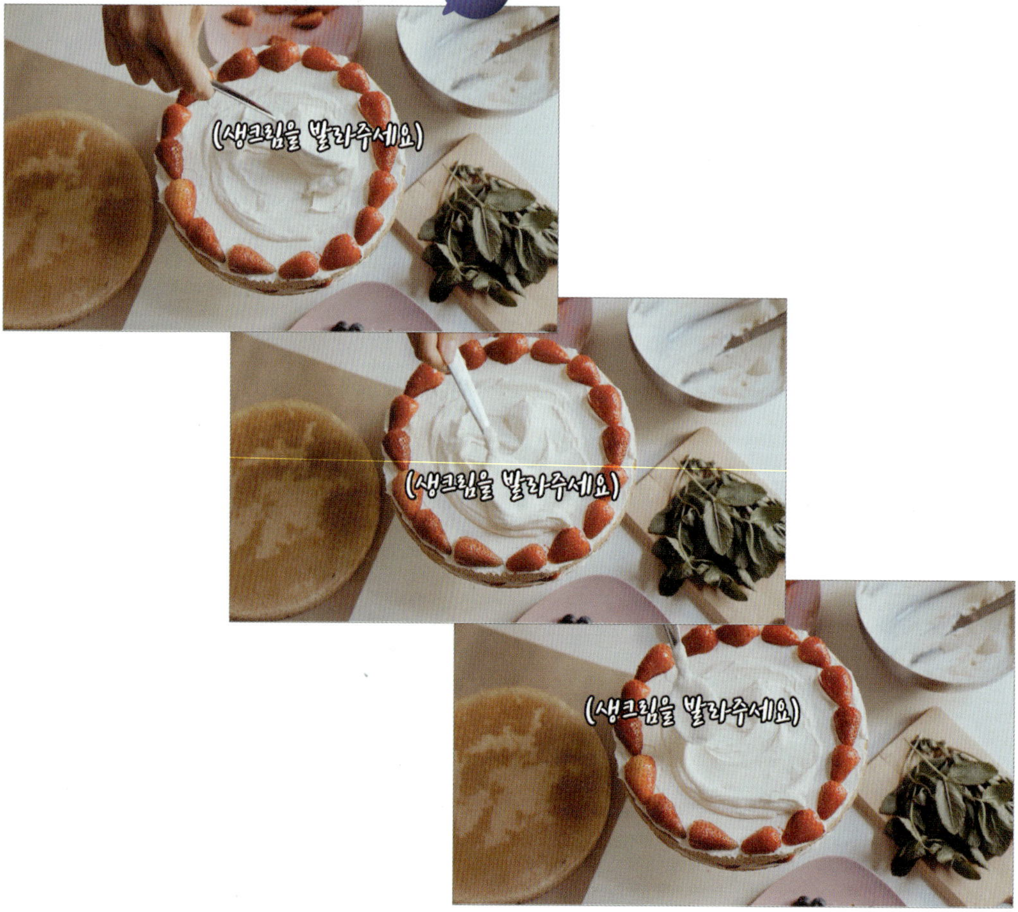

01 **자막 트래킹.prproj** 예제 파일을 엽니다. 텍스트 설정을 확인하기 위해 ① [타임라인] 패널에서 텍스트 클립을 선택하고 ② [효과 컨트롤] 패널(Shift + 5)에서 [텍스트] 옵션을 펼칩니다. ③ 글꼴, 크기, 칠 색, 선 색 및 굵기가 각각 [tvN 즐거운이야기 Bold, 120, 흰색(#FFFFFF), 검은색(#000000), 8]로 설정된 것을 확인합니다.

TIP 텍스트 관련 설정은 [속성] 패널 외에도 위와 같이 [효과 컨트롤] 패널에서도 [텍스트] 옵션을 펼친 후 확인하거나 수정할 수 있습니다.

02 움직이는 자막을 만들기 위해 ① [효과 컨트롤] 패널에서 재생헤드를 [00;00;00;00](0초)로 옮기고, ② 스크롤을 아래로 내려 [텍스트] - [변형]의 하위 옵션인 [위치] 옵션에서 스톱워치 모양의 [애니메이션 켜기/끄기] 아이콘을 클릭하여 위치 애니메이션을 활성화합니다.

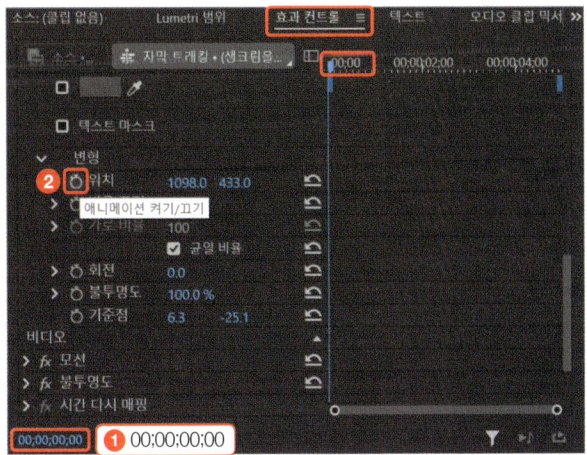

TIP '비디오' 영역의 [모션]에 있는 [위치] 옵션이 아닌 [텍스트] 옵션의 하위 옵션입니다. [모션]의 [위치] 옵션은 영상 규격의 틀 자체를 움직이는 것입니다. 여기서는 텍스트가 움직이는 것이므로 [텍스트] 옵션에 있는 하위 옵션을 설정해야 합니다. 헷갈리기 쉬우므로 꼼꼼하게 확인해 주세요.

LESSON 09 사람이나 물체를 따라 움직이는 자막 만들기 **277**

03 타임라인을 보면 0초 위치에 다이아몬드 모양의 키프레임이 생성되었죠? 이는 0초에서 위치 설정값을 저장했다는 의미입니다. ❶ 재생헤드를 [00;00;00;15](15 프레임)으로 옮긴 후 ❷ [프로그램 모니터] 패널에서 자막 텍스트를 숟가락 가운데로 드래그해서 옮깁니다. ❸ 텍스트의 위치 설정값이 바뀌면서 자동으로 키프레임이 추가됩니다.

TIP 애니메이션 기능을 활성화한 이후에 해당 옵션의 값이 바뀌면 자동으로 키프레임이 추가되며, 키프레임을 선택하고 [Delete]를 눌러 삭제할 수 있습니다. **Link** 키프레임은 360쪽에서 자세히 설명합니다.

04 위와 같은 방법으로 재생헤드를 15프레임씩 옮기면서 [프로그램 모니터] 패널의 화면에서 숟가락 위치에 따라 텍스트의 위치를 변경합니다. 이 과정을 반복하면 15프레임마다 키프레임이 추가되고, 물체(숟가락)를 따라다니는 자막이 완성됩니다.

TIP 예제에서는 15프레임 간격으로 키프레임을 추가했지만 움직임이 많지 않은 영상이라면 키프레임 간격을 늘려도 됩니다. 또한, 처음에는 키프레임을 러프하게 설정하고, 이후 영상을 재생해 보면서 움직임이 따라가지 못하는 곳으로 재생헤드를 옮긴 후 텍스트의 위치를 변경하여 키프레임을 추가하면 좀 더 자연스러운 애니메이션이 됩니다.

LESSON 10

꿈틀꿈틀 거리는 귀여운 텍스트 만들기

프리미어 프로의 비디오 효과 중 [파도 비틀기] 효과를 텍스트에 적용하면 마치 물결이 치는 듯한 움직임을 표현할 수 있고, [시간 포스터화] 효과를 더하면 뚝뚝 끊기는 느낌의 움직임을 표현할 수 있습니다. 자막에 2개의 효과를 적용하여 귀엽게 꿈틀거리는 자막을 완성해 보겠습니다.

완성 미리보기

- **예제 파일:** Chapter 04/꿈틀거리는 자막.prproj
- **완성 파일:** Chapter 04/꿈틀거리는 자막_완성본.prproj
- **사용 글꼴:** 배달의민족 을지로체

실습 가능 버전
프리미어 프로 2020 이상

완성

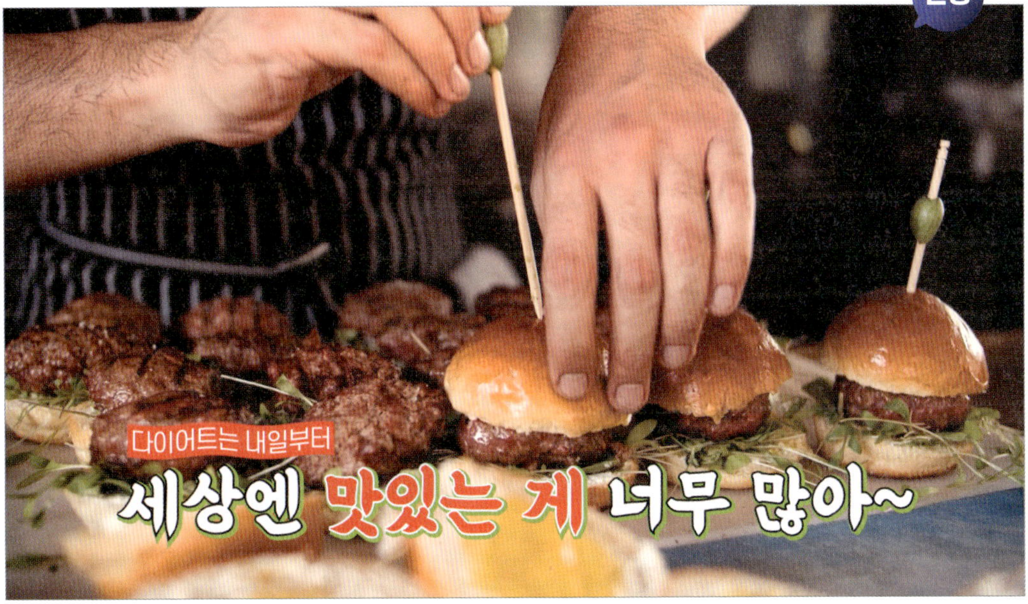

01 **꿈틀거리는 자막.prproj** 예제 파일을 엽니다. 텍스트가 입력되어 있으므로 곧바로 효과를 적용하기 위해 ❶ [효과] 패널([Shift]+[7])의 검색란에 **파도 비틀기**(Wave Warp)를 입력해서 검색한 후 ❷ [파도 비틀기] 효과를 찾아 [타임라인] 패널의 텍스트 클립으로 드래그합니다.

02 ❶ 영상을 재생해 보면 물결치듯이 움직이는 자막을 확인할 수 있습니다. 하지만, 자막이 너무 왜곡되어 움직이죠? ❷ [타임라인] 패널에서 텍스트 클립을 선택하고 ❸ [효과 컨트롤] 패널([Shift]+[5])의 '그래픽' 영역에서 [파도 비틀기] 효과 옵션 중 [물결 높이]를 4로, [물결 폭]을 100으로 변경합니다.

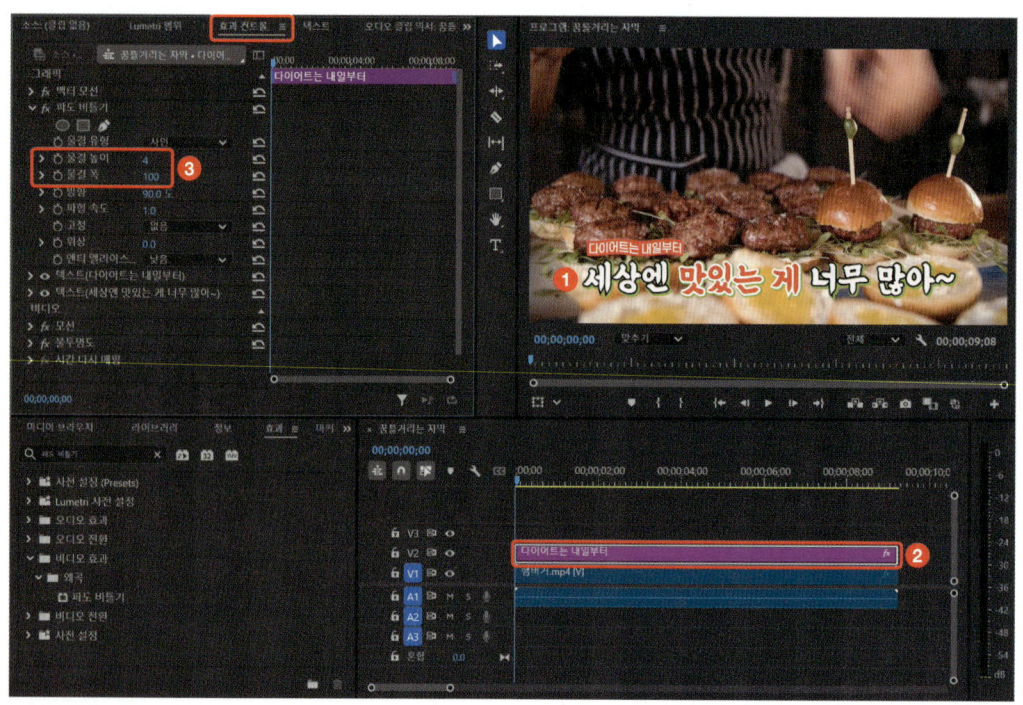

> **TIP** [파도 비틀기] 효과는 키프레임 설정 없이 물결 모양 애니메이션을 만들어 줍니다. 위에서 설정한 [물결 높이] 옵션은 값이 클수록 텍스트의 세로 방향이 왜곡되고, [물결 폭] 옵션은 값이 클수록 큰 폭으로 출렁거립니다. 옵션 설정은 정답이 없으므로 자유롭게 값을 변경해 보면서 원하는 애니메이션을 표현해 보세요.

03 영상을 재생해 보면 훨씬 더 자연스럽게 움직이죠? 이번에는 조금 더 귀여운 느낌을 추가하기 위해 ❶ [효과] 패널의 검색란을 이용해 [시간 포스터화](Posterize Time) 효과를 검색해서 찾고 ❷ 텍스트 클립으로 드래그해서 적용합니다.

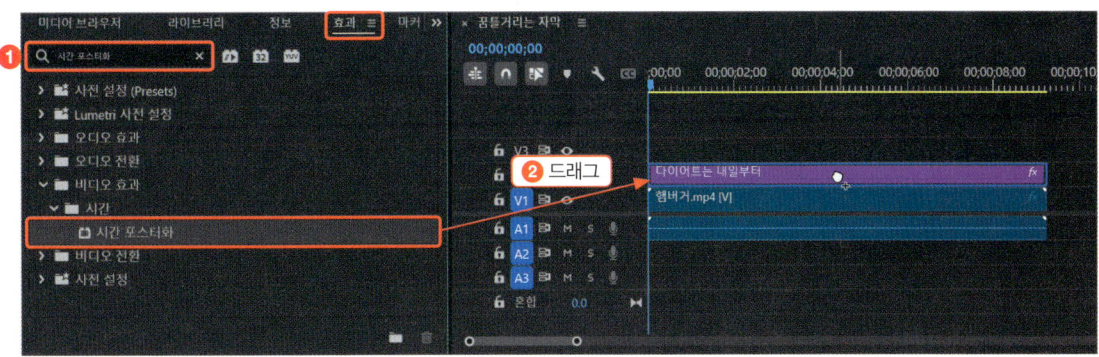

TIP [효과] 패널의 검색란에 내용이 입력되어 있으면 일치하는 이름의 효과 이외의 다른 효과는 표시되지 않습니다.

04 [효과 컨트롤] 패널에서 [시간 포스터화] 효과 옵션 중 [프레임 속도] 옵션을 5로 변경하여 1초에 5번만 움직이도록 설정합니다.

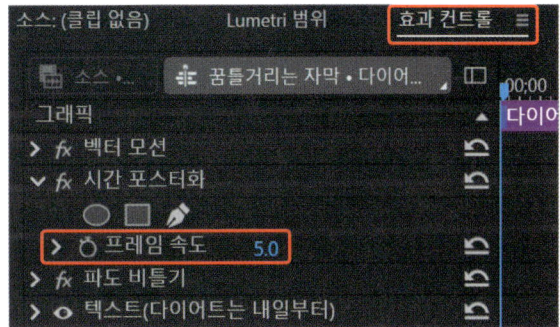

05 영상을 재생해 보면 뚝뚝 끊기면서 꿈틀꿈틀 거리는 자막을 확인할 수 있습니다. 이처럼 [파도 비틀기]와 [시간 포스터화] 효과를 사용하면 귀여운 느낌의 자막을 쉽게 완성할 수 있습니다.

금손 변신 TIP | 효과 적용 금손처럼 사용하기

이번 실습처럼 여러 효과를 적용하고, 옵션을 변경하여 완성한 설정을 다른 텍스트에도 동일하게 사용하고 싶으신가요? 그럴 때는 [효과 컨트롤] 패널에서 Ctrl을 누른 채 적용한 효과인 [시간 포스터화]와 [파도 비틀기] 효과 옵션을 클릭해서 다중 선택하고 마우스 오른쪽 버튼을 클릭한 후 [사전 설정 저장]을 선택합니다.

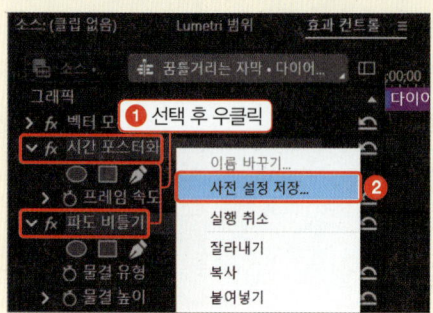

다음과 같이 사전 설정 저장 창이 열리면 [이름] 옵션에 원하는 이름을 입력하고 [확인] 버튼을 클릭합니다. 이제 [효과] 패널에서 [사전 설정] 폴더를 펼치면 저장한 이름(꿈틀거리는 자막)의 효과를 확인할 수 있습니다. 이 효과를 선택하여 원하는 클립에 드래그해서 적용하면 앞서 실습 과정을 한 방에 완성할 수 있습니다.

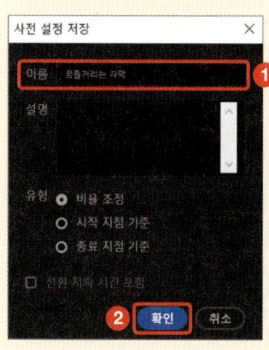
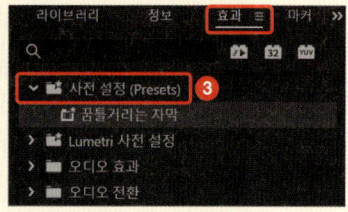

LESSON 11
음성을 텍스트로 변환하여 빠르게 자막 만들기

프리미어 프로 2022 이상을 사용 중이라면 음성 인식 기능을 이용하여 영상에 포함된 오디오 음성을 텍스트로 변환하여 손쉽게 자막을 만들 수 있습니다. 프리미어 프로의 편리한 자동 자막 기능에 대해 자세히 살펴보겠습니다.

▶ **유튜브 동영상 강의**
음성을 텍스트로 변환하기(자동 자막)
https://bit.ly/pr-autocaptions

▶ **유튜브 동영상 강의**
무음 구간 자동 편집
https://bit.ly/pr-cut-silence

완성 미리보기

- **예제 파일**: Chapter 04/자동자막.prproj
- **완성 파일**: Chapter 04/자동자막_완성본.prproj
- **사용 글꼴**: 카페24 단정해

실습 가능 버전
프리미어 프로 2022 이상

Pr 음성을 인식하여 텍스트로 변환하기

프리미어 프로의 기본 기능 중 영상에 포함된 오디오 음성을 텍스트로 변환하는 방법부터 살펴보겠습니다.

01 **자동자막.prproj** 예제 파일을 엽니다. 오디오 음성을 텍스트로 변환하기 위해 ❶ 메뉴 바에서 [창]
-[텍스트]를 선택해서 [텍스트] 패널을 엽니다. ❷ [타임라인] 패널에서 [유튜브 촬영] 클립을 선택하고
❸ [텍스트] 패널의 [캡션] 탭에서 [대본으로 캡션 만들기] 버튼을 클릭합니다.

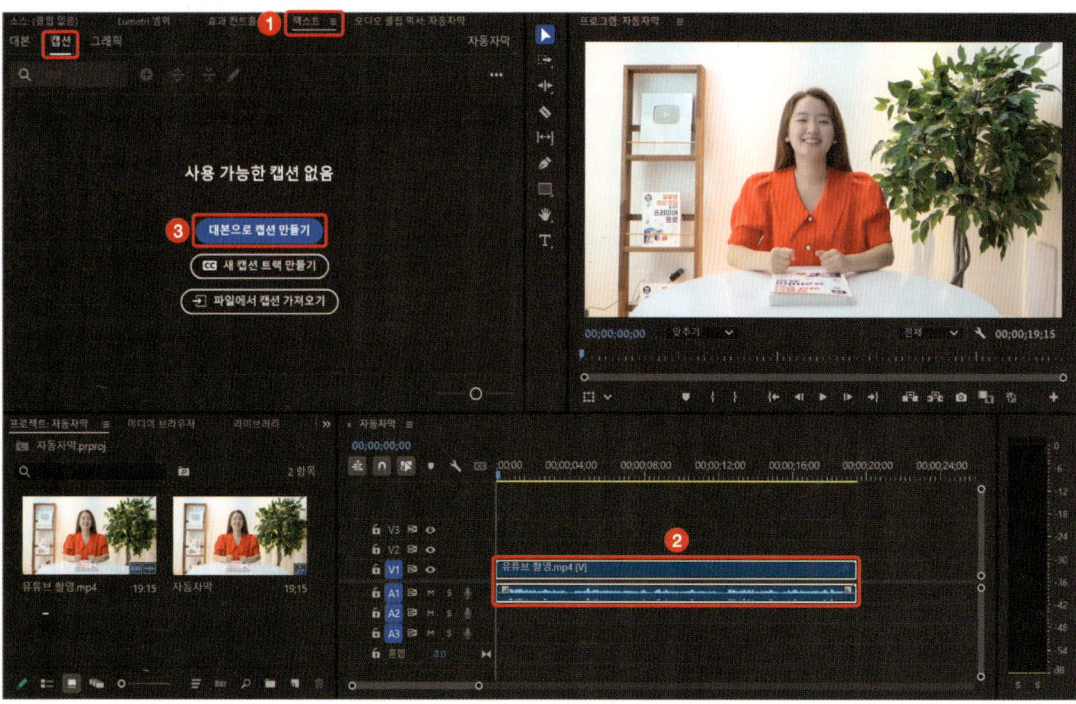

> **TIP** 사용 중인 프리미어 프로의 버전에 따라 [대본으로 캡션 만들기] 버튼이 [시퀀스 받아쓰기] 또는 [만들기]라고 표시되기도 합니다.

> **TIP** 대본으로 캡션 만들기 기능을 미리 사용하여 [캡션] 탭의 화면이 위와 다르다면 [타임라인] 패널에서 캡션 트랙(C1)에 있는 눈 모양 아이콘의 오른쪽 빈 공간을 마우스 오른쪽 버튼으로 클릭한 후 [트랙 삭제]를 선택합니다. [타임라인] 패널에서 C1 트랙이 지워지면서 [텍스트] 패널의 [캡션] 탭도 초기화됩니다.

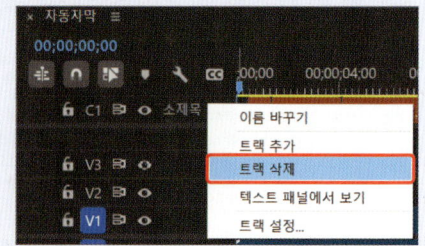

02 캡션 만들기 창이 열리면 ❶ [캡션 작업 환경 설정] 옵션을 펼치고 ❷ 자막을 한 줄로 만들기 위해 아래쪽에 있는 [줄 수] 옵션을 [한 줄]로 설정합니다. ❸ 다음으로 [받아쓰기 환경 설정] 옵션을 펼치고 ❹ [언어] 옵션을 [한국어]로, [화자 구분] 옵션을 [예, 화자를 분리합니다]로 설정한 후 ❺ [받아쓰기 및 캡션 만들기] 버튼을 클릭합니다.

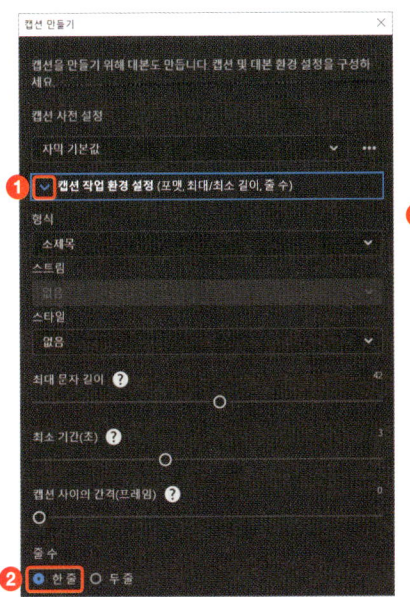
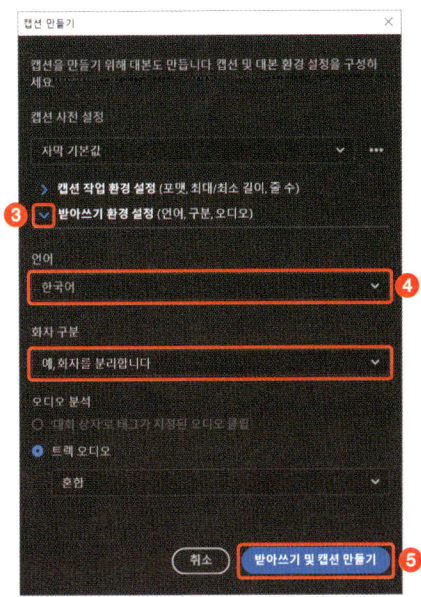

03 자동 받아쓰기가 끝난 후 [캡션] 탭을 보면 시간대별 한 줄로 표시될 정도의 분량으로 자동 인식된 대본이 표시됩니다. 잘못 인식된 부분이 있다면 더블 클릭한 후 내용을 수정합니다.

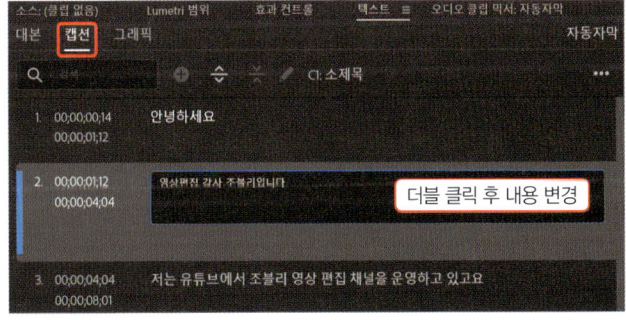

TIP 캡션의 언어나 줄 수 등을 변경하여 다시 만들고 싶다면 [대본] 탭에서 […] 아이콘을 클릭한 후 [시퀀스 다시 받아쓰기]를 선택합니다. 그런 다음 [캡션 만들기] 버튼을 클릭하여 새로운 캡션을 만듭니다. 프리미어 프로의 버전에 따라 [대본] 탭이 자동으로 열리지 않을 때도 [대본] 탭에서 내용을 수정한 후 [캡션 만들기] 버튼을 클릭하면 됩니다.

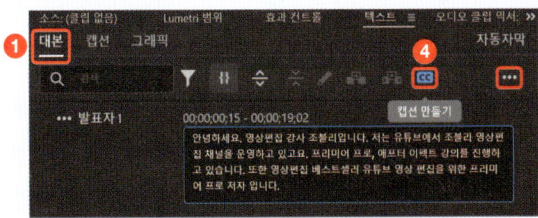
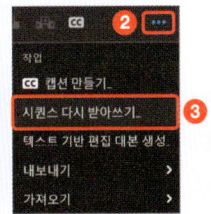

04 [타임라인] 패널을 보면 C1 트랙이 추가되어 있으며, [텍스트] 패널의 [캡션] 탭과 동일한 시간대별로 캡션 클립이 배치되어 있습니다. [캡션] 탭에서 텍스트를 변경하면 캡션 클립에도 바로 반영됩니다.

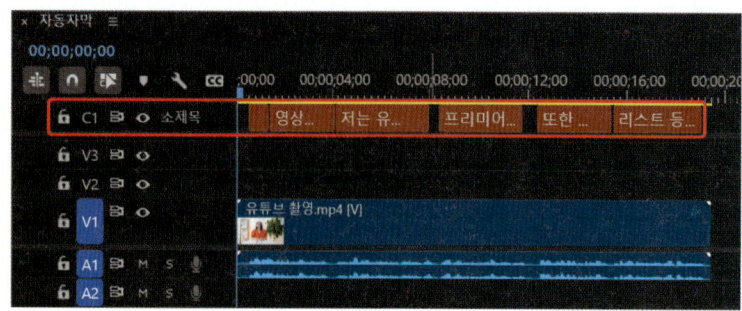

TIP C1 트랙에 있는 캡션 클립들의 사이 공백은 클립의 가장자리를 클릭한 채 드래그해서 늘리면 채울 수 있습니다. 또한, [텍스트] 및 [프로그램 모니터] 패널에서 텍스트를 더블 클릭하여 내용을 수정할 수도 있습니다.

Pr 캡션 스타일을 한 번에 변경하기

자동으로 배치된 캡션 클립의 자막 텍스트는 기본값으로 글꼴, 크기, 색상, 위치 등이 설정되어 있습니다. 이러한 설정을 원하는 모든 클립에서 지정한 스타일로 일괄 변경하는 방법을 알아보겠습니다.

01 ❶ [타임라인] 패널에서 임의의 캡션 클립을 하나 선택합니다. ❷ [속성] 패널에서 원하는 스타일로 텍스트 옵션을 변경하면 됩니다. 여기서는 [글꼴]을 **카페24 단정해**, [크기]를 55, [칠]을 **검은색(#191717)**, [배경]에 체크한 후 **흰색(#FFFFFF)**, 불투명도 80%, 크기 12로 설정하고, [어두운 영역] 옵션은 체크 해제했습니다.

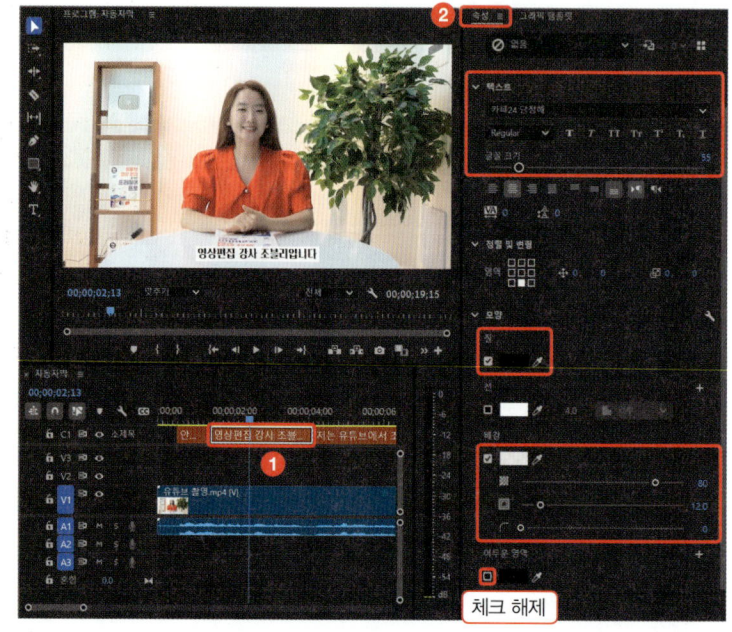

체크 해제

TIP 캡션과 같은 텍스트 관련 작업 중에는 [캡션 및 그래픽] 레이아웃을 사용하는 것이 좋습니다. **Link** 작업 영역의 레이아웃 변경 방법은 075쪽에서 자세히 설명합니다.

02 캡션 자막의 위치도 변경하기 위해 [속성] 패널의 '정렬 및 변형' 영역에서 [세로 위치 설정] 옵션을 -30으로 변경하여 처음 위치에서 위쪽으로 조금 옮깁니다.

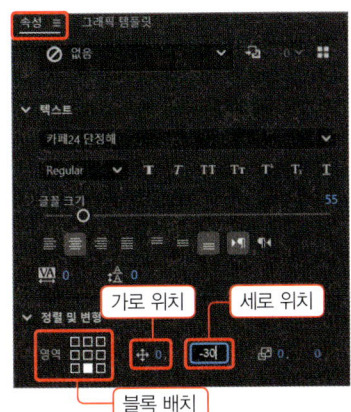

> **TIP** '정렬 및 변형' 영역의 [영역] 옵션에서 블록 배치 아이콘을 이용하여 자막의 위치를 변경할 수도 있습니다. 화면의 중앙 또는 오른쪽 상단 등 자막을 배치하고 싶은 위치를 클릭하여 대략적인 위치를 옮긴 후 [가로 위치 설정] 또는 [세로 위치 설정] 옵션을 이용해 세부 위치를 조정하면 편리합니다.

03 지금까지 설정한 텍스트 옵션을 다른 캡션 클립에 빠르게 적용하려면 스타일로 저장해야 합니다. ❶ '트랙 스타일' 영역에서 [스타일 다시 정의] 아이콘을 클릭합니다. ❷ '스타일 다시 정의' 창이 열리면 [트랙의 모든 캡션]을 선택하고 ❸ [확인] 버튼을 클릭합니다. ❹ 자막 스타일을 저장하기 위해 [+]를 클릭한 후 ❺ [스타일 만들기]를 선택합니다. ❻ 새 텍스트 스타일 창이 열리면 사용할 이름을 입력하고 ❼ [확인] 버튼을 클릭합니다.

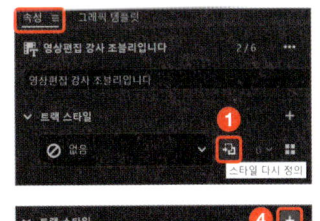

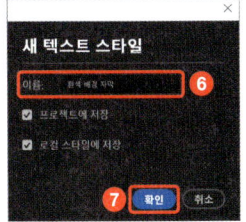

> **TIP** 프리미어 프로 2024 이전 버전은 '트랙 스타일'에서 [없음]을 클릭하고 [스타일 만들기]를 선택합니다.

> **TIP** 위와 같은 방법으로 여러 개의 트랙 스타일을 저장할 수 있습니다. 이후 [트랙 스타일] 옵션을 클릭하면 저장된 스타일 목록이 표시되고, 원하는 스타일을 선택하면 현재 트랙에 있는 모든 캡션 클립에 일괄 반영됩니다.

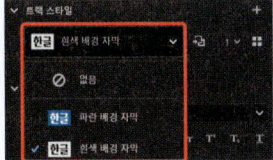

LESSON 11 음성을 텍스트로 변환하여 빠르게 자막 만들기

04 재생헤드를 움직이면서 변경된 자막을 확인해 보세요. 하나의 클립에서 스타일을 변경하고, 트랙 스타일로 저장했을 뿐인데, C1 트랙의 모든 캡션 클립에 동일한 스타일이 반영된 것을 확인할 수 있습니다.

TIP [타임라인] 패널에서 변경할 캡션 자막을 모두 선택하고 상단 메뉴 바에서 [그래픽 및 타이틀] - [캡션을 그래픽으로 업그레이드](Upgrade Caption to Graphic)를 선택하면 캡션 자막을 일반 그래픽 자막으로 변경할 수 있습니다.

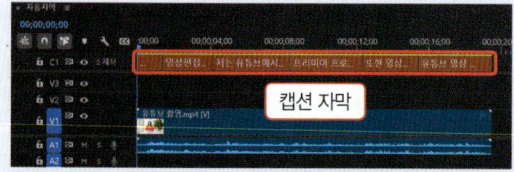
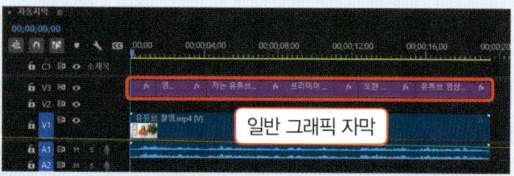

TIP [프로젝트] 패널을 보면 앞에서 저장한 트랙 스타일이 생성되어 있습니다. 트랙 스타일에서 마우스 오른쪽 버튼을 클릭하고 [텍스트 스타일 내보내기](Export Text Styles)를 선택하면 별도의 트랙 스타일 파일로 저장할 수 있습니다. 이렇게 저장한 파일을 다른 프로젝트의 [프로젝트] 패널로 불러와서 사용할 수도 있습니다.

금손 변신 TIP 프리미어 프로 자동 자막 금손처럼 사용하기

▶ 대본에서 텍스트 찾아 바꾸기

[**텍스트**] 패널의 검색란을 이용해 자동으로 인식된 텍스트에서 원하는 내용을 검색해서 찾을 수 있으며, 다른 내용으로 변경할 수도 있습니다. 예를 들어 예시처럼 ① [**조블리**]를 입력해서 검색하면 '조블리'만 블록으로 지정됩니다.

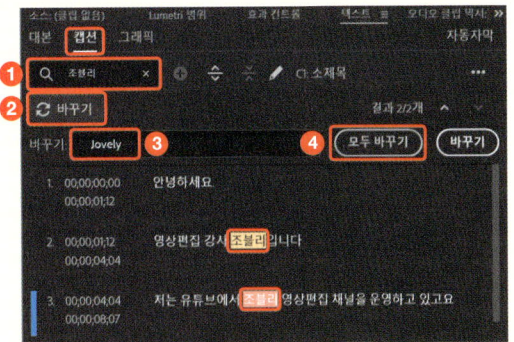

이어서 ② [**바꾸기**] 아이콘을 클릭한 후 [**바꾸기**] 옵션에 ③ [**Jovely**]를 입력하고 ④ [**모두 바꾸기**] 버튼을 클릭하면 '조블리'가 일괄 ⑤ 'Jovely'로 변경되고, 캡션 클립에도 반영됩니다.

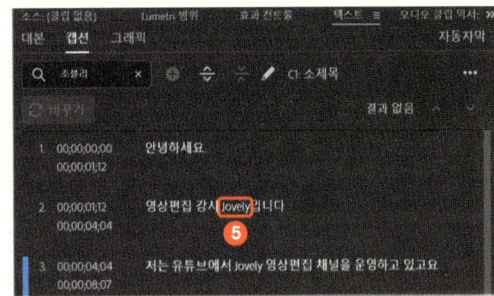

▶ 캡션 병합 또는 분할하기

캡션 병합하기: Shift 를 누른 채 하나로 합칠 텍스트 블록을 모두 선택한 후 [**캡션 병합**] 아이콘을 클릭합니다. 나눠져 있던 블록이 하나로 합쳐집니다.

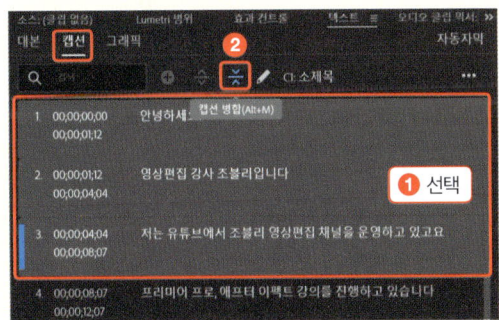
▲ 캡션 병합 전

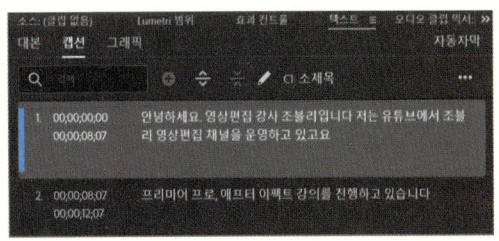
▲ 캡션 병합 후

캡션 분할하기: 반대로 캡션을 분할할 때는 분할할 하나의 텍스트 블록을 선택하고 분할할 시간으로 재생헤드를 옮긴 후 [**캡션 분할**] 아이콘을 클릭합니다.

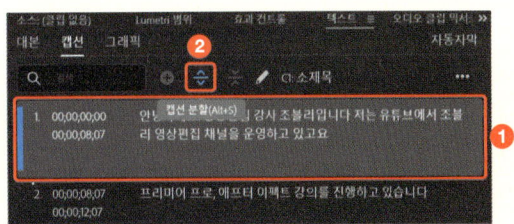

다른 클립과 마찬가지로 [타임라인] 패널에서 재생헤드를 옮기고 Ctrl+K를 눌러 캡션 클립을 자를 수도 있습니다. 또한, 일반 클립처럼 클립의 길이를 늘리거나 줄일 수 있습니다. 캡션 클립을 분할한 후에는 [텍스트] 패널이나 [프로그램 모니터] 패널에서 내용에 맞춰 텍스트를 변경합니다.

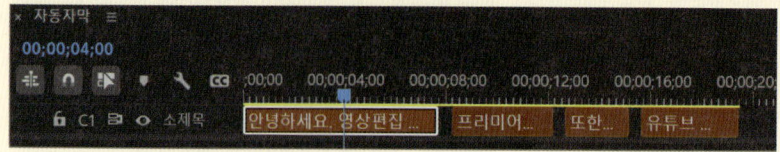

▶ 자막 가져오거나 내보내기

SRT 자막 파일 가져오기: 외부에서 제작한 SRT(SubRip Text) 자막 파일을 사용하고 싶다면 [텍스트] 패널의 [캡션] 탭에서 [파일에서 캡션 가져오기] 버튼을 클릭합니다. 프리미어 프로의 캡션 기능을 사용하여 SRT 파일을 편집할 수 있습니다.

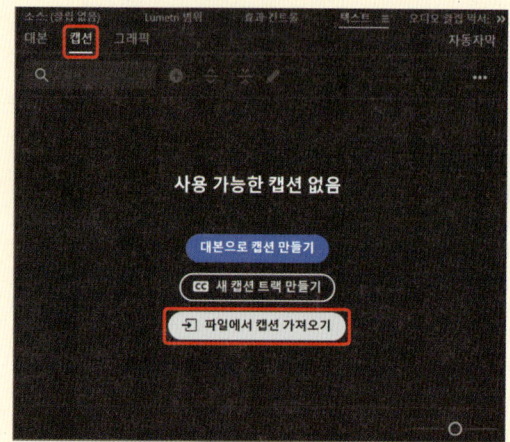

자막 내보내기: 프리미어 프로에서 제작한 캡션을 SRT 파일 등으로 내보낼 수도 있습니다. [텍스트] 패널에서 캡션 자막을 완성했다면 패널 오른쪽 위에 있는 [⋯] 아이콘을 클릭한 후 [내보내기] 옵션을 선택하고 원하는 파일 형식의 내보내기 메뉴를 선택합니다. 저장된 자막 파일을 열어 보면 타임코드와 자막 내용을 확인할 수 있습니다.

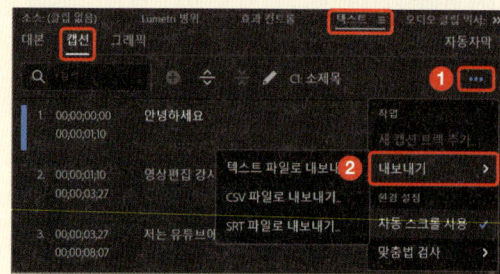

▶ 캡션 내보내기 관련 옵션 설정하기

외국 영화를 볼 때 자막 기능을 켜거나 끌 수 있듯이, 캡션으로 만든 자막은 일반 텍스트로 만든 자막과 달리 자막 파일을 따로 출력하여 관리할 수도 있습니다.

프리미어 프로에서 [내보내기] 탭을 클릭하여 내보내기 화면이 열리면 [설정] 패널에서 '캡션' 영역을 펼칩니다. 그런 다음 [내보내기 옵션]에서 [비디오에 캡션 굽기]를 선택하면 자막이 기본으로 포함된 영상으로 출력되고, [사이드카 파일 만들기]를 선택하면 영상과 자막이 별도로 출력됩니다.

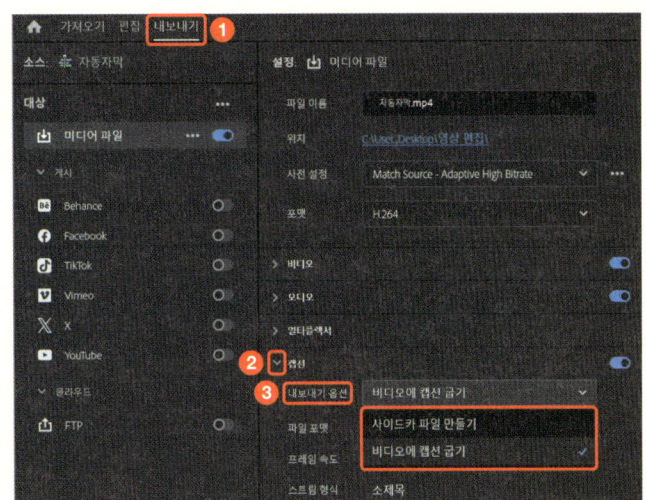

TIP 영상을 시청할 때 자막을 켜거나 끄기 위해서는 [사이드카 파일 만들기]로 설정하여 따로 출력해야 합니다. 이때 자막은 SRT 파일로 출력됩니다. **Link** 영상 내보내기는 527쪽에서 자세히 설명합니다.

▶ 여러 언어로 캡션 자동 번역하기 (25.2 버전부터 가능)

프리미어 프로 2025(버전 25.2)부터는 '캡션 번역' 기능을 사용해 영어, 스페인어, 일본어, 중국어 등 다양한 언어로 자동 번역된 캡션 트랙을 생성할 수 있습니다.

[**캡션**] 탭의 아이콘을 클릭하거나, [⋯] 메뉴에서 [**캡션 번역**]을 선택합니다. [**소스 언어**]에서 '한국어'를 확인하고, [**대상 언어**]에서 번역할 언어를 선택한 뒤 [**번역**] 버튼을 클릭하면 다국어 캡션 트랙이 자동 생성됩니다.

생성된 캡션 트랙은 기본적으로 비활성화되어 기존 캡션과 겹쳐 보일 수 있으니, 눈 모양 아이콘을 눌러 트랙을 활성화한 후 위치를 조정해 주세요. **Link** 캡션 스타일과 위치 변경 방법은 287쪽에서 자세히 설명합니다.

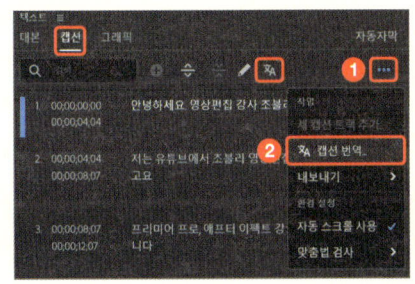
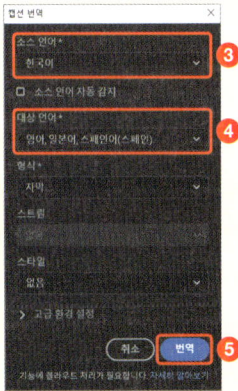

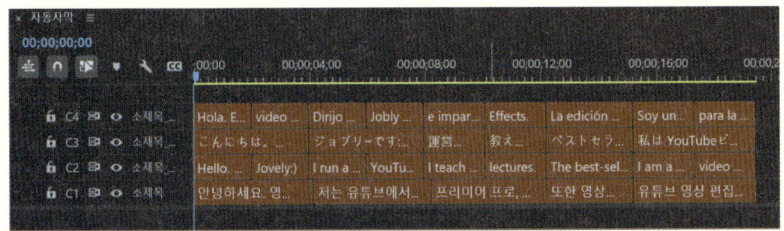

▲ '캡션 번역'으로 생성된 다국어 캡션 트랙

LESSON 12
고품질을 보장하는 모션 그래픽 템플릿 활용하기

빠르게 영상의 품질을 높이는 방법 중 하나는 모션 그래픽 템플릿을 사용하는 것입니다. 여기서는 애프터 이펙트에서 만든 모션 자막 템플릿을 가져와서 활용하는 방법을 알아보겠습니다. 참고로 모션 그래픽 템플릿은 인터넷이나 유튜브 등에서 검색으로 찾아 다운로드할 수 있습니다.

▶ 모션 그래픽 템플릿 추가한 후 사용하기

▶ 유튜브 동영상 강의

그라데이션 모션 자막 템플릿 활용하기
https://youtu.be/JN7FNtYGUbc

완성 미리보기

- **예제 파일:** Chapter 04/모션 자막 템플릿.prproj
- **완성 파일:** Chapter 04/모션 자막 템플릿_완성본.prproj
- **사용 글꼴:** SB 어그로

실습 가능 버전
프리미어 프로 2021 이상

01 **모션 자막 템플릿.prproj** 예제 파일을 엽니다. ❶ [그래픽 템플릿] 패널에서 ❷ [내 템플릿]을 클릭한 후 패널 오른쪽 위에 있는 ❸ [모션 그래픽 템플릿 설치] 아이콘을 클릭합니다.

TIP 템플릿 목록이 나열되어 있을 때 [정렬] 아이콘을 클릭하고 [최근]을 선택하면 최근에 가져온 템플릿 순서대로 정렬됩니다.

02 열기 창이 열리면 ❶ 예제 파일 중 [Chapter 04/모션 자막 템플릿] 폴더의 [1.아래에서 위로.mogrt]를 찾아 선택한 후 ❷ [열기] 버튼을 클릭합니다.

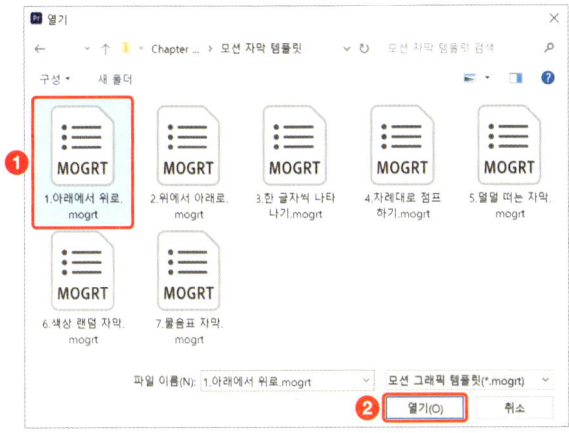

TIP 여러 개의 템플릿을 한 번에 가져오려면 Windows나 macOS의 파일 탐색기를 실행하고, 가져올 템플릿을 모두 찾아 선택한 후 [내 템플릿]의 목록으로 직접 드래그해서 추가합니다.

03 [그래픽 템플릿] 패널에서 검색란을 이용하거나 정렬 순서를 [최근]으로 변경하여 ❶ 앞서 가져온 [1.아래에서 위로] 템플릿을 찾아 선택하고 ❷ [타임라인] 패널의 V2 트랙으로 드래그하여 배치합니다.

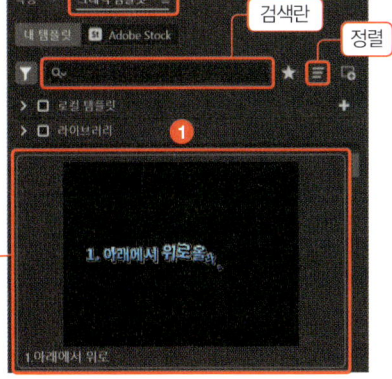

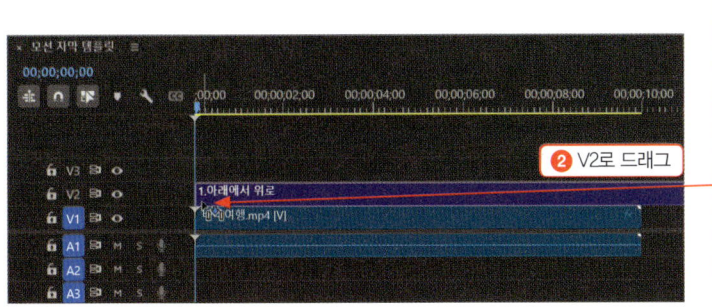

LESSON 12 고품질을 보장하는 모션 그래픽 템플릿 활용하기 293

04 영상을 재생해 보면 아래에서 위로 한 글자씩 나타나죠? 텍스트를 수정하기 위해 ① [타임라인] 패널에서 템플릿 클립을 선택한 후 ② [속성] 패널에서 [텍스트 입력]의 내용을 변경하고, ③ 아래와 같이 상세옵션도 변경한 후 결과를 확인해 봅니다.

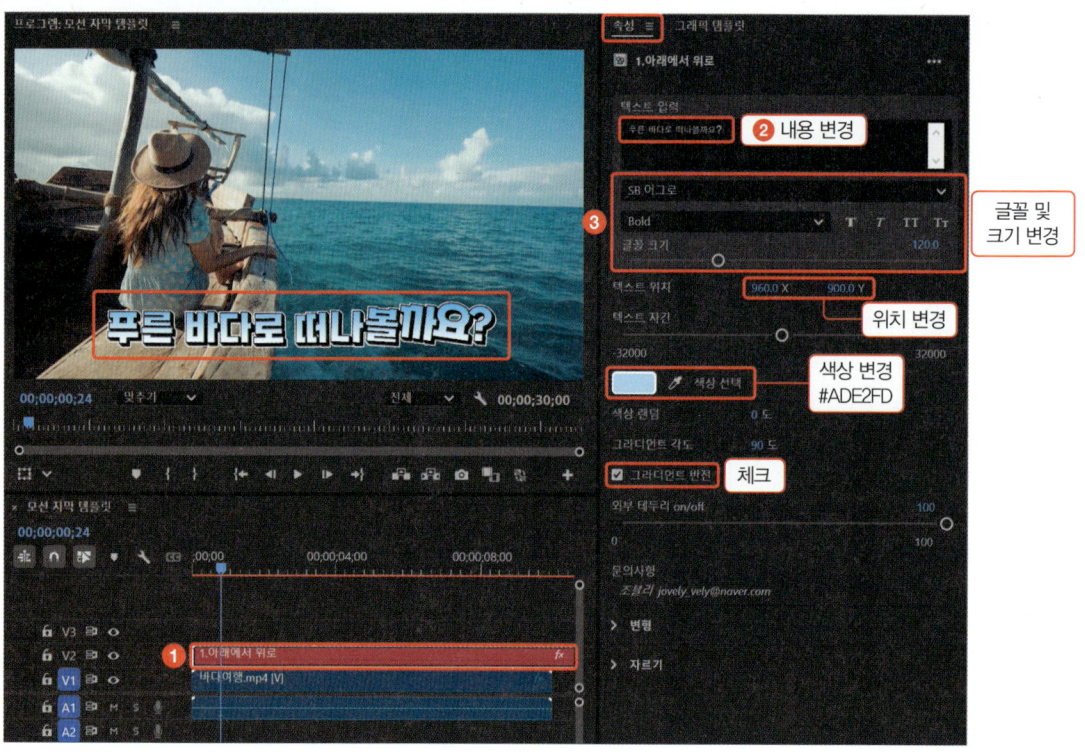

TIP [속성] 패널에서 수정할 수 있는 옵션의 종류는 사용한 템플릿에 따라 차이가 있습니다.

TIP 템플릿에 설정되어 있는 움직임의 속도를 조절하고 싶다면 [타임라인] 패널에서 템플릿 클립을 마우스 오른쪽 버튼으로 클릭한 후 [속도/지속 시간]을 선택합니다. 클립 속도/지속 시간 창이 열리면 [속도] 옵션을 조정하면 됩니다. 속도는 100%가 기본값이며 숫자가 클수록 빨라지고 작을수록 느려집니다. **Link** 클립 속도/지속 시간 창의 상세 옵션은 180쪽에서 자세히 설명합니다.

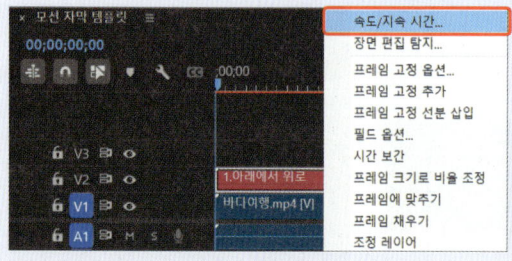 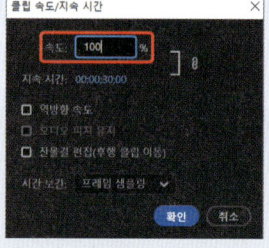

모션 그래픽 템플릿의 미디어 교체하기

프리미어 프로 2021부터는 모션 그래픽 템플릿에 이미지나 영상을 추가할 수 있는 미디어 교체 기능이 추가되었습니다. 미디어 교체 기능으로 템플릿을 좀 더 자유롭게 활용하는 방법을 알아보겠습니다.

▶ **유튜브 동영상 강의**

3초 만에 사진으로 동영상 만들기(템플릿 활용)
https://youtu.be/EEOfk76-6yo

완성 미리보기

- **예제 파일:** Chapter 04/미디어 템플릿.prproj
- **완성 파일:** Chapter 04/미디어 템플릿_완성본.prproj
- **사용 글꼴:** 나눔명조

실습 가능 버전
프리미어 프로 2021 이상

▲ 완성1

▲ 완성2

LESSON 12 고품질을 보장하는 모션 그래픽 템플릿 활용하기 295

01 미디어 템플릿.prproj 예제 파일을 엽니다. ❶ Windows의 파일 탐색기를 실행한 후 예제 파일 중 [Chapter 04/모션 그래픽 템플릿] 폴더에서 [폴라로이드.mogrt]를 선택합니다. ❷ [그래픽 템플릿] 패널의 [내 템플릿] 목록으로 드래그하여 템플릿을 설치합니다.

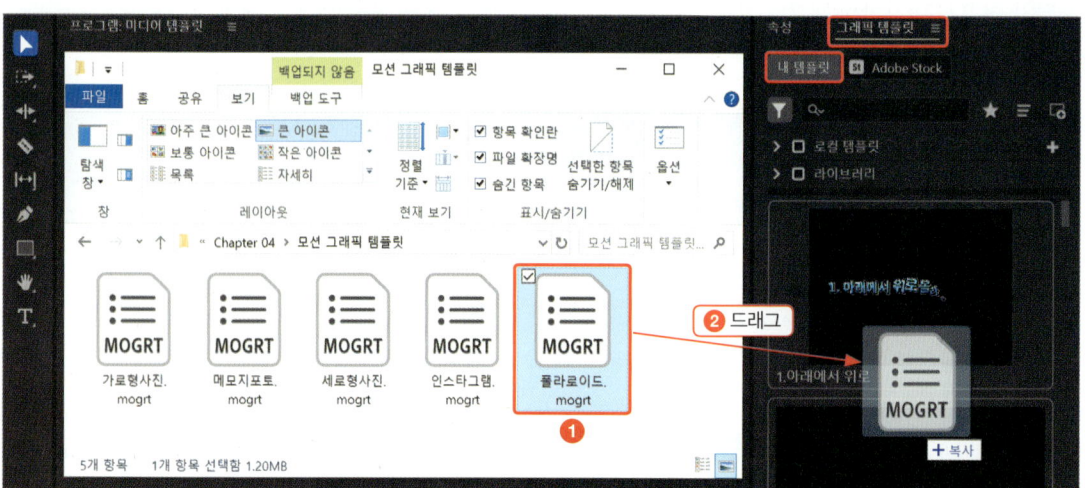

TIP 파일 탐색기에서 [내 템플릿] 목록으로 템플릿을 드래그하면 여러 개의 템플릿을 한 번에 설치할 수 있습니다.

02 [내 템플릿] 목록에서 검색란을 이용하거나 정렬 순서를 [최근]으로 변경하여 ❶ 새로 설치한 [폴라로이드] 템플릿을 찾아 선택하고 ❷ [타임라인] 패널의 V1 트랙으로 드래그하여 배치합니다.

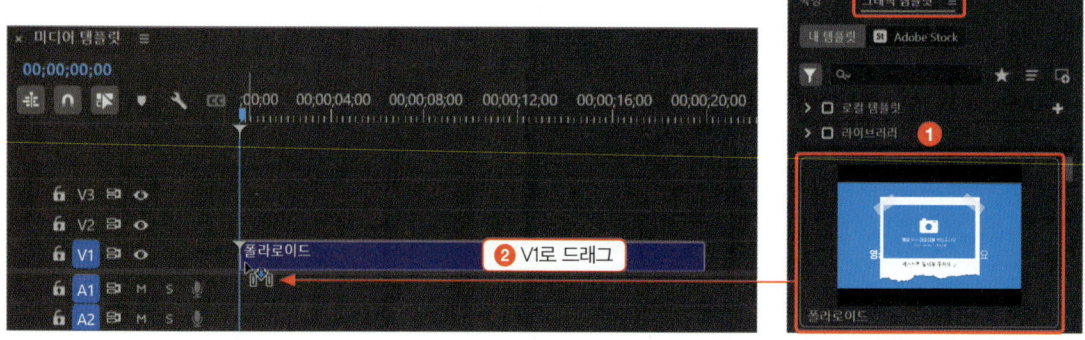

TIP 템플릿을 불러올 때는 시퀀스를 미리 생성한 후 드래그해야 합니다.

03 템플릿의 기본 미디어를 교체하기 위해 ❶ [타임라인] 패널에서 템플릿 클립을 선택한 후 ❷ [프로젝트] 패널에서 [바다 피크닉] 영상을 [속성] 패널의 '이미지 교체' 영역으로 드래그하여 교체합니다.

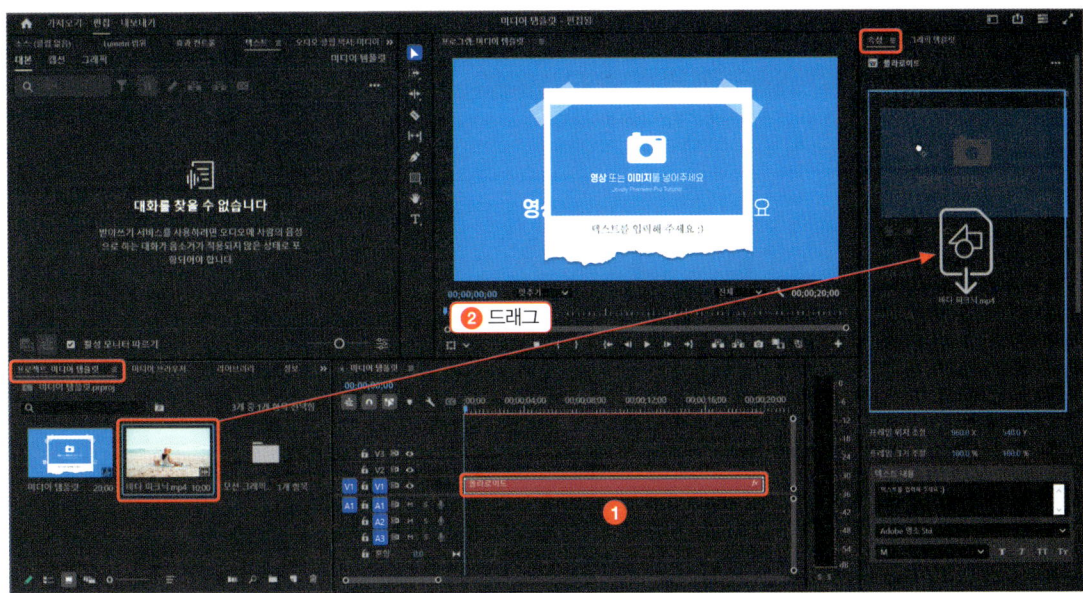

TIP 위와 같은 방법으로 이미지 소스를 드래그하여 교체할 수도 있습니다.

04 영상을 확인해 보면 폴라로이드 사진 안쪽과 배경이 변경되었죠? 이번에는 ❶ [속성] 패널의 [텍스트 내용] 입력란에 적절한 내용을 입력하고 ❷ 다음과 같이 텍스트 옵션을 변경합니다.

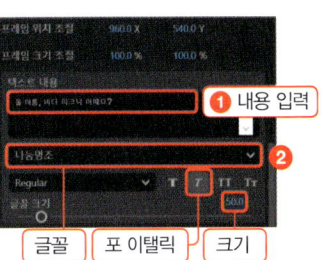

LESSON 12 고품질을 보장하는 모션 그래픽 템플릿 활용하기 **297**

05 이번 템플릿은 배경을 수정할 수도 있습니다. **[속성]** 패널에서 스크롤을 맨 아래로 내린 후 **[배경 색상]**, **[배경 불투명도]**, **[배경 블러]** 옵션을 다양한 값으로 수정해 보세요. 다음과 같이 다양한 느낌을 연출할 수 있습니다.

> **TIP** [배경 색상] 옵션을 변경할 때는 [스포이트] 아이콘을 클릭한 후 원하는 색상을 클릭하면 바로 [배경 색상] 옵션이 변경됩니다. 폴라로이드 안쪽의 색상을 추출하여 배경 색상으로 지정하면 자연스러운 배경을 만들 수 있습니다.

금손 변신 TIP | 모션 그래픽 템플릿 금손처럼 사용하기

▶ Adobe Stock 제공 무료 템플릿 사용하기

앞서 실습처럼 외부에서 다운로드한 템플릿 이외에도 프리미어 프로에는 무료로 사용할 수 있는 다양한 모션 그래픽 템플릿이 있습니다. [그래픽 템플릿] 패널에서 [Adobe Stock]을 클릭한 후 [무료] 옵션에 체크하면 무료로 사용할 수 있는 템플릿 목록이 표시됩니다.

TIP [프리미엄]에 체크하면 비용을 지불해야 사용할 수 있는 템플릿이 나타납니다.

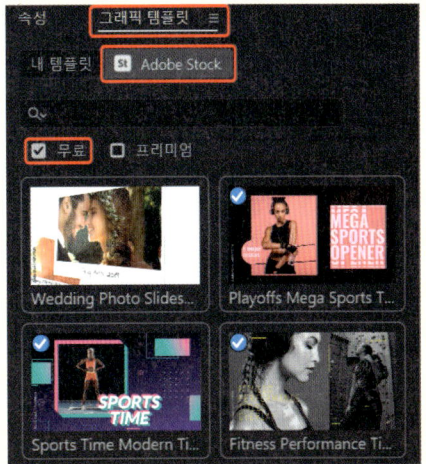

[Adobe Stock] 목록에 있는 템플릿도 다운로드한 템플릿과 같은 방법으로 사용할 수 있으며, 검색란에서 '한국'으로 검색하면 한국어로 된 템플릿을 찾아 사용할 수 있습니다.

TIP 검색란에 title, vlog, intro 등 원하는 주제를 입력하여 다양한 주제의 템플릿을 확인할 수 있습니다.

LESSON 12 고품질을 보장하는 모션 그래픽 템플릿 활용하기

▶ **템플릿 미디어 편집하기**

미디어를 교체할 수 있는 템플릿이라면 [속성] 패널에서 '이미지 교체' 영역으로 드래그하여 미디어를 교체할 수 있습니다. 이때 영상 소스를 교체하면 원본 영상의 길이로 삽입됩니다. 그러므로 템플릿 클립 길이에 따라 영상의 길이를 조절해야 할 때가 있습니다. 이럴 때는 미디어를 교체한 후 [속성] 패널에서 교체된 미디어 섬네일을 더블 클릭하거나 '이미지 교체' 영역에서 오른쪽에 있는 [메뉴] 아이콘을 클릭한 후 [타임라인에서 열기]를 선택합니다.

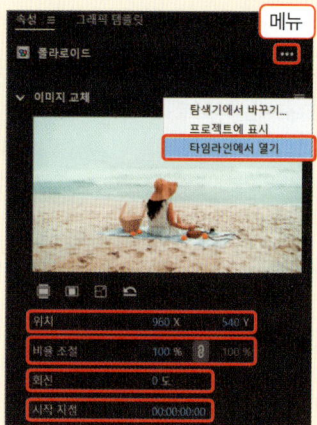

TIP '이미지 교체' 영역에서는 미디어의 위치, 비율, 회전, 시작 지점 등을 설정할 수도 있습니다.

[타임라인] 패널에 [이미지 교체] 시퀀스가 추가되며, 여기서 컷 편집, 영상 추가, 자막 편집, 등 지금까지 배운 내용을 활용하여 자유롭게 편집할 수 있습니다. 편집이 끝나면 다시 [미디어 템플릿] 시퀀스로 이동하여 템플릿의 최종 결과를 확인할 수 있습니다.

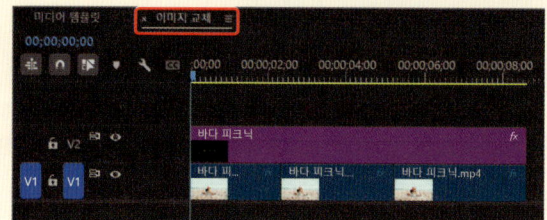

TIP 모션 그래픽 템플릿의 확장자는 *.mogrt이며, 프리미어 프로와 애프터 이펙트에서 만들 수 있습니다. 화려한 모션 그래픽 효과를 만들고 싶다면 애프터 이펙트를 이용하는 것이 좋습니다. 유튜브 동영상 강의 (https://youtu.be/HMC6cB92R3k)를 확인한 후 애프터 이펙트로 모션 그래픽 템플릿을 만들고 프리미어 프로에서 적용해 보세요.

▶ **무료 템플릿 및 사용 방법 동영상 강의 시청하기**

지금까지 설명한 다양한 모션 그래픽 템플릿 이외에도 다음 동영상 강의에서 다양한 무료 템플릿의 사용 방법을 확인해 보세요.

모션 자막 무료 템플릿 https://youtu.be/HAxfw3eSOtl		화면 분할 무료 템플릿 https://youtu.be/GT8ZdlPfbkc
그라데이션 모션 자막 템플릿 https://youtu.be/JN7FNtYGUbc		유튜브 플레이어 템플릿 https://youtu.be/mTTbON7fahE
카카오톡 메시지 템플릿 https://youtu.be/Ts91tGVxAHw		사진으로 동영상 만들기 템플릿 https://youtu.be/EEOfk76-6yo
원고지 효과 템플릿 https://youtu.be/ro_ProfKe0Q		애플 감성 브이로그 템플릿 https://youtu.be/OMlpvVEPoyM

자막 글꼴, 크기, 색상 한 번에 바꾸기

힘들게 완성한 자막을 일괄 수정해야 한다면 어떨까요? 어쩌면 울고 싶을지도 모릅니다. 하지만, 마스터 스타일 기능을 알고 있다면 단 1분 만에 텍스트의 글꼴, 크기, 색상을 뚝딱 변경할 수 있습니다. 지금부터 텍스트를 효율적으로 수정하고, 텍스트 스타일을 저장하는 방법을 함께 알아보겠습니다.

▶ **유튜브 동영상 강의**

자막 한 번에 수정하는 방법(마스터 스타일)
https://youtu.be/nbeMH8gojR8

▶ **유튜브 동영상 강의**

마스터 스타일 저장/내보내기
https://youtu.be/pYgB18Epzls

완성 미리보기

- 예제 파일: Chapter 04/마스터 스타일.prproj
- 완성 파일: Chapter 04/마스터 스타일_완성본.prproj
- 사용 글꼴: 카페24 단정해

실습 가능 버전
프리미어 프로 CC 2018 이상

301

01 **마스터 스타일.prproj** 예제 파일을 엽니다. ❶ **[타임라인]** 패널을 보면 여러 개로 나눠진 텍스트 클립을 확인할 수 있습니다. 이 상태에서 자막 텍스트의 글꼴, 크기, 색상을 일괄 변경해 보겠습니다. ❷ 우선 원활한 자막 작업을 위해 **[캡션 및 그래픽]** 레이아웃으로 변경합니다. Link 작업 영역의 레이아웃을 변경하는 방법은 075쪽에서 자세히 설명합니다.

02 **[타임라인]** 패널에서 임의의 텍스트(자막) 클립을 선택합니다. 그런 다음 **[속성]** 패널의 레이어 목록에서 텍스트 레이어를 선택한 후 '텍스트' 영역에 있는 글꼴, 크기 등의 텍스트 옵션을 변경합니다. 예제에서는 다음과 같이 세부 옵션을 설정했습니다.

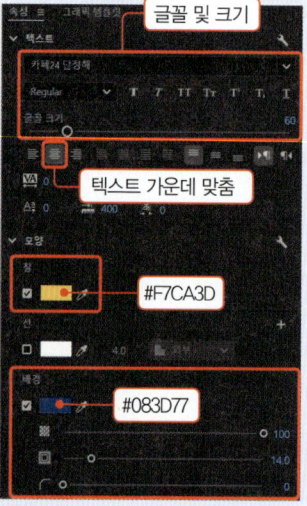

TIP 변경할 자막이 [가운데 정렬]로 설정되어 있다면 텍스트 스타일을 설정할 때도 [가운데 정렬]을 선택해야 합니다.

03 이제 변경한 옵션 설정을 필요할 때마다 손쉽게 적용할 수 있도록 저장해 보겠습니다. ❶ **[속성]** 패널의 레이어 목록에서 앞서 옵션을 변경한 텍스트 레이어가 선택된 상태로 ❷ '연결된 스타일' 영역에서 **[+]**를 클릭한 후 ❸ **[스타일 만들기]**를 선택합니다.

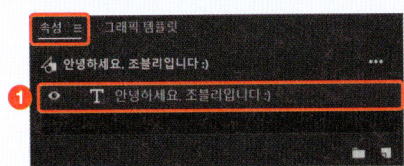 

> **TIP** 프리미어 프로의 이전 버전에서는 '연결된 스타일' 영역이 '스타일' 또는 '마스터 스타일'이라고 표시되어 있습니다.

> **TIP** 프리미어 프로 2024 이전 버전은 '스타일'에서 [없음]을 클릭한 후 [스타일 만들기]를 선택합니다.

04 새 텍스트 스타일 창이 열리면 ❶ 사용할 스타일 이름으로 **노랑 파랑 스타일**을 입력하고 ❷ **[확인]** 버튼을 클릭합니다.

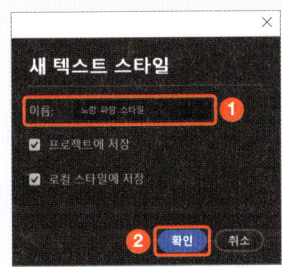

05 ❶ **[프로젝트]** 패널을 보면 **[노랑 파랑 스타일]** 텍스트 스타일이 생성되었습니다. ❷ 이제 **[타임라인]** 패널에서 변경할 텍스트 클립을 모두 선택한 후 ❸ **[프로젝트]** 패널에 있는 **[노랑 파랑 스타일]**을 선택 중인 V2 트랙의 텍스트 클립으로 드래그합니다.

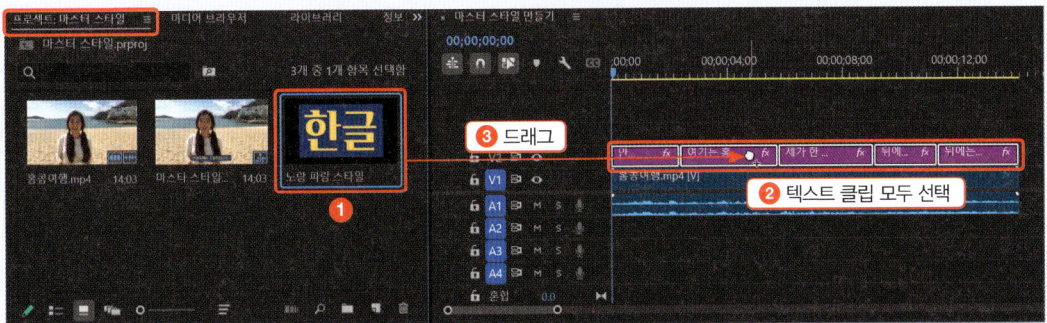

> **TIP** 프리미어 프로 2023 이상을 사용 중이라면 변경할 클립을 모두 선택한 후 [기본 그래픽] 또는 [속성] 패널에서 글꼴, 크기, 색상 및 배경 등을 일괄 수정할 수 있습니다. 여기서 실습한 마스터 스타일 기능은 프리미어 프로 2023보다 낮은 버전을 사용하거나 일회성이 아니라 주기적으로 사용할 때 활용하면 좋습니다.

06 영상을 재생해서 변경된 자막을 확인합니다. 자막의 글꼴, 크기, 색상이 모두 변경되었죠? 이처럼 마스터 스타일 기능을 활용하면 원하는 클립의 텍스트 옵션을 손쉽게 변경할 수 있습니다.

07 끝으로 다른 프로젝트에서도 동일한 옵션 설정으로 자막을 사용할 수 있도록 텍스트 스타일을 별도의 파일로 저장해 두겠습니다. ① [**프로젝트**] 패널에서 텍스트 스타일을 마우스 오른쪽 버튼으로 클릭하고 ② [**텍스트 스타일 내보내기**](Export Text Styles)를 선택해서 파일로 저장합니다. 이후 다른 프로젝트의 [**프로젝트**] 패널로 불러와서 동일한 방법으로 사용하면 됩니다.

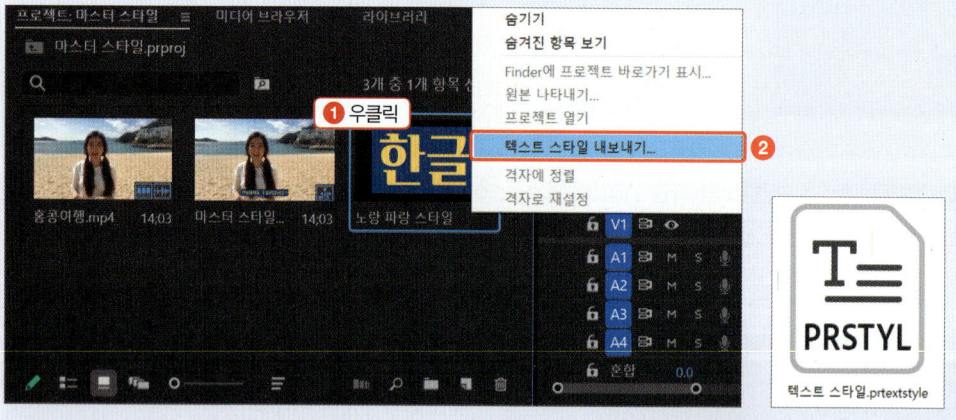

TIP 프리미어 프로 2024 이상 버전부터는 '연결된 스타일' 영역에서 [+]를 클릭하고 [스타일 가져오기]를 선택하면 '텍스트 스타일'을 불러올 수 있습니다. 이후 [연결된 스타일] 옵션을 클릭하면 불러온 텍스트 스타일 목록을 확인할 수 있습니다.

프로젝트 글꼴 한 번에 바꾸기

프리미어 프로 2019(버전 13.1) 이상을 사용 중이라면 프로젝트에 포함된 모든 글꼴을 한 번에 변경할 수 있습니다. 앞서 소개한 마스터 스타일 기능은 원하는 클립을 선택할 수 있고, 글꼴 이외의 옵션도 변경할 수 있는 반면, 이번에 소개하는 기능은 글꼴만 일괄 변경할 수 있습니다.

▶ **유튜브 동영상 강의**

자막 글꼴 1초 만에 변경하는 방법
https://youtu.be/jT0hUuub0Jw

완성 미리보기

- **예제 파일:** Chapter 04/프로젝트 글꼴 바꾸기.prproj
- **완성 파일:** Chapter 04/프로젝트 글꼴 바꾸기_완성본.prproj

실습 가능 버전
프리미어 프로 CC 2019 이상

01 **프로젝트 글꼴 바꾸기.prproj** 예제 파일을 엽니다. **[타임라인]** 패널을 보면 편집 작업이 끝난 **[울릉도여행]**, **[홍콩여행]**, **[엔딩 크레딧]** 이렇게 3개의 시퀀스가 열려 있습니다.

02 프로젝트의 모든 시퀀스에서 사용된 글꼴을 일괄 바꾸기 위해 ① 메뉴 바에서 **[그래픽 및 타이틀]** – **[프로젝트의 글꼴 바꾸기]**(Graphics and Titles – Replace Fonts in Projects)를 선택합니다. ② 프로젝트의 글꼴 바꾸기 창이 열리고, 모든 시퀀스에서 사용된 글꼴과 횟수가 표시됩니다.

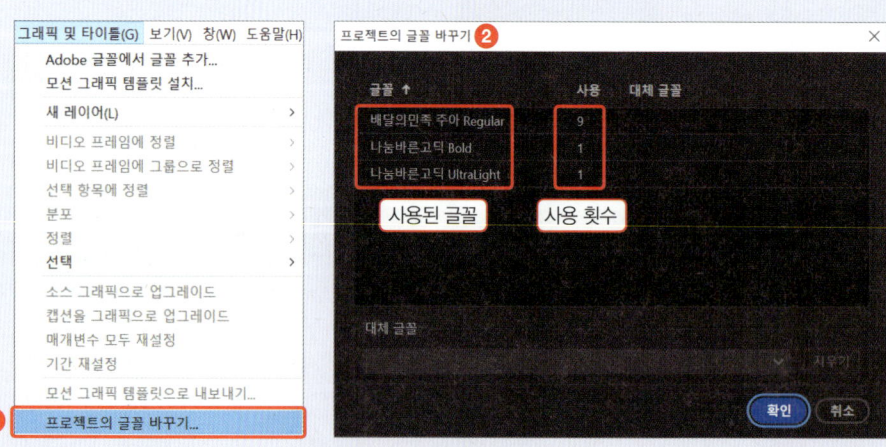

TIP [프로젝트 글꼴 바꾸기.prproj] 예제 파일에 포함된 3개의 시퀀스에는 위와 같이 총 3종류의 글꼴이 사용되었습니다. 만약 위와 같이 표시되지 않고, 글꼴명 앞뒤로 [ ] 기호가 표시된다면 현재 사용자의 컴퓨터에 해당 글꼴이 설치되어 있지 않다는 의미입니다.

03 목록에 있는 글꼴 중 ❶ 일괄 변경할 글꼴을 선택한 후 ❷ [대체 글꼴] 옵션에서 변경할 글꼴을 선택합니다. ❸ [확인] 버튼을 클릭하면 선택한 글꼴이 일괄 변경됩니다. 예제에서는 [배달의민족 주아]를 [카페24 단정해]로 변경했습니다.

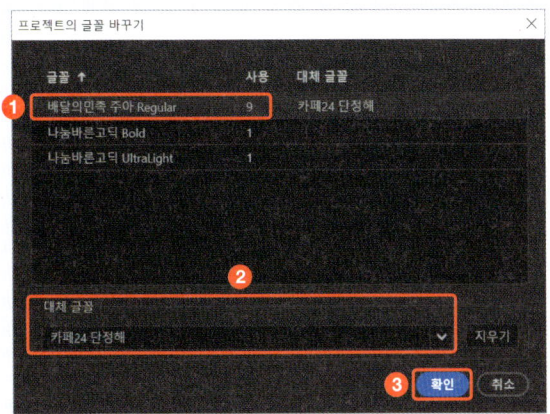

04 프로젝트의 글꼴 바꾸기 기능은 프로젝트에 있는 모든 시퀀스에 적용됩니다. 그러므로 3개의 시퀀스 모두 자막 텍스트가 [배달의민족 주아]에서 [카페24 단정해]로 변경된 것을 확인할 수 있습니다. 이처럼 프로젝트 글꼴 바꾸기 기능을 이용하면 빠르게 글꼴을 변경할 수 있습니다.

> **TIP** 아래 유튜브 동영상 강의에서 보다 빠르고 효율적으로 자막을 편집할 수 있는 꿀 단축키를 확인해 보세요!
> https://youtu.be/ej04FlOPCFE
>
>

템플릿으로 자막 저장하고 불러오기

밤샘 금지

자주 사용하는 자막 스타일은 템플릿으로 저장해서 관리해 보세요. 자막을 템플릿으로 저장하는 방법과 다른 프로젝트의 템플릿을 가져오는 방법까지 배워 보겠습니다. 또한, 아래 유튜브 강의로 프리미어 프로에서 템플릿을 백업하는 방법도 꼼꼼하게 살펴보세요.

▶ **유튜브 동영상 강의**

프리미어 프로 템플릿 백업하기
https://youtu.be/sl3YNTXkHtw

• 예제 파일:	**실습 가능 버전**
Chapter 04/자막 템플릿.prproj	프리미어 프로 2020 이상

01 **자막 템플릿.prproj** 예제 파일을 엽니다. 다음과 같이 3종류의 자막 스타일이 각각의 텍스트 클립에 만들어져 있습니다. 이번 실습을 잘 익혀 놓으면 이후 언제든 한 번 사용했던 자막 스타일을 템플릿으로 내보낸 후 필요할 때마다 불러와서 다시 사용할 수 있습니다.

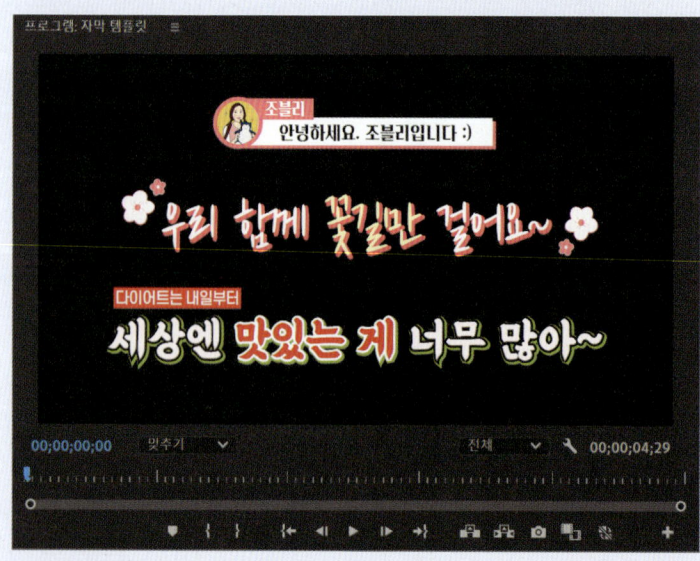

02 ❶ [타임라인] 패널에서 템플릿으로 내보낼 자막이 있는 텍스트 클립을 마우스 오른쪽 버튼으로 클릭한 후
❷ [모션 그래픽 템플릿으로 내보내기]를 선택합니다.

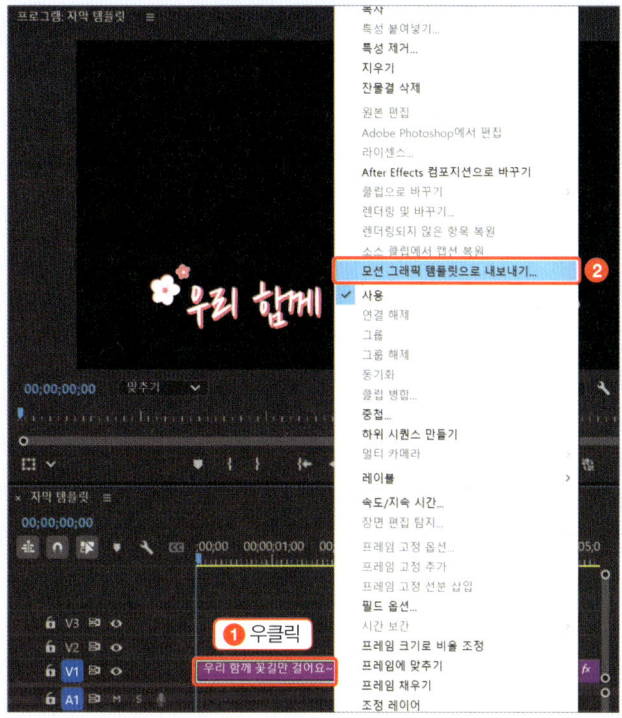

TIP 클립을 선택하고 메뉴 바에서 [그래픽 및 타이틀] - [모션 그래픽 템플릿으로 내보내기] (Export As Motion Graphics Template)를 선택해도 됩니다.

03 모션 그래픽 템플릿으로 내보내기 창이 열리면 ❶ [이름] 옵션에 템플릿 이름을 입력하고, ❷ [대상] 옵션에서 [로컬 템플릿 폴더]를 선택한 후 ❸ [확인] 버튼을 클릭합니다. 예제에서는 **꽃길 자막**이라고 입력했습니다.

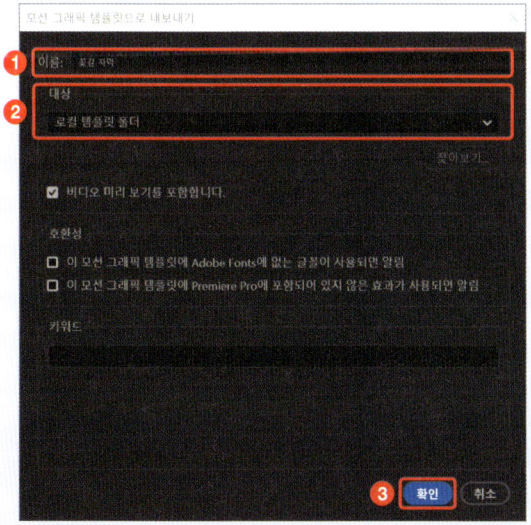

TIP 템플릿을 다른 경로에 저장하려면 [대상] 옵션에서 [로컬 드라이브]를 선택하고 원하는 경로를 선택합니다.

04 저장한 자막 템플릿을 확인하기 위해 작업 영역을 ❶ [캡션 및 그래픽] 레이아웃으로 변경합니다. ❷ [그래픽 템플릿] 패널에서 [내 템플릿]을 클릭합니다. ❸ 템플릿 목록에서 [정렬] 아이콘을 클릭한 후 ❹ [최근]을 선택하면 ❺ 최근에 저장한 템플릿을 맨 위에서 확인할 수 있습니다.

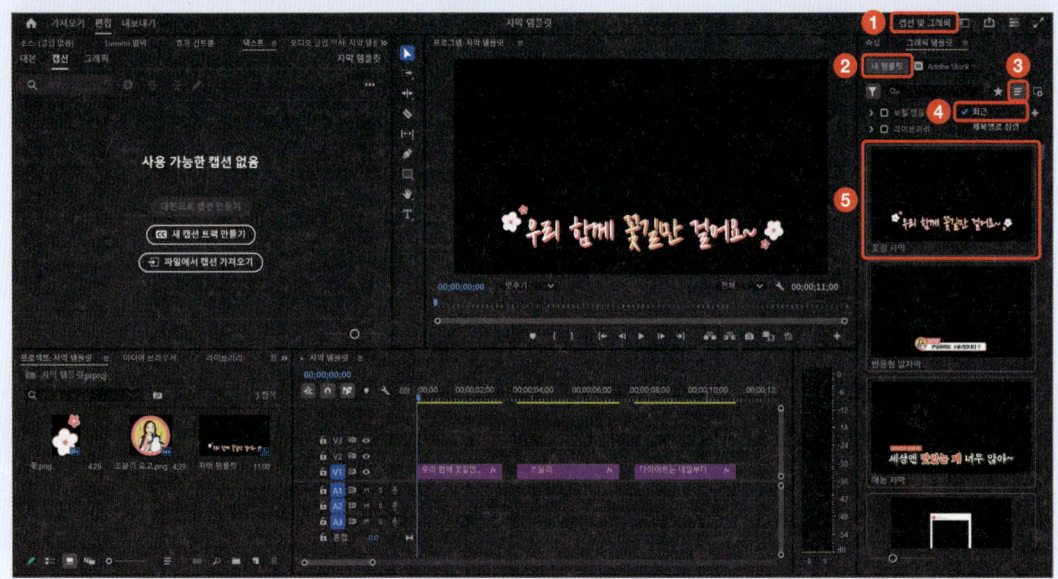

TIP [내 템플릿] 목록에 있는 검색란에서 이름으로 검색해서 찾을 수도 있습니다.

05 저장한 자막은 다른 프로젝트에서도 쉽게 불러와서 적용하고, 수정할 수도 있습니다. ❶ 임의의 프로젝트를 생성한 후 시퀀스를 만듭니다. ❷ [그래픽 템플릿] 패널에서 [내 템플릿] 목록에 있는 [꽃길 자막]을 찾아 선택하고 ❸ [타임라인] 패널로 드래그하여 배치합니다.

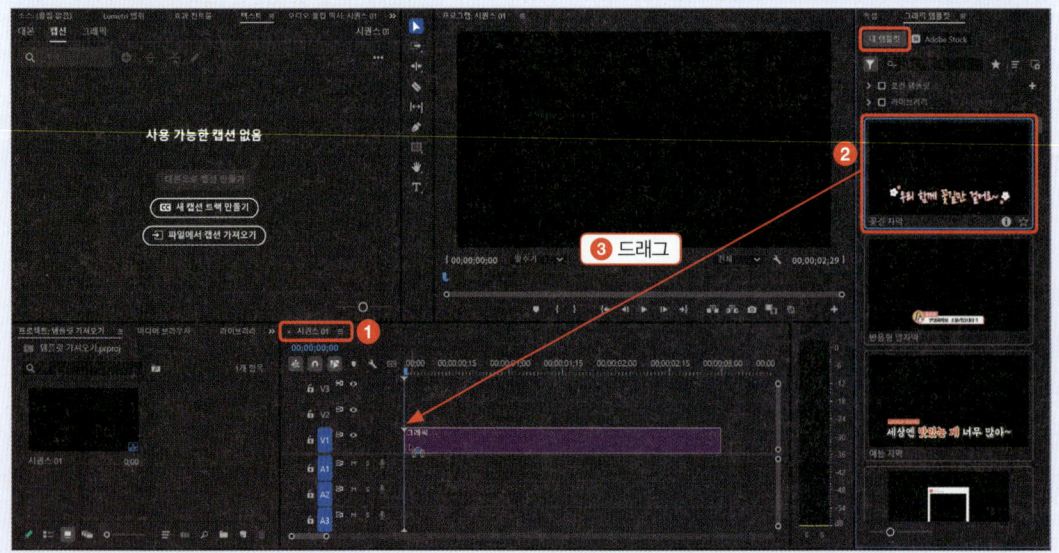

TIP 템플릿을 사용하려면 반드시 시퀀스를 만들어야 합니다. **Link** 시퀀스를 만드는 방법은 87쪽에서 자세히 설명합니다.

06 [프로그램 모니터] 패널에서 텍스트를 더블 클릭하여 자막 내용을 수정합니다. 이외에도 [속성] 패널에서 텍스트 레이어를 선택한 후 글꼴이나 크기 등의 옵션을 변경할 수도 있습니다. 이처럼 자막 템플릿을 저장해 놓으면 다른 프로젝트에서도 편리하게 활용할 수 있습니다.

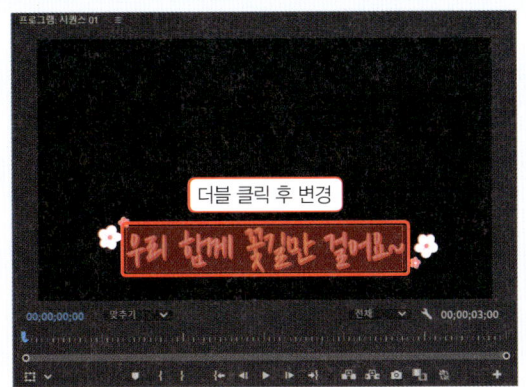
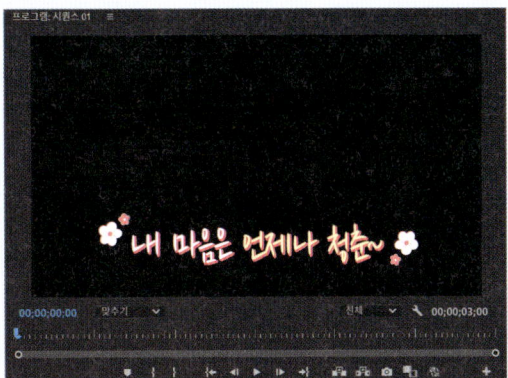

> **TIP** 템플릿에는 자막 텍스트뿐만 아니라 이미지도 포함됩니다. 그러므로 템플릿에 미디어 소스가 포함되어 있다면 [프로젝트] 패널에 [모션 그래픽 템플릿 미디어] 폴더가 생성되며, 폴더 안에서 미디어 소스를 확인할 수 있습니다.

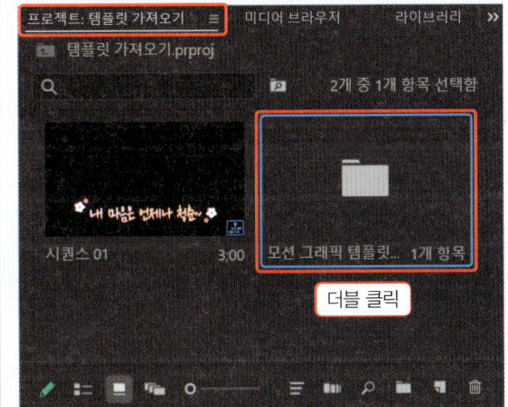
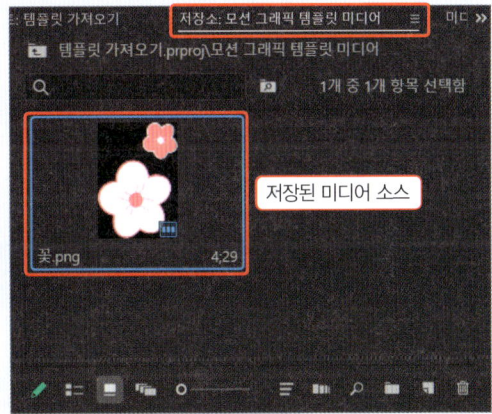

MEMO

실전 연습으로
영상 편집하기

화면 분할, 모자이크, 크로마키 합성, 흔들림 안정화 효과 등
영상 콘텐츠를 만들 때 자주 활용할 기능을 실습합니다.
예제 소스와 예제 파일 그리고 완성 파일까지 모두 제공해 드립니다.
눈으로 백 번 보는 것보다 손으로 한 번 따라 하는 것이 실력 향상에 도움이 되므로
직접 실습해 보면서 다양한 편집 스킬을 익혀 보세요.
[밤샘 금지]에서 똑똑하게 효과 적용하는 방법도 놓치지 마세요.

색상 매트를 이용하여 배경 색상 바꾸기

기본적으로 프리미어 프로의 배경 색상은 검은색입니다. 배경은 영상의 전체 분위기를 좌우할 수 있으므로 상황에 따라 적절한 색으로 변경하는 것이 좋겠죠? 색상 매트 기능을 이용하여 원하는 색으로 배경을 변경해 보겠습니다.

▶ **유튜브 동영상 강의**

배경 색상 바꾸는 방법
https://youtu.be/wleXkCz3dVQ

완성 미리보기

- **예제 파일:** Chapter 05/색상 매트.prproj
- **완성 파일:** Chapter 05/색상 매트_완성본.prproj

실습 가능 버전
프리미어 프로 CC 모든 버전

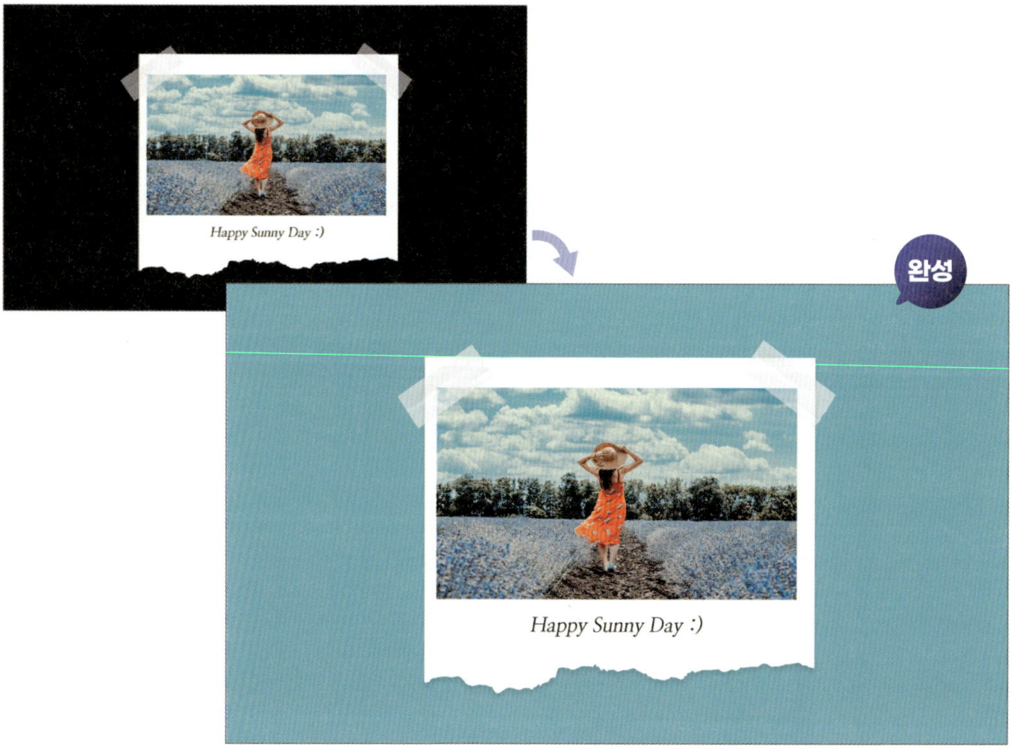

Pr 색상 매트 추가 후 색상 변경하기

01 **색상 매트.prproj** 예제 파일을 엽니다. ① [프로젝트] 패널에서 오른쪽 아래에 있는 [새 항목] 아이콘을 클릭하고 ② [색상 매트](Color Matte)를 선택합니다. 메뉴 바에서 [파일] – [새로 만들기] – [색상 매트]를 선택해도 됩니다.

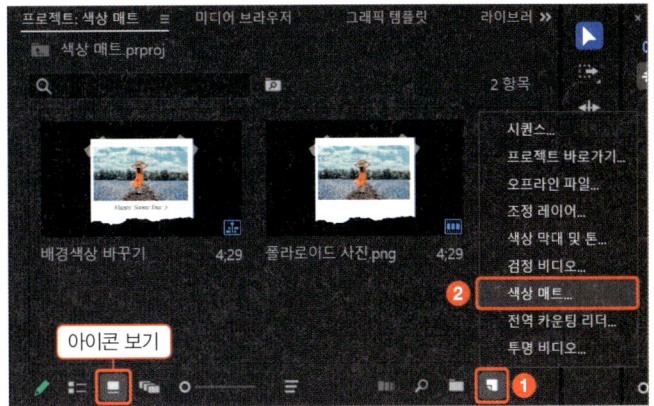

TIP 현재 [프로젝트] 패널은 [아이콘 보기] 모드로 설정되어 있습니다. 패널에서 왼쪽 아래에 있는 아이콘을 클릭하여 보기 모드를 변경할 수 있습니다.

02 새 색상 매트 창이 열리면 해상도(폭, 높이)와 프레임 레이트(시간 기준), 픽셀 종횡비를 설정합니다. 기본적으로 현재 작업 중인 시퀀스와 동일한 설정이 적용되어 있으므로 그대로 [확인] 버튼을 클릭합니다.

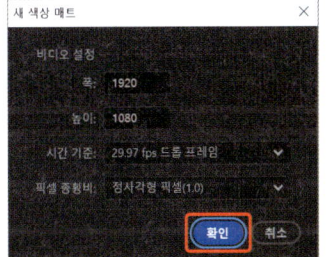

03 이어서 색상 피커 창이 열리면 사용할 배경 색상을 선택합니다. 원하는 색을 직접 선택하거나 오른쪽 아래에 색상 코드를 입력하면 됩니다. 여기서는 ① 색상 코드로 **#80BAC3**을 입력하고 ② [확인] 버튼을 클릭합니다.

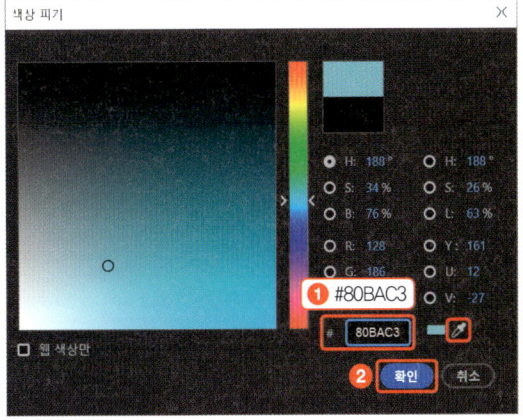

TIP 색상 코드 입력란 오른쪽에 있는 스포이트 모양 아이콘을 클릭한 후 영상에서 원하는 색상을 클릭하면 해당 색상이 추출됩니다. 영상에서 추출된 색상을 배경으로 사용하면 좀 더 자연스러운 영상이 완성됩니다.

04 끝으로 이름 선택 창이 열리면 ① 색상 매트의 이름을 입력하고 ② [확인] 버튼을 클릭합니다. 예제에서는 **하늘색 매트**라고 입력했습니다.

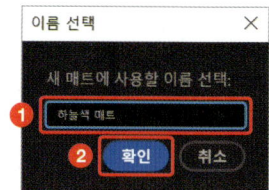

05 [프로젝트] 패널에 ① 새로운 색상 매트가 추가되면 ② [타임라인] 패널의 V1 트랙으로 드래그하여 배치합니다.

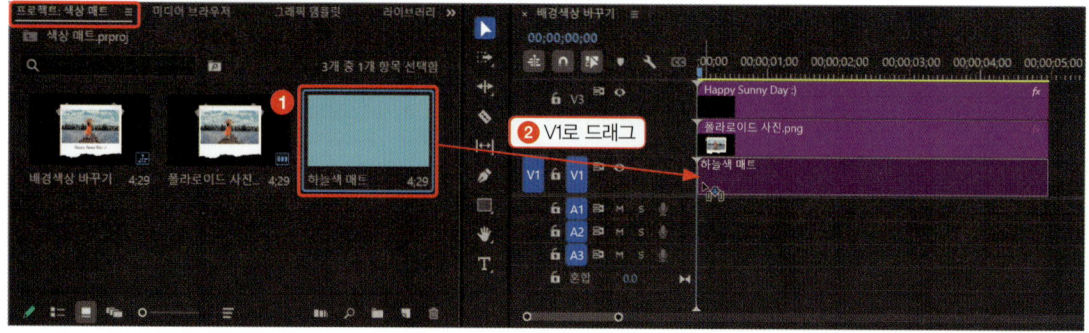

> **TIP** 색상 매트를 배경으로 사용할 것이므로 가장 아래쪽인 V1 트랙에 배치했습니다. 만약, 색상 매트를 위쪽 트랙에 배치한다면 색상 매트 아래에 있는 클립은 모두 가려져 화면에 보이지 않게 됩니다. 클립을 배치할 때 트랙의 순서를 항상 유의해야 합니다.

06 ① [프로그램 모니터] 패널을 보면 검은색이었던 배경이 색상 매트와 동일한 하늘색으로 바뀌었습니다. 이후 ② [타임라인] 패널에서 색상 매트 클립을 더블 클릭하여 ③ 색상을 변경하는 방법으로 배경 색상을 자유롭게 변경할 수 있습니다.

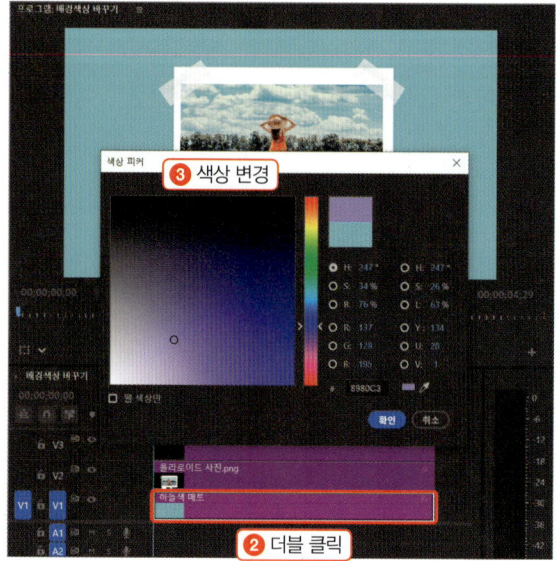

> **TIP** [프로젝트] 패널에서도 색상 매트를 더블 클릭하여 색상을 변경할 수 있습니다.

금손 변신 TIP | 색상 막대 및 톤으로 화면 조정 효과 연출하기

유튜브 등에서 영상을 시청하다 보면 분위기나 상황을 전환할 때 '삐–' 소리와 함께 화면 조정 효과가 연출되는 장면을 본 적이 있을 겁니다. 이러한 화면 조정도 색상 매트를 만드는 방법과 같습니다.

[프로젝트] 패널에서 [새 항목] 아이콘을 클릭하고 [색상 막대 및 톤]을 선택합니다. 새 화면 조정 비디오 창이 열리면 그대로 [확인] 버튼을 클릭합니다.

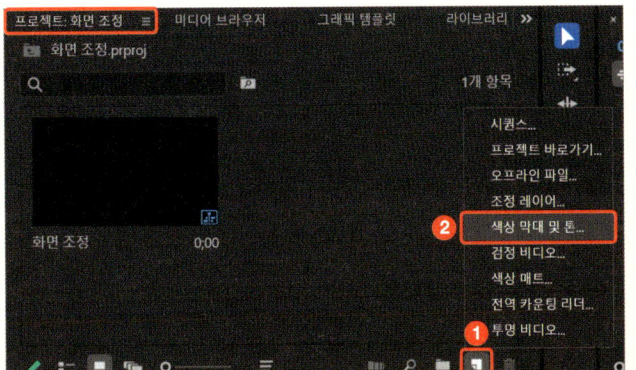 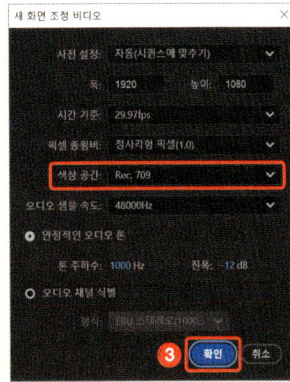

[프로젝트] 패널에 화면 조정 소스가 추가되면 [타임라인] 패널로 드래그해서 배치하면 됩니다. 화면 조정을 [타임라인] 패널에 배치한 후 재생해 보면 '삐–' 소리와 함께 다음 화면이 나타납니다. 새 화면 조정 비디오 창에서 [색상 공간] 옵션에 따라 다음과 같이 차이가 있으니 하나씩 적용해 보면서 원하는 옵션을 선택합니다.

▲ Rec.709 화면 조정　　　　　　　　　　▲ Rec.601 화면 조정

LESSON 02

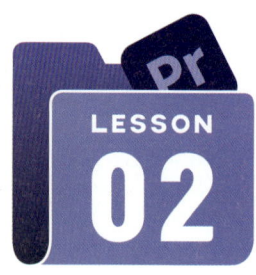

사각형 도구를 이용하여 그라디언트 배경 만들기

색상 매트를 이용하면 검은색 배경을 다른 색상으로 손쉽게 변경할 수 있었습니다. 하지만, 단색이 아닌 여러 가지 색상이 섞인 그라디언트 배경을 만들고 싶다면 어떻게 해야 할까요? 그라디언트 배경을 만드는 요령과 함께 색상 사이트를 이용한 색상 조합 선택 요령도 꼭 확인해 보세요.

완성 미리보기

- **예제 파일:** Chapter 05/그라디언트 배경.prproj
- **완성 파일:** Chapter 05/그라디언트 배경_완성본.prproj

실습 가능 버전
프리미어 프로 CC 2019 이상

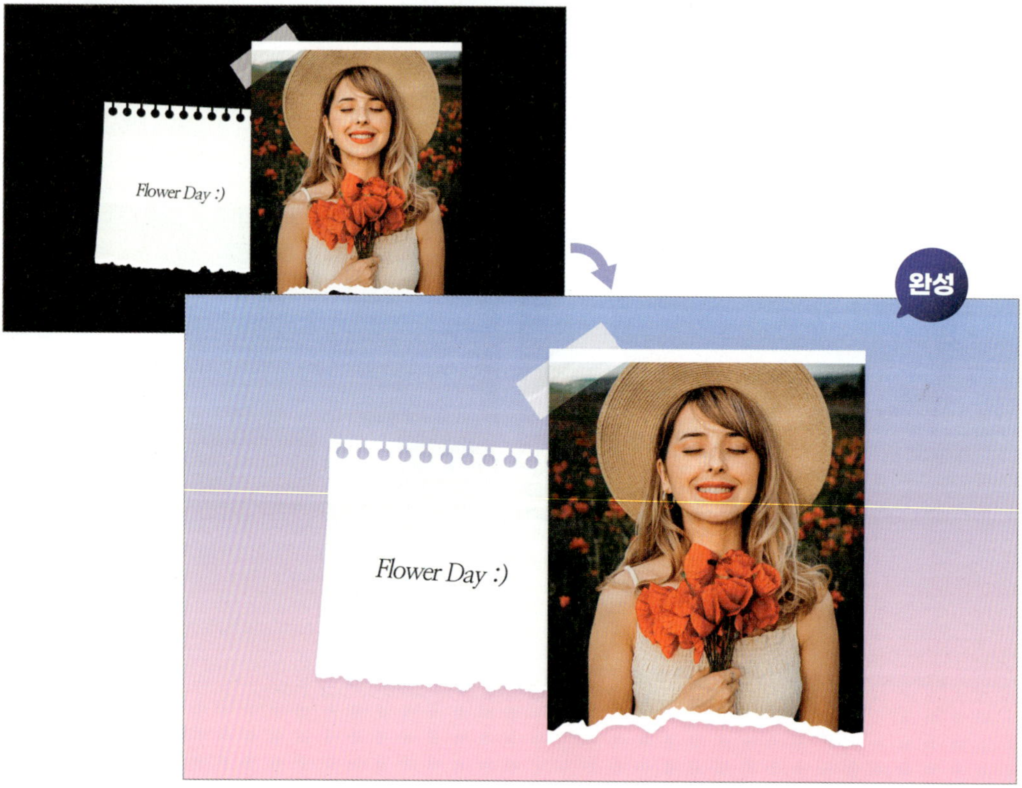

Pr 사각형을 그린 후 그라디언트로 채우기

01 **그라디언트 배경.prproj** 예제 파일을 엽니다. 사각형을 그리기 위해 도형 작업에 편리한 ❶ [캡션 및 그래픽] 레이아웃으로 변경합니다. ❷ [프로그램 모니터] 패널의 왼쪽으로 [도구] 패널이 배치되면 [사각형 도구]를 선택합니다. Link 작업 영역의 레이아웃 변경 방법은 075쪽에서 자세히 설명합니다.

TIP 프리미어 프로 2021 이하의 버전을 사용 중이라면 [펜 도구]를 길게 누른 후 하위 도구 목록에서 [사각형 도구]를 선택할 수 있습니다.

02 [사각형 도구]를 선택했으면 [프로그램 모니터] 패널에서 화면 크기에 맞추거나 화면 크기를 가득 채울 수 있도록 크게 드래그하여 사각형을 그립니다. 화면 왼쪽 아래에 있는 [맞추기]를 [10%] 혹은 [25%] 등으로 변경한 후 드래그하면 화면보다 큰 사각형을 그릴 수 있습니다.

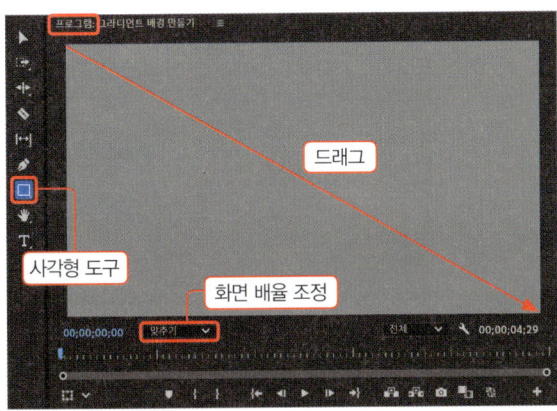

TIP 화면과 정확하게 일치하는 사각형을 그리고 싶다면 [속성] 패널의 '정렬 및 변형' 영역에서 가로(W), 세로(H) 크기를 화면과 동일하게 [1920, 1080]으로 설정하고, [정렬] 옵션에서 [가로로 가운데 맞춤]과 [세로로 가운데 맞춤]을 순서대로 클릭하면 됩니다. 도형의 크기 조정 옵션은 프리미어 프로 2022부터 사용할 수 있습니다.

LESSON 02 사각형 도구를 이용하여 그라디언트 배경 만들기

03 사각형의 색상을 그라디언트로 변경하기 위해 ❶ [속성] 패널에서 '모양' 영역에 있는 [칠] 옵션의 색상을 클릭합니다. ❷ 색상 피커 창이 열리면 왼쪽 위에 있는 [단색]을 [선형 그라디언트]로 변경합니다.

TIP 프리미어 프로 2025 버전부터 [속성] 패널이 새롭게 추가되었습니다. 2024 이하 버전에서는 [기본 그래픽] 패널을 사용해 작업할 수 있습니다.

04 2개의 색상을 선택할 수 있는 그라디언트 바가 나타나면 ❶ 왼쪽 [색상 중지]를 클릭해서 선택한 후 ❷ 원하는 색상을 선택하거나 색상 코드를 입력합니다. 예제에서는 색상 코드로 **#A6C1EE**를 입력했습니다.

05 이번에는 ❶ 오른쪽에 있는 [색상 중지]를 선택한 후 ❷ 색상 코드로 **#FBC2EB**를 입력해서 색상을 변경합니다. ❸ [확인] 버튼을 클릭하여 그라디언트 색상 지정을 마칩니다.

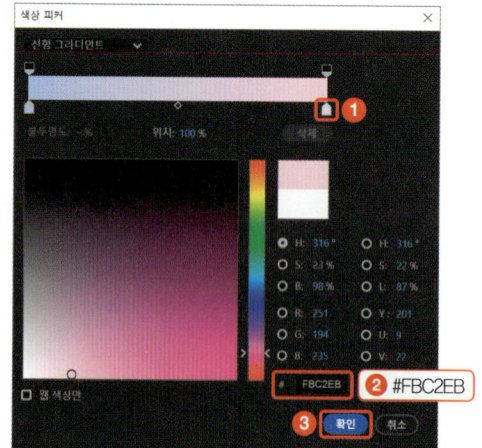

TIP [색상 중지]의 간격이 좁을수록 그라디언트 색상의 경계가 뚜렷해지고 넓을수록 부드럽게 어우러지는 그라디언트가 됩니다.

06 사각형이 자연스러운 그라디언트로 채워졌죠? 이제 그라디언트의 각도를 변경하기 위해 ❶ [도구] 패널에서 [선택 도구]를 선택하고 ❷ [프로그램 모니터] 패널에서 양쪽 끝에 있는 파란색 조절점을 드래그하여 그림과 같이 위아래 끝으로 옮기면 수직으로 방향이 변경됩니다.

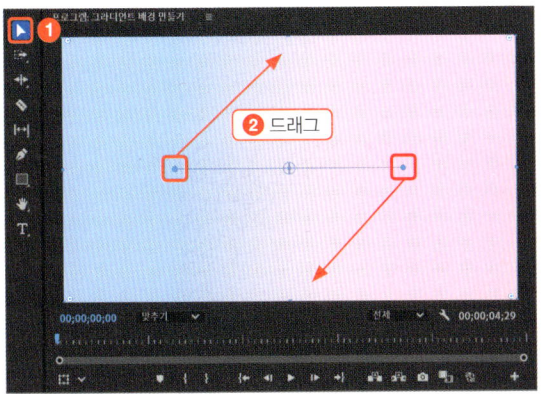
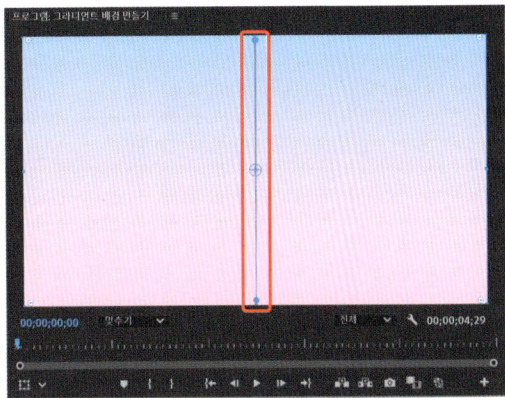

TIP 양쪽 끝에 있는 조절점의 간격이나 위치 등을 자유롭게 변경해 보세요. 조절점의 간격이나 위치에 따라 전혀 다른 느낌의 그라디언트를 연출할 수 있습니다.

07 [타임라인] 패널에서 사각형이 포함되어 있는 V3 트랙의 [그래픽] 클립을 V1 트랙으로 드래그하여 옮깁니다. 클립 배치 순서에 따라 그라디언트 배경 위로 [플라워] 클립의 이미지가 표시됩니다.

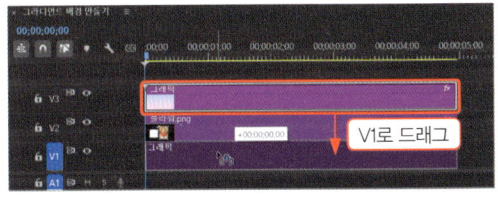

08 [프로그램 모니터] 패널에서 최종 결과를 확인해 봅니다. 이처럼 도형을 그린 후 그라디언트로 채우면 그라디언트 배경으로 활용할 수 있으며, 그라디언트 배경은 입체감과 공간감이 잘 표현되어 세련된 영상을 만들 때 효과적입니다.

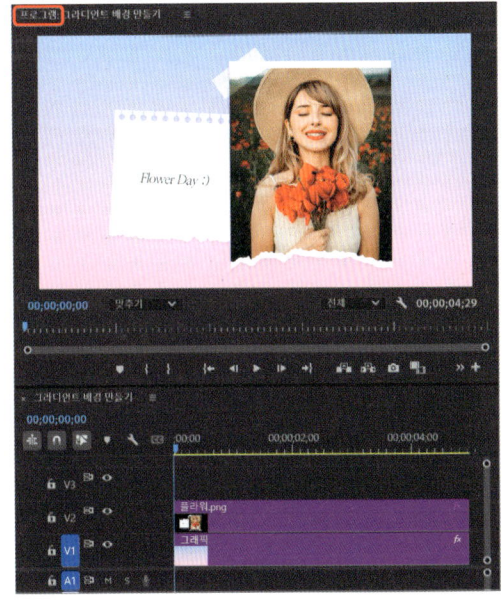

TIP 포토 템플릿은 다음 동영상 강의의 설명글에서 무료로 다운로드할 수 있습니다.

https://youtu.be/EEOfk76-6yo

금손 변신 TIP — 색상 피커 창 금손처럼 사용하기

▶ **색상 피커 창의 기본 사용 방법**

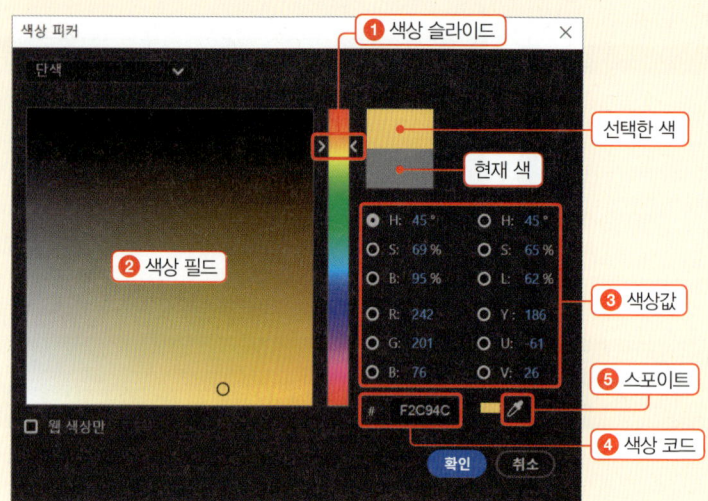

① 색상 슬라이더에서는 원하는 계열의 색상을 선택합니다.
② 색상 필드에서 밝고 어두움, 탁하고 선명함 정도를 선택합니다.
③ 색상값에서는 HSB(색조, 채도, 명도), HSL(색조, 채도, 광도), RGB(빨강, 녹색, 파랑), YUV(광도 및 색상 차이 채널)의 값을 입력해서 원하는 색상을 선택할 수 있습니다.
④ 색상 사이트 등에서 추천해 주는 색상 코드를 직접 입력하여 색상을 선택할 수 있습니다.
⑤ 스포이트 아이콘을 클릭한 후 영상 등에 출력되는 색을 클릭하면 동일한 색상이 추출됩니다.

▶ **색상 추천 사이트**

색에 대한 감각이 부족하여 늘 색상 조합에 실패하여 속상한 적이 있으신가요? 걱정하지 마세요. 색상 조합을 추천해 주는 사이트들이 많이 있습니다. 배경색을 선택하거나 자막 작업을 할 때 색상 추천 사이트에서 제안하는 색상 조합을 활용해 보세요. 색상 조합만 잘해도 영상의 품질이 훨씬 좋아집니다. 아래와 같은 색상 추천 사이트에서 제공하는 색상 코드를 직접 입력하거나 색상 피커 창을 열고 스포이트 아이콘을 이용하여 색상을 선택하면 됩니다.

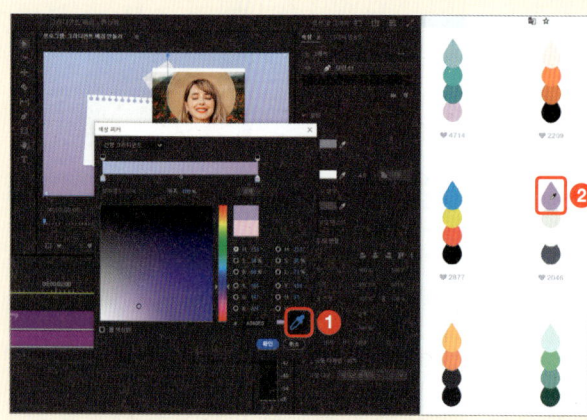

TIP 색상 추천 사이트와 프리미어 프로를 나란하게 배치해서 사용하면 프리미어 프로 외부에 있는 화면의 색상까지도 추출할 수 있습니다. 프리미어 프로의 창 크기를 줄일 때는 메뉴 바 위에 있는 제목 표시줄을 더블 클릭하면 됩니다.

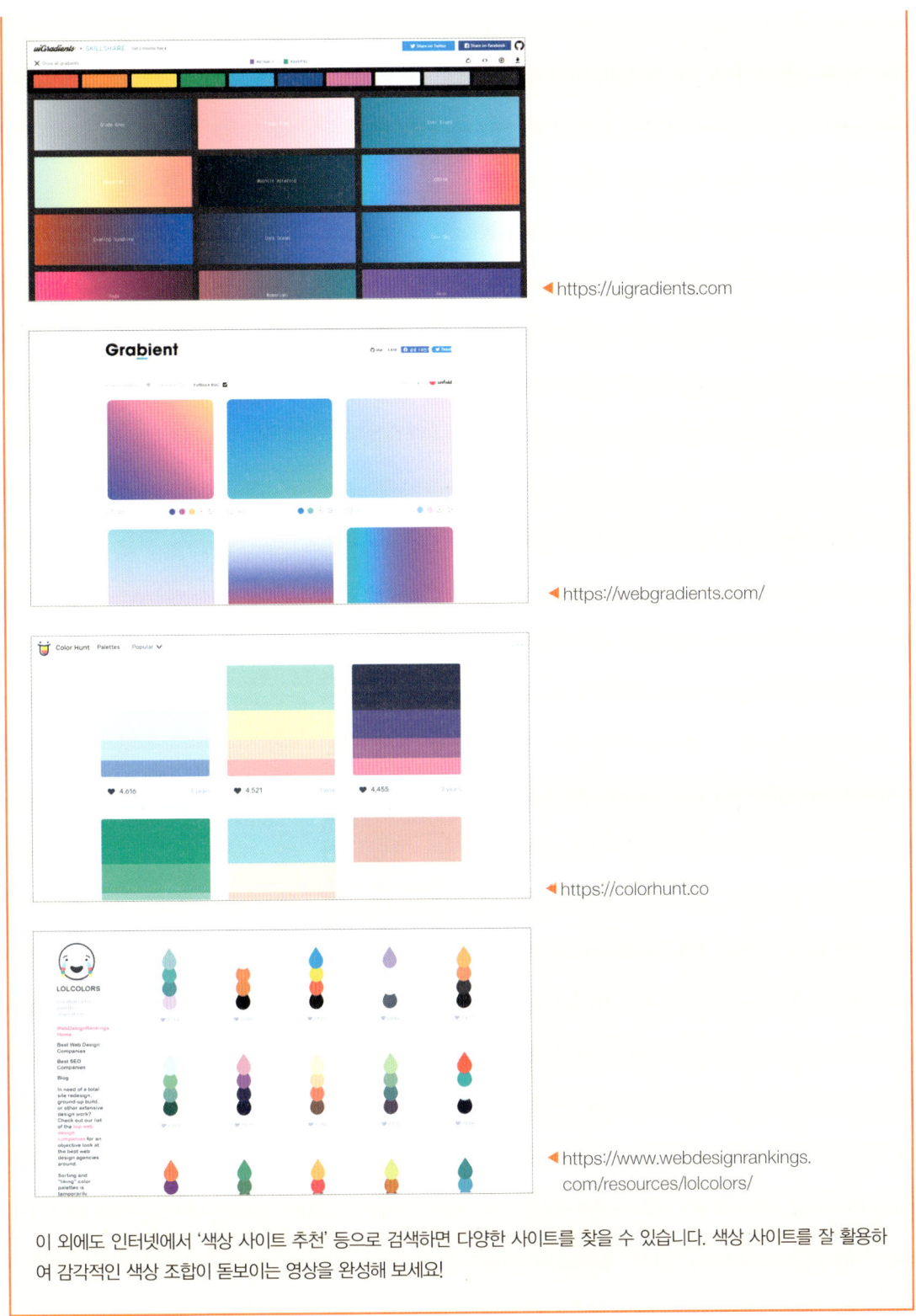

◀ https://uigradients.com

◀ https://webgradients.com/

◀ https://colorhunt.co

◀ https://www.webdesignrankings.com/resources/lolcolors/

이 외에도 인터넷에서 '색상 사이트 추천' 등으로 검색하면 다양한 사이트를 찾을 수 있습니다. 색상 사이트를 잘 활용하여 감각적인 색상 조합이 돋보이는 영상을 완성해 보세요!

4분할 영상 만들고 중첩 관리하기

LESSON 03

한 화면에 여러 장면을 넣고 싶을 때는 화면을 분할해 보세요. 브이로그 영상에서 가장 많이 사용하는 4분할 효과를 배우면서 영상의 크기와 위치를 변경하는 방법을 알아봅니다. 또한, 작업한 영상을 섬네일 이미지로 쉽게 출력하는 꿀팁도 확인해 보세요.

▶ **유튜브 동영상 강의**
화면 분할 쉽게 만들기
https://youtu.be/Vy_ttVE8KjU

▶ **유튜브 동영상 강의**
5초면 완성되는 화면 분할 무료 템플릿
https://youtu.be/GT8ZdlPfbkc

완성 미리보기

- 예제 파일: Chapter 05/4분할.prproj
- 완성 파일: Chapter 05/4분할_완성본.prproj

실습 가능 버전
프리미어 프로 CC 모든 버전

▲ 화면을 가득 채운 4분할

▲ 여백이 있는 4분할

Pr 크기와 위치를 조절하여 4분할 영상 만들기

01 **4분할.prproj** 예제 파일을 엽니다. 4분할 영상을 만들려면 영상 클립도 4개가 필요하겠죠? [프로젝트] 패널에서 [비디오_01] 영상부터 [타임라인] 패널의 V1 트랙으로 드래그하여 배치합니다.

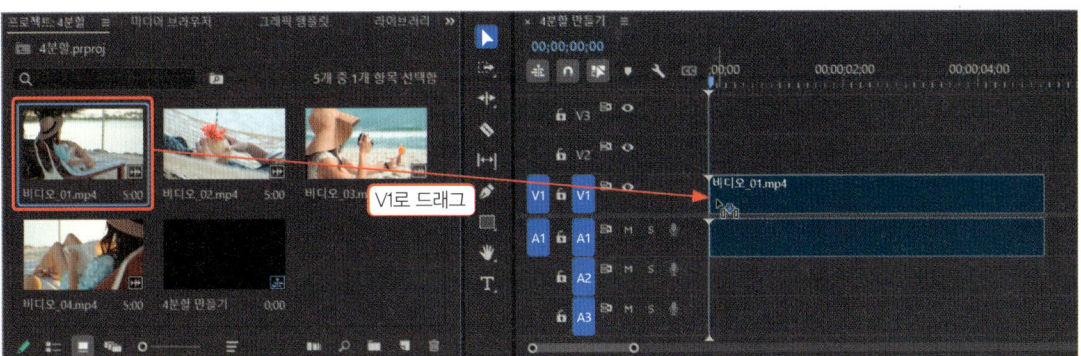

02 4분할 영상을 만들기 위해 첫 번째 영상의 크기를 줄이겠습니다. ❶ [타임라인] 패널에서 [비디오_01] 클립을 선택한 후 ❷ [효과 컨트롤] 패널(Shift + 5)을 확인하면 다양한 옵션이 활성화되어 있습니다.

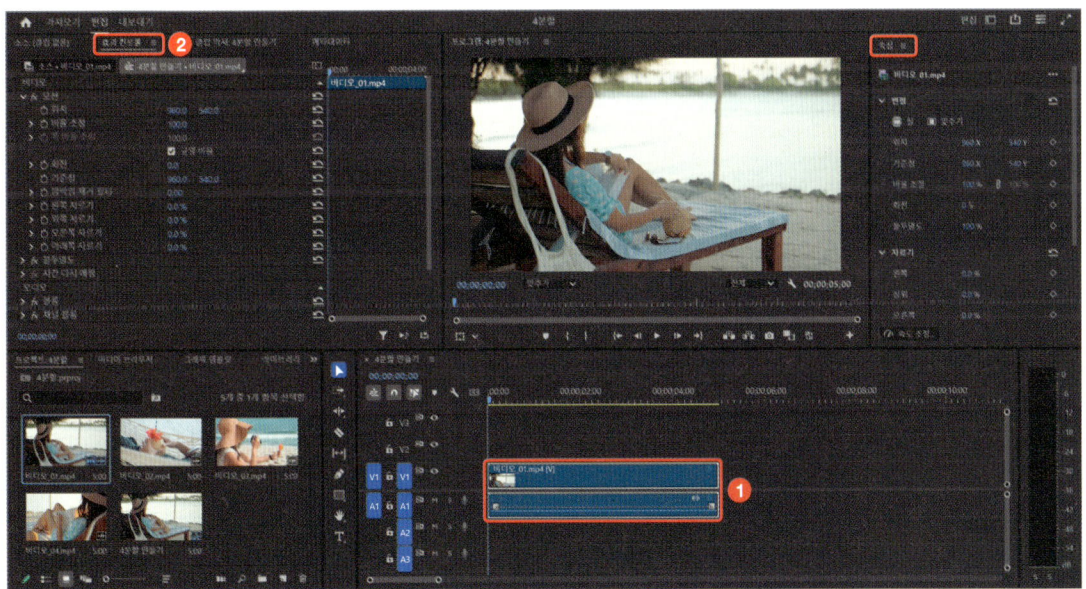

TIP [타임라인] 패널에서 클립을 선택해야만 위와 같이 [효과 컨트롤] 패널의 옵션들이 활성화됩니다.

TIP 프리미어 프로 2025에서는 새롭게 추가된 [속성] 패널에서 위치와 크기를 손쉽게 조정할 수 있고, 여러 클립을 선택해 동시에 수정할 수도 있습니다.

LESSON 03 4분할 영상 만들고 중첩 관리하기

03
❶ [효과 컨트롤] 패널에서 [모션]의 하위 옵션 중 [비율 조정] 옵션을 50으로 변경합니다. ❷ [프로그램 모니터] 패널을 보면 [비디오_01] 클립의 화면이 50%(절반 크기)로 줄어든 것을 확인할 수 있습니다.

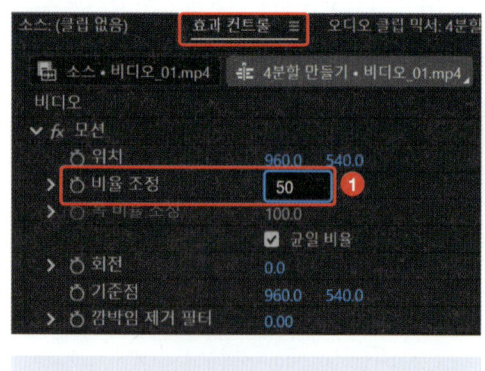
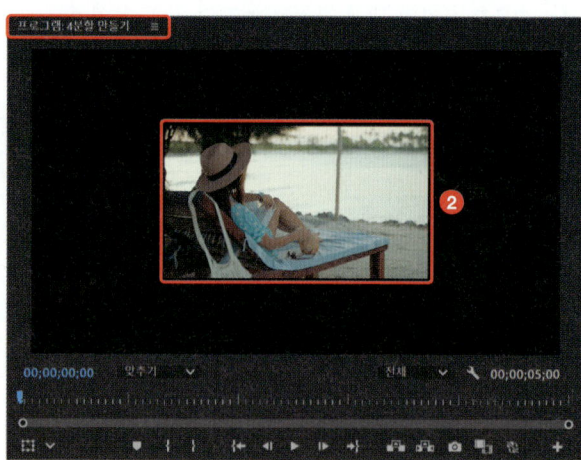

> **TIP** 옵션이 닫혀 있을 때는 옵션명 왼쪽에 있는 ▶ 아이콘을 클릭해서 하위 옵션을 펼칠 수 있습니다.

04
크기를 줄인 후에는 위치로 옮깁니다. [비디오_01] 클립의 영상을 왼쪽 위에 배치하기 위해 ❶ [선택 도구] ▶ 를 선택한 후 [프로그램 모니터] 패널에서 영상을 더블 클릭합니다. ❷ 파란색 테두리와 조절점이 활성화되면 영상 안쪽을 클릭한 채 왼쪽 위로 드래그합니다. 이때 Ctrl 을 누른 채 드래그하면 빨간 점선으로 스냅 기능이 작동되어 원하는 위치에 쉽게 배치할 수 있습니다.

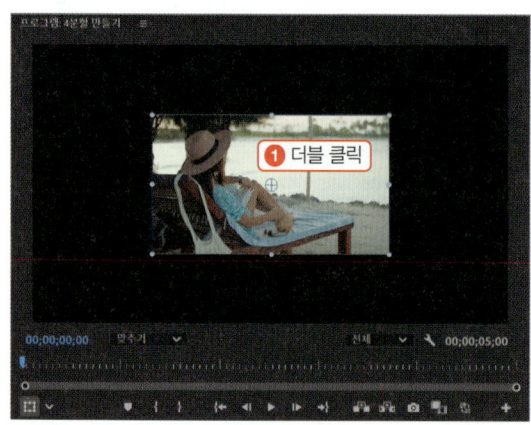
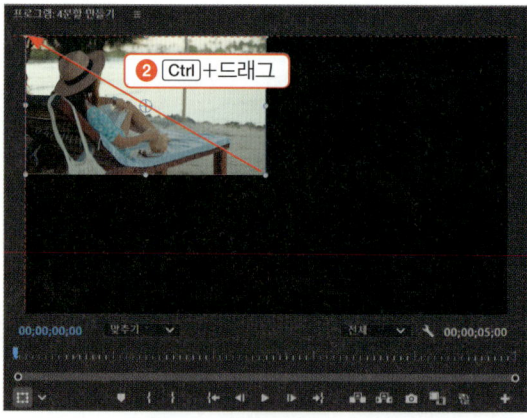

> **TIP** [효과 컨트롤] 패널에서 [모션] – [위치] 옵션을 [480, 270]으로 변경해도 위와 같은 위치로 영상을 옮길 수 있습니다. [위치] 옵션은 가로축 X와 세로축 Y를 각각 입력하는 방식이며, 값을 클릭한 채 좌우로 드래그하면서 실시간으로 변동되는 위치를 확인하면서 설정할 수도 있습니다.

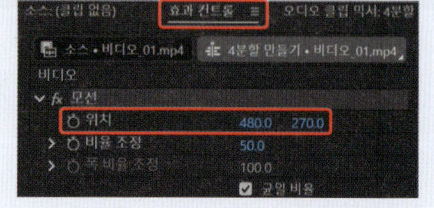

05 앞의 과정을 반복하면서 나머지 영상도 배치한 후 크기와 위치를 변경합니다. 우선 [**프로젝트**] 패널에서 [**비디오_02**], [**비디오_03**], [**비디오_04**] 영상을 각각 [**타임라인**] 패널의 V2, V3, V4 트랙으로 드래그하여 배치합니다.

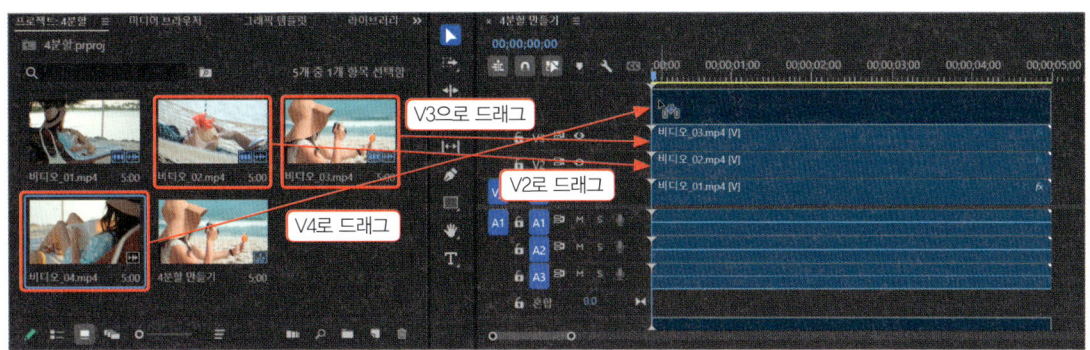

TIP [타임라인] 패널에 V3 트랙까지만 보이더라도 V3 트랙까지 배치한 후 추가로 영상을 드래그하면 자동으로 V4 트랙이 생성됩니다.

06 추가로 배치한 3개의 클립을 각각 선택한 후 크기와 위치를 변경합니다. 우선 ❶ V4 트랙의 [**비디오_04**] 클립을 선택하고 [**효과 컨트롤**] 패널에서 [**모션**] - [**비율 조정**] 옵션을 **50**으로 변경합니다. ❷ [**프로그램 모니터**] 패널에서 [**비디오_04**] 클립의 영상을 더블 클릭한 후 Ctrl 을 누른 채 오른쪽 아래로 드래그하여 배치합니다.

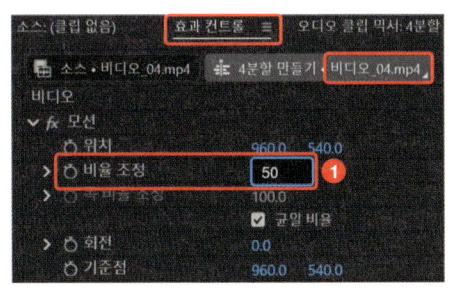

TIP [타임라인] 패널에서 여러 트랙에 클립을 배치하면 작업 중에 헷갈리기 쉽습니다. 그러므로 옵션을 변경하기 전에는 [타임라인] 패널에서 원하는 클립을 제대로 선택했는지 꼭 확인하면서 작업해 주세요.

07 이제 [비디오_03]과 [비디오_02] 클립이 남았죠? 지금까지의 방법을 떠올리며 [프로젝트] 패널에서 각 클립을 선택한 후 [효과 컨트롤] 패널에서 [비율 조정] 옵션을 50으로 변경하고, [프로그램 모니터] 패널에서 각각 왼쪽 아래와 오른쪽 위에 배치합니다.

TIP 각 클립을 선택한 후 [효과 컨트롤] 패널에서 [모션] – [위치] 옵션을 다음과 같이 변경해도 됩니다.

클립	비디오_01	비디오_02	비디오_03	비디오_04
위치	480, 270	1440, 270	480, 810	1440, 810
비율 조정	50	50	50	50

08 [프로그램 모니터] 패널에서 브이로그에서 자주 사용하는 4분할 영상을 확인해 봅니다.

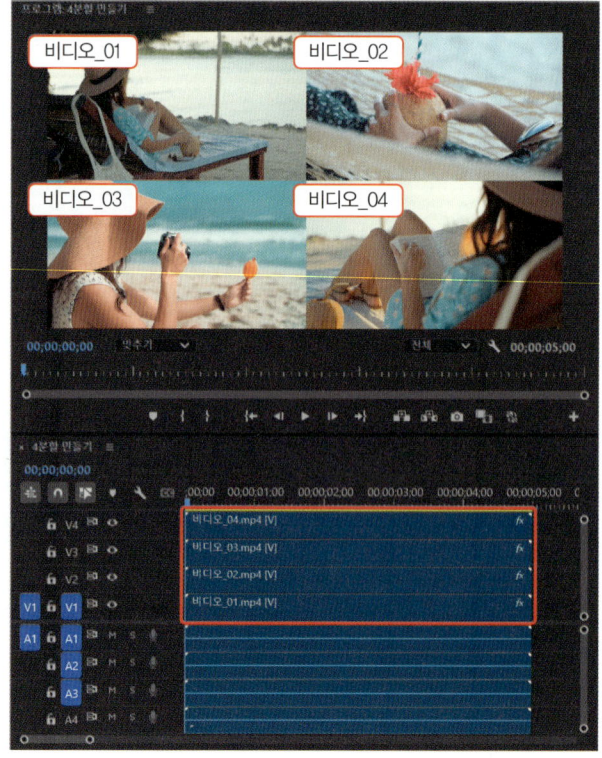

Pr 중첩 기능으로 여러 개의 클립을 합쳐서 관리하기

4분할 영상처럼 [타임라인] 패널에 클립이 여러 개 쌓이면 관리가 힘들겠죠? 이럴 땐 클립을 하나로 합쳐 주는 중첩 기능을 이용해 보세요. 앞서의 실습에 이어서 진행합니다.

01 ❶ [타임라인] 패널에서 범위를 드래그하거나 Ctrl + A 를 눌러 모든 클립을 선택하고 ❷ 마우스 오른쪽 버튼을 클릭한 후 ❸ [중첩](Nest)을 선택합니다.

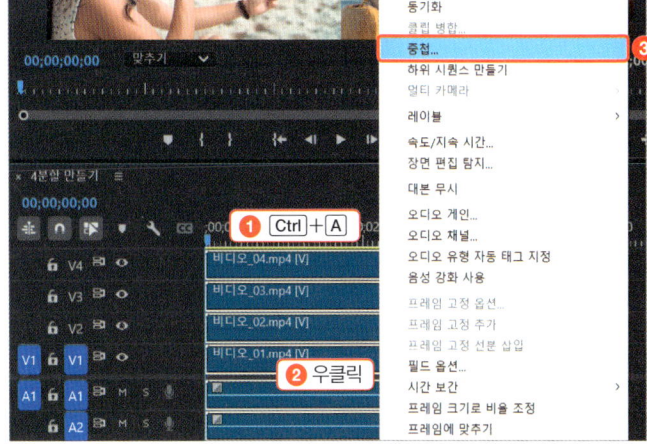

02 ❶ 중첩된 시퀀스 이름 창이 열리면 [이름] 옵션에 중첩해서 만들 시퀀스의 이름을 입력하고 ❷ [확인] 버튼을 클릭합니다. 예제에서는 **4분할 중첩**이라고 입력했습니다.

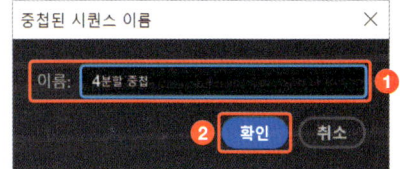

03 ❶ [타임라인] 패널을 확인하면 위에서 입력한 이름으로 하나의 초록색 클립만 남아 있습니다. 또한 ❷ [프로젝트] 패널에도 같은 이름인 [4분할 중첩] 시퀀스가 생성되었습니다.

> **TIP** [프로젝트] 패널이나 [타임라인] 패널에서 [4분할 중첩] 시퀀스를 더블 클릭하면 원본 클립을 확인할 수 있습니다.

LESSON 03 4분할 영상 만들고 중첩 관리하기 **329**

04 전체 화면에서 테두리처럼 배경이 살짝 보이도록 중첩한 4분할 영상의 크기를 줄여 보겠습니다. [타임라인] 패널에서 [4분할 중첩] 클립을 선택하고 [효과 컨트롤] 패널에서 [모션]의 하위 옵션인 [비율 조정] 옵션을 80으로 조정합니다.

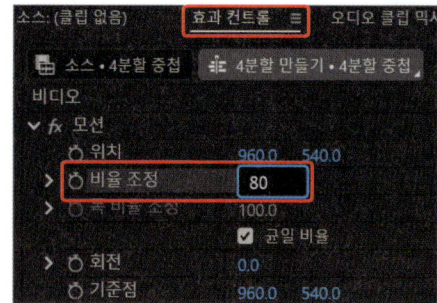

05 [프로그램] 모니터 패널을 보면 각 클립 영상의 크기가 한 번에 조절되었죠? 이처럼 중첩 기능을 이용하면 여러 클립을 한 번에 변경할 수 있어 편리합니다.

06 마지막으로 배경의 색상을 변경하겠습니다. ① [프로젝트] 패널에서 오른쪽 아래에 있는 [새 항목] 아이콘을 클릭한 후 ② [색상 매트]를 선택합니다. ③ 새 색상 매트 창이 열리면 원하는 색을 지정해서 색상 매트를 생성합니다. Link 색상 매트를 사용하는 방법은 314쪽에서 자세히 설명합니다.

 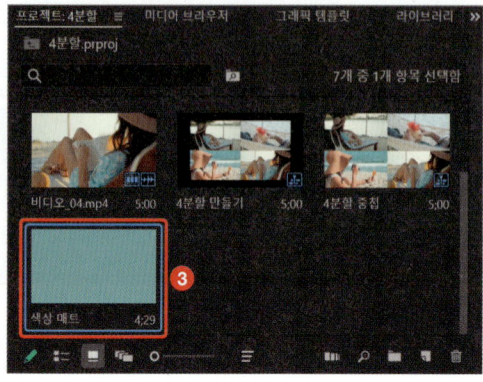

07 색상 매트를 배경으로 사용하려면 가장 아래쪽 트랙에 배치해야 합니다. ① [타임라인] 패널에서 [4분할 중첩] 클립을 V2 트랙으로 드래그하여 옮기고, ② [프로젝트] 패널에서 [색상 매트]를 V1 트랙으로 드래그하여 배치합니다.

08 영상을 재생해서 결과를 확인합니다. 4분할 영상의 크기와 배경 색상을 변경하니 화면을 가득 채우던 4분할 영상과는 또 다른 느낌이죠? 이처럼 다양하게 응용하여 브이로그 영상에 활용해 보세요.

금손 변신 TIP 영상 배치 시 위치 옵션 금손처럼 사용하기

실습에서 각 클립의 [위치] 옵션을 직접 입력할 때 사용하도록 제공한 값은 전체 화면이 FHD(1920×1080)이며, 각 클립의 크기 비율을 50%로 줄였을 때를 전제로 한 수치입니다.

▲ FHD 영상에서 각 클립의 비율을 50%로 줄였을 때 4분할 위치

그러므로 실습에서 제공한 [위치] 옵션을 사용했을 때 실습과 다른 곳에 배치된다면 전체 해상도나 각 클립의 비율을 확인해야 합니다. 만약 해상도나 비율이 다르다면 그에 맞춰 [위치] 옵션도 적절하게 변경해야 합니다. 또한, 조건이 위와 같은데도 정확하게 4분할 되지 않는다면 기준점의 위치가 변경되었을 수 있습니다. 이럴 때는 [효과 컨트롤] 패널에서 [모션] – [기준점] 옵션에서 오른쪽 끝에 있는 [효과 재설정] 아이콘을 클릭해서 [기준점] 옵션을 초기화해 주세요.

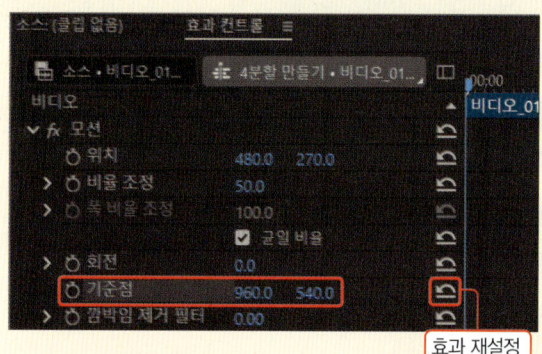

기본적으로 기준점은 각 클립의 정중앙에 위치하며, 위치 이외에도 크기 및 회전 정도를 변경할 때도 사용됩니다. 현재 기준점의 위치를 확인할 때는 [효과 컨트롤] 패널에서 [모션] 옵션을 선택하거나 [선택 도구]를 선택한 후 [프로그램 모니터] 패널에서 해당 클립의 영상을 더블 클릭하면 됩니다. [프로그램 모니터] 패널에서 영상의 위치를 드래그할 때 실수로 기준점을 드래그해서 변경될 수 있으니 주의해야 합니다.

각 영상의 기준점

금손 변신 TIP — 작업한 영상의 빠른 교체 및 분할 화면 섬네일 저장하기

▶ **편집이 끝난 후 빠르게 영상을 교체하고 싶다면?**

힘들게 화면 분할 편집을 완료했는데 갑자기 영상을 교체하고 싶다면 어떻게 해야 할까요? 다시 비율과 위치를 조절하는 작업을 반복해야 할까요? 그럴 때는 Alt 를 기억해 주세요!

방법은 간단합니다. [**프로젝트**] 패널로 변경할 영상을 불러온 후 Alt 를 누른 채 [**타임라인**] 패널에서 교체할 클립으로 드래그해서 배치합니다. 변경한 옵션은 유지된 채 순식간에 영상만 교체됩니다.

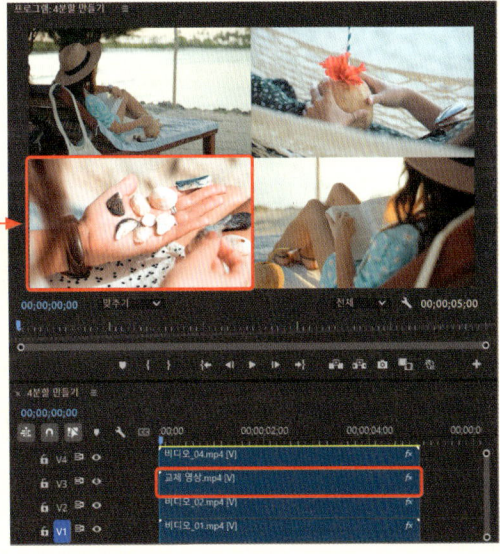

LESSON 03 4분할 영상 만들고 중첩 관리하기 333

▶ **분할 영상을 섬네일 이미지로 출력하고 싶다면?**

4분할 영상은 브이로그 영상의 섬네일 이미지로 활용하기에 좋습니다. [**프로그램 모니터**] 패널에서 출력하고 싶은 화면이 나오는 위치로 재생헤드를 옮긴 후 [**프로그램 모니터**] 패널에서 오른쪽 아래에 있는 카메라 모양의 [**프레임 내보내기**] 아이콘을 클릭하거나 단축키 Ctrl + Shift + E 를 누릅니다.

프레임 내보내기 창이 열리면 경로와 파일 이름, 형식 등을 지정하여 이미지로 출력할 수 있으며, [**프로젝트로 가져오기**]에 체크하면 출력과 동시에 [**프로젝트**] 패널에도 불러와집니다.

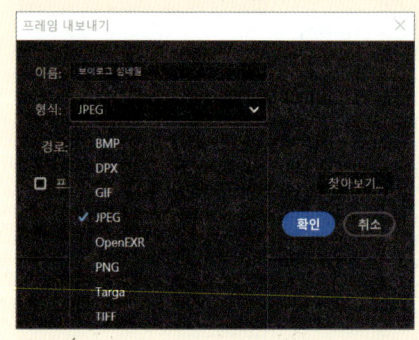
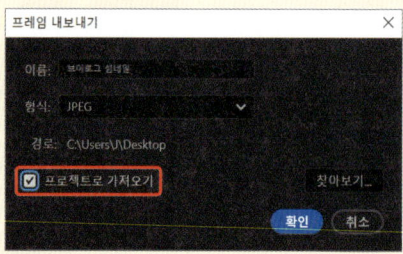

LESSON 04 자르기 효과로 다양한 화면 분할 만들기

브이로그 영상을 제작할 때 4분할만큼 2분할도 자주 사용합니다. 영상의 위치와 크기를 변경했던 4분할 영상과 달리 이번에는 자르기 효과를 이용해서 영상의 일부분을 자른 다음 화면을 분할해서 배치해 보겠습니다. 영상에서 불필요한 배경이 많다면 과감히 잘라내 보세요.

▶ **유튜브 동영상 강의**

화면 분할 쉽게 만들기
https://youtu.be/Vy_ttVE8KjU

완성 미리보기

- **예제 파일:** Chapter 05/화면분할.prproj
- **완성 파일:** Chapter 05/화면분할_완성본.prproj

실습 가능 버전
프리미어 프로 CC 모든 버전

LESSON 04 자르기 효과로 다양한 화면 분할 만들기 335

Pr 자르기 효과로 영상의 일부분 잘라내기

01 **화면분할.prproj** 예제 파일을 엽니다. [타임라인] 패널에서 [바다_01] 클립을 선택한 후 ① [효과 컨트롤] 패널(Shift+5)의 '비디오' 영역에서 ② [모션] 옵션을 펼칩니다. '모션' 영역의 '자르기' 항목에 값을 입력하면 원하는 비율로 영상을 자를 수 있습니다. 예제에서는 [왼쪽 자르기]를 19%, [오른쪽 자르기]를 31%로 설정했습니다.

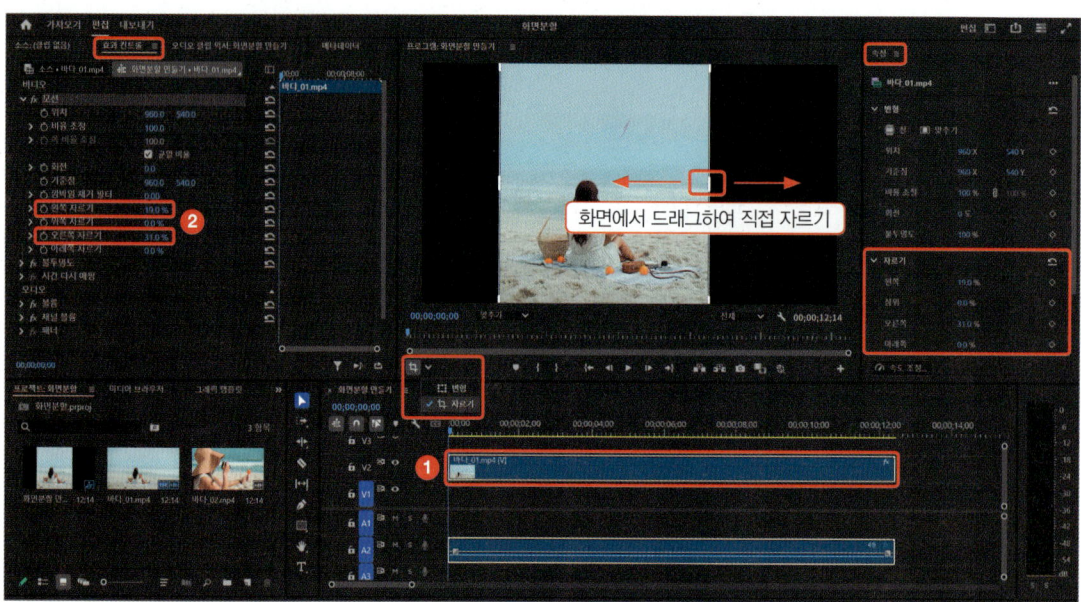

TIP 자르기 설정: 속성 패널과 화면에서 직접 조정하기

프리미어 프로 2025 버전에서는 [속성] 패널의 '자르기' 영역에서도 값을 수정해 영상을 원하는 크기로 자를 수 있습니다. 또한, [프로그램 모니터] 패널 왼쪽 아래에 있는 아래쪽 화살표 버튼을 클릭하고 [자르기]를 선택하면, 화면에 테두리와 조절점이 표시됩니다. 이 조절점을 마우스로 드래그하면, 화면에서 영상의 크기와 비율을 직접 조정하며 자유롭게 자를 수 있습니다.

TIP 자르기 옵션: 2025 버전과 이전 버전의 차이

프리미어 프로 2025 버전에서는 [효과 컨트롤] 패널에 기본적으로 [자르기] 옵션이 포함되어 있습니다. 이전 버전에서는 [효과] 패널에서 [자르기] 효과를 검색해 클립에 드래그하여 적용한 후 옵션 값을 수정해야 합니다.

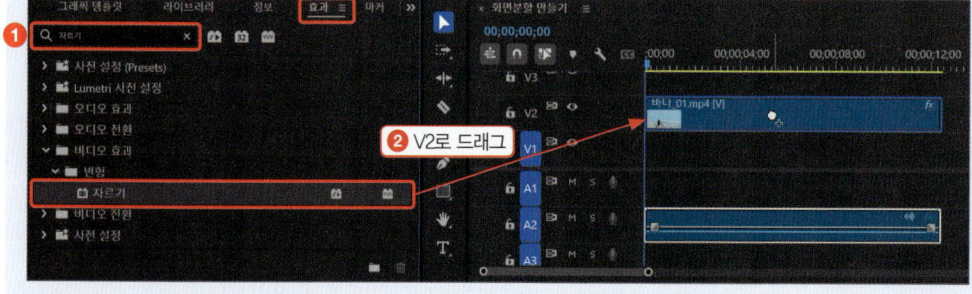

02 이번에는 영상의 위치를 변경하기 위해 ① [효과 컨트롤] 패널에서 [모션]의 하위 옵션인 [위치] 옵션을 595, 540으로 변경합니다. ② [프로그램 모니터] 패널을 보면 [바다_01] 영상이 왼쪽으로 배치되었습니다.

03 2분할의 나머지 영상을 추가하기 위해 [프로젝트] 패널에서 [바다_02] 영상을 [타임라인] 패널의 V3 트랙으로 드래그해서 배치합니다.

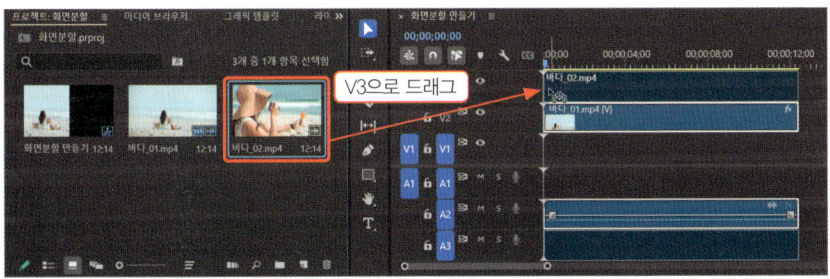

04 ① [바다_02] 클립을 선택하고 [효과 컨트롤] 패널의 [위치] 옵션을 1440, 540으로, [비율 조정] 옵션을 40으로 변경합니다. ② [프로그램 모니터] 패널에서 변경된 [바다_02] 영상의 위치와 크기를 확인합니다.

LESSON 04 자르기 효과로 다양한 화면 분할 만들기 337

05 마지막으로 ① 원하는 색으로 색상 매트를 생성한 후 ② V1 트랙에 배치하여 배경으로 사용합니다. 여기서는 색상 매트의 색상을 #559C93으로 설정했습니다. Link 색상 매트를 사용하는 방법은 314쪽에서 자세히 설명합니다.

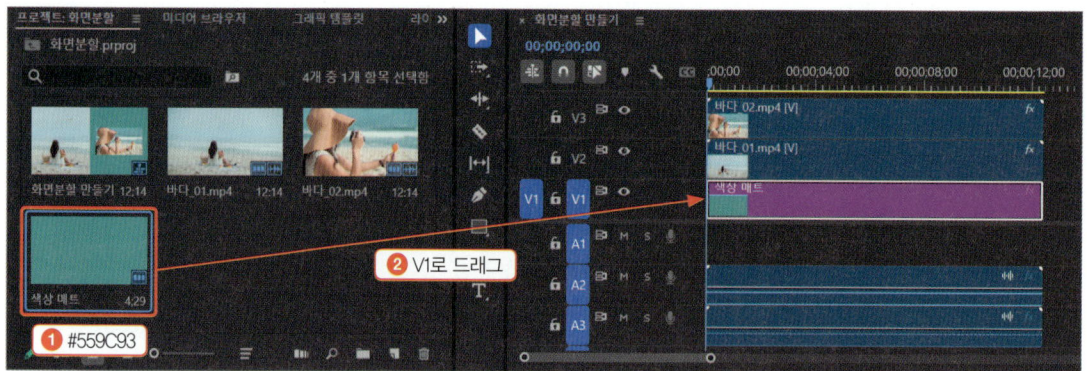

06 끝으로 오른쪽 영상의 넓은 배경에 적절한 자막을 추가하여 2분할 화면을 완성했습니다. 이처럼 [자르기] 효과를 적용한 후 [위치] 옵션을 변경하거나 [비율 조정] 옵션을 활용하여 원하는 형태로 화면을 분할할 수 있습니다.

Link 자막 편집은 [CHAPTER 04]에서 다양한 실습으로 설명합니다.

> **TIP** [자르기] 옵션으로 시네마틱 분위기 연출하기
>
> [자르기] 옵션에서 [위쪽 자르기]와 [아래쪽 자르기] 값을 각각 [15%] 정도로 설정해 보세요. 이렇게 하면 영상의 위아래에 검은 띠(레터박스)가 추가되어, 가로가 길게 표현되는 시네마틱한 분위기를 연출할 수 있습니다.

▲ 원본 영상

▲ 레터박스 적용 후

금손 변신 TIP 영상을 대각선으로 자르고 싶다면?

영상을 대각선으로 자르고 싶다면 [효과] 패널에서 검색란을 이용하여 [선형 지우기](Linear Wipe) 효과를 찾아 적용해 보세요.

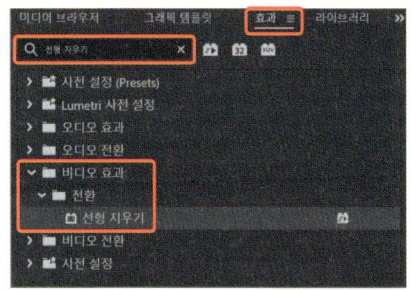

[선형 지우기] 효과를 찾아 클립에 적용하고 [효과 컨트롤] 패널에서 [선형 지우기]의 하위 옵션인 [변환 완료] 옵션에서 지울 범위를 정할 수 있습니다. 이어서 [지우기 각도] 옵션에서 각도를 변경하면 대각선으로 영상을 자를 수 있습니다.

만약 영상의 양쪽을 대각선으로 자르고 싶다면 [선형 지우기] 효과를 한 번 더 적용해서 총 2번을 적용합니다. 그런 다음 [효과 컨트롤] 패널을 보면 2개의 [선형 지우기] 옵션을 확인할 수 있습니다. 첫 번째 [선형 지우기] 옵션의 [지우기 각도] 옵션은 양수로 입력하고, 두 번째 [선형 지우기] 옵션의 [지우기 각도] 옵션은 음수로 입력하면 영상의 양쪽이 대각선으로 잘립니다.

TIP [효과 컨트롤] 패널에서 [선형 지우기] 옵션명을 선택한 후 Ctrl+C를 눌러 복사하고, Ctrl+V를 눌러 붙여 넣는 방법으로도 2개의 [선형 지우기] 효과를 적용할 수 있습니다.

LESSON 05
마스크 도구를 이용하여 도형에 영상 넣기

마스크는 비디오에서 특정 부분만 보여 주거나 가리는 역할을 합니다. 프리미어 프로의 마스크 기능을 살펴보고, 동그란 원형에 영상을 넣어 보겠습니다. 여기서는 원형을 이용했지만 상황에 따라 사각형 등 원하는 형태의 도형을 마스크로 활용할 수 있습니다.

▶ **유튜브 동영상 강의**

동그라미 영상 쉽게 만드는 방법
https://youtu.be/jf88vcbiAjM

완성 미리보기

- **예제 파일:** Chapter 05/동그라미 영상.prproj
- **완성 파일:** Chapter 05/동그라미 영상_완성본.prproj

실습 가능 버전
프리미어 프로 CC 모든 버전

Pr 마스크 생성 후 크기 및 위치 변경하기

01 동그라미 영상.prproj 예제 파일을 엽니다. ❶ [타임라인] 패널에서 [합성영상] 클립을 선택하고 ❷ [효과 컨트롤] 패널(Shift+5)에서 [불투명도]의 하위 옵션 중 타원 모양의 [타원 마스크 만들기] 아이콘을 클릭합니다.

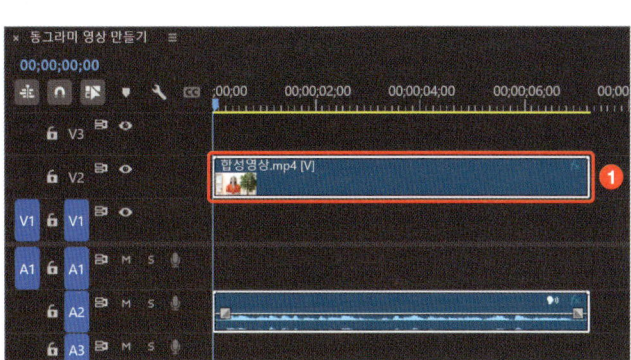
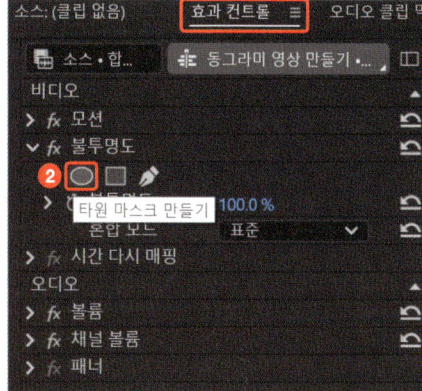

TIP 추후 V1 트랙에 색상 매트를 배치하여 배경으로 사용할 예정입니다. 그러므로 영상은 V2 트랙에 배치했습니다.

02 [프로그램 모니터] 패널을 보면 타원 모양의 마스크가 생성되면서 마스크 안에서만 영상이 표시되는 것을 확인할 수 있습니다. ❶ 상반신이 모두 표시되도록 마스크의 각 조절점을 드래그하여 마스크를 넓힙니다. ❷ 그런 다음 마스크를 정원으로 만들기 위해 Shift를 누른 채 조절점 하나를 더블 클릭합니다.

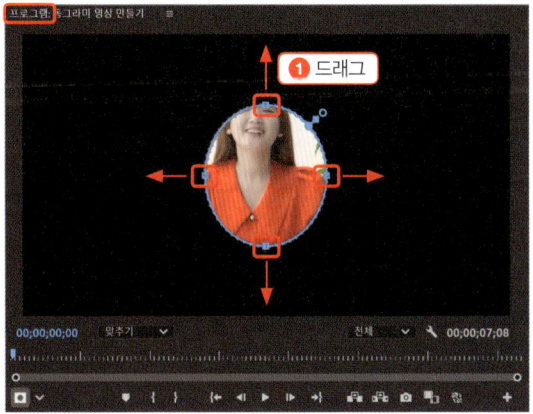

LESSON 05 마스크 도구를 이용하여 도형에 영상 넣기 **341**

03 영상을 재생하면서 결과를 확인하고, 마스크 내에서 영상이 한쪽에 치우친다면 영상 위치에 맞춰 마스크의 위치를 옮깁니다. 마스크 안쪽으로 마우스 커서를 옮기면 손 모양의 아이콘이 나타나며, 이 상태에서 클릭한 채 드래그해서 마스크의 위치를 변경할 수 있습니다.

TIP 예제에서는 재생헤드를 7초로 옮긴 후 인물과 책이 마스크 가운데 오도록 마스크의 위치를 변경했습니다.

04 ❶ [효과 컨트롤] 패널에서 [불투명도]를 보면 [마스크(1)] 옵션이 추가되어 있습니다. ❷ [마스크(1)]의 하위 옵션 중 [마스크 페더] 옵션을 0으로 변경하여 경계를 뚜렷하게 만듭니다. 값이 작을수록 마스크 경계가 뚜렷해지고, 클수록 부드러워집니다. **Link** 마스크의 하위 옵션은 344쪽, [금손 변신 TIP]에서 자세히 설명합니다.

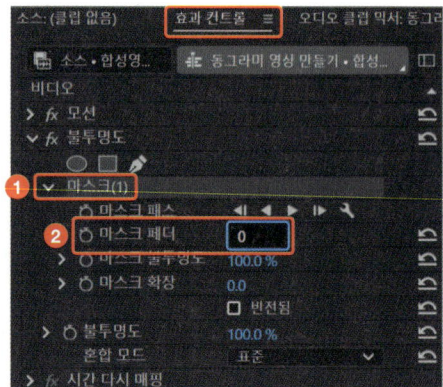

TIP 마스크 도형을 한 번 더 클릭하면 마스크가 추가되면서 동시에 [마스크(2)] 옵션도 추가됩니다. 이처럼 마스크는 여러 개를 추가할 수 있으며, 마스크 이름을 선택한 후 Delete 를 눌러 삭제할 수도 있습니다.

05 계속해서 ① [효과 컨트롤] 패널에서 [모션]의 하위 옵션인 [위치] 옵션을 550, 545로 변경하고, [비율 조정] 옵션을 70으로 변경해 봅니다. ② [프로그램 모니터] 패널을 보면 영상의 위치와 크기(비율) 변경에 따라 마스크도 함께 변경된 것을 확인할 수 있습니다.

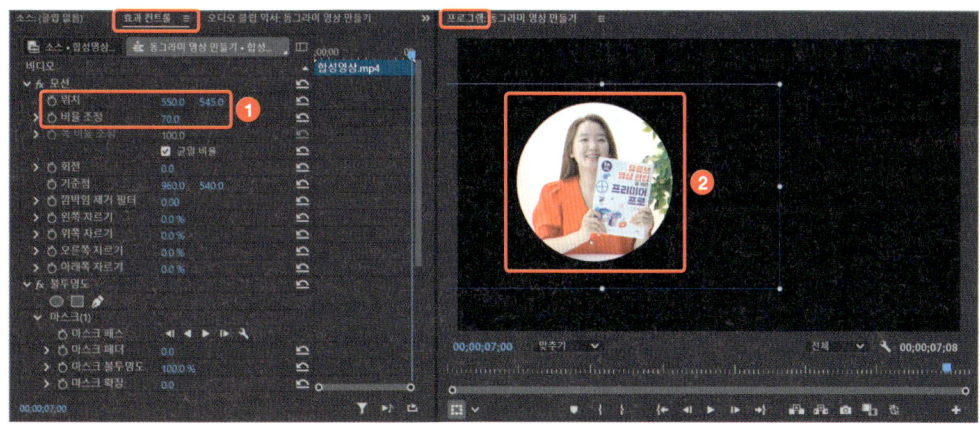

> **TIP** [위치] 옵션값은 여러분이 원하는 값으로 자유롭게 입력해도 됩니다. 또한, [위치] 옵션명을 클릭한 후 [프로그램 모니터] 패널에서 드래그하여 위치를 변경할 수도 있습니다. **Link** 영상의 위치를 변경하는 방법은 161쪽에서 자세히 설명합니다.

06 ① 보라색(#555288) 색상 매트를 생성하여 ② V1 트랙에 배치하고, ③ 오른쪽 빈 여백에 자막을 삽입합니다. 색상 매트 대신 이미지 클립을 배치하여 PIP(Picture In Picture) 영상을 만들어도 좋습니다.

> **Link** 색상 매트 사용 방법은 314쪽, 자막 편집 방법은 [CHAPTER 04]에서 자세히 설명합니다.

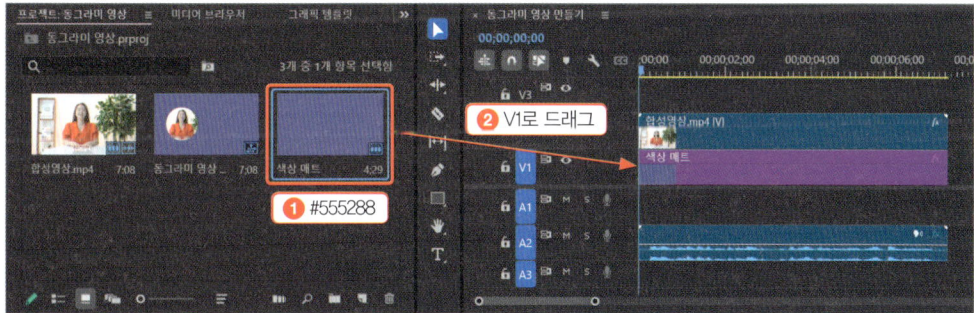

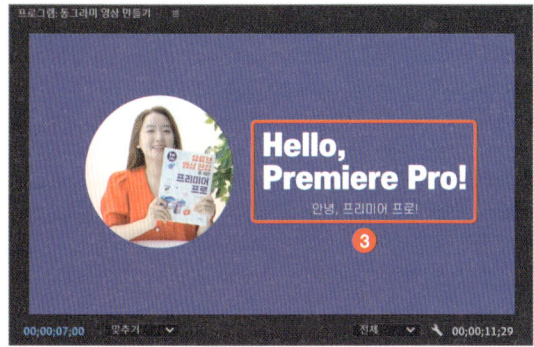

LESSON 05 마스크 도구를 이용하여 도형에 영상 넣기 **343**

금손 변신 TIP [효과 컨트롤] 패널의 마스크 옵션 금손처럼 사용하기

[효과 컨트롤] 패널(Shift+5)에서 마스크를 추가한 후 마스크의 하위 옵션을 펼치면 다음과 같이 4개의 하위 옵션과 함께 [반전됨] 체크 박스를 확인할 수 있습니다. 옵션 설정에 따라 전혀 다른 느낌의 영상을 만들 수 있으므로, 각 옵션을 직접 변경하면서 결과를 확인해 보는 것을 추천합니다.

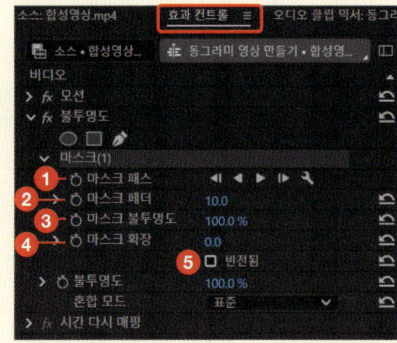

① **마스크 패스(Mask Path)**: 대상의 움직임을 포착하여 마스크를 추적합니다. Link 마스크 패스를 사용하는 방법은 372쪽 실습에서 자세히 설명합니다.

② **마스크 페더(Mask Feather)**: 마스크의 가장자리를 뚜렷하거나 부드럽게 만듭니다.

▲ 마스크 페더 0일 때   ▲ 마스크 페더 100일 때

③ **마스크 불투명도(Mask Opacity)**: 마스크의 불투명도를 결정합니다. 0%일 때는 투명하여 마스크가 완전히 보이지 않으며, 100%에 가까울수록 마스크가 불투명해집니다. 기본값은 100%입니다.

④ **마스크 확장(Mask Expansion)**: 마스크 영역을 확장하거나 축소합니다. 옵션의 값이 음수일 때 축소되고, 양수일 때 확장됩니다.

⑤ **반전됨(Inverted)**: 체크해서 활성화하면 마스크 영역이 아닌 마스크 바깥쪽으로 영상이 표시됩니다.

◀ 마스크 반전 상태

LESSON 06
마스크 도구로 도플갱어 효과 만들기

한 화면에 같은 사람이 여러 명 나오는 장면을 본 적이 있으시죠? 이러한 도플갱어 효과도 마스크 기능을 이용하면 감쪽같이 만들 수 있습니다. 도플갱어 효과를 연출하려면 사전에 계획하여 촬영 시 카메라가 흔들리지 않도록 반드시 고정한 채 촬영해야 한다는 점을 기억하세요.

완성 미리보기

- **예제 파일:** Chapter 05/도플갱어 효과.prproj
- **완성 파일:** Chapter 05/도플갱어 효과_완성본.prproj

실습 가능 버전
프리미어 프로 CC 모든 버전

01 도플갱어 효과.prproj 예제 파일을 엽니다. ❶ [프로젝트] 패널에서 [도플갱어_01] 영상을 [타임라인] 패널의 V1 트랙으로, ❷ [도플갱어_02] 영상을 V2 트랙으로 각각 드래그하여 배치합니다.

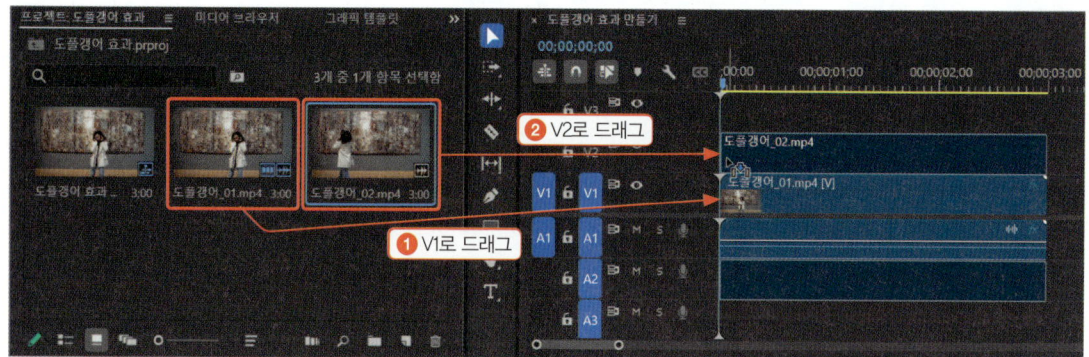

02 [도플갱어_01] 클립은 화면 중앙에서 춤추는 영상이고, [도플갱어_02] 클립은 화면 왼쪽에서 걸어다니면서 춤추는 영상입니다.

03 ❶ [타임라인] 패널에서 [도플갱어_02] 클립을 선택하고 ❷ [효과 컨트롤] 패널([Shift]+[5])에서 [불투명도]의 하위 옵션 중 사각형 모양의 [4지점 다각형 마스크 만들기] 아이콘을 클릭합니다.

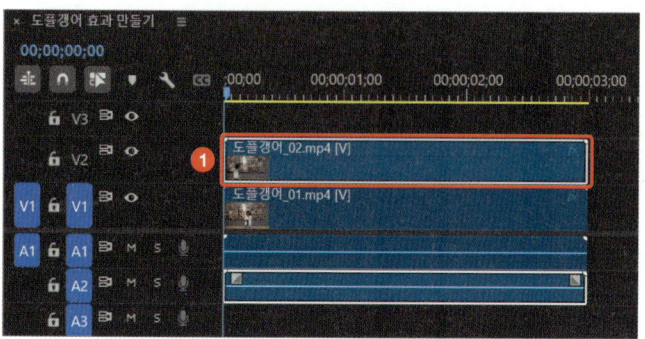
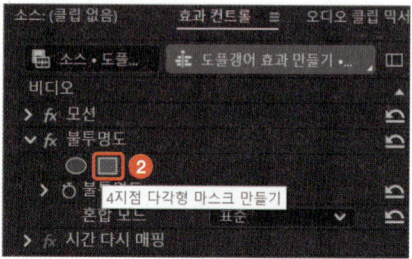

04 ❶ [프로그램 모니터] 패널을 보면 생성된 사각형 마스크 내에서만 [도플갱어_02] 영상이 보이고, 나머지 영역에는 V1 트랙에 배치된 [도플갱어_01] 영상이 나타납니다. ❷ 원활한 마스크 영역 설정을 위해 우선 화면 크기를 [25%]로 축소한 후 ❸ 그림과 같이 화면 왼쪽이 모두 포함되도록 마스크의 위치와 크기를 변형합니다.

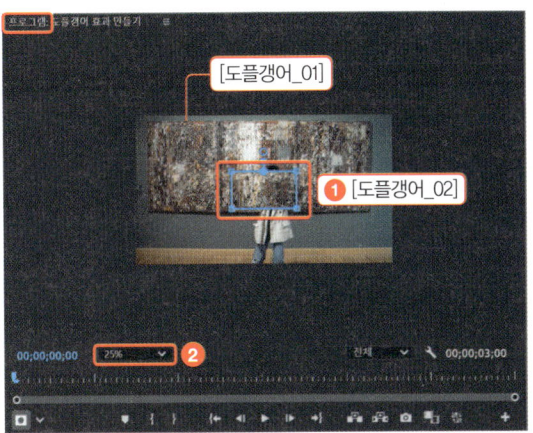
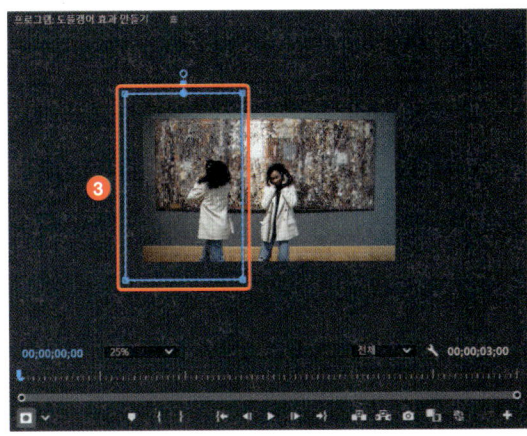

> **TIP** 마스크의 각 조절점을 드래그하여 크기를 변경할 수 있고, 마스크 안쪽을 클릭한 채 드래그하여 위치를 옮길 수 있습니다. 또한, 조절점이 아닌 테두리를 클릭하면 새로운 조절점을 추가할 수도 있습니다.

05 마스크의 경계를 자연스럽게 만들기 위해 [효과 컨트롤] 패널에서 [불투명도] – [마스크(1)]의 하위 옵션인 [마스크 페더] 옵션을 50으로 변경합니다. 이처럼 여러 영상을 같은 장소에서 움직임 없이 촬영했다면 마스크를 추가하여 도플갱어 효과를 연출할 수 있습니다.

> **TIP** 도플갱어 효과를 표현할 때는 반드시 카메라를 고정한 채 촬영해야 합니다. 만약, 카메라가 조금씩 흔들린다면 흔들림 안정화 효과를 활용하면 좋습니다. **Link** 흔들림 안정화 효과는 391쪽에서 자세히 설명합니다.

06 오른쪽에도 도플갱어를 추가해 보겠습니다. ❶ [프로젝트] 패널에 있는 [도플갱어_02] 영상을 V3 트랙에도 드래그해서 배치합니다. ❷ [효과] 패널([Shift]+[7])에서 [가로로 뒤집기](Horizontal Flip) 효과를 찾아 ❸ V3 트랙의 [도플갱어_02] 클립으로 드래그하여 적용합니다.

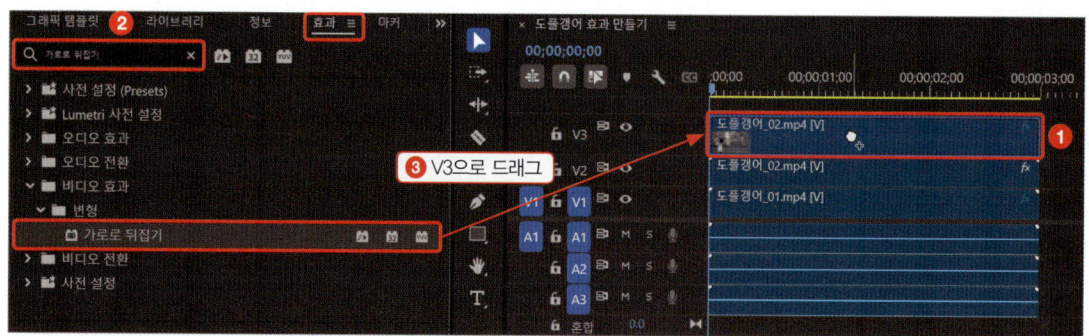

TIP [가로로 뒤집기] 효과를 적용하면 영상을 좌우로 반전할 수 있으며, [세로로 뒤집기](Vertical Flip) 효과를 적용하면 영상을 상하로 반전할 수 있습니다.

07 [프로그램 모니터] 패널을 보면 V3 트랙의 [도플갱어_02] 영상이 좌우로 반전되어 표시됩니다. 이제 03~05 과정을 참고하여 화면 오른쪽에 마스크를 배치하면 다음과 같은 영상이 완성됩니다.

TIP V3 트랙과 V2 트랙에 있는 [도플갱어_02] 클립의 시간 간격을 서로 다르게 배치하면 서로 다른 동작으로 춤을 추는 도플갱어 영상을 만들 수 있습니다.

LESSON 07

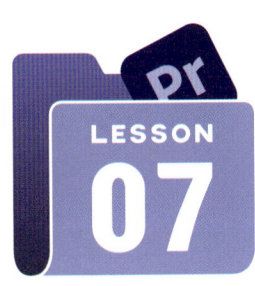

마스크 반전 기능으로 TV 이미지에 영상 넣기

마스크는 다각형뿐만 아니라 곡선을 포함한 자유로운 형태로도 그릴 수 있습니다. 여기서는 모서리가 둥근 사각형으로 마스크를 그린 후 반전 기능을 사용하여 TV에서 재생되는 듯한 장면을 연출해 보겠습니다. 또한, 혼합 모드를 활용하여 빈티지 효과까지 표현해 봅니다.

완성 미리보기

- **예제 파일:** Chapter 05/TV 합성.prproj
- **완성 파일:** Chapter 05/TV 합성_완성본.prproj

실습 가능 버전
프리미어 프로 CC 모든 버전

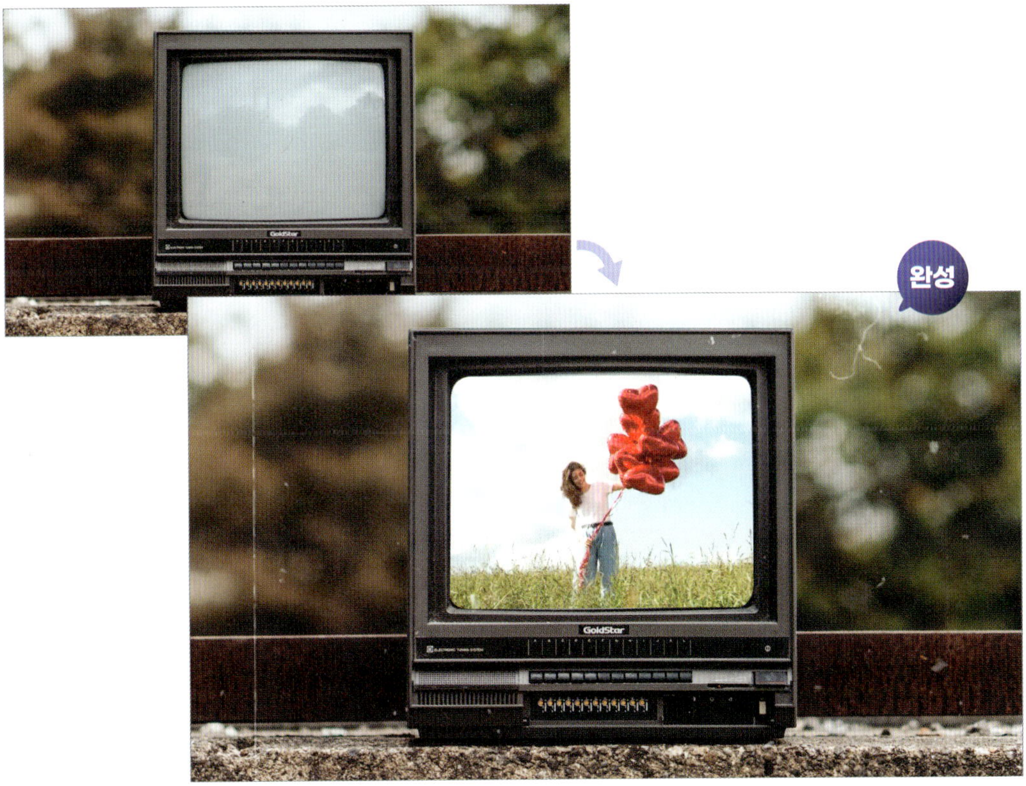

01 TV 합성.prproj 예제 파일을 엽니다. ❶ [타임라인] 패널에서 브라운관 TV 이미지인 [TV] 클립을 선택하고 ❷ [효과 컨트롤] 패널(Shift+5)에서 [불투명도] 옵션에 있는 펜 모양의 [자유로운 그리기 베지어] 아이콘을 클릭합니다.

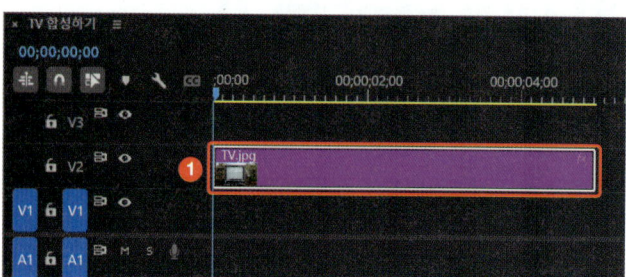 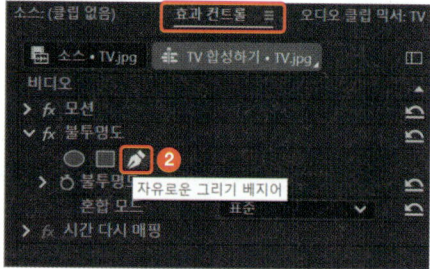

02 이제 TV 화면에 해당하는 영역을 따라 마스크를 그립니다. 우선 [프로그램 모니터] 패널로 마우스 커서를 옮긴 후 펜 모양이 표시되면 TV 화면의 왼쪽 위 모서리 부분에서 그림과 같은 위치를 클릭하여 시작점(첫 번째 조절점)을 만듭니다.

03 다음으로 맞은편, 둥근 부분이 끝나는 위치(두 번째 조절점)를 클릭한 상태로 유지하고 아래쪽으로 살짝 드래그하여 화면에 맞게 곡선을 그립니다. 이처럼 새로운 위치를 클릭한 채 드래그하면 곡선을 그릴 수 있습니다.

TIP 곡선을 그리기 위해 클릭한 채 드래그하면 드래그한 방향에 따라 조절점 양쪽으로 핸들이 표시됩니다. 이 핸들의 방향은 다음 지점의 방향으로 맞춰야 합니다. 여기서는 아래쪽으로 조절점을 추가하면서 마스크를 그릴 것이므로 클릭한 채 아래쪽으로 드래그했습니다.

04 계속해서 직선 부분은 클릭해서 직선 조절점을 추가하고, 곡선 부분은 클릭한 채 드래그하여 곡선 조절점을 추가하면서 화면을 따라 마스크를 그립니다. 마지막으로 마스크를 완성하기 위해 반드시 처음 클릭한 시작점(첫 번째 조절점)을 클릭합니다.

TIP 화면 크기가 작아서 원하는 모양대로 마스크를 그리기 어렵다면 [프로그램 모니터] 패널에서 [확대/축소 레벨 선택] 옵션을 [100%] 이상으로 크게 확대해서 작업하면 편리합니다.

05 처음 클릭해서 만든 조절점을 제대로 클릭해서 막힌 마스크를 완성했다면 다음과 같이 [**프로그램 모니터**] 패널에는 TV 화면 부분만 나타납니다.

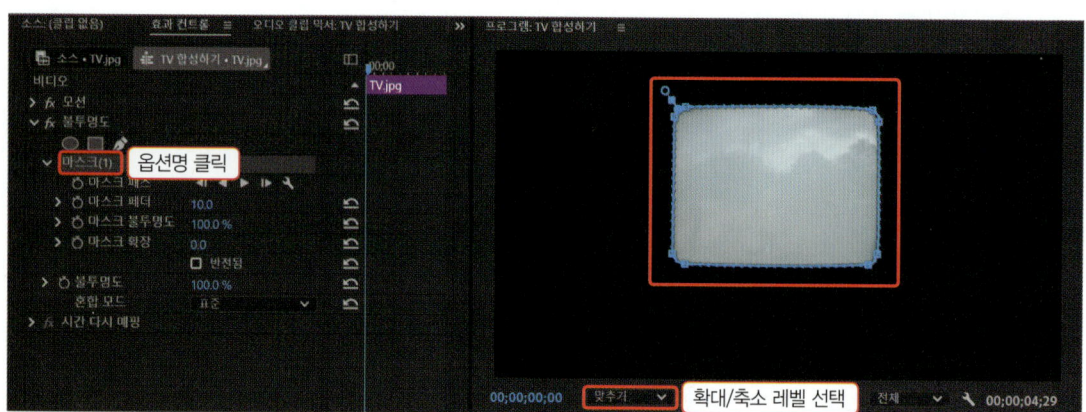

TIP 마스크가 완성되면 마스크에서 각 조절점을 클릭한 채 드래그하여 형태를 수정할 수 있습니다. 또한, [Alt]를 누른 채 조절점을 클릭하면 직선을 곡선으로, 곡선을 직선으로 변경할 수도 있습니다. 파란색 테두리와 조절점이 표시되지 않는다면 [효과 컨트롤] 패널에서 [마스크(1)] 옵션명을 클릭해서 선택합니다.

06 영상을 합성하려면 TV 화면 영역이 아닌 나머지 영역에 마스크를 씌워야 합니다. ❶ [**효과 컨트롤**] 패널에서 [**불투명도**] – [**마스크(1)**]의 하위 옵션인 [**마스크 페더**] 옵션을 **0**으로 변경하여 경계를 뚜렷하게 구분하고, ❷ [**반전됨**]에 체크합니다. ❸ [**프로그램 모니터**] 패널을 보면 마스크 경계가 뚜렷해지고, 마스크가 반전되어 배경 영역이 나타납니다.

07 이제는 뻥 뚫린 영역에서 영상이 보이도록 아래쪽 트랙에 영상 클립을 배치하면 되겠죠? ❶ [프로젝트] 패널에서 [빨간풍선] 영상을 선택하여 ❷ [타임라인] 패널의 V1 트랙으로 드래그하여 배치합니다.

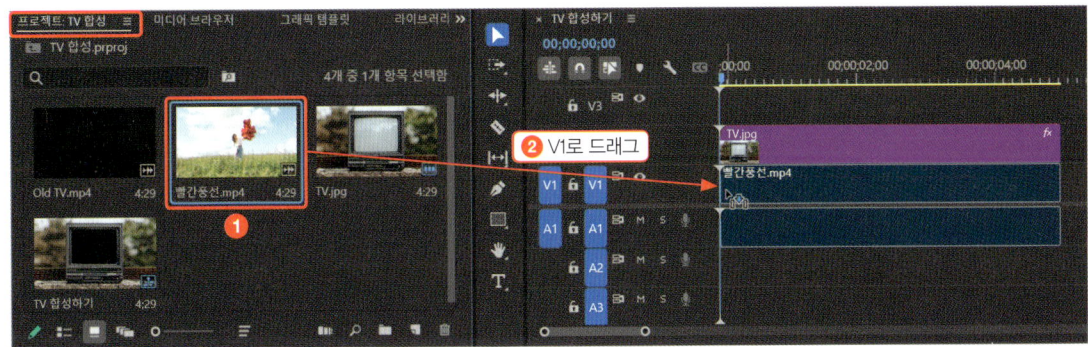

08 [빨간풍선] 영상이 TV 화면에 나타나죠? 이제 영상의 위치와 크기를 조절하면 됩니다. [타임라인] 패널에서 [빨간풍선] 클립을 선택하고 [효과 컨트롤] 패널에서 [위치] 옵션을 910, 470으로, [비율 조정] 옵션을 75로 변경합니다. **Link** 위치 및 크기를 변경하는 방법은 161쪽에서 자세히 설명합니다.

09 마지막으로 빈티지 효과를 추가하기 위해 ① [프로젝트] 패널에서 [Old TV] 영상을 ② [타임라인] 패널의 V3 트랙으로 드래그하여 배치한 후 선택합니다. ③ [효과 컨트롤] 패널에서 [불투명도] – [불투명도]의 하위 옵션인 [혼합 모드] 옵션을 [화면](Screen)으로 변경합니다.

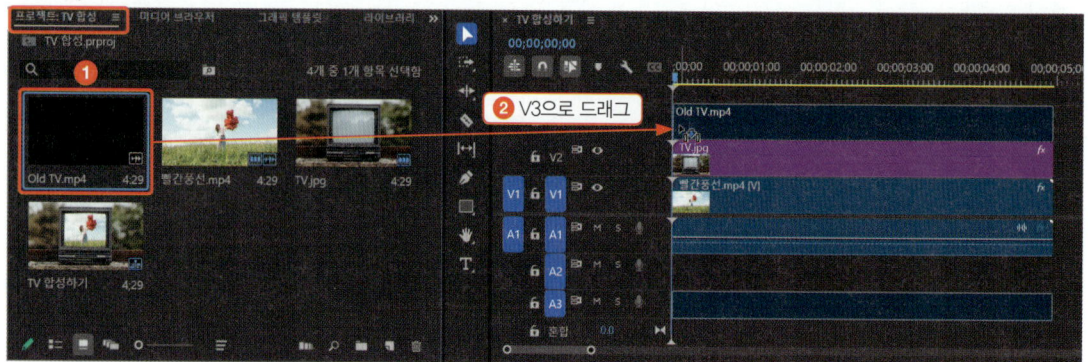

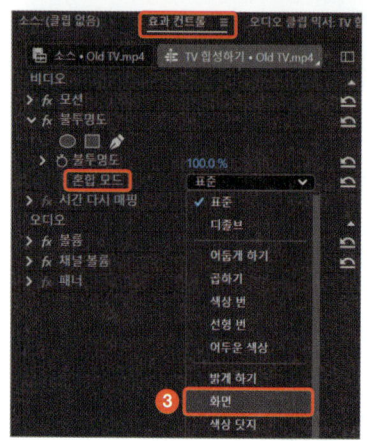

TIP 화면 모드로 혼합하면 검은색 부분은 투명해지고 밝은 부분만 남습니다. 그러므로 아래쪽에 배치된 클립에 합성할 때 주로 사용하는 모드입니다.

10 영상을 재생해 보면 [Old TV] 클립의 흰색 선들만 남아 빈티지한 느낌을 확인할 수 있습니다. 이처럼 마스크를 반전하면 처음 마스크로 지정한 영역을 잘라 내고, 그 영역에 또 다른 영상을 합성할 수 있습니다.

LESSON 08

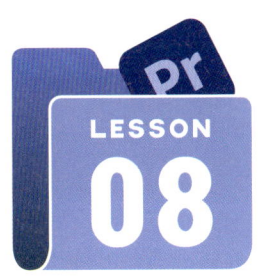

특정 부분 확대하여 강조 효과 만들기

예능 프로그램에서 종종 웃긴 장면을 확대해서 더욱 강조하는 장면을 본 적이 있으시죠? 프리미어 프로의 기본 기능인 확대(Magnify) 효과를 사용하면 특정 부분을 빠르게 확대할 수 있습니다. 이어서 도형 도구를 이용하여 확대된 부분에 테두리까지 표현하여 더욱 강조해 보겠습니다.

완성 미리보기

- **예제 파일:** Chapter 05/확대 효과.prproj
- **완성 파일:** Chapter 05/확대 효과_완성본.prproj

실습 가능 버전
프리미어 프로 CC 모든 버전

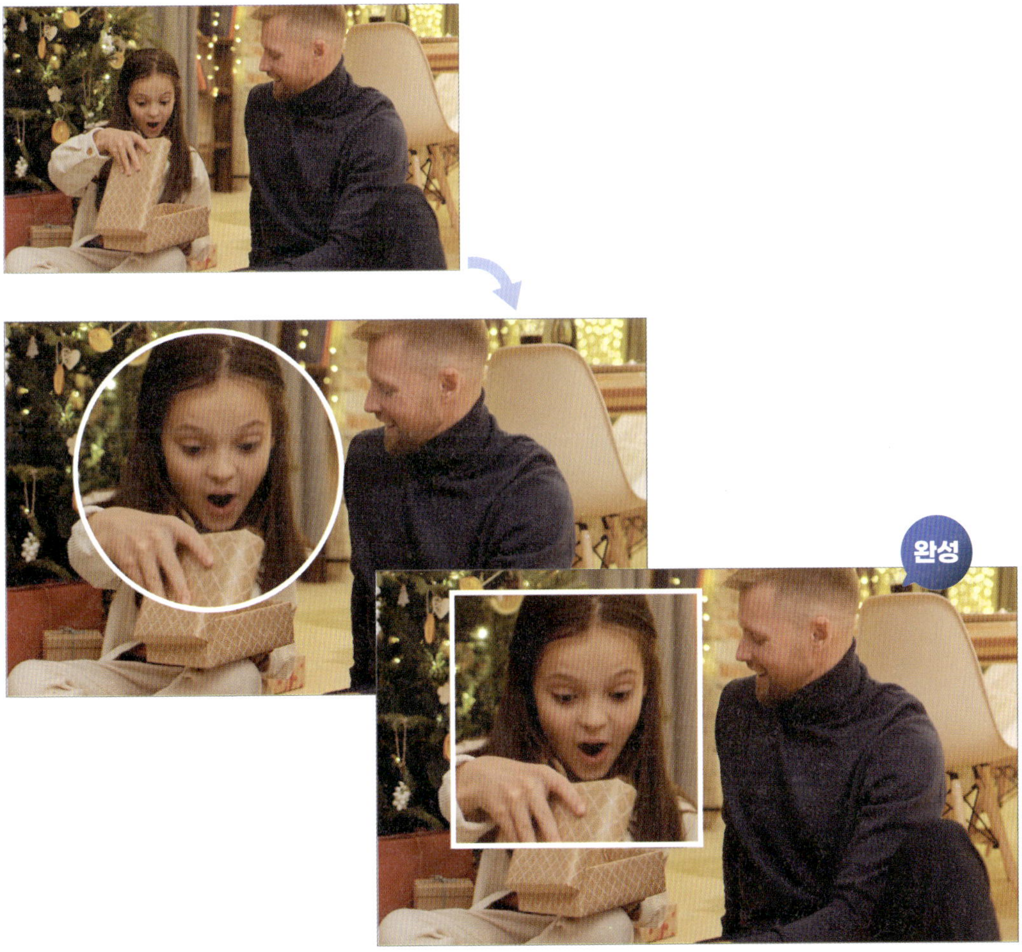

01 **확대 효과.prproj** 예제 파일을 열고 [타임라인] 패널을 보면 하나의 클립이 배치되어 있습니다. 우선 확대 효과를 적용할 부분으로 재생헤드를 옮긴 후 단축키 Ctrl + K 를 눌러 클립을 잘라서 분리합니다. 예제에서는 [00;00;01;00]와 [00;00;03;25]에서 클립을 잘랐습니다.

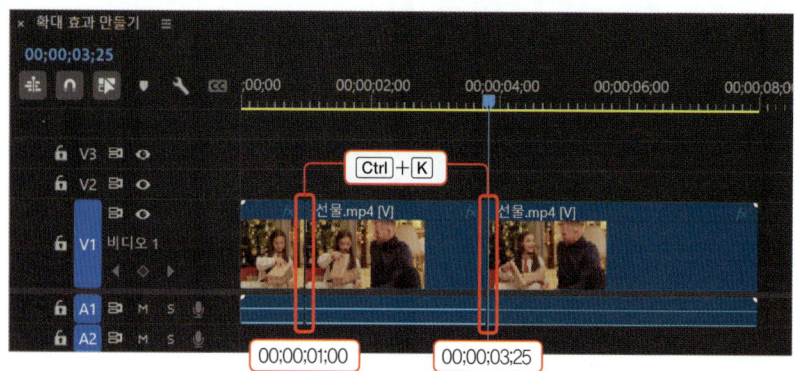

TIP 이미지는 트랙을 확장해 놓은 상태입니다. 각 트랙 헤더에서 빈 영역을 더블 클릭하면 트랙을 확장하거나 축소할 수 있습니다.

02 ❶ [효과] 패널(Shift + 7)의 검색란을 이용해 [확대](Magnify) 효과를 찾습니다. ❷ 검색 결과 중 [왜곡] 폴더에 있는 [확대] 효과를 [타임라인] 패널의 두 번째 [선물] 클립으로 드래그하여 적용합니다.

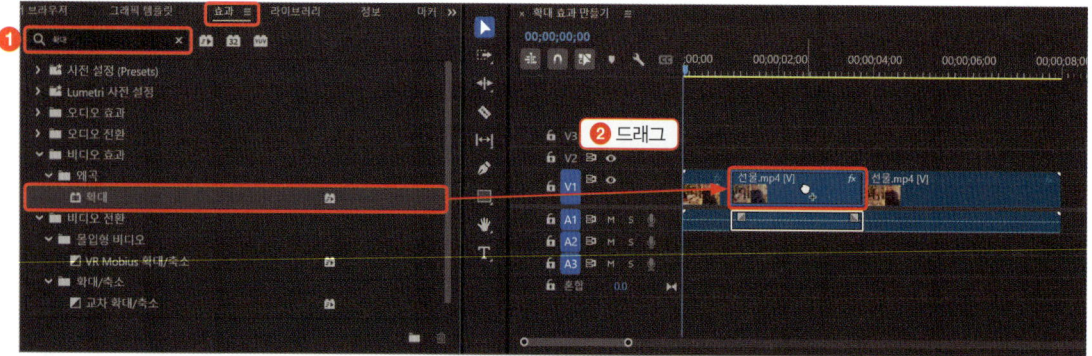

03 ❶ 두 번째 [선물] 클립을 선택한 후 재생헤드를 [00;00;01;00]로 옮깁니다. ❷ [효과 컨트롤] 패널 (Shift+5)에서 [확대] 옵션명을 클릭해서 선택하면 ❸ [프로그램 모니터] 패널의 화면 중앙에 확대 기준점이 나타나고, 기준점 주변이 확대되어 표시됩니다.

04 ❶ 확대 기준점을 드래그하여 확대할 위치로 옮깁니다. 여기서는 여자 아이의 얼굴로 드래그해서 옮겼습니다. ❷ [효과 컨트롤] 패널에서 [확대]의 하위 옵션 중 [확대] 옵션을 170으로, ❸ [크기] 옵션을 400으로 변경하여 확대 배율은 높이고, 확대 범위는 넓힙니다.

TIP [확대]의 하위 옵션 중 [가운데] 옵션은 기준점의 위치를 옮길 때 사용하며, [확대] 옵션은 확대 배율을, [크기] 옵션은 확대할 범위를 변경할 때 사용합니다.

05 이어서 확대 부분을 더욱 강조하기 위해 원형 테두리를 추가하겠습니다. ① 우선 [타임라인] 패널에서 빈 공간을 클릭하거나 Esc를 눌러 모든 클립 선택을 해제합니다. ② [도구] 패널에서 [사각형 도구]를 길게 누른 후 [타원 도구]를 선택합니다. ③ [프로그램 모니터] 패널에서 Shift를 누른 채 드래그하여 확대 영역 보다 살짝 큰 정원을 그립니다.

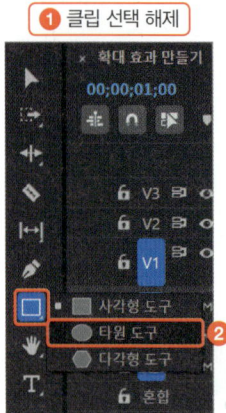

TIP 도형을 그리면 [타임라인] 패널에 보라색인 [그래픽] 클립이 추가되며, 이 클립의 길이를 확대 효과가 적용된 클립의 길이에 맞춰 조절합니다.

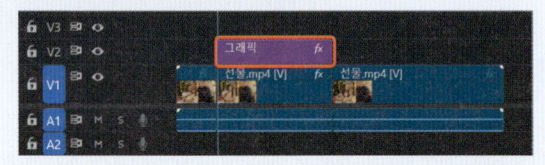

06 [그래픽] 클립이 선택된 상태로 ① [효과 컨트롤] 패널에서 '그래픽' 영역에 추가된 [모양(모양01)] 옵션을 펼칩니다. ② [모양]의 하위 옵션에서 [칠] 옵션은 체크를 해제하고, ③ [선] 옵션은 체크한 후 ④ 두께를 15로 변경합니다.

TIP 도형의 위치와 크기는 [효과 컨트롤] 패널의 [모양(모양01)] – [변형]에서 [위치]와 [비율 조정] 옵션으로 변경할 수 있습니다. 프리미어 프로 2025에서는 새로 추가된 [속성] 패널에서도 수정 가능하며, 2024 이하 버전에서는 [기본 그래픽] 패널에서 변경할 수 있습니다.

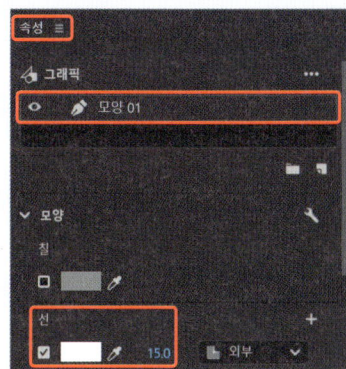 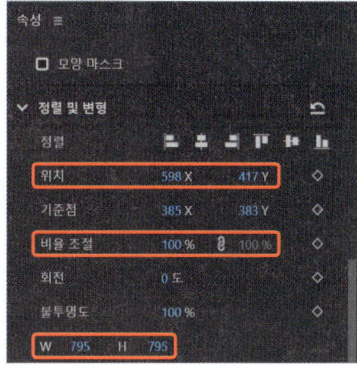

07 ① [선물] 클립을 선택한 후 [확대] 효과의 옵션 중 [모양] 옵션을 [정사각형]으로 변경하고, ② [사각형 도구]를 이용하여 사각형 테두리를 표현하면 다음과 같이 사각형 모양으로도 확대할 수 있습니다. 이처럼 강조하고 싶은 부분이 있다면 확대 효과를 적극 활용해 보세요.

LESSON 08 특정 부분 확대하여 강조 효과 만들기

LESSON 09
키프레임 설정으로 움직이는 사진 만들기

키프레임(Keyframe)이란 위치, 크기, 회전 등의 옵션이 시간에 따라 변경되도록 설정한 프레임이라고 생각하면 됩니다. 여기서는 키프레임에 대한 개념을 파악하는 정도의 간단한 실습으로, 부드럽게 움직이는 사진을 만들어 보겠습니다. 키프레임은 영상, 텍스트, 오디오 효과 등에도 같은 방법으로 적용할 수 있습니다.

▶ **유튜브 동영상 강의**
사진으로 동영상 만드는 방법
https://youtu.be/SkaUyPMfWKM

▶ **유튜브 동영상 강의**
3초 만에 사진으로 동영상 만들기(템플릿 제공)
https://youtu.be/EEOfk76-6yo

- **예제 파일:** Chapter 05/사진 애니메이션.prproj
- **완성 파일:** Chapter 05/사진 애니메이션_완성본.prproj

실습 가능 버전
프리미어 프로 CC 모든 버전

움직이는 사진 애니메이션 만들기

움직이는 사진은 [위치] 옵션에 키프레임을 생성하여 위치가 바뀌는 애니메이션입니다. 키프레임을 사용하는 원리는 모두 동일하므로, 이번 실습을 마친 후에는 [비율 조정]과 [회전] 옵션에서 키프레임을 설정하여 위치뿐만 아니라 크기나 방향이 바뀌는 애니메이션을 만들어 보세요.

01 사진 애니메이션.prproj 예제 파일을 엽니다. ❶ [타임라인] 패널을 보면 V1 트랙에 배경으로 사용될 [색상 매트] 클립이 배치되어 있습니다. ❷ [프로젝트] 패널에서 [사진] 이미지 소스를 [타임라인] 패널의 V2 트랙으로 드래그하여 배치합니다. **Link** 색상 매트 생성 및 사용 방법은 314쪽에서 자세히 설명합니다.

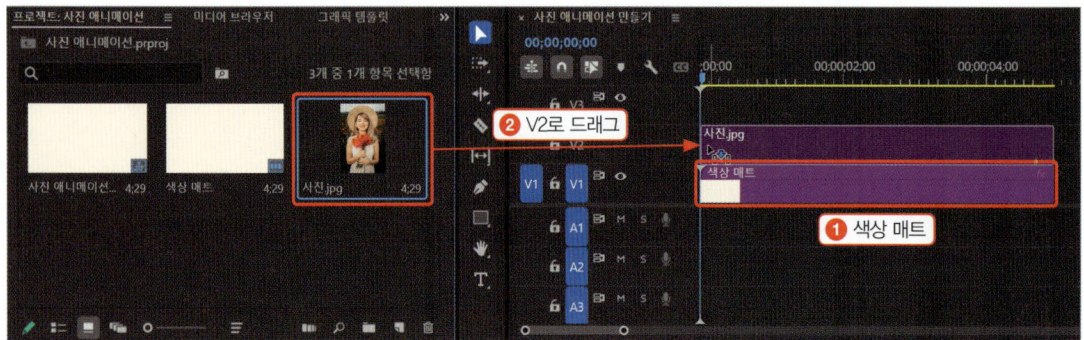

02 [타임라인] 패널에서 [사진] 클립을 선택합니다. ❶ [효과 컨트롤] 패널(Shift+5)에서 [모션] 옵션을 펼친 후 ❷ 하위 옵션 중 [위치] 옵션을 -400, 540으로 변경하고, [비율 조정] 옵션을 80으로 변경합니다. ❸ 사진 이미지의 크기가 80%로 축소되며, 화면 왼쪽으로 옮겨집니다.

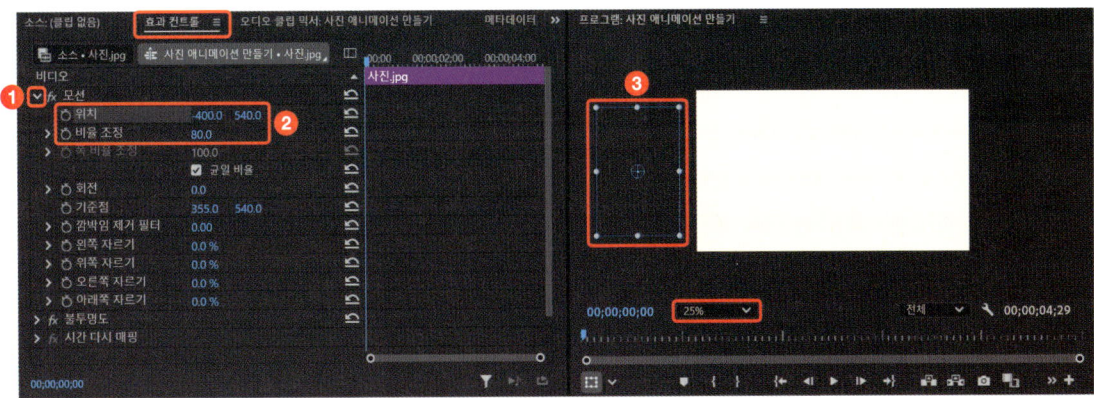

> **TIP** 화면 바깥쪽으로 이미지 등을 배치하면 기본 설정의 [프로그램 모니터] 패널에서는 확인하기가 어렵습니다. 이럴 때는 화면 크기를 [25%] 정도로 조정하고 [효과 컨트롤] 패널에서 [위치] 옵션명을 클릭하여 파란색 테두리로 표시되는 이미지의 위치를 확인합니다.

03 이제 키프레임을 이용하여 왼쪽에서 오른쪽으로 움직이는 사진 애니메이션을 만들겠습니다. ❶ [효과 컨트롤] 패널에서 재생헤드를 [00;00;00;00]로 옮기고(Home), ❷ [모션]의 하위 옵션인 [위치] 옵션에서 스톱워치 모양의 [애니메이션 켜기/끄기] 아이콘을 클릭하여 애니메이션 기능을 켭니다.

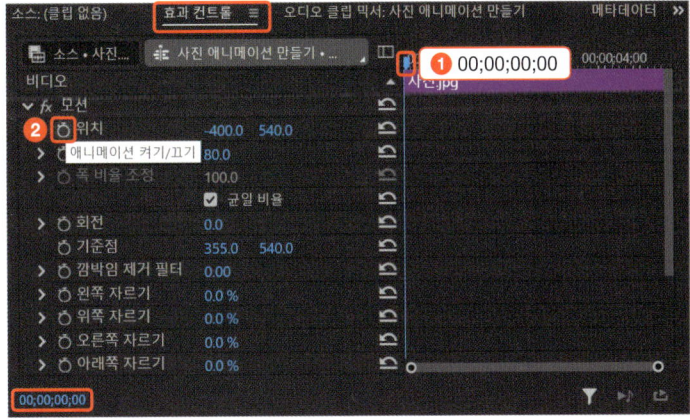

> **TIP** 꺼져 있는 [애니메이션 켜기/끄기] 아이콘을 클릭하면 파란색 [애니메이션 켜기/끄기] 아이콘으로 변경됩니다. 위와 같이 특정 옵션에서 애니메이션 기능을 켜면 재생헤드가 위치한 곳에 키프레임이 생성되며, 이후 해당 옵션을 변경하면 자동으로 키프레임이 추가됩니다.

04 ① [효과 컨트롤] 패널의 타임라인을 보면 [00;00;00;00] 위치에 다이아몬드 모양의 키프레임이 생성되었죠? 이는 0초에서 현재 [위치] 옵션의 값을 저장한 것입니다. ② 재생헤드를 [00;00;02;00]로 옮긴 후 ③ [위치] 옵션을 960, 540으로 X축(가로)만 변경합니다. ④ 값이 바뀌면서 자동으로 키프레임이 추가됩니다.

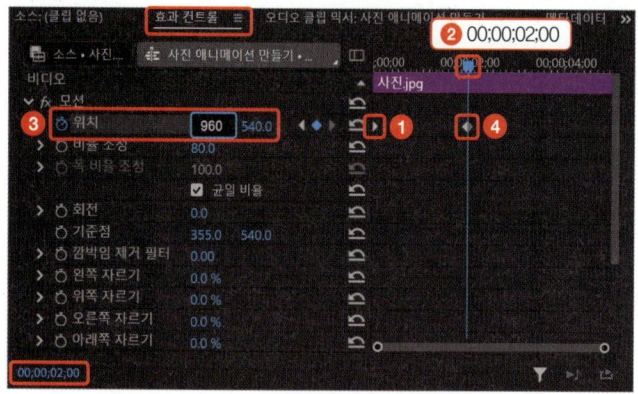

TIP 옵션을 수정할 때는 값을 클릭하여 직접 입력하거나, 값을 클릭한 채 드래그합니다. 클릭한 채 드래그하면 [프로그램 모니터] 패널에서 실시간으로 변화되는 모습을 확인할 수 있습니다.

TIP [효과 컨트롤] 패널에서 타임라인이 보이지 않는다면 다음과 같은 [타임라인 보기 표시/숨기기] 아이콘을 클릭해 주세요.

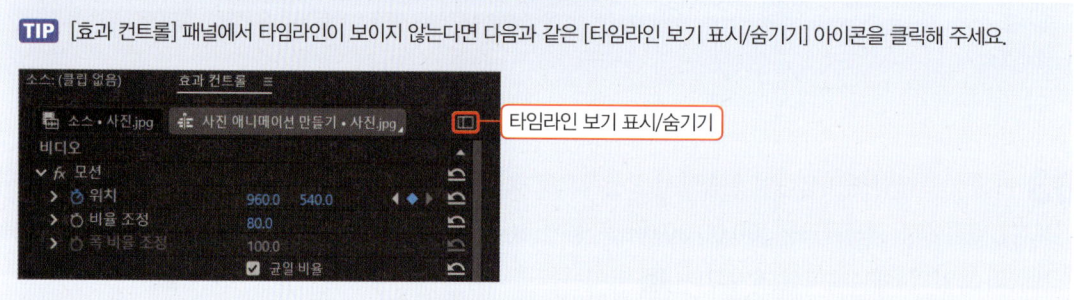

05 영상을 재생해 보면 화면 왼쪽에서 오른쪽 방향으로 움직이며 나타나는 애니메이션을 확인할 수 있습니다.

Pr 일시 정지 애니메이션 만들기

계속해서 오른쪽 방향으로 움직이다가 1초간 잠시 정지시켜 보겠습니다. 이러한 일시 정지 효과는 원하는 시간만큼 위치가 같으면 되겠죠?

01 ① [효과 컨트롤] 패널에서 재생헤드를 [00;00;03;00]로 옮긴 후 ② [위치] 옵션에서 다이아몬드 모양의 [키프레임 추가/제거] 아이콘을 클릭하면 ③ 3초 위치에 키프레임이 추가됩니다. 이전과 옵션의 변화가 없는 키프레임을 추가했으니 2초부터 3초 구간은 움직임이 없이 멈추게 됩니다.

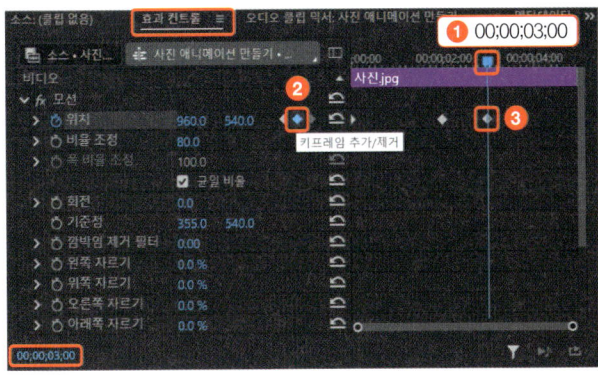

TIP 이처럼 옵션을 변경하지 않은 채 키프레임을 추가할 때는 [키프레임 추가/제거] 아이콘을 클릭합니다. 반대로 키프레임을 삭제할 때는 키프레임이 있는 위치에서 [키프레임 추가/제거] 아이콘을 다시 클릭하거나, 키프레임을 클릭해서 선택하고 Delete 를 누릅니다.

02 1초간 정지 후 다시 움직이도록 설정하기 위해 ① 재생헤드를 [00;00;04;25]으로 옮기고, ② [위치] 옵션을 2320, 540으로 X축만 변경합니다. ③ 값이 바뀌면서 자동으로 키프레임이 추가됩니다.

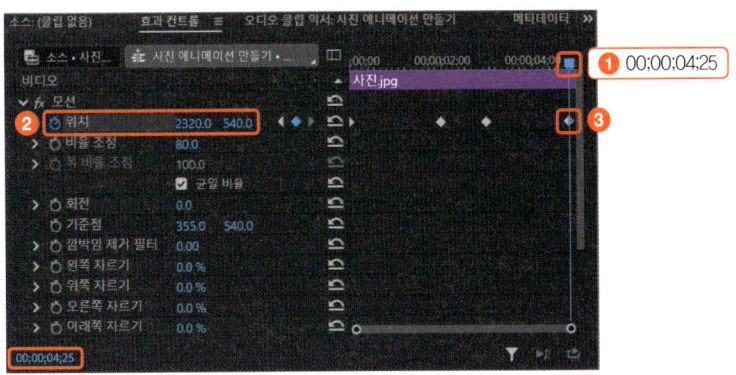

TIP 만약 해당 옵션에 생성된 모든 키프레임을 삭제한다면 [애니메이션 켜기/끄기] 아이콘을 클릭하여 애니메이션 기능을 끄고, 키프레임이 추가된 위치를 변경하고 싶다면 타임라인에서 해당 키프레임을 클릭한 채 좌우로 드래그하면 됩니다.

03 영상을 재생하여 사진의 움직임과 속도를 확인해 보세요. 오른쪽 방향으로 움직이다가 1초간 정지하고, 다시 오른쪽으로 움직이죠? 이때 이동 속도는 기계적으로 일정한 것을 확인할 수 있습니다. 이어서 이동 속도를 좀 더 자연스럽게 변경해 보겠습니다.

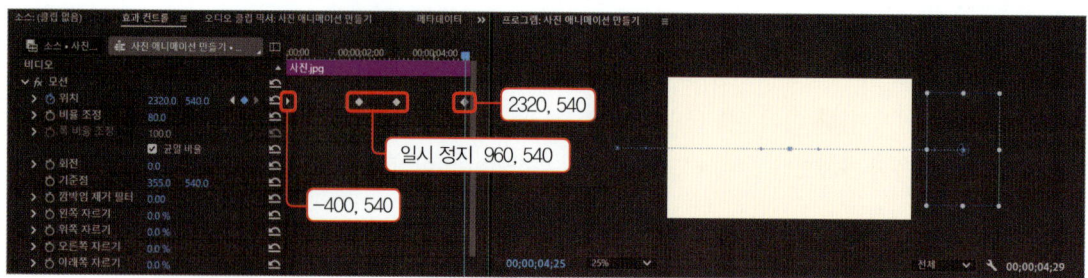

Pr 움직임이 부드러운 애니메이션 만들기

기계적인 움직임을 점점 빠르게 이동하거나 점점 느리게 멈추고 싶다면 어떻게 해야 할까요? 키프레임의 보간 방법을 이용하여 움직임을 부드럽게 설정해 보겠습니다.

01 [효과 컨트롤] 패널에서 ❶ [위치] 옵션을 펼치면 ❷ 타임라인에 속도 그래프가 표시됩니다. 속도 그래프가 높을수록 빨라지고, 낮을수록 느려집니다. 현재 상태는 일직선이므로 구간마다 일정한 속도로 움직이고 있다는 것을 파악할 수 있습니다.

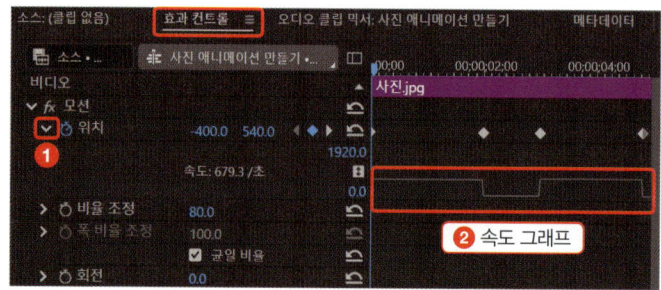

02 ❶ [효과 컨트롤] 패널에서 [위치] 옵션명을 클릭하여 생성된 키프레임을 모두 선택하고 ❷ 선택 중인 임의의 키프레임 위에서 마우스 오른쪽 버튼을 클릭한 후 ❸ [시간 보간] - [가속 프레임](Temporal Interpolation - Ease In)을 선택합니다.

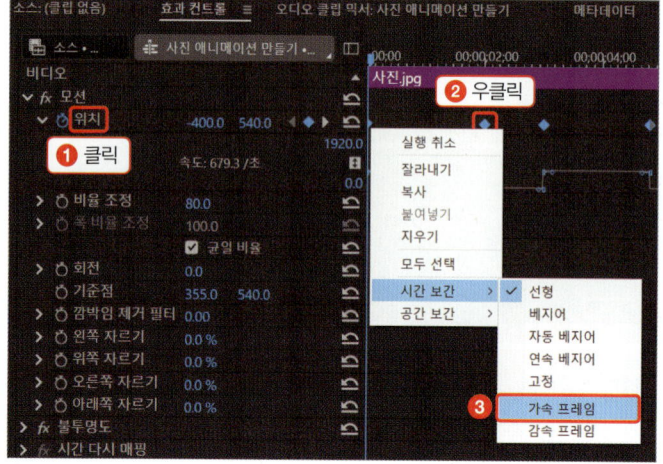

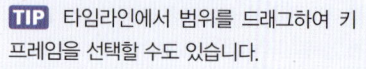
타임라인에서 범위를 드래그하여 키프레임을 선택할 수도 있습니다.

03 ① [가속 프레임] 메뉴를 선택했더니 선택 중인 키프레임이 모래시계 모양으로 변경되고, ② 그래프도 곡선으로 변경되었죠? 이제는 일정한 속도로 움직이는 것이 아니라 이전보다 빠르게 시작하여 점점 속도를 줄이고, 잠시 멈췄다가 다시 빠르게 시작하고 서서히 느려지는 움직임이 되었습니다.

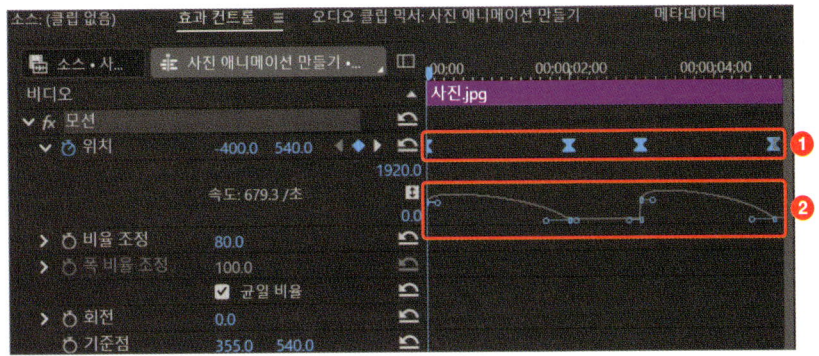

04 타임라인에서 빈 공간을 클릭해서 모든 키프레임의 선택을 해제한 후 하나의 키프레임만 클릭해서 선택합니다. 해당 위치의 그래프에 핸들이 표시되며, 이 핸들을 위로 드래그하면 속도가 빨라지고 아래로 드래그하면 속도가 느려집니다. 예제처럼 ① 첫 번째 키프레임을 선택한 후 ② 핸들을 위로 드래그하면 시작할 때 아주 빠르게 시작하고 점점 느려지는 움직임이 됩니다.

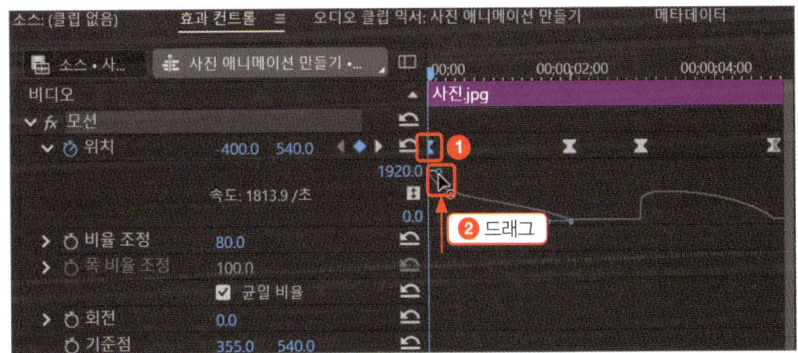

> **TIP** [효과 컨트롤] 패널의 타임라인에서 재생헤드를 드래그해서 옮길 때 Shift 를 누른 채 드래그하면 키프레임에 스냅이 적용되어 다음 또는 이전 키프레임으로 정확히 이동할 수 있습니다.

LESSON 10
모퉁이 고정 효과로 화면 속 영상 합성하기

모퉁이 고정(Corner Pin) 효과를 적용하면 이미지의 모퉁이를 조절하여 형태를 왜곡할 수 있습니다. 모퉁이 고정 효과를 활용하여 모니터 화면에서 다른 영상이 재생되는 상황으로 합성해 보겠습니다.

완성 미리보기

- **예제 파일**: Chapter 05/스크린 합성.prproj
- **완성 파일**: Chapter 05/스크린 합성_완성본.prproj

실습 가능 버전
프리미어 프로 CC 모든 버전

01 **스크린 합성.prproj** 예제 파일을 엽니다. [프로젝트] 패널에서 [타임라인] 패널로 합성에 사용할 영상 소스를 각각 드래그하여 배치하겠습니다. ❶ 배경이 될 [스크린] 영상은 V1 트랙으로, ❷ 합성할 영상인 [합성영상] 영상은 V2 트랙으로 배치합니다.

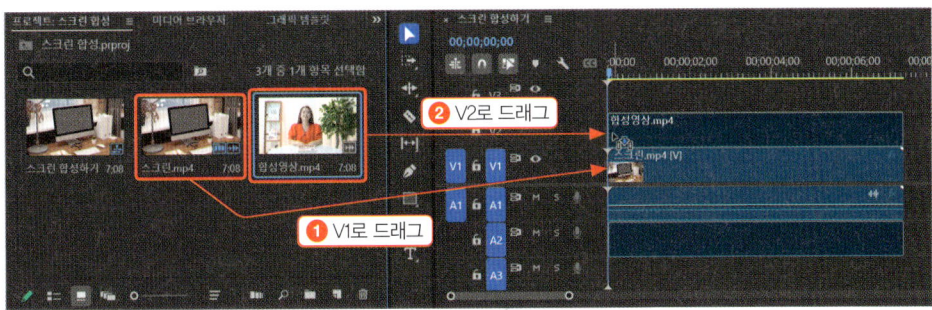

02 ❶ [효과] 패널(Shift+7)의 검색란에서 [모퉁이 고정](Corner Pin)을 검색해서 찾고 ❷ [타임라인] 패널의 [합성영상] 클립으로 드래그하여 효과를 적용합니다.

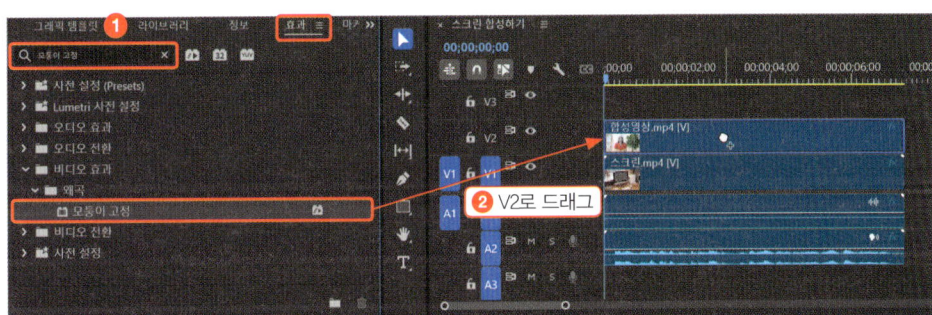

03 [타임라인] 패널에서 [합성영상] 클립을 선택한 상태로 ❶ [효과 컨트롤] 패널(Shift+5)에서 '비디오' 영역에 있는 [모퉁이 고정] 옵션명을 클릭합니다. ❷ [프로그램 모니터] 패널을 보면 영상의 각 모퉁이에 조절점이 표시됩니다.

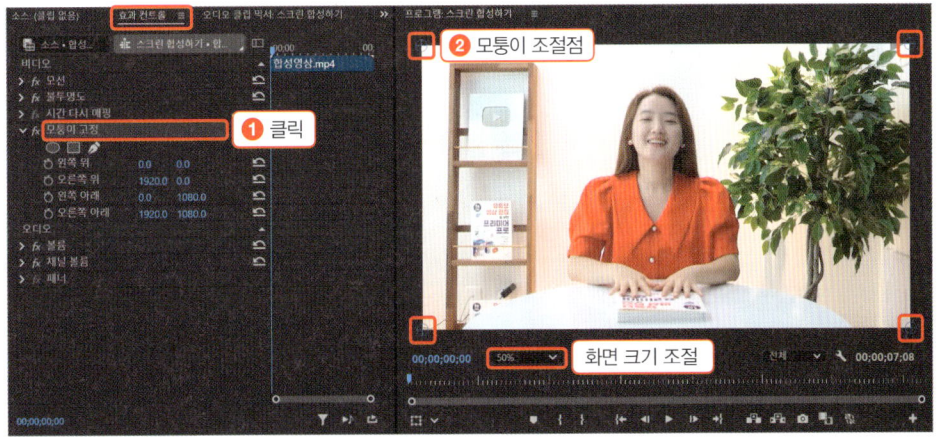

LESSON 10 모퉁이 고정 효과로 화면 속 영상 합성하기 **367**

> **TIP** 조절점이 잘 보이지 않을 때는 [프로그램 모니터] 패널 왼쪽 아래의 [확대/축소 레벨 선택]에서 화면 크기를 축소해 보세요. 프리미어 프로 2025에서는 마우스 휠로 화면을 확대/축소하고, 휠 버튼을 눌러 드래그하면 화면을 이동할 수 있습니다.

04 모퉁이에 있는 조절점을 드래그하면 영상의 모양을 변형할 수 있습니다. [프로그램 모니터] 패널에서 모퉁이의 조절점을 각각 드래그하여 [스크린] 클립 영상의 모니터 화면에 맞게 변형합니다.

> **TIP** 각 모퉁이의 위치를 세밀하게 조정하고 싶다면 [효과 컨트롤] 패널에서 [모퉁이 고정]의 하위 옵션들을 이용합니다. 만약 변형한 영상의 위치를 변경하고 싶다면 [선택 도구]를 사용하여 영상을 더블 클릭한 후 안쪽을 클릭한 채 드래그해서 옮깁니다.

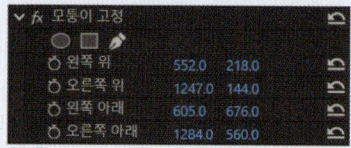

05 영상을 재생하면서 영상 속 모니터에서 [합성영상] 클립의 영상이 재생되는 것을 확인합니다. 이처럼 [모퉁이 고정] 효과를 적용한 후 영상의 형태를 왜곡시키면 TV, 노트북, 전광판 등 다양한 화면에 합성할 수 있습니다.

> **TIP** 합성한 영상을 좀 더 자연스럽게 표현하고 싶다면 주변 배경과 색감 등을 비슷하게 맞춰 주세요. **Link** 색상을 보정하는 다양한 방법은 [CHAPTER 07]에서 자세히 소개합니다.

LESSON 11
자동으로 따라다니는 모자이크 효과 만들기

직접 촬영한 영상이라도 허락을 구하지 않은 사람의 모습이 담겨 있다면 초상권 침해의 문제가 발생할 수 있습니다. 여기서는 인물의 얼굴 부분을 모자이크로 처리하고, 대상이 이동할 때 모자이크도 따라다니도록 설정하는 방법을 알아보겠습니다.

▶ **유튜브 동영상 강의**

자동으로 따라다니는 모자이크(마스크 추적)
https://youtu.be/h798oiXpZ-Y

완성 미리보기

- **예제 파일:** Chapter 05/모자이크 효과.prproj
- **완성 파일:** Chapter 05/모자이크 효과_완성본.prproj

실습 가능 버전
프리미어 프로 CC 2018 이상

LESSON 11 자동으로 따라다니는 모자이크 효과 만들기

Pr 모자이크 효과 적용하여 얼굴 가리기

우선 영상의 움직임을 고려하지 않고, 전체 화면에서 특정 부분을 지정하여 모자이크로 가리는 방법부터 알아보겠습니다.

01 **모자이크 효과.prproj** 예제 파일을 엽니다. ❶ [효과] 패널([Shift]+[7])의 검색란에서 [모자이크](Mosaic) 효과를 검색하고, ❷ [비디오 효과] – [스타일화] 폴더에 있는 [모자이크] 효과를 [타임라인] 패널의 [모자이크] 클립으로 드래그하여 적용합니다.

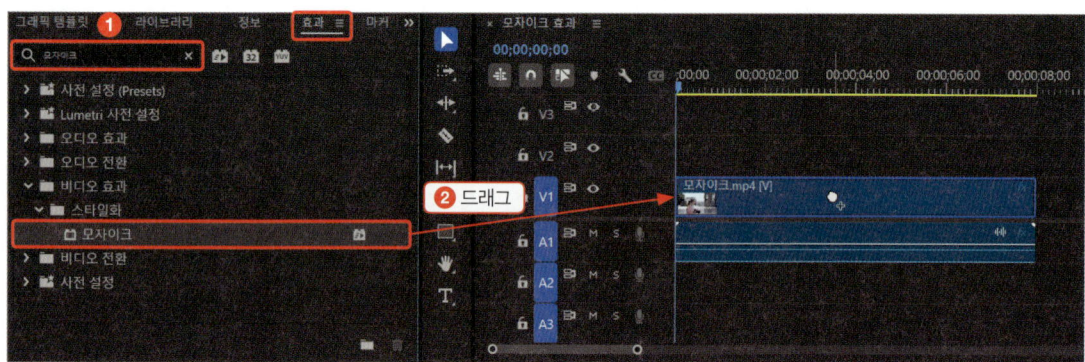

02 [프로그램 모니터] 패널을 보면 전체 화면이 모자이크로 가려진 것을 확인할 수 있습니다.

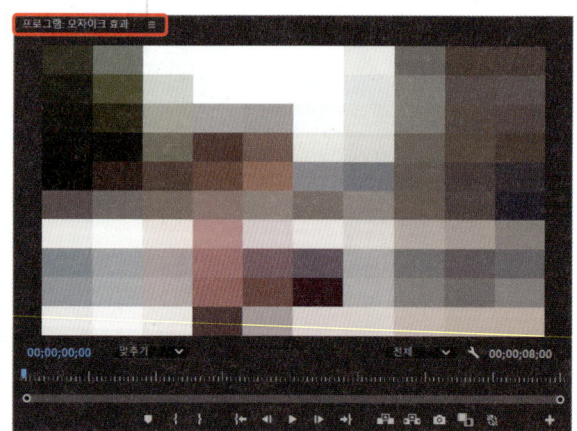

03 모자이크의 세부 설정을 변경하기 위해 [효과 컨트롤] 패널([Shift]+[5])에서 [모자이크]의 하위 옵션 중 [가로 블록]과 [세로 블록] 옵션을 각각 100으로 변경합니다. 기본값은 [10]이며, 값이 클수록 정밀한 모자이크가 됩니다.

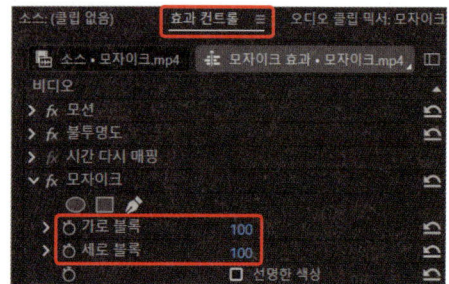

04 이제 모자이크 영역을 얼굴 부분으로 제한하기 위해 마스크를 사용하겠습니다. [효과 컨트롤] 패널에서 [모자이크] 옵션에 있는 타원 모양의 [타원 마스크 만들기] 아이콘을 클릭합니다.

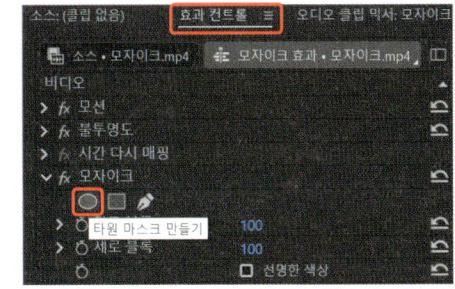

05 [프로그램 모니터] 패널에 파란색 테두리의 타원 모양 마스크가 나타나며, 마스크 안쪽만 모자이크 효과가 적용됩니다. 이처럼 타원, 사각형 등의 모양으로 특정 범위를 지정하여 효과를 적용할 때도 마스크를 활용할 수 있습니다.

Link 마스크를 활용하는 또 다른 방법은 256쪽에서 자세히 설명합니다.

06 이어서 얼굴에 맞춰 마스크의 크기와 위치를 수정합니다. ❶ [Shift]를 누른 채 임의의 조절점을 드래그하면 정원 모양으로 크기를 변경할 수 있고, ❷ 마스크 안쪽으로 마우스 커서를 옮겨 손바닥 모양이 나타났을 때 클릭한 채 드래그하면 마스크의 위치를 옮길 수 있습니다.

07 Space bar 를 눌러 영상을 재생해 봅니다. 처음에는 얼굴과 마스크의 위치가 일치하지만, 고정된 마스크와 달리 사람의 위치는 계속 바뀌므로 모자이크가 점점 빗나가는 것을 확인할 수 있습니다.

Pr 대상의 위치에 따라 마스크 추적하기

고정된 이미지라면 모자이크 처리가 간단하지만 영상이라면 대상이 움직일 때마다 모자이크도 따라 움직여야 합니다. 그러므로 움직이는 사람에 맞춰 마스크도 같이 움직이도록 마스크 추적 기능을 적용해 보겠습니다.

01 [모자이크] 클립이 선택된 상태로 ❶ [효과 컨트롤] 패널에서 추적이 시작될 위치로 재생헤드를 옮깁니다. 예제에서는 처음부터 마스크를 추적할 것이므로 [00;00;00;00]로 이동했습니다. ❷ 그런 다음 [모자이크] - [마스크(1)]의 하위 옵션인 [마스크 패스] 옵션에서 [선택한 마스크 앞으로 추적] 아이콘을 클릭합니다.

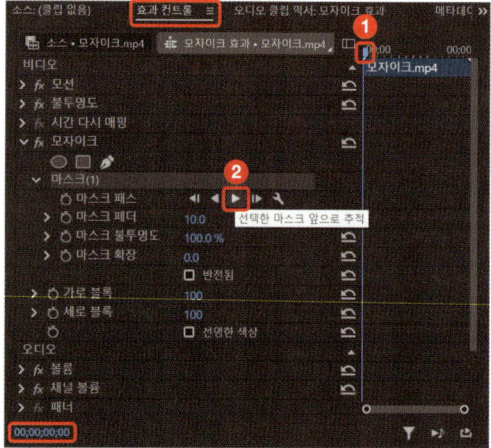

02 추적 창이 열리면서 진행률이 표시됩니다. 프리미어 프로에서 자동으로 대상의 움직임을 파악하여 마스크를 추적하는 중이며, 진행률 처리 속도는 클립의 길이, 컴퓨터의 성능에 따라 결정됩니다.

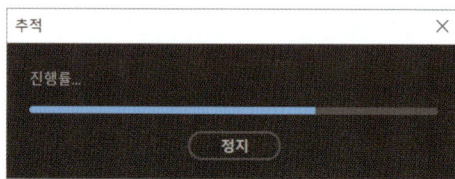

> **TIP** 마스크 추적 기능을 이용하여 자동으로 추적할 수도 있고, 수동으로 직접 키프레임을 생성하여 따라다니게 할 수도 있습니다. Link 수동으로 키프레임을 추가하거나 삭제하는 방법은 276쪽과 360쪽 실습을 복습해 봅니다.

03 추적이 완료되면 [효과 컨트롤] 패널에 있는 타임라인에서 [마스크 패스] 옵션의 키프레임이 생성된 것을 확인할 수 있습니다. 사람의 움직임에 따라 마스크의 크기와 위치를 1프레임씩 처리하여 자동으로 생성된 것입니다.

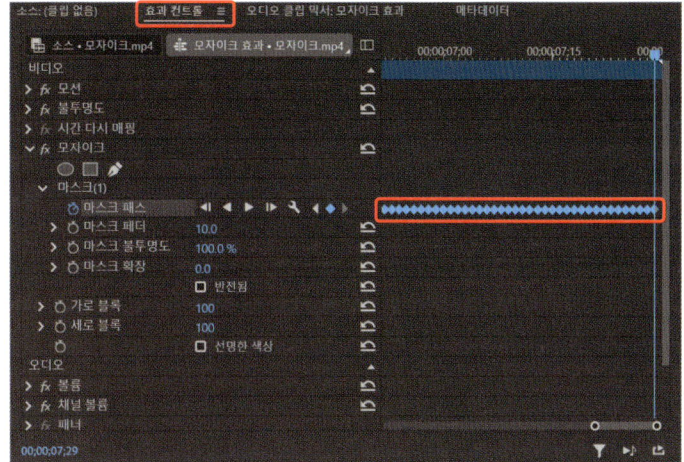

TIP [효과 컨트롤] 패널이나 [타임라인] 패널이 선택 중인 상태(패널에 파란색 테두리가 표시된 상태)에서 Backspace 왼쪽에 있는 +, -를 누르면 해당 패널의 타임라인을 확대/축소할 수 있습니다.

04 영상을 재생해 봅니다. 사람이 움직이면 모자이크도 같이 움직이는 것을 확인할 수 있습니다. 이처럼 마스크 추적 기능을 이용하면 따라다니는 모자이크를 쉽게 만들 수 있습니다.

TIP 위의 실습에서 [모자이크] 효과 대신 [가우시안 흐림](Gaussian Blur) 효과를 적용한 후 같은 방법으로 마스크 및 마스크 추적을 실행합니다. 그런 다음 [효과 컨트롤] 패널에서 [가우시안 흐림] – [흐림] 옵션을 설정하면 흐릿하고 부드러운 느낌으로 얼굴을 가릴 수 있습니다.

금손 변신 TIP — 모자이크와 마스크 금손처럼 사용하기

▶ **실습과 반대로 얼굴만 보이고 배경을 모자이크 처리하고 싶다면?**

마스크 영역인 얼굴만 보이고 나머지 배경을 모자이크로 가리고 싶다면 마스크 반전 기능을 이용해 보세요. **[효과 컨트롤]** 패널에서 **[모자이크]** – **[마스크(1)]** 옵션에 있는 **[반전됨]**에 체크하면 됩니다. 마스크 영역이 반전되므로 모자이크가 반대 영역으로 표시되겠죠? 영상을 재생해 보면 실습과 달리 얼굴만 보이고 나머지 부분은 모자이크로 가려집니다.

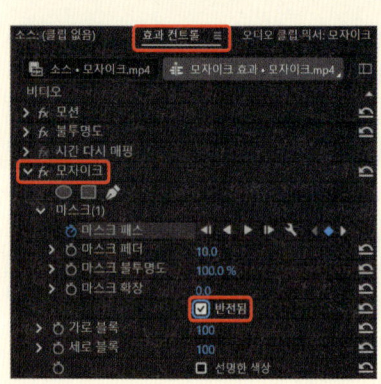

TIP [모자이크] 옵션에서 마스크를 생성해야만 하위 옵션으로 [마스크(1)]이 나타납니다.

▶ **모자이크를 두 군데 이상 설정하고 싶다면?**

[모자이크] 옵션에서 마스크 도형을 클릭할 때마다 순서대로 **[마스크(2)]**, **[마스크(3)]**… 옵션이 추가되며, **[프로그램 모니터]** 패널에도 클릭한 개수만큼 마스크 영역이 나타납니다. 이처럼 두 군데 이상 모자이크로 가리고 싶다면 필요한 만큼 마스크를 추가하면 됩니다. 마스크를 추가한 후에는 실습 과정을 참고하여 각 마스크의 상세 옵션 및 마스크 추적 기능을 적용하면 됩니다.

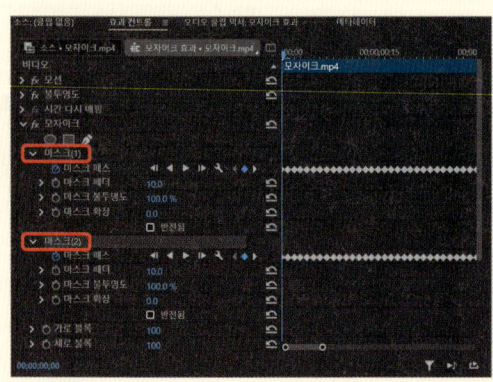

TIP 추가한 마스크의 옵션명을 클릭하면 해당 마스크의 조절점이 표시되며, 옵션명을 클릭한 상태에서 Delete 를 누르면 마스크를 삭제할 수 있습니다.

▶ **특정 구간에서만 모자이크 효과를 삭제할 수 있나요?**

특정 구간에서만 모자이크 효과를 삭제하고 싶다면 클립을 자른 후 모자이크 효과를 삭제하는 방법과 키프레임을 이용하는 방법이 있습니다.

- **클립을 자른 후 모자이크 효과 삭제하기:** 아래처럼 모자이크 효과가 필요 없는 구간의 시작과 끝 지점에서 각각 Ctrl + K 를 눌러 클립을 자릅니다. 그런 다음 모자이크가 필요 없는 구간의 클립을 선택한 후 [효과 컨트롤] 패널에서 [모자이크] 옵션명 왼쪽에 있는 [fx] 아이콘을 클릭하여 모자이크 효과를 끕니다. 그럼 현재 선택 중인 클립에서만 모자이크가 나타나지 않겠죠? 만약 이후로도 절대 모자이크 효과를 다시 켤 일이 없을 것 같다고 판단되면 [모자이크] 옵션명을 클릭해서 선택한 후 Delete 를 눌러 삭제하면 됩니다.

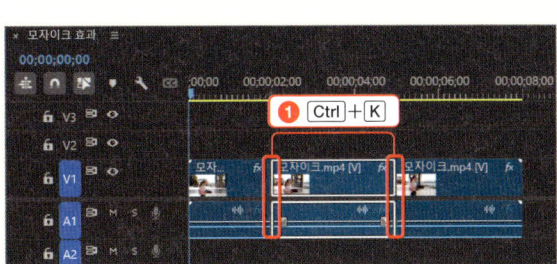 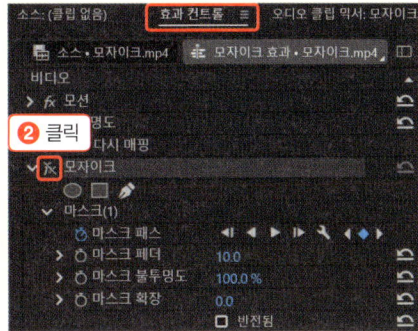

- **키프레임을 이용하여 모자이크 효과 삭제하기:** [마스크(1)]의 하위 옵션 중 [마스크 불투명도] 옵션이 [100%]로 설정되어 있다면 모자이크가 온전하게 나타납니다. 반면 [0%]로 설정되어 있다면 모자이크가 보이지 않게 됩니다. 그러므로 다음과 같이 [마스크 불투명도] 옵션에서 4개의 키프레임을 추가한 후 순서대로 [100%, 0%, 0%, 100%]로 변경합니다. 영상을 재생해 보면 0%로 유지된 구간에서는 모자이크가 보이지 않습니다. Link 키프레임은 360쪽 실습에서 자세히 설명합니다.

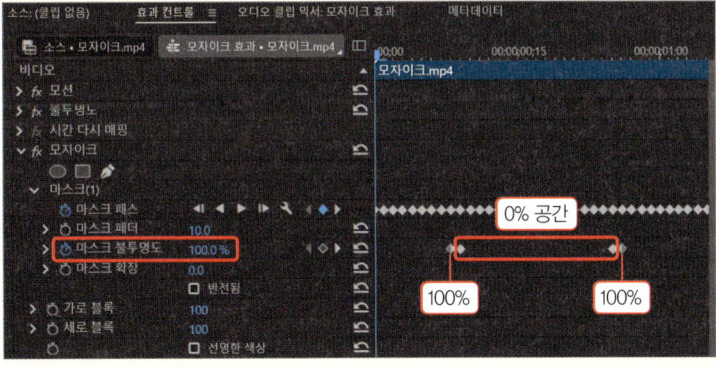

LESSON 12
울트라 키 효과로 크로마키 영상 합성하기

영상을 합성하고 싶다면 단색 배경에서 촬영해 보세요. 프리미어 프로에서 특정한 색을 추출하여 간편하게 제거할 수 있으며, 제거한 영역에 다른 영상을 합성하면 됩니다. 이런 기법을 크로마키(Chroma-Key)라고 하며, 일반적으로 피부색과 구분되는 초록색(그린 스크린) 또는 파란색(블루 스크린) 배경에서 촬영합니다.

▶ **유튜브 동영상 강의**

크로마키 소스 활용 방법
https://youtu.be/LIP6uJK0Bvs

완성 미리보기

- 예제 파일: Chapter 05/크로마키.prproj
- 완성 파일: Chapter 05/크로마키_완성본.prproj

실습 가능 버전
프리미어 프로 CC 모든 버전

Pr 크로마키 배경 제거하기

촬영한 영상에서 배경을 제거하고, 별도의 영상으로 합성하는 실습을 진행합니다. 우선, 단색 배경에서 촬영한 영상을 준비한 후 배경색을 선택하여 제거해 보겠습니다. 크로마키 촬영 시에는 단색 배경을 사용해야 한다는 점과 함께 배경과 유사한 계열의 옷을 입으면 안 된다는 점도 기억해 주세요. 배경을 제거할 때 옷도 배경으로 인식되어 같이 제거될 수 있습니다.

01 크로마키.prproj 예제 파일을 엽니다. [타임라인] 패널에는 [그린스크린] 클립이 배치되어 있으며, [프로그램 모니터] 패널을 보면 초록색 배경에서 촬영된 것을 확인할 수 있습니다. 초록색 배경을 제거한 후 배경에 다른 영상을 합성해 보겠습니다.

02 ❶ [효과] 패널([Shift]+[7])에서 [울트라 키](Ultra Key) 효과를 검색해서 찾고, ❷ [타임라인] 패널의 [그린스크린] 클립으로 드래그해서 적용합니다.

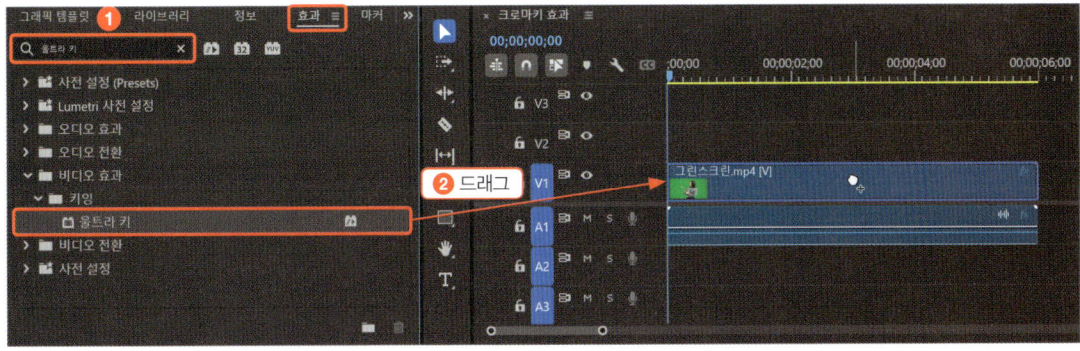

LESSON 12 울트라 키 효과로 크로마키 영상 합성하기 **377**

03 [울트라 키] 효과를 적용해도 아직은 아무런 반응이 없죠? [그린스크린] 클립이 선택된 상태로 ❶ [효과 컨트롤] 패널([Shift]+[5])에서 [울트라 키]의 하위 옵션 중 [키 색상] 옵션에 있는 스포이트 모양 아이콘을 클릭합니다. ❷ [프로그램 모니터] 패널에서 제거할 색을 클릭합니다. 예제에서는 초록색 배경을 클릭합니다.

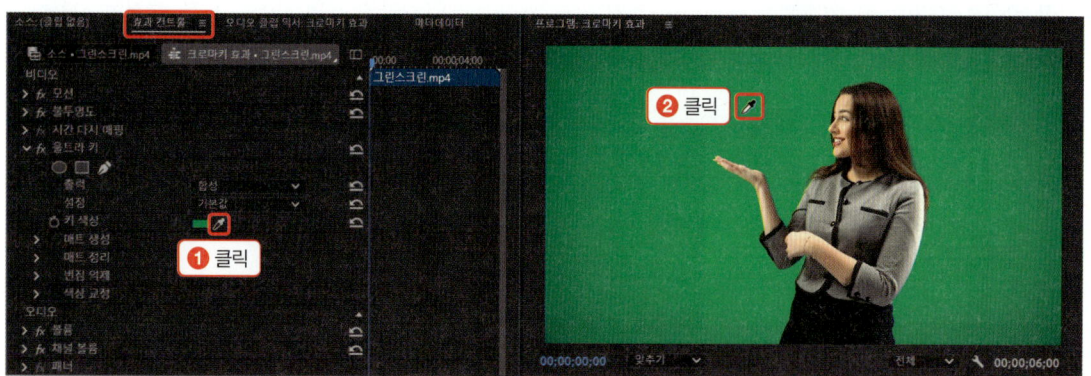

04 순식간에 초록색 배경이 제거되면서 검은색으로 표현됩니다. 검은색으로 보이는 것은 실제 검은색 배경이 아니고 투명하다는 뜻입니다.

> **TIP** [프로그램 모니터] 패널에서 오른쪽 아래에 있는 [설정] 아이콘을 클릭한 후 [투명도 격자](Transparency Grid)를 선택해 보세요. 검은색으로 보이던 배경이 격자 무늬로 표시되어 투명하다는 것을 확인할 수 있습니다.

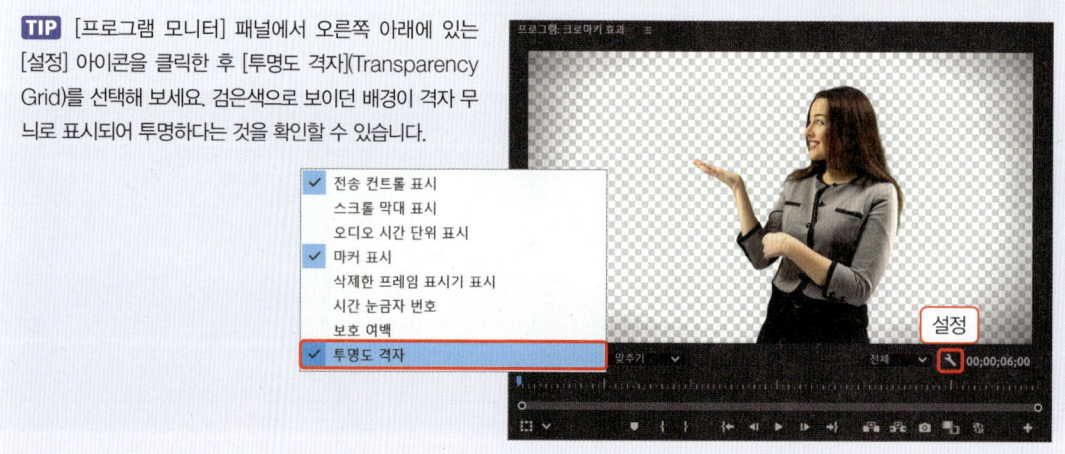

Pr 깔끔하게 배경 합성하기

[울트라 키] 효과를 적용해서 배경을 제거했다면 해당 효과의 세부 설정 방법 및 정밀하게 합성하는 방법을 알아보겠습니다.

01 합성할 배경을 배치하기 위해 ❶ 효과가 적용된 [그린스크린] 클립을 V2 트랙으로 드래그해서 옮깁니다. ❷ 그런 다음 [프로젝트] 패널에서 [빅벤] 영상을 V1 트랙으로 드래그하여 배치합니다.

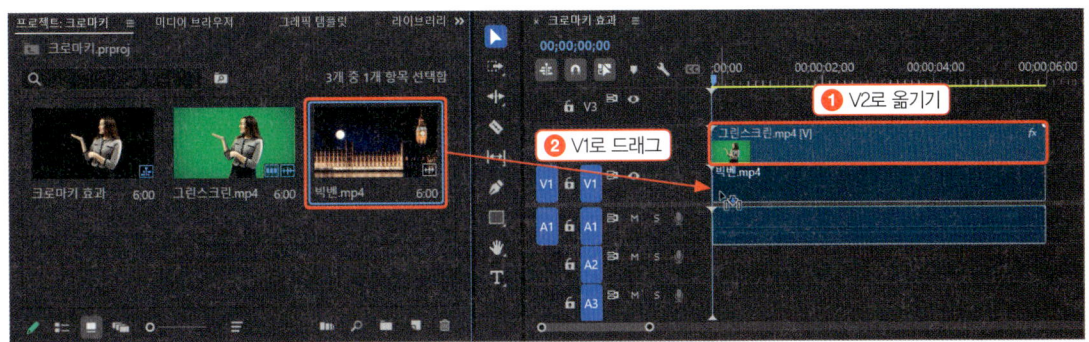

02 영상을 재생하여 [빅벤] 클립을 배경으로 합성한 영상을 확인합니다. 얼핏 보면 합성이 잘 된 것처럼 보입니다. 하지만, [프로그램 모니터] 패널에서 화면을 확대해서 자세히 확인해 보세요. 배경과 인물의 가장자리에 초록색 배경이 남아 있습니다.

 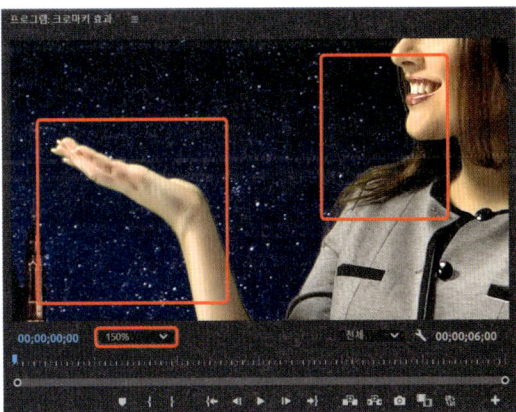

TIP [프로그램 모니터] 패널 왼쪽 아래의 [확대/축소 레벨 선택]을 이용해 화면 크기를 조절할 수 있습니다. 일반적으로 [맞추기]로 설정해 작업하며, 자세히 볼 때는 [100%]나 더 큰 배율로 확대합니다. 또한, 프리미어 프로 2025에서는 마우스 휠로 화면을 확대/축소하고, 휠 버튼을 눌러 드래그하면 화면을 이동할 수 있습니다.

03 초록색 배경을 깔끔하게 제거하기 위해서 [울트라 키] 효과의 옵션을 수정합니다. [그린스크린] 클립이 선택된 상태로 [효과 컨트롤] 패널에서 [울트라 키]의 하위 옵션 중 [출력] 옵션을 [합성]에서 [알파 채널]로 변경합니다.

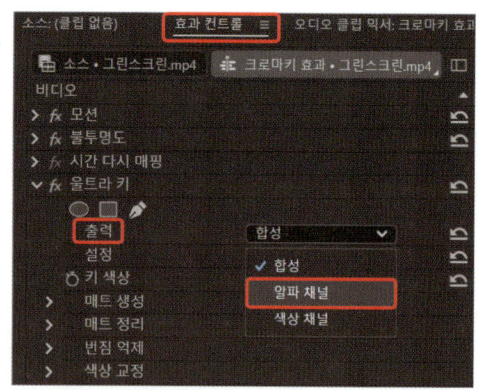

04 알파 채널로 변경했더니 화면이 흰색, 검은색, 회색으로만 표시됩니다. 흰색은 영상에서 표시되는 부분이고, 검은색은 투명한 부분이며, 회색은 깔끔하게 처리되지 않아 노이즈처럼 보이는 부분입니다. 흰색과 검은색이 명확하면서 회색 부분을 최소화해야 깔끔하게 합성할 수 있습니다.

05 ❶ [울트라 키]의 하위 옵션 중에서 [설정] 옵션을 [높음]으로 변경합니다. ❷ [프로그램 모니터] 패널을 보면 회색 부분이 많이 줄어든 것을 확인할 수 있습니다.

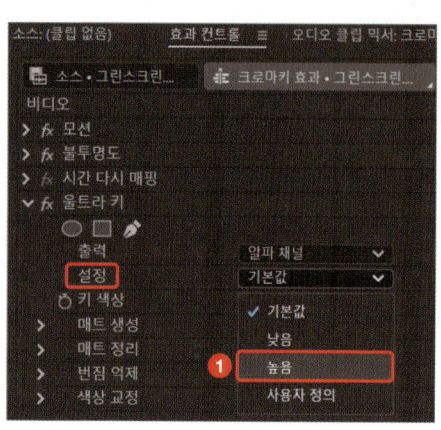
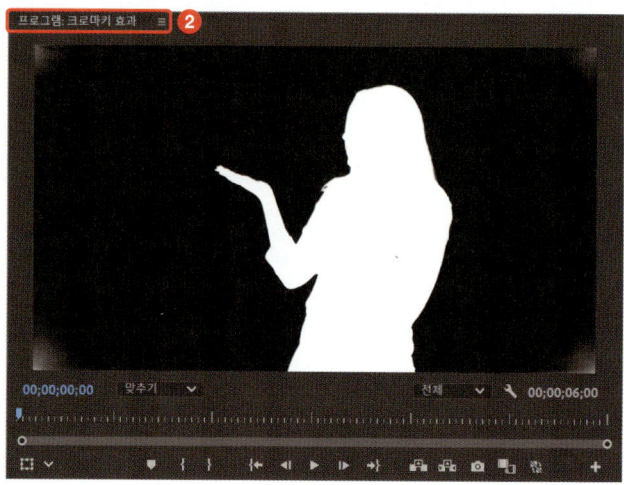

06 가장자리에 남아 있는 회색까지 제거해 보겠습니다. ❶ [울트라 키]의 하위 옵션 중 [매트 생성] 옵션을 펼친 후 ❷ [페데스탈(Pedestal)] 옵션을 80으로 변경합니다. [페데스탈] 옵션은 키 색상을 제거할 때 거칠게 빠지거나 저조도 영상에서 주로 발생하는 노이즈를 제거합니다.

TIP [페데스탈] 옵션을 너무 높이면 머리카락 등 디테일한 부분이 제거될 수 있으므로 영상을 보면서 조금씩 값을 변경해야 합니다. 이러한 크로마키 작업은 촬영 환경(조명의 위치 등)에 따라 결과가 달라질 수 있습니다.

07 [매트 생성] 옵션으로도 가장자리가 깔끔하게 제거되지 않았다면 마스크 기능을 이용할 수 있습니다. [효과 컨트롤] 패널에서 [불투명도]의 하위 옵션 중 사각형 모양의 [4지점 다각형 마스크 만들기] 아이콘을 클릭합니다.

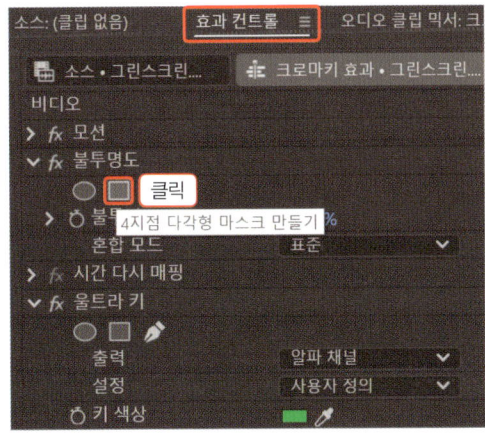

TIP [울트라 키] 옵션에 있는 마스크가 아닙니다. 반드시 '비디오' 영역에 있는 [불투명도] 옵션에서 마스크를 생성해 주세요.

08 ① [프로그램 모니터] 패널에서 화면 크기를 [25%]로 조절한 후 ② 깨끗하게 제거되지 않는 영상의 가장자리를 제외한 [그린스크린] 클립의 주요 대상(인물)이 포함되도록 마스크 영역을 지정합니다. 즉, [그린스크린] 클립에서 인물 주변만 남기고 가장자리를 마스크로 가려 버리는 방식입니다.

09 ① [울트라 키]의 하위 옵션 중 [출력] 옵션을 다시 [합성]으로 변경합니다. ② 완성한 영상을 재생하여 합성 결과를 확인합니다. 화면을 확대해 봐도 깔끔하게 합성된 것을 확인할 수 있습니다.

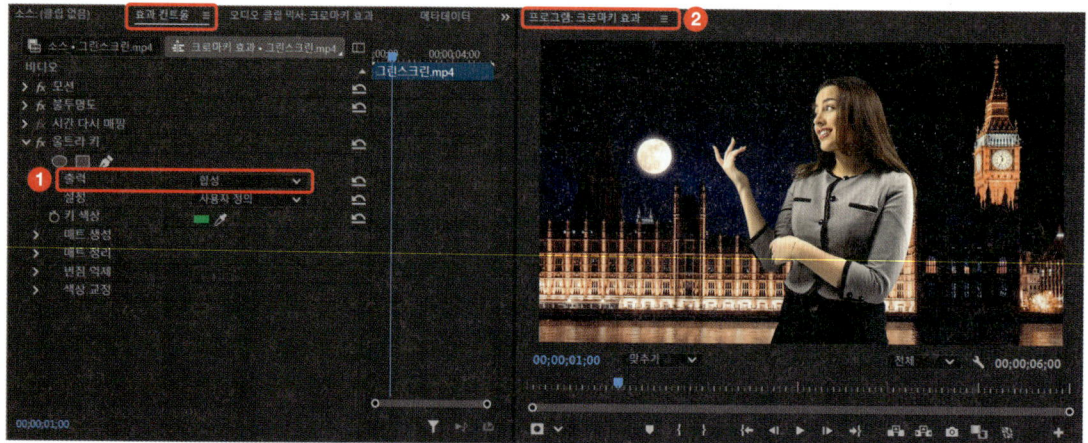

금손 변신 TIP | 울트라 키 효과 금손처럼 사용하기

[울트라 키] 효과에는 [매트 생성], [매트 정리], [번짐 억제], [색상 교정]으로 구분된 하위 옵션들이 있습니다. 이 옵션들의 상세 기능을 알아 둔다면 좀 더 효과적으로 영상을 합성할 수 있습니다.

▶ 매트 생성(Matte Generation) 옵션 살펴보기

키 색상으로 지정한 소스의 투명도 영역을 세부 조정할 때 사용합니다.

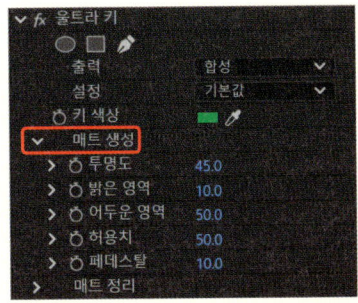

- **투명도(Transparency)**: 키 색상으로 지정한 소스의 투명도를 제어합니다.
- **밝은 영역/어두운 영역(Highlight/Shadow)**: 키 색상으로 지정한 이미지의 밝은 영역/어두운 영역에서 불투명도를 조정합니다.
- **허용치(Tolerance)**: 키 색상으로 제거한 후 전경 이미지에 남아 있는 키 색상을 필터링합니다.
- **페데스탈(Pedestal)**: 키 색상을 제거할 때 거칠게 빠지거나 저조도 영상에서 주로 발생하는 노이즈를 필터링합니다.

▶ 매트 정리(Matte Cleanup) 옵션 살펴보기

가장자리(알파 채널 매트)의 크기를 줄이거나 부드럽게 만들 때 사용합니다.

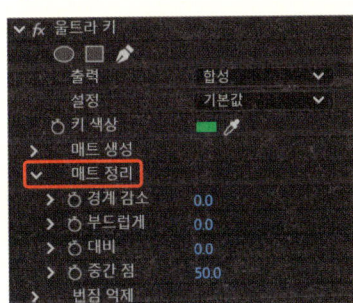

- **경계 감소(Choke)**: 가장자리(알파 채널 매트)의 크기를 줄입니다.
- **부드럽게(Soften)**: 가장자리(알파 채널 매트)를 흐리게 합니다.
- **대비(Contrast)**: 알파 채널의 대비를 조정합니다.
- **중간 점(Mid Point)**: 대비의 균형점을 설정합니다. 대비가 설정되어 있을 때 그 양을 줄이거나 늘립니다.

▶ 번짐 억제(Spill Suppression) 옵션 살펴보기

금발 머리카락과 같은 밝은 색상 주위에 남아 있는 스크린 색상을 정리할 때 주로 사용합니다.

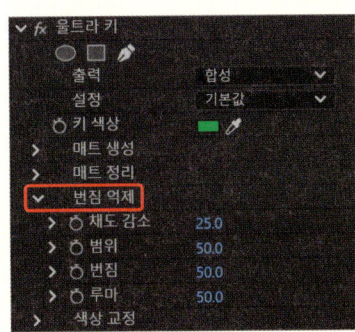

- **채도 감소(Desaturate)**: 완전히 투명한 것에 가까운 색상의 채도를 줄입니다.
- **범위(Range)**: 수정되는 번짐 색상의 교정 양을 설정합니다.
- **번짐(Spill)**: 번짐 보정의 양을 설정합니다.
- **루마(Luma)**: 소스의 원래 광도를 복원하기 위해 알파 채널에서 사용됩니다.

머리카락 또는 손가락의 가장자리를 보면 스크린 색상인 초록색이 묻어 있는 것을 볼 수 있습니다. 이때, **[번짐]** 옵션을 높이면 초록색의 보색인 자홍색으로 변경되어 가장자리의 초록 색상이 자연스럽게 제거됩니다.

▲ 번짐 옵션 0일 때

▲ 번짐 옵션 70일 때

▶ 색상 교정(Color Correction) 옵션 살펴보기

전경 소스의 색상을 변경할 때 사용합니다.

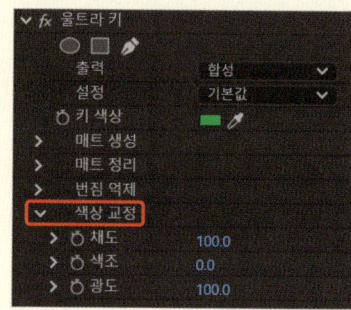

- **채도(Saturation)**: 전경 소스의 채도를 설정합니다.
- **색조(Hue)**: 전경 소스의 색조를 설정합니다.
- **광도(Luminance)**: 전경 소스의 광도를 설정합니다.

아래 이미지의 원본 소스는 인물이 전체적으로 노란 느낌이 강해서 배경과 자연스럽게 어울리지 않는 것처럼 보입니다. 이때, **[색조]** 옵션을 조정하여 색상을 수정해 보세요. 예제에서는 피부의 톤에 생기를 불어넣으면서 배경과 잘 어울리도록 붉은색 톤으로 수정했습니다. 색상까지 수정하니 훨씬 자연스러워졌죠?

▲ 원본 소스

▲ 색조 수정 후

[울트라 키] 의 하위 옵션 중 **[색상 교정]** 옵션에서 채도와 색조, 밝기를 보정할 수 있지만, 더욱 정밀한 색상 보정은 **[Lumetri 색상]** 패널을 이용하는 것이 좋습니다. Link [Lumetri 색상] 패널에서 색상을 보정하는 방법은 [CHAPTER 07]에서 자세히 설명합니다.

TIP [울트라 키]의 하위 옵션에서 사용한 값은 절댓값이 아닙니다. 소스마다 적절한 값을 찾는 것이 중요합니다.

LESSON 13
루마 매트를 이용한 붓칠 화면 전환 효과 만들기

합성 소스 중에 흰색과 검은색으로만 되어 있는 소스를 본 적이 있으신가요? 이런 소스들을 루마 매트라고 합니다. 여기서는 트랙 매트 키 효과를 사용하여 루마 매트 소스를 합성하는 방법을 알아보고 이를 활용하여 붓으로 칠하는 것처럼 화면이 전환되는 효과를 만들어 보겠습니다.

▶ **유튜브 동영상 강의**

잉크가 번지는 트랜지션 효과 만들기
https://youtu.be/7TAkbhYmlkM

완성 미리보기

- **예제 파일**: Chapter 05/루마매트 트랜지션.prproj
- **완성 파일**: Chapter 05/루마매트 트랜지션_완성본.prproj

실습 가능 버전
프리미어 프로 CC 모든 버전

01 **루마매트 트랜지션.prproj** 예제 파일을 엽니다. ❶ [프로젝트] 패널에서 [꽃밭] 영상을 [타임라인] 패널의 V1 트랙으로 드래그하여 배치하고, ❷ [붓 트랜지션] 영상은 V2 트랙으로 드래그하여 배치하되, 끝 지점을 [꽃밭] 클립과 맞춥니다.

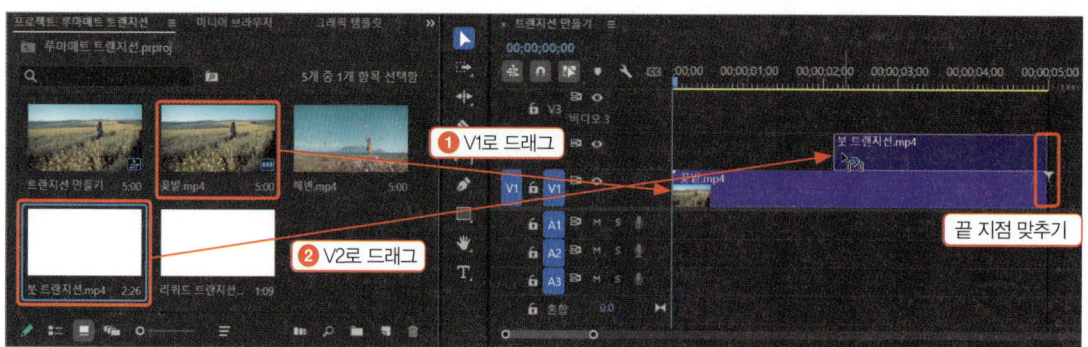

02 [트랙 매트 키] 효과를 일부 구간에만 적용하기 위해 미리 클립을 잘라서 구간을 분리하겠습니다. ❶ 재생헤드를 [붓 트랜지션] 클립의 시작 지점인 [00;00;02;04]으로 옮기고, ❷ [꽃밭] 클립을 선택한 후 Ctrl + K 를 누르면 재생헤드 위치에서 [꽃밭] 클립이 잘립니다.

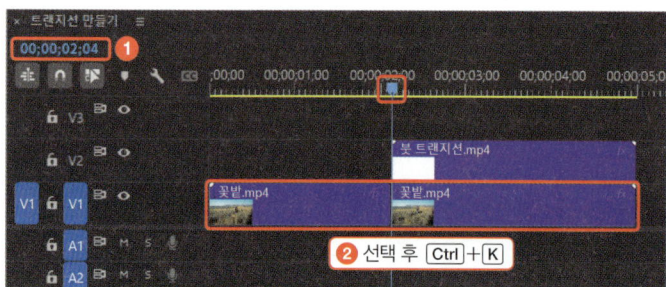

TIP 클립을 자르지 않고 전체 클립에 [트랙 매트 키] 효과를 적용하면 매트 소스([붓 트랜지션] 클립)가 없는 부분은 영상이 보이지 않게 됩니다.

03 영상을 재생해 보면 꽃밭 영상이 나오다가 [00;00;02;04]부터 다음과 같이 [붓 트랜지션] 영상인 흰색 바탕에 검은색으로 붓 칠하는 장면이 재생됩니다. 이후 효과를 적용하면 흰색 부분은 합성한 영상이 유지되고, 검은색 부분은 투명해져서 새로운 영상이 나타나는 영역이 됩니다.

04 화면 전환 효과를 표현하기 위해 ❶ [효과] 패널([Shift]+[7])에서 [트랙 매트 키](Track Matte Key) 효과를 검색해서 찾고, ❷ [타임라인] 패널에서 [붓 트랜지션] 아래에 있는 [꽃밭] 클립으로 드래그해서 적용합니다.

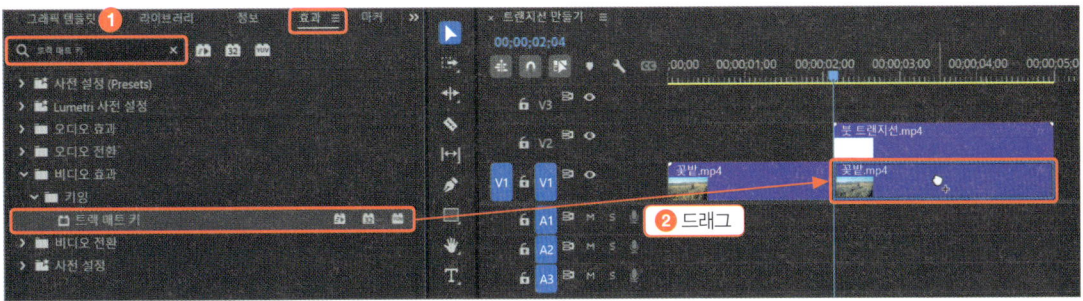

TIP [트랙 매트 키] 효과는 반드시 뒤쪽에 있는 [꽃밭] 클립에 적용해 주세요. [붓 트랜지션] 클립에 드래그하지 않도록 주의합니다.

05 ❶ [타임라인] 패널에서 뒤쪽에 있는 [꽃밭] 클립을 선택하고 ❷ [효과 컨트롤] 패널([Shift]+[5])에서 [트랙 매트 키]의 하위 옵션 중 [매트] 옵션을 [비디오 2]로 변경한 후 ❸ [다음으로 사용하여 합성] 옵션을 [매트 루마]로 변경합니다.

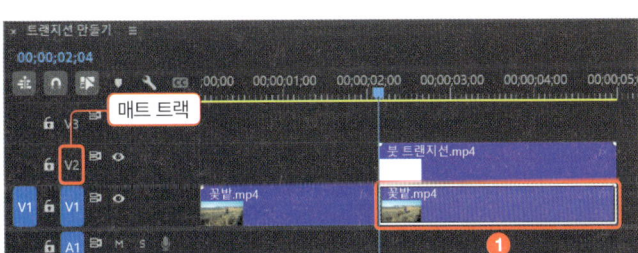
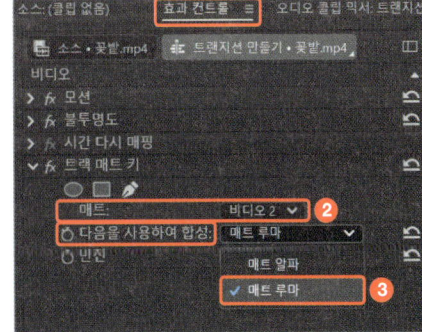

TIP [타임라인] 패널을 보면 [붓 트랜지션] 클립이 V2 트랙에 있죠? 따라서 [매트] 옵션을 [비디오 2]로 변경했으며, 밝고 어두움의 차이로 합성하기 위해 [매트 루마]로 설정했습니다. 이렇게 설정함으로써 V2 트랙에 있는 [붓 트랜지션] 클립이 루마 매트 소스로 사용되어 흰색 부분은 [꽃밭] 클립의 영상이 그대로 나타나며, 검은색으로 칠해지는 부분은 투명하게 바뀝니다.

LESSON 13 루마 매트를 이용한 붓칠 화면 전환 효과 만들기 **387**

06 영상을 재생해 보면 붓으로 칠하듯 꽃밭 영상이 검은색(투명)으로 바뀝니다. ① [**프로그램 모니터**] 패널에서 오른쪽 아래에 있는 [**설정**] 아이콘을 클릭한 후 ② [**투명도 격자**](Transparency Grid)를 선택해 보면 ③ 검은색이 격자 무늬로 표시되며, 이는 투명하다는 뜻입니다.

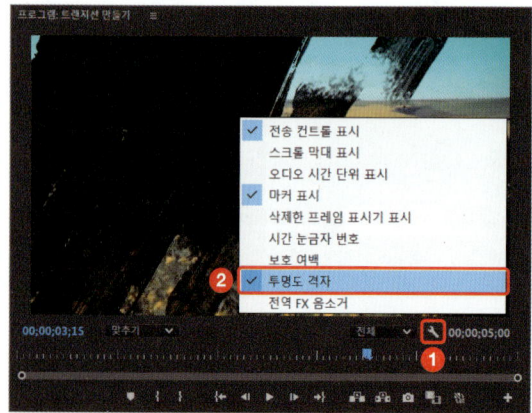 

07 이제 새로운 영상을 꽃밭 영상 아래쪽 트랙에 배치해야 합니다. 하지만 V1 트랙에는 이미 [**꽃밭**] 클립이 배치되어 있죠? 아래쪽에 트랙을 추가하기 위해 ① [**타임라인**] 패널에서 눈 모양 아이콘의 오른쪽 빈 공간을 마우스 오른쪽 버튼으로 클릭한 후 ② [**여러 트랙 추가**]를 선택합니다.

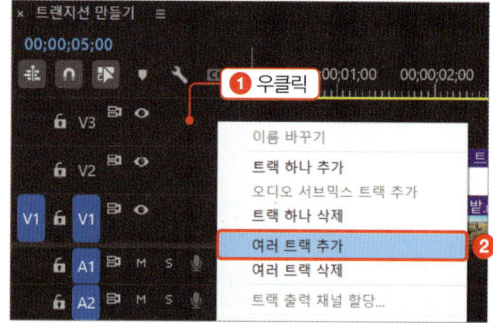

08 트랙 추가 창이 열리면 ① [**비디오 트랙 추가**] 영역에서 [**배치**] 옵션을 [**첫 번째 트랙 이전**]으로 변경하고 ② [**확인**] 버튼을 클릭합니다.

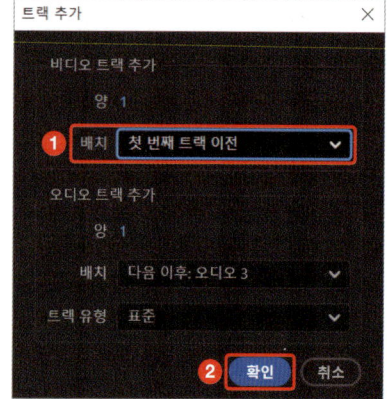

TIP [타임라인] 패널에서 클립을 직접 드래그해서 옮기면 이전에 설정한 [트랙 매트 키] – [매트] 옵션의 설정도 직접 변경해야 합니다. 따라서 [트랙 매트 키] 효과를 사용할 거라면 이런 상황에 대비해서 클립을 배치하거나, 이미 배치된 상황이라면 위와 같은 방법으로 트랙을 추가해 주세요.

09 [타임라인] 패널을 보면 비어 있는 V1 트랙이 추가되었죠? 이제 [프로젝트] 패널에서 [해변] 영상을 새로 생긴 V1 트랙으로 드래그해서 배치합니다. 이때, 클립의 위치는 [붓 트랜지션] 클립의 시작 지점에 맞춥니다.

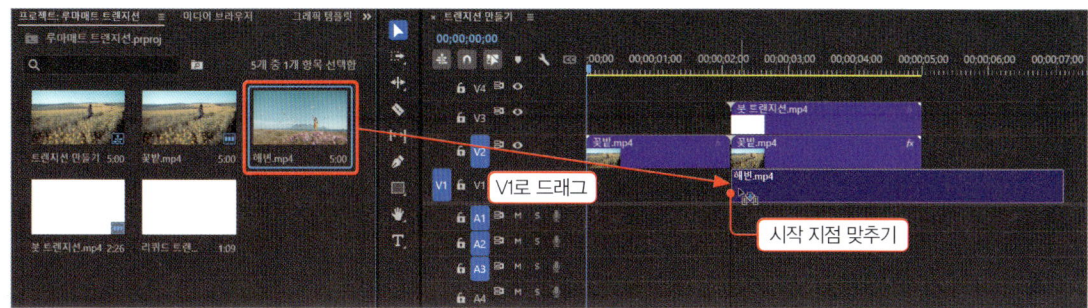

10 영상을 재생해 보면 붓으로 칠하듯 꽃밭 영상이 사라지면서 새로운 해변 영상으로 전환되는 효과를 확인할 수 있습니다.

TIP [프로젝트] 패널에서 [리퀴드 트랜지션] 영상을 선택하고 Alt 를 누른 채 [타임라인] 패널의 V3 트랙에 있는 [붓 트랜지션] 클립으로 드래그하여 루마 매트 소스를 교체해 보세요!

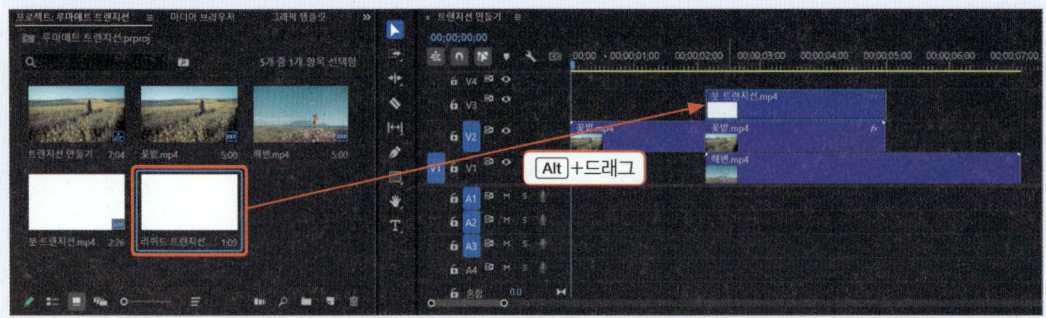

다음과 같이 액체가 흐르는 느낌으로 화면이 전환됩니다. 이처럼 [트랙 매트 키] 효과를 적용한 후 흰색과 검은색으로 구성된 영상을 루마 매트 소스로 활용하면 기본으로 제공되는 화면 전환 효과 이외에도 다양한 느낌의 화면 전환 효과를 연출할 수 있습니다.

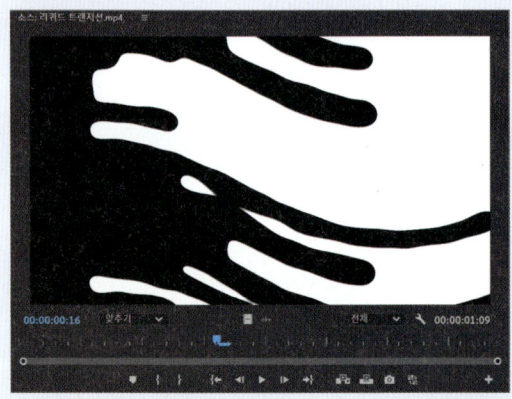

[트랙 매트 키] 효과의 다양한 활용 방법은 다음 유튜브 동영상 강의에서도 확인할 수 있습니다.

▶ **유튜브 동영상 강의**

알파 매트로 합성하기
https://youtu.be/CDCl2kzVKME

▶ **유튜브 동영상 강의**

루마 매트로 합성하기
https://youtu.be/7TAkbhYmlkM

LESSON 14
흔들림 안정화 효과로 흔들리는 영상 보정하기

짐벌이나 삼각대를 사용하지 않고 촬영을 하면 손이 떨려 영상도 흔들리게 되죠? 이런 영상을 편집한다면 흔들림 안정화 효과를 적용하여 안정적이고 매끄럽게 보정해 보세요. 참고로 프리미어 프로 2022 이전 버전에서는 '비틀기 안정기'라는 명칭을 사용했습니다.

- **예제 파일:** Chapter 05/흔들림 안정화.prproj
- **완성 파일:** Chapter 05/흔들림 안정화_완성본.prproj

실습 가능 버전
프리미어 프로 2022 이상

흔들린 영상 매끄럽게 보정하기

01 흔들림 안정화.prproj 예제 파일을 엽니다. 영상을 재생해 보면 많이 흔들리죠? 흔들리는 영상을 보정하기 위해 ❶ [효과] 패널([Shift]+[7])에서 [흔들림 안정화](Warp Stabilizer) 효과를 검색해서 찾고, ❷ [타임라인] 패널의 [흔들림 보정] 클립으로 드래그해서 적용합니다.

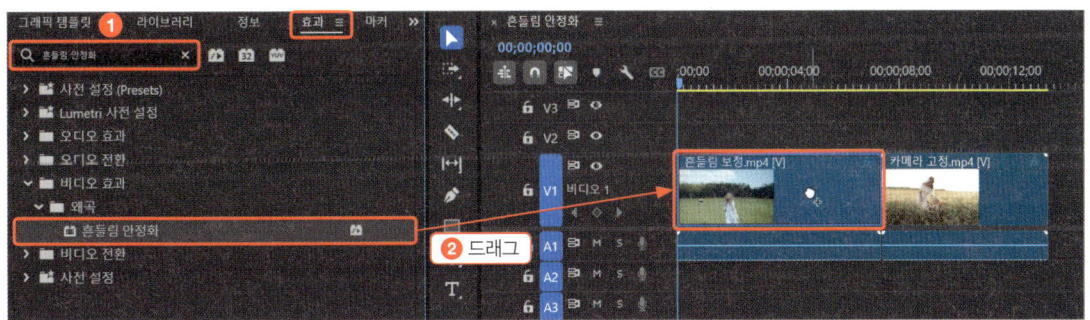

TIP [흔들림 안정화] 효과는 [비디오 효과] – [왜곡] 폴더에 있습니다. 또한, 프리미어 프로 2022 이전 버전을 사용 중이라면 '비틀기 안정기'로 검색해야 합니다.

02 효과를 적용하면 바로 ① [프로그램 모니터] 패널에서 '백그라운드에서 분석' 문구와 함께 분석 후 안정화 처리가 됩니다. ② 상세한 진행 과정은 [효과 컨트롤] 패널(Shift+5)에서 확인할 수 있습니다.

 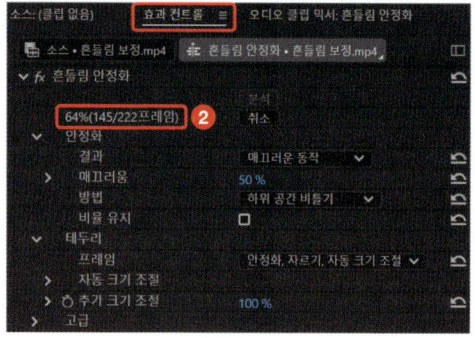

03 처리가 완료되면 영상을 재생하여 결과를 확인합니다. 이전 영상보다 안정적이고 매끄러워졌죠? 단, 영상의 화각이 좁아진 것을 확인할 수 있습니다. 즉, [흔들림 안정화] 효과는 가장자리를 자르는 방식으로 안정화 작업이 진행됩니다. 그러므로 촬영 단계부터 화각을 조금 더 넓게 촬영하면 좋습니다.

04 기본 설정보다 조금 더 매끄럽게 조정하기 위해 [효과 컨트롤] 패널에서 [흔들림 안정화]의 하위 옵션 중 [안정화] - [매끄러움] 옵션을 200%로 변경한 후 결과를 비교해 보세요. 훨씬 더 안정적인 영상을 확인할 수 있습니다.

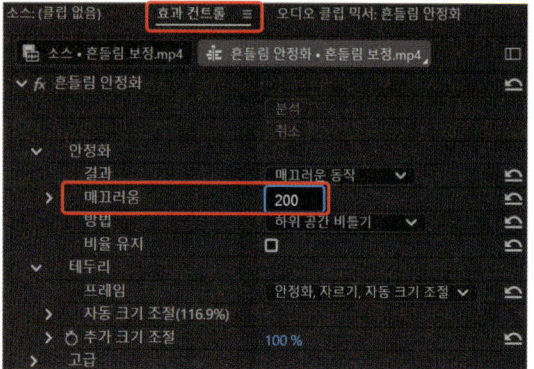

> **TIP** [매끄러움] 옵션의 기본값은 [50%]입니다. 값이 낮을수록 원본 카메라의 동작과 가깝고, 높을수록 더욱 매끄러워집니다. 단, 100%보다 높게 설정하면 이미지가 더 많이 잘릴 수 있습니다.

Pr 흔들린 영상 카메라 고정하기

앞서의 실습에서 카메라의 움직임을 매끄럽게 처리했다면 이번에는 아예 삼각대에 고정한 것처럼 카메라의 움직임이 없는 영상으로 보정해 보겠습니다.

01 앞의 실습에 이어서 ① [효과] 패널에서 [흔들림 안정화]를 검색해서 찾고 ② 이번에는 [타임라인] 패널의 [카메라 고정] 클립으로 드래그하여 적용합니다.

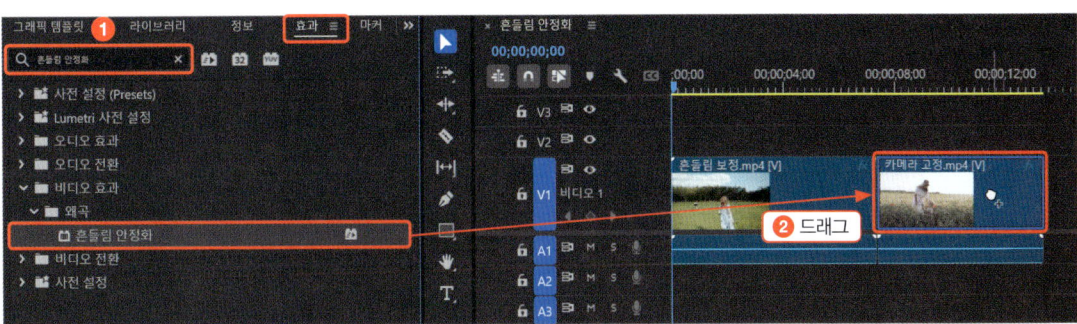

02 카메라의 움직임을 고정하기 위해 ① [효과 컨트롤] 패널에서 [흔들림 안정화]의 하위 옵션 중 [안정화] – [결과] 옵션을 [동작 없음]으로 변경합니다. ② 변경 즉시 '안정화 중' 문구가 나타나며, 완료 후 영상을 재생해 보면 카메라의 움직임이 전혀 없는 고정된 영상을 확인할 수 있습니다.

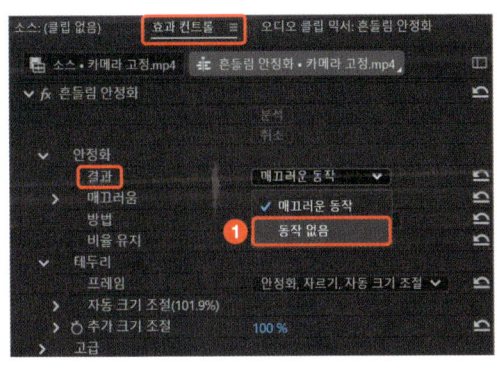 

> **TIP** 흔들림 안정화의 세부 옵션은 아래 어도비 홈페이지에서 자세히 확인할 수 있습니다.
> https://adobe.ly/3FzgBVR

새롭게 추가된 [속성] 패널로 편집 효율 높이기

프리미어 프로 2025에는 새로운 [속성] 패널이 추가되었습니다. 이 패널은 선택한 클립에 따라 필요한 설정을 자동으로 표시하여, 불필요한 패널 이동 없이 바로 작업을 진행할 수 있습니다. [편집] 레이아웃 기준으로 오른쪽 상단에 위치하며, 여러 클립을 한 번에 조정할 수 있어 반복적인 작업을 줄이고 작업 효율을 높일 수 있습니다.

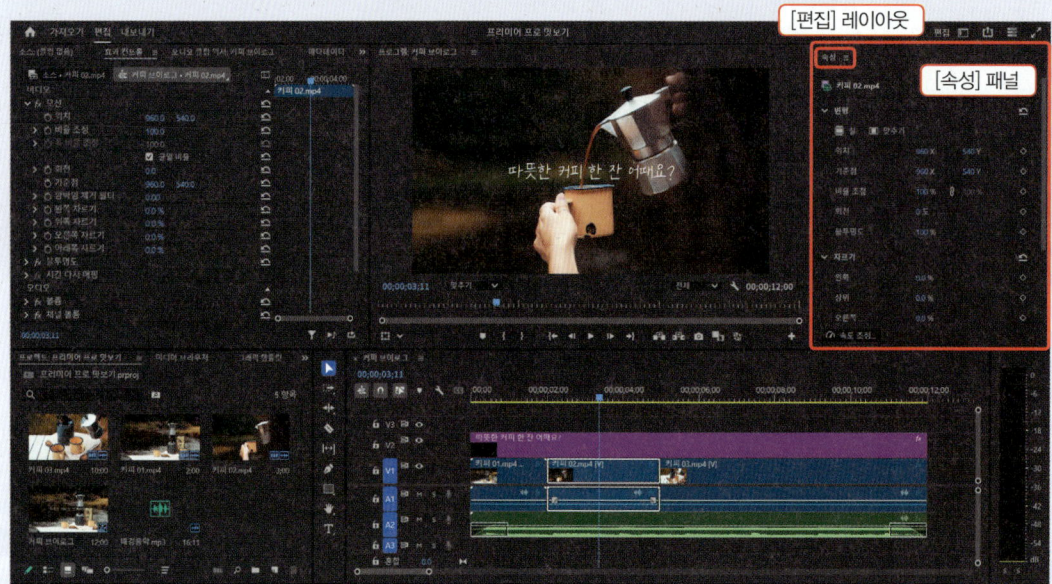

클립 유형에 따라 달라지는 속성 표시

[속성] 패널은 선택한 클립의 종류에 따라 관련된 속성만 자동으로 표시합니다. 따라서 여러 패널을 이동할 필요 없이, 비디오, 오디오, 그래픽 클립을 선택하면 각각의 속성이 한 곳에서 바로 표시됩니다.

- **비디오 클립**: 위치, 크기, 회전, 불투명도, 자르기, 속도 조정 등
- **오디오 클립**: 볼륨, 음소거 등 오디오 관련 설정
- **그래픽 클립**: 텍스트 글꼴, 색상, 도형 속성 등 디자인 요소

Link [속성] 패널에서 텍스트를 설정하는 방법은 [CHAPTER 04]에서 자세히 확인할 수 있습니다.

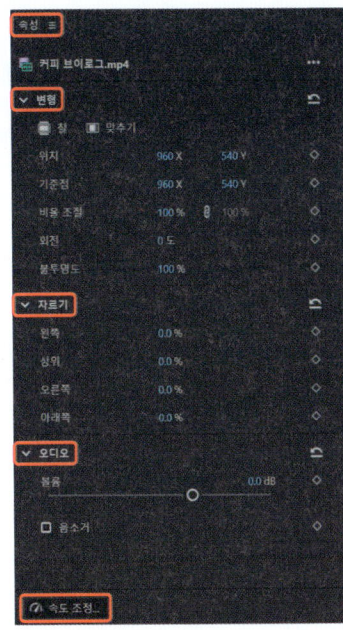
▲ '동영상 클립' 선택 시

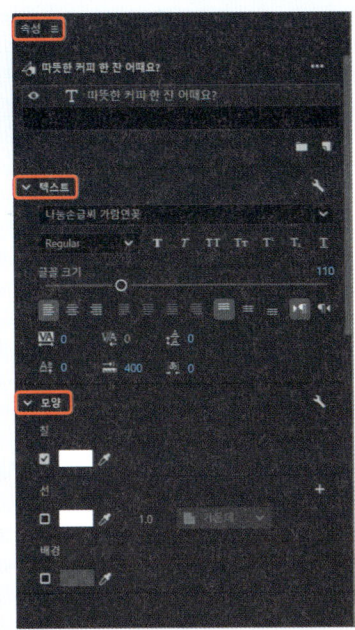
▲ '텍스트 클립' 선택 시

여러 클립을 한 번에 조정하기

[속성] 패널에서는 여러 클립을 동시에 선택해 한 번에 수정할 수 있습니다. 예를 들어, [타임라인]에서 여러 클립을 선택한 후 위치, 비율 조절, 자르기를 조정하면, 선택된 모든 클립에 동일한 설정이 적용됩니다. 이 기능을 활용하면 반복 작업을 줄이고, 작업을 더 빠르게 완료할 수 있습니다.

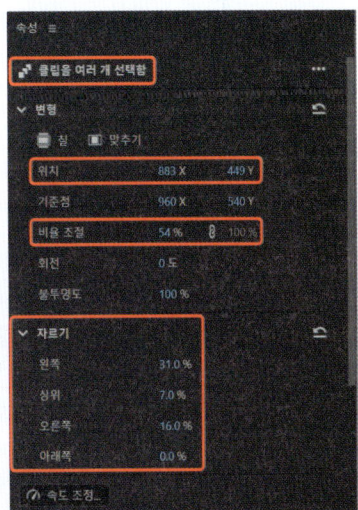

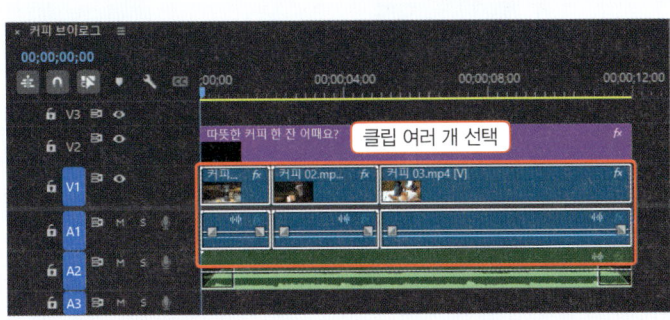

▲ 여러 클립을 한 번에 조정한 결과

'칠'과 '맞추기'로 비율 쉽게 조정하기

[속성] 패널의 '칠'과 '맞추기' 기능을 사용하면 영상이나 이미지를 간단히 화면에 맞출 수 있습니다. 이 기능 또한 여러 클립에 한 번에 적용할 수 있어, 여러 클립의 비율을 동시에 쉽게 조정할 수 있습니다.

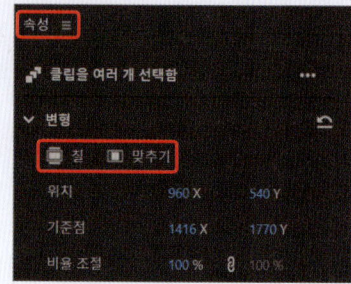

- **칠(프레임 채우기)**: 화면을 꽉 채우기 위해 영상이나 이미지 크기를 조정합니다. 이때 화면 밖으로 일부 내용이 잘릴 수 있습니다.

- **맞추기(프레임에 맞추기)**: 영상이나 이미지의 원래 비율을 유지하면서 화면 크기에 맞춥니다. 화면에 빈 공간이 생길 수 있지만, 원본 비율은 그대로 유지됩니다.

▲ '칠(프레임 채우기)' 선택 시   ▲ '맞추기(프레임에 맞추기)' 선택 시

마스터 클립 효과로 한 방에 효과 적용하기

지금까지 진행해 본 실습에서 비디오 효과를 적용할 때는 [효과] 패널에서 해당 효과를 찾아 [타임라인] 패널에 있는 클립에 일일이 드래그하는 방식이었습니다. 이런 방식은 같은 영상의 클립이라도 편집하면서 클립을 나눴다면 각 클립마다 효과를 드래그해서 적용해야 했지요. 이런 번거로움은 마스터 클립을 활용하면 해결할 수 있습니다. 마스터 클립에 효과를 적용하여 빠르고 똑똑하게 편집해 보세요. 원본 영상 자체에 효과를 추가하는 방식이므로 편집된 클립이라도 한 번에 효과가 적용됩니다.

• 예제 파일:	실습 가능 버전
Chapter 05/마스터 클립.prproj	프리미어 프로 CC 모든 버전

01 마스터 클립.prproj 예제 파일을 엽니다. ❶ [프로젝트] 패널에서 [바다_01] 영상을 더블 클릭하여 ❷ [소스 모니터] 패널에서 확인합니다. ❸ [효과] 패널(Shift+7)에서 적용할 임의의 효과를 검색해서 찾고 ❹ 찾은 효과를 [소스 모니터] 패널의 화면으로 드래그해서 적용합니다. 예제에서는 [흑백](Black & White) 효과를 적용했습니다.

02 [타임라인] 패널에서 [바다_01] 영상으로 편집한 클립들을 확인합니다. 예제에서는 보라색으로 구분해 둔 클립이 [바다_01] 영상의 클립입니다. 클립이 나누어져 있더라도 원본 영상(마스터 클립)에 효과를 적용했더니 나누어진 모든 클립이 흑백으로 변경된 것을 확인할 수 있으며, 마스터 클립에 효과를 적용한 클립에는 [fx] 아이콘에 흰색 선이 나타납니다.

TIP 클립에서 마우스 오른쪽 버튼을 클릭한 후 [레이블]을 선택하고 원하는 색을 선택하면 클립의 색상을 변경할 수 있습니다.

03 마스터 효과가 적용된 클립을 선택하고 ❶ [효과 컨트롤] 패널(Shift+5)에서 패널명 아래쪽에 있는 [소스] 탭을 클릭하면 ❷ 마스터 클립에 적용된 효과를 확인할 수 있고, 여기서 효과를 추가하거나 삭제할 수도 있습니다.

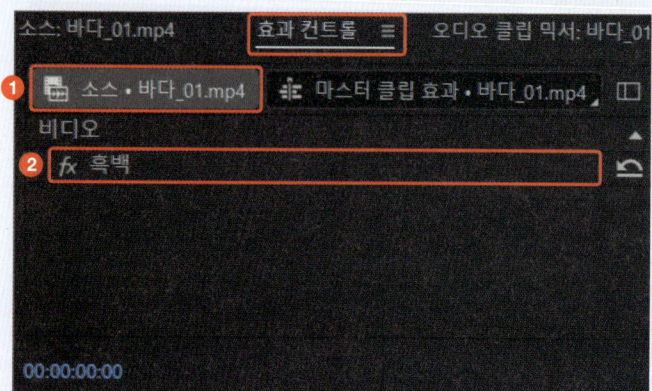

TIP 프리미어 프로 2021 이전 버전을 사용 중이라면 [소스] 탭이 [마스터] 탭으로 표시되어 있습니다.

TIP 기본 효과(동작, 불투명도, 속도), 흔들림 안정화(비틀기 안정기) 효과, 롤링 셔터 복구 효과, 오디오 효과는 마스터 클립에 적용할 수 없습니다.

여러 클립에 같은 효과를 적용하거나 한 번에 효과 지우기

여러 클립에 같은 효과를 적용하고 싶을 때는 어떻게 해야 할까요? 지금부터 소개할 방법을 모른다면 하나씩 복사해서 붙여 넣어야 할 것입니다. 반대로 여러 클립의 효과를 한 번에 지울 수도 있습니다. 지금부터 작업 속도가 3배 이상 빨라지는 효과 복사 및 지우기 방법을 알아보겠습니다.

- 예제 파일: Chapter 05/효과 복사 및 지우기.prproj

실습 가능 버전: 프리미어 프로 CC 모든 버전

특성 붙여넣기로 원하는 효과 적용하기

01 효과 복사 및 지우기.prproj 예제 파일을 엽니다. ❶ [타임라인] 패널에서 [비디오_01] 클립을 선택하고 ❷ [효과 컨트롤] 패널(Shift + 5)을 확인해 봅니다. [비율 조정] 옵션이 [60]으로 변경되어 있으며, [흑백]과 [반전] 효과가 적용되어 있는 것을 확인할 수 있습니다.

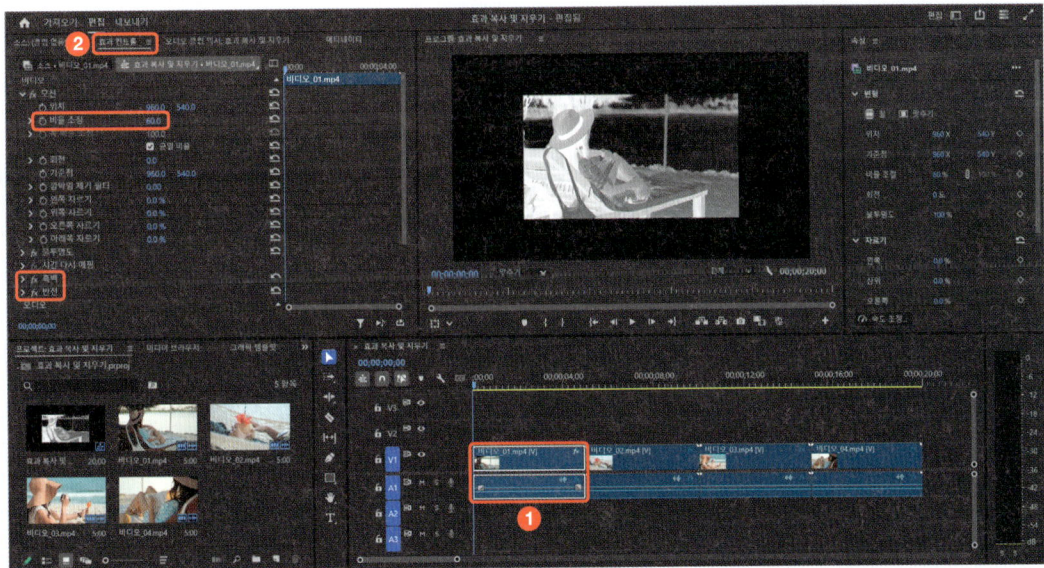

02 [비디오_01] 클립에 적용된 모든 효과를 복사하기 위해 [타임라인] 패널에서 [비디오_01] 클립을 선택하고 단축키 Ctrl+C를 눌러 복사합니다.

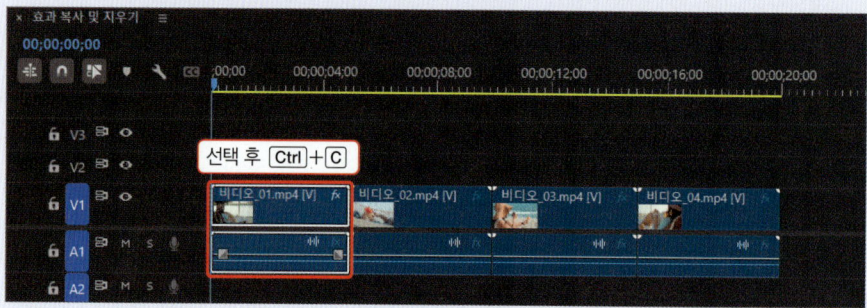

03 이어서 [비디오_01] 클립과 같은 효과를 적용할 대상인 ① [비디오_02], [비디오_03], [비디오_04] 클립을 모두 선택하고 마우스 오른쪽 버튼을 클릭한 후 ② [특성 붙여넣기](Paste Attributes)를 선택합니다. 특성 붙여넣기의 단축키는 Ctrl+Alt+V입니다.

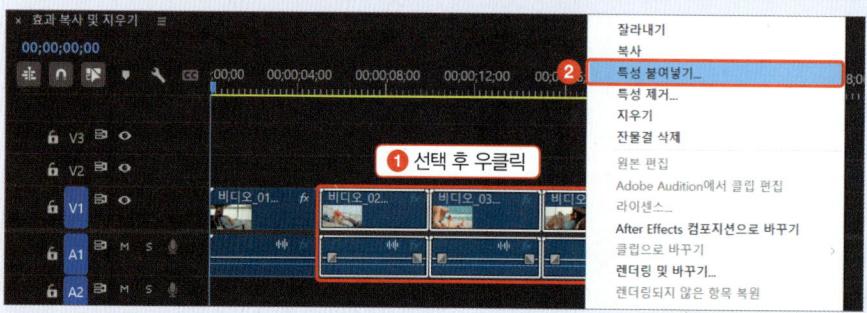

04 특성 붙여넣기 창이 열리면 ① 효과에서 제외할 항목만 체크를 해제합니다. 예제에서는 [반전] 효과는 제외하기 위해 체크를 해제했습니다. ② [확인] 버튼을 클릭해 특성 붙여넣기를 마칩니다.

TIP [동작]은 '비디오' 영역에 있는 위치, 비율 조정, 회전, 기준점 등의 기본 옵션입니다. 예제에서는 [비율 조정] 옵션을 [60]으로 변경했으며, 이 설정도 붙여넣기가 됩니다.

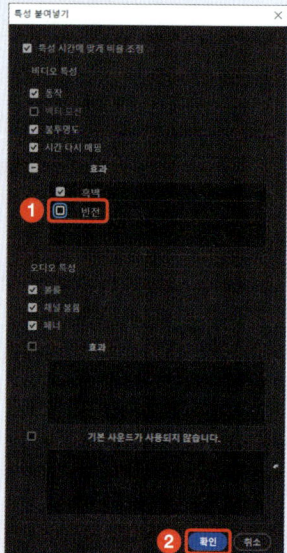

05 영상을 재생해 보면 모든 클립에 [반전] 효과를 제외한 [비율 조정] 옵션 설정과 [흑백] 효과가 적용된 것을 확인할 수 있습니다. 이처럼 특성 붙여넣기 기능을 이용하면 기본 옵션 설정 및 적용한 효과 중 원하는 항목만 선택하여 한 번에 붙여 넣을 수 있습니다.

여러 효과 한 번에 지우기

01 이번에는 여러 클립에 적용된 효과를 한 번에 지우기 위해 ❶ [타임라인] 패널에서 모든 클립을 선택하고 (Ctrl+A) 마우스 오른쪽 버튼을 클릭한 후 ❷ [특성 제거](Remove Attributes)를 선택합니다.

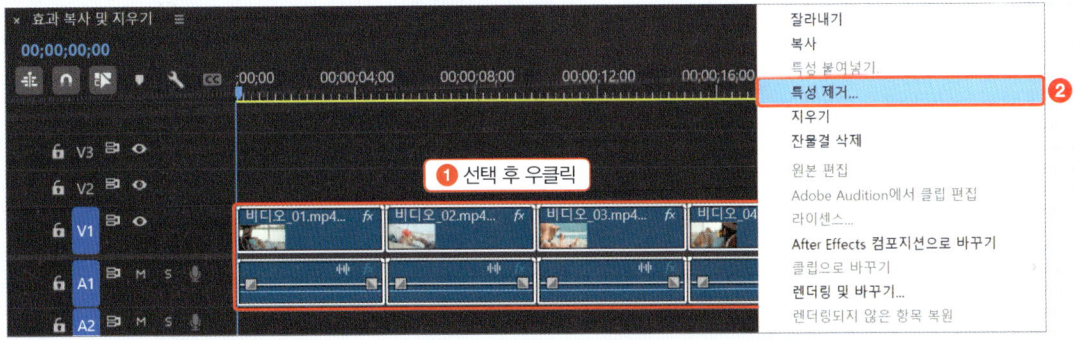

02 ① 특성 제거 창이 열리면 유지하고 싶은 항목만 체크를 해제합니다. 예제에서는 크기 변경만 유지하고 모든 효과를 지우기 위해 **[동작]**만 체크를 해제하고 ② **[확인]** 버튼을 클릭합니다.

TIP 제거하고 싶은 옵션에 체크해야 합니다. 남길 옵션에 체크하지 않도록 주의하세요.

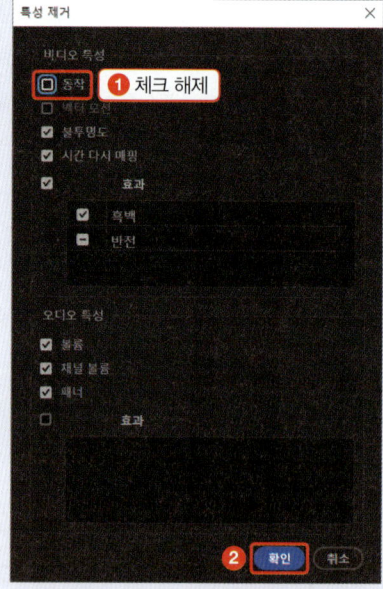

03 영상을 재생해 보면 모든 클립에서 **[흑백]**과 **[반전]** 효과가 제거되고 화면 크기(비율 조정)만 **[60]**으로 유지되어 있는 것을 확인할 수 있습니다. 이처럼 원하는 효과만 지우고 싶을 때는 특성 제거 기능을 활용하여 빠르게 작업해 보세요.

영상을 좀 더 풍요롭게 살리는 오디오 편집

녹음한 음성이 너무 작아서 고민인가요?
녹음된 오디오의 음량이 제각각 달라서 애를 먹고 있나요?
오디오의 적정 음량을 맞추고 싶을 땐 어떻게 해야 할까요?
오디오를 편집할 때 주의해야 할 점을 비롯하여 오디오 싱크를 쉽게 맞추는 방법,
음성을 변조하는 방법, 배경 음악의 길이를 자동으로 맞춰 주는 오디오 리믹스 등
오디오를 효율적으로 편집하는 방법에 대해 자세히 알아보겠습니다.

오디오 편집의 필수품, [오디오 미터] 패널 파악하기

오디오 편집을 할 때, 소리 크기를 어떻게 확인하고 조절해야 할까요? [오디오 미터] 패널을 활용하면 음량을 정확히 측정하고 클리핑을 방지할 수 있습니다. 이 레슨에서는 오디오 편집을 시작하기 전에 꼭 알아야 할 기본 내용을 살펴봅니다.

오디오 출력 정도를 파악하는 오디오 미터

오디오를 편집하면서 스피커를 통해 출력되는 소리의 크기를 기준으로 삼아 작업하면 어떻게 될까요? 스피커의 볼륨을 크게 키우고 작업하는 사람이 있다면, 반대로 볼륨을 작게 조절하고 작업하는 사람이 있겠죠? 스피커의 볼륨은 작업자마다 혹은 시청자마다 상대적입니다. 즉, 오디오를 편집할 때 자신의 스피커에서 출력되는 볼륨으로 판단하는 것은 바람직하지 않다는 말입니다.

그러므로 오디오를 편집할 때 객관적으로 판단할 수 있는 [오디오 미터] 패널을 활용해야 합니다. [오디오 미터] 패널은 작업 영역이 [편집] 레이아웃일 때 [타임라인] 패널 오른쪽에 위치하며, 만약 [오디오 미터] 패널이 보이지 않는다면 메뉴 바에서 [창] – [오디오 미터]를 선택하여 표시할 수 있습니다.

TIP [오디오 미터] 패널의 숫자는 소리 크기를 나타내며, 단위는 데시벨(dB)입니다.

Pr 출력 한계를 넘어설 때 발생하는 클리핑 현상

프리미어 프로에서 영상을 재생하면서 [오디오 미터] 패널을 보면 초록색, 노란색, 빨간색으로 구분되어 볼륨의 정도가 표시됩니다. 이때 빨간색은 왠지 위험하다는 느낌이 들죠? 오디오 소리가 0dB을 넘으면 빨간색으로 표시되고, 클리핑(Clipping) 현상이 나타납니다. 여기서 클리핑 현상은 오디오가 허용하는 한계 출력을 넘어설 때 발생하는 현상으로, 오디오의 음이 매끄럽지 않고 지저분한 소리로 들리게 됩니다.

따라서 오디오를 편집할 때는 [오디오 미터] 패널을 보면서 0dB를 넘지 않도록 약간의 여유(오디오 헤드룸)를 두고 작업해야 하며, 최고 진폭이 −3dB ~ −6dB을 넘지 않도록 작업하는 것이 좋습니다.

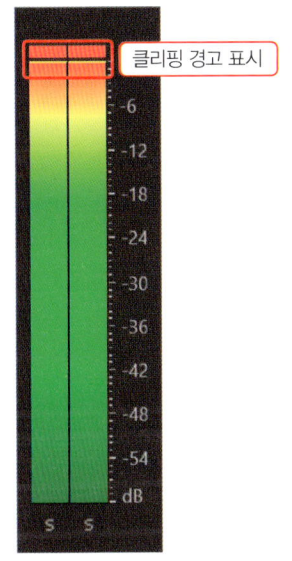 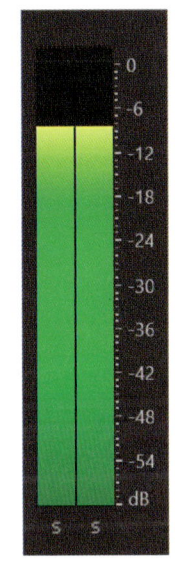

▲ 클리핑 상태의 [오디오 미터] 패널   ▲ 적절한 수준의 오디오

[오디오 미터] 패널에서 마우스 오른쪽 버튼을 클릭하면 데시벨(dB) 범위와 최저점 표시 여부 등 다양한 옵션을 설정할 수 있으며, 특별한 이유가 없다면 기본 설정을 유지하고 사용하는 것이 좋습니다.

▲ [오디오 미터] 패널의 설정 옵션

LESSON 01 오디오 편집의 필수품, [오디오 미터] 패널 파악하기 405

오디오 게인으로 볼륨 조정하기

프리미어 프로에서 오디오 크기를 조정할 때는 주로 오디오 게인과 볼륨 레벨을 사용합니다. 오디오 게인은 원본 소리의 크기를 직접 변경하는 기능으로, 녹음된 소리가 너무 작거나 클 때 유용합니다. 반면, 볼륨 레벨은 원본 소리는 그대로 유지한 채 들리는 크기만 조정할 수 있습니다. 이번 레슨에서는 오디오 게인을 활용해 오디오 크기를 조정하는 방법을 배워보겠습니다.

▶ **유튜브 동영상 강의**

오디오 편집하기
https://bit.ly/pr-audioedit

- **예제 파일**: Chapter 06/오디오 게인.prproj
- **완성 파일**: Chapter 06/오디오 게인_완성본.prproj

실습 가능 버전
프리미어 프로 CC 모든 버전

게인 설정과 게인 조정 옵션 이용하기

01 **오디오 게인.prproj** 예제 파일을 엽니다. 영상을 재생한 후 [오디오 미터] 패널에서 볼륨을 확인해 봅니다. -36dB에서 -24dB 정도의 수치를 확인할 수 있습니다.

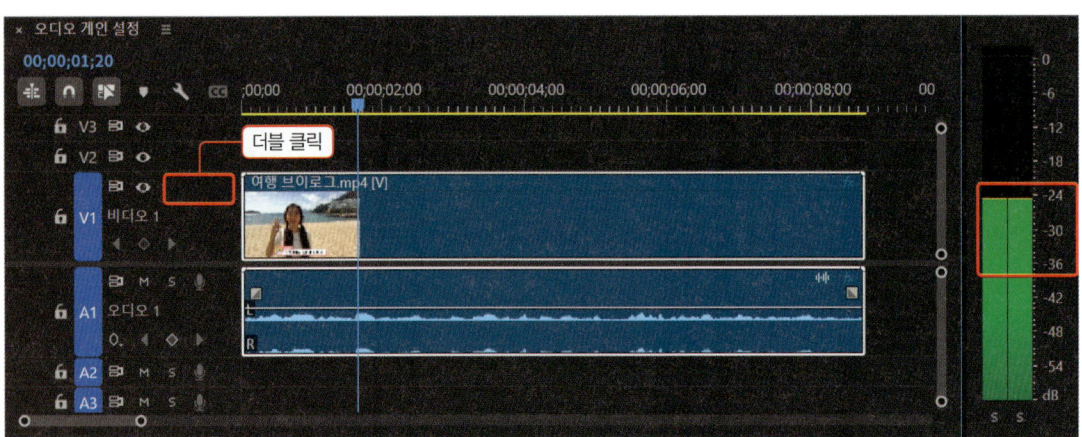

TIP 위 이미지는 이해를 돕고자 비디오와 오디오 트랙을 확대한 상태로, 트랙 헤더에서 빈 영역을 더블 클릭하여 확대하거나 축소할 수 있습니다.

02 음성은 보통 −12dB ~ −6dB이 적당합니다. 그러므로 오디오 볼륨을 높이기 위해 ❶ [타임라인] 패널에서 [여행 브이로그] 클립을 마우스 오른쪽 버튼으로 클릭한 후 ❷ [오디오 게인]을 선택합니다.

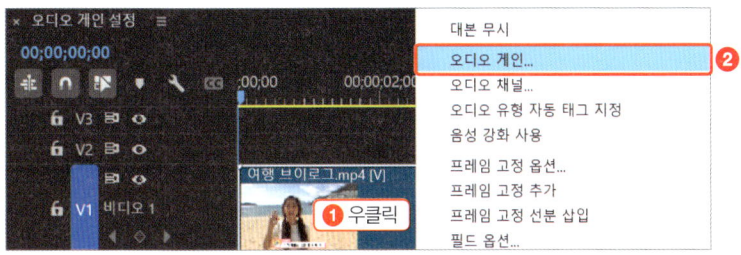

TIP 키보드가 영문 입력 상태일 때 클립을 선택한 후 ⓖ를 누르면 빠르게 오디오 게인 창을 열 수 있습니다.

03 오디오 게인 창이 열리면 ❶ [게인 조정] 옵션을 선택하고 ❷ 10dB로 입력한 후 ❸ [확인] 버튼을 클릭합니다.

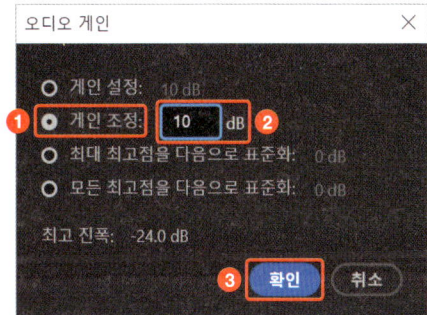

TIP [게인 설정] 옵션은 최종 결괏값이고, [게인 조정] 옵션은 현재의 값을 기준으로 얼마나 변경할지를 결정합니다. 그러므로 [게인 조정] 옵션에 값을 입력하면 자동으로 [게인 설정] 옵션의 값도 변경됩니다. 이러한 두 옵션의 기본값은 0dB이며, 최소 −96dB, 최대 +96dB까지 설정할 수 있습니다.

04 오디오 트랙을 보면 처음보다 파형의 높이가 전체적으로 올라갔죠? 영상을 재생하여 [오디오 미터] 패널도 확인해 보면 이전보다 +10dB만큼 높아졌으며, 실제 음성도 커진 것을 체감할 수 있습니다.

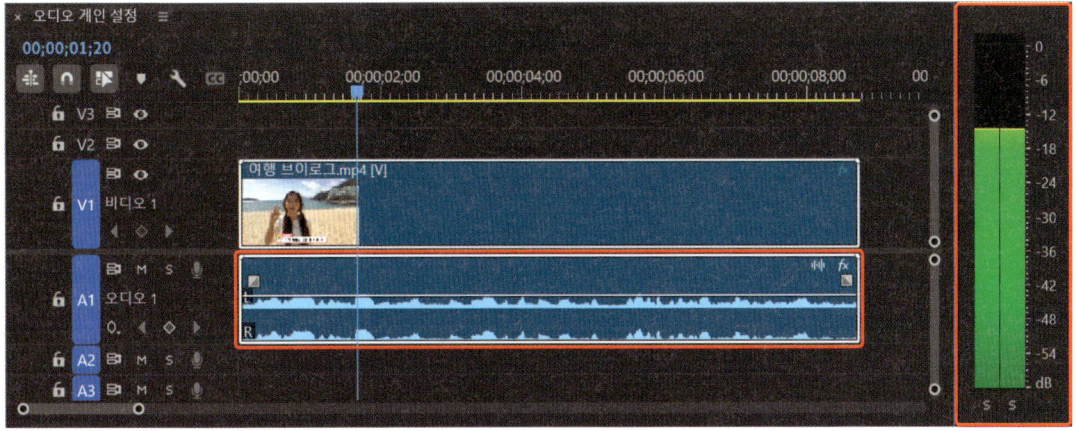

05 볼륨을 7dB만큼 더 높이기 위해 [여행 브이로그] 클립에서 마우스 오른쪽 버튼을 클릭한 후 [오디오 게인]을 선택하거나 G를 눌러 오디오 게인 창을 엽니다. ❶ [게인 조정] 옵션을 선택하고 ❷ 7dB을 입력하여 ❸ [게인 설정] 옵션의 값이 [17dB]로 바뀌면 ❹ [확인] 버튼을 클릭합니다.

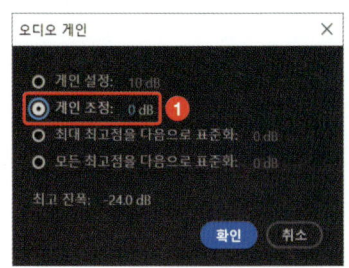 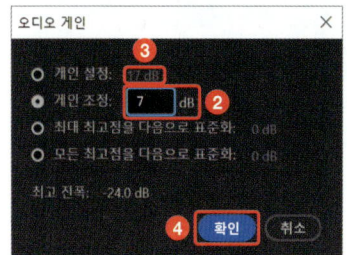

TIP 위와 같이 [게인 조정] 옵션을 이용하면 사용자가 직접 덧셈이나 뺄셈을 하지 않아도 자동으로 사용자가 입력한 값만큼 계산되어 최종값(게인 설정)에 반영됩니다. 이처럼 [게인 조정] 옵션은 한 번 설정한 오디오 볼륨을 추가로 높이거나 낮추고 싶을 때 해당 수치만 입력하면 됩니다.

06 변경된 오디오 클립의 파형을 확인하고, 영상을 재생하여 [오디오 미터] 패널도 확인합니다. 이전보다 음성이 커져서 또렷하게 들리는 것을 확인할 수 있습니다. 이제는 [게인 설정]과 [게인 조정] 옵션을 이용하여 자유롭게 오디오의 볼륨을 키우거나 줄일 수 있겠죠?

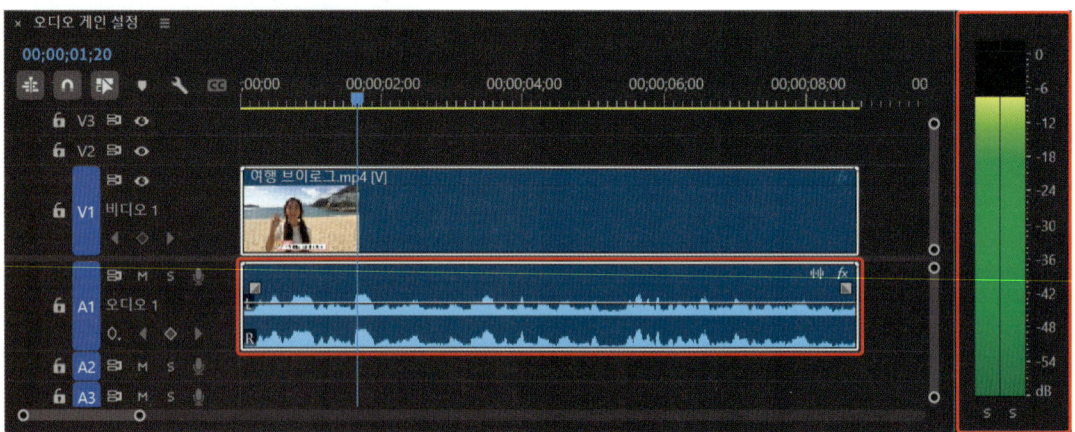

금손 변신 TIP | 오디오 게인 창 금손처럼 사용하기

오디오 게인 창에서 맨 아래를 보면 최고 진폭이라는 값을 확인할 수 있으며, 아래 예시는 '최고 진폭: −24dB'로 표시되어 있습니다. 이러한 최고 진폭은 현재 오디오 클립의 원본에서 가장 높은 볼륨이라고 생각하면 됩니다. 오디오 게인 창에서 [최대 최고점을 다음으로 표준화] 옵션을 확인해 보세요. 이 옵션은 최고 진폭을 몇으로 맞출 것인지 설정할 때 사용합니다. 해당 옵션을 선택한 후 기본값인 [0]을 유지한 채 [확인] 버튼을 클릭해 보세요.

▲ 최고 진폭 −24dB일 때 파형

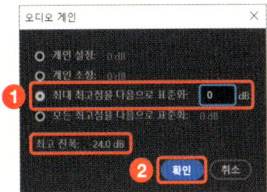 

▲ 최고 진폭 0dB일 때 파형

위와 같이 오디오 클립에서 최고 진폭이 −24dB에서 0dB로 조정되어 전체적으로 파형이 높아진 것을 확인할 수 있습니다. 그렇다면 −24dB이 0dB이 되려면 얼마를 더해야 할까요? +24dB만큼 조정된 것이겠죠? 다시 오디오 게인 창을 열고 확인해 보면 [게인 설정] 옵션이 [24dB]로 설정된 것을 확인할 수 있습니다.

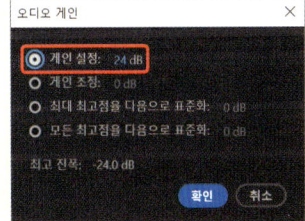

즉, 최고 진폭을 참고하고, [최대 최고점을 다음으로 표준화] 옵션을 활용하여 오디오 클립의 선제석인 볼륨을 맞출 수도 있습니다. 다만, 앞에서도 이야기한 것처럼 오디오의 볼륨을 0dB로 너무 꽉 차게 편집하면 클리핑 현상이 나타날 수 있습니다. 그러므로 [최대 최고점을 다음으로 표준화] 옵션을 사용한다면 오디오의 헤드룸을 고려해서 −6dB 정도로 설정하는 것을 추천합니다. 최고 진폭이 −6dB이 되도록 설정한 후 [확인] 버튼을 클릭하고 오디오 파형을 확인해 보겠습니다.

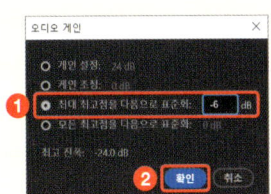 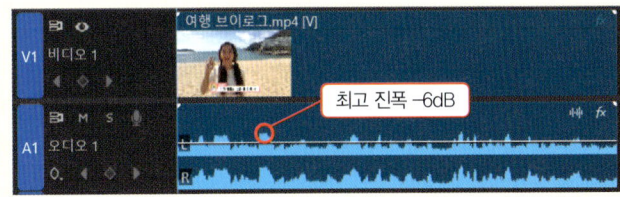

▲ 최고 진폭 −6dB일 때 파형

오디오 파형이 이전보다 여유롭게 편집된 것을 확인할 수 있죠? 마지막으로 오디오 게인 창의 [모든 최고점을 다음으로 표준화]는 [최대 최고점을 다음으로 표준화]와 유사한 옵션으로, 오디오 클립이 한 개일 때는 [최대 최고점을 다음으로 표준화] 옵션을, 두 개 이상일 때는 [모든 최고점을 다음으로 표준화] 옵션을 사용합니다.

볼륨 레벨로 오디오 조정하기

이번에는 볼륨 레벨을 사용해 오디오 크기를 조정하는 방법을 알아보겠습니다. 볼륨 레벨은 TV 리모컨으로 소리를 키우거나 줄이는 것처럼, 원본 오디오는 그대로 두고 들리는 소리 크기만 바꾸는 방식입니다. 반면, 오디오 게인은 원본 오디오 자체의 소리 크기를 직접 바꾸는 방법입니다. 이번 레슨에서는 다양한 패널을 활용해 볼륨 레벨을 조정하는 방법을 알아보겠습니다.

- **예제 파일:**
Chapter 06/볼륨 레벨.prproj

실습 가능 버전
프리미어 프로 CC 모든 버전

[타임라인] 패널과 [효과 컨트롤] 패널 이용하기

오디오 볼륨 레벨을 조정하는 방법 중 지금까지 자주 사용했던 [타임라인] 패널 또는 [효과 컨트롤] 패널을 이용하는 방법부터 실습해 봅니다.

01 **볼륨 레벨.prproj** 예제 파일을 엽니다. 우선 [타임라인] 패널에서 볼륨을 조정해 보겠습니다. A1 트랙 헤더의 빈 공간을 더블 클릭하여 트랙을 확대합니다.

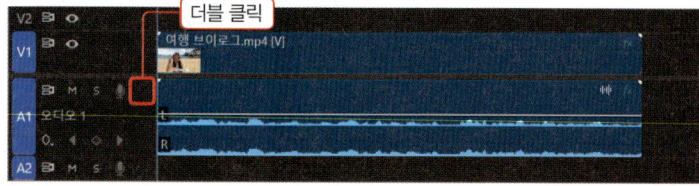

TIP 트랙을 다시 축소할 때도 빈 공간을 더블 클릭합니다.

02 오디오 클립이 확대되면서 클립을 가로지르는 흰 선이 보입니다. 이 선으로 볼륨 레벨을 확인할 수 있으며, 드래그하여 조정할 수 있도록 기본 설정되어 있습니다. 확인을 위해 오디오 클립의 오른쪽 위에 있는 ❶ [fx] 아이콘에서 마우스 오른쪽 버튼을 클릭하고 ❷ [볼륨] - [레벨]이 선택되어 있는지 확인합니다.

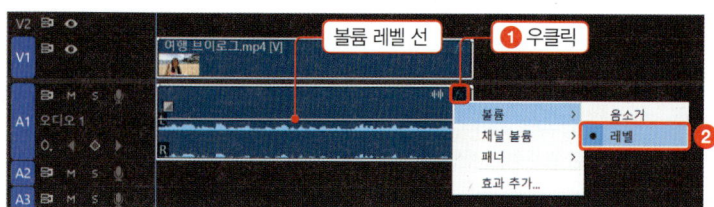

TIP 반드시 [fx] 아이콘에서 마우스 오른쪽 버튼을 클릭해야 그림과 같은 메뉴가 나타납니다.

TIP 오디오 볼륨 레벨 선이 보이지 않는다면 타임라인 왼쪽 위에 있는 렌치 모양의 [타임라인 표시 설정] 아이콘을 클릭한 후 [오디오 키프레임 표시](Show Audio Keyframes)를 선택해서 체크합니다.

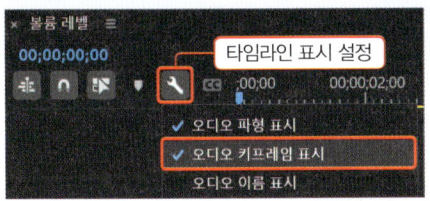

03 볼륨 레벨 선으로 마우스 커서를 가져다 대면 다음과 같이 커서 모양이 바뀌며, ❶ 클릭한 채 위로 드래그해서 볼륨(레벨)을 높여 봅니다. ❷ 팝업 창에 얼만큼 높아졌는지 표시됩니다. 반대로 선을 아래로 드래그하면 볼륨이 작아지겠죠?

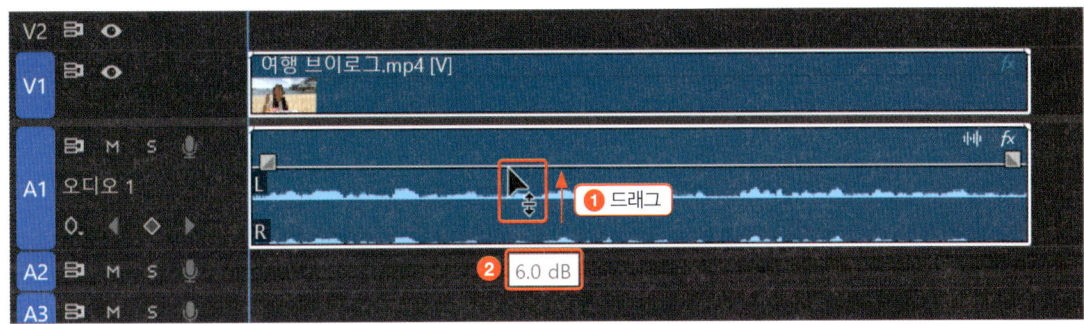

04 이번에는 오디오 클립을 선택하고 ❶ [효과 컨트롤] 패널([Shift]+[5])에서 ❷ '오디오' 영역의 [볼륨] - [레벨] 옵션을 확인해 봅니다. [타임라인] 패널에서 변경한 레벨을 확인할 수 있으며, 원하는 값으로 정확하게 변경할 수 있습니다. 볼륨 레벨은 최대 +15dB입니다.

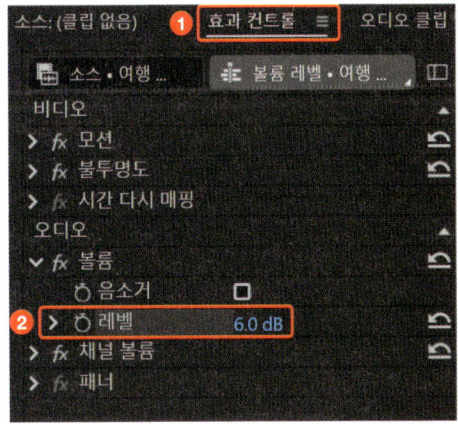

LESSON 03 볼륨 레벨로 오디오 조정하기 **411**

Pr [오디오 클립 믹서] 패널에서 볼륨 레벨 조정하기

계속해서 [오디오 클립 믹서] 패널에서 볼륨 레벨을 조정해 보겠습니다.

01 메뉴 바에서 [창] – [오디오 클립 믹서]를 선택하거나 단축키는 Shift + 9 를 눌러 [오디오 클립 믹서] 패널을 엽니다.

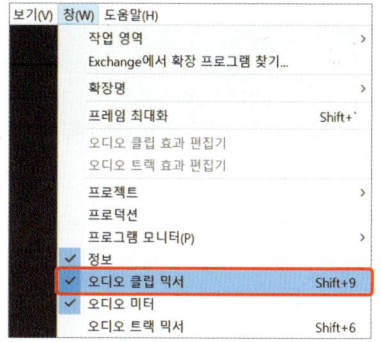

02 [타임라인] 패널에서 볼륨을 조정할 오디오 클립 위에 재생헤드를 옮긴 후 [오디오 클립 믹서] 패널을 보면 왼쪽 슬라이더로 현재 볼륨 레벨을 파악할 수 있습니다. 볼륨 슬라이더를 위아래로 드래그하여 볼륨 레벨을 조정합니다. 예제에서는 [-10dB]까지 내렸습니다.

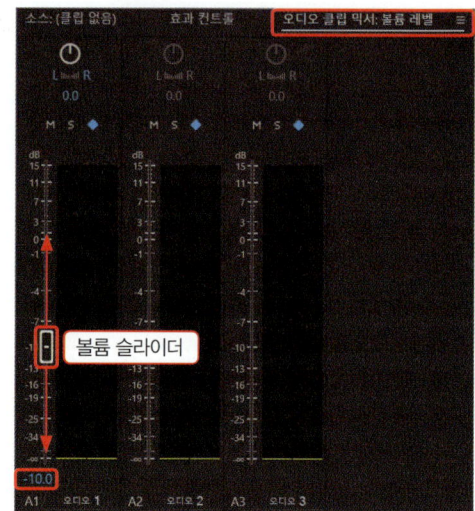

TIP 볼륨 슬라이더를 더블 클릭하면 초깃값인 0dB로 설정됩니다.

03 ❶ [타임라인] 패널에서 오디오 클립을 보면 볼륨 레벨 선이 -10dB까지 내려간 것을 확인할 수 있습니다. 또한, ❷ [효과 컨트롤] 패널의 [레벨] 옵션도 [-10dB]로 설정되어 있습니다. 이처럼 [타임라인] 패널, [효과 컨트롤] 패널, [오디오 클립 믹서] 패널의 레벨은 모두 연동되므로 원하는 패널을 이용하면 됩니다.

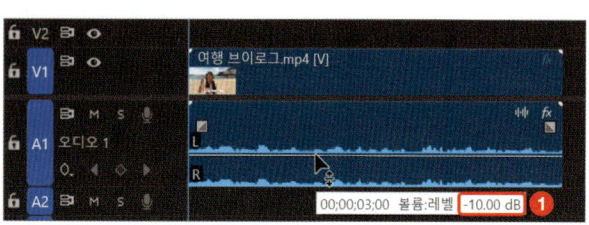

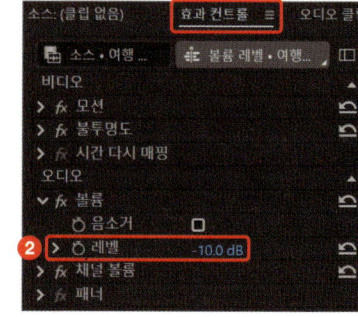

TIP [속성] 패널에서 오디오 볼륨 조정하기

프리미어 프로 2025에 새로 추가된 [속성] 패널에서도 오디오 볼륨을 손쉽게 조정할 수 있습니다. [타임라인]에서 클립을 선택한 후, [속성] 패널 하단의 [오디오] 영역에서 볼륨을 조정해 보세요.

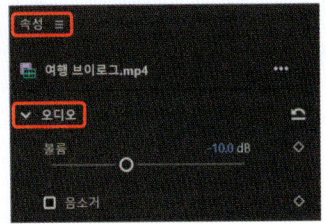

금손 변신 TIP | 단축키로 볼륨 레벨 조정 금손처럼 사용하기

[타임라인] 패널에서 단축키를 이용하여 좀 더 편리하게 볼륨 레벨을 조정할 수 있습니다.

우선 오디오 클립을 선택하고 단축키 [[]를 눌러 보세요. 볼륨 레벨이 1dB씩 줄어듭니다(-1dB). 반대로 []]를 누르면 1dB씩 올라갑니다(+1dB). 또한 [Shift]를 누른 채 [[]나 []]를 누르면 6dB씩 레벨을 높이거나 줄일 수 있습니다. 이때, 환경 설정을 변경하면 [Shift]를 누른 채 볼륨 레벨을 조정했을 때 변경되는 값을 6dB이 아닌, 3dB 또는 4dB처럼 원하는 수치로 변경할 수 있습니다.

메뉴 바에서 [편집] - [환경 설정] - [오디오]를 선택해서 '오디오' 환경 설정 창을 열고 [큰 볼륨 조정] 옵션에 원하는 수치로 입력한 후 [확인] 버튼을 클릭하면 됩니다. 이외에도 '오디오' 환경 설정 창에서 다양한 옵션을 설정할 수 있으니 천천히 살펴보시기 바랍니다.

여러 클립의 오디오 볼륨 균일하게 맞추기

LESSON 04

촬영 환경이나 장비가 다르면 녹음된 소리 크기가 제각각일 수 있습니다. 소리가 들쭉날쭉하면 듣기에 불편하겠죠? 지금부터 소리 크기가 다른 여러 클립의 오디오 볼륨을 균일하게 맞추는 방법을 알아보겠습니다.

▶ **유튜브 동영상 강의**

오디오 편집하기
https://bit.ly/pr-audioedit

오디오 게인 창에서 오디오 크기 일괄 조정하기

- **예제 파일**: Chapter 06/오디오 클립 균일.prproj
- **완성 파일**: Chapter 06/오디오 클립 균일_완성본.prproj

실습 가능 버전
프리미어 프로 CC 모든 버전

01 **오디오 클립 균일.prproj** 예제 파일을 엽니다. 영상을 재생하여 오디오의 볼륨을 확인해 보면 클립에 따라서 음성이 작게 들리기도 하고, 크게 들리기도 합니다. [타임라인] 패널만 보아도 클립에 따라 오디오 파형의 차이가 큰 것을 직관적으로 판단할 수 있겠죠?

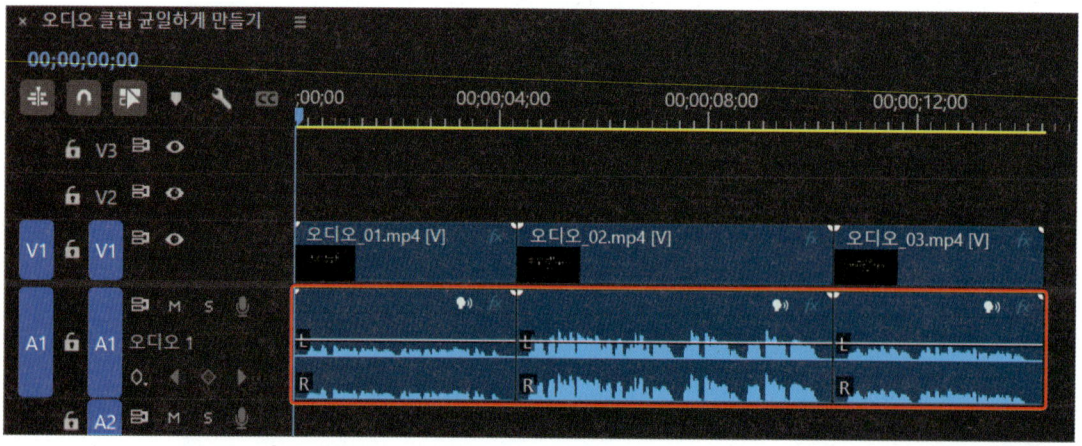

02 클립마다 일일이 볼륨 레벨을 변경해도 됩니다. 하지만, 클립의 개수가 많다면 꽤 많은 시간이 소모되겠죠? 여러 개의 클립에서 볼륨 레벨을 일괄 조정하기 위해 ❶ 조정할 클립을 모두 선택한 후 마우스 오른쪽 버튼을 클릭하고 ❷ [오디오 게인]을 선택합니다. Link 개별 클립의 볼륨 레벨 조정 방법은 406쪽에서 자세히 설명합니다.

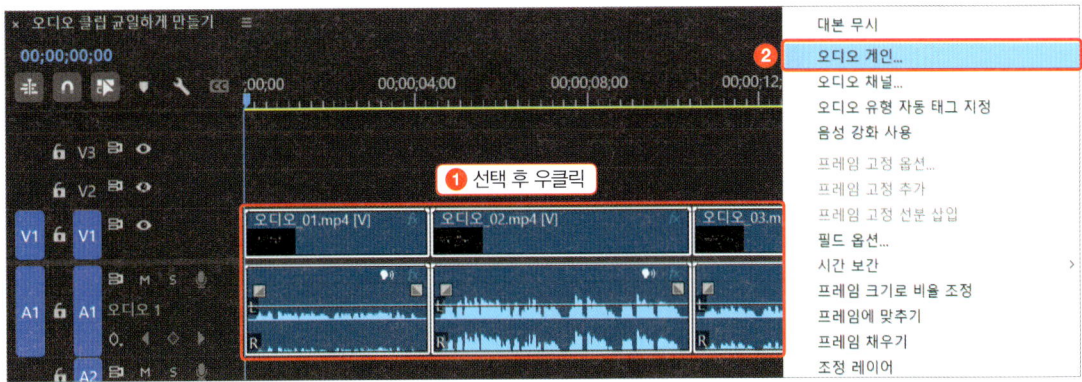

03 오디오 게인 창이 열립니다. 여러 개의 클립을 한 번에 조정할 것이므로 맨 아래에 있는 ❶ [모든 최고점을 다음으로 표준화] 옵션을 선택하고 ❷ 오디오 헤드룸을 고려하여 -6dB로 설정한 후 ❸ [확인] 버튼을 클릭합니다.

> **TIP** 위 설정은 선택한 모든 클립에서 최고 진폭을 -6dB로 맞춘다는 의미입니다. Link 오디오 게인 창의 옵션은 409쪽에서 자세히 설명합니다.

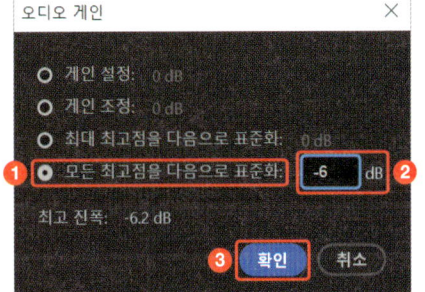

04 선택한 모든 클립의 최고 진폭이 -6dB로 맞춰지면서 오디오가 균일하게 조정되었습니다. 영상을 재생하여 오디오를 확인하면 처음과 달리 균일해진 음성을 확인할 수 있습니다.

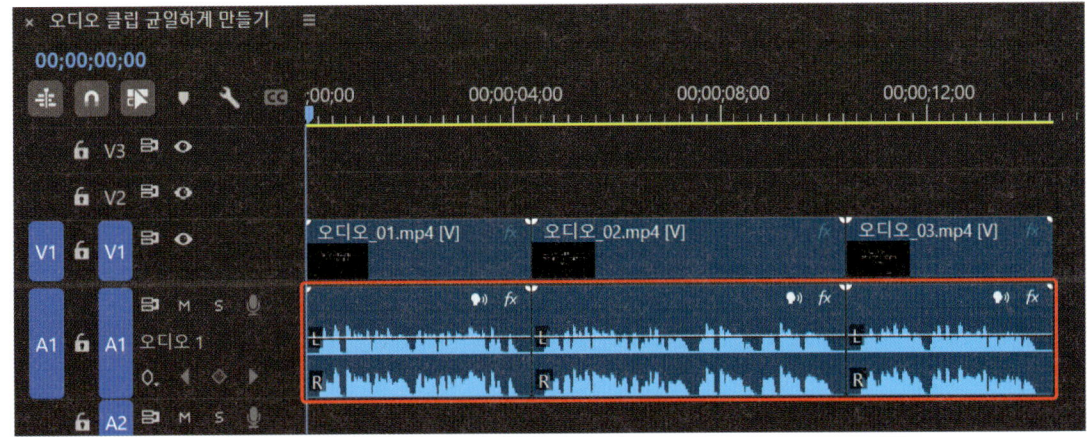

LESSON 04 여러 클립의 오디오 볼륨 균일하게 맞추기

[기본 사운드] 패널에서 자동 일치 기능으로 오디오 일괄 조정하기

- **예제 파일:**
  Chapter 06/오디오 클립 균일.prproj

실습 가능 버전
프리미어 프로 CC 2018 이상

01 오디오 클립 균일.prproj 예제 파일을 엽니다. ❶ 작업 영역을 [오디오] 레이아웃(Alt + Shift + 2)으로 변경하면 ❷ 화면 오른쪽에 [기본 사운드] 패널이 표시됩니다. ❸ [타임라인] 패널에서 조정할 클립을 모두 선택하고 ❹ [기본 사운드] 패널에서 [대화] 유형 버튼을 클릭합니다.

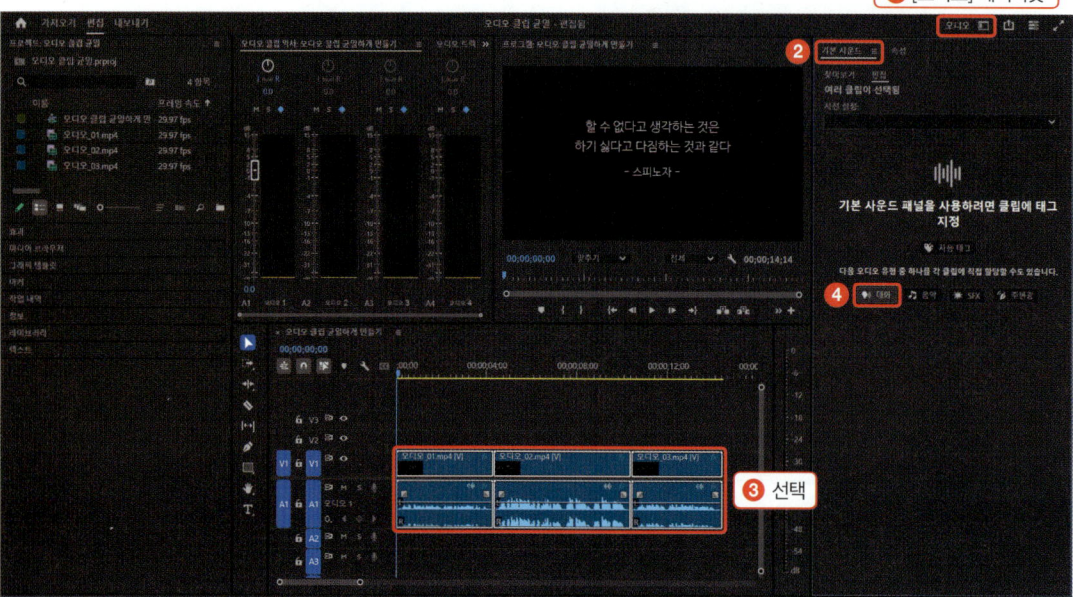

TIP [타임라인] 패널에서 클립을 선택해야 [기본 사운드] 패널의 각종 버튼이 활성화됩니다.

TIP 프리미어 프로 2025에서는 AI가 오디오를 분석해 음성이 있는 부분을 '대화'로 자동 태그하고, 클립에 사람 모양 아이콘을 표시합니다. 이 아이콘을 클릭하면 [기본 사운드] 패널이 자동으로 열립니다.

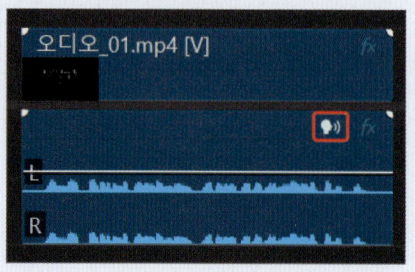

02 [기본 사운드] 패널에 '대화' 유형의 각종 옵션이 나타납니다. ❶ 먼저 '음량' 영역을 클릭하여 세부 옵션을 펼친 후 ❷ 표준 평균 음량에 맞춰 해당 클립을 자동으로 일치시켜 주는 [자동 일치] 버튼을 클릭합니다.

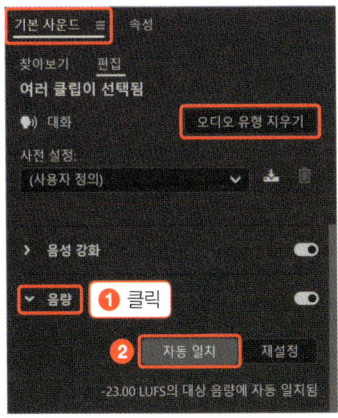

TIP '대화' 유형명 오른쪽에 표시된 [오디오 유형 지우기] 버튼을 클릭하면 오디오 설정이 모두 삭제됩니다.

03 [타임라인] 패널을 보면 [자동 일치] 버튼을 클릭하기 전에 비해 오디오 클립들의 파형이 균일하게 맞춰지면서 음량도 균일해진 것을 확인할 수 있습니다. 영상을 재생하여 오디오를 확인해 보세요.

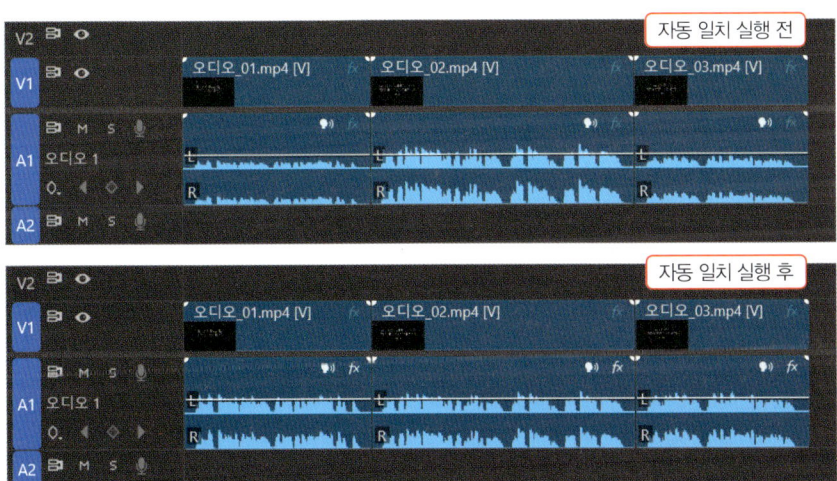

TIP 자동 일치 기능을 실행한 후 볼륨 레벨을 조정하고 싶다면 [기본 사운드] 패널에서 아래쪽에 있는 '클립 볼륨' 영역의 [레벨] 옵션 슬라이더를 이용합니다.

금손 변신 TIP [기본 사운드] 패널 금손처럼 사용하기

[기본 사운드] 패널의 '대화' 유형에는 음질을 더 좋게 만드는 다양한 기능이 있습니다. 이 기능들은 목소리를 더 선명하게 하고, 배경 소음을 줄이며, 음성을 더욱 뚜렷하게 만들어줍니다. 이제 [기본 사운드] 패널의 '대화' 유형 기능들을 자세히 살펴보겠습니다.

▶ 음성 강화(Enhance Speech)

목소리를 더 선명하게 하고 배경 소음을 줄여 음질을 개선합니다. '향상' 버튼을 클릭한 후 수치를 조절하여 적용할 수 있습니다. 단, 너무 강하게 설정하면 목소리가 부자연스러워질 수 있으므로 적절히 조정해야 합니다.

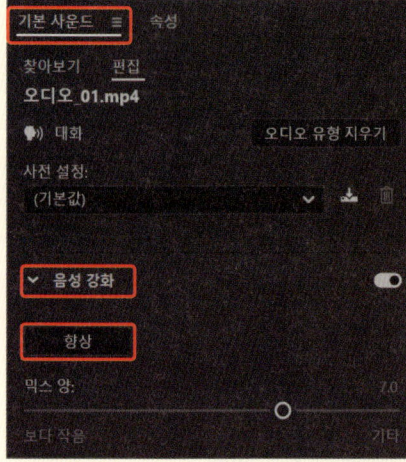

▶ 복구(Repair)

오디오에서 발생하는 배경 소음, 클릭 소리, 왜곡된 소리 등을 고쳐 더 깨끗한 음질로 만들어줍니다.

① **노이즈 감소(Reduce Noise)**: 에어컨, 기계 소음, 도로 소음과 같은 일정한 패턴의 배경 소음을 줄여 목소리가 더 뚜렷하게 들리게 해줍니다.

② **럼블 감소(Reduce Rumble)**: 바람 소리나 차량 진동 같은 저주파 소음을 없애서 소리를 더 깔끔하게 만들어줍니다.

③ **DeHum**: 전자기기 때문에 생기는 윙윙거리는 소리를 없애고, 50Hz나 60Hz 주파수에 맞는 소음을 제거해줍니다.

④ **DeEss**: '쉬' 소리와 같은 과도한 치찰음을 줄여 내레이션이나 대화를 더 자연스럽게 들리도록 만듭니다.

⑤ **반향 감소(Reduce Reverb)**: 방이나 강당에서 생기는 울리는 소리를 줄여서 음성을 더 깨끗하게 들리게 해줍니다.

▶ **선명도(Clarity)**

오디오를 더 뚜렷하고 명확하게 만들어 목소리가 잘 들리도록 음질을 개선합니다.

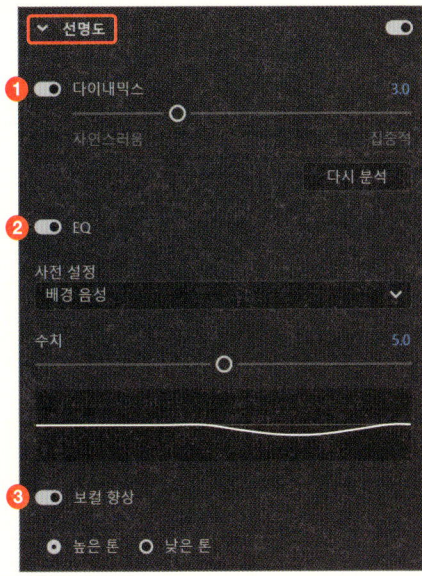

① **다이내믹스(Dynamics)**: 목소리를 부드럽고 자연스럽게 하거나, 선명하고 또렷하게 들리도록 조정합니다.

② **EQ(Equalizer)**: 사전 설정을 선택한 후, 슬라이더로 음질을 조정하여 목소리를 더 선명하고 깔끔하게 만듭니다.

③ **보컬 향상(Vocal Enhancement)**: 밝고 선명한 목소리를 원하면 높은 톤을, 따뜻하고 깊은 목소리를 원하면 낮은 톤을 선택하여 목소리를 돋보이게 합니다.

▶ **크리에이티브(creative)**

소리에 공간감을 추가해 더 풍부하고 입체적인 느낌을 만듭니다.

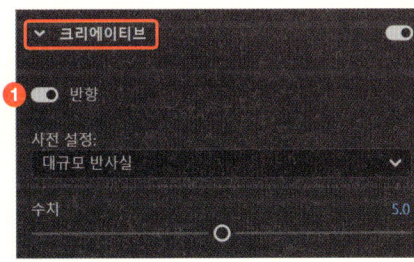

① **반향(Reverb)**: 소리에 울림 효과를 주어, 큰 방이나 홀에서 소리가 반사되는 것처럼 들리게 만듭니다. 사전 설정을 선택하고, 슬라이더를 이용해 반향의 강도를 조절할 수 있습니다.

오디오 페이드 효과로 배경음악 볼륨 조정하기

LESSON 05

이번 레슨에서는 배경 음악이 천천히 시작되거나 자연스럽게 줄어드는 오디오 페이드 효과를 배워보겠습니다. 이 효과를 사용하면 음악이 갑자기 시작하거나 끝나는 대신, 부드럽게 이어져 영상을 자연스럽게 편집할 수 있습니다.

- **예제 파일:** Chapter 06/오디오 디졸브.prproj
- **완성 파일:** Chapter 06/오디오 디졸브_완성본.prproj

실습 가능 버전
프리미어 프로 CC 모든 버전

01 오디오 디졸브.prproj 예제 파일을 엽니다. 영상을 재생해 보면 처음부터 배경 음악이 크게 들려서 내레이션이 다소 묻히고, 마지막에서는 음악이 뚝 끊기죠? 지금부터 배경 음악의 소리를 조정해 보겠습니다.

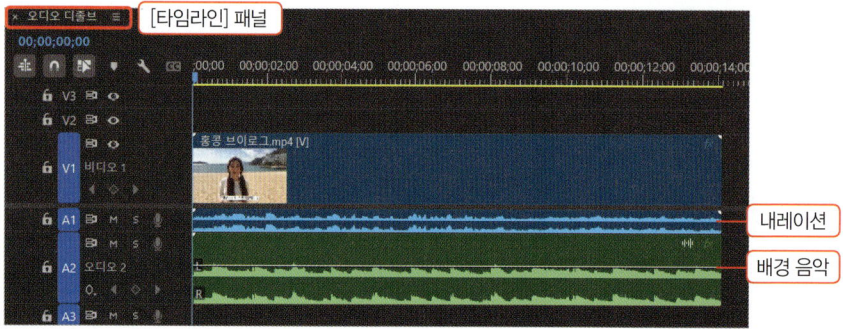

02 [타임라인] 패널에서 [브이로그 배경 음악] 클립을 선택한 뒤, ❶ 클립의 앞부분과 끝부분에 있는 작은 사각형을 클릭하고 ❷ 드래그하여 오디오 페이드 효과를 적용합니다. 이후 영상을 재생하면, 배경 음악이 처음에는 작게 시작해 점점 커지고, 끝에서는 점점 작아지는 것을 확인할 수 있습니다.

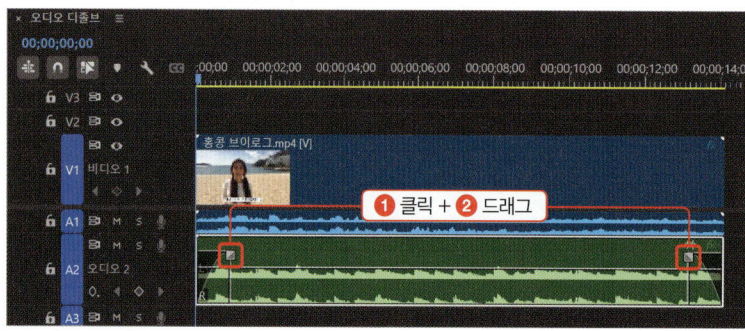

TIP 이 기능은 프리미어 프로 2024(버전 24.4) 이상에서 사용할 수 있으며, 작은 사각형을 클릭한 후 Delete 키를 누르면 오디오 페이드를 삭제할 수 있습니다.

TIP 프리미어 프로 2024 이하 버전에서 오디오 페이드 적용 방법

프리미어 프로 2024 이하 버전에서는 아래 방법으로 오디오 페이드를 적용할 수 있습니다.
[효과] 패널에서 [오디오 전환](Audio Transitions) – 크로스페이드 폴더의 [지속 가감속](Constant Power) 효과를 선택한 후, [타임라인] 패널의 [브이로그 배경음악] 클립의 시작 부분과 끝 부분에 각각 드래그하여 적용합니다.

03 오디오 클립의 양쪽에 있는 작은 사각형을 각각 드래그하여 길이를 늘려 보세요. 영상을 재생해 보면, 길이를 늘린 만큼 앞부분에서는 배경 음악이 점점 더 조용하게 시작되고, 끝부분에서는 점점 더 자연스럽게 끝납니다.

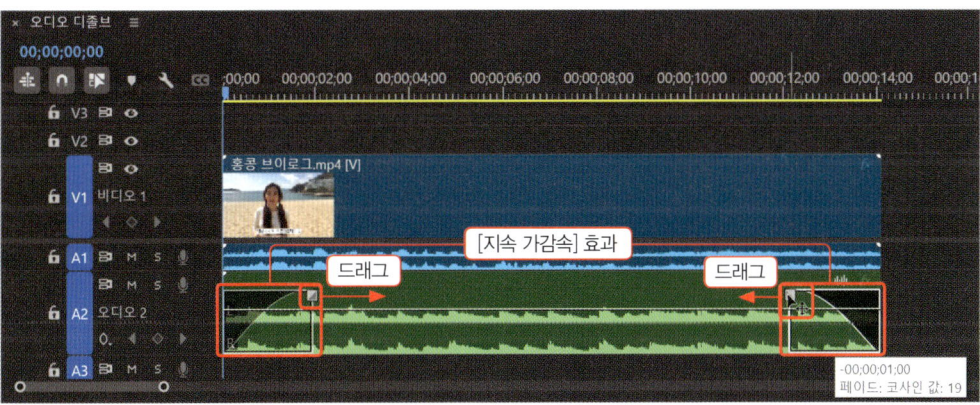

TIP 오디오 페이드를 정확한 시간으로 설정하려면 페이드 공간을 더블 클릭하세요. [전환 지속 시간 설정] 창이 열리면, 원하는 [지속 시간]을 입력한 뒤 [확인]을 누르면 됩니다.

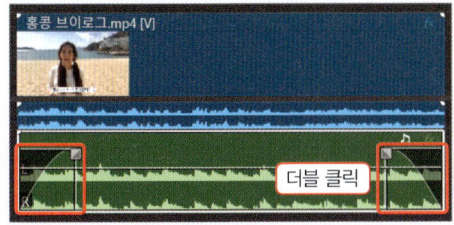

금손 변신 TIP 오디오 전환 효과 금손처럼 사용하기

▶ 페이드 효과의 그래프를 수정하고 싶다면?

오디오 페이드 효과는 그래프 모양에 따라 소리의 변화가 달라집니다. 오디오 클립의 사각형 핸들을 클릭한 뒤 Alt 키를 누르고 위아래로 드래그하면 그래프를 조정할 수 있습니다.

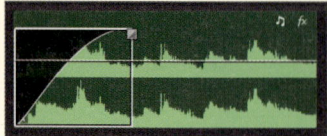

▲ 기본 직선 그래프 ▲ 위로 드래그 ▲ 아래로 드래그

- **기본 직선 그래프**: 소리가 일정한 속도로 부드럽게 커지거나 줄어듭니다.
- **위로 드래그**: 소리가 초반에 빠르게 커지고 점점 완만해집니다.
- **아래로 드래그**: 소리가 초반에 천천히 커지고 점점 강해집니다.

이 방법으로 오디오의 시작과 끝을 원하는 분위기에 맞게 조정해 보세요.

▶ 단축키로 작업하고 싶다면?

오디오 디졸브 효과를 적용하는 단축키는 Ctrl + Shift + D 입니다. 다만, 단축키를 사용할 때는 오디오 클립이 선택되지 않은 상태에서 재생헤드를 클립의 맨 앞이나 맨 뒤 또는 클립과 클립 사이에 배치해야 합니다. 재생헤드 위치에 따라 효과 적용 위치가 결정됩니다.

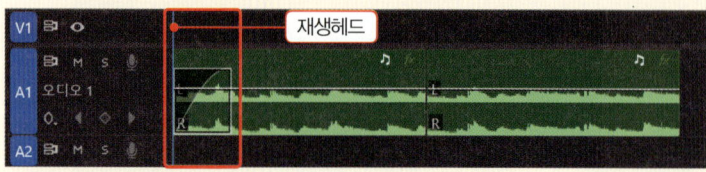

▲ 재생헤드가 클립의 맨 앞에 있을 때

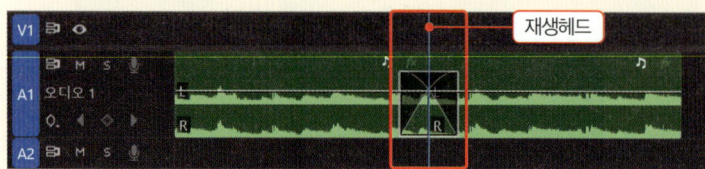

▲ 재생헤드가 클립과 클립 사이에 있을 때

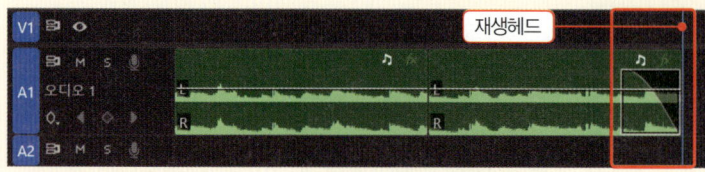

▲ 재생헤드가 클립의 맨 뒤에 있을 때

만약 아래와 같이 재생헤드가 애매한 위치에 있다면 아무리 단축키를 눌러도 효과가 적용되지 않습니다.

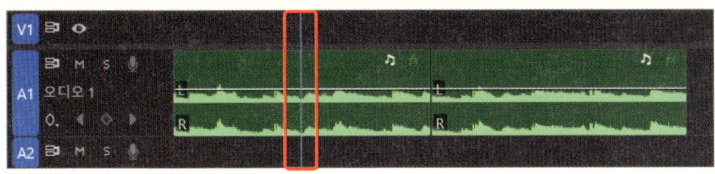

또한 오디오 클립을 선택한 채 단축키를 누르면 재생헤드의 위치와 관계없이 클립의 앞과 뒤에 효과가 적용됩니다. 단, 오디오 클립 뒤에 다른 오디오 클립이 있다면 앞에만 적용됩니다.

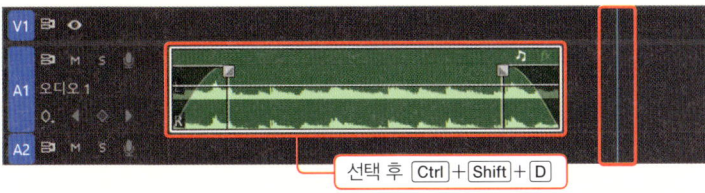

▶ **효과의 기본 지속 시간을 변경하고 싶다면?**

오디오 디졸브의 기본 지속 시간은 1초(00:00:01:00)입니다. 기본 지속 시간을 변경하고 싶다면 메뉴 바에서 **[편집]** – **[환경 설정]** – **[타임라인]**을 선택해서 '타임라인' 환경 설정 창을 열고 **[오디오 전환 기본 지속 시간]** 옵션을 변경합니다. 단위는 초 또는 프레임으로 변경할 수 있으며, 변경 내용을 저장하려면 **[확인]** 버튼을 클릭합니다.

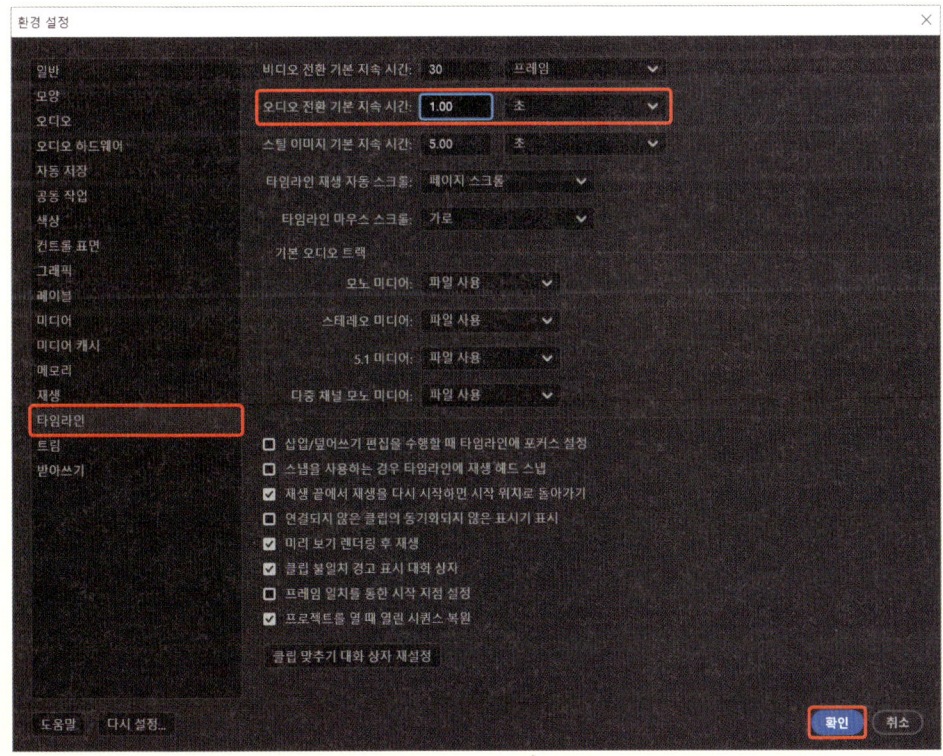

▲ '타임라인' 환경 설정 창의 다양한 옵션

키프레임으로 특정 구간만 볼륨 조정하기

LESSON 06

키프레임을 설정하면 원하는 부분만 배경 음악의 볼륨을 줄이거나 높일 수 있습니다. 내레이션과 배경 음악이 동시에 재생된다면 내레이션 중에는 배경 음악 볼륨이 작아지는 것이 좋겠죠?

- 예제 파일: Chapter 06/오디오 키프레임.prproj
- 완성 파일: Chapter 06/오디오 키프레임_완성본.prproj

실습 가능 버전
프리미어 프로 CC 모든 버전

01 **오디오 키프레임.prproj** 예제 파일을 엽니다. [타임라인] 패널을 보면 A1 트랙은 내레이션이고, A2 트랙은 배경 음악입니다. 키프레임으로 배경 음악의 볼륨을 조정하기 위해서 A2 트랙 헤더의 빈 공간(마이크 아이콘 옆)을 더블 클릭하여 트랙을 확장합니다.

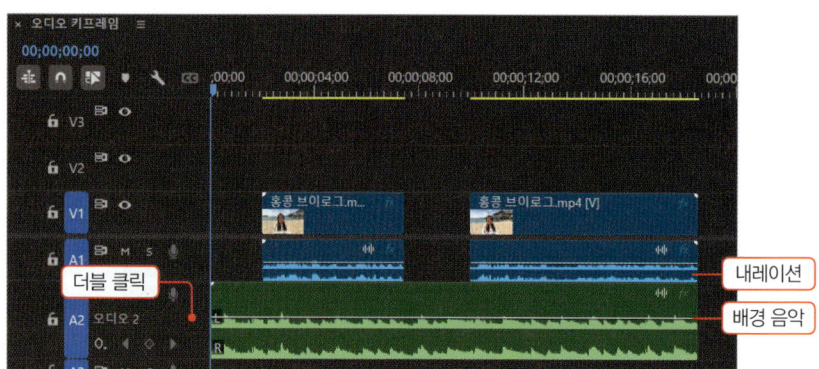

02 트랙을 확장하면 가운데 흰색 볼륨 레벨 선이 보이죠? 이 선을 위아래로 드래그하면 오디오의 볼륨 레벨을 조정할 수 있습니다. 만약 선이 보이지 않는다면 ❶ [fx] 아이콘에서 마우스 오른쪽 버튼을 클릭한 후 메뉴가 나타나면 ❷ [볼륨] - [레벨]을 선택합니다.

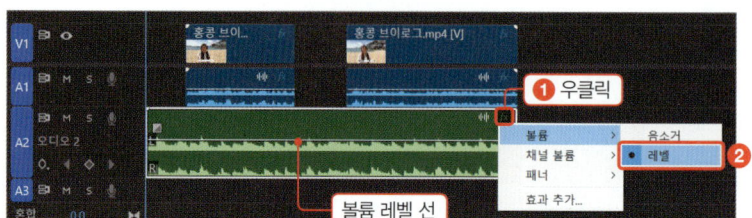

TIP 반드시 [fx] 아이콘에서 마우스 오른쪽 버튼을 클릭해야 메뉴가 나타납니다.

03 예제는 2초(00:00:02:00)부터 내레이션이 시작됩니다. 그러므로 배경 음악의 볼륨이 2초부터 줄어들면 좋겠죠? ❶ 재생헤드를 [00;00;02;00] 위치로 옮깁니다. ❷ A2 트랙에 있는 오디오 클립을 선택한 후 ❸ A2 트랙에서 [키프레임 추가-제거] ◆ 아이콘을 클릭합니다.

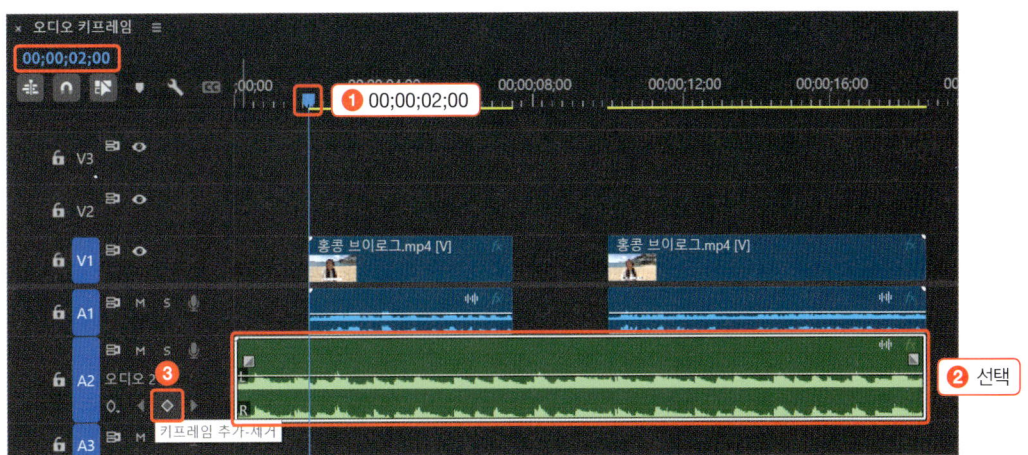

TIP 클립을 선택해야만 [키프레임 추가-제거] 아이콘이 활성화됩니다.

04 첫 번째 키프레임이 2초 위치에 생성되었습니다. 두 번째 키프레임을 추가하기 위해 ❶ 재생헤드를 [00;00;02;10] 위치로 옮기고, ❷ [키프레임 추가-제거] 아이콘을 클릭합니다.

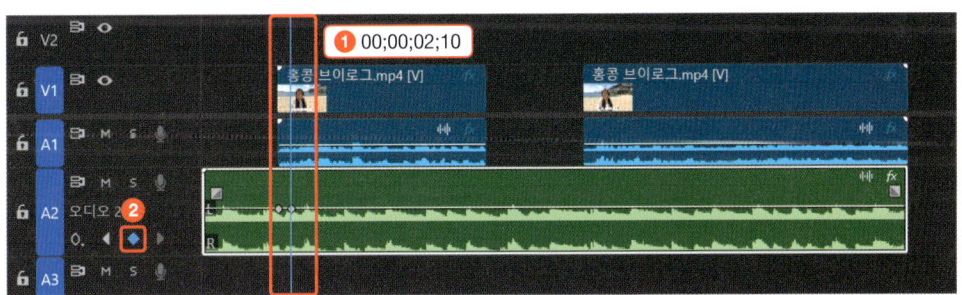

TIP 내레이션 시작 지점과 끝 지점에서 각각 배경 음악 볼륨이 바뀌도록 조정하려면 총 4개의 키프레임이 필요합니다. 키프레임 작업 중에 잘못 추가된 키프레임을 삭제하고 싶다면 해당 키프레임을 클릭해서 선택하고 [Delete]를 누릅니다.

05 계속해서 내레이션이 끝나는 지점에 키프레임을 추가합니다. 여기서는 단축키를 이용해 보겠습니다. ① 재생헤드를 [00;00;07;05] 위치로 옮긴 후 ② Ctrl 을 누른 채 오디오 볼륨 레벨로 마우스 커서를 옮깁니다. 커서에 [+] 모양이 나타나면 그대로 클릭하여 키프레임을 추가합니다.

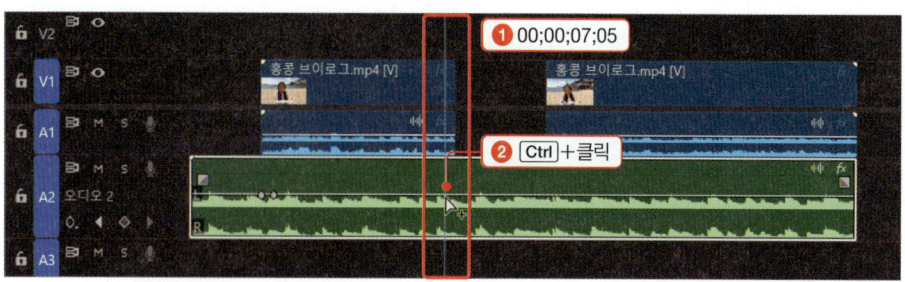

06 마지막으로 ① 재생헤드를 [00;00;07;15] 위치로 옮기고, ② Ctrl 을 누른 채 오디오 볼륨 레벨을 클릭하여 키프레임을 추가합니다. 이걸로 총 4개의 키프레임이 생성되었습니다.

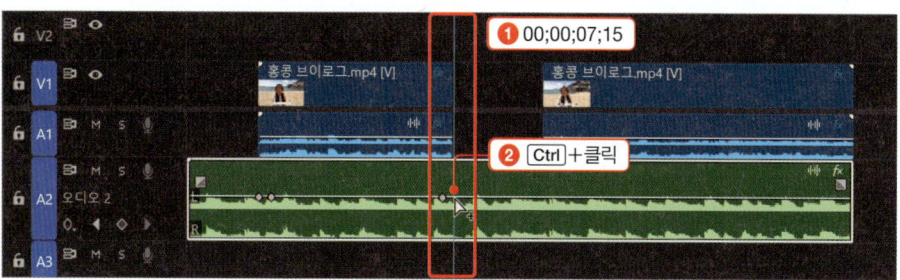

> **TIP** 키프레임을 추가한 후에 위치를 변경할 때는 해당 키프레임을 클릭해서 선택한 후 좌우로 드래그하면 됩니다.

07 오디오 볼륨 레벨이 일직선이라는 것은 아직 볼륨을 조정하지 않은 상태입니다. 내레이션 중에 배경 음악의 소리를 줄일 것이므로 다음과 같이 두 번째와 세 번째 키프레임 사이에 있는 선을 아래로 드래그하여 볼륨을 낮춥니다. 적당한 값으로 낮춘 후 영상을 재생하여 오디오를 확인해 봅니다. 배경 음악이 재생되다가 내레이션이 시작할 때 점점 작아지고, 다시 끝날 때 점점 원래 볼륨으로 되돌아옵니다. `Link` 음성에 맞춰 자동으로 조절되는 배경음악 편집 방법은, 442쪽 [밤샘 금지]에서 자세히 설명합니다.

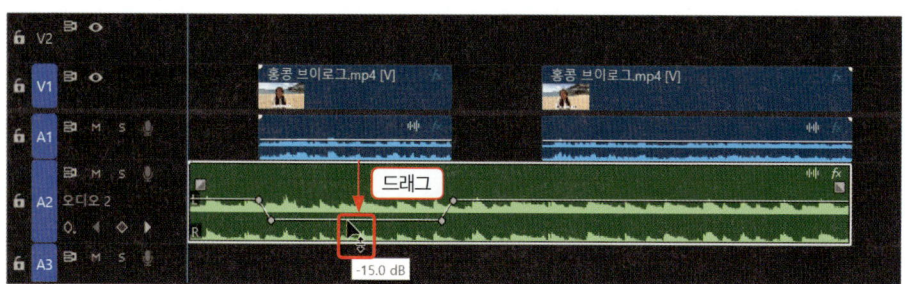

TIP [효과 컨트롤] 패널([Shift]+[5])의 [볼륨] – [레벨] 옵션에서도 위와 같은 방법으로 키프레임을 추가하여 조정할 수 있습니다. 수치를 직접 입력할 수도 있어서 [타임라인] 패널보다 정밀하게 편집할 수 있으며, 최댓값은 +15dB입니다.

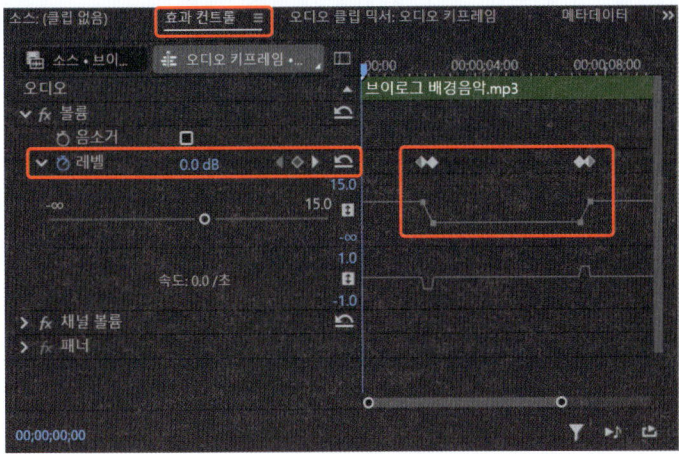

TIP 실시간으로 반응하는 동적 오디오 파형 (Dynamic Audio Waveforms)

프리미어 프로 2025(버전 25.2)부터는 오디오 클립의 볼륨을 조절하면, 해당 구간의 오디오 파형 크기도 실시간으로 함께 변경됩니다. 이전에는 오디오 볼륨을 조절해도 파형에는 변화가 없어 시각적으로 편집 상태를 확인하기 어려웠지만, 이제는 파형만 보고도 볼륨 조절 상태를 한눈에 파악할 수 있습니다.

아래 이미지는 '동적 오디오 파형' 기능을 켠 상태(위)와 끈 상태(아래)를 비교한 화면입니다. 파형의 크기 변화 유무로 기능이 작동 중인지 쉽게 확인할 수 있습니다.

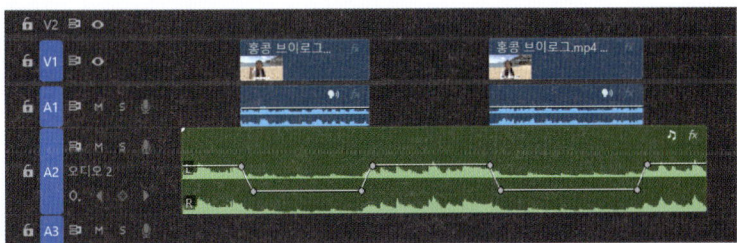

▲ 동적 오디오 파형 켠 상태

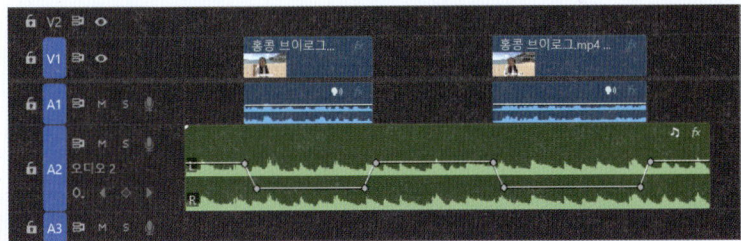

▲ 동적 오디오 파형 끈 상태

이 기능은 기본적으로 활성화되어 있으며, [보기] 메뉴의 [동적 오디오 파형(Dynamic Audio Waveforms)] 옵션에서 설정을 켜거나 끌 수 있습니다.

오디오 싱크 쉽게 맞추기

별도의 마이크를 사용해 오디오 품질을 높이고 싶을 때가 있죠? 마이크를 카메라에 직접 연결하면 싱크 문제는 없지만, 별도 마이크나 녹음기를 사용했다면 편집 중에 싱크를 맞춰야 합니다. 또한 여러 대의 카메라로 촬영한 경우, 녹화 시작 시간이 다르다면 싱크 조정이 필요합니다. 이제 이러한 싱크 문제를 간단하게 해결하는 방법을 알아보겠습니다.

▶ **유튜브 동영상 강의**

오디오 싱크 맞추는 4가지 방법
https://youtu.be/AP39dR1wuzk

- **예제 파일:** Chapter 06/오디오 동기화.prproj
- **완성 파일:** Chapter 06/오디오 동기화_완성본.prproj

실습 가능 버전
프리미어 프로 CC 모든 버전

Pr 클립 동기화 기능으로 싱크 맞추기

01 **오디오 동기화.prproj** 예제 파일을 엽니다. [타임라인] 패널을 보면 A1 트랙에는 영상에 포함된 오디오 클립이, A2 트랙에는 별도의 마이크로 녹음한 오디오 클립이 배치되어 있습니다. 영상을 재생해 보면 A1 트랙과 A2 트랙 오디오의 싱크가 맞지 않는 것을 확인할 수 있습니다.

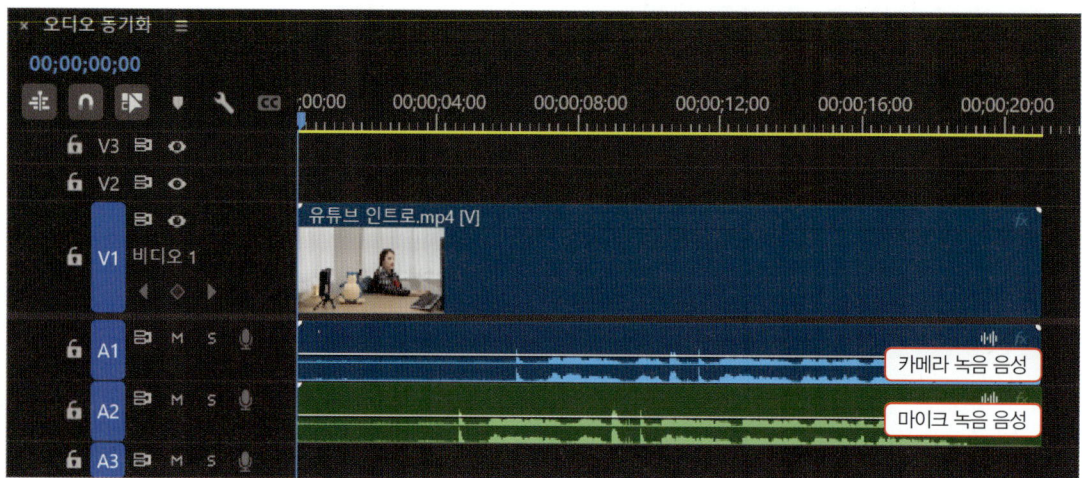

02 A1 트랙과 A2 트랙의 오디오 싱크를 맞추기 위해 ❶ [타임라인] 패널에서 모든 클립을 선택한 후 마우스 오른쪽 버튼을 클릭하고 ❷ [동기화](Synchronize)를 선택합니다.

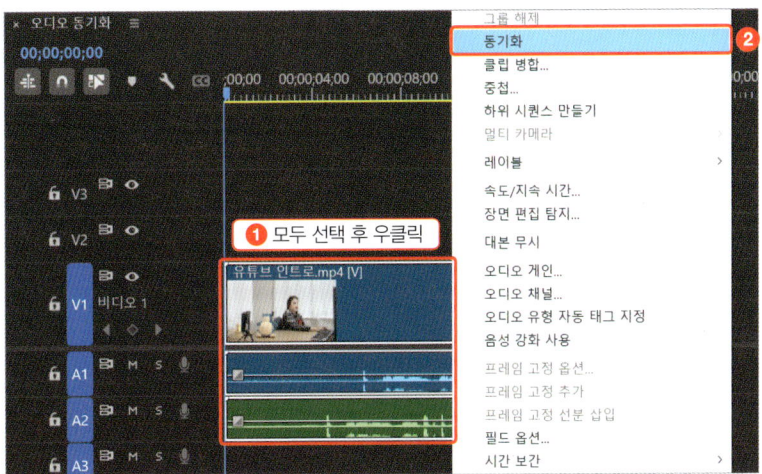

03 클립 동기화 창이 열립니다. 여기서는 영상에 포함된 오디오와 별도로 녹음한 마이크 음성의 싱크를 맞출 것이므로 ❶ [오디오 트랙 채널]을 선택하고 ❷ [확인] 버튼을 클릭합니다.

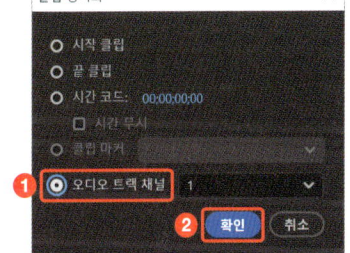

> **TIP** 클립 동기화 창에서는 오디오뿐만 아니라 클립의 시작과 끝, 시간 코드, 또는 클립의 마커를 이용하여 클립을 정렬할 수 있습니다.

04 오디오 처리 창이 열리면서 오디오를 분석하고, 분석이 끝나면 동기화가 완료합니다. 영상을 재생해 보면 처음과 달리 오디오 싱크가 딱 맞춰진 것을 확인할 수 있습니다.

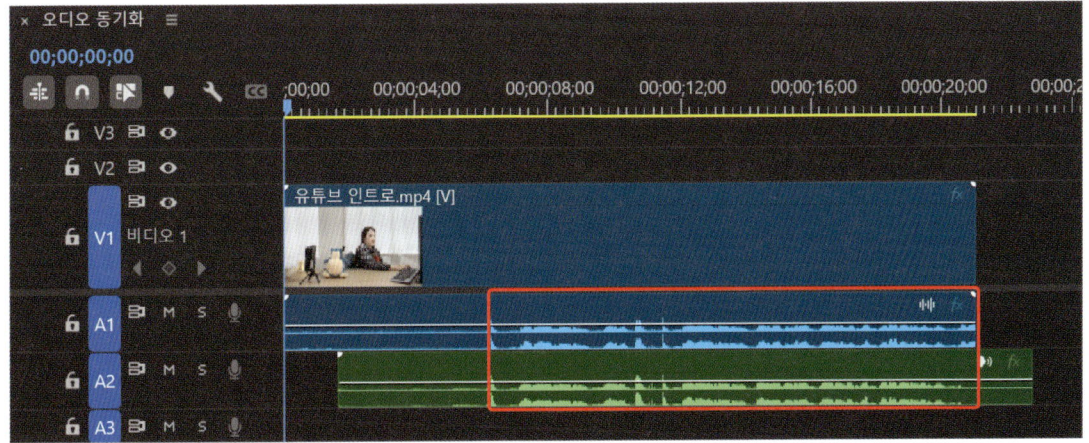

LESSON 07 오디오 싱크 쉽게 맞추기 **429**

TIP 싱크를 수동으로 조정하고 싶다면 조정할 클립을 선택하고 Alt + → 또는 Alt + ← 를 눌러 보세요. 방향키에 따라 클립이 좌우로 1프레임씩 이동됩니다. 여기에 Shift 를 추가로 누르면 5프레임씩 이동됩니다.

05 카메라로 녹음된 음성(A1)보다 마이크를 연결하여 녹음된 음성(A2)이 훨씬 깔끔하겠죠? 마이크로 녹음한 음성만 사용하기 위해 A2 트랙에서 **[솔로 트랙]** S 아이콘을 클릭하여 활성화합니다. **[솔로 트랙]** 아이콘은 다중 선택할 수 있으며, 활성화된 트랙만 들립니다.

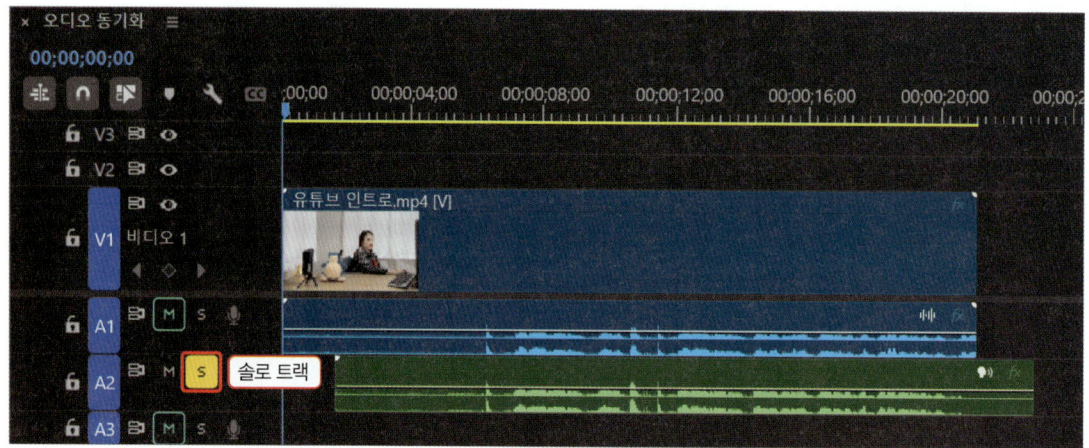

TIP M이 표시된 **[트랙 음소거]** M 아이콘을 클릭하면 해당 트랙은 들리지 않게 됩니다. 역시 다중 선택할 수 있습니다.

06 오디오 싱크를 맞췄다면 클립을 편집합니다. 예제에서는 박수 소리 다음부터 영상을 사용할 것이어서 재생헤드를 박수 소리 이후인 ❶ [00;00;06;23]으로 옮겼습니다. 자를 위치로 재생헤드를 옮겼으면 ❷ Ctrl + Shift + K 를 눌러 모든 트랙의 클립을 자릅니다.

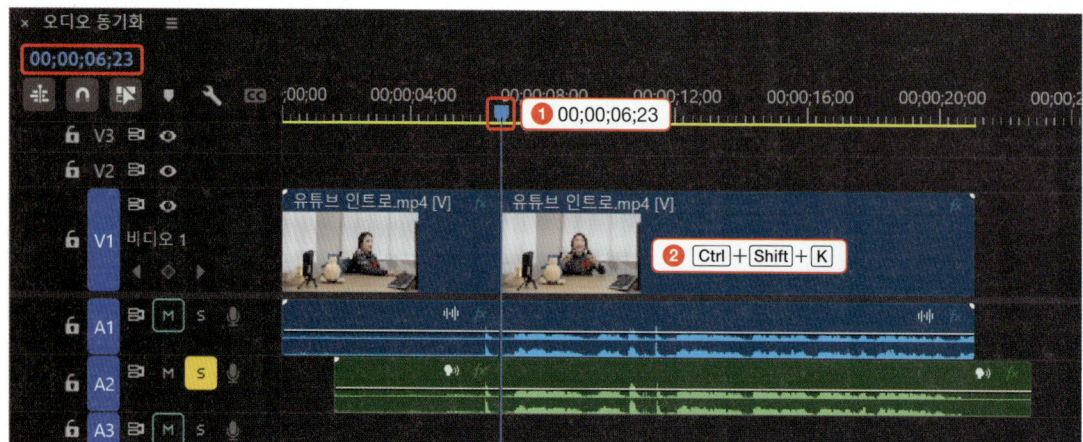

TIP 단축키 Ctrl+Shift+K를 누르면 트랙 선택 여부에 관계없이 재생헤드가 위치한 곳에 있는 모든 클립이 잘립니다.

07 재생헤드 앞부분의 잘린 클립을 모두 선택한 후 Shift+Delete를 눌러 공백 없이 클립을 삭제합니다.

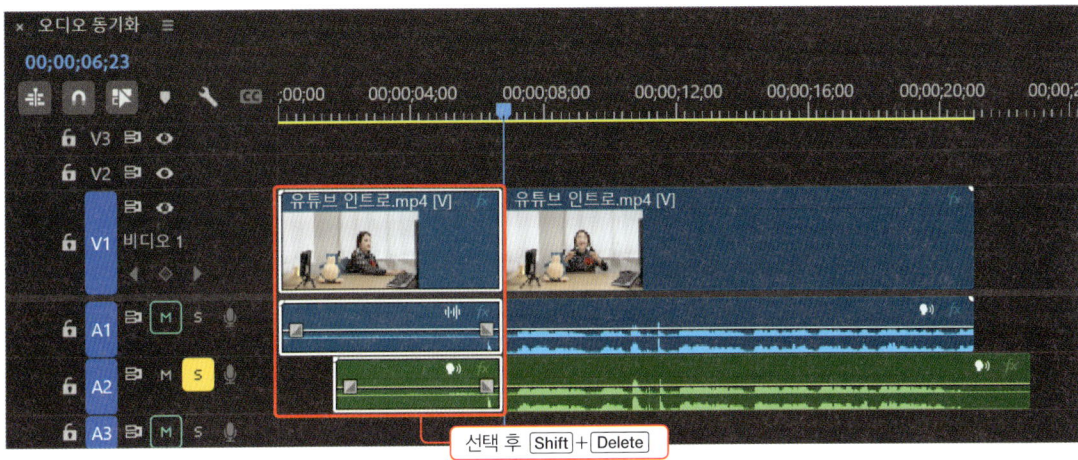

TIP 클립을 삭제할 때 Delete만 누르면 클립만 삭제되고 공백이 남습니다.

08 같은 방법으로 뒤쪽 필요 없는 컷을 잘라서 삭제합니다.

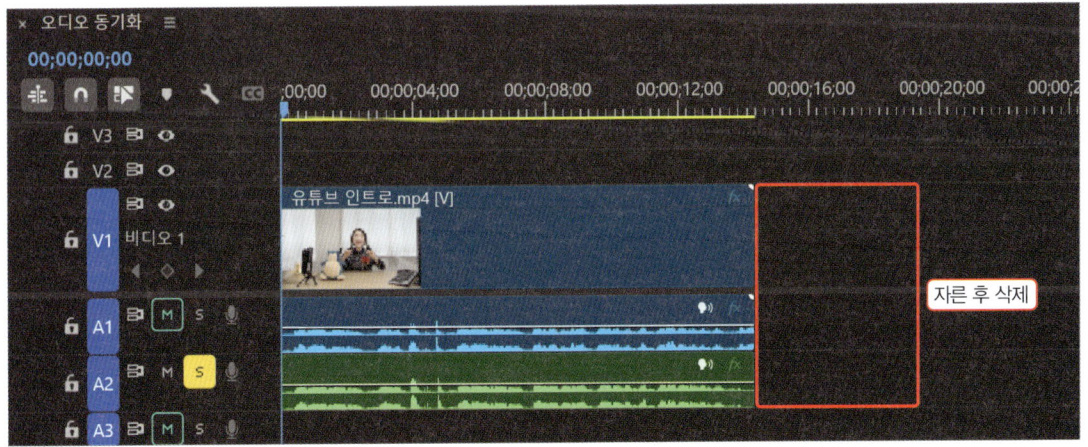

TIP 박수 소리는 크게 녹음되어서 클리핑 현상이 나타날 수 있습니다. 박수 소리나 물건이 떨어지는 소리 등 크게 녹음된 소리는 컷 편집으로 잘라 주는 것이 좋습니다.

09 카메라 녹음 음성(A1)은 싱크를 맞추기 위해 참고용으로 사용될 뿐이며 실제로는 필요 없는 오디오입니다. 사용하지 않는 오디오 클립만 지우기 위해 Alt를 누른 채 A1 오디오 클립을 클릭해서 선택합니다.

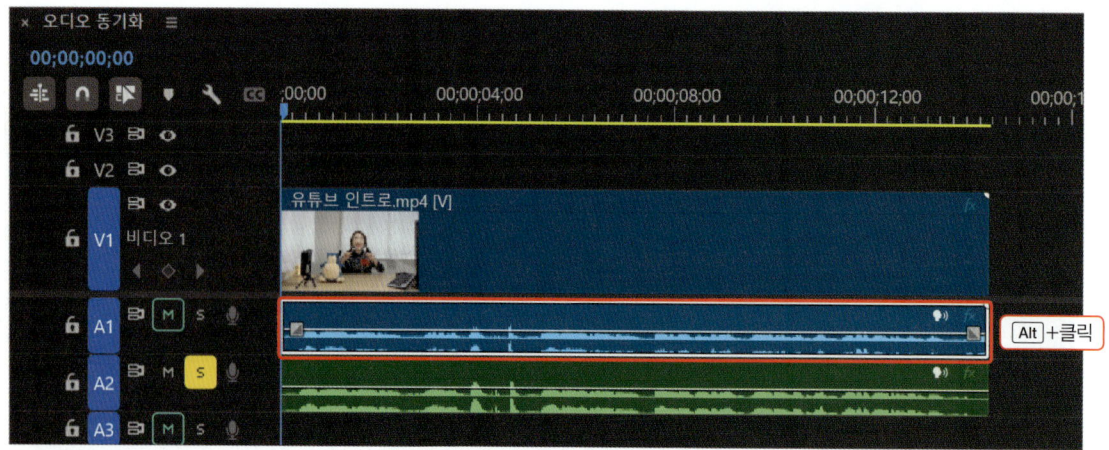

> **TIP** Alt를 누른 채 오디오 클립을 선택하면 오디오 클립만 선택됩니다.

10 오디오 클립만 선택되었으면 Delete를 눌러 삭제합니다. 비디오 클립은 남고 오디오 클립만 지워집니다. 이제 카메라로 촬영한 영상 클립과 마이크로 녹음한 오디오 클립만 남게 됩니다.

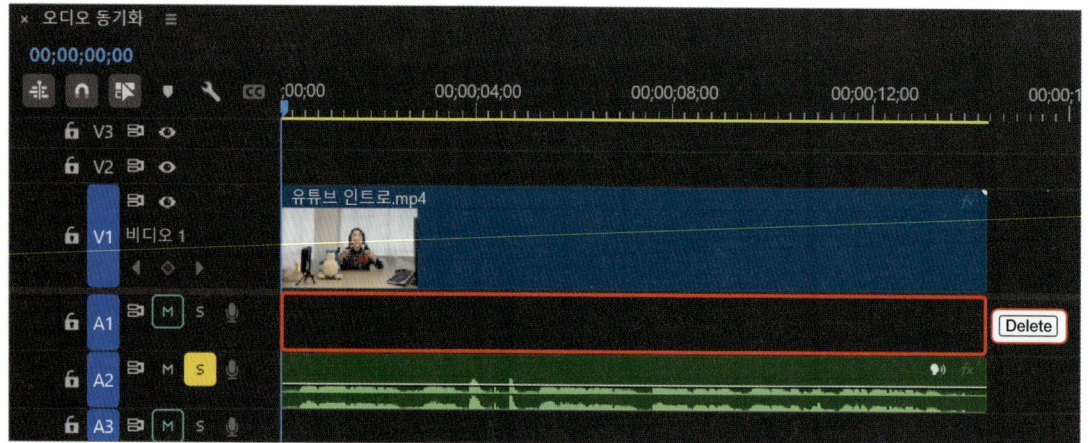

> **TIP** A2 트랙에 [솔로 트랙] 아이콘이 활성화되어 있으므로, A1 트랙을 반드시 지울 필요는 없습니다. [솔로 트랙]이 선택되어 있으면 영상을 출력할 때도 해당 트랙만 출력됩니다.

TIP 비디오와 오디오 클립 연결하기

비디오와 오디오 클립을 모두 선택한 뒤 마우스 오른쪽 버튼을 클릭하고 [연결]을 누르면 두 클립이 연결되어 함께 이동하거나 편집할 수 있습니다. 이렇게 하면 두 클립이 항상 함께 움직여 작업 중 실수로 따로 움직이는 것을 방지할 수 있습니다. 반대로, [연결 해제]를 선택하면 다시 각각 따로 조작할 수 있습니다.

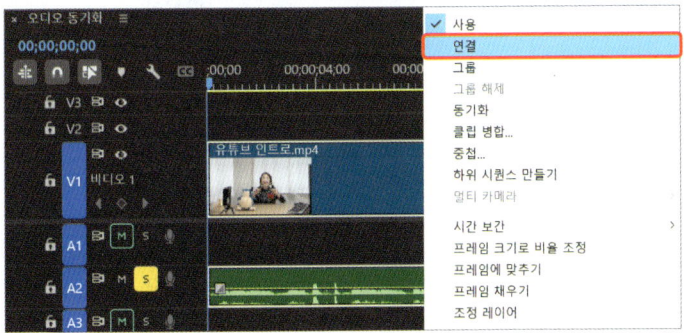

금손 변신 TIP 오디오 편집 기능 금손처럼 사용하기

▶ 오디오 시간 단위 표시

오디오를 정밀하게 편집하고 싶다면 [오디오 시간 단위 표시](Show Audio Time Units)를 사용해 보세요. 타임 코드의 표시 방법이 기존의 프레임 단위보다 훨씬 짧은 오디오 샘플 단위로 나누어져 보다 정확하게 오디오를 편집할 수 있습니다. [타임라인] 패널에서 시퀀스 이름 오른쪽에 있는 [메뉴] 아이콘을 클릭한 후 [오디오 시간 단위 표시]를 선택하면 됩니다. 다음과 같이 타임 코드가 오디오 시간 단위로 전환됩니다.

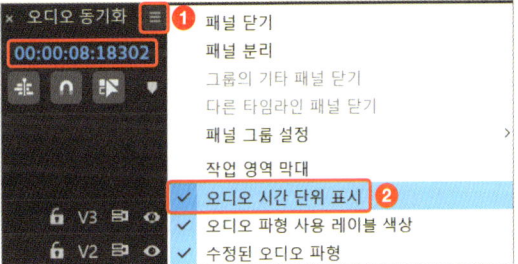

▶ 촬영할 때 박수를 치는 이유는?

예능 프로그램 등에서 방송 중에 출연자들이 박수를 치는 장면이 종종 나옵니다. 이렇게 촬영 중에 박수를 치는 이유는 오디오 싱크를 맞추기 위해서입니다. 박수 소리는 음성보다 크게 녹음되어서 이후 편집 중에 싱크를 맞추는 기준으로 사용됩니다. 앞서의 실습처럼 자동으로 싱크를 맞출 때도 박수 소리가 동일하게 녹음되어서 보다 정확하게 맞춰집니다. 또한, 수동으로 싱크를 맞출 때도 박수 소리의 파형을 보고 편집할 수 있습니다.

▲ 촬영 시작 전 박수 치는 모습

박수는 싱크를 쉽게 맞추는 용도 이외에도 NG 컷을 표시하기 위해 치기도 합니다. 오디오 파형을 보면 큰 소리가 두 번 표시되어 있죠? 박수와 박수 소리 사이는 NG 부분입니다. 이처럼 오디오 파형만 보고도 NG 컷을 파악할 수 있어서 빠른 편집이 가능합니다.

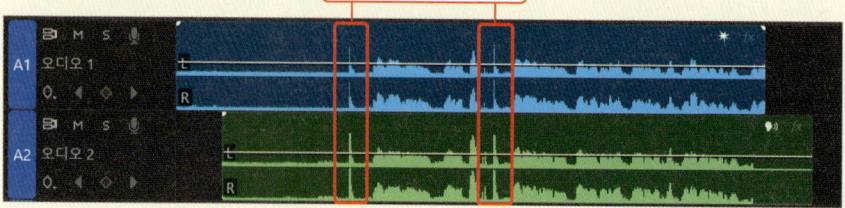

▲ 박수 소리로 구분한 NG 컷

박수 소리는 편집할 때 참고용으로만 사용합니다. 박수 소리나 물건이 떨어지는 소리 등 크게 녹음된 소리는 클리핑 현상이 나타나므로 컷 편집으로 잘라 내는 것이 좋습니다. 만약 박수 소리를 그대로 사용하고 싶다면 오디오 게인 등으로 볼륨을 낮춰야 합니다. Link 컷 편집 기능은 108쪽, 오디오 게인 기능은 406쪽에서 자세히 설명합니다.

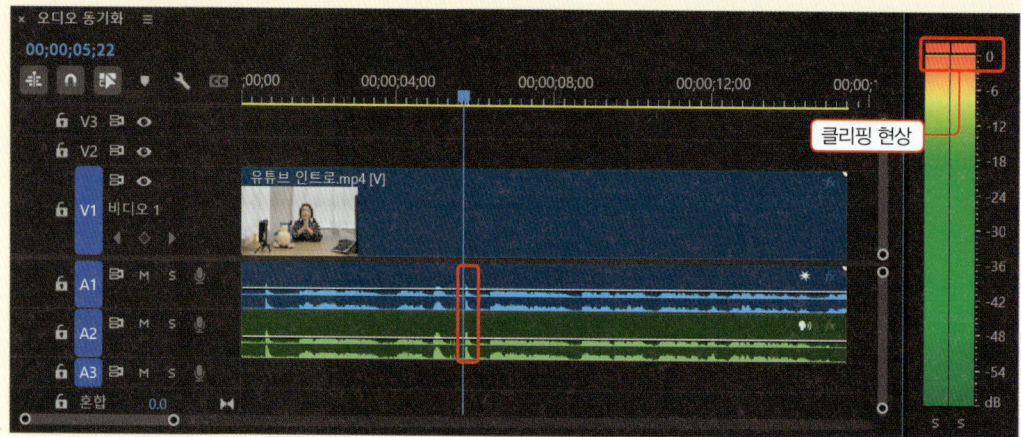

▲ 클리핑 현상이 나타난 박수 소리

▶ **비디오와 오디오 싱크가 뒤로 갈수록 맞지 않는다면?**

VFR(가변 프레임 레이트)은 비디오 재생 중 프레임 속도가 동적으로 변경되는 비디오 포맷 용어이며, 모바일 기기는 대부분 VFR 포맷입니다. 프리미어 프로 CC 2018(버전 12.0.1)부터는 VFR(가변 프레임 레이트)을 지원하여 비디오와 오디오 싱크가 흐트러지지 않지만, 낮은 버전에서는 뒤로 갈수록 비디오와 오디오 싱크가 맞지 않을 수 있습니다. 그럴 때는 인터넷에서 '동영상 인코딩 프로그램'을 찾아 설치한 후 인코딩 설정에서 CFR(고정 프레임 레이트)을 선택합니다. CFR로 인코딩한 영상을 프리미어 프로로 불러와서 편집하면 싱크 밀림이 해결됩니다.

> **TIP** 프리미어 프로에는 음악에 맞춰 자동으로 이미지나 영상을 편집해 주는 기능이 있습니다. 무슨 말인지 잘 모르겠다고요? 지금 바로 유튜브 동영상 강의(https://youtu.be/6FoOuHvePg4)를 확인해 보세요. 감탄사를 연발할지도 모릅니다.

LESSON 08
비디오와 오디오 클립의 싱크가 틀어졌을 때

하나의 영상에 포함된 비디오와 오디오 클립을 각각 선택하고 움직이면 비디오와 오디오의 싱크가 틀어지게 됩니다. 의도한 상황이 아니라면 다시 처음 상태로 싱크를 맞춰야겠죠? 의도치 않게 틀어진 비디오와 오디오의 싱크를 맞춰 보겠습니다.

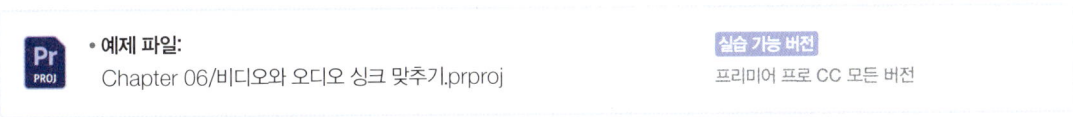

01 **비디오와 오디오 싱크 맞추기.prproj** 예제 파일을 엽니다. [타임라인] 패널에서 비디오 클립과 오디오 클립의 왼쪽 위를 보면 각각 [– 2:15]와 [＋2:15]라고 빨간색으로 표시되어 있습니다. 이는 두 클립이 2초 15프레임만큼 싱크가 틀어졌다는 의미입니다.

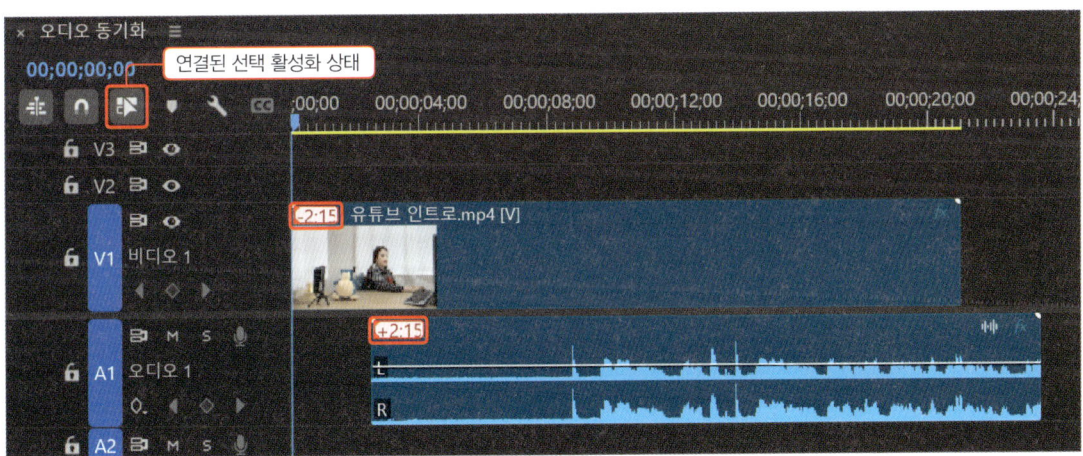

TIP [타임라인] 패널에서 [연결된 선택] 아이콘이 비활성화 상태이거나, [연결된 선택] 아이콘이 활성화 상태라도 Alt 를 누른 채 클립을 선택하면 비디오 또는 오디오 클립만 따로 선택할 수 있습니다.

02 비디오 클립을 기준으로 오디오 클립을 맞추기 위해 ❶ 오디오 클립에 표시된 [+2:15]에서 마우스 오른쪽 버튼을 클릭하고 ❷ [이동하여 동기화]를 선택합니다.

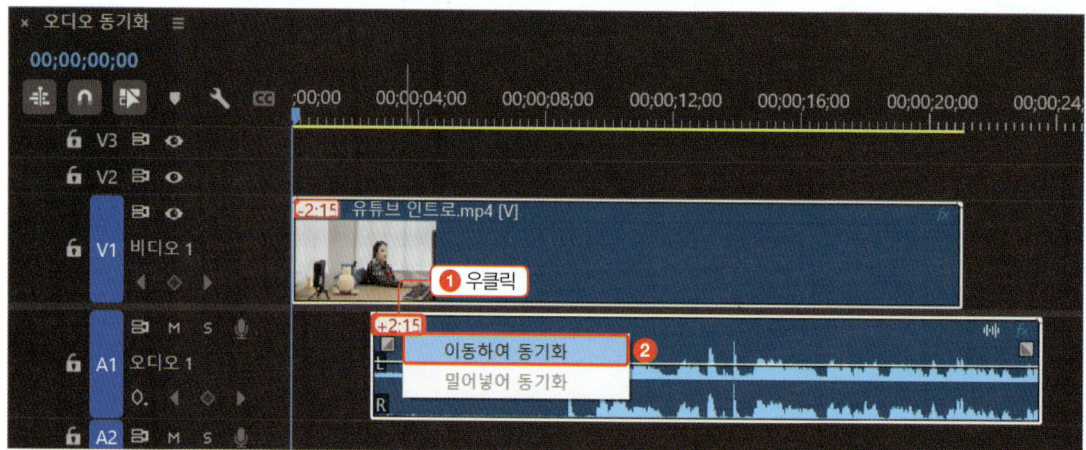

03 비디오 클립을 기준으로 오디오 클립이 앞으로 이동하여 싱크가 맞춰집니다.

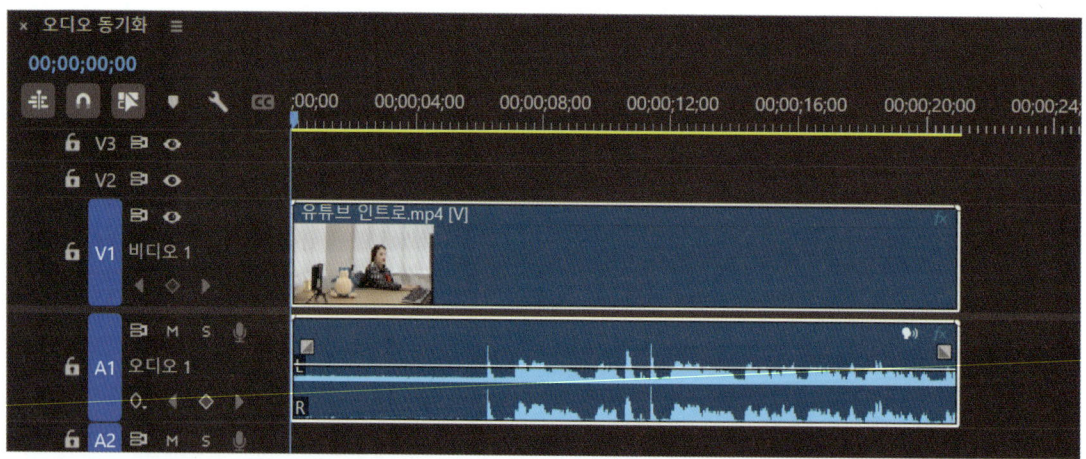

TIP 오디오 클립을 기준으로 비디오 클립을 옮기려면 비디오 클립의 숫자에서 마우스 오른쪽 버튼을 클릭한 후 [이동하여 동기화]를 선택합니다. 그러면 비디오 클립이 오른쪽으로 이동하면서 싱크가 맞춰집니다.

TIP 만약 아래처럼 싱크를 맞출 클립 양쪽으로 다른 클립이 배치되어 있다면 빨간 숫자에서 마우스 오른쪽 버튼을 클릭한 후 [밀어넣어 동기화]를 선택해야 합니다.

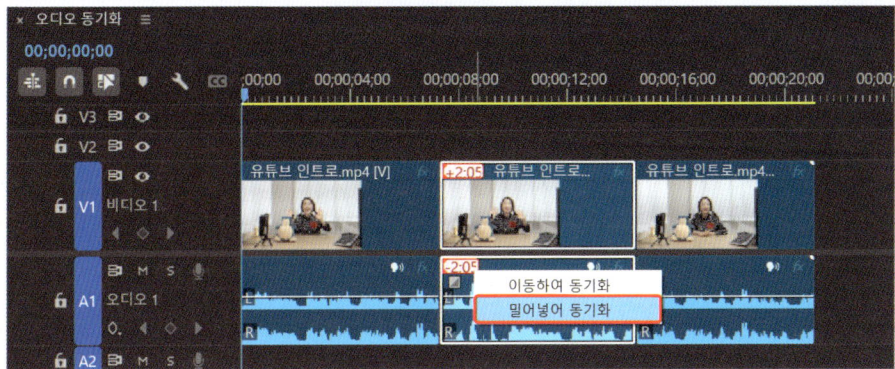

[밀어넣어 동기화]를 선택하면 양쪽 클립은 그대로 있고, 해당 클립 내에서 싱크가 틀어진 시간만큼 클립을 밀어넣어 싱크를 맞춥니다. 단, 해당 클립도 시간적 위치는 이동하지 않습니다. 만약 [이동하여 동기화]를 선택한다면 클립 자체가 이동되어 앞이나 뒤에 있는 클립을 덮어씌우게 됩니다. 그러므로 양쪽에 클립이 있을 때는 [밀어넣어 동기화]를 선택해 주세요.

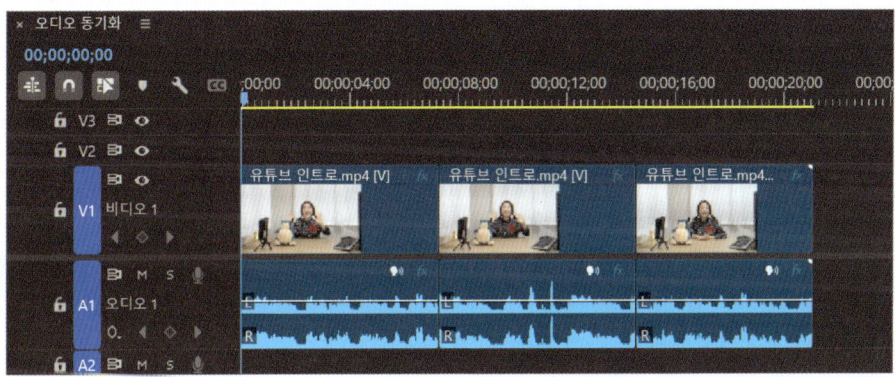

▲ 밀어넣기 동기화

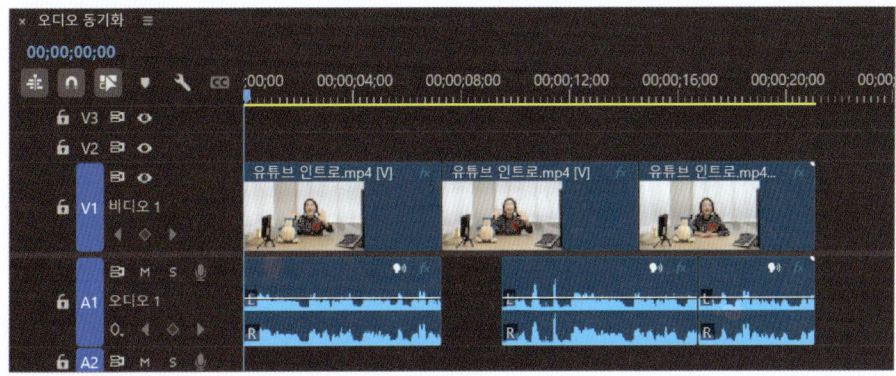

▲ 이동하여 동기화

라디오에서 나오는 목소리 표현하기

라디오 느낌의 영상을 만든다고 생각해 보세요. 녹음한 음성을 그대로 사용하면 라디오 느낌을 표현하는 데 한계가 있겠죠? 이럴 때 [기본 사운드] 패널에서 '대화' 유형에 있는 상황 프리셋(사전 설정)을 활용합니다. TV에서, 건물 바깥에서 등 상황에 맞춰 음성을 편집할 수 있습니다.

- **예제 파일:** Chapter 06/라디오 목소리.prproj
- **완성 파일:** Chapter 06/라디오 목소리_완성본.prproj

실습 가능 버전
프리미어 프로 CC 2019 이상

01 라디오 목소리.prproj 예제 파일을 엽니다. ❶ 오디오 편집 시 효과적인 [오디오] 레이아웃으로 변경하면 ❷ 화면 오른쪽에 [기본 사운드] 패널이 나타납니다. ❸ [타임라인] 패널에서 [라디오 목소리 소스] 클립을 선택하고 ❹ [기본 사운드] 패널에서 [대화] 유형 버튼을 클릭합니다.

> **TIP** 메뉴 바에서 [창] – [작업 영역] – [오디오]를 선택하거나, 단축키 Alt + Shift + 2 를 누르면 작업 영역을 [오디오] 레이아웃으로 변경할 수 있으며, [기본 사운드] 패널의 유형 버튼은 오디오 클립을 선택 중일 때만 활성화됩니다.

02 '대화' 유형의 세부 옵션이 나타나면 [사전 설정] 옵션의 [(기본 값)]을 클릭한 후 [라디오에서]를 선택합니다.

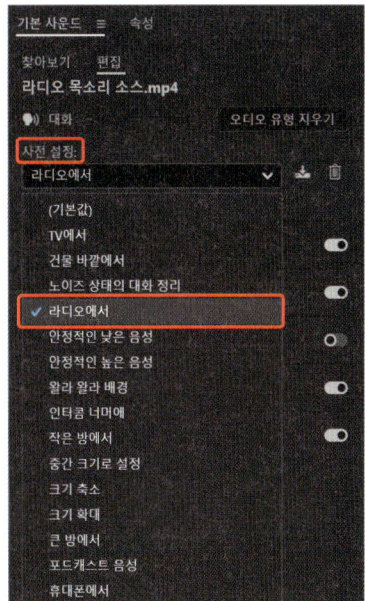

TIP [사전 설정] 옵션에는 [라디오에서] 이외에 다양한 상황별 사전 설정이 등록되어 있습니다. 그러므로 직접 하나씩 선택해서 결과를 확인해 보세요. 이후 필요한 상황에 맞춰 빠르게 선택하여 목소리를 편집할 수 있습니다.

03 [타임라인] 패널에서 [Space bar]를 눌러 변경된 오디오를 확인합니다. 마치 라디오에서 흘러나오는 듯한 목소리를 확인할 수 있을 것입니다.

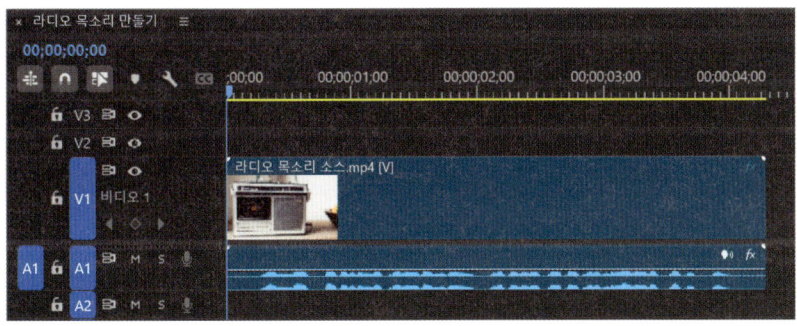

TIP [기본 사운드] 패널의 '대화' 유형에서 '선명도' 영역을 클릭해서 펼치면 관련하여 세부 옵션들이 나타납니다. 그중에서 [EQ] 옵션에 체크하고 수치를 조절하면 목소리의 강도를 조절할 수 있습니다.

LESSON 09 라디오에서 나오는 목소리 표현하기

LESSON 10
효과 적용하여 음성 변조 만들기

뉴스나 다큐멘터리를 보면 제보한 사람의 신원 보호를 위해 음성을 변조하죠? 프리미어 프로에서 [피치 변환] 효과를 이용하면 간단하게 음성을 변조할 수 있습니다. 사용하기에 따라 재미있는 영상을 완성할 수 있는 [피치 변환] 효과의 사용 방법을 알아보겠습니다.

- **예제 파일:** Chapter 06/음성변조.prproj
- **완성 파일:** Chapter 06/음성변조_완성본.prproj

실습 가능 버전
프리미어 프로 CC 모든 버전

01 음성변조.prproj 예제 파일을 엽니다. 음성 변조를 위해 [효과] 패널(Shift + 7)의 검색란에서 **피치 변환**(Pitch Shifter)으로 검색하여 [피치 변환] 효과를 찾고, ❷ [피치 변환] 효과를 [타임라인] 패널의 [음성 변조 소스] 오디오 클립으로 드래그하여 적용합니다.

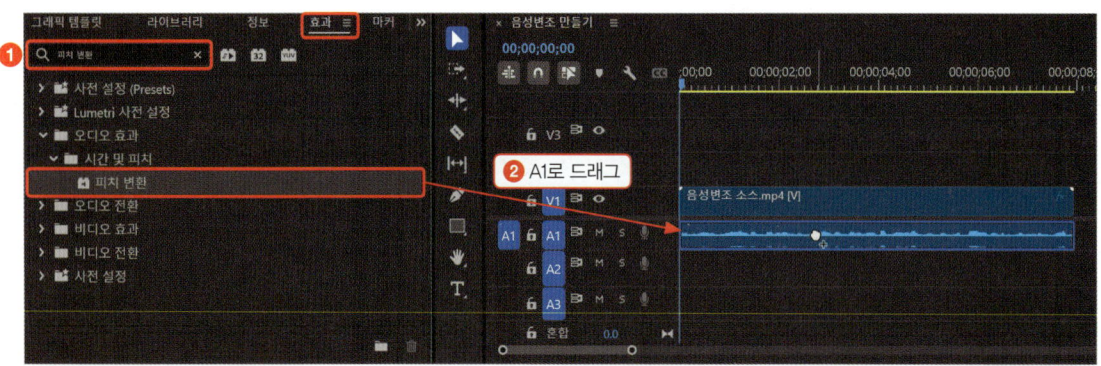

TIP 오디오 효과는 오디오 클립에 적용해야 합니다.

02 적용한 효과의 세부 설정을 변경하기 위해 [음성변조 소스] 클립이 선택된 상태에서 ❶ [효과 컨트롤] 패널([Shift]+[5])의 ❷ '오디오' 영역에서 [피치 변환] 옵션에 있는 [편집] 버튼을 클릭합니다.

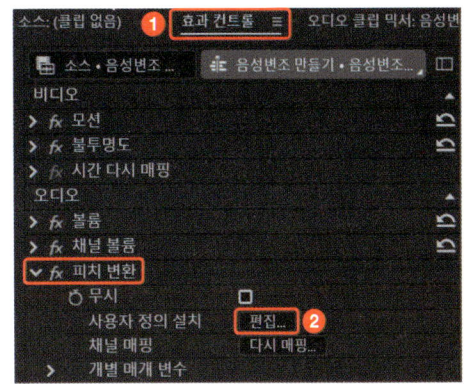

03 클립 Fx 편집기 창이 열리면 ❶ [사전 설정] 옵션을 [성난 저빌]로 변경하고 ❷ [반음] 옵션을 보면 기본값 [0]에서 [12]로 변경된 것을 확인할 수 있습니다. [반음] 옵션이 클수록 목소리가 얇고 음이 높아집니다. [Space bar]를 눌러 결과를 확인해 봅니다.

> **TIP** 창을 닫지 않아도 [Space bar]를 누르면 오디오를 실시간으로 확인할 수 있습니다.

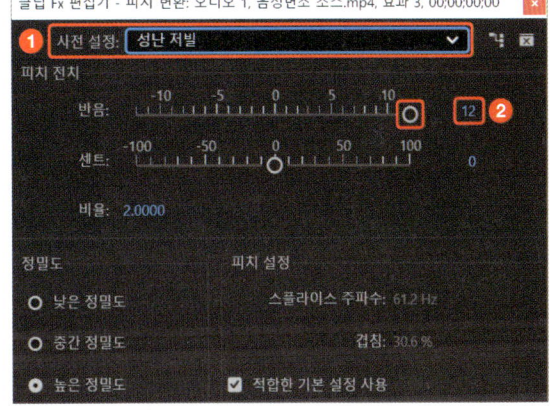

04 얇고 높은 목소리로 변조되었죠? 이번에는 클립 Fx 편집기 창에서 ❶ [사전 설정] 옵션을 [어둠의 신]으로 변경합니다. ❷ [반음] 옵션이 [-12]로 내려갑니다. [반음] 옵션이 낮을수록 목소리가 두껍고 음이 낮아집니다. 계속해서 다른 사전 설정을 선택하거나 [반음] 옵션을 직접 조정하여 변화를 확인해 보세요.

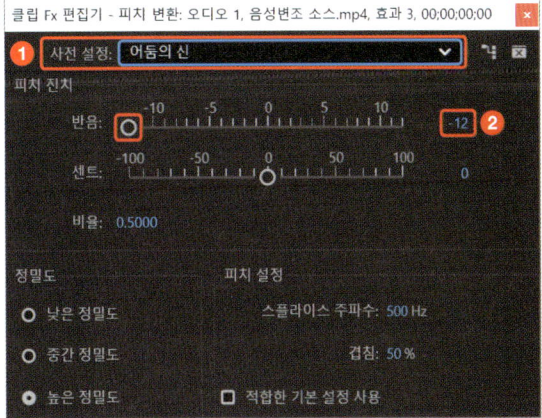

자동으로 볼륨이 조절되는 배경 음악

이전에 키프레임으로 배경 음악 볼륨을 하나하나 조정하는 방법을 배웠었죠? 이번에는 프리미어 프로의 자동 더킹(Ducking) 기능을 사용해, 배경 음악 볼륨을 음성에 맞춰 자동으로 조정하는 방법을 알아보겠습니다. 복잡한 작업 없이 간단하게 배경 음악을 편집해 보세요.

▶ **유튜브 동영상 강의**

말할 때 자동으로 줄어드는 배경 음악 편집
https://youtu.be/shtoQhJZOhc

- **예제 파일:** Chapter 06/오디오 자동더킹.prproj
- **완성 파일:** Chapter 06/오디오 자동더킹_완성본.prproj

실습 가능 버전
프리미어 프로 CC 2019 이상

01 오디오 자동더킹.prproj 예제 파일을 엽니다. ① 작업 영역을 [오디오] 레이아웃으로 변경하면 ② 화면 오른쪽에 [기본 사운드] 패널이 표시됩니다. 오디오를 유형별로 나누기 위해 ③ A1 트랙에 있는 2개의 오디오 클립을 모두 선택하고 ④ [기본 사운드] 패널에서 [대화] 유형 버튼을 클릭합니다.

TIP 작업 영역을 [오디오] 레이아웃으로 변경하려면 메뉴 바에서 [창] - [작업 영역] - [오디오]를 선택하거나 단축키 Alt + Shift + 2 를 누르면 됩니다.

02 계속해서 A2 트랙에 있는 ① 배경 음악 클립을 선택한 후 ② [기본 사운드] 패널에서 [음악] 유형 버튼을 클릭합니다. 이처럼 자동 더킹 기능을 사용하려면 먼저 오디오 클립을 유형별로 나눠야 합니다.

TIP 프리미어 프로 2025에서는 [타임라인]에서 클립을 모두 선택하고 [기본 사운드] 패널의 [자동 태그]를 클릭하면 AI가 음성은 '대화'로, 배경음악은 '음악'으로 자동 지정합니다.

03 배경 음악 클립이 선택된 상태로 ① [기본 사운드] 패널의 '음악' 유형에서 '더킹' 버튼을 활성화하여 하위 옵션을 표시합니다. 그런 다음 더킹 대상으로 삼으려는 유형을 선택해야 합니다. 앞서 A1 트랙의 오디오 클립을 [대화] 유형으로 지정했죠? ② [더킹 대상] 옵션에서 기본값인 [대화] 아이콘만 활성화된 것을 확인한 후 ③ [키프레임 생성] 버튼을 클릭합니다.

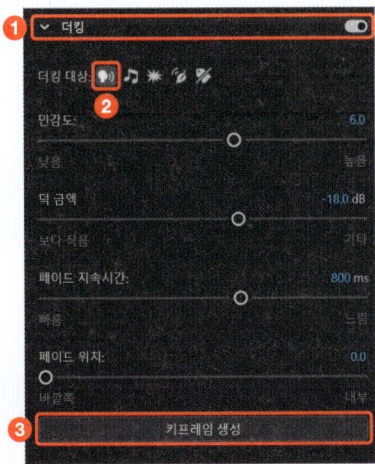

TIP [더킹 대상] 옵션은 여러 항목을 선택할 수도 있습니다. 위와 같은 옵션이 보이지 않는다면 '더킹' 영역의 이름 부분을 클릭해서 하위 옵션을 펼칩니다.

04 [타임라인] 패널을 보면 A1 트랙의 오디오 클립이 있는 위치에서만 배경 음악의 볼륨이 줄어들도록 키프레임이 자동으로 생성되어 있습니다. 영상을 재생해 보면 음성이 나오는 구간에서만 배경 음악의 볼륨이 줄어든 것을 확인할 수 있습니다.

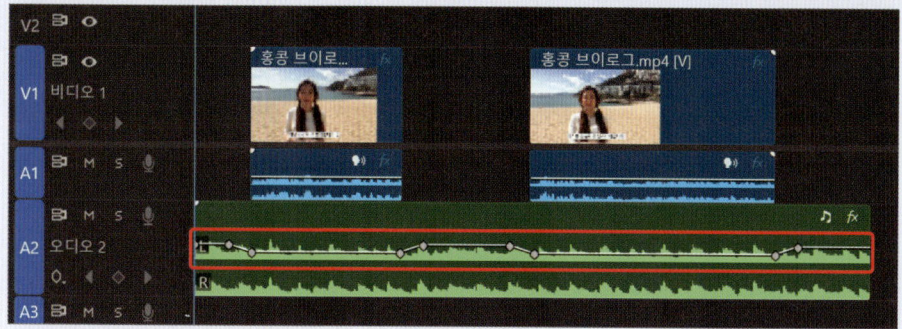

05 배경 음악 소리를 조금 더 줄이고 싶다면 ❶ [기본 사운드] 패널의 '더킹' 영역에서 [덕 금액] 옵션을 **-25dB**로 수정하고(기본값은 -18dB) ❷ [키프레임 생성] 버튼을 클릭하여 재조정합니다.

> **TIP** [덕 금액](Duck Amount) 옵션명은 정확하게는 '감소량'으로 표현되는 것이 맞지만, 번역이 제대로 표현되지 않은 상태입니다.

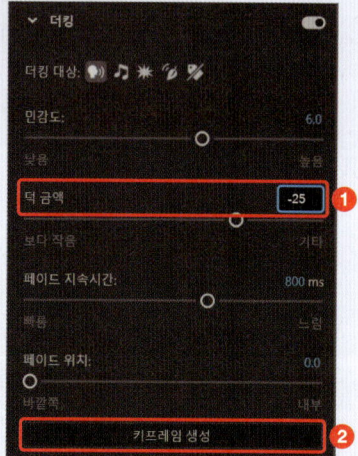

06 영상을 재생하면서 오디오를 확인합니다. 기본값으로 더킹 기능을 설정했을 때보다 배경 음악의 볼륨이 줄어들어서 음성이 더 뚜렷하게 들립니다. 즉, [덕 금액] 옵션(감소량)이 낮을수록 배경 음악의 볼륨은 줄어듭니다.

> **TIP** [덕 금액] 옵션은 음수로 표시되며, 슬라이더를 오른쪽으로 이동할수록 배경음악의 볼륨이 작아집니다.

07 이번에는 ① '더킹' 영역의 [페이드 지속시간] 옵션을 100ms로 변경하고(기본값은 800ms) ② [키프레임 생성] 버튼을 클릭하여 재조정합니다.

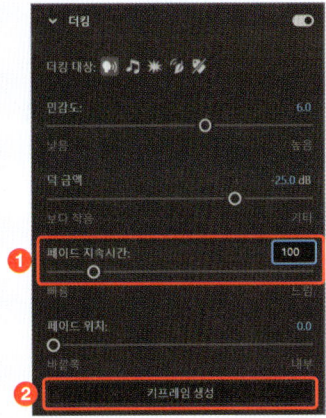

08 영상을 재생하여 오디오를 확인합니다. 이전보다 배경 음악의 볼륨이 빠르게 조정되는 것을 확인할 수 있습니다. 이처럼 [페이드 지속시간] 옵션이 낮을수록 볼륨 조정 속도가 빨라지고, 높을수록 볼륨 조정 속도가 느려집니다.

09 마지막으로 ① '더킹' 영역에서 [민감도] 옵션을 3으로 변경하고(기본값은 6) ② [키프레임 생성] 버튼을 클릭하여 재조정합니다.

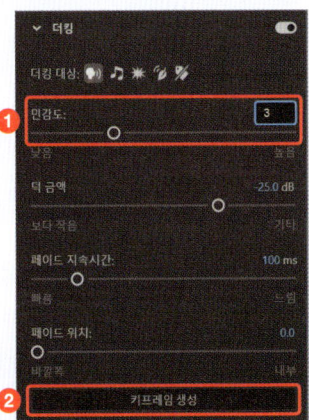

10 [민감도] 옵션은 값이 낮을수록 둔감해져서 큰 소리만 더킹됩니다. 반대로 값이 높을수록 예민해져서 작은 소리까지 모두 더킹됩니다.

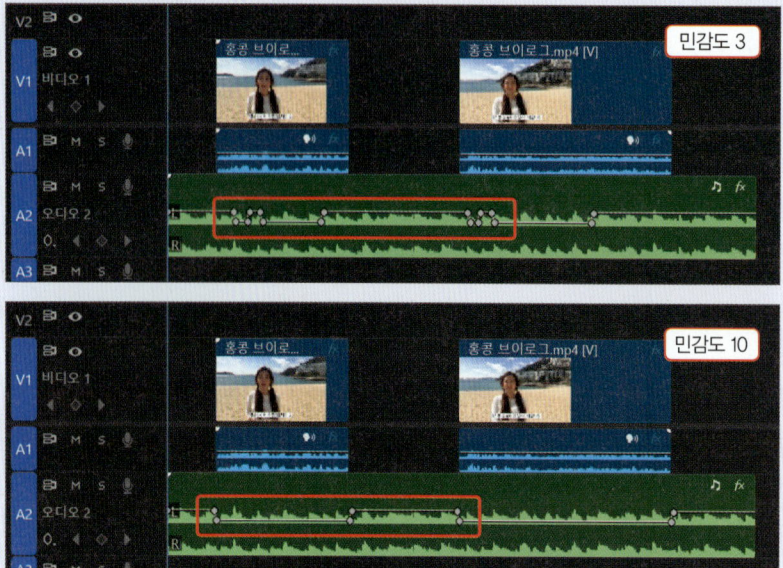

11 지금까지 조정한 '더킹' 영역의 옵션들을 기본값으로 되돌리고 싶다면 각 옵션의 슬라이더에서 원형 마커를 더블 클릭합니다.

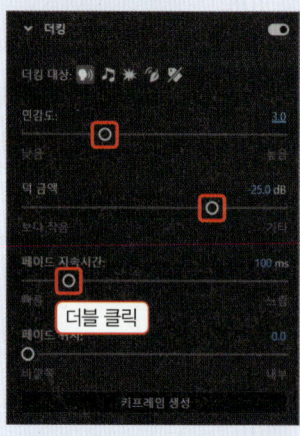 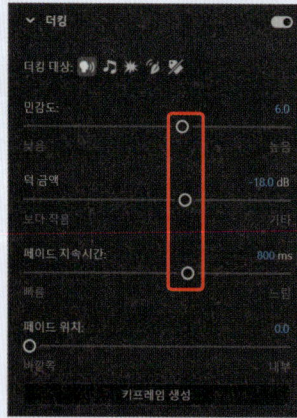

12 이처럼 자동 더킹 기능을 이용하면 기본 설정만으로도 볼륨을 쉽게 조정할 수 있습니다. 또한, 자동 더킹으로 생성된 키프레임을 각각 클릭해서 개별적으로 수정할 수도 있습니다.

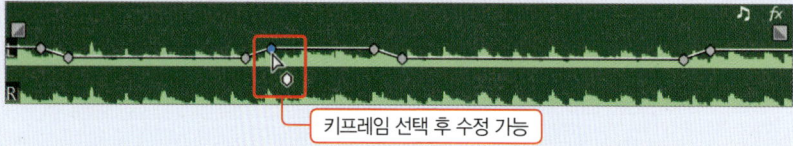

배경 음악 길이를 자동으로 조절하는 오디오 리믹스

그동안 비디오 길이에 맞춰 배경 음악을 조정하느라 힘드셨죠? 프리미어 프로 2022(버전 22.2)에 새롭게 추가된 오디오 리믹스 기능을 사용하면, 비디오 길이에 음악을 자동으로 맞출 수 있습니다. 오디오 리믹스로 배경 음악 편집을 쉽고 빠르게 완성해 보세요.

▶ **유튜브 동영상 강의**

프리미어 프로 오디오 리믹스 강좌
https://youtu.be/DFOY4seUlYg

- 예제 파일: Chapter 06/오디오 리믹스.prproj
- 완성 파일: Chapter 06/오디오 리믹스_완성본.prproj

실습 가능 버전
프리미어 프로 2022 이상

01 오디오 리믹스.prproj 예제 파일을 엽니다. 비디오 길이만큼 오디오 길이를 조절하기 위해 ① [도구] 패널에서 [잔물결 편집 도구] 아이콘을 길게 누른 후 ② 하위 도구 목록에서 [리믹스 도구]  를 선택합니다.

02 [리믹스 도구]를 선택했다면 [타임라인] 패널에서 [배경음악] 클립의 오른쪽 끝으로 마우스 커서를 옮깁니다. 커서에 [리믹스 도구] 아이콘이 표시되면 [배경음악] 클립의 가장자리를 클릭한 채 비디오 클립의 끝부분에 맞춰 드래그합니다.

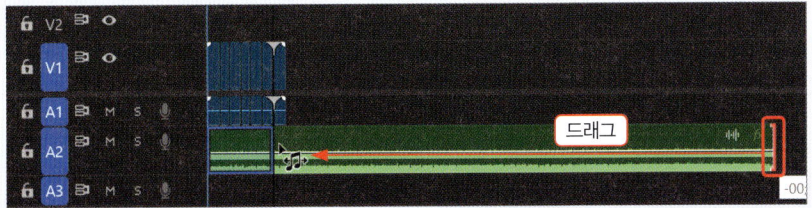

 TIP 오디오보다 비디오가 더 길 때도 [리믹스 도구]로 오디오를 늘릴 수 있습니다.

03 프리미어 프로에서 자동으로 클립을 분석하여 비디오의 길이에 맞춰 오디오의 길이를 조절해 줍니다. 영상을 재생해 보면 자연스럽게 배경 음악이 리믹스된 것을 확인할 수 있습니다.

TIP 오디오 클립에서 지그재그(세그먼트)로 표시된 부분이 리믹스된 부분이며, 리믹스가 끝난 후 오디오 길이가 비디오 길이보다 더 길거나 짧을 수 있습니다. 그럴 때는 [리믹스 도구]로 오디오 클립의 가장자리를 다시 드래그하여 최대한 비슷하게 맞춰 줍니다.

04 이번에는 오디오 리믹스를 수정해 볼까요? ❶ [배경음악] 클립을 선택하여 [기본 사운드] 패널의 [편집] 탭이 열리면 ❷ '지속 시간' 영역에서 [Customize] 옵션을 펼친 후 ❸ [세그먼트] 옵션을 2로 변경합니다.

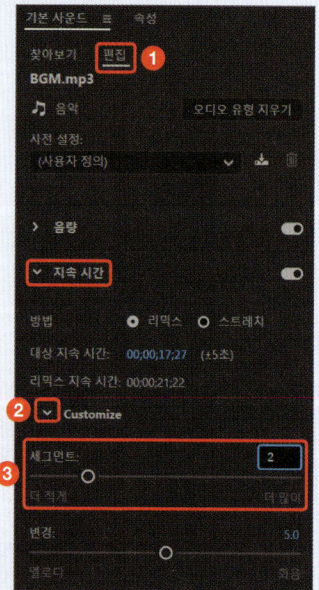

05 [타임라인] 패널에서 [배경음악] 클립을 확인해 보면 지그재그(세그먼트) 표시가 줄어들었죠? 이처럼 [세그먼트] 옵션을 낮출수록 오디오를 가능한 적은 횟수로 자르고, 반대로 높일수록 여러 차례 잘라서 리믹스합니다.

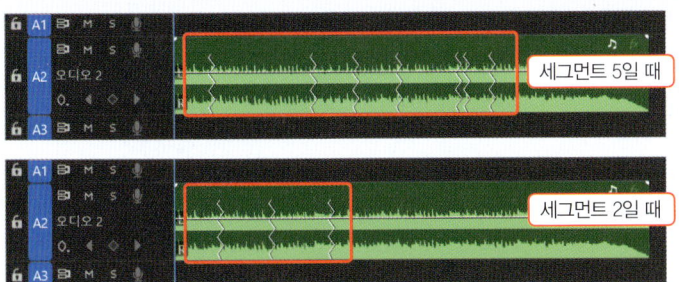

TIP 사용한 배경 음악이 전체적으로 일관된 스타일이라면 [세그먼트] 옵션을 낮춰서 오디오를 최소한으로 자르는 것이 좋습니다. 반대로 앞과 뒤의 스타일이 극적으로 변화는 배경 음악이라면 [세그먼트] 옵션을 높여서 짧은 전환으로 만들면 보다 자연스럽게 리믹스됩니다.

06 마지막으로 멜로디나 화음 요소 중 하나에 집중하여 리믹스하도록 설정하는 [변경] 옵션을 설정해 보겠습니다. 먼저 [변경] 옵션을 **2**로 변경하여 (기본값은 5) 멜로디 우선으로 리믹스되도록 설정한 후 오디오를 확인해 봅니다.

TIP 트럼펫이나 보컬 등 특정 악기가 두드러지는 음악이라면 멜로디에 집중하여 리믹스하고, 오케스트라 연주곡이나 합창곡이라면 화음에 집중하여 리믹스했을 때 보다 자연스러운 결과를 얻을 수 있습니다.

07 이번에는 [변경] 옵션을 **8**로 변경하여 화음 우선으로 리믹스합니다. 이처럼 오디오가 자연스럽게 리믹스될 수 있도록 [변경] 옵션을 조금씩 변경하면서 최종 설정합니다. [변경] 옵션을 수정하면 오디오의 길이도 조금씩 변경됩니다.

TIP '지속 시간' 영역에 있는 [대상 지속 시간] 옵션에 원하는 오디오 길이를 입력하여 리믹스할 수도 있습니다. 단, 5초 내의 오차 범위가 있어 입력한 시간보다 조금 짧거나 길 수 있습니다. 이럴 때는 비디오 길이를 조금씩 수정하는 방법으로 오디오 길이에 맞춥니다.

밤샘 금지

Adobe Stock의 무료 음악과 효과음으로 빠르게 작업하기

배경음악이나 효과음을 찾는 데 많은 시간을 쓰셨나요? 이제 프리미어 프로에서 Adobe Stock의 음악을 미리 듣고 드래그 한 번으로 간단히 추가해 보세요. 상업적으로도 무료로 사용할 수 있는 다양한 음악과 효과음을 프로젝트에 손쉽게 추가하는 방법을 알아보겠습니다.

01 [기본 사운드] 패널의 [찾아보기] 탭에서 [음악]을 선택한 후, [필터] 영역에서 [무료] 옵션을 체크하면 무료 음악만 표시됩니다.

TIP [프리미엄] 옵션을 선택하면 유료 음악도 확인할 수 있습니다.

02 [필터] 영역에서 세부 옵션을 설정하면 원하는 음악을 더욱 정확히 찾을 수 있습니다.

- **템포:** 음악의 속도를 조절합니다(30~250bpm).
- **기간(길이):** 음악의 최소 및 최대 길이를 설정합니다.
- **보컬:** 보컬 포함 여부를 선택할 수 있습니다.

TIP '무드'와 '장르' 영역에서도 분위기와 스타일에 맞는 음악을 검색할 수 있습니다.

03 옵션 설정을 마치면 오디오 목록 오른쪽 위에 검색된 음악 수가 표시됩니다. 기본적으로 2천여 개의 무료 음악을 이용할 수 있습니다.

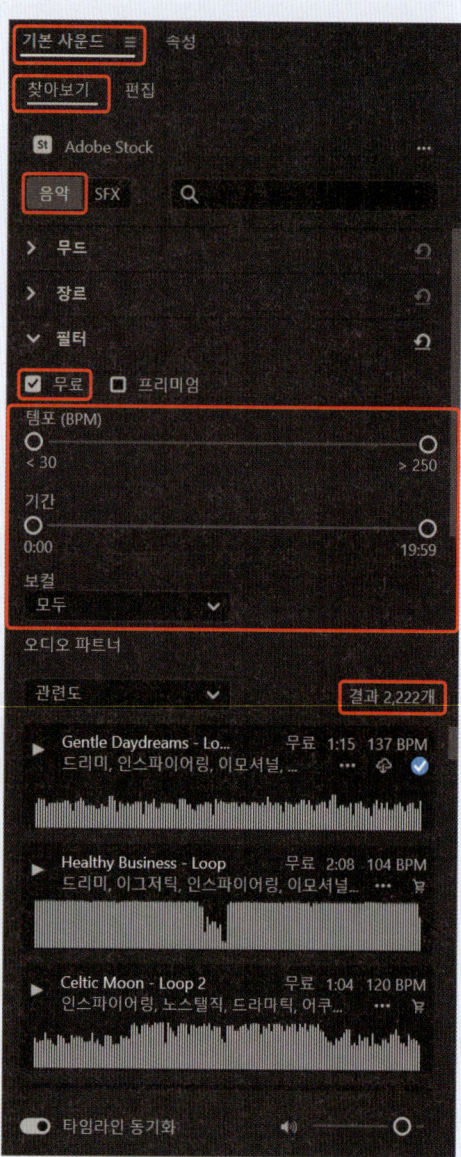

450 CHAPTER 06 영상을 좀 더 풍요롭게 살리는 오디오 편집

04 재생 버튼을 눌러 음악을 미리 들어보고, 마음에 드는 오디오를 [타임라인]으로 끌어와 바로 편집할 수 있습니다.

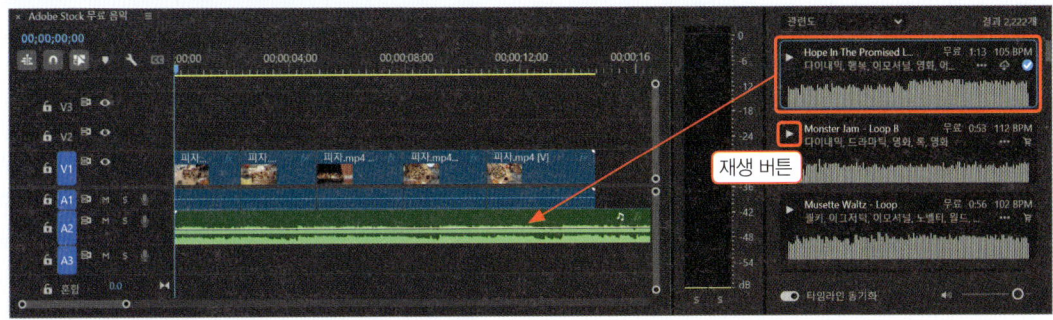

재생 버튼

TIP 오디오를 우클릭해 [프로젝트에 추가] 또는 [로컬 폴더에 저장]으로 관리할 수도 있습니다.

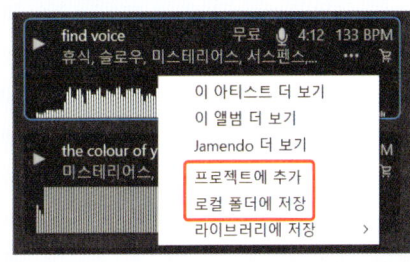

05 추가된 오디오는 '내 라이브러리'에 저장되며, 프로젝트 폴더의 [CC Libraries Downloads]에서도 확인할 수 있습니다.

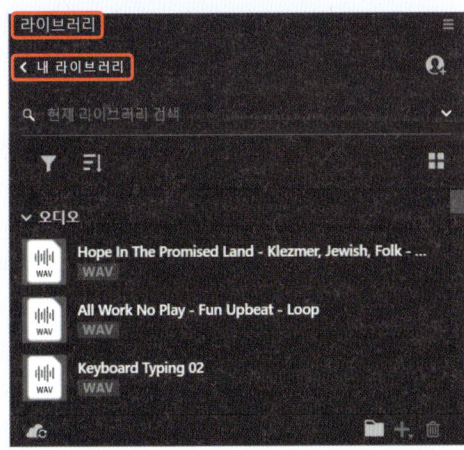

06 효과음을 추가하는 방법도 음악과 동일합니다. **[SFX]** 탭의 **[필터]**에서 **[무료]** 옵션을 선택하면 만여 개의 효과음을 확인할 수 있으며, **[범주]**에서 원하는 카테고리를 선택해 검색할 수 있습니다.

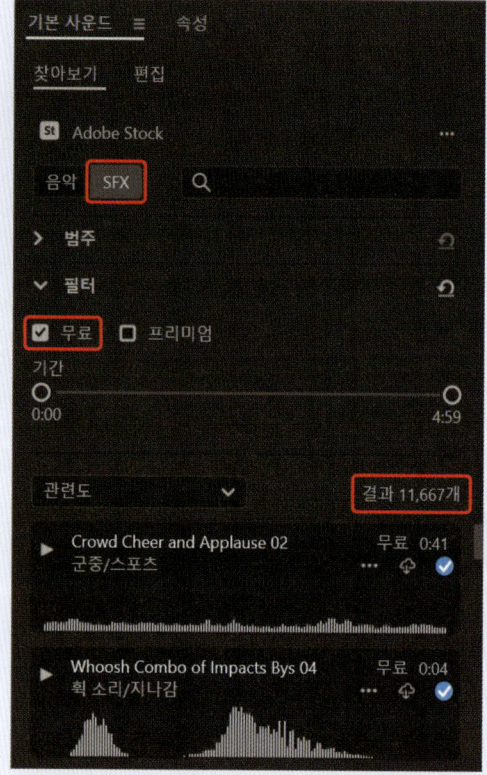

이처럼 Adobe Stock의 무료 음악과 효과음을 사용하면 작업 시간이 훨씬 줄어듭니다. 이 음악과 효과음은 상업적 및 개인 프로젝트에서 자유롭게 사용할 수 있는 로열티 프리입니다. 사용 조건에 대한 자세한 내용은 오른쪽 위 메뉴의 [오디오 라이선스 약관 보기]를 통해 확인할 수 있습니다.

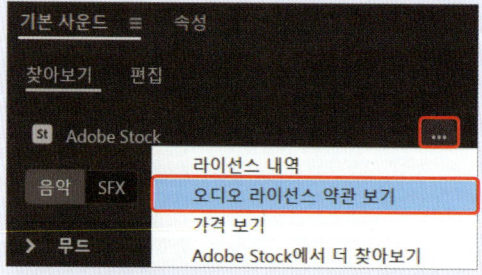

CHAPTER 07

브이로그 영상의 필수 기능, 색 보정하기

어두운 영상을 밝게 만들고 싶다면? 영상이 붉거나 푸르게 촬영되었다면?
영화처럼 멋진 색상으로 표현하고 싶다면?
특정 색상을 변경하고 싶다면? 뽀샤시한 영상을 만들고 싶다면?
브이로그 영상을 제작할 때 한 번쯤은 궁금했던 질문일 겁니다.
여기서는 이미지의 색상 정보를 측정하는 다양한 스코프에 대해 알아보고,
[Lumetri 색상] 패널을 이용한 재미있는 색상 보정 방법을 실습해 봅니다.
[Lumetri 색상] 패널에서는 직관적인 슬라이더를 사용하여 초보자도 쉽게 색상을 보정할 수 있으며,
색을 보정할 때 클리핑을 최소한으로 조정해 주기 때문에 인위적이지 않고,
자연스럽게 색을 보정할 수 있습니다.

LESSON 01
[Lumetri 범위] 패널에서 색상 정보 모니터링하기

색상 보정 작업 중에는 작업 영역을 [색상] 레이아웃으로 설정하는 것이 좋습니다. [색상] 레이아웃에서는 기본적으로 [Lumetri 범위] 패널이 열려 있고, 여기서는 다양한 방식으로 색상의 파형을 확인하고 모니터링할 수 있습니다.

오디오를 편집할 때는 [오디오 미터] 패널을 보면서 객관적으로 오디오 레벨을 측정할 수 있었죠? 마찬가지로 색상을 보정할 때는 이미지의 색상을 객관적으로 측정해 주는 [Lumetri 범위] 패널에서 밝기, 색상, 채도 등 이미지 정보를 측정하면서 색상을 보정할 수 있습니다.

[Lumetri 범위] 패널은 작업 영역을 [색상] 레이아웃으로 변경하면 아래와 같이 [프로그램 모니터] 패널의 왼쪽에 기본으로 열려 있습니다. 만약 다른 레이아웃을 사용 중이라면 메뉴 바에서 [창] – [Lumetri 범위] (Window – Lumetri Scopes)를 선택하여 패널을 확인해 보세요.

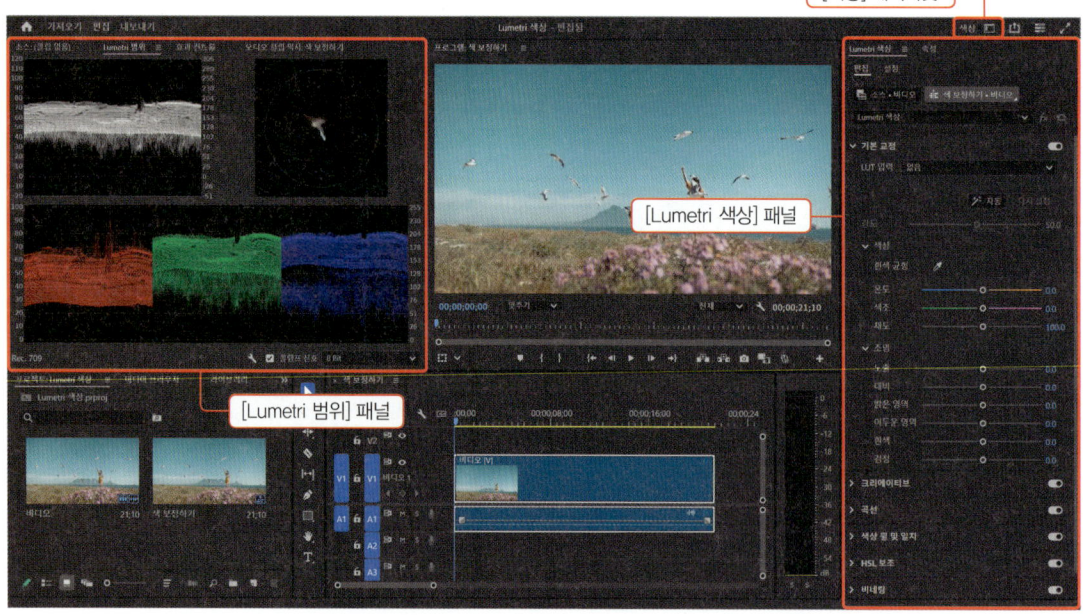

▲ 작업 영역을 [색상] 레이아웃으로 설정했을 때 왼쪽 위에 표시되는 [Lumetri 범위] 패널

[Lumetri 범위] 패널에서 색상 정보를 확인하는 방법은 여러 가지가 있으나 주로 이용하는 루마 파형과 RGB 퍼레이드, 벡터 스코프의 이용 방법을 알아보겠습니다.

Pr 루마 파형

루마 파형(Luma Waveform)은 이미지의 밝기를 측정하는 그래프입니다. [Lumetri 범위] 패널에서 오른쪽 아래에 있는 [설정] 아이콘을 클릭한 후 [파형(루마)]를 선택한 후 다시 [파형 유형] – [루마]를 선택하면 확인할 수 있습니다.

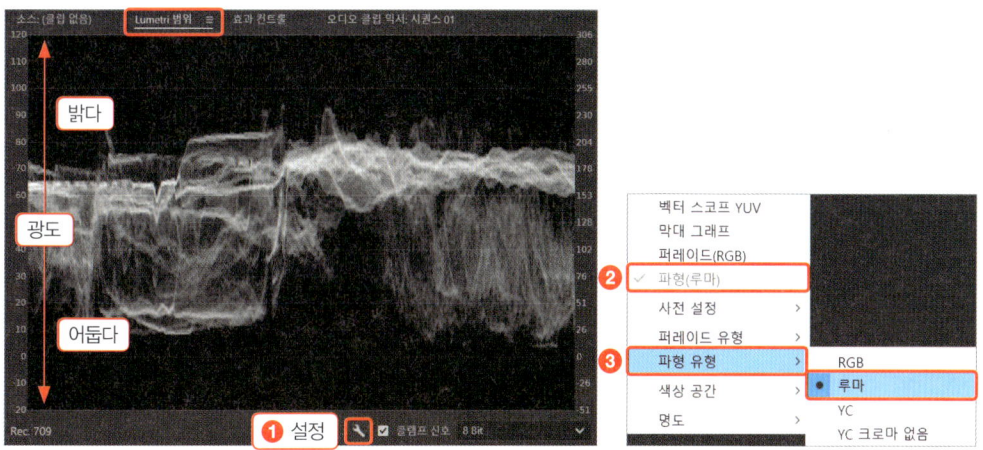

루마 파형이 표시되면 왼쪽 세로축에는 –20에서 120 사이의 값이 표시되죠? 이 값은 광도의 아날로그 비디오 신호를 측정한 것으로, 단위는 IRE며, 0으로 내려갈수록 어둡고 100으로 올라갈수록 밝습니다. 가로축은 이미지의 가로축과 1:1 대칭됩니다. 구체적인 예를 들어 볼까요?

아래에서 오른쪽은 밝기를 7단계로 나눠 놓은 이미지를 [프로그램 모니터] 패널에서 확인한 화면입니다. 이때 [Lumetri 범위] 패널에서 루마 파형을 보면 7단계로 밝기 값이 나뉘어져 있죠? 왼쪽 끝이 가장 어두운 검은색이므로 루마 파형에서도 가장 어두운 0으로 표시되고, 오른쪽 끝이 가장 밝은 흰색이므로 루마 파형에서도 가장 밝은 100으로 표시됩니다. 이처럼 루마 파형의 가로축은 이미지의 가로축과 1:1 대칭됩니다.

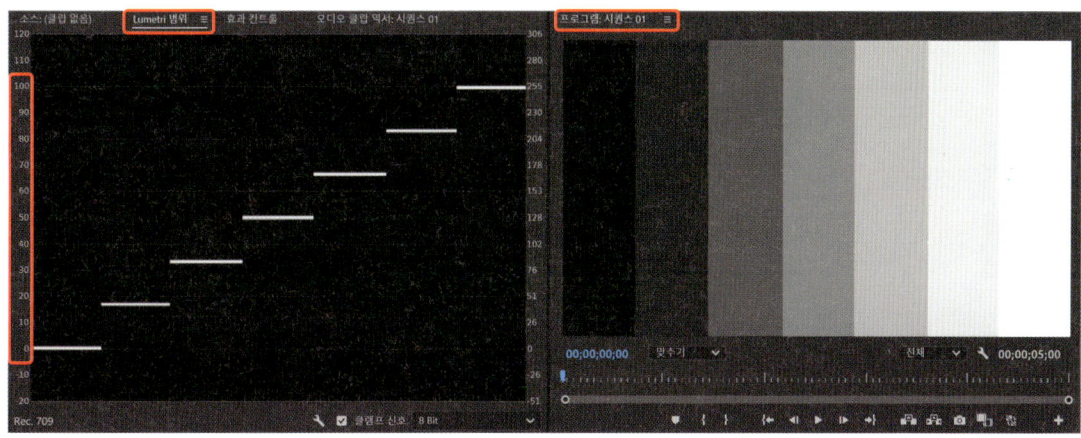

▲ [Lumetri 범위] 패널의 루마 파형 ▲ [프로그램 모니터] 패널의 화면

LESSON 01 [Lumetri 범위] 패널에서 색상 정보 모니터링하기 **455**

이번에는 다양한 색상의 사막 이미지를 예로 들어 보겠습니다. 아래에서 오른쪽 이미지는 사막 한가운데에 사람이 있고, 그 아래 짙은 그림자가 보이죠? 루마 파형에서 같은 위치를 확인해 보세요. 그림자가 있는 가운데 부분이 가장 어둡게 표현된 것을 볼 수 있습니다.

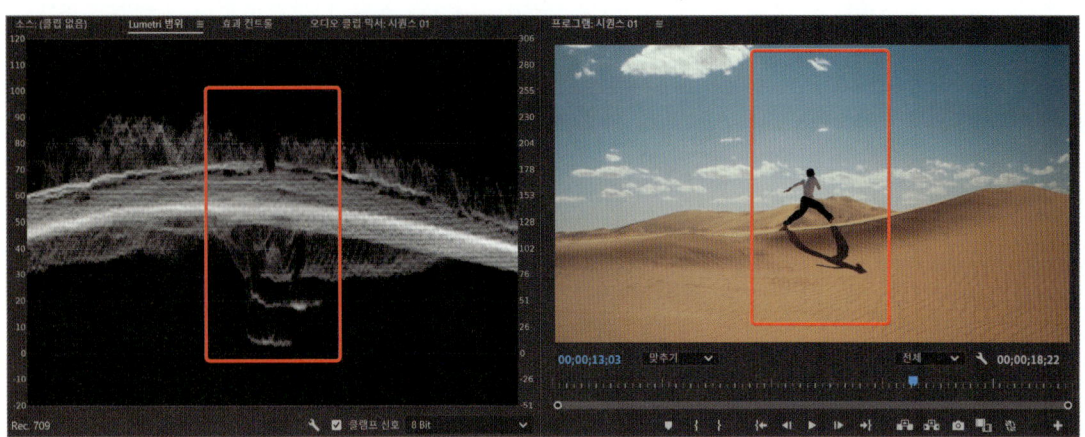

그러므로 밝기를 교정할 때는 루마 파형을 참고하여 작업하고, 밝기의 신호가 0(가장 어두운 부분) 또는 100을(가장 밝은 부분) 넘어 클리핑되지 않도록 주의해야 합니다.

Pr RGB 퍼레이드

RGB 퍼레이드(RGB Parade)는 빨간색(R, Red), 초록색(G, Green), 파란색(B, Blue)의 파형을 별도로 표시하여 이미지의 색상 균형을 한 번에 확인할 수 있으며, 각 채널마다 이미지의 가로축과 1:1 대칭됩니다. [Lumetri 범위] 패널에서 [설정] 아이콘을 클릭한 후 [퍼레이드]를 선택해서 체크하고, 다시 [퍼레이드 유형] - [RGB]를 선택해서 확인할 수 있습니다.

RGB 퍼레이드에서 왼쪽 세로축의 숫자는 채도를 의미하여 높을수록 채도가 높다는 뜻이며, 오른쪽은 8비트 기준의 색상 정보를 표시합니다. 예를 들어 다음 이미지는 인물에 빨간 색상이 많습니다. 그러므로 RGB 퍼레이드에서도 빨간색 파형이 높게 올라간 것이 보이죠?

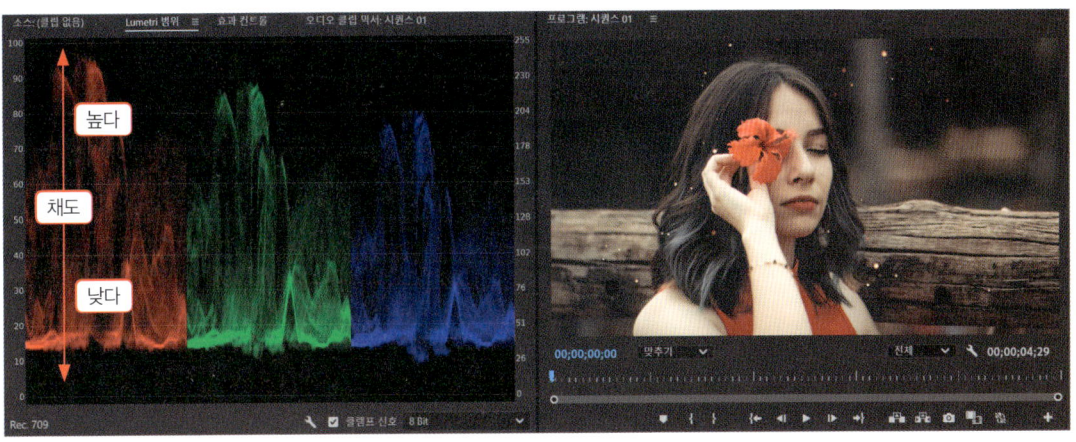

TIP 위와 같이 퍼레이드만 표시하고 싶다면 [설정] 아이콘을 클릭한 후 [퍼레이드] 메뉴만 선택되도록 나머지 메뉴의 체크를 해제합니다.

계속해서 다음 이미지는 다른 색상보다 파란색이 유독 강해 보입니다. 마찬가지로 RGB 퍼레이드에서 파란색 파형이 높게 나타납니다.

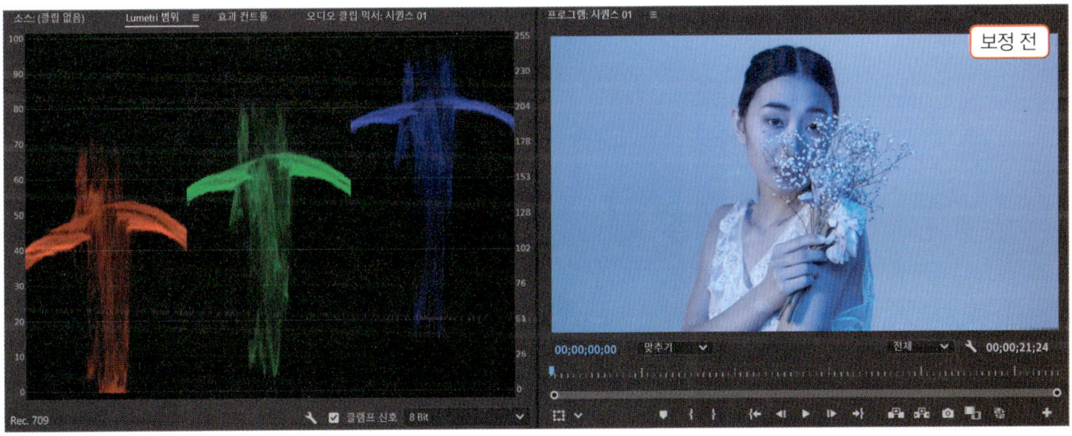

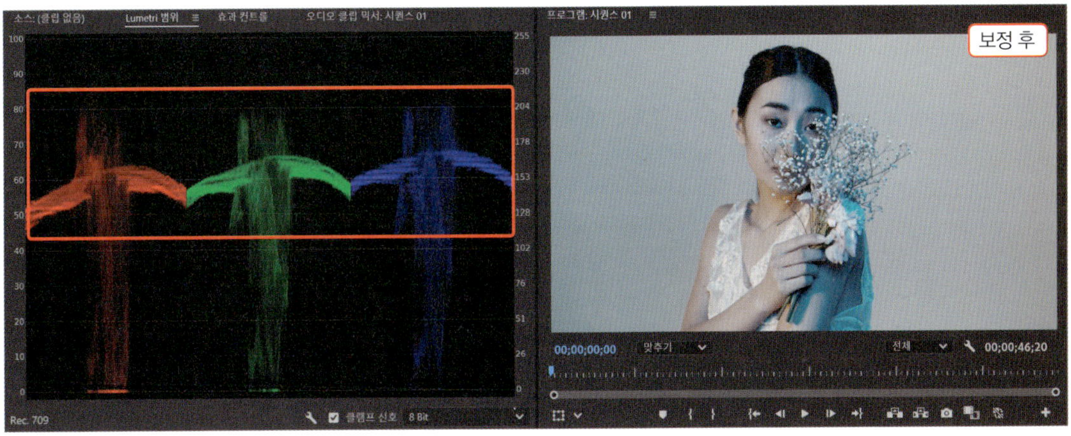

앞의 이미지는 파란색의 채도가 특히 높게 나타나므로 RGB 퍼레이드를 참고하여 파란색 파형을 빨간색, 초록색 파형과 비슷하게 맞춤으로써 흰색을 흰색답게 표현할 수 있었습니다. 즉, RGB의 균형을 맞춰 화이트 밸런스를 맞출 수 있습니다. 이처럼 RGB 퍼레이드를 사용하면 이미지에서 불필요한 색상을 손쉽게 확인하여 색상을 빠르게 보정할 수 있습니다.

Pr 벡터 스코프

벡터 스코프(Vectorscope)는 원 안에서 이미지의 색상과 채도를 범위로 표시합니다. 주요 색상인 빨간색(R), 초록색(G), 파란색(B)과 보조 색상인 노란색(Yl, Yellow), 청록색(Cy, Cyan), 자홍색(Mg, Magenta)의 정보를 확인할 수 있으며, 중심에서 바깥쪽으로 퍼질수록 채도가 높다는 뜻입니다.

이러한 벡터 스코프는 [Lumetri 범위] 패널에서 [설정] 아이콘을 클릭한 후 [벡터 스코프 YUV]를 선택해서 체크하면 확인할 수 있습니다.

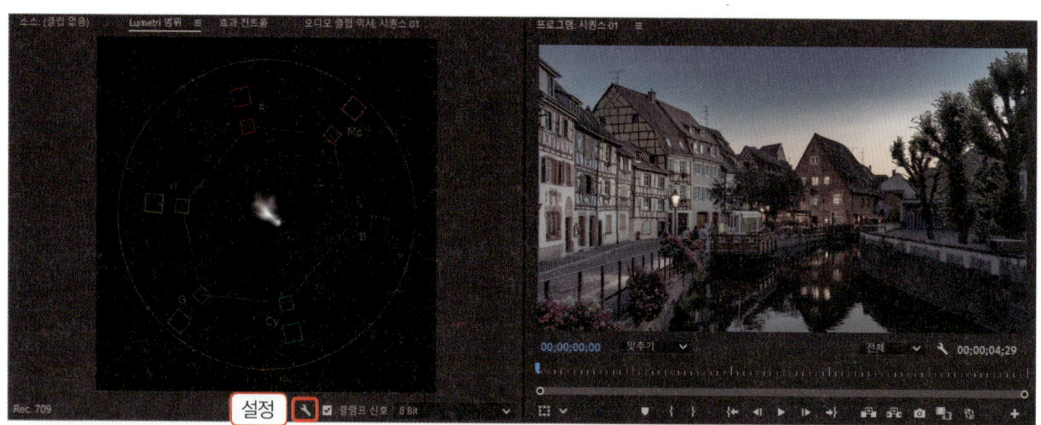

▲ 채도가 낮은 이미지

▲ 채도가 높은 이미지

또한, 빨간색(R)과 노란색(Yl) 사이의 실선은 '스킨 톤 라인'이라고 하며, 사람의 피부색과 같은 화면일 때 '스킨 톤 라인'으로 분포되어야 자연스러운 피부 색상처럼 느끼게 됩니다. 예를 들어 아래 이미지에서 모델 얼굴을 보면 노란색이 살짝 강하게 느껴지죠? 이때 벡터 스코프를 보면 스킨 톤 라인에서 살짝 벗어나게 분포되어 있는 것을 확인할 수 있습니다.

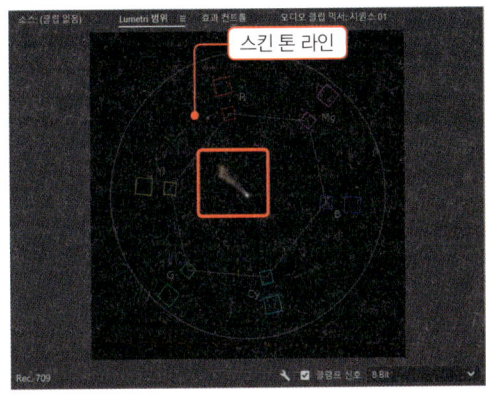

위 이미지를 보정하여 피부 색상을 스킨 톤 라인에 맞추면 자연스러운 피부색을 연출할 수 있게 됩니다.

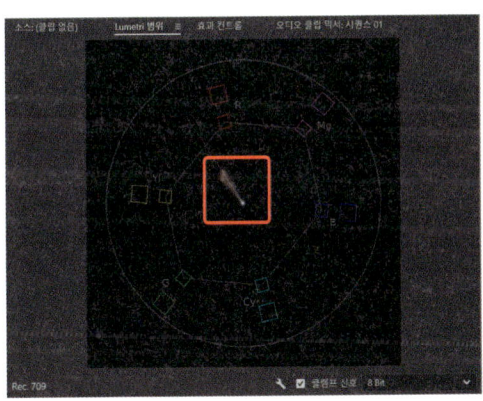

TIP 벡터 스코프를 참고하여 피부색을 맞출 때는 [효과 컨트롤] 패널(Shift+5)에서 [불투명도] 옵션에 있는 마스크 기능으로 피부 색상 영역만 지정하여 측정하고, [Lumetri 색상] 패널의 '색상 휠 및 일치' 영역에서 색상을 보정합니다. **Link** [Lumetri 색상] 패널에서 색상을 보정하는 방법은 500쪽에서 자세히 설명합니다.

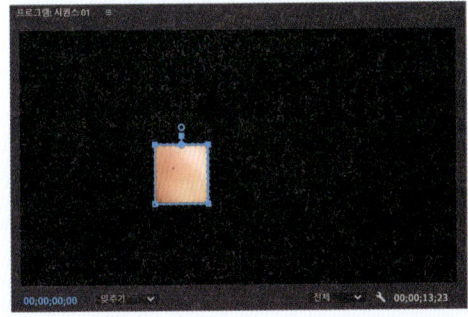

LESSON 01 [Lumetri 범위] 패널에서 색상 정보 모니터링하기

LESSON 02 어두운 영상 밝게 보정하기

빛이 부족한 환경에서 촬영하면 영상도 어둡게 나오겠죠? 프리미어 프로를 이용하면 어두운 영상도 쉽게 보정할 수 있습니다. 전체적으로 영상을 밝게 조정할 수 있으며, 어두운 영역이나 밝은 영역을 나누어 특정 부분만 밝기를 조정할 수도 있습니다. 자동 기능을 이용한 적절한 보정값을 찾는 방법도 함께 알아봅니다.

완성 미리보기

- **예제 파일**: Chapter 07/어두운 영상.prproj
- **완성 파일**: Chapter 07/어두운 영상_완성본.prproj

실습 가능 버전 프리미어 프로 CC 2019 이상

Pr Lumetri 기본 교정으로 어두운 영상 밝게 만들기

01 **어두운 영상.prproj** 예제 파일을 열고, ❶ 작업 영역을 [색상] 레이아웃으로 변경합니다. ❷ [타임라인] 패널에서 [어두운 영상_01] 클립을 선택한 후 ❸ 화면 오른쪽에 있는 [Lumetri 색상] 패널을 보면 옵션들이 활성화됩니다.

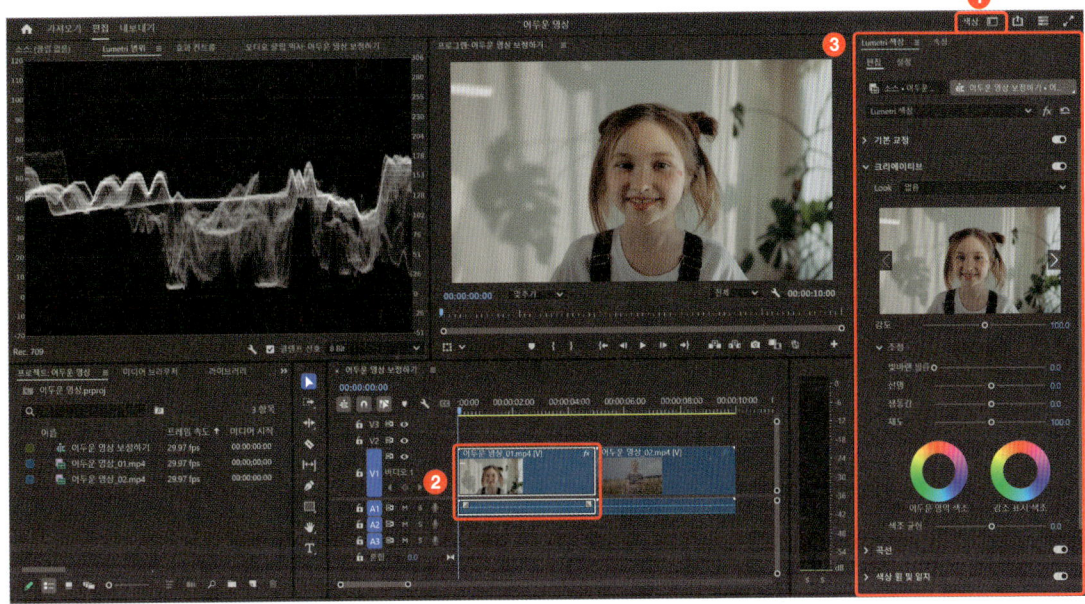

TIP 레이아웃 변경은 메뉴 바에서 [창] - [작업 영역] - [색상]을 선택해도 됩니다.

02 [Lumetri 색상] 패널은 크게 6개의 영역으로 나누어져 있으며, 각 영역의 이름을 클릭하면 세부 옵션이 펼쳐집니다. 우선 어두운 영상을 보정하기 위해 '기본 교정' 영역을 클릭하여 세부 옵션을 펼칩니다. Link '기본 교정' 영역의 세부 옵션은 470쪽, [금손 변신 TIP]에서 자세히 설명합니다.

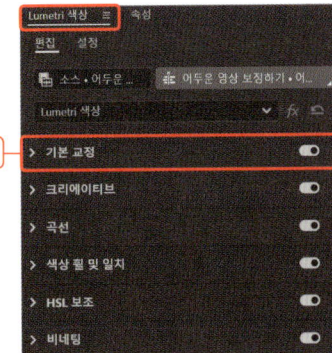
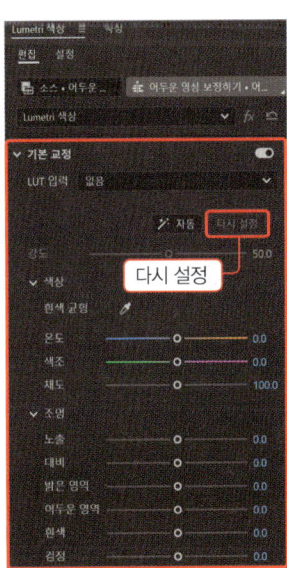

TIP '기본 교정' 영역의 옵션들을 변경하면 [다시 설정] 버튼이 활성화되며, [다시 설정] 버튼을 클릭하면 '기본 교정' 영역의 옵션들이 처음 상태로 초기화됩니다.

LESSON 02 어두운 영상 밝게 보정하기 461

03 '기본 교정' 영역이 펼쳐지면 [조명] - [노출] 옵션에서 슬라이더를 오른쪽으로 드래그해 보세요. 오른쪽으로 드래그할수록 영상이 밝아집니다. 반대로 왼쪽으로 드래그할수록 영상이 어두워집니다. 예제에서는 [노출] 옵션을 2로 조정했습니다.

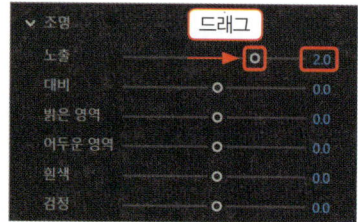

> **TIP** 각 옵션에서 오른쪽에 있는 값을 클릭하여 원하는 값을 입력해도 됩니다.

04 [노출] 옵션을 높였더니 어두운 영상이 자연스럽게 밝아졌죠? 이처럼 [노출] 옵션만으로도 쉽게 영상의 밝기를 조정할 수 있습니다.

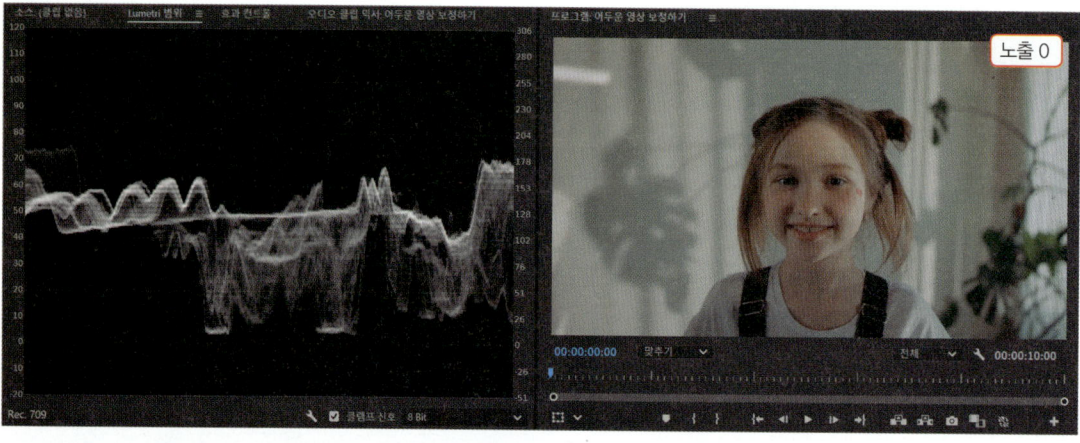

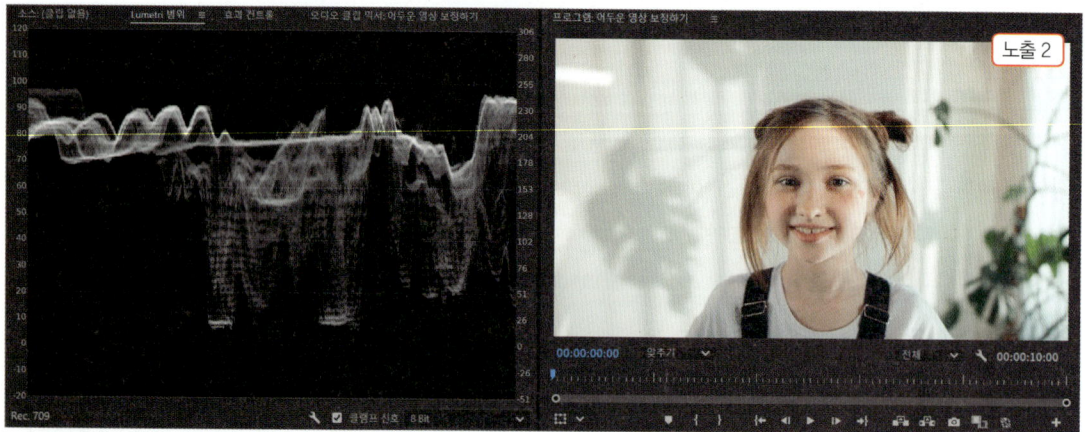

> **TIP** 위 이미지는 [Lumetri 범위] 패널에 루마 파형을 표시하여 노출 변화에 따른 파형의 변화를 비교한 것입니다. 노출을 높였더니 전체적으로 밝아지고, 파형도 위로 올라갔죠? 밝기를 조정할 때는 루마 파형을 보면서 밝기가 100IRE를 넘어 클리핑되지 않도록 적절하게 조정해야 합니다.

05 영상을 무작정 밝게 조정하면 배경 등이 하얗게 뭉개질 수도 있습니다. 그러므로 [조명] - [밝은 영역] 옵션을 -45로 낮춰서 중간 범위에서 밝은 영역의 밝기를 조정합니다. 만약, 예제와 다르게 노출을 높여도 어두운 영상이라면 [밝은 영역] 옵션을 높여서 밝게 보정합니다.

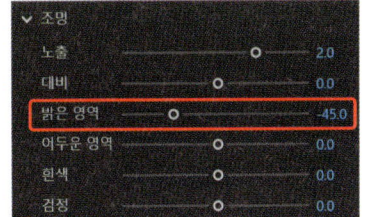

TIP 벽의 그림자를 제대로 표현하기 위해 밝은 영역(배경 부분)의 밝기를 낮춰 상대적으로 그림자를 조금 더 어둡게 표현했습니다. 또한, 인물 주변의 밝기도 조정되어 얼굴이 조금 더 부드럽게 표현됩니다.

06 [밝은 영역]의 옵션을 낮춰서 벽의 그림자는 살렸지만 얼굴 부분이 조금 어두워졌죠? 이번에는 [어두운 영역] 옵션을 30으로 조정합니다. 중간 범위에서 어두운 영역을 밝게 조정하면 얼굴 톤을 밝게 조정할 수 있습니다.

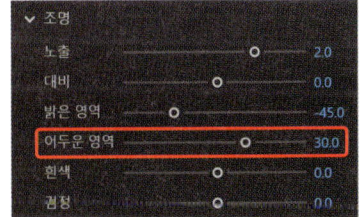

TIP [어두운 영역] 옵션에서 슬라이더를 왼쪽으로 드래그하면 어두운 부분이 더 어두워집니다. 상황에 맞춰 어둡게 하거나 밝게 조정합니다.

LESSON 02 어두운 영상 밝게 보정하기

07 마지막으로 [대비] 옵션을 이용하여 밝은 곳은 더 밝게, 어두운 곳은 더 어둡게 조정하면 대비가 뚜렷한 영상이 됩니다. 예제에서는 [대비] 옵션을 **25**로 조정했습니다.

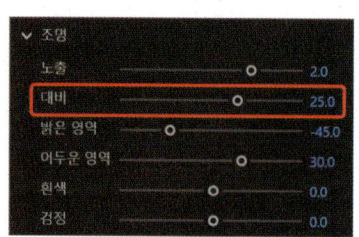

> **TIP** 대비가 없는 플랫한 영상을 만들고 싶다면 [대비] 옵션을 낮춥니다.

08 색상 보정이 끝났으면 원본과 비교하기 위해 [Lumetri 색상] 패널의 상단에서 적용한 효과를 켜거나 끄는 [fx] 아이콘을 클릭합니다. 아이콘에 사선이 표시되면 적용한 모든 효과가 무시되어 원본 영상을 확인할 수 있습니다.

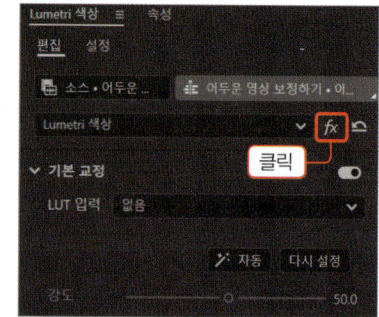

> **TIP** 사람의 눈은 변화된 결과에 쉽게 적응하여 원본을 쉽게 잊어버리곤 합니다. 그러므로 색상을 보정하는 중에 수시로 [fx] 아이콘을 클릭하면서 원본과 보정된 영상을 확인하세요. 색상 보정 옵션을 변경하는 데 정답은 없습니다. 여러분의 영상에 따라 적절한 값으로 조정하면서 작업해 보세요.

Pr Lumetri 자동 효과로 어두운 영상 밝게 만들기

이번에는 프리미어 프로의 자동 기능으로 어두운 영상을 밝게 보정해 보겠습니다.

01 앞서의 실습에서 사용한 **어두운 영상.prproj** 예제 파일의 [타임라인] 패널에서 ❶ 재생헤드를 [어두운 영상_02] 클립으로 옮기고 ❷ [어두운 영상_02] 클립을 선택합니다.

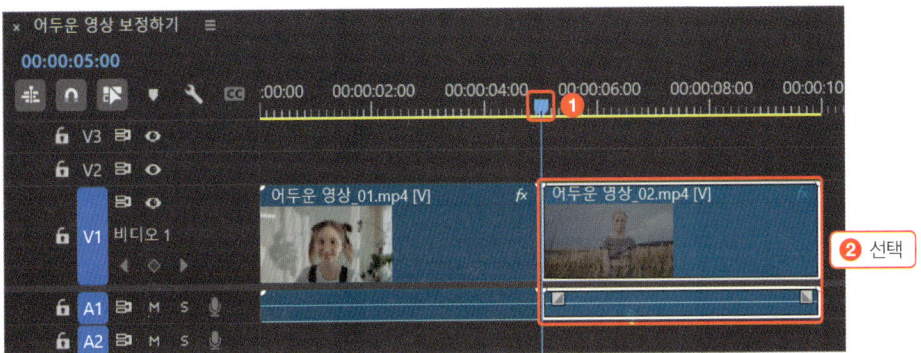

02 ❶ [Lumetri 색상] 패널의 '기본 교정' 영역에서 [자동] 버튼을 클릭하여 자동 보정을 실행한 후 ❷ [강도] 옵션에서 슬라이더를 조정하거나 직접 값을 클릭해서 80으로 설정합니다. 현재 선택 중인 클립에 따라 ❸ 자동으로 [색상]과 [조명]의 하위 옵션들이 변경됩니다.

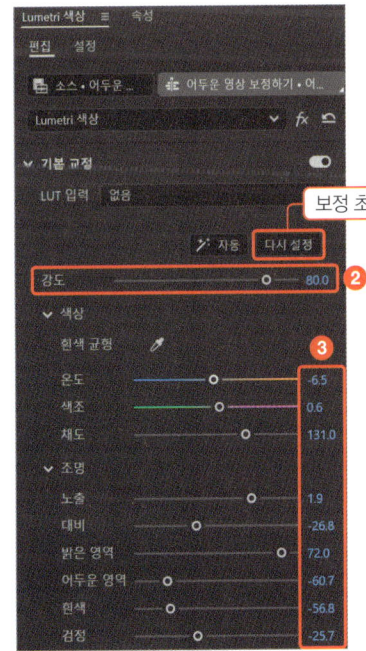

TIP 자동 보정 기능의 [강도] 옵션은 프리미어 프로 2022부터 추가된 기능으로, 값을 높일수록 나머지 옵션들의 변화가 커지면서 좀 더 적극적으로 보정됩니다. 자동 기능으로 변경한 옵션들도 [다시 설정] 버튼을 클릭하면 초기화됩니다.

03 [Lumetri 색상] 패널에서 상단에 위치한 [fx] 아이콘을 클릭하면서 [프로그램 모니터] 패널에서 영상을 비교해 봅니다. 어두웠던 영상이 [자동] 버튼과 [강도] 옵션 설정으로 손쉽게 보정되었죠? 이처럼 자동 기능은 '기본 교정' 영역의 옵션들을 자동으로 조절하여 색상을 보정합니다.

04 그렇다고 자동 기능이 완벽한 것은 아닙니다. 100% 만족스러운 결과를 얻을 수도 있지만, 어딘지 아쉬울 때도 있거든요. 예제에서는 인물을 조금 더 밝게 보정하기 위해 [노출] 옵션만 2.5로 다시 설정하였습니다.

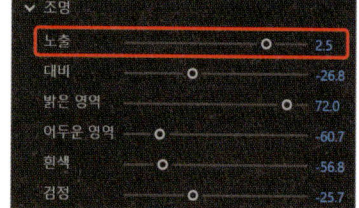

05 자동 기능만으로 보정했을 때에 비해 좀 더 밝아진 것을 확인할 수 있습니다. 이처럼 자동 기능을 이용하여 전체적으로 보정한 후 부족한 부분은 추가로 각 옵션을 수정하면 됩니다.

LESSON 03
화이트 밸런스 기능으로 붉거나 푸른 영상 보정하기

사람의 눈은 파란색 조명 아래에서도 흰색을 정확하게 구별할 수 있습니다. 하지만, 카메라는 조명과 장소에 따라 흰색을 흰색으로 받아들이지 못하고, 붉거나 푸르게 촬영되기도 합니다. 지금부터 화이트 밸런스 기능을 이용하여 붉거나 푸른 영상을 원래의 색으로 보정해 보겠습니다.

완성 미리보기

- **예제 파일:** Chapter 07/화이트 밸런스.prproj
- **완성 파일:** Chapter 07/화이트 밸런스_완성본.prproj

실습 가능 버전
프리미어 프로 CC 2019 이상

Pr 흰색을 흰색답게 보정하기

화이트 밸런스는 실제 흰색을 영상에서도 흰색으로 표현되도록 보정하는 것입니다. 푸른색이 감도는 예제 파일의 영상을 실제 색상에 가깝게 보정해 보겠습니다.

01 **화이트 밸런스.prproj** 예제 파일을 엽니다. 푸른 영상을 개선하기 위해 ① 작업 영역을 [색상] 레이아웃으로 변경합니다. ② [타임라인] 패널에서 [푸른 영상] 클립을 선택하고 ③ [Lumetri 색상] 패널에서 '기본 교정' 영역을 펼쳐서 상세 옵션을 확인합니다.

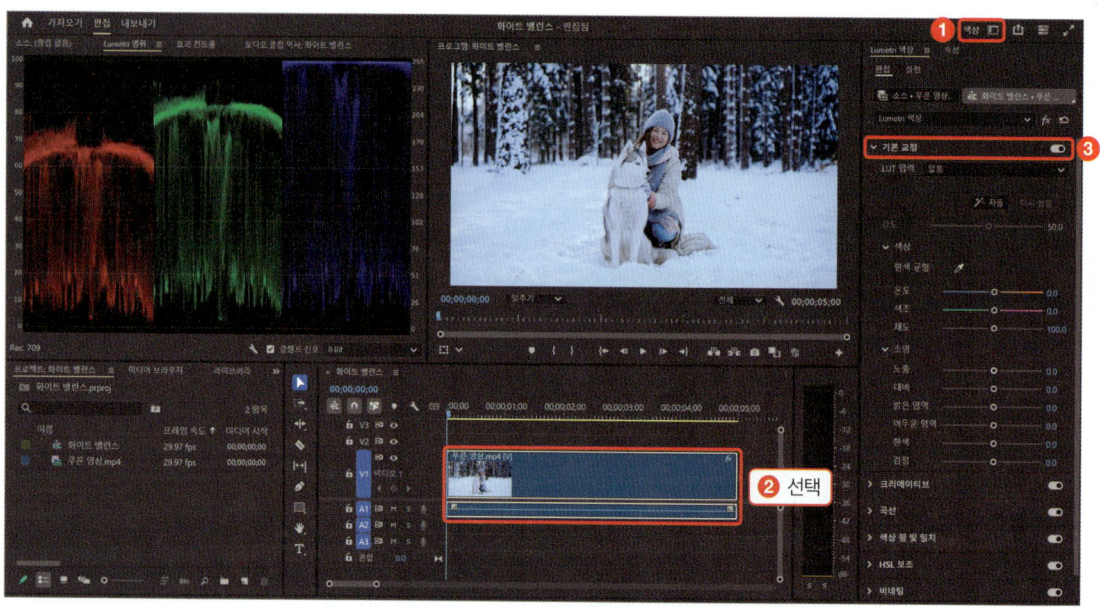

02 '기본 교정' 영역에서 [색상] 옵션에 있는 ① [흰색 균형] 옵션의 [WB 선택기] 아이콘을 클릭한 후 ② [프로그램 모니터] 패널에서 흰색으로 표현되어야 할 부분(실제 흰색인 부분)을 클릭합니다. 예제에서는 나무에 있는 눈을 클릭했습니다.

03 화면에서 흰색으로 표현될 부분을 클릭하는 순간 [색상]의 하위 옵션들이 자동으로 변경되면서 전체적인 색상 균형이 맞춰집니다. 화면을 보면 푸른색이 강했던 영상이 실제와 유사한 색상으로 조정되었죠? 이처럼 [WB 선택기]를 이용하면 붉거나 푸르게 표현된 영상을 쉽게 보정할 수 있습니다.

TIP [WB 선택기]로 화이트 밸런스를 맞춘 후에 추가로 [온도]와 [색조] 옵션을 조절하여 색상 톤을 수정할 수 있습니다. WB는 화이트 밸러스(White Balance)의 약자입니다. [WB 선택기]로 촬영 당시 흰색이었던 부분을 클릭하면 자동으로 화이트 밸런스가 맞춰집니다. 만약, 영상에 실제 흰색으로 표현할 부분이 없다면 중간 회색을 클릭하면 됩니다.

TIP 아래와 같이 [Lumetri 범위] 패널에서 RGB 퍼레이드만 보아도 영상에 푸른색 톤이 강하게 표현된 것을 알 수 있죠? 아래에서 오른쪽은 [WB 선택기]로 화이트 밸런스를 맞춘 후의 RGB 퍼레이드로, RGB 분포가 고르게 변경되었습니다. 이처럼 화이트 밸러스를 맞출 때 RGD 퍼레이드를 참고하여 RGR 색상 분포를 균형 있게 조정합니다.

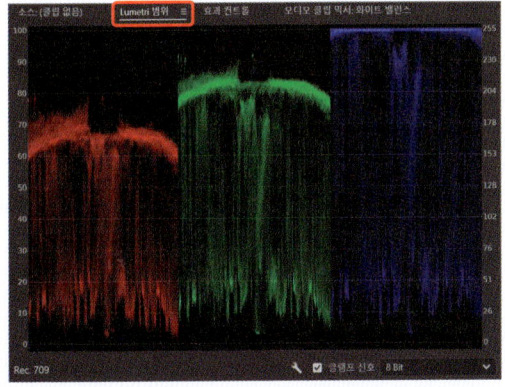

▲ 원본 영상의 RGB 퍼레이드

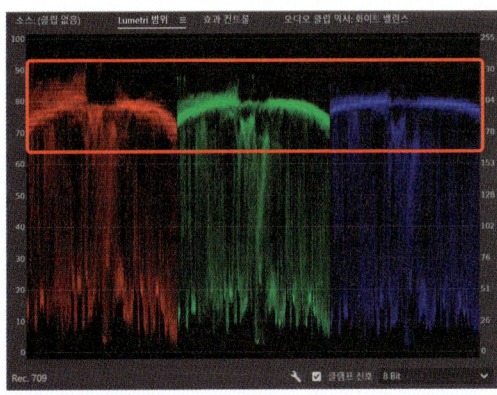

▲ 보정 영상의 RGB 퍼레이드

금손 변신 TIP 기본 교정 영역 금손처럼 사용하기

[Lumetri 색상] 패널의 '기본 교정' 영역은 크게 [색상]과 [조명] 옵션으로 구분되어 비디오 클립의 기본 색상을 보정할 수 있습니다. 먼저 [색상](Color)의 하위 옵션 중 [흰색 균형](White Balance)에서 [WB 선택기] 아이콘을 사용하는 방법은 앞서의 실습에서 자세히 다뤘으며, [온도]와 [색조] 옵션을 변경하여 의도적으로 차가운 느낌, 따뜻한 느낌 등으로 보정할 수 있습니다.

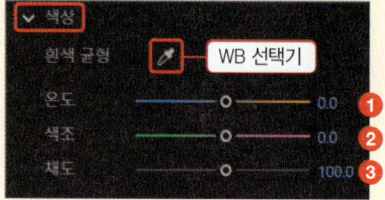

① **온도(Temperature)**: 슬라이더를 왼쪽으로 드래그할수록 영상이 차가운 색상(푸른 계열)으로 표현되고, 오른쪽으로 드래그할수록 영상이 따뜻한 색상(붉은 계열)으로 표현됩니다.

② **색조(Tint)**: 슬라이더를 왼쪽으로 드래그할수록 녹색 계열이 추가되고, 오른쪽으로 드래그할수록 자홍색 계열이 추가됩니다.

③ **채도(Saturation)**: 비디오 클립의 전체 색상을 진하거나 엷게 조정합니다.

▲ 원본 영상

▲ 온도 조정으로 차갑게 보정한 영상

▲ 온도 조정으로 따뜻하게 보정한 영상

다음으로 '기본 교정' 영역의 **[조명]**(Light) 옵션에서는 비디오 클립의 기본 밝기를 조정할 수 있습니다.

Link [조명] 옵션을 이용한 보정 방법은 460쪽 실습에서 자세히 설명합니다.

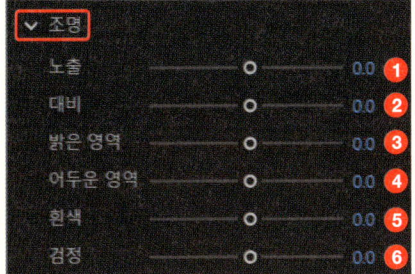

① **노출(Exposure):** 비디오 클립의 밝기를 조정합니다.
② **대비(Contrast):** 비디오 클립의 밝고 어두움의 차이를 조정합니다.
③ **밝은 영역(Highlights):** 비디오 클립의 (중간 범위) 밝은 영역을 밝거나 어둡게 조정합니다.
④ **어두운 영역(Shadows):** 비디오 클립의 (중간 범위) 어두운 영역을 밝거나 어둡게 조정합니다
⑤ **흰색(Whites):** 흰색 계열(가장 밝은 부분)의 밝기를 조정합니다.
⑥ **검정(Blacks):** 검정 계열(가장 어두운 부분)의 밝기를 조정합니다.

다양한 필터 효과 적용하기

[Lumetri 색상] 패널에는 다양한 필터 효과가 포함되어 있습니다. 그러므로 사용자는 효과를 선택하는 것만으로도 영화처럼 멋진 색상을 표현할 수 있습니다. 지금부터 필터 효과를 설정하는 방법과 효과의 강도를 조정하면서 자유롭게 재설정하는 방법을 알아보겠습니다.

완성 미리보기

- **예제 파일:** Chapter 07/필터 효과.prproj
- **완성 파일:** Chapter 07/필터 효과_완성본.prproj

실습 가능 버전
프리미어 프로 CC 2019 이상

필터 효과를 적용하는 2가지 방법

프리미어 프로에서 제공하는 필터 효과를 적용할 때는 [Look] 옵션에서 원하는 필터를 선택하는 방법과 미리 보기 화면에서 효과가 적용된 영상을 미리 확인한 후 실제 영상에 적용하는 방법이 있습니다.

01 **필터 효과.prproj** 예제 파일을 엽니다. 필터 효과를 사용하기 위해 ❶ 작업 영역을 **[색상]** 레이아웃으로 변경합니다. ❷ **[타임라인]** 패널에서 **[야경]** 클립을 선택하고 ❸ **[Lumetri 색상]** 패널에서 '크리에이티브' 영역을 클릭하여 세부 옵션을 펼칩니다.

02 '크리에이티브' 영역이 펼쳐지면 **[Look]** 옵션에서 프리미어 프로의 다양한 필터를 선택할 수 있습니다. 기본값은 **[없음]**으로 설정되어 있으므로, 클릭한 후 **[SL BLEACH HDR]**를 선택해 봅니다. 필터를 선택하면 바로 효과가 적용됩니다.

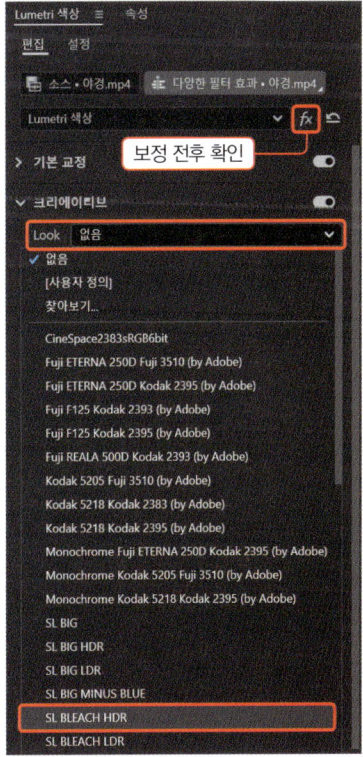

TIP 유튜브에서 'Lut free download'를 검색하면 다양한 필터 효과를 찾아 다운로드할 수 있습니다. 효과를 다운로드한 후에는 **[Look]** 옵션에서 **[찾아보기]**를 선택한 후 필터 효과 목록에 추가해서 사용합니다.

LESSON 04 다양한 필터 효과 적용하기 473

03 효과를 적용한 후에는 [프로그램 모니터] 패널에서 필터 효과를 확인합니다. [Lumetri 색상] 패널에서 상단에 위치한 [fx] 아이콘을 클릭하면서 원본 영상과 보정된 영상을 번갈아 확인할 수 있습니다.

원본 영상

필터 적용 영상

04 이번에는 '크리에이티브' 영역에서 [강도] 옵션의 슬라이더를 오른쪽으로 드래그하여 필터의 강도를 높이거나, 왼쪽으로 드래그하여 강도를 낮춰 봅니다. 예제에서는 기본값 [100]에서 **150**으로 조정했습니다.

05 계속해서 [Look] 옵션 아래에 있는 필터 효과의 미리 보기 화면을 보면서 적용할 필터를 변경해 보겠습니다. ❶ 미리 보기 화면의 좌우에 있는 [<] 또는 [>]를 클릭해서 필터 효과에 따른 변화를 미리 확인해 보세요. 효과 확인 중에 마음에 드는 필터가 있으면 ❷ 미리 보기 화면을 클릭해서 바로 적용할 수 있습니다. 예제에서는 [SL MATRIX MARS]를 적용해 봤습니다.

> **TIP** 〈 또는 〉를 클릭해서 미리 보기 필터를 변경하는 것만으로는 효과가 적용되지 않습니다. 해당 효과를 적용하고 싶다면 반드시 미리 보기 화면을 한 번 클릭해야 합니다.

06 새로운 필터를 적용해도 [강도] 옵션은 앞서 변경한 값 그대로 유지됩니다. [강도] 옵션을 초기화하기 위해 슬라이더의 원형을 더블 클릭합니다.

07 영상을 재생하여 새로 적용한 [SL MATRIX MARS] 필터를 확인해 봅니다.

금손 변신 TIP — 크리에이티브 영역 금손처럼 사용하기

영상을 좀 더 자유롭게 보정하고 싶다면 [Lumetri 색상] 패널에 있는 '크리에이티브' 영역의 옵션을 잘 활용해야 합니다. 각 옵션에 대해 자세히 살펴보겠습니다.

TIP 각 옵션을 변경한 후 언제든 슬라이더에 있는 원형을 더블 클릭하여 초기화 할 수 있습니다.

LESSON 04 다양한 필터 효과 적용하기 **475**

❶ **빛바랜 필름(Faded Film)**: 빛바랜 사진처럼 미드 톤을 유지한 채 어두운 영역과 밝은 영역의 대비를 줄입니다. 기본값은 0이며 최대 100, 최소 -100까지 조정할 수 있습니다.

▲ 빛바랜 필름 0일 때

▲ 빛바랜 필름 100일 때

❷ **선명(Sharpen)**: 가장자리를 보다 선명하게 보정할 수 있습니다. 기본값은 0이며 최대 100, 최소 -100까지 조정할 수 있습니다. 가장자리를 너무 선명하게 보정하면 부자연스러울 수 있으니 주의하세요.

▲ 선명 0일 때

▲ 선명 100일 때

❸ **생동감(Vibrance)**: 채도가 높은 색상에는 영향을 적게 주고, 채도가 낮은 색상을 변경하여 보정합니다. 생동감은 사람의 피부색을 보호하여 색상을 자연스럽게 보정하는 옵션으로 기본값은 0이며 최대 100, 최소 -100까지 조정할 수 있습니다.

▲ 생동감 0일 때

▲ 생동감 100일 때

❹ **채도(Saturation):** 전체 색상의 채도를 높이거나 줄입니다. 채도가 0일 때는 흑백 영상이 되며, 채도가 200일 때는 기본 채도의 2배까지 균일하게 색상이 조정됩니다. 기본값은 100이며, 최대 200, 최소 0까지 조정할 수 있습니다.

▲ 채도 0일 때

▲ 채도 200일 때

❺ **색조 원반(Shadow & Highlight Tint):** 어두운 영역 색조와 강조 표시 색조의 색상 휠을 이용하여 어두운 영역과 밝은 영역의 색상을 보정합니다. 아래 예시는 [**어두운 영역 색조**] 옵션에서 파란색 톤을 추가했습니다. 색상 휠을 더블 클릭하면 초기화됩니다.

▲ 색조 보정 전

▲ 색조 보정 후

❻ **색조 균형(Tint Balance):** 색조 원반에서 선택한 색상을 기준으로 어두운 영역과 밝은 영역에 적용되는 비율을 조절합니다. 기본값은 0이며, 오른쪽으로 드래그할수록 어두운 영역 색조가 더 넓게 적용되고, 왼쪽으로 드래그할수록 강조 표시 색조가 더 넓게 적용됩니다.

LESSON 05
대비와 채도를 조정하여 맑고 쨍한 여행 영상 만들기

TV나 여행사 홈페이지에 가면 당장이라도 떠나고 싶은 푸른 하늘과 청량한 바다와 같이 화려한 색감으로 표현된 여행 영상을 볼 수 있습니다. 하지만, 막상 여행지에서 직접 촬영한 영상을 보면 어떤가요? 어딘지 밋밋하고 심심해 보이죠? 이럴 때 대비와 채도를 보정하여 쨍하고 맑은 여행 영상을 만들 수 있습니다.

완성 미리보기

- **예제 파일:** Chapter 07/여행 영상.prproj
- **완성 파일:** Chapter 07/여행 영상_완성본.prproj

실습 가능 버전
프리미어 프로 CC 2019 이상

01 **여행 영상.prproj** 예제 파일을 열고, ❶ 작업 영역을 색상 보정에 편리한 [색상] 레이아웃으로 변경합니다. ❷ [타임라인] 패널에서 [체코] 클립을 선택한 후 ❸ [Lumetri 색상] 패널에서 '기본 교정' 영역을 클릭하여 세부 옵션을 펼칩니다.

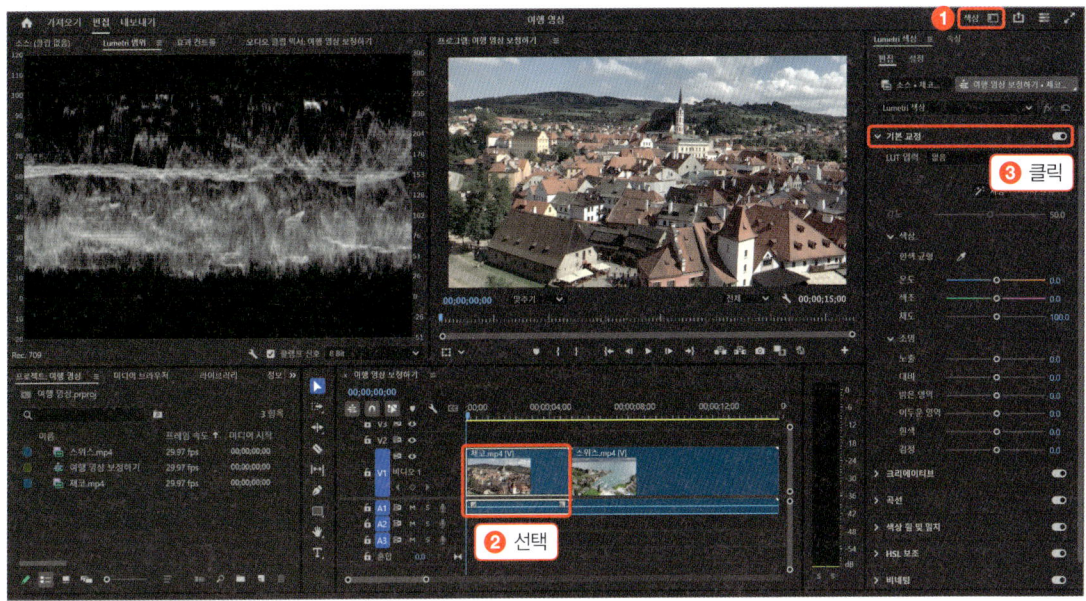

02 [Lumetri 색상] 패널의 '기본 교정' 영역에서 [색상] – [채도] 옵션의 슬라이더를 오른쪽으로 끝까지 드래그하여 채도를 높입니다. [채도] 옵션에서 값을 클릭한 후 200을 입력해도 됩니다.

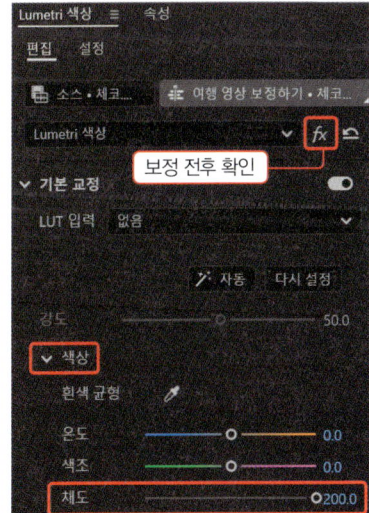

TIP [채도] 옵션의 슬라이더를 왼쪽으로 드래그할수록 채도가 낮아지면서 흑백 영상이 됩니다.

LESSON 05 대비와 채도를 조정하여 맑고 쨍한 여행 영상 만들기 **479**

03 [Lumetri 색상] 패널에서 상단에 위치한 [fx] 아이콘을 클릭하여 원본 영상과 보정된 영상을 비교합니다. 이처럼 [채도] 옵션만 잘 활용해도 영상의 색상을 균일하게 조정할 수 있으며, 값이 클수록 색상이 살아나면서 화려해집니다.

04 이번에는 '기본 교정' 영역에서 [조명] - [대비] 옵션을 100으로 조정합니다. 주로 비디오의 중간 영역 색상을 조정하는 옵션으로 밝은 곳은 더 밝게, 어두운 곳은 더 어둡게 보정하여 색상을 보다 뚜렷하게 만들 수 있습니다.

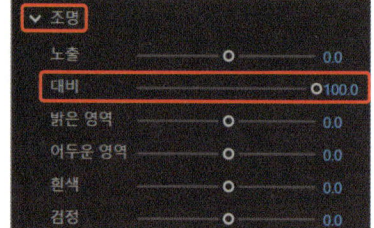

05 [fx] 아이콘을 클릭하면서 원본과 최종 보정한 영상을 비교해 봅니다. 대비와 채도를 조정한 것만으로 밋밋했던 영상이 화려하고 가보고 싶은 여행지 영상으로 변했죠? **[타임라인]** 패널에서 **[스위스]** 클립도 앞서의 방법을 참고해서 보정해 보세요.

TIP 예제에서는 보정 전후를 뚜렷하게 비교하기 위해 [대비] 옵션과 [채도] 옵션을 최댓값으로 높였습니다. 실제 편집 시에는 영상의 색상이 인위적으로 보일 수 있으니 값을 점차적으로 높이면서 적절한 값을 찾아야 합니다.

TIP 인물 위주의 영상에서는 채도와 대비를 높이면 인물이 지나치게 두드러져서 오히려 역효과가 날 수 있으니 주의해야 합니다. 그러므로 인물 위주의 영상이라면 풍경 영상과 반대로 채도와 대비를 살짝 낮춰서 부드럽게 표현하는 것을 추천합니다.

▲ 채도와 대비가 높을 때   ▲ 채도와 대비가 낮을 때

LESSON 06

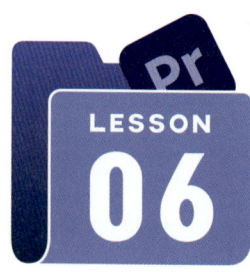

색조 및 채도 곡선으로 생기 있는 얼굴, 맑은 하늘 만들기

'기본 교정' 영역에서 채도를 높이면 영상의 모든 색상이 일괄 수정되었죠? 그렇다면 모든 색상이 아닌, 특정 색상만 보정하고 싶다면 어떻게 해야 할까요? 여기서는 [색조 및 채도] 곡선을 이용하여 특정 색상의 채도만 변경하는 방법을 알아보겠습니다. 이 방법으로 창백한 얼굴을 생기 있게 만들고 흐린 하늘을 푸른 하늘로 만들 수 있습니다.

완성 미리보기

- **예제 파일:** Chapter 07/채도 조정.prproj
- **완성 파일:** Chapter 07/채도 조정_완성본.prproj

실습 가능 버전
프리미어 프로 CC 2019 이상

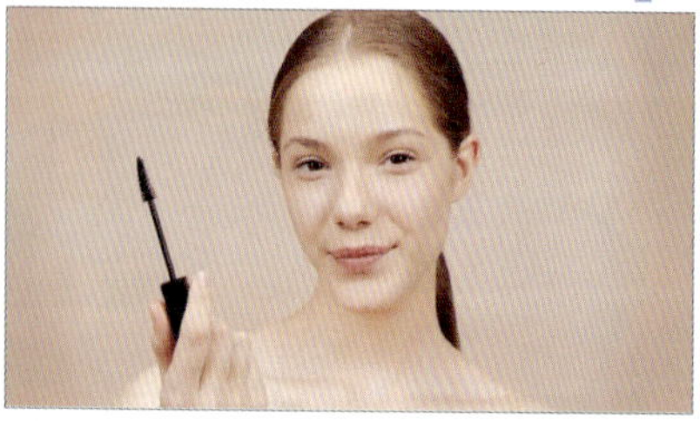

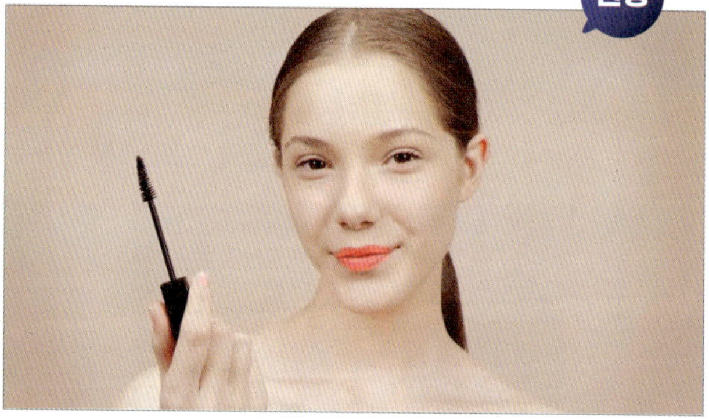

완성

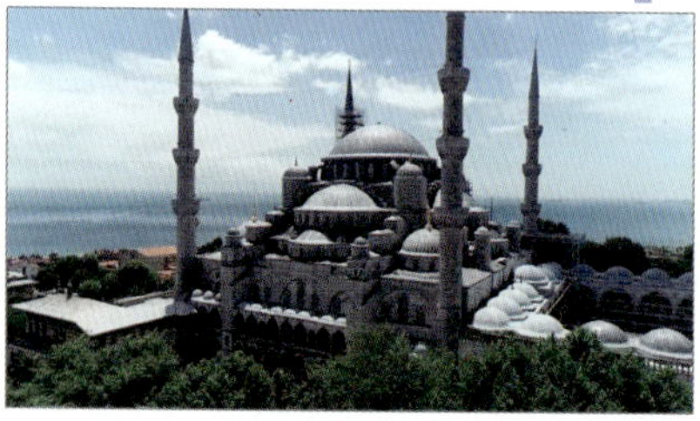

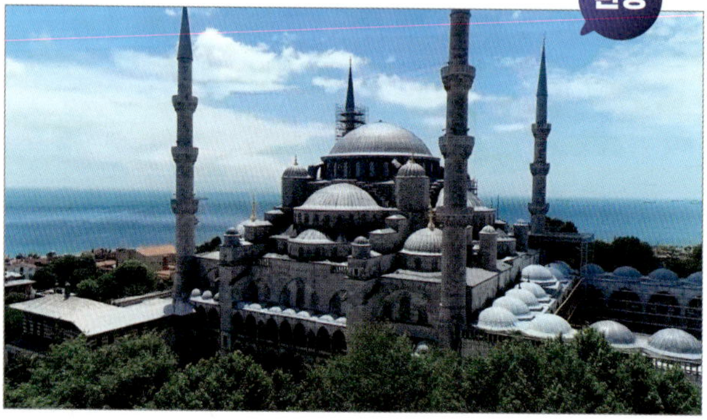

완성

Pr 특정 색상을 지정하여 채도 조정하기

01 채도 조정.prproj 예제 파일을 엽니다. ① 색상 보정에 편리한 [색상] 레이아웃으로 변경한 후 ② [타임라인] 패널에서 [입술 보정] 클립을 선택합니다. ③ [프로그램 모니터] 패널을 보면 생기 없는 인물의 영상을 확인할 수 있습니다.

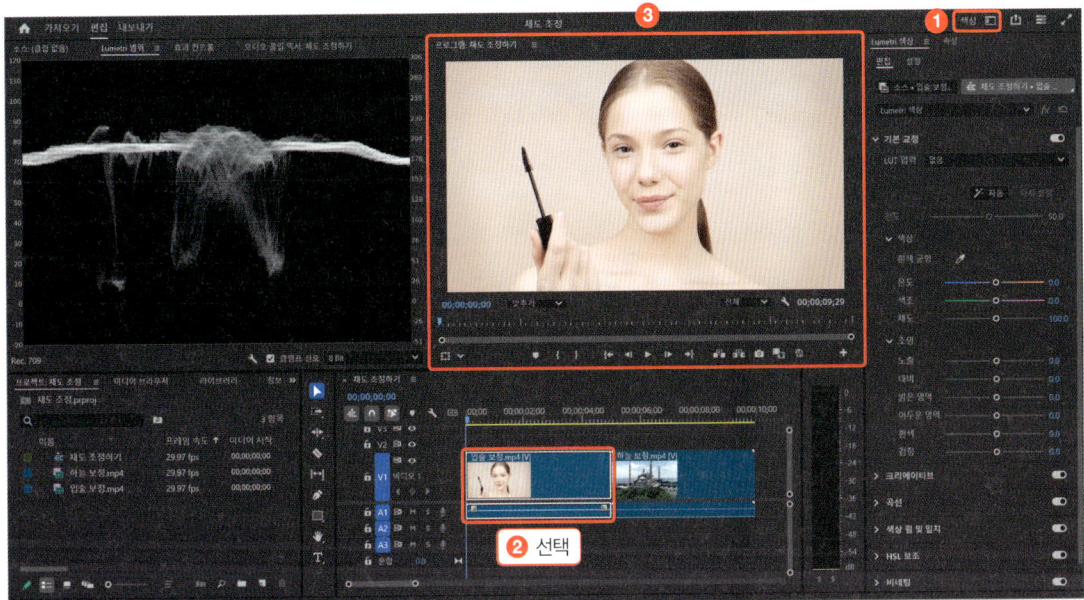

02 색상을 보정하기 위해 ① [Lumetri 색상] 패널에서 '곡선' 영역을 클릭하여 세부 옵션을 펼친 후 ② [색조 채도 곡선] 옵션을 확인합니다. [색조 채도 곡선] 옵션이 닫혀 있으면 클릭해서 펼칩니다.

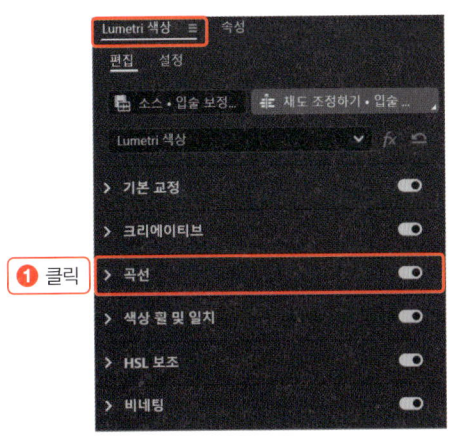
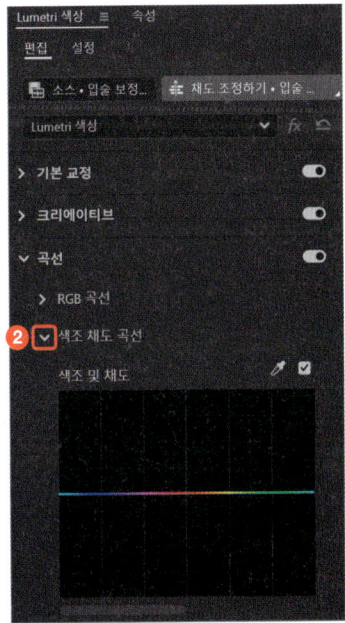

LESSON 06 색조 및 채도 곡선으로 생기 있는 얼굴, 맑은 하늘 만들기

03 [색조 채도 곡선]의 하위 옵션 중 [색조 및 채도] 옵션에서는 선택한 색상만 채도를 조정할 수 있습니다. 예제에서는 입술의 채도를 높이기 위해 ❶ [색조 및 채도](Hue vs Sat) 옵션에 있는 스포이트 모양 아이콘을 클릭한 후 ❷ [프로그램 모니터] 패널에서 보정할 색상인 입술을 클릭합니다.

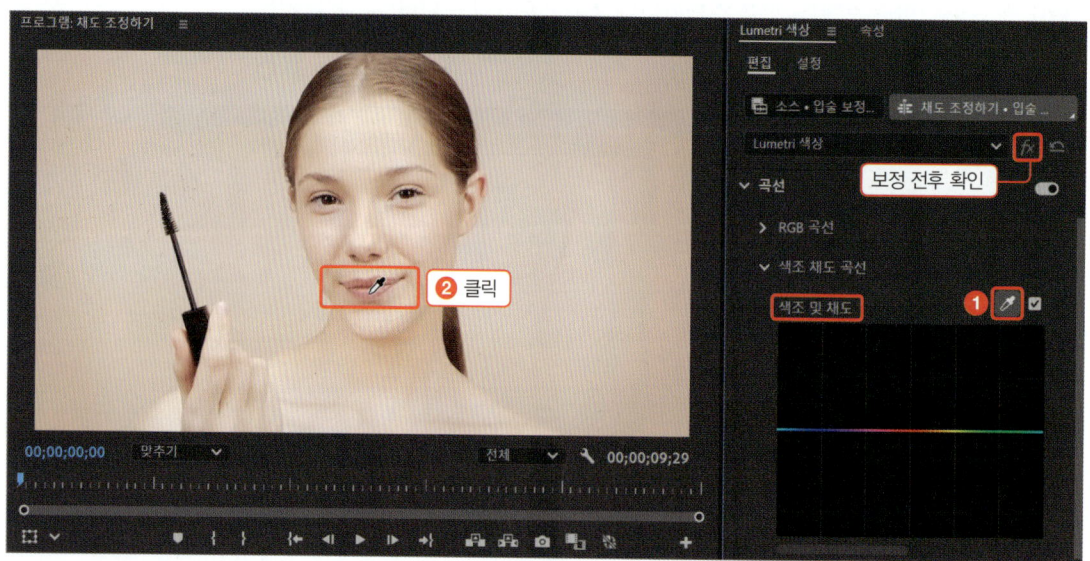

TIP '곡선' 영역에 있는 각종 곡선 그래프들은 대부분 형태가 비슷합니다. 그러므로 옵션을 변경하기 전에 반드시 스포이트 아이콘 왼쪽에 표시된 그래프 이름을 한 번 더 확인하세요.

04 선택한 색상에 따라 [색조 및 채도] 곡선에 3개의 조절점이 생성되며, 가운데에 있는 조절점이 스포이트 아이콘으로 클릭해서 선택한 색상입니다. 선택한 색상의 채도를 높이기 위해 가운데에 있는 조절점을 클릭한 채 위로 드래그합니다.

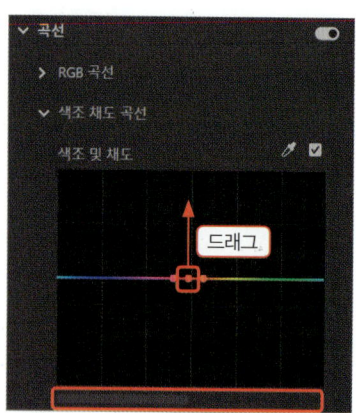 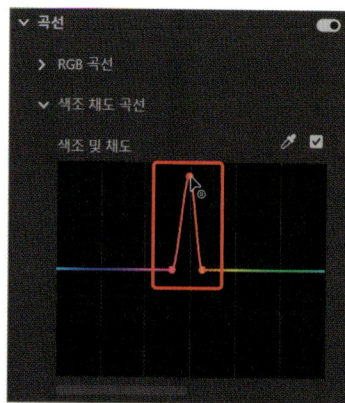

TIP [색조 및 채도] 곡선에서 조절점을 위로 올릴수록 채도가 높아지며, 아래로 내릴수록 채도가 낮아져 흑백 영상이 됩니다. 만약 3개의 조절점이 나란하게 보이지 않는다면 곡선 아래쪽에 있는 스크롤을 오른쪽 또는 왼쪽 끝으로 드래그합니다.

05 입술의 채도를 높인 후에는 [fx] 아이콘을 클릭하면서 원본과 비교해 봅니다. 입술 색상의 채도를 높임으로써 더욱 생기 있는 얼굴이 되었죠? 이처럼 **[색조 및 채도]** 옵션에서 원하는 색만 채도를 변경할 수 있습니다.

 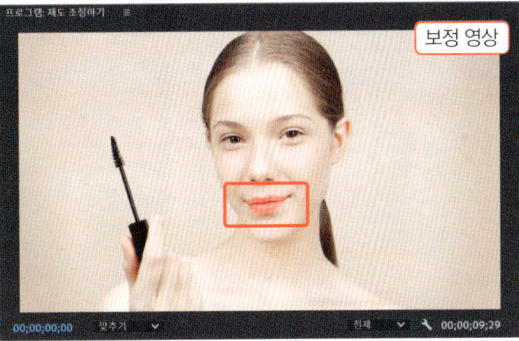

06 앞의 과정을 참고하여 **[타임라인]** 패널에서 **[하늘 보정]** 클립을 선택한 후 하늘색의 채도를 높여 푸른 하늘로 보정해 보세요.

금손 변신 TIP 곡선의 조절점 금손처럼 사용하기

▶ 조절점의 위치를 옮기고 싶다면?

곡선 그래프에서 조절점을 클릭한 채 좌우로 드래그하면 위치를 옮길 수 있으며, 옮긴 위치에 따라 곡선이 더욱 뾰족해지거나 완만해집니다. 곡선이 뾰족할수록 선택한 색상만 효과가 적용되고, 완만할수록 여러 색상에 걸쳐 효과가 적용됩니다.

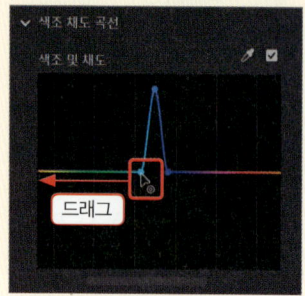 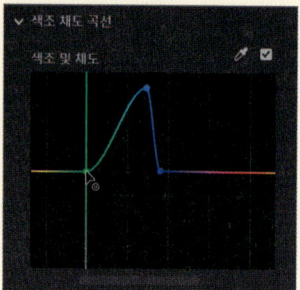

▶ 조절점을 추가하고 싶다면?

스포이트 모양의 아이콘을 클릭한 후 색상을 선택하는 과정을 반복하면 계속해서 조절점을 3개씩 추가할 수 있습니다. 혹은 곡선으로 마우스 커서를 가져간 후 펜툴 모양으로 바뀔 때 클릭하면 원하는 위치에 조절점을 1개씩 추가할 수도 있습니다.

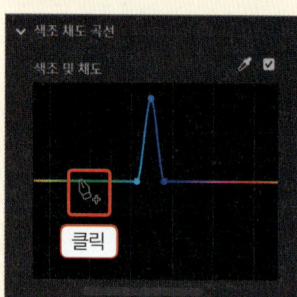 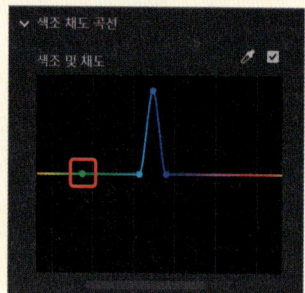

▶ 조절점을 삭제하고 싶다면?

Ctrl 을 누른 채 삭제하고 싶은 조절점을 클릭하면 해당 조절점이 삭제됩니다. 만약 조절점을 한 방에 모두 삭제하고 싶다면 곡선 창 내의 빈 공간을 더블 클릭합니다. 조절점이 모두 삭제되면서 곡선이 일직선으로 초기화됩니다.

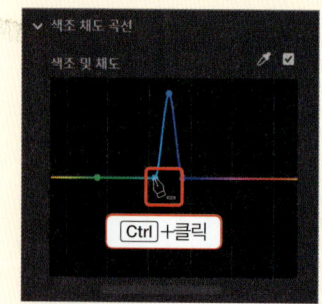 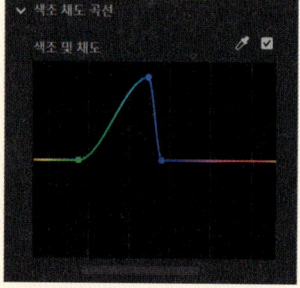

▲ 한 개의 조절점 삭제하기

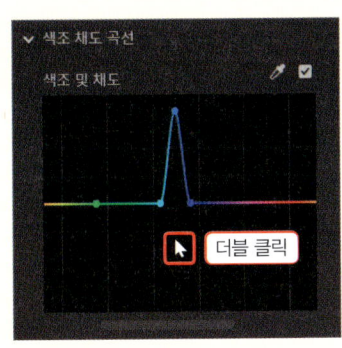 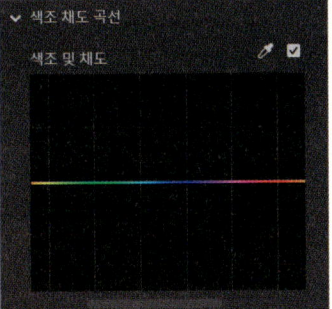

▲ 조절점 일괄 삭제하기

▶ **곡선 효과를 끄고 싶다면?**

[Lumetri 색상] 패널에서 상단에 위치한 [fx] 아이콘을 클릭하면서 적용된 모든 효과를 켜거나 껐었죠? '곡선' 영역에서는 스포이트 모양 아이콘 오른쪽에서 체크를 해제하거나 다시 체크하여 효과를 끄거나 켤 수 있습니다.

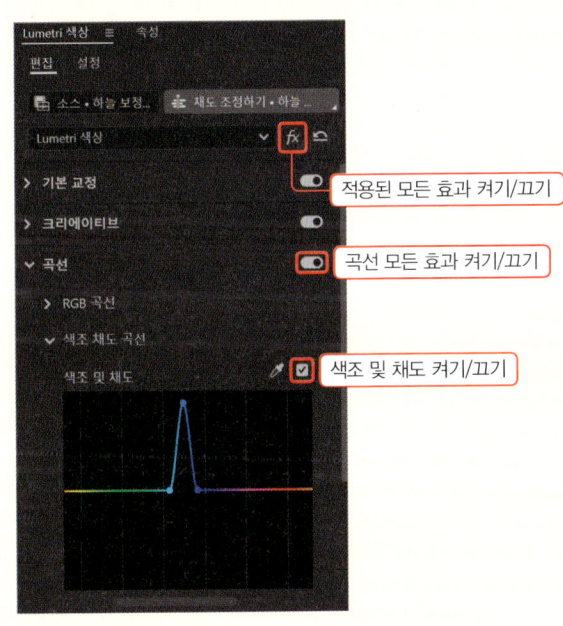

원하는 색만 남기고 흑백으로 만들기

LESSON 07

영화 〈씬 시티〉를 보신 적이 있으신가요? 〈씬 시티〉에서는 강렬한 빨간색을 강조하기 위해 다른 배경은 모두 흑백으로 표현했습니다. 여기서는 〈씬 시티〉라는 영화처럼 원하는 색상만 남기고 나머지는 모두 흑백으로 변경하여 특정 부분만 강조하는 매력적인 영상을 만들어 보겠습니다.

완성 미리보기

- **예제 파일:** Chapter 07/컬러 포인트.prproj
- **완성 파일:** Chapter 07/컬러 포인트_완성본.prproj

실습 가능 버전
프리미어 프로 CC 2019 이상

01 **컬러 포인트.prproj** 예제 파일을 열고 ❶ 색상 보정에 편리한 [**색상**] 레이아웃으로 변경합니다. ❷ [**타임라인**] 패널에서 [**런던버스**] 클립을 선택하고 ❸ [**Lumetri 색상**] 패널에서 '곡선' 영역을 펼친 후 ❹ [**색조 채도 곡선**] 옵션을 펼칩니다.

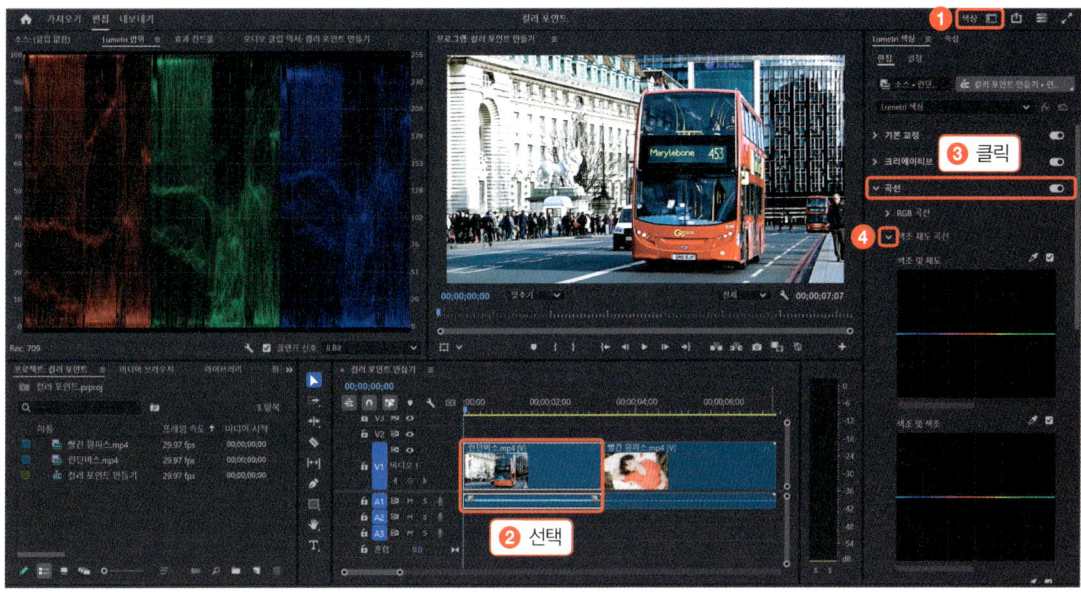

02 [**색조 채도 곡선**] 옵션 중 가장 위에 있는 ❶ [**색조 및 채도**](Hue vs Sat) 옵션에서 스포이트 모양의 아이콘을 클릭한 후 ❷ [**프로그램 모니터**] 패널에서 강조할 색상인 버스의 빨간 부분을 클릭합니다.

> **TIP** 채도를 변경할 때는 [색조 및 채도] 옵션을 이용합니다. '곡선' 영역에 있는 각종 곡선 그래프들은 대부분 형태가 비슷합니다. 그러므로 옵션을 변경하기 전에 반드시 스포이트 아이콘 왼쪽에 표시된 그래프 이름을 한 번 더 확인하세요.

03 스포이트 모양 아이콘으로 색상을 지정하면 다음과 같이 3개의 조절점이 생성되며, 이 중에서 가운데 조절점이 선택한 색상입니다.

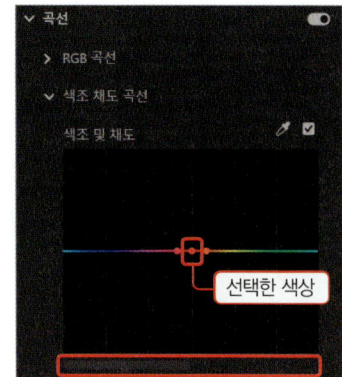

TIP 조절점이 일렬로 보이지 않는다면 해당 그래프 아래에 있는 스크롤을 좌우로 드래그해 봅니다.

04 이번 실습은 버스의 빨간색만 남기고 나머지 배경은 채도를 낮춰 흑백으로 만들 것입니다. 그러므로 가운데 조절점은 그대로 두고 ❶ ❷ 양쪽에 있는 조절점을 각각 클릭한 채 아래로 드래그합니다.

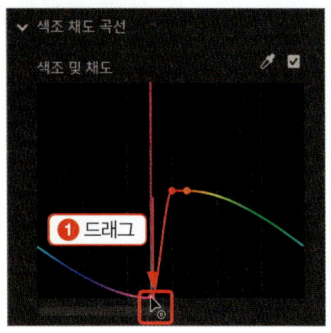 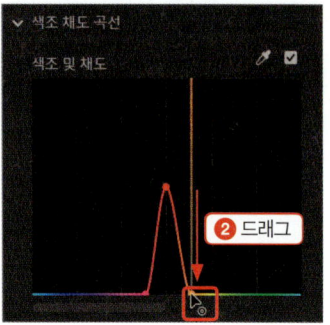

TIP 색조 및 채도 곡선에서 조절점을 위로 드래그할수록 채도가 높아지며, 아래로 드래그할수록 채도가 낮아져 흑백 영상이 됩니다.

05 [Lumetri 색상] 패널에서 상단에 위치한 [fx] 아이콘을 클릭하면서 원본과 비교해 보면 버스의 빨간색을 제외한 나머지 색이 흑백으로 표현되어 빨간 버스가 더욱 강조됩니다. [빨간 원피스] 클립도 위와 같은 방법으로 원피스의 빨간색만 강조해 보세요. 이렇게 특정 색상만 남기면 더욱 재미있는 영상을 만들 수 있겠죠?

LESSON 08
특정 색상을 다른 색상으로 변경하기

빨간색 꽃보다 보라색 꽃을 더 좋아한다면? 빨간 원피스보다 파란색 원피스를 입고 싶었다면? 현실에서는 상상으로 그쳤지만, 프리미어 프로에서는 촬영한 영상의 색상을 마법처럼 다른 색으로 변경할 수 있습니다. 특정 색상을 선택하여 원하는 다른 색상으로 변경해 보겠습니다.

완성 미리보기

- **예제 파일:** Chapter 07/색상 변경.prproj
- **완성 파일:** Chapter 07/색상 변경_완성본.prproj

실습 가능 버전
프리미어 프로 CC 2019 이상

Pr 색조 및 색조 곡선으로 지정한 색 바꾸기

01 **색상 변경.prproj** 예제 파일을 엽니다. ① 색상 보정에 편리한 [색상] 레이아웃으로 변경한 후 ② [타임라인] 패널에서 [빨간 원피스] 클립을 선택합니다. ③ [프로그램 모니터] 패널을 보면 빨간색 원피스를 입은 사람이 있습니다. 원피스 색을 파란색으로 변경해 보겠습니다.

02 ① [Lumetri 색상] 패널에서 '곡선' 영역을 펼친 후 ② [색조 채도 곡선] 옵션을 펼쳐서 ③ 두 번째에 있는 [색조 및 색조] 옵션을 확인합니다. 선택한 색상을 다른 색상으로 변경할 때 사용하는 곡선입니다.

03 빨간 원피스를 다른 색상으로 변경해 보겠습니다. ❶ [색조 채도 곡선]의 하위 옵션 중 [색조 및 색조] (Hue vs Hue) 옵션에서 스포이트 모양의 아이콘을 클릭하고 ❷ [프로그램 모니터] 패널에서 빨간 원피스를 클릭합니다.

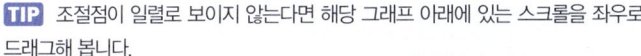

TIP 색상을 변경할 때는 [색조 및 색조] 옵션을 이용합니다. 스포이트 아이콘 왼쪽에 표시된 그래프 이름을 한 번 더 확인하세요.

04 스포이트 모양 아이콘으로 원피스를 클릭했더니 [색조 및 색조] 곡선에 다음과 같이 3개의 조절점이 생성되었으며, 이 중에서 가운데 조절점이 클릭해서 선택한 색상입니다.

TIP 조절점이 일렬로 보이지 않는다면 해당 그래프 아래에 있는 스크롤을 좌우로 드래그해 봅니다.

05 선택한 색상에 해당하는 가운데 조절점을 클릭한 채 위 또는 아래로 드래그해 봅니다. 조절점을 드래그하면 세로 표시기가 나타나고 조절점을 놓는 자리에 있는 색으로 처음 선택한 색상이 변경됩니다. 예제는 위로 드래그했습니다.

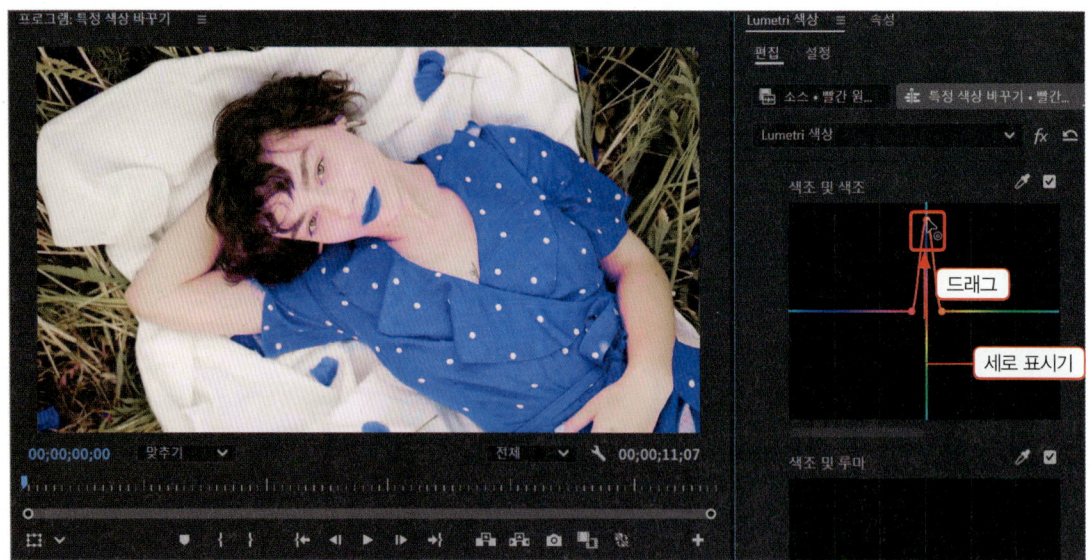

> **TIP** 조절점의 위치를 변경할 때 좌우는 고정한 채 상하로만 옮기고 싶다면 [Shift]를 누른 채 드래그하면 됩니다.

06 조절점을 위로 드래그해서 빨간 원피스를 파란색으로 변경했더니 인물의 피부색과 가까운 주황색 계열도 미세하게 변경되었죠? 주황색 계열은 변경되지 않도록 하기 위해 주황색 조절점을 왼쪽으로 살짝 드래그하여 원래 색상을 유지합니다.

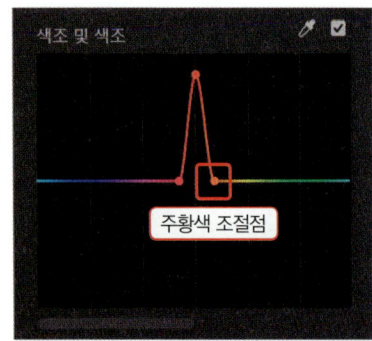 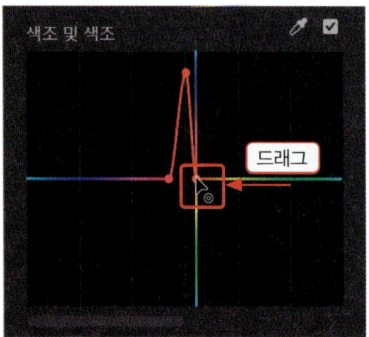

> **TIP** 그래프 곡선이 뾰족할수록 선택한 색상에 효과가 적용되고, 완만해질수록 여러 색상에 걸쳐 효과가 적용됩니다.

07 주황색 계열의 조절점을 왼쪽으로 드래그하기 전과 후의 영상을 비교해 보세요. 가운데 있는 빨간색 조절점만 위로 드래그했을 때보다 이마와 팔 부분이 원래 색상에 가깝게 표현되었죠?

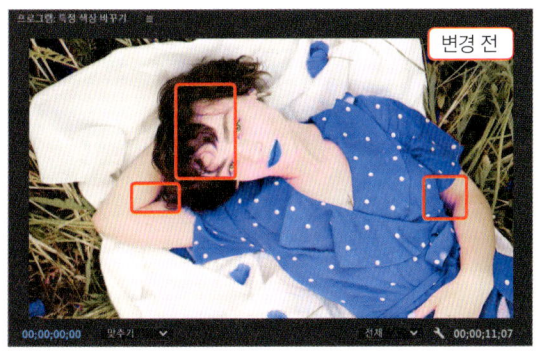

Pr 특정 영역에만 효과를 적용하는 마스크 활용하기

위의 실습으로 원피스의 빨간색을 파란색으로 보정했습니다. 하지만, 자세히 보면 원피스와 같은 빨간색 계열의 입술도 파란색으로 바뀐 것을 확인할 수 있습니다. 위 실습에 이어서 마스크 기능을 활용하여 입술의 색상을 원래대로 되돌려 보겠습니다.

01 파란색으로 변경된 입술을 원래의 색상으로 되돌리기 위해 마스크를 추가하겠습니다. ❶ [타임라인] 패널에서 [빨간 원피스] 클립을 선택하고 ❷ [효과 컨트롤] 패널(Shift + 5)의 '비디오' 영역에서 [Lumetri 색상] 옵션에 있는 [타원 마스크 만들기] 아이콘을 클릭합니다.

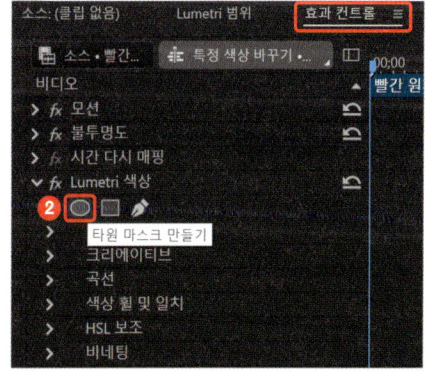

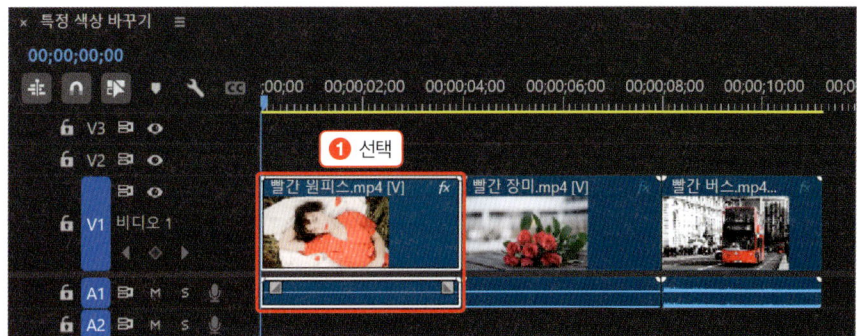

LESSON 08 특정 색상을 다른 색상으로 변경하기 **495**

02

❶ [프로그램 모니터] 패널을 보면 타원형의 마스크가 생성되면서, 파란색으로 보정한 효과가 마스크 안에서만 적용되는 것을 확인할 수 있습니다. ❷ 마스크에 있는 각 조절점을 드래그하여 입술 크기에 맞춰 마스크 크기를 조절합니다.

> **TIP** 위와 같이 마스크 기능을 이용하면 마스크에 포함된 부분만 색상을 변경할 수 있습니다. **Link** 마스크 크기 및 위치를 조절하는 방법은 340쪽에서 자세히 설명합니다.

03

입술의 위치에 따라 마스크의 위치도 변하도록 입술을 트래킹해야 합니다. ❶ [효과 컨트롤] 패널에서 [Lumetri 색상] - [마스크(1)] - [마스크 패스] 옵션에 있는 [선택한 마스크 앞으로 추적] 아이콘을 클릭합니다. ❷ 마스크 추적이 끝나면 키프레임이 생성됩니다.

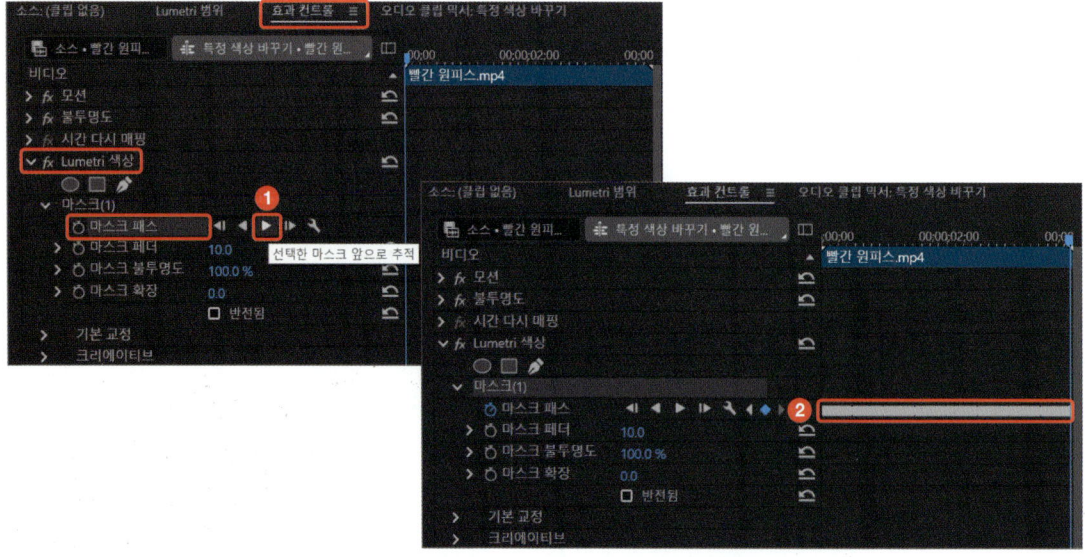

> **TIP** [선택한 마스크 앞으로 추적]은 재생헤드의 위치에서 오른쪽 방향으로 추적합니다. 만약 재생헤드가 클립 중간에 있었다면 이어서 [선택한 마스크 뒤로 추적] 기능으로 이어서 추적하면 됩니다.

04 영상을 재생해 보면 입술의 위치에 따라 마스크도 같이 움직이는 것을 확인할 수 있습니다. 하지만, 의도와 달리 입술만 파란색이죠? 마스크 영역을 제외하고 나머지 영역에 효과를 적용해야 하므로 [Lumetri 색상] - [마스크(1)] 옵션에서 [반전됨]에 체크합니다.

05 [Lumetri 색상] 패널에서 상단에 위치한 [fx] 아이콘을 클릭하면서 원본과 비교해 봅니다. 빨간색 원피스만 파란색으로 감쪽같이 변경되었죠? [타임라인] 패널에서 [빨간 장미]와 [빨간 버스] 클립도 실습 과정을 참고하여 원하는 색상으로 보정해 보세요.

TIP [색조 및 색조] 곡선에서 여러 색상을 변경할 수도 있습니다. 예를 들면 아래 이미지처럼 파란색과 빨간색 정장을 모두 초록색 정장으로 변경하고 싶다면 [색조 및 색조] 곡선에 있는 스포이트 모양 아이콘으로 파란색과 빨간색을 각각 클릭합니다. 곡선에 3개씩 2쌍의 조절점이 추가되면 다음과 같이 중간에 있는 조절점만 위아래로 드래그하여 원하는 색상으로 변경하면 됩니다. 이때 얼굴 등 색상을 유지하고 싶은 부분은 마스크 기능으로 영역을 분리하여 보정합니다.

▲ 색상 보정 전

▲ 색상 보정 후

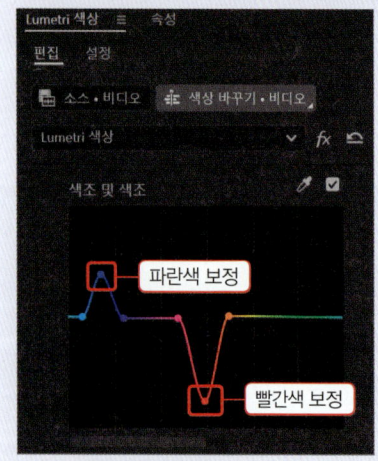
▲ 파란색과 빨간색의 색상 보정 곡선

TIP 색상 일치 작업을 할 때 [Lumetri 범위] 패널에서 RGB 퍼레이드를 참고하면 좀 더 쉽게 색상을 맞출 수 있습니다.
Link RGB 퍼레이드를 표시하는 방법은 456쪽에서 자세히 설명합니다.

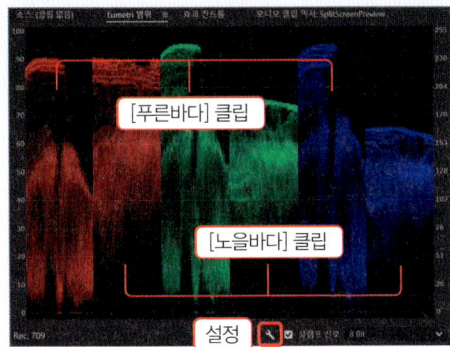

비교 보기 기능을 실행하면 RGB 퍼레이드도 채널별로 2분할됩니다. 그러므로 채널별로 왼쪽은 [푸른바다] 클립, 오른쪽은 [노을바다] 클립을 나타냅니다. 그래프를 참고하면서 각 영역의 색상 휠을 조절하여 RGB 색상 분포를 비슷하게 맞춰 보세요.

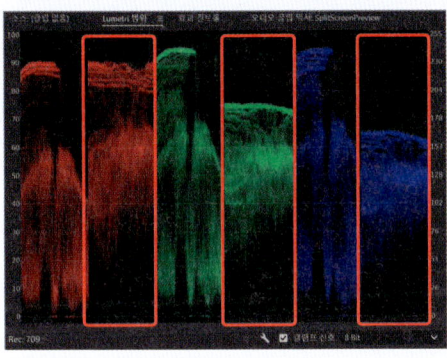
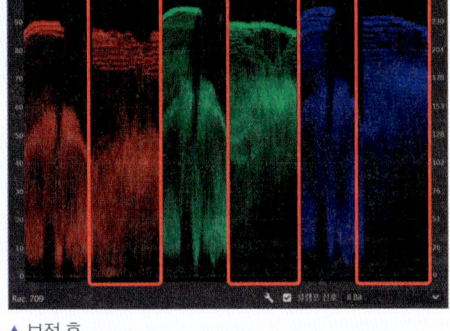

▲ 보정 전   ▲ 보정 후

07 [Lumetri 색상] 패널에서 상단에 위치한 [fx] 아이콘을 클릭하면서 원본과 비교합니다. 노란색 톤의 바다가 감쪽같이 푸른 바다로 변경되었죠? 예제처럼 여러 개의 클립을 배치했을 때 색상 일치 기능을 이용하여 각 클립의 색상을 비슷하게 보정해서 자연스러운 영상을 만들어 보세요.

LESSON 09 서로 다른 클립의 색감을 동일하게 보정하기 **503**

금손 변신 TIP 원본 영상 비교 금손처럼 사용하기

색상 보정을 하면서 원본 영상을 확인하기 위해서는 [Lumetri 색상] 패널에서 맨 위에 있는 [fx] 아이콘을 수도 없이 클릭해야 했죠? 아래와 같이 [fx] 아이콘을 단축키로 지정하면 좀 더 쉽고 빠르게 원본 영상을 확인할 수 있습니다.

① 프리미어 프로의 메뉴 바에서 [편집] - [키보드 단축키]를 선택하거나 단축키 Ctrl + Alt + K 를 누릅니다. ② 키보드 단축키 창이 열리면 오른쪽 위에 있는 [레이아웃] 옵션을 [en]으로 변경한 후 ③ 검색란에 [Lumetri 색상 효과] (Bypass Lumetri Color Effects)를 입력해서 검색합니다. ④ 검색 결과에서 [Lumetri 색상 효과 무시]의 단축키 부분을 클릭해서 편집 상태로 만들고 실제 키보드에서 단축키로 사용할 키를 누릅니다. 예제에서는 F2 를 단축키로 지정하겠습니다. ⑤ 단축키 지정이 끝나면 [확인] 버튼을 클릭하여 설정을 저장합니다.

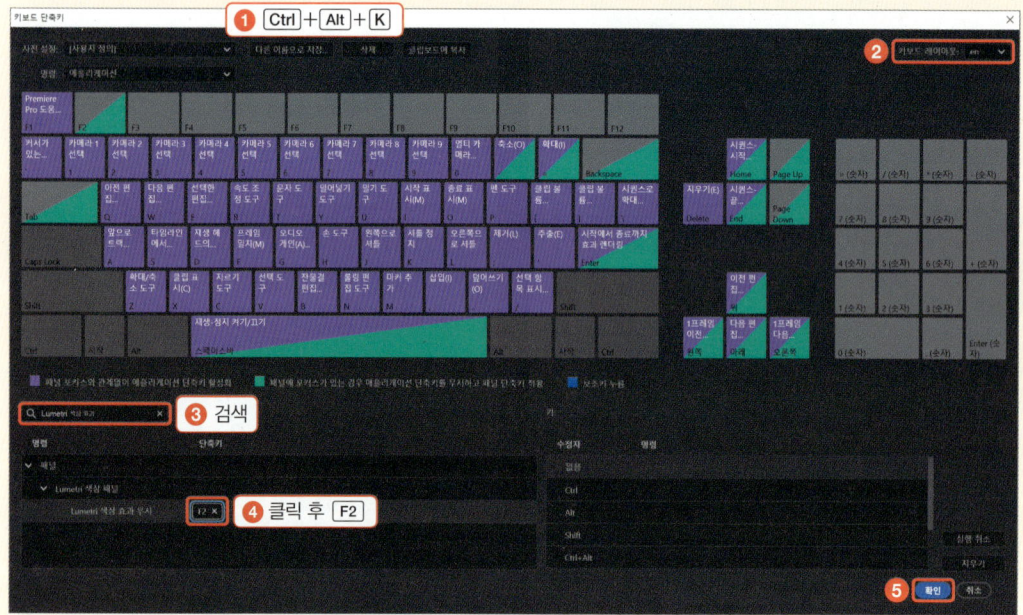

새로운 단축키를 추가했으면 예제 파일에서 [Lumetri 색상] 패널에 있는 옵션을 이용해 영상을 보정한 후 앞에서 단축키로 지정한 F2 를 눌러 봅니다. 이때 [fx] 아이콘이 변하는지 확인해 보세요.

단축키가 제대로 실행되지 않는다면 보정한 클립이 선택되어 있고 [Lumetri 색상] 패널이 활성화되어 있는지 확인해 봅니다. 또한, [fx] 아이콘을 클릭하는 것과 달리 단축키는 계속 누르고 있어야 원본 영상을 확인할 수 있고, 손을 떼면 곧바로 보정된 영상이 표시됩니다.

TIP [레이아웃] 옵션을 [en]으로 변경해야 현재 지정된 단축키가 모두 보입니다. 단축키를 모두 확인하고 현재 사용하지 않는 키를 새로운 단축키로 할당해야겠죠?

LESSON 10 뽀샤시하게 인물 영상 보정하기

세 단계에 걸쳐 인물을 뽀샤시하게 보정해 보겠습니다. 1단계에서는 잡티를 제거하고, 2단계는 얼굴의 톤을 밝게 보정하며, 3단계에서는 얼굴에서 빛이 나는 것처럼 최종적으로 뽀샤시한 효과를 만듭니다. 이번 실습으로 더욱 아름다운 인물 영상을 만들어 보세요.

완성 미리보기

- 예제 파일: Chapter 07/피부 보정.prproj
- 완성 파일: Chapter 07/피부 보정_완성본.prproj

실습 가능 버전
프리미어 프로 CC 2019 이상

Pr 점, 뾰루지 등 잡티 제거하기

가우시안 흐림 효과와 트래킹 작업으로 얼굴에 있는 잡티부터 제거해 보겠습니다.

01 **피부 보정.prproj** 예제 파일을 엽니다. [**타임라인**] 패널에서 Alt 를 누른 채 [**피부 보정**] 클립을 위로 드래그하여 V2 트랙에 복제 배치합니다.

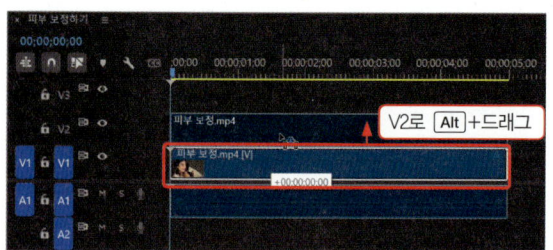

TIP V1 트랙에 있는 클립에 효과를 바로 적용할 수도 있지만, 언제든지 처음으로 되돌릴 수 있도록 V2 트랙에 클립을 복제하여 배치했습니다.

02 ① [**효과**] 패널(Shift + 7)의 검색란에서 [**가우시안 흐림**](Gaussian Blur)을 검색해서 찾고 ② [**가우시안 흐림**] 효과를 V2 트랙의 [**피부 보정**] 클립으로 드래그하여 적용합니다.

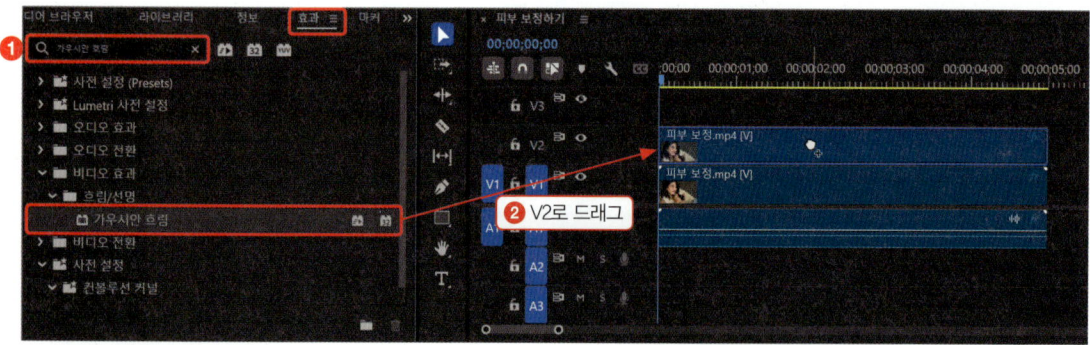

03 잡티가 있는 부분에만 효과를 적용할 것이므로 마스크를 추가하겠습니다. ① [**타임라인**]에서 V2 트랙의 [**피부 보정**] 클립을 선택하고 ② [**효과 컨트롤**] 패널(Shift + 5)에서 [**가우시안 흐림**] 옵션의 [**타원 마스크 만들기**] 아이콘을 클릭하여 타원 마스크를 생성합니다.

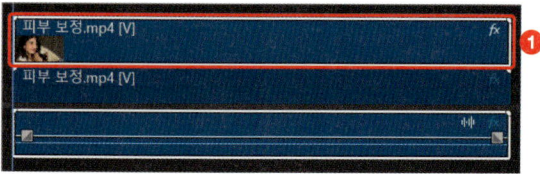
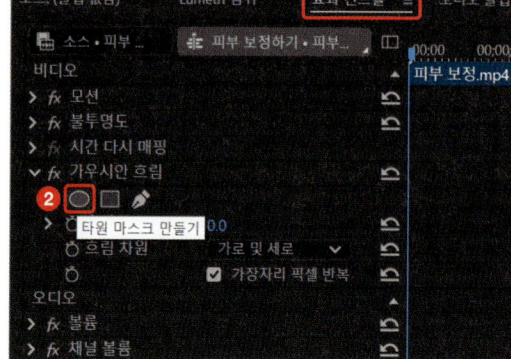

TIP [불투명도] 옵션에 있는 [타원 마스크 만들기] 아이콘을 클릭하지 않도록 주의합니다.

04 ① [프로그램 모니터] 패널에 추가된 타원 마스크의 조절점을 드래그하여 입술 위의 점들을 덮을 정도로 크기를 조정하고, ② 마스크 안쪽을 드래그하여 그림과 같이 마스크를 배치합니다.

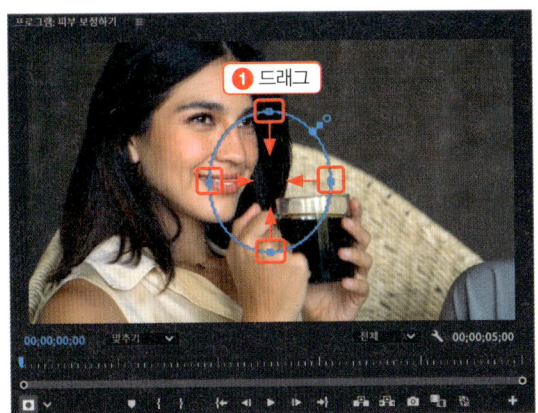
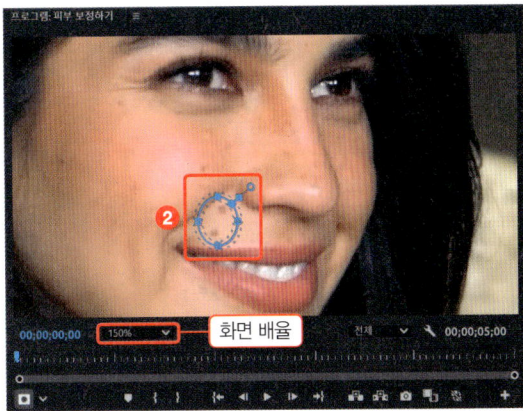

TIP 위와 같이 섬세한 작업 중에는 [프로그램 모니터] 패널의 화면을 확대합니다. 확대된 화면에서 원하는 부분으로 이동할 때는 [도구] 패널에서 [손 도구]를 선택한 후 화면에서 드래그합니다.

05 잡티를 제거하기 위해 ① [효과 컨트롤] 패널에서 [가우시안 흐림] 옵션의 [흐림] 옵션을 35로 설정하고, ② 경계면을 부드럽게 설정하기 위해 [마스크(1)] - [마스크 페더] 옵션을 20으로 설정합니다.

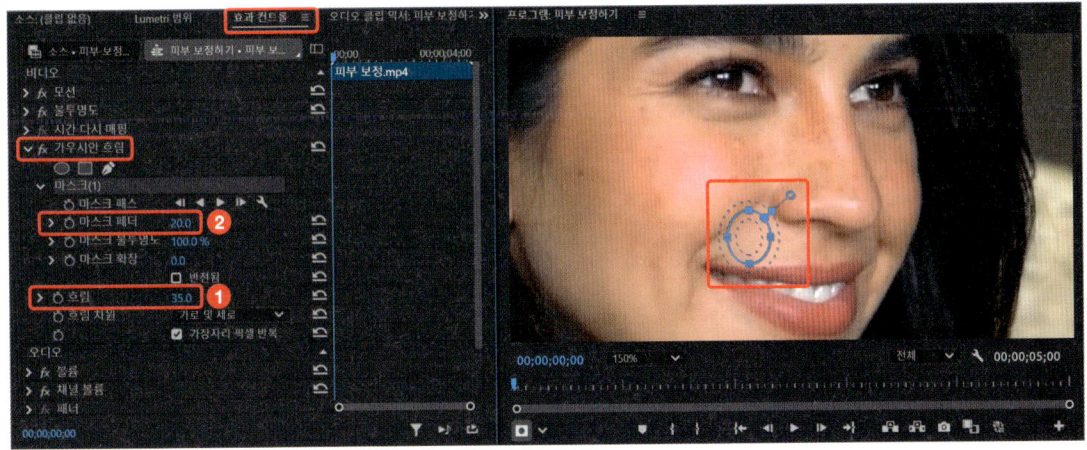

TIP 옵션을 설정하는 데 정답은 없습니다. [프로그램 모니터] 패널의 화면을 보면서 적당한 값을 찾아 주세요.

06 [프로그램 모니터] 패널을 보면 마스크로 선택한 영역의 잡티가 감쪽같이 사라졌죠? 이제 잡티의 위치에 따라 마스크도 따라서 움직이도록 ① [효과 컨트롤] 패널의 [가우시안 흐림] – [마스크(1)] – [마스크 패스] 옵션에 있는 [선택한 마스크 앞으로 추적] 아이콘을 클릭합니다. ② 점의 움직임을 추적하여 키프레임이 생성됩니다.

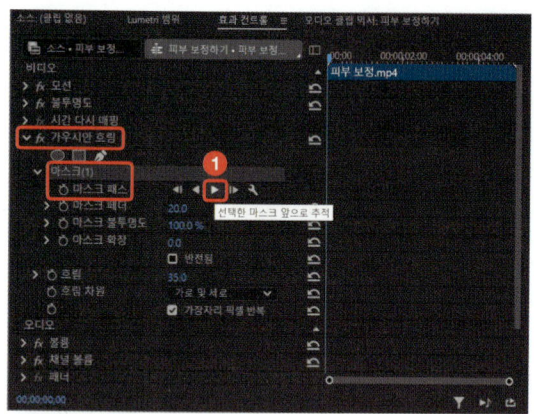 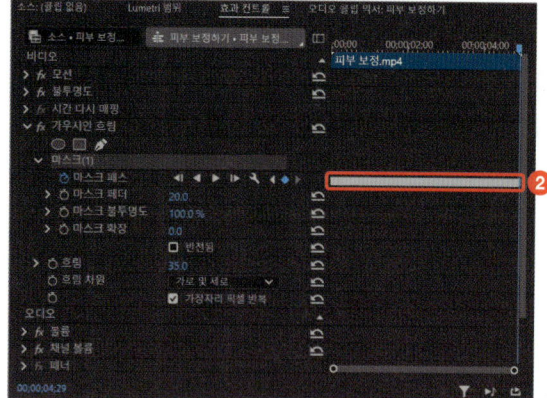

07 계속해서 나머지 잡티도 제거합니다. ① [가우시안 흐림] 옵션에 있는 [타원 마스크 만들기] 아이콘을 클릭하여 마스크를 추가하고, ② [프로그램 모니터] 패널에서 마스크의 크기 및 위치를 조정합니다. ③ [마스크(2)] – [마스크 페더] 옵션을 10으로 조정하고, ④ [선택한 마스크 앞으로 추적] 아이콘을 클릭하여 점의 움직임을 추적합니다.

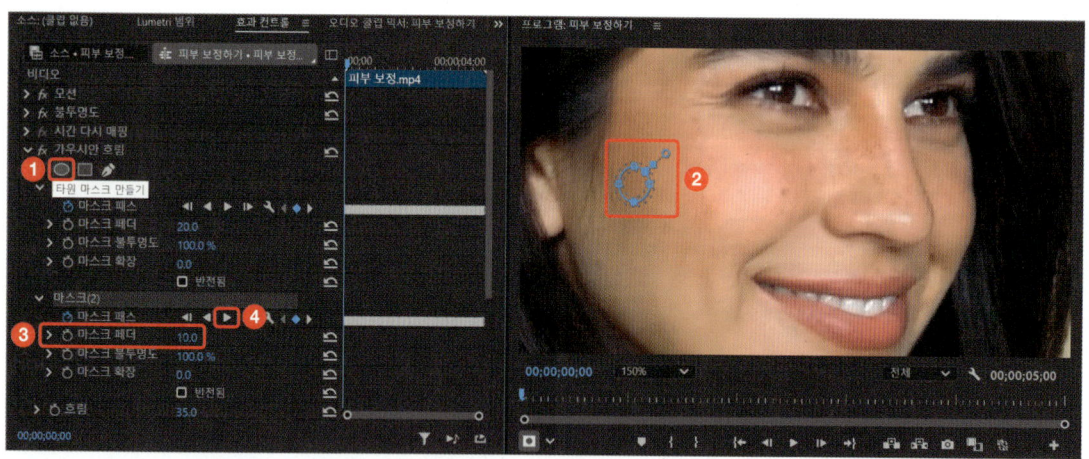

TIP 새로운 마스크를 추가할 때마다 [가우시안 흐림] 옵션의 하위 옵션으로 [마스크(2)], [마스크(3)] 옵션이 추가됩니다.

08 이처럼 잡티가 있는 위치마다 마스크를 추가한 후 [마스크 페더] 옵션을 변경하고 트래킹을 실행하면 깨끗한 피부를 만들 수 있습니다.

Pr 얼굴 톤 밝게 보정하기

잡티를 제거했으니 다음 단계로 얼굴의 톤을 밝게 보정해 보겠습니다. Lumetri 색상의 'HSL 보조' 기능을 이용합니다.

01 잡티를 제거한 클립을 다시 한 개의 클립으로 묶기 위해 ❶ [타임라인] 패널에서 클립을 모두 선택하고 마우스 오른쪽 버튼으로 클릭한 후 ❷ [중첩](Nest)을 선택합니다. ❸ 중첩된 시퀀스 이름 창이 열리면 사용할 이름으로 **피부 보정 1단계**를 입력한 후 ❹ [확인] 버튼을 클릭합니다.

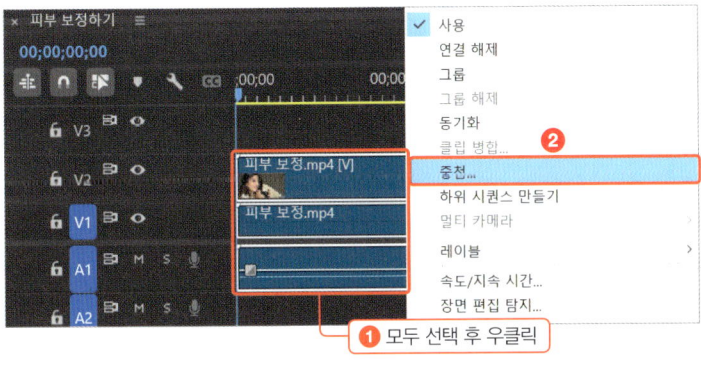

02 [타임라인] 패널을 보면 앞서 입력한 이름으로 중첩된 [피부 보정 1단계] 클립이 생성됩니다. ❶ [피부 보정 1단계] 클립을 선택하고 ❷ [Lumetri 색상] 패널에서 'HSL 보조' 영역을 클릭하여 펼칩니다.

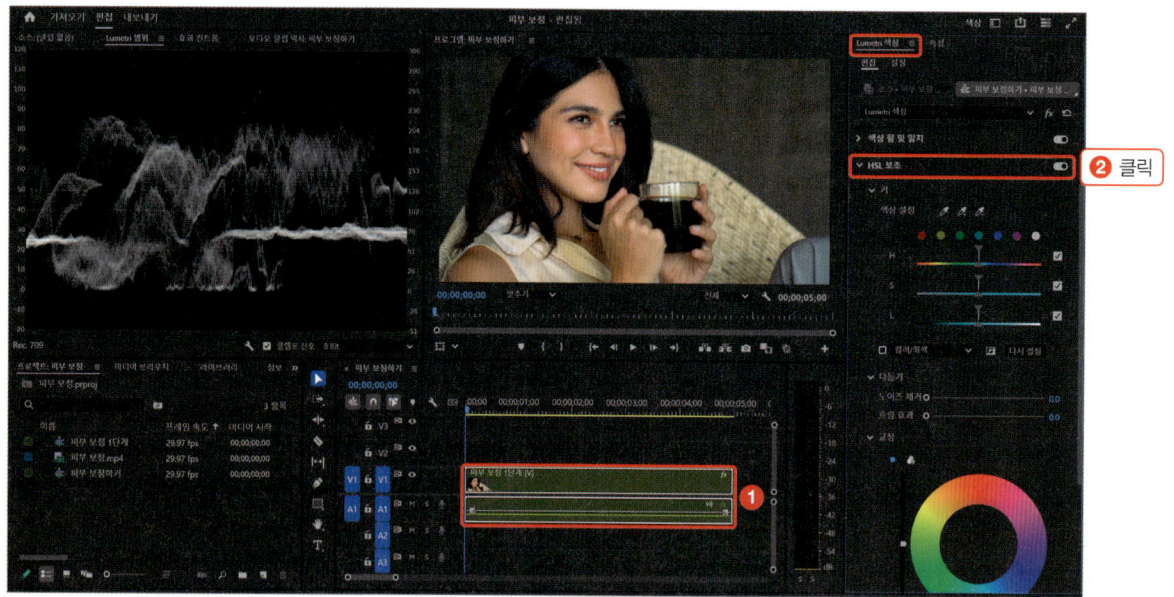

TIP 중첩 기능을 실행했더니 선택한 모든 클립이 하나의 클립으로 묶인 것을 볼 수 있죠? 이처럼 중첩 기능으로 묶인 클립은 초록색 클립으로 표시되며, 더블클릭하면 원본 클립을 확인할 수 있습니다.

03 'HSL 보조' 영역에서는 특정 색상만 제어할 수 있습니다. 여기서는 얼굴 색상을 지정하여 보정하기 위해 ❶ [키] - [색상 설정] 옵션에서 왼쪽 끝에 있는 스포이트 모양 아이콘을 클릭한 후 ❷ [프로그램 모니터] 패널에서 얼굴의 중간 색상 톤에 해당하는 부분을 클릭합니다.

04 ① 색상을 지정하면 [키] 옵션에 있는 [H](색상), [S](채도), [L](밝기) 옵션이 변경됩니다. ② 선택한 색상의 범위를 확인하기 위해 [컬러/회색]의 왼쪽에 체크하면 ③ [프로그램 모니터] 패널에 선택 영역만 표시됩니다.

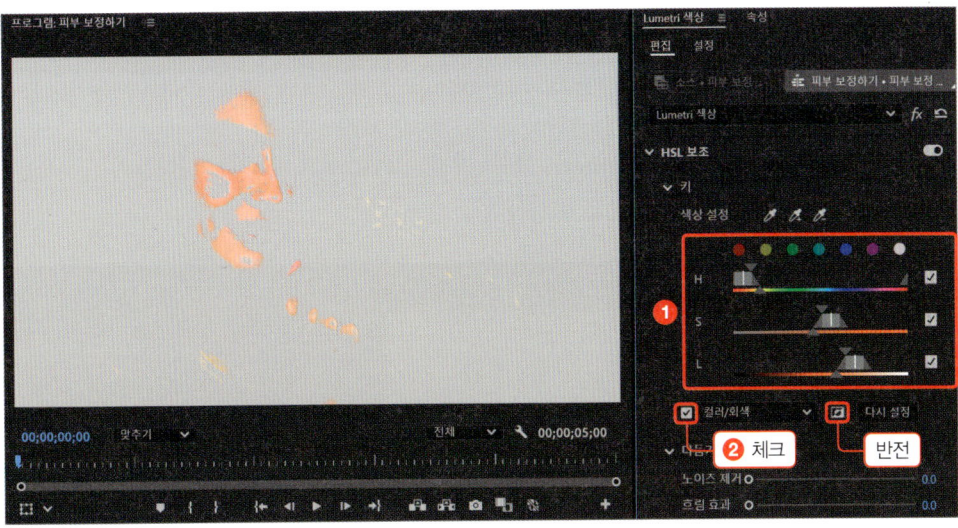

TIP [컬러/회색]을 클릭해 보면 [컬러/검정] 또는 [흰색/검정] 메뉴를 선택할 수 있습니다. 선택한 메뉴에 따라 [프로그램 모니터] 패널에서 색상 범위가 표시되는 방식이 변경됩니다. 또한, 오른쪽에 있는 [반전] 아이콘을 클릭하면 색상 범위를 반전시킬 수 있습니다.

05 선택된 색상 범위를 좀 더 넓히기 위해 ① [색상 설정] 옵션에 있는 두 번째 스포이트 모양 아이콘을 클릭하고 ② [프로그램 모니터] 패널에서 얼굴 부분을 클릭한 채 점차 주변으로 드래그하여 다음과 같이 얼굴 영역을 모두 선택합니다.

> **TIP** 색상 범위를 줄이고 싶을 때는 세 번째에 있는 스포이트 모양 아이콘을 클릭한 후 제거하고 싶은 색상을 클릭합니다. 또한 [H], [S], [L] 옵션에서 삼각형 모양을 드래그하여 색상 범위를 변경할 수도 있습니다.

> **TIP** 선택하려는 얼굴 부분과 주변 색상이 비슷하여 원하는 부분만 선택하기 어려울 때는 [효과 컨트롤] 패널에서 [Lumetri 색상] 옵션의 마스크 기능으로 얼굴 영역만 마스크로 지정하여 작업합니다.

06 선택한 범위를 부드럽게 만들기 위해 [Lumetri 색상] 패널의 'HSL 보조' 영역에서 [다듬기] – [노이즈 제거] 옵션을 30으로, [흐림 효과] 옵션을 15로 변경합니다.

> **TIP** [다듬기](Refine) 옵션은 다음과 같은 용도로 사용합니다.
> - **노이즈 제거(Denoise)**: 색상을 매끄럽게 하고 선택 영역에서 노이즈를 제거합니다.
> - **흐림 효과(Blur)**: 가장자리를 부드럽게 하여 선택 영역을 혼합합니다.

07 색상의 범위를 선택한 후에는 'HSL 보조' 영역의 [교정] 옵션으로 색상을 보정합니다. ❶ [컬러/회색]의 체크를 해제한 후 ❷ [교정] 옵션의 세로 슬라이더를 위로 드래그하여 얼굴 톤을 밝게 보정합니다. ❸ 이어서 색상 휠 아래에 있는 하위 옵션들을 원하는 값으로 조절하여 마음에 드는 얼굴 톤으로 설정합니다. 예제에서는 [온도]를 5, [색조]를 3, [대비]를 -20, [선명]을 -20, [채도]를 100으로 설정했습니다.

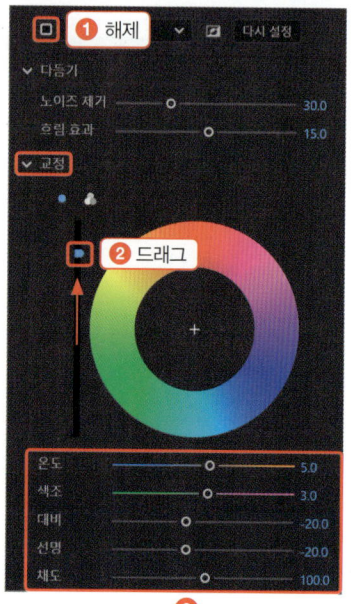

08 [Lumetri 색상] 패널에서 상단에 위치한 [fx] 아이콘을 클릭하면서 원본과 비교합니다. 배경은 원본과 같거나 비슷하면서 얼굴의 톤만 화사하게 변경되었죠? 이처럼 'HSL 보조' 영역의 각 옵션을 사용하면 특정 영역에서만 색상을 보정할 수 있습니다.

Pr 빛이 나는 뽀샤시한 효과 완성하기

마지막 단계로 가우시안 흐림 효과와 혼합 모드를 활용하여 뽀샤시한 효과를 완성해 보겠습니다.

01 [타임라인] 패널에서 Alt 를 누른 채 중첩 클립인 [피부 보정 1단계] 클립을 위로 드래그하여 V2 트랙에 복제 배치합니다.

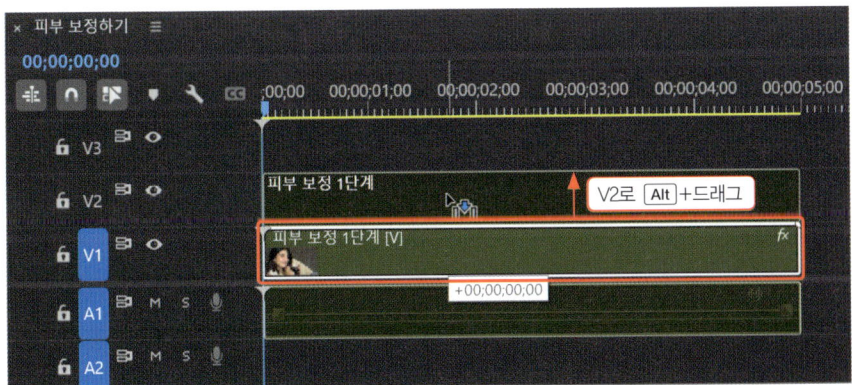

02 ❶ [타임라인] 패널에서 V2 트랙의 [피부 보정 1단계] 클립을 선택하고 ❷ [Lumetri 색상] 패널의 '기본 교정' 영역에서 [색상] – [채도] 옵션을 0으로 낮춰 흑백 영상으로 만듭니다.

TIP 혼합 모드 기능으로 합성했을 때 얼굴에 생기를 더 부여하고 싶다면 [채도] 옵션을 높여 보세요.

03 ❶ [효과] 패널([Shift]+[7])에서 [비디오 효과] – [흐림/선명] 폴더에 있는 [가우시안 흐림] 효과를 찾아 V2 트랙의 [피부 보정 1단계] 클립에 드래그하여 적용합니다. ❷ [효과 컨트롤] 패널([Shift]+[5])에서 [가우시안 흐림]의 [흐림] 옵션을 40으로 변경합니다.

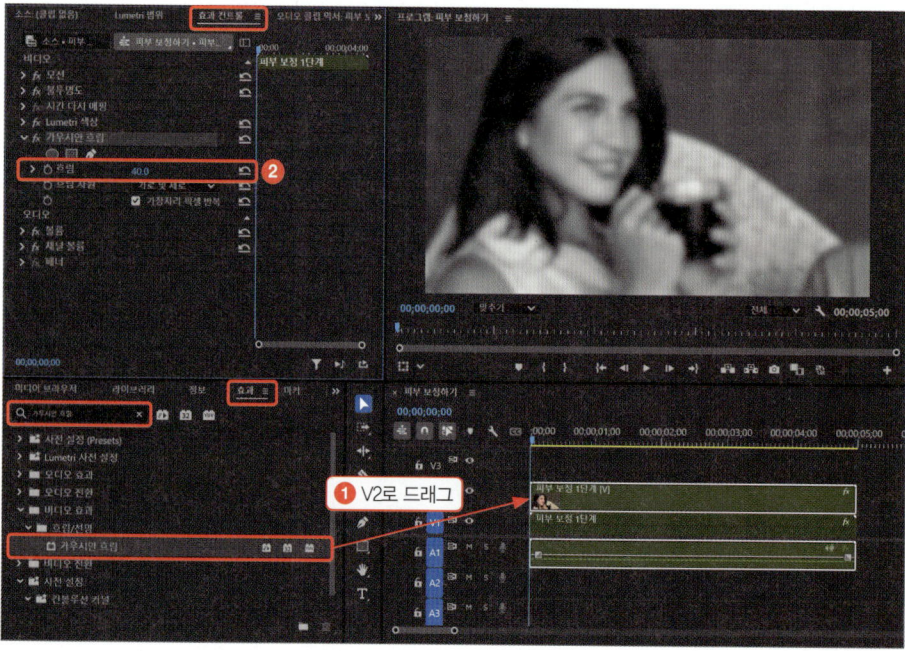

04 계속해서 [효과 컨트롤] 패널의 [불투명도] 옵션에 있는 [혼합 모드] 옵션을 [표준]에서 [소프트 라이트]로 변경합니다.

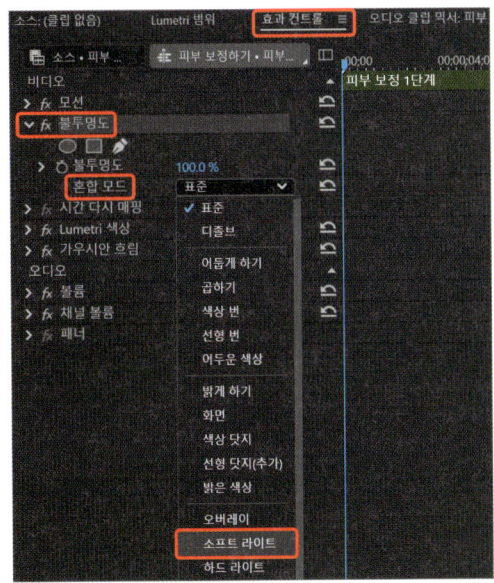

TIP [혼합 모드] 옵션을 [오버레이](Overlay), [소프트 라이트] (Soft Light), [하드 라이트](Hard Light) 등으로 변경하면서 원하는 분위기를 찾아보세요. 또한, [불투명도] 옵션을 조절하여 뽀샤시 효과의 강도도 조절해 보세요.

05 영상을 재생해 보면 얼굴 톤만 밝게 보정했을 때에 비해 훨씬 뽀샤시해진 것을 확인할 수 있습니다. 끝으로 [프로젝트] 패널에서 [피부 보정] 원본 영상을 더블 클릭하여 [소스 모니터] 패널에서 확인하고, [프로그램 모니터] 패널의 최종 결과와 비교해 봅니다. 이처럼 [Lumetri 색상] 패널의 옵션과 [가우시안 흐림] 효과를 응용하면 뽀샤시한 영상도 쉽게 만들 수 있습니다.

조정 레이어로 여러 클립을 일괄 보정하기

여러 클립에 같은 효과를 적용하고 싶다면 조정 레이어(Adjustment Layer)를 사용해 보세요. 원본 클립은 그대로 유지하면서 색상 보정이나 비디오 효과를 한 번에 설정할 수 있습니다. 조정 레이어 사용 방법과 피사체를 강조할 수 있는 비네팅 효과까지 실습해 보세요.

- **예제 파일:** Chapter 07/조정 레이어.prproj
- **완성 파일:** Chapter 07/조정 레이어_완성본.prproj

실습 가능 버전
프리미어 프로 CC 2019 이상

01 조정 레이어.prproj 예제 파일을 엽니다. ❶ [프로젝트] 패널에서 [새 항목] 아이콘을 클릭한 후 ❷ [조정 레이어](Adjustment Layer)를 선택하고 ❸ 조정 레이어 창이 열리면 그대로 [확인] 버튼을 클릭합니다.

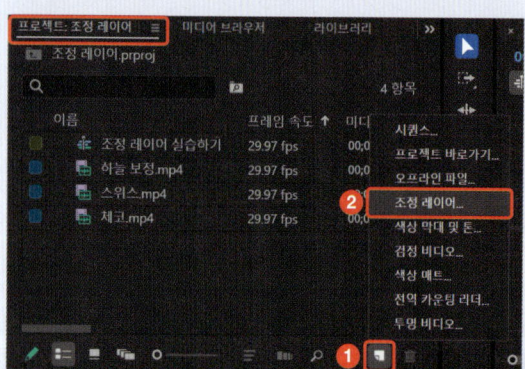
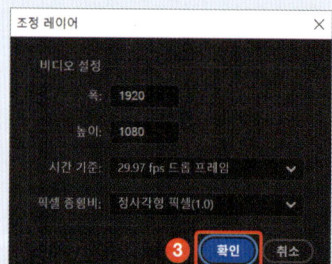

02 ❶ [프로젝트] 패널에 추가된 [조정 레이어]를 [타임라인] 패널의 V2 트랙으로 드래그하여 배치합니다. ❷ 그런 다음 [조정 레이어] 클립의 가장자리를 드래그하여 영상 길이만큼 늘려 줍니다.

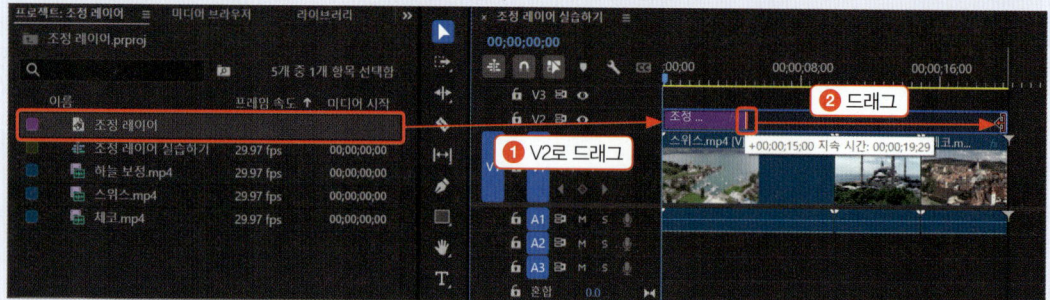

TIP 조정 레이어는 반드시 효과가 적용될 클립 위에 배치해야 합니다.

03 효과를 적용하기 위해 ① [조정 레이어] 클립을 선택하고 ② [Lumetri 색상] 패널에서 자유롭게 보정해 봅니다. 여기서는 '기본 교정' 영역에서 [채도] 옵션을 0, [대비] 옵션을 100으로 변경하여 대비가 높은 흑백 이미지로 보정했습니다.

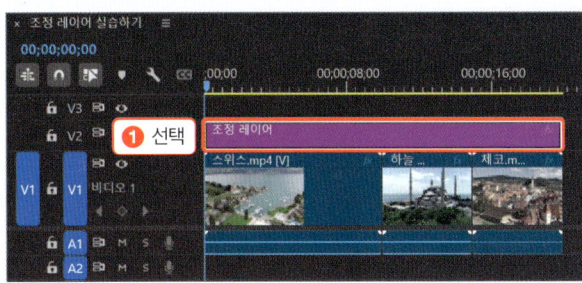
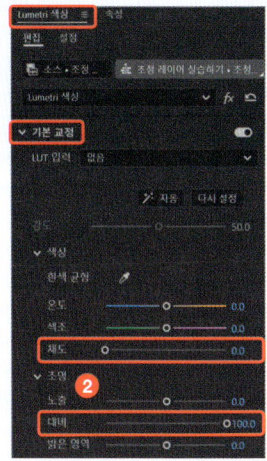

04 이어서 비네팅 효과를 적용하기 위해 ① [Lumetri 색상] 패널에서 '비네팅' 영역을 펼친 후 ② 그림을 참고하여 각 옵션을 변경합니다(양: -3, 중간점: 30, 원형률: -30, 페더: 80)

> **TIP** 비네팅(Vignette) 효과는 주로 가장자리를 어둡게 만들어 피사체에 시선이 집중되도록 만드는 것으로 '비네팅' 영역에서 다음과 같은 하위 옵션을 설정할 수 있습니다.
>
> • **양**(Amount): 이미지의 가장자리를 밝거나 어둡게 만듭니다.
> • **중간점**(Midpoint): 비네팅 영역의 너비를 조절합니다.
> • **원형률**(Roundness): 비네팅 크기의 원형률을 조절합니다.
> • **페더**(Feather): 비네팅의 가장자리를 선명하거나 부드럽게 만듭니다.

05 영상을 재생해 보면 [조정 레이어] 클립 아래에 배치된 3개의 클립 모두 흑백 영상에 비네팅 효과가 적용된 것을 확인할 수 있습니다. 이처럼 같은 콘셉트로 여러 개의 클립을 일괄 보정할 때는 [조정 레이어] 클립을 사용하면 효율적입니다.

> **TIP** [조정 레이어]를 이용하여 색상 보정뿐만 아니라 [효과] 패널에서 다양한 비디오 효과를 추가할 수도 있습니다.

사전 설정 저장으로 Lumetri 효과 한 번에 적용하기

[Lumetri 색상] 패널에서 옵션을 변경하고, 이후 동일한 값으로 다른 클립에도 적용하고 싶다면 사전 설정 저장 기능을 이용해 보세요. 사전 설정으로 저장하면 [효과] 패널에 저장되어 보다 편리하게 보정 작업을 할 수 있습니다.

- **예제 파일:** Chapter 07/사전 설정 저장.prproj
- **완성 파일:** Chapter 07/사전 설정 저장_완성본.prproj

실습 가능 버전
프리미어 프로 CC 2019 이상

01 사전 설정 저장.prproj 예제 파일을 엽니다. [**타임라인**] 패널에는 빨간색만 남기고 흑백으로 보정한 [**런던버스**] 클립과 아직 아무런 효과를 적용하지 않은 2개의 클립이 배치되어 있습니다. 먼저 보정이 끝난 [**런던버스**] 클립을 선택합니다. Link [런던버스] 클립에 적용한 효과는 488쪽 실습에서 자세히 설명합니다.

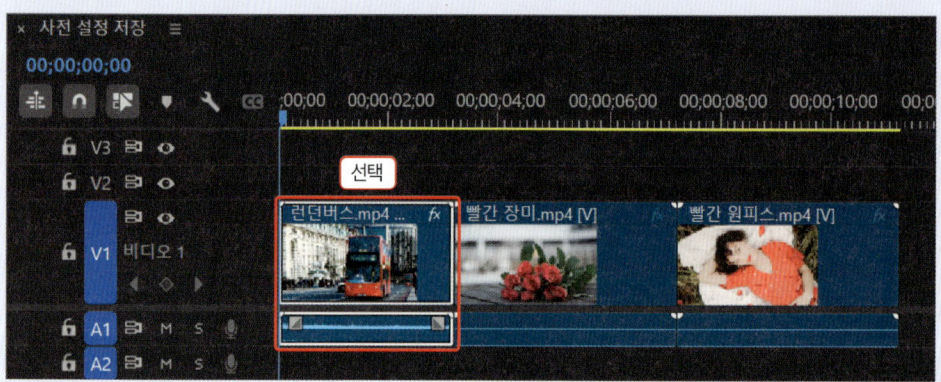

02 ❶ [**Lumetri 색상**] 패널에서 패널 이름 오른쪽에 있는 [**메뉴**] 아이콘을 클릭한 후 ❷ [**사전 설정 저장**]을 선택합니다.

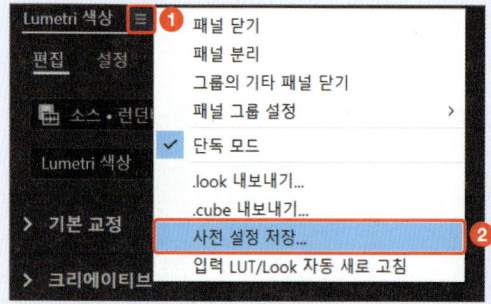

TIP [.look 내보내기] 메뉴를 선택하면 .look 파일로 저장하여 공유할 수 있습니다.

03 ❶ 사전 설정 저장 창이 열리면 사용할 이름을 입력하고 ❷ [확인] 버튼을 클릭합니다. 예제에서는 **빨간색 컬러 포인트**로 입력했습니다. 이렇게 저장한 사전 설정은 [효과] 패널의 [사전 설정] 폴더에 저장됩니다.

> **TIP** [설명] 옵션은 비워 놓아도 되며, 필요하다면 사전 설정에 포함된 효과에 대한 설명 등을 입력해 둘 수 있습니다.

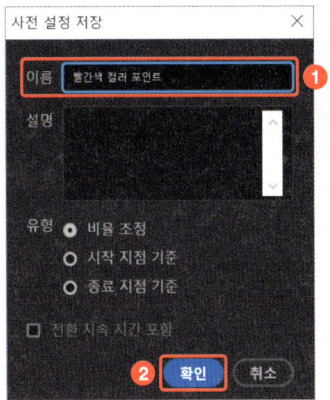

04 ❶ [타임라인] 패널에서 효과를 적용할 클립을 모두 선택합니다. 예제에서는 [빨간 장미]와 [빨간 원피스] 클립을 선택했습니다. ❷ [효과] 패널(Shift + 7)에서 [사전 설정] 폴더에 있는 [빨간색 컬러 포인트] 효과를 선택 중인 클립으로 드래그해서 적용합니다.

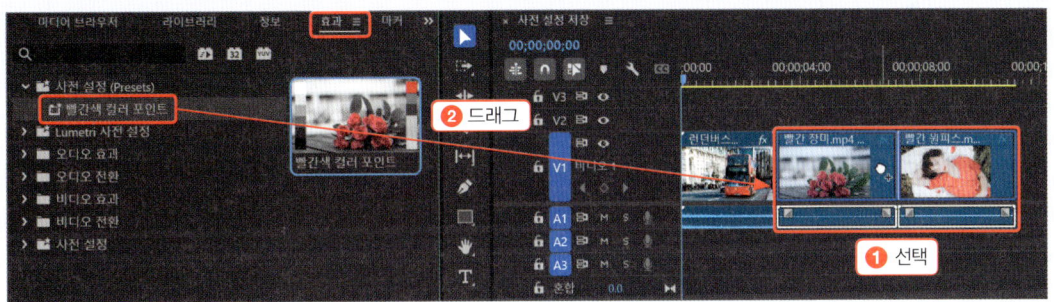

05 영상을 재생하여 확인합니다. 추가로 선택한 2개의 클립도 [런던버스] 클립에 적용된 효과와 동일하게 빨간색만 남았죠? 이처럼 사전 설정 저장 기능을 이용하면 같은 효과를 다른 클립에도 빠르게 적용할 수 있어서 작업 시간이 훨씬 단축됩니다.

CHAPTER 08

편집의 마무리,
영상 내보내기

드디어 편집 작업을 마무리하고 영상 파일로 출력하는 단계입니다.
여기서는 압축을 왜 해야 하는지, 어떻게 하는지 자세히 알아봅니다.
대중적으로 가장 많이 사용하는 코덱으로 출력하는 방법과
2차 가공을 위해 최대한 손실 없이 영상을 출력하는 방법도 배워 보겠습니다.
끝으로 저작물을 보호할 워터마크를 삽입하는 방법과
여러 영상을 일괄 출력하는 미디어 인코더 사용 방법도 알아보겠습니다.

LESSON 01
압축은 무엇이고, 왜 해야 할까요?

영상을 압축하고 압축된 것을 다시 재생시켜 주는 기술을 코덱이라고 합니다. 만약 영상을 압축하지 않으면 어떻게 될까요? 영상의 길이는 같은데 용량이 다른 이유는 무엇일까요? 영상을 출력할 때 압축의 필요성과 코덱 그리고 비트 전송률에 대해 자세히 알아보겠습니다.

Pr 압축의 필요성 알고 가기

압축이란 무엇일까요? 흔히 여러 개의 파일 용량을 줄이기 위해 하나의 파일로 묶는 것을 생각할 것입니다. 영상에서 압축도 유사합니다. 큰 데이터를 작은 데이터로 만드는 것을 압축이라 말하죠. 만약 영상을 저장할 때 압축하지 않으면 어떻게 될까요? 1시간 분량의 영화를 다운로드한다면 화질에 따라 다르겠지만 데이터의 크기는 약 1GB~2GB 정도입니다. 압축하지 않았을 때 데이터 크기가 얼마만큼 커지는지 확인해 보겠습니다.

압축하지 않은 이미지 크기는 1장당 가로 픽셀 수 × 세로 픽셀 수 × 3Byte로 계산합니다. 1픽셀당 빨간색, 초록색, 파란색, 즉 R, G, B의 정보가 포함되어 있으므로 3Byte를 곱하게 됩니다. 아래와 같이 1920×1080 30fps의 규격으로 예를 들어 보겠습니다.

- **1장 용량:** 1,920 × 1,080 × 3B = 6,220,800Byte ← 5.9MB
- **1초 용량:** 6,220,800 × 30(장) = 186,624,000Byte ← 177MB
- **1분 용량:** 186,624,000 × 60(초) = 11,197,440,000Byte ← 10GB
- **1시간 용량:** 11,197,440,000 × 60(분) = 671,846,400,000Byte ← 625GB

위의 수치 보이시나요? 1시간 분량의 영상을 압축하지 않는다면 무려 625GB가 됩니다. 심지어 오디오 데이터의 크기는 제외한 값입니다. 그렇다면 약 600GB 용량을 어떻게 1GB~2GB 용량으로 줄일 수 있는 것일까요? 압축은 복잡한 연산 과정으로 처리하지만, 간단하게 설명하면 색상 정보와 시간 정보를 압축한다고 이해하면 됩니다. 사람의 눈은 밝기에는 민감하나 색상의 차이에 대해서는 밝기보다 둔감하다고 합니다. 이를 이용하여 사람이 구별할 수 없을 정도의 색상은 압축하는 것입니다. 또한 영상은 앞 프레임과 뒤 프레임이 유사한 움직임으로 이루어져 있죠? 프레임 사이를 분석하여 움직임이 발생한 구간만 계산하여 압축하기도 합니다. 이런 방법으로 데이터를 계속 줄여 나가는 것입니다.

Pr 코덱 이해하기 H.264 vs. H.265

압축의 필요성과 대략적인 압축 방식을 소개했는데요, 이러한 영상 압축에 꼭 필요한 것이 바로 코덱입니다. 즉, 영상을 압축하고 압축된 것을 다시 재생시켜 주는 기술을 코덱(Codec)이라고 하며, 현재 가장 많이 사용하는 코덱은 H.264입니다.

▲ YouTube 권장 업로드 인코딩 설정

대표적인 영상 플랫폼인 유튜브(YouTube)의 고객센터 웹 페이지(https://support.google.com/youtube/answer/1722171)에 접속해 보면 유튜브에서 권장하는 인코딩 설정이 있습니다. 세부 내용을 확인해 보면 '동영상 코덱: H.264'라고 적혀 있습니다. H.264 코덱은 저용량이면서 고화질로 출력되어 유튜브, 페이스북, 비메오 등 현재 인터넷 영상 플랫폼에서 가장 많이 사용하고 있습니다.

그러므로 프리미어 프로에서 영상을 출력할 때도 특별한 경우가 아니라면 [포맷] 옵션을 [H.264]로 설정하여 출력하면 됩니다. Link 출력 옵션은 527쪽에서 자세히 설명합니다.

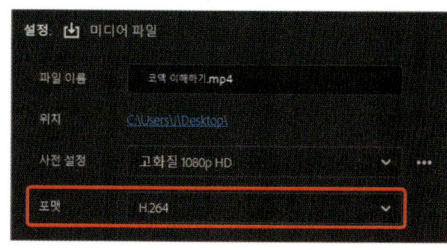
▲ H.264 코덱

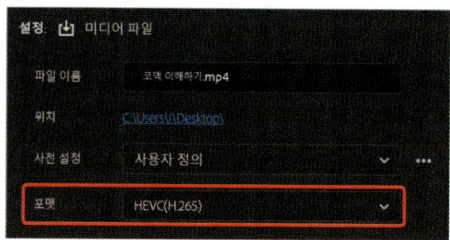
▲ H.265 코덱

참고로 H.264는 1920 × 1080 60fps 정도의 비디오를 수월하게 처리할 수 있지만, 그보다 높은 4K나 8K 또는 120fps와 같은 초고속 프레임으로 촬영된 비디오를 처리할 때는 한계가 있습니다. 따라서 차세대 코덱으로 불리는 H.265(HEVC)가 점차 상용화되고 있습니다. H.265는 H.264 대비 압축 효율이 2배 더 우수합니다. 하지만 압축하고 압축된 것을 다시 풀어 주는 과정에서 H.264에 비해 2배 이상의 연산 능력을 요구합니다. Link H.265(HEVC)로 출력하는 방법은 533쪽에서 자세히 설명합니다.

Pr 비트 전송률 이해하기

비트 전송률(Bit Rate)이란 1초당 처리하는 비트의 수를 말하며, 단위는 bps(Bit Per Second)를 사용합니다. 1,000bps는 1Kbps이며, 1,000Kbps는 1Mbps로 표현합니다. 오디오의 비트 전송률은 Kbps를 주로 사용하며, 비디오의 비트 전송률은 Mbps를 주로 사용합니다.

비트 전송률이 클수록 좋은 화질로 출력되지만 아무리 수치를 높여도 원본 소스보다는 좋을 수 없습니다. 따라서 적절한 비트 전송률을 사용하는 것이 중요합니다.

> TIP bps는 비피에스, Kbps는 킬로비피에스, Mbps는 메가비피에스라고 읽습니다. 참고로 소문자 b는 Bit(비트)의 약자이며, 대문자 B는 Byte(바이트)의 약자입니다. 1Byte는 8bit로 비트와 바이트는 8배나 차이가 나는 단위이니 혼동하지 않도록 주의해야 합니다(8bit = 1byte = 1B).

고정 비트 전송률 vs. 가변 비트 전송률

비트 전송률은 고정 비트 전송률과 가변 비트 전송률로 구분할 수 있습니다. 우선 고정 비트 전송률(Constant Bit Rate, CBR)은 압축할 때 일정한 용량으로 저장하는 방식입니다. 예를 들어 5Mbps로 영상을 압축할 때 고정 비트 전송률로 설정되었다면 1초마다 고정적으로 5Mbps로 저장되는 것이죠. 고정적으로 데이터가 저장되므로 인코딩을 하기 전에 데이터의 용량을 근접하게 예측할 수 있습니다. 영상의 길이가 7초라면 5Mbps × 7초 = 35Mbps겠죠? 이 수치를 MB(메가바이트)로 계산하면 약 4MB의 영상이 되는 것입니다. 이러한 고정 비트 전송률 방식은 일정한 데이터의 양으로 저장되기 때문에 시스템 부하를 최소화할 수 있으나, 화질이 일정하지 않다는 단점이 있습니다.

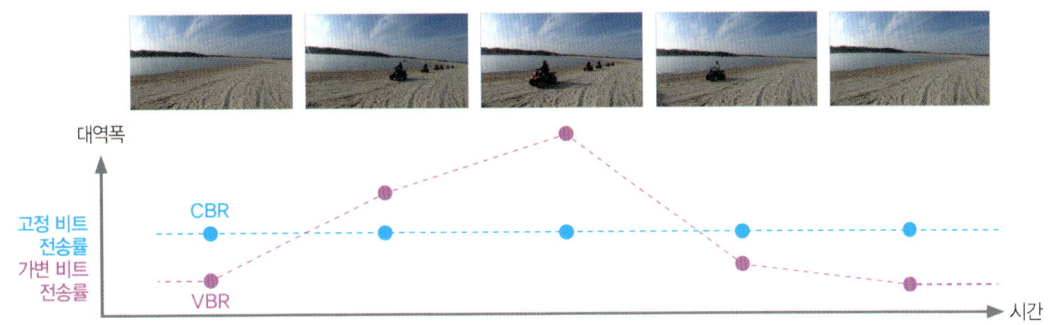

예를 들어 위와 같이 바닷가에서 사륜 바이크를 타는 영상이 있습니다. 잔잔한 바닷가는 5Mbps로 우수한 화질을 표현할 수 있지만, 갑자기 여러 대의 사륜 바이크가 나타나면 움직임이 크기 때문에 5Mbps 데이터 양으로는 부족할 수 있습니다. 이때 고정 비트 전송률로 영상을 출력하면 사륜 바이크가 일렬로 지나가는 부분에서는 데이터 양이 부족하여 블록 노이즈(Bolck Noise)가 생겨 화질이 저하될 수 있습니다. 이처럼 고정 비트 전송률은 갑자기 변화하는 움직임에 대해서 화질이 변한다는 단점이 있습니다. 그럼 "처음부터 높은 비트 전송률을 사용하면 되지 않나요?"라고 질문할 수 있습니다. 그렇게 되면 복잡하지 않은 구간에도 높은 비트 전송률을 전송하게 되어 그만큼 파일의 용량이 커지게 되겠죠?

반대의 개념으로 가변 비트 전송률(Variable Bit Rate, VBR)이 있습니다. 가변 비트 전송률은 움직임이 적고 덜 복잡한 구간에는 적은 비트 전송률을 사용하고 움직임이 많거나 복잡한 구간에서는 많은 비트 전송률을 사용합니다.

앞서 그림으로 예를 들면 잔잔한 바닷가에서는 적은 비트 전송률로 저장하고, 사륜 바이크가 일렬로 지나가는 부분에서는 많은 비트 전송률로 저장한다는 것입니다. 효율적으로 비트 전송률을 전송하다 보니 고정 비트 전송률보다 결과물의 품질이 좋겠죠? 단, 가변 비트 전송률로 압축하면 파일의 크기를 예상하기 어렵습니다. 최소 한 번 이상의 분석 작업을 해야 하므로 인코딩 속도도 고정 비트 전송률보다 오래 걸리며, 예상치 못한 움직임이나 복잡함을 처리할 때 시스템 부하가 생길 수 있다는 단점이 있습니다.

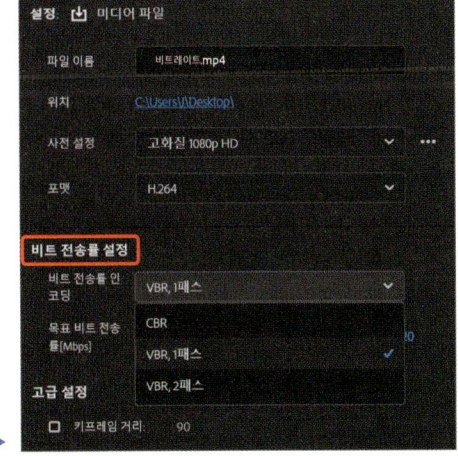

▶ 내보내기 화면의 [설정] 패널

TIP 고정 비트 전송률과 가변 비트 전송률은 프리미어 프로의 내보내기 화면에서 선택할 수 있습니다. **Link** 내보내기 설정은 530쪽에서 자세히 설명합니다.

유튜브 권장 비트 전송률

아래의 표는 유튜브에서 권장하는 비디오와 오디오의 비트 전송률입니다. 프리미어 프로에서 영상을 출력할 때 아래의 값을 참고하여 비트 전송률을 설정하면 됩니다(자료 출처: YouTube 고객센터).

■ SDR 업로드 시 권장 동영상 전송률

유형	동영상 전송률, 표준 프레임 속도(24, 25, 30)	동영상 전송률, 높은 프레임 속도(48, 50, 60)
8K	80~160Mpbs	120~240Mpbs
2160p(4K)	35~45Mpbs	53~68Mpbs
1440p(2K)	16Mpbs	24Mpbs
1080p	8Mpbs	12Mpbs
720p	5Mpbs	7.5Mpbs
480p	2.5Mpbs	4Mpbs
360p	1Mpbs	1.5Mpbs

■ HDR 업로드 시 권장 동영상 전송률

유형	동영상 전송률, 표준 프레임 속도(24, 25, 30)	동영상 전송률, 높은 프레임 속도(48, 50, 60)
8K	100~200Mpbs	150~300Mpbs
2160p(4K)	44~56Mpbs	66~85Mpbs
1440p(2K)	20Mpbs	30Mpbs
1080p	10Mpbs	15Mpbs
720p	6.5Mpbs	9.5Mpbs

■ 오디오 권장 전송률

유형	오디오 전송률
모노	128Kbps
스테레오	384Kbps
5.1	512Kbps

LESSON 02 다양한 포맷으로 영상 출력하기

현재 각종 플랫폼 등에서 가장 많이 사용되고 있는 코덱인 H.264로 출력하는 방법부터 차세대 코덱으로 불리는 H.265(HEVC)로 출력하는 방법, 그리고 최대한 손실 없이 출력하는 방법까지 프리미어 프로에서 다양한 포맷으로 출력하는 방법을 자세히 알아보겠습니다.

▶ **유튜브 동영상 강의**

프리미어 프로 영상 출력하기
https://bit.ly/pr-export

유튜브 권장 설정 H.264 포맷으로 출력하기

유튜브 권장 설정인 H.264 포맷으로 출력하는 방법부터 알아봅니다.

• 예제 파일: Chapter 08/영상 출력하기.prproj	실습 가능 버전 프리미어 프로 2022 이상

01 영상 출력하기.prproj 예제 파일을 엽니다. [타임라인] 패널을 보면 3개의 시퀀스가 열려 있습니다. 이처럼 여러 개의 시퀀스가 포함된 프로젝트라면 선택한 시퀀스의 영상이 출력됩니다. 그러므로 [타임라인] 패널 또는 [프로젝트] 패널에서 영상으로 출력할 시퀀스부터 선택해야 합니다.

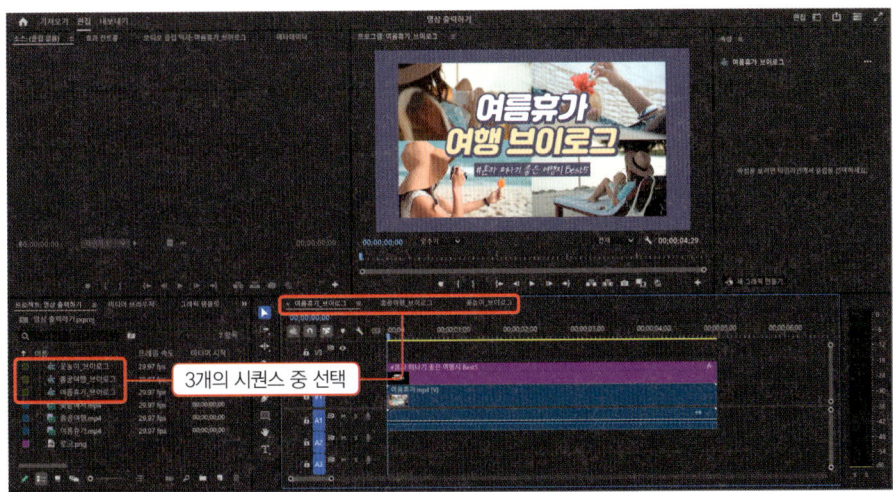

> **TIP** 패널 가장자리에 파란색 테두리가 표시되는 것은 현재 해당 패널이 선택되었다는 의미입니다. 앞서 이미지에서는 [타임라인] 패널의 가장자리에 파란색 테두리가 표시되어 있으므로, [타임라인] 패널을 선택 중인 상태입니다.

02 [타임라인] 패널 또는 [프로젝트] 패널에서 출력할 시퀀스를 선택했다면, 상단 표시줄에서 [내보내기] 탭을 클릭합니다.

> **TIP** 내보내기 화면에서 편집 화면으로 돌아가려면 상단 표시줄의 [편집] 탭을 클릭하세요.

> **TIP** 다양한 방법으로 미디어 내보내기
>
> 상단 표시줄의 [내보내기] 탭 외에도 미디어를 내보내는 방법은 다음과 같습니다.
>
> **방법 1:** [프로젝트] 패널에서 시퀀스를 우클릭한 뒤 [미디어 내보내기] 선택
> **방법 2:** [파일] → [내보내기] → [미디어] 선택 (단축키: Ctrl + M)

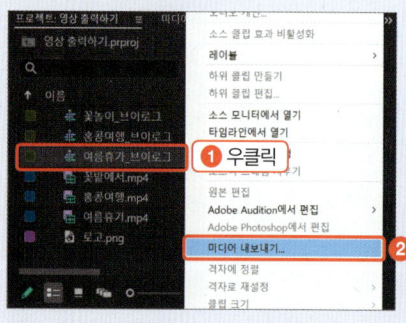
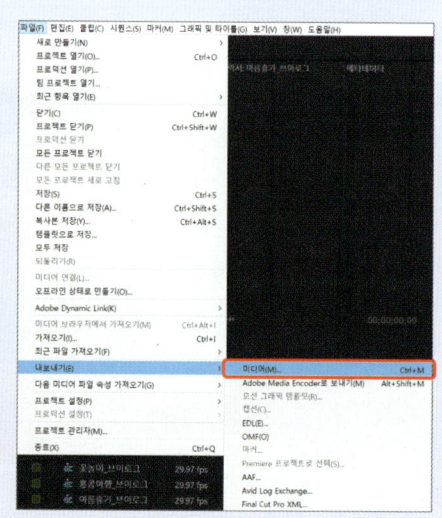

03 내보내기 화면으로 전환되면 ❶ [설정] 탭에서 [파일 이름] 옵션을 입력하고 [위치] 옵션에서 출력될 위치를 지정합니다. [사전 설정] 옵션에서는 [Match Source - Adaptive High Bitrate]를 선택하고 [포맷] 옵션은 [H.264]를 선택합니다. ❷ [미리 보기] 패널에서 영상이 출력될 범위를 지정하는 [범위] 옵션이 [전체 소스]인지 확인하고 ❸ 오른쪽 아래에서 출력 설정 내용과 예상 파일 크기를 확인합니다. ❹ 끝으로 [내보내기] 버튼을 클릭하여 영상을 출력합니다.

> **TIP** 시퀀스 설정 그대로 출력하기
>
> 사전 설정에서 [Match Source]를 선택하면, 시퀀스의 해상도, 프레임 레이트, 화면 비율을 그대로 유지하여 출력됩니다. 세로로 만든 영상은 세로로, 가로로 만든 영상은 가로로 출력되며, 품질도 자동으로 최적화됩니다. High Bitrate는 품질이 좋아 기본 설정으로 적합합니다. 다만, 파일 크기를 줄이고 싶다면 Medium이나 Low를 선택할 수 있습니다.

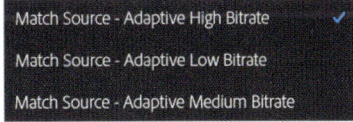

> **TIP** 빠른 내보내기로 간편하게 출력하기
>
> 상단 표시줄에 있는 [빠른 내보내기] 아이콘을 클릭하면, 복잡한 설정 없이 영상을 빠르게 출력할 수 있습니다. 빠른 내보내기 창에서 [파일 이름 및 위치]를 지정하고, [사전 설정]에서 원하는 프리셋을 선택한 뒤 [내보내기] 버튼을 클릭하면 완료됩니다. 또한, [더 많은 사전 설정]을 클릭하면 원하는 프리셋을 즐겨찾기에 추가할 수 있습니다.

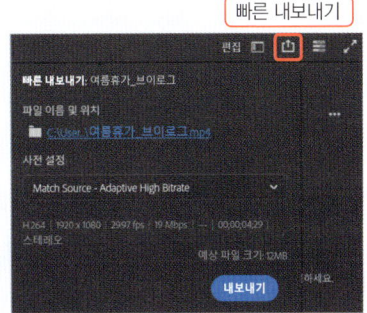

04 인코딩이 진행되면 다음과 같이 진행 상황이 표시됩니다. 인코딩이 끝나면 [위치] 옵션에서 지정한 경로에서 MP4 확장자로 출력된 영상 파일을 확인할 수 있습니다.

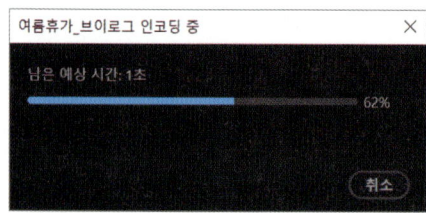 

금손 변신 TIP | 내보내기 설정 금손처럼 사용하기

▶ 동영상 해상도 및 프레임 속도 변경하기

내보내기 화면에서 [설정] 탭에 있는 [사전 설정] 옵션을 [고화질 1080p HD]로 선택하면 해상도 1920 x 1080으로 출력됩니다. 4K UHD로 제작된 영상은 [고화질 2160p 4K]를 선택해야 합니다.

또한, 프레임 속도는 시퀀스 설정에 따라 29.97 또는 최대 60프레임까지 자동으로 설정됩니다. 설정을 변경하려면 [설정] 탭에서 [비디오]를 펼치고 [기본 비디오 설정]에서 [프레임 속도] 옵션의 체크를 해제한 후 변경할 수 있습니다.

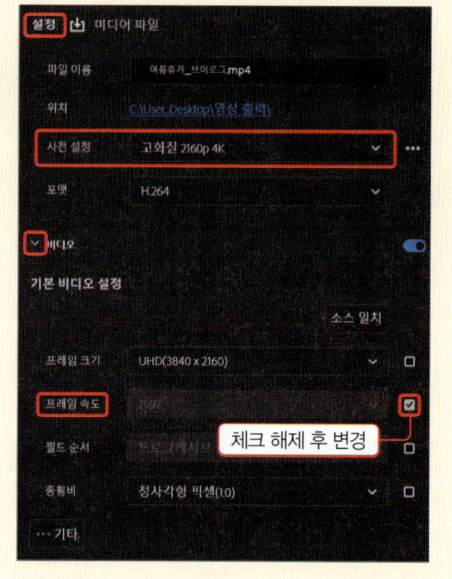

TIP 시퀀스의 해상도와 프레임 레이트를 그대로 출력하려면 [Match Source – Adaptive High Bitrate]를 선택하면 됩니다. 이 옵션을 선택하면, 시퀀스 설정에 맞춰 자동으로 출력됩니다.

▶ 특정 구간만 영상 내보내기

[타임라인] 패널에서 시작 표시(I)와 종료 표시(O)를 지정하면 내보내기 화면에서 해당 구간만 출력할 수 있습니다.

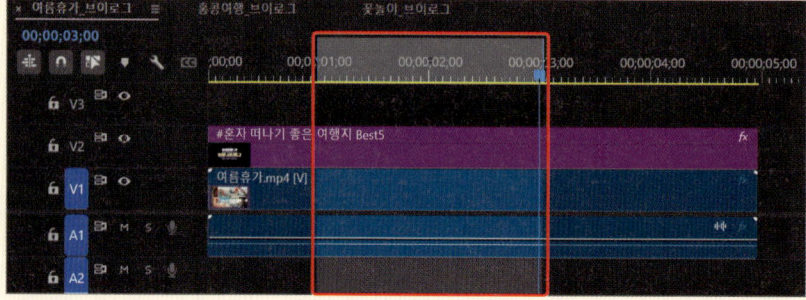

[타임라인] 패널에서 시작 표시와 종료 표시를 한 후에는 내보내기 화면의 [미리 보기] 탭에서 [범위] 옵션을 [소스 시작/종료]로 변경합니다. [타임라인] 패널에서 지정한 시작 및 종료 구간이 [미리 보기] 패널의 화면에서도 표시되며 [내보내기] 버튼을 클릭하면 해당 구간만 출력됩니다. [타임라인] 패널에서 시작 및 종료 표시를 하지 않았다면 [미리 보기] 탭의 화면에서도 같은 방법으로 시작 표시와 종료 표시를 설정하여 출력할 수 있습니다.

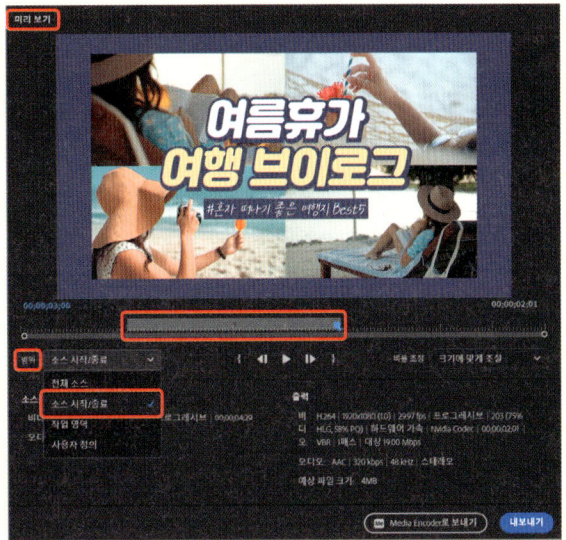

▶ **SNS 채널에 바로 업로드하기**

내보내기 설정 화면에서 가장 왼쪽에 있는 [소스] 탭을 이용하면 유튜브, 비메오, 페이스북, 트위터 등 SNS 채널에 인코딩된 영상을 바로 업로드할 수 있습니다. 대표적으로 유튜브에 업로드하는 옵션을 살펴보겠습니다.

❶ [소스] 탭에서 [YouTube]의 버튼을 클릭하여 파란색으로 활성화하면 [설정] 탭의 상세 옵션도 활성화됩니다.

❷ [설정] 탭의 [게시]에 있는 [로그인]을 클릭하여 유튜브 계정에 로그인합니다.

❸ 이어서 업로드할 [제목]과 [설명]을 입력하고 [개인 정보 보호 설정]에서 비디오를 볼 수 있는 사용자를 설정합니다. [태그]는 쉼표로 구분하여 단어를 추가합니다.

❹ [사용자 정의 축소판]에서는 유튜브에 업로드할 썸네일을 지정합니다. [소스 비디오의 프레임]을 선택하면 영상에서 직접 선택할 수 있으며, [이미지 파일에서]를 선택하면 별도의 이미지 파일을 선택하여 업로드할 수 있습니다.

❺ [업로드 후 로컬 파일 삭제]에 체크하면 유튜브에 업로드한 후 파일이 삭제됩니다.

위와 같은 상세 옵션 설정이 끝나면 [미리 보기] 탭에서 [내보내기] 버튼을 클릭하여 유튜브 채널에 최종 업로드합니다.

▶ **프리미어 프로 2022 이전 버전에서 영상 출력하기**

프리미어 프로 2022(v22.3)부터 앞에서 소개한 내보내기 화면으로 새롭게 변경되었습니다. 만약 2022보다 낮은 버전을 사용한다면 메뉴 바에서 [파일] – [내보내기] – [미디어]를 선택한 후 다음 내용을 참고하여 영상을 출력해야 합니다.

❶ **형식:** H.264

❷ **사전 설정:** 소스 일치 – 높은 비트 전송률

❸ **출력 이름:** 동영상 이름과 저장 위치 지정하기

❹ 영상 출력 범위 설정하기

❺ [내보내기] 버튼 클릭하여 영상 출력하기

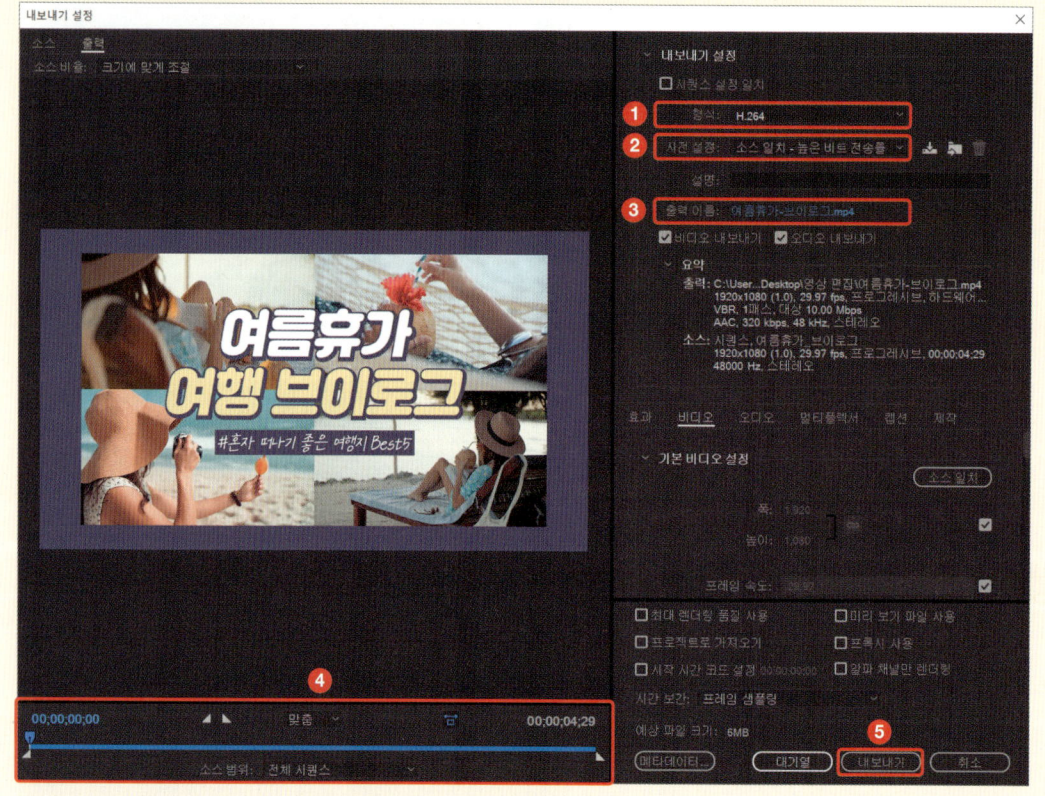

▲ 프리미어 프로 2022 이전 버전의 내보내기 설정

Pr 4K, 8K 영상 HEVC 포맷으로 출력하기

4K나 8K처럼 해상도가 높거나 120fps와 같이 초고속 프레임으로 촬영한 영상이라면 HEVC(H.265) 포맷으로 출력합니다.

- 예제 파일:
  Chapter 08/HEVC 포맷 출력하기.prproj

실습 가능 버전
프리미어 프로 2022 이상

01 HEVC 포맷 출력하기.prproj 예제 파일을 엽니다. [프로젝트] 패널에서 시퀀스의 프레임 속도를 확인해 보면 120fps로 표시되어 있죠? 이렇게 프레임 수가 높거나 4K 또는 8K처럼 해상도가 높으면 HEVC(H.265) 포맷으로 출력하는 것을 권장합니다.

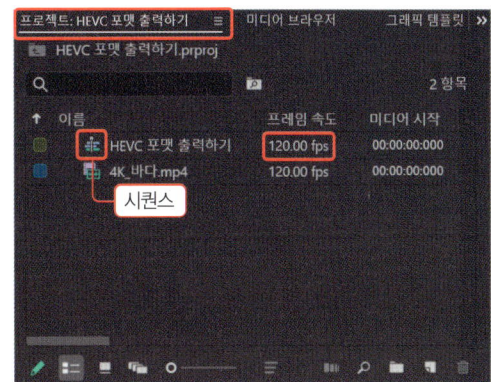

TIP HEVC(H.265) 포맷으로 출력하면 기기에 따라 재생이 원활하지 않을 수 있습니다. 이럴 때는 H.264 포맷으로 출력합니다.

02 해상도가 높거나 프레임 수가 높을 때 차세대 코덱인 HEVC(H.265) 포맷으로 출력하기 위해 ❶ [프로젝트] 패널에서 시퀀스를 선택한 후 단축키 Ctrl+M을 눌러 내보내기 화면을 열고, ❷ [설정] 탭의 [포맷] 옵션을 [HEVC(H.265)]로 설정합니다.

TIP [비디오] 항목을 펼치고 [프레임 속도] 옵션의 체크를 해제하면 프레임 속도를 직접 변경할 수도 있습니다. [HEVC(H.265)]로 설정했을 때 [프레임 속도] 옵션은 최대 300프레임까지 설정할 수 있습니다.

03 계속해서 [비디오] 항목에 있는 [기타] 버튼을 클릭해서 옵션을 확장한 후 스크롤을 내리면 '비트 전송률 설정' 영역이 있고, 거기서 [목표 비트 전송률]과 [품질] 옵션을 설정할 수 있습니다. 예제에서는 ❶ [품질] 옵션을 [고품질]로 변경하겠습니다. ❷ 끝으로 [내보내기] 버튼을 클릭하여 영상을 출력합니다.

TIP [목표 비트 전송률] 옵션을 정하기 어렵다면 프리셋에서 기본으로 설정된 값으로 출력하거나 526쪽에서 소개한 유튜브 권장 비트 전송률을 참고합니다. 또한, [미리 보기] 탭에서 [내보내기] 버튼 위에 있는 [예상 파일 크기]를 확인해 보고 예상 파일 크기보다 용량을 줄이고 싶다면 [목표 비트 전송률] 옵션을 조금씩 낮춰서 출력해 봅니다. 그런 다음 화질을 비교해 보세요. 이렇게 화질과 용량의 적절한 값을 찾아 최종 출력하면 됩니다.

Pr 최대한 손실 없이 QuickTime 포맷으로 출력하기

출력한 영상을 인터넷으로 바로 올리는 것이 아니라 2차 가공을 위해 최대한 손실 없이 출력하고 싶을 때는 QuickTime 포맷을 이용합니다. 대표적으로 Apple ProRes 4444는 무손실 압축에 가깝기 때문에 모션 그래픽 미디어 교환에 이상적입니다. 참고로 Apple ProRes는 프리미어 프로 CC 2019 이상을 설치해야 합니다.

 • 예제 파일:
Chapter 08/QuickTime 출력하기.prproj

실습 가능 버전
프리미어 프로 2022 이상

01 QuickTime 출력하기.prproj 예제 파일을 엽니다. ❶ 상단 표시줄에서 [내보내기] 탭을 클릭하여 내보내기 화면이 열리면 [설정] 탭에서 [포맷] 옵션을 [QuickTime]으로 설정합니다.

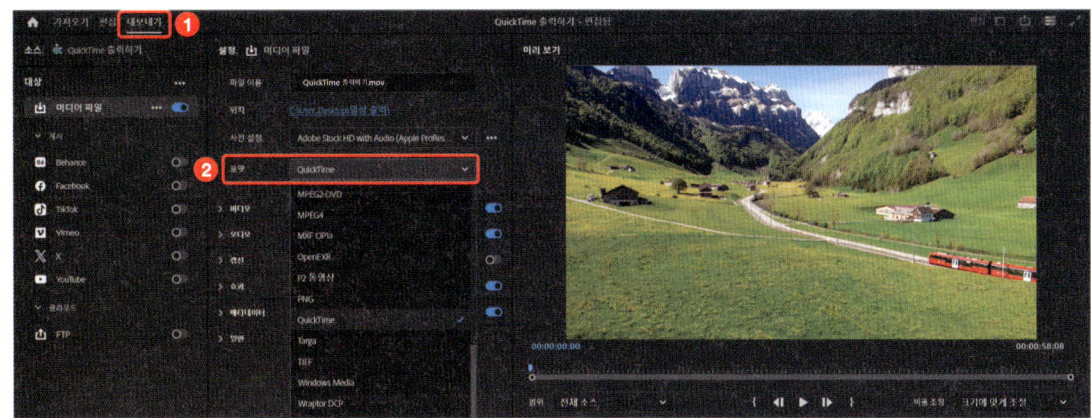

02 이어서 ❶ [사전 설정] 옵션의 오른쪽에 있는 […] 아이콘을 클릭한 후 ❷ [더 많은 사전 설정]을 선택합니다. ❸ 사전 설정 관리자 창이 열리면 검색란에 ProRes를 입력해서 검색하고 ❹ 검색 결과 목록에서 [Apple ProRes 422 HQ, QuickTime]을 선택한 후 ❺ [확인] 버튼을 클릭합니다.

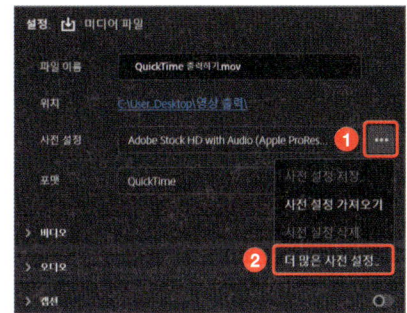

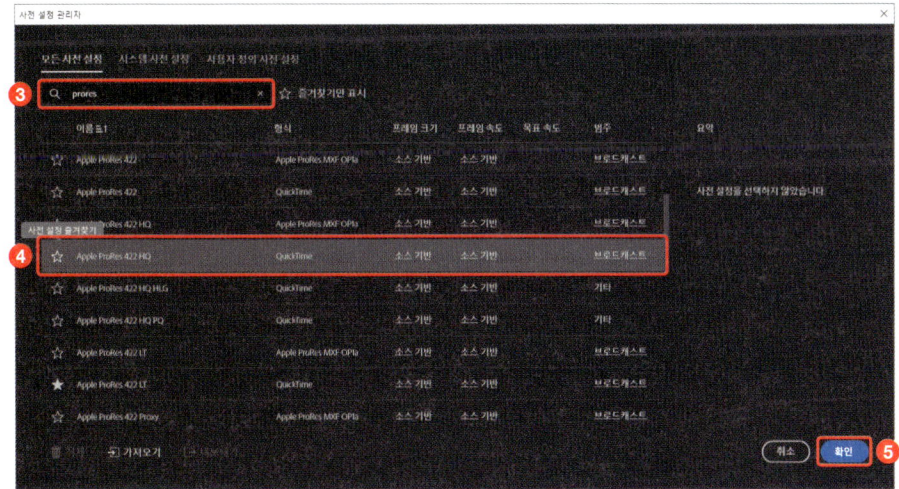

TIP 사전 설정 관리자 창에서 선택한 항목 이외에도 이름 앞에 별표 모양 아이콘을 클릭해서 흰색으로 활성화하면 즐겨찾기가 적용되어 [사전 설정] 옵션의 목록으로 추가됩니다.

TIP Apple ProRes의 품질은 Apple ProRes 422 Proxy → 422 LT → 422 → 422 HQ → 4444 → 4444(Alpha 포함) 순으로 고품질을 제공합니다. 품질이 좋을수록 데이터 용량도 많이 차지하겠죠? 그러므로 Apple ProRes로 출력할 때는 용량이 여유 있는 저장 장치에 출력해야 합니다. 또한 알파 채널을 포함한 영상을 출력할 때는 [Apple ProRes 4444(Alpha 포함)]를 선택해서 출력하면 됩니다.

1920x1080 29.97fps 기준 데이터 속도 비교

Apple ProRes 4444(Alpha 포함)	약 500Mbps
Apple ProRes 4444	약 330Mbps
Apple ProRes 422 HQ	약 220Mbps
Apple ProRes 422	약 147Mbps
Apple ProRes 422 LT	약 102Mbps
Apple ProRes 422 Proxy	약 45Mbps

03 기본 설정이 끝났으면 ❶ [설정] 탭에서 [파일 이름]과 [위치] 옵션을 설정하고, ❷ [미리 보기] 패널에서 [범위] 옵션을 설정한 후 ❸ [내보내기] 버튼을 클릭하여 영상을 출력합니다.

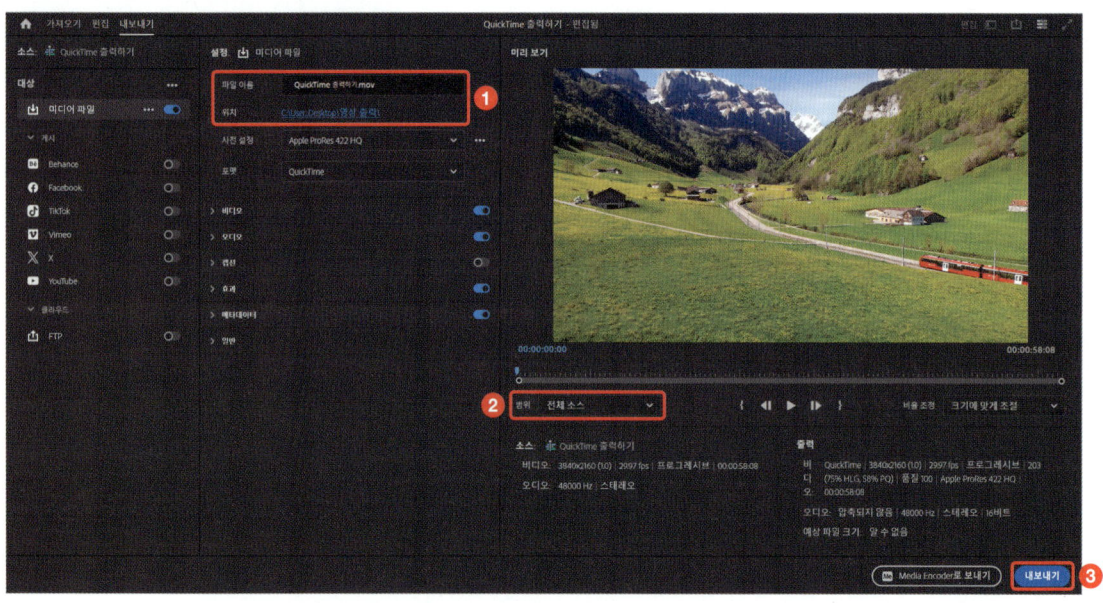

TIP QuickTime으로 출력하면 .mov 확장자로 출력됩니다.

MP3 포맷으로 오디오만 출력하기

흔히 사용하는 음악 파일의 확장자는 무엇일까요? 지금은 대부분 스트리밍 서비스를 이용하지만, 아주 오래전에는 MP3 플레이어가 선풍적인 인기였죠? 그 MP3가 바로 대표적인 오디오 포맷입니다. MP3 포맷으로 오디오만 출력하는 방법을 알아봅니다.

- 예제 파일:
  Chapter 08/MP3 출력하기.prproj

실습 가능 버전
프리미어 프로 2022 이상

MP3 출력하기.prproj 예제 파일을 열고 ① 상단 표시줄에서 [내보내기] 탭을 클릭하여 내보내기 화면으로 이동합니다. ② [설정] 탭에서 [포맷] 옵션을 [MP3]로 설정하고 ③ [내보내기] 버튼을 클릭하여 오디오만 출력합니다.

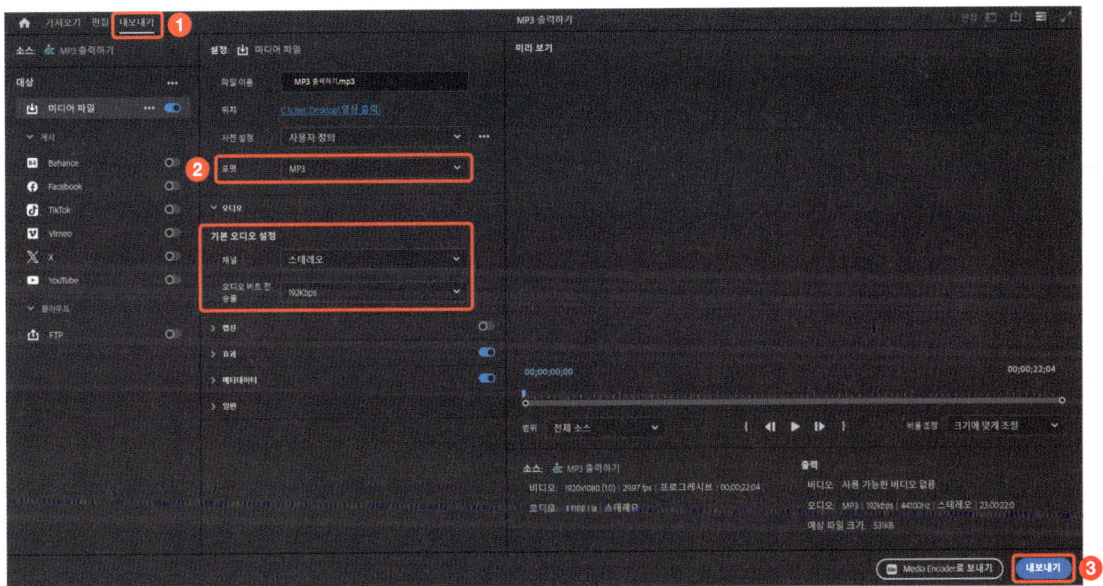

TIP [포맷] 옵션을 [MP3]로 설정한 후 [오디오] 항목을 펼치면 [채널]과 [오디오 비트 전송률] 옵션을 설정할 수 있습니다.

Pr JPEG 포맷으로 스틸 이미지 출력하기

유튜브 등의 온라인 동영상 플랫폼을 이용할 때 영상 못지않게 중요한 요소가 섬네일 이미지입니다. 이렇게 중요한 섬네일 이미지임에도 해당 플랫폼에서 자동으로 추출해 주는 것을 골라서 사용하거나 대충 만들어 올린다면 안 되겠죠? 프리미어 프로에서 눈길을 끌 만한 장면을 스틸 이미지로 출력해서 섬네일로 활용해 보세요.

01 섬네일 출력하기.prproj 예제 파일을 열고 ❶ [프로그램 모니터] 패널에서 섬네일 이미지로 내보낼 프레임으로 재생헤드를 옮깁니다. 예제에서는 [00;00;01;15]으로 옮겼습니다. 그런 다음 ❷ [프로그램 모니터] 패널에서 아래쪽에 있는 카메라 모양의 [프레임 내보내기] 아이콘을 클릭하거나 단축키 Ctrl + Shift + E 를 누릅니다.

02 ❶ 프레임 내보내기 창이 열리면 먼저 [이름] 옵션에 이미지 파일 이름을 입력합니다. ❷ [형식] 옵션에서는 가장 대중적으로 사용하는 이미지 형식인 [JPEG]로 설정하고, ❸ [찾아보기] 버튼을 클릭하여 이미지 파일이 저장될 위치를 지정합니다. ❹ [확인] 버튼을 클릭하면 이미지가 저장됩니다.

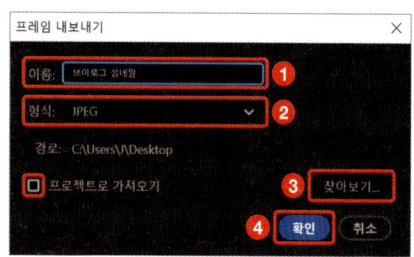

TIP [프로젝트로 가져오기]에 체크한 후 [확인] 버튼을 클릭하면 저장된 이미지 파일이 [프로젝트] 패널에도 추가됩니다.

LESSON 03 내 저작물을 보호할 워터마크 삽입하기

유튜브 등의 온라인 플랫폼이 활성화되면서 저작권 침해 사례도 빈번하게 발생하고 있습니다. 이럴 때일수록 내 저작물은 내가 보호해야겠죠? 저작권 정보를 표시하기 위해 이미지나 문구를 삽입하는 것을 워터마크(Watermark)라고 합니다. 프리미어 프로에서 영상을 출력할 때 워터마크를 어떻게 삽입하는지 알아보겠습니다.

- **예제 파일:**
  Chapter 08/워터마크 삽입하기.prproj

실습 가능 버전
프리미어 프로 2022 이상

영상의 처음부터 끝까지 나타나는 워터마크 삽입하기

01 워터마크 삽입하기.prproj 예제 파일을 엽니다. ❶ 상단 표시줄에서 [내보내기] 탭을 클릭하여 내보내기 화면으로 이동합니다. ❷ 워터마크를 삽입하기 위해 [설정] 탭에서 [효과] 항목을 펼친 후 ❸ [이미지 오버레이]에 체크하여 상세 옵션을 활성화합니다.

02 이미지 오버레이의 상세 옵션 중 ❶ [적용됨] 옵션에서 [선택]을 선택합니다. ❷ 이미지 선택 창이 열리면 워터마크로 사용할 이미지를 찾아 선택하고 ❸ [열기] 버튼을 클릭하여 불러옵니다. 예제에서는 예제 파일 중 [Chapter 08/영상 소스]에 있는 [조블리 로고.png]를 선택했습니다.

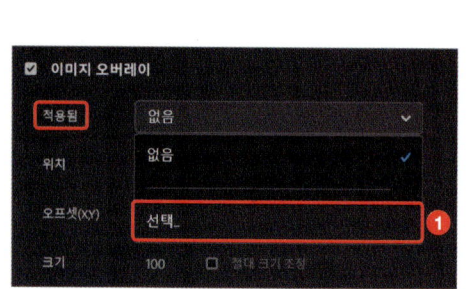 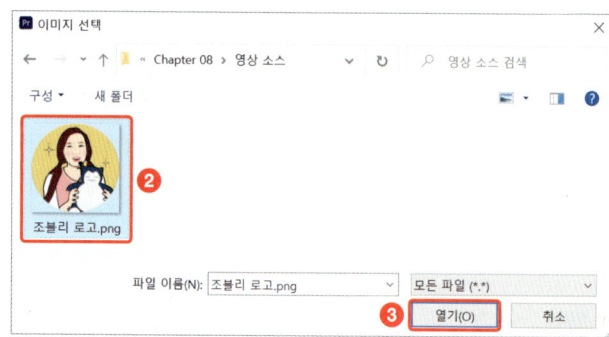

> **TIP** 워터마크 이미지는 .png 포맷처럼 배경이 투명한 것을 사용하는 것이 좋습니다.

03 ❶ [미리 보기] 탭을 보면 워터마크 이미지가 너무 크죠? 다시 ❷ [설정] 탭에서 이미지 오버레이의 상세 옵션 중 [위치]와 [크기] 옵션을 적절하게 조정합니다. 예제에서는 [크기] 옵션을 20, [위치] 옵션을 [오른쪽 위]로 변경했습니다. ❸ 정밀하게 위치를 조정하고 싶다면 [오프셋] 옵션에서 가로, 세로 좌푯값을 변경합니다. 예제에서는 200, -55로 변경했습니다.

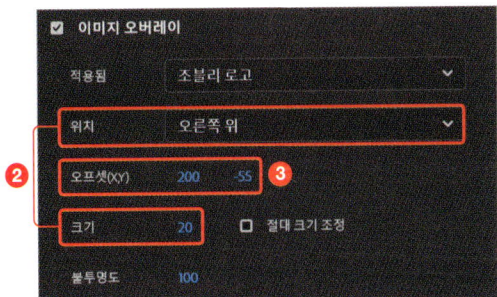

TIP 워터마크를 투명하게 만들고 싶다면 [불투명도] 옵션을 낮추면 됩니다.

04 ① 워터마크의 크기와 위치를 조정했습니다. 이제 ② [내보내기] 버튼을 클릭하여 영상을 출력합니다. 출력된 영상을 확인하면 영상의 시작부터 끝까지 워터마크가 삽입된 것을 확인할 수 있습니다.

TIP 내보내기 화면에서 워터마크를 삽입하면 영상 전체에 적용됩니다. 만약 특정한 구간에만 워터마크를 삽입하고 싶다면 편집 화면의 [타임라인] 패널에서 워터마크 이미지를 클립으로 배치하고 길이 및 위치를 조정합니다.

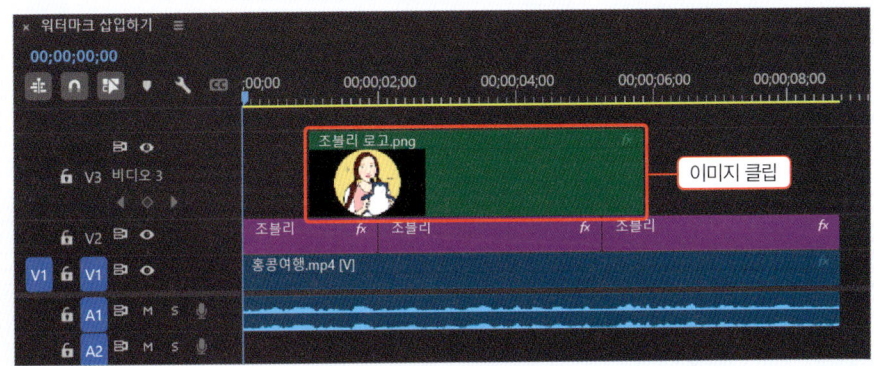

LESSON 03 내 저작물을 보호할 워터마크 삽입하기

금손 변신 TIP — 내보내기 화면의 효과 금손처럼 사용하기

내보내기 화면의 [설정] 탭에서 [효과] 항목을 펼치면 다양한 효과 옵션이 나타나며, 사용할 효과에 체크하면 상세 옵션이 표시됩니다. 대표적으로 [Lumetri Look/LUT]와 [시간 코드 오버레이] 효과를 알아보겠습니다.

▶ Lumetri Look/LUT 효과

[효과] 항목에서 [Lumetri Look/LUT] 효과에 체크하여 활성화합니다. 그런 후에 [적용됨] 옵션에서 원하는 필터를 선택하면 영상 전체에 필터 효과가 적용됩니다. 또한 목록 중 가장 위에 있는 [선택]을 선택한 후 Look 또는 LUT 파일을 불러와 적용할 수도 있습니다.

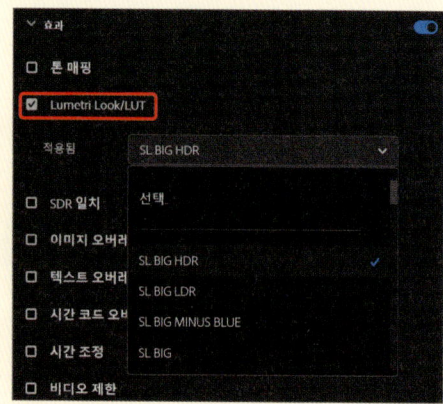

TIP Look 또는 LUT 파일은 필터처럼 색상 효과를 설정하여 프리셋으로 사용할 수 있게 만든 파일입니다. 유튜브에 'LUT 필터' 또는 'LUT free download'를 검색하면 다양한 LUT 파일을 다운로드할 수 있습니다.

▶ 시간 코드 오버레이 효과

영상에 실시간 타임 코드를 삽입하여 출력할 수 있습니다. 세부 옵션에서 타임 코드의 위치, 크기, 불투명도를 설정합니다.

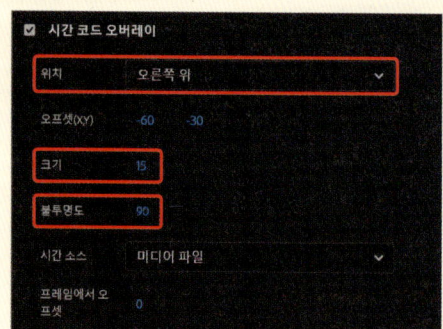 

TIP 여러 사람과 협업 중이라면 시간을 표시해서 출력했을 때 수정 사항의 시간대를 쉽게 확인할 수 있어 편리합니다.

LESSON 04
미디어 인코더로 영상 한꺼번에 출력하기

프리미어 프로나 애프터 이펙트를 설치하면 자동으로 어도비 미디어 인코더(Media Encoder)가 설치됩니다. 미디어 인코더를 사용하면 여러 영상을 한꺼번에 출력할 수 있어 유용합니다. 이때 프리미어 프로와 미디어 인코더는 같은 버전으로 설치되어 있어야 합니다.

▶ **유튜브 동영상 강의**
미디어 인코더 사용 방법
https://youtu.be/dAFbKqhSzoc

- **예제 파일:**
  Chapter 08/영상 출력하기.prproj

실습 가능 버전
프리미어 프로 2022 이상

01 영상 출력하기.prproj 예제 파일을 엽니다. ❶ [프로젝트] 패널에 있는 3개의 시퀀스를 한 번에 출력하기 위해 모두 선택합니다. Ctrl 을 누른 채 클릭하면 다중 선택할 수 있습니다. 선택 중인 시퀀스에서 마우스 오른쪽 버튼을 클릭한 후 ❷ [미디어 내보내기]를 선택합니다.

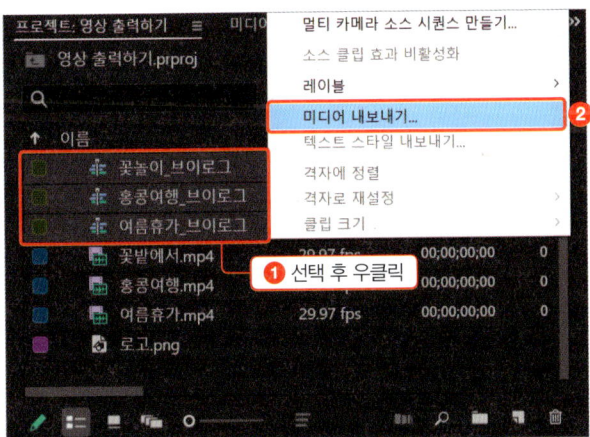

TIP 시퀀스를 모두 선택한 후, 상단 표시줄에서 [내보내기] 탭을 클릭하거나 Ctrl + M 단축키를 눌러도 됩니다. 여러 시퀀스를 불러오는 작업이라 내보내기 화면이 열리는 데 시간이 좀 걸릴 수 있습니다.

02 ❶ 내보내기 화면이 열리면 [포맷]과 [사전 설정] 옵션부터 설정합니다. 예제에서는 [H.264] 포맷과 [고화질 1080p HD] 사전 설정을 선택했습니다. ❷ 설정을 완료한 후 [내보내기] 버튼 왼쪽에 있는 [Media Encoder로 보내기] 버튼을 클릭합니다.

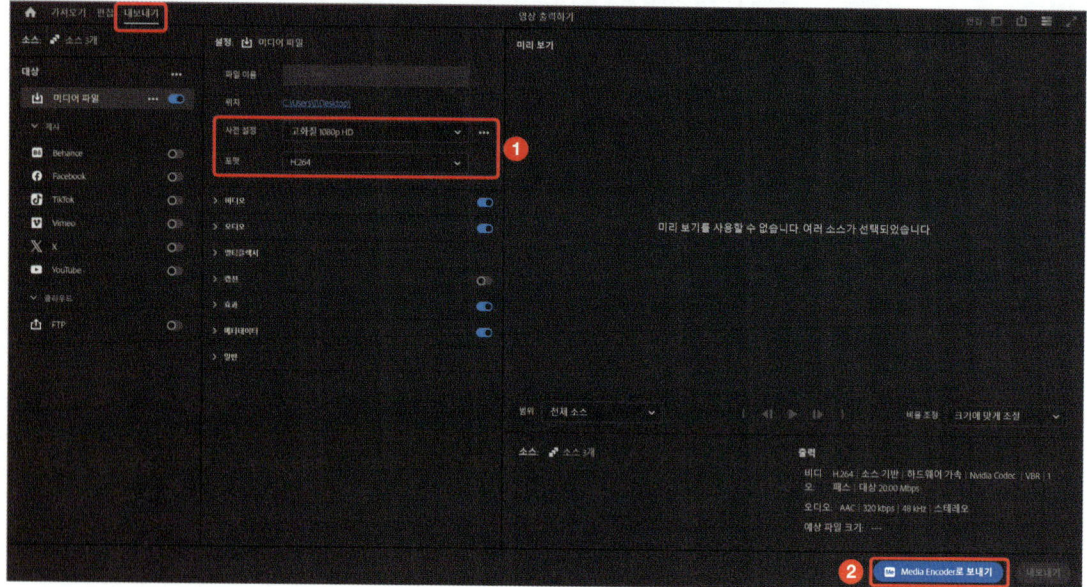

03 어도비 미디어 인코더 프로그램이 자동으로 실행되며, 미디어 인코더에서 오른쪽 위에 있는 [대기열] 패널을 확인하면 앞에서 선택한 시퀀스 목록이 배치되어 있습니다.

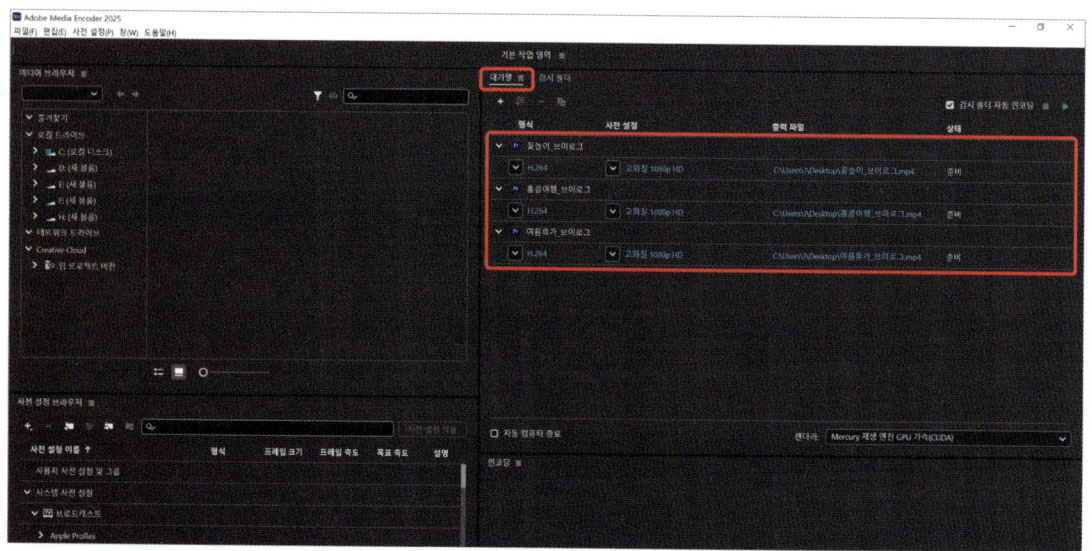

> **TIP** 선택한 시퀀스의 수나 불러올 영상의 크기에 따라서 미디어 인코더 실행 시간이 지연될 수 있습니다. 차분하게 기다리면 [대기열] 목록에 하나씩 추가됩니다. 미디어 인코더는 사용하는 프리미어 프로와 같은 버전이 설치되어 있어야 합니다.

04 [대기열] 패널에서 각 목록에 파란색으로 표시된 [형식]과 [사전 설정] 그리고 [출력 파일] 옵션을 클릭하여 설정을 변경할 수도 있습니다. 이때 파란색 링크를 클릭하면 별도의 설정 창이 열리고, 왼쪽에 있는 펼침 아이콘을 클릭하면 목록에서 선택할 수 있습니다.

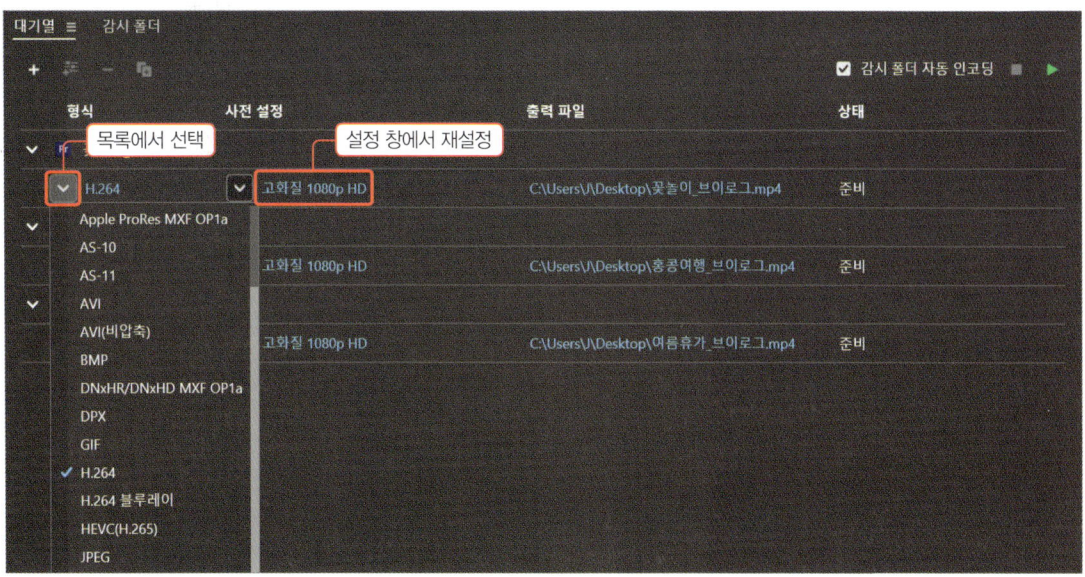

05 목록과 각 옵션을 확인했다면 저장 위치를 일괄 변경해 보겠습니다. ① 범위를 드래그하거나 단축키 Ctrl + A 를 눌러 목록을 모두 선택합니다. ② 그런 다음 [출력 파일] 옵션의 파란색 링크를 클릭하고, ③ 출력 폴더 선택 창이 열리면 저장할 위치를 지정한 후 ④ [폴더 선택] 버튼을 클릭합니다.

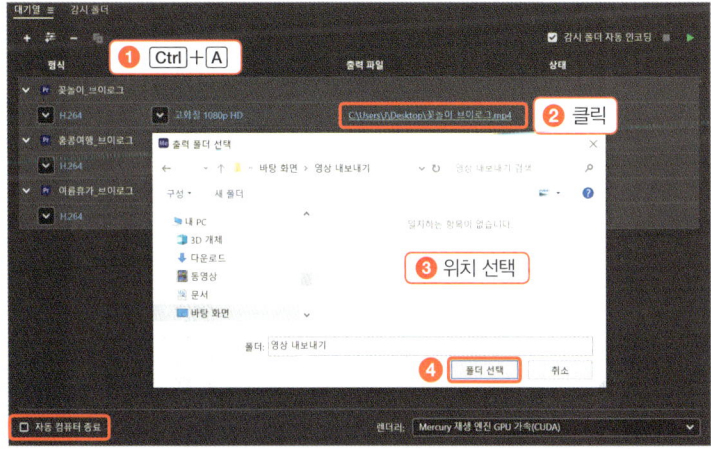

TIP [대기열] 패널에서 왼쪽 아래에 있는 [자동 컴퓨터 종료]에 체크하면 영상 출력이 모두 끝난 후 자동으로 컴퓨터가 종료됩니다.

06 설정을 모두 완료했다면 [대기열] 패널 오른쪽 위에 있는 [대기열 시작] 아이콘을 클릭하거나 단축키 Enter를 눌러 인코딩을 시작합니다.

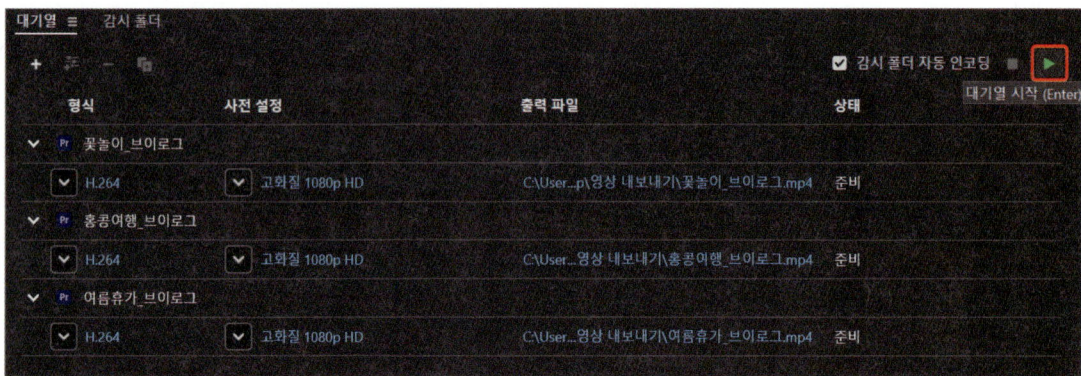

07 인코딩은 [대기열] 패널에 배치되어 있는 순서대로 하나씩 시작됩니다. ❶ [대기열] 패널에서 [상태] 옵션을 확인하여 진행 상황을 파악할 수 있으며, 아래에 있는 ❷ [인코딩] 패널에서는 실시간으로 인코딩 과정을 볼 수도 있습니다. 인코딩이 모두 완료되면 [출력 파일] 옵션에서 지정한 위치에서 확인할 수 있습니다.

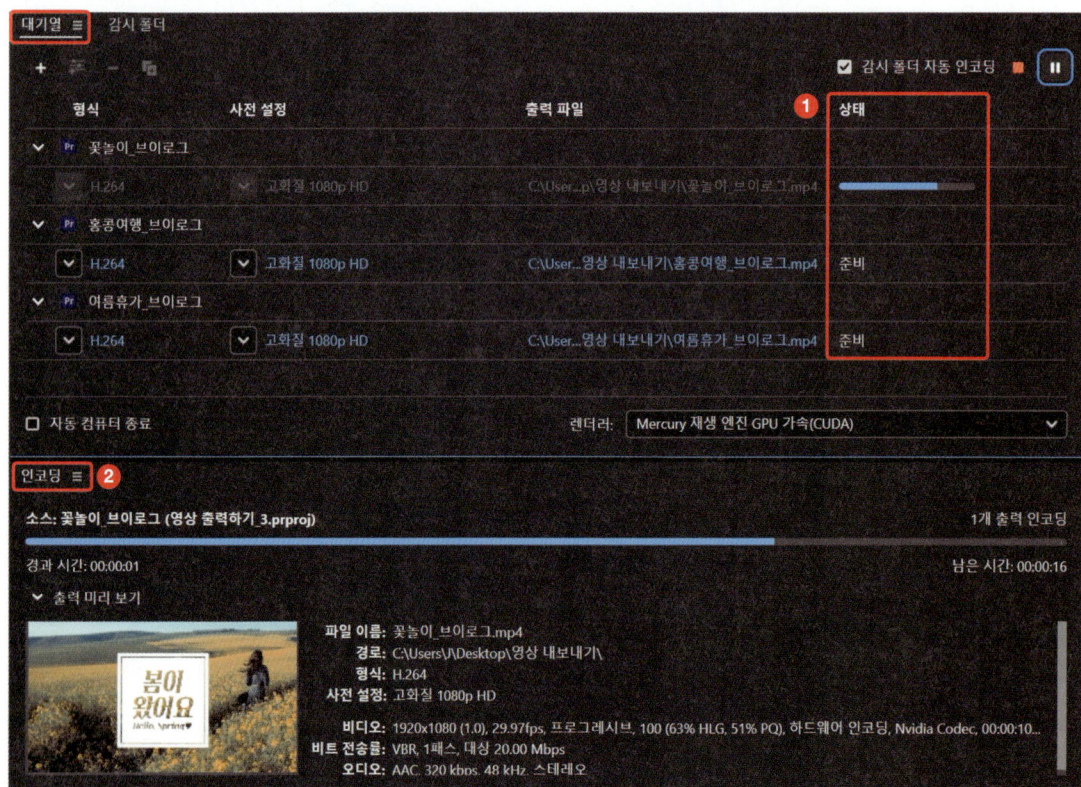

APPENDIX 01

초보자 질문 Best 10 & 신기능 맛보기

어느 날 갑자기 프리미어 프로가 이상하다고 느껴질 때 있으셨나요?
분명 어제까지도 잘 들리던 오디오가 갑자기 들리지 않을 때,
잃어버린 소스를 찾고 싶을 때 등 예상하지 못한 상황으로 많이 답답하셨죠?
그동안 수많은 독자와 수강생을 만나면서 들은 초보자의 프리미어 프로 질문 Best 10과
매년 업그레이드되는 프리미어 프로의 최신 기능 중
한 번쯤 실습해 보면 좋을 유용한 신기능을 소개합니다.

초보자가 가장 많이 묻는 질문 Best 10

Q1 재생하거나 일시 정지하면 화면이 깨져 보여요!

영상을 재생할 때 화질이 깨져서 보이거나 버벅거리는 증상으로 당황스러웠던 경험 있으시죠? 그럴 때는 재생 해상도를 변경하면 됩니다.

재생 해상도 설정하기

[소스 모니터] 또는 [프로그램 모니터] 패널에서 화면 오른쪽 아래를 보면 [재생 해상도 선택] 버튼이 있으며, 버튼을 클릭한 후 [전체], [1/2], [1/4] 중 선택해서 재생 해상도를 결정할 수 있습니다. 영상이나 자막이 뭉개져 보인다면 원본의 해상도 그대로 재생할 수 있도록 [전체]를 선택하고, 고해상도 영상을 재생 중에 버벅거리면 [1/2] 또는 [1/4]을 선택해서 해상도를 낮춰 주세요. 해상도가 낮아지지만 부드럽게 재생할 수 있습니다.

TIP [재생 해상도 선택] 버튼 오른쪽에 있는 [설정] 아이콘을 클릭한 후 [재생 해상도]를 선택해서 재생 해상도를 변경할 수도 있습니다. 참고로 재생 해상도 설정은 영상을 재생할 때만 영향을 줄 뿐 영상 출력 해상도와는 무관합니다.

일시 정지 해상도 및 고품질 재생 설정하기

버벅거리는 현상 때문에 재생 해상도를 [1/4]로 설정했더니 정확한 내용을 확인할 수 없다면, 일시 정지 해상도만 [전체]로 변경해서 활용하면 됩니다. [프로그램 모니터] 패널에서 렌치 모양의 [설정] 아이콘을 클릭한 후 다음과 같은 메뉴에서 [일시 정지 해상도] - [전체]를 선택해 보세요. 영상을 재생할 때는 낮은 품질이지만 부드럽게 재생되고, 일시 정지하면 정확한 초점으로 원본 영상을 확인할 수 있어서 효율적인 편집이 가능해집니다.

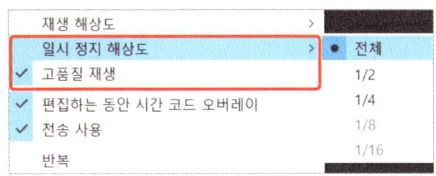

[재생 해상도]와 [일시 정지 해상도]가 모두 [전체]로 되어 있는데도 영상과 자막이 뭉개져 보인다면 위 메뉴에서 [고품질 재생]을 선택해 주세요. [고품질 재생]을 선택하면 영상을 출력했을 때처럼 고해상도로 표시됩니다. 다만, 컴퓨터 사양에 따라서 약간 느려질 수도 있습니다.

Q2 프리미어 프로에서 오디오 소리가 들리지 않아요!

프리미어 프로에서 갑자기 오디오 소리가 들리지 않는다면 외장 스피커나 이어폰을 사용할 때 기본 출력 장치가 자동으로 잡히지 않은 경우로 현재 사용하는 스피커를 지정해 주면 해결할 수 있습니다.

❶ 메뉴 바에서 [편집] - [환경 설정] - [오디오 하드웨어]를 선택하여 '오디오 하드웨어' 환경 설정 창이 열리면 ❷ [기본 출력] 옵션에서 연결된 스피커를 선택하고 ❸ [확인] 버튼을 클릭합니다.

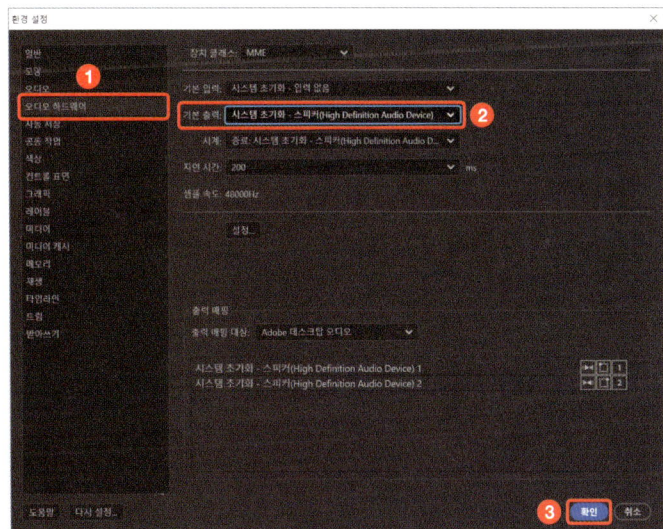

만약 [기본 출력] 옵션을 변경해도 소리가 들리지 않으면 컴퓨터의 사운드 카드용 드라이버를 업데이트해야 하고, ASIO 드라이버가 설치되어 있지 않으면 다운로드하여 설치해야 합니다. 그런 다음 환경 설정 창에서 [기본 출력] 옵션을 연결된 스피커로 재설정합니다.

Q3 비디오 또는 오디오가 삽입되지 않아요!

타임라인에 비디오 또는 오디오가 삽입되지 않을 때는 편집 자체를 진행할 수 없어서 많이 답답할 거예요. 심지어 이 문제를 해결하기 위해 프리미어 프로를 삭제하고 재설치까지 하는 분도 있습니다.

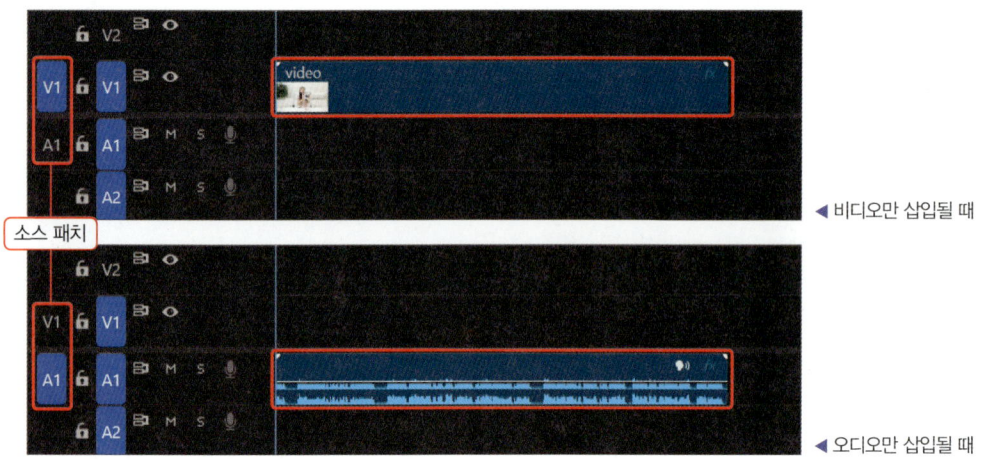

◀ 비디오만 삽입될 때

◀ 오디오만 삽입될 때

이럴 때는 [타임라인] 패널에서 [소스 패치] 버튼을 잘 확인해야 합니다. [트랙 잠금](자물쇠 모양) 아이콘 왼쪽이 [소스 패치] 영역입니다. 소스 패치는 클립을 삽입하거나 붙여 넣을 때 어느 트랙에 배치할지 선택하는 기능입니다. [비디오 소스 패치(V1)]와 [오디오 소스 패치(A1)]가 둘 다 켜져 있거나 꺼져 있다면 문제가 없습니다.

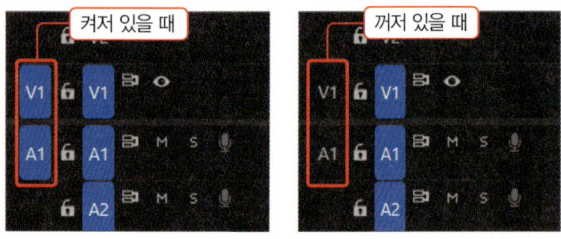

▲ 소스 패치가 둘 다 켜지거나 꺼져 있을 때

하지만 비디오 또는 오디오 소스 패치 중 한쪽만 켜져 있으면 켜져 있는 소스만 삽입할 수 있습니다. 따라서 [프로젝트] 패널에서 영상을 가져올 때는 [소스 패치] 부분을 반드시 확인해야 합니다. 그러므로 비디오와 오디오 중 한 가지만 삽입된다면 프로그램을 재설치하지 마시고 [소스 패치] 기능을 모두 활성화해 주세요! 이제는 소스 패치 설정으로 속 시원하게 문제를 해결해 보세요.

Q4 타임라인에서 클립이 자동으로 붙지 않아요!

어느 날 갑자기 클립이 자동으로 붙지 않는다면? '어라? 왜 그러지? 재설치해야 하나?' 온갖 생각이 스쳐갈 겁니다. 기본적으로 [타임라인] 패널에서는 스냅 기능이 활성화되어 클립과 클립이 가까워지면 자석처럼 딱~ 붙도록 설정되어 있습니다. 하지만 아무리 클립 근처로 다른 클립을 옮겨도 자동으로 붙지 않으면 당황하지 말고, [타임라인] 패널에 있는 [스냅] 아이콘을 확인해 보세요.

[스냅] 아이콘은 [타임라인] 패널 왼쪽 위에서 타임 코드 아래에 있는 자석 모양 아이콘입니다. 기본적으로 [스냅] 아이콘은 활성화되어 있으나, 작업 중 실수로 단축키 S를 눌러 비활성화되는 경우가 있습니다. 그러므로 클립이 자동으로 붙지 않을 때는 S를 누르거나 [스냅] 아이콘을 직접 클릭해서 스냅 기능을 활성화하면 됩니다.

▲ 스냅 활성화 상태

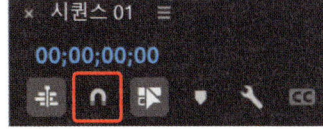

▲ 스냅 비활성화 상태

Q5 지워 버린 오디오 또는 비디오 클립을 찾고 싶어요!

편집을 하다 보면 지워 버린 오디오 또는 비디오 클립이 다시 필요해질 때가 있습니다. 대표적으로 시작/종료 표시를 한 클립을 편집한 후 다시 싱크를 맞추려면 굉장히 수고스럽습니다. 이럴 때 다음과 같은 프레임 일치 기능을 사용하여 지운 부분만 손쉽게 가져올 수 있습니다.

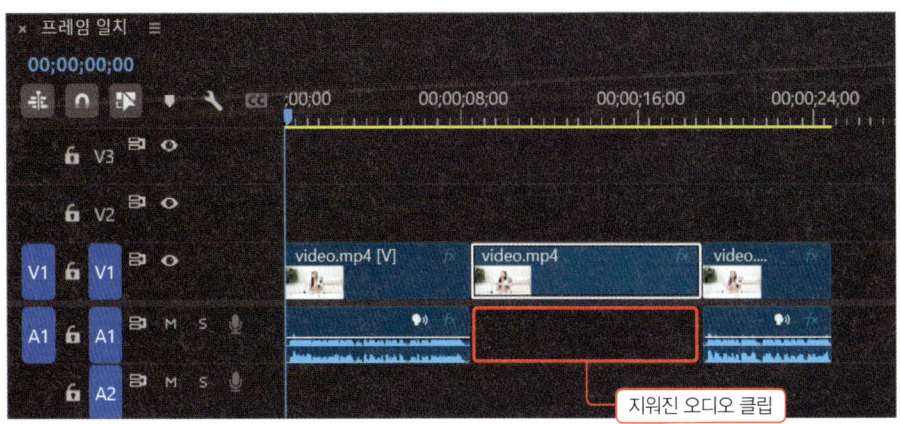

지워진 오디오 클립

TIP 비디오 또는 오디오만 지우고 싶을 때는 Alt 를 누른 채 비디오 또는 오디오만 선택한 후 Delete 를 누릅니다.

01 다음과 같이 [타임라인] 패널에서 특정 오디오 클립만 지웠다면, ❶ 지워진 위치로 재생헤드를 옮기고 ❷ 프레임 일치 단축키인 F 를 누릅니다. ❸ 그러면 [소스 모니터] 패널에서 편집한 시작/종료 표시 구간이 표시됩니다.

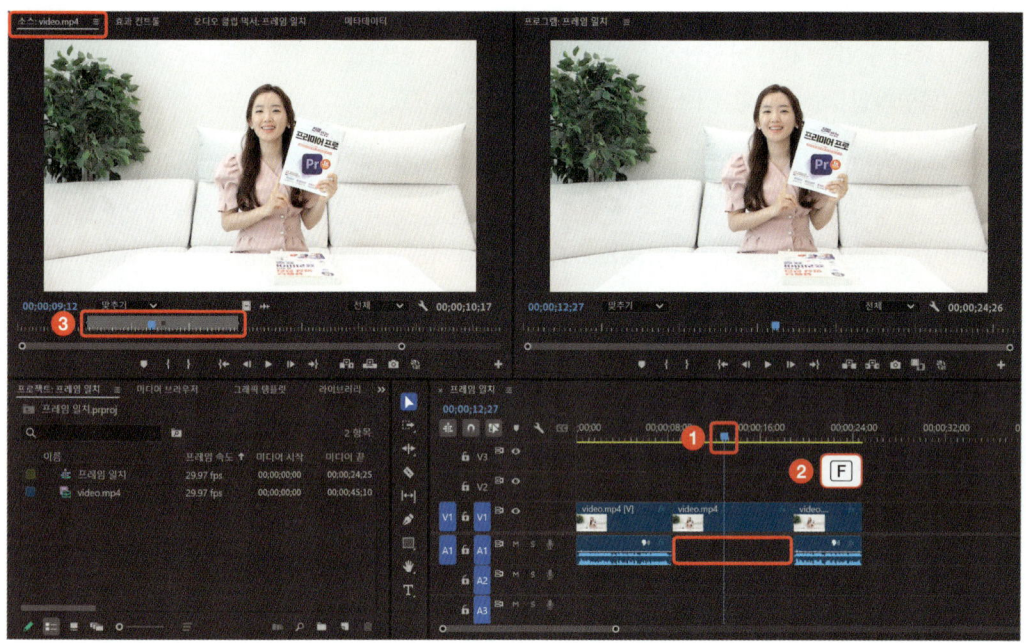

02 예제에서는 지워 버린 오디오 소스만 필요하므로 [소스 모니터] 패널에서 파형 모양의 [오디오만 드래그] 아이콘을 오디오 트랙으로 드래그합니다. 그러면 지웠던 오디오 소스를 재편집할 수 있습니다.

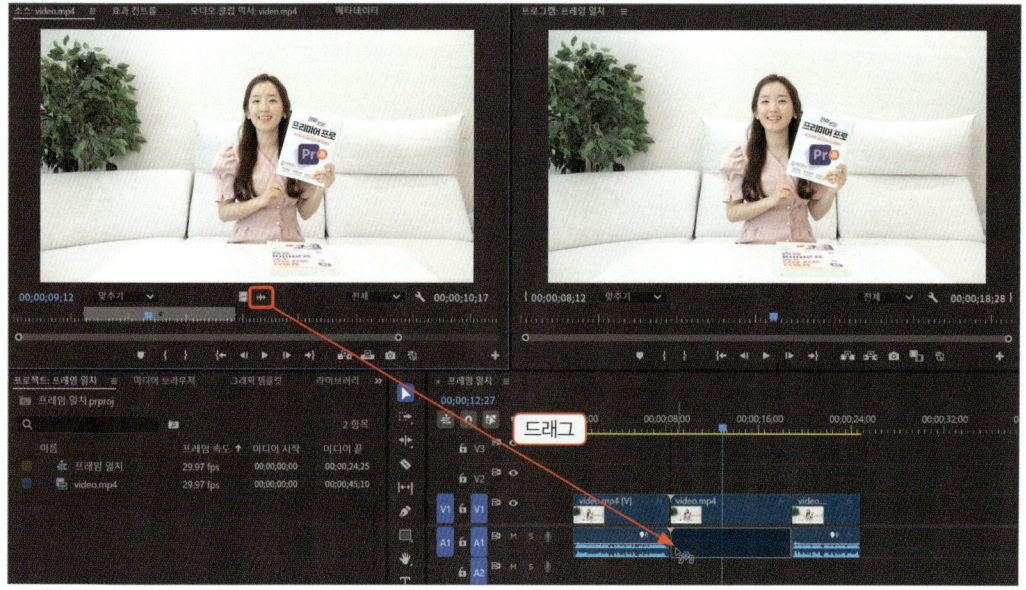

> **TIP** 비디오가 필요했다면 [비디오만 드래그] 아이콘을 비디오 트랙으로 드래그하면 됩니다.

03 다시 배치한 오디오와 기존 비디오의 싱크는 맞지만 서로 개별 클립입니다. 그러므로 ❶ 다시 배치한 오디오와 기존 비디오를 함께 선택한 후 마우스 오른쪽 버튼을 클릭하고 ❷ [연결]을 선택합니다. 선택한 오디오와 비디오가 연결되어 하나의 클립처럼 편집할 수 있습니다.

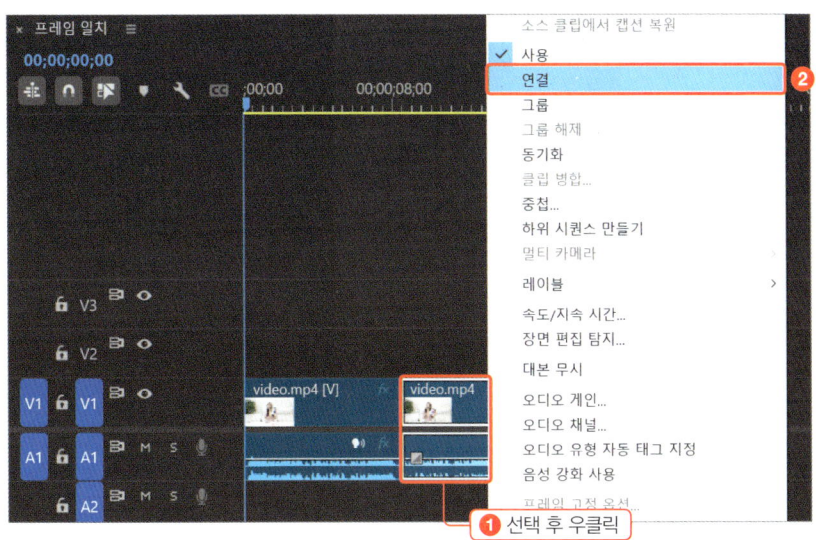

Q6 타임라인에서 시퀀스를 닫으면 모두 지워진 건가요?

프리미어 프로에서 작업 중 [타임라인] 패널 왼쪽 위에 있는 [x] 아이콘을 클릭하면 해당 시퀀스 탭이 닫히며, [타임라인] 패널에서 사라집니다. 처음 겪는 상황에 편집한 결과물이 모두 사라진 줄 알고 당황할 수 있을 것입니다. 하지만 그런 걱정은 하지 않아도 됩니다.

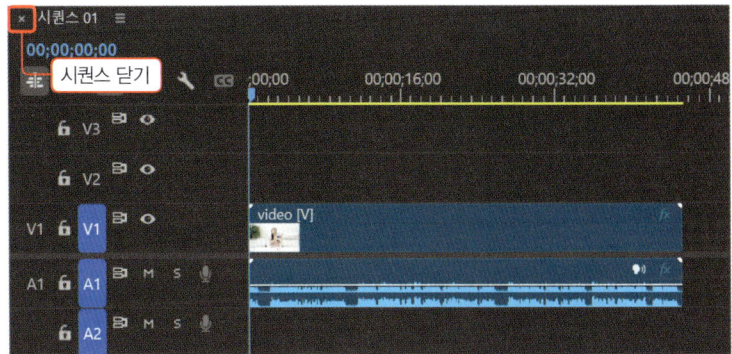

[타임라인] 패널에서 시퀀스가 사라졌다면 당황하지 말고, [프로젝트] 패널을 확인해 보세요. [프로젝트] 패널에서 작업 중이던 시퀀스를 찾아 더블 클릭하면 됩니다. 단, [프로젝트] 패널에서 시퀀스를 지웠다면 정말로 모든 작업이 사라지는 것이므로 주의해야 합니다.

TIP [아이콘 보기] 모드에서는 섬네일만으로 영상 소스와 시퀀스를 구분하기 어려우므로, 섬네일 오른쪽 아래에 표시되는 아이콘을 통해 구분해야 합니다. 더 간단한 방법은 [목록 보기] 모드에서 초록색으로 표시된 항목을 찾으면 됩니다.

Q7 패널이 사라졌어요, 처음으로 되돌리고 싶어요!

프리미어 프로는 다양한 영상 편집 기능을 제공하므로 그만큼 패널의 종류도 많습니다. 프리미어 프로가 아직 익숙하지 않은 사용자라면 많은 패널 때문에 겪게 되는 어려움도 많습니다. 대표적으로 패널을 원치 않는 위치로 옮기거나 자주 사용하는 패널이 화면에서 사라질 때입니다. 이럴 때 패널 재설정 기능으로 간편하게 처음 상태로 되돌릴 수 있습니다.

패널 불러오기

우선 닫힌 패널 중 일부만 다시 열고 싶다면 상단 메뉴 바에서 [창]을 선택한 후 열고 싶은 패널명의 메뉴를 선택합니다.

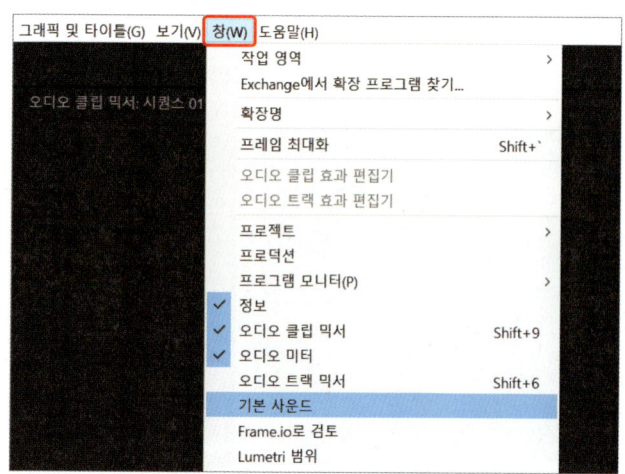

레이아웃 초기화하기

의도하지 않게 패널 위치가 뒤섞이면서 뒤죽박죽이 되었다면 작업 영역 레이아웃을 초기화하면 됩니다. 초기화하는 방법은 3가지로, 결과는 모두 같으니 편한 방법을 사용하면 됩니다.

방법 1 ① 상단 메뉴에서 [창] - [작업 영역]에 있는 사용할 작업 영역 레이아웃을 선택합니다. 그런 다음 ② [저장된 레이아웃으로 재설정]을 선택하면 선택한 작업 영역 레이아웃을 초기화합니다.

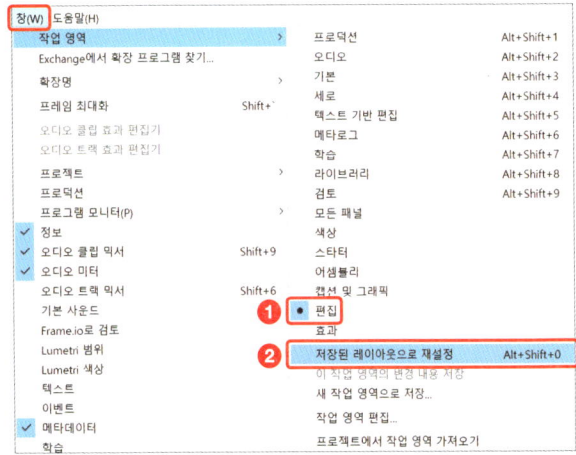

방법 2 상단 표시줄에 있는 ① [작업 영역] 아이콘을 클릭한 후 ② 사용할 레이아웃을 선택하고 ③ [저장된 레이아웃으로 재설정]을 선택합니다. 선택한 레이아웃의 초기 상태로 패널들이 재정렬됩니다.

방법 3 [작업 영역] 아이콘을 클릭한 후 [작업 영역 레이블 표시]를 선택해서 체크하고 [작업 영역] 아이콘 옆에 레이아웃 이름을 더블 클릭한 후 작업 영역 다시 설정 확인 창이 열리면 [다시 설정] 버튼을 클릭하여 간단하게 초기화할 수도 있습니다.

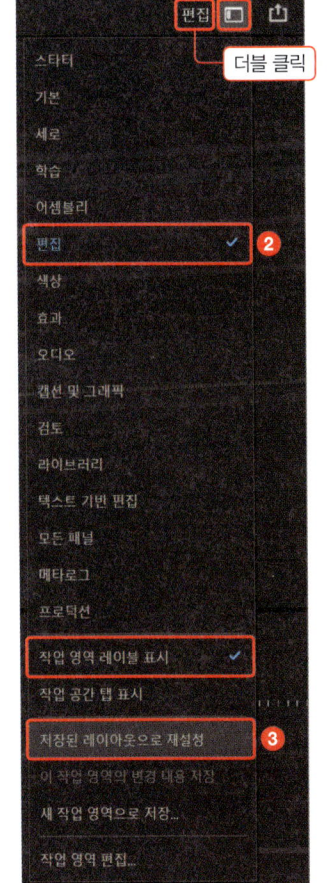

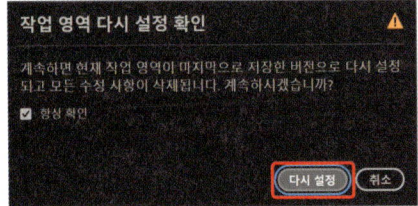

Q8 영상 소스가 사라지고 빨간 화면이 나타나요!

편집에 사용 중인 소스는 프리미어 프로와 항상 연결되어 있어야 합니다. 그러므로 편집이 완료될 때까지 파일을 지우거나 이름을 변경하지 않도록 주의해야 합니다. 만약 프리미어 프로로 가져온 영상이나 이미지 또는 오디오 파일 등 편집 소스의 원본을 지우거나 이름을 변경하면 프리미어 프로에서 해당 소스를 찾지 못하여 다음과 같이 미디어 오프라인 화면이 나타납니다. 이럴 때는 다시 미디어를 찾아 연결해 주어야 하며, 방법은 2가지가 있습니다.

[타임라인] 패널에서 연결하기 ❶ [타임라인] 패널에서 미디어 오프라인 클립을 마우스 오른쪽 버튼으로 클릭한 후 ❷ [미디어 연결](Link Media)을 선택합니다.

[프로젝트] 패널에서 연결하기 [프로젝트] 패널에서 아이콘에 [?]가 표시된 항목이 미디어 오프라인 클립입니다. ❶ 해당 소스에서 마우스 오른쪽 버튼을 클릭한 후 ❷ [미디어 연결]을 선택합니다.

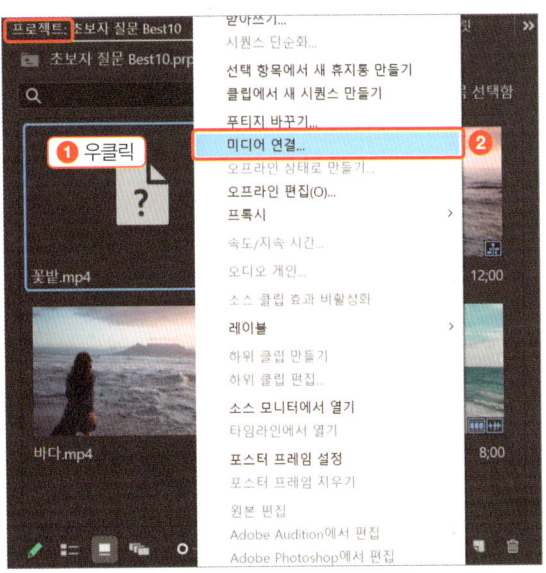

어느 패널에서든 [미디어 연결]을 선택하면 미디어 연결 창이 나타납니다. 여기서 미디어 오프라인 소스를 확인한 후 [찾기] 버튼을 클릭하여 연결할 미디어를 찾아 선택하면 됩니다. 이렇게 미디어를 연결하면 미디어 오프라인 화면이 다시 정상적으로 표시됩니다.

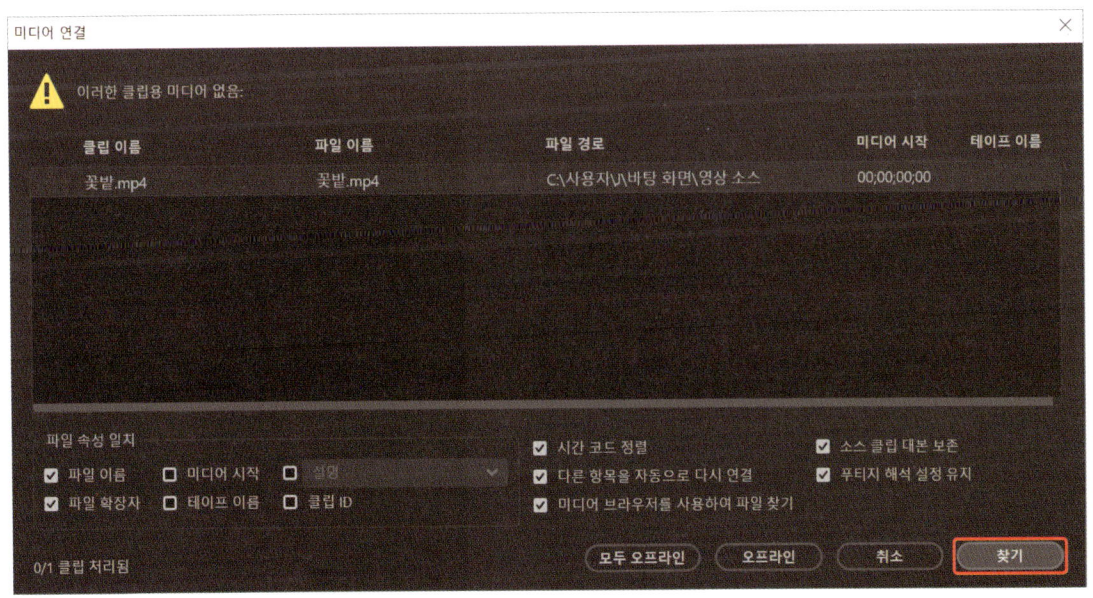

Q9 프리미어 프로가 중간에 꺼졌을 때 복구할 수 있나요?

프리미어 프로는 무거운 프로그램이므로 작업 중에 갑자기 꺼질 수 있습니다. 따라서 프로젝트를 자주 저장하는 습관을 들여야 합니다. 또한, 저장한 프로젝트가 오류로 열리지 않을 때도 대비하여 여러 번 나눠서 저장하는 것이 좋습니다. 만약 새로 저장하기 전에 프리미어 프로가 갑자기 종료됐을 때는 자동 저장 폴더에서 자동으로 저장된 프로젝트를 확인할 수 있습니다.

프로젝트 파일 자동 저장 폴더 확인

프리미어 프로는 자동으로 프로젝트를 저장해 주는 자동 저장(Auto-Save) 기능이 기본 설정이며, 현재 프로젝트가 저장된 폴더에 [Adobe Premiere Pro Auto-Save] 폴더가 추가로 생성되어 자동 저장됩니다.

기본 설정된 자동 저장 간격은 5분이며, 메뉴 바에서 [편집] - [환경 설정] - [자동 저장]을 선택하여 '자동 저장' 환경 설정 창을 열면 자동 저장 간격 및 자동 저장 관련 세부 옵션을 변경할 수 있습니다.

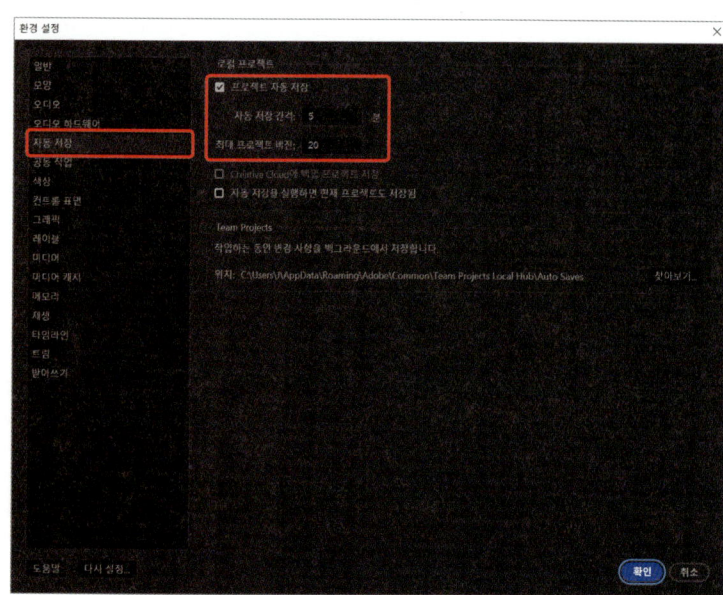

TIP 기본 설정은 5분마다 새로운 프로젝트 파일로 저장되며, 자동 저장된 프로젝트 파일이 20개가 되면 첫 번째 생성된 파일에 덮어쓰는 방식으로 20개가 유지됩니다. 이러한 자동 저장 기능은 보조 수단일 뿐이므로 직접 자주 저장하는 습관을 기르는 것이 좋습니다.

다른 이름으로 프로젝트 저장하기

영상 편집을 하다 보면 이전에 작업했던 내용으로 돌아가야 할 때나 예기치 못한 상황으로 프로그램이 종료될 때를 대비하여 다른 이름으로 저장 기능으로 버전 관리를 하는 것이 좋습니다. 프로젝트 파일을 다른 이름으로 저장하려면 ❶ 메뉴 바에서 [파일] – [다른 이름으로 저장]을 선택하거나 단축키 Ctrl + Shift + S 를 누릅니다. ❷ 프로젝트 저장 창이 열리면 [파일 이름] 옵션에 버전을 구분할 수 있도록 이름을 입력한 후 ❸ [저장] 버튼을 클릭합니다.

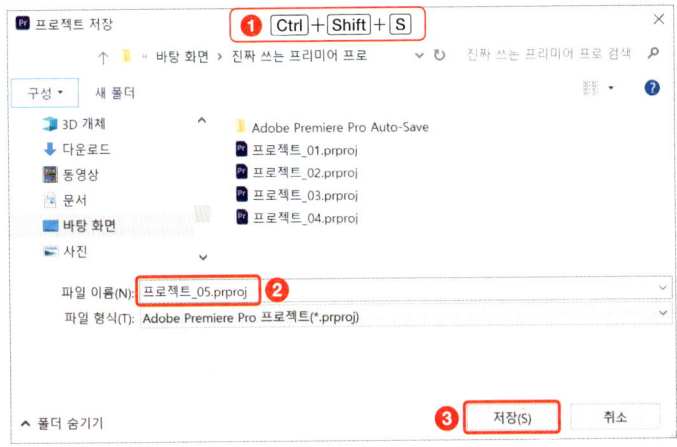

TIP [파일 이름] 옵션에 기존 프로젝트와 같은 이름을 입력하면 새로운 파일이 생성되지 않고, 기존 파일에 덮어쓰기가 됩니다. 그러므로 [파일명_02.prproj]처럼 기존 파일 이름 뒤에 숫자를 추가하는 등의 방법으로 버전별 프로젝트 파일을 구분합니다.

Q10 프로젝트를 백업하여 다른 컴퓨터에서도 편집하고 싶어요!

프리미어 프로에서 프로젝트를 저장하면 [*.prproj] 확장자로 저장되며, 파일 크기는 기껏해야 수십에서 수백 킬로바이트(Kbyte)입니다. 프로젝트 파일의 크기가 영상 크기보다 훨씬 작다는 것은 프로젝트 파일 안에는 영상 등의 편집 소스가 포함되지 않았다는 뜻이겠죠? 맞습니다. 프로젝트 파일에는 편집 소스의 위치를 연결해 주는 메타데이터만 포함되어 있을 뿐입니다. 따라서 작업하던 프로젝트를 다른 컴퓨터에서 이어서 작업하려면 프로젝트 파일만으로는 어렵습니다. 어디서나 프로젝트를 이어서 진행할 수 있도록 편집 소스를 포함하여 백업하는 방법에 대하여 알아보겠습니다.

▶ **유튜브 동영상 강의**

백업 및 프로젝트 관리 꿀팁
https://youtu.be/_nZsGCUNk8s

01 백업할 프로젝트를 열고, 메뉴 바에서 **[파일]** – **[프로젝트 관리자]**(File – Project Manager)를 선택합니다.

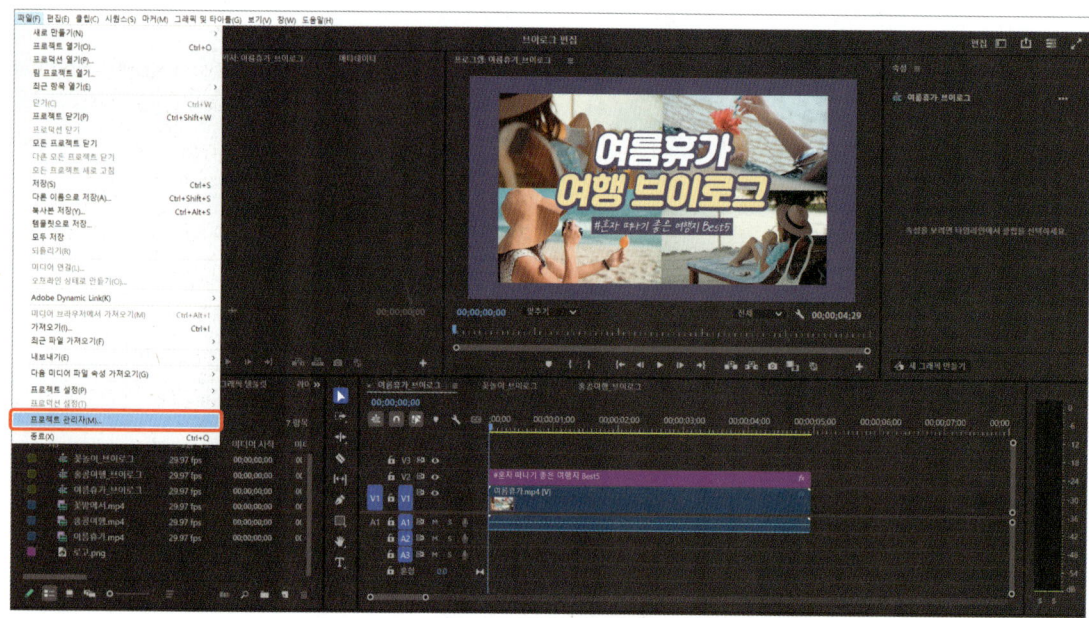

02 프로젝트 관리자 창이 열린 후 '시퀀스' 영역을 보면 현재 프로젝트에 포함된 시퀀스 목록이 표시됩니다. 여기서 백업할 시퀀스에만 체크합니다.

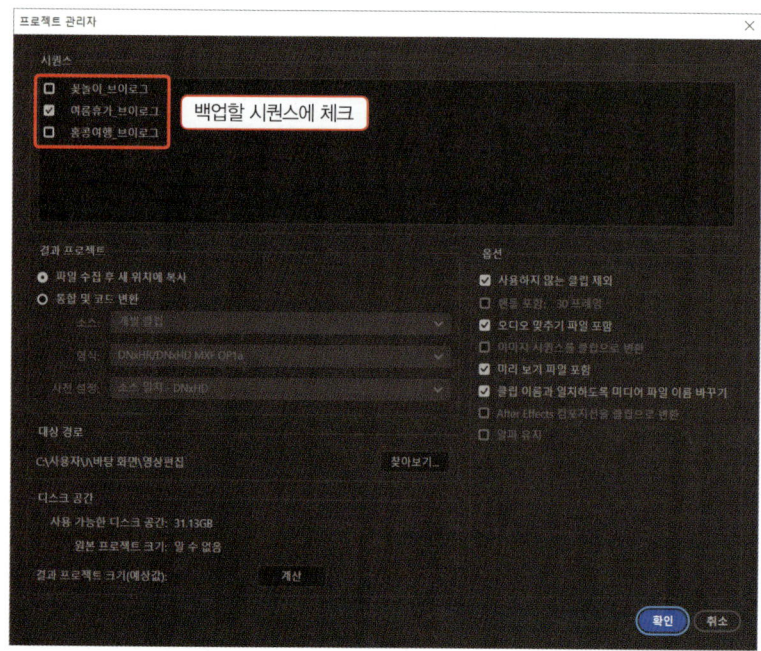

TIP 시퀀스 영역에서 [Shift]를 누른 채 임의의 체크 박스를 클릭하면 일괄 체크되거나 체크가 해제됩니다.

03 계속해서 ① '결과 프로젝트' 영역에서 [파일 수집 후 새 위치에 복사]를 선택하고, ② '대상 경로' 영역에서 [찾아보기] 버튼을 클릭하여 백업할 위치를 지정합니다. ③ '디스크 공간' 영역에서 [계산] 버튼을 클릭하여 프로젝트의 크기를 확인한 후 ④ [확인] 버튼을 클릭하여 프로젝트 백업을 시작합니다.

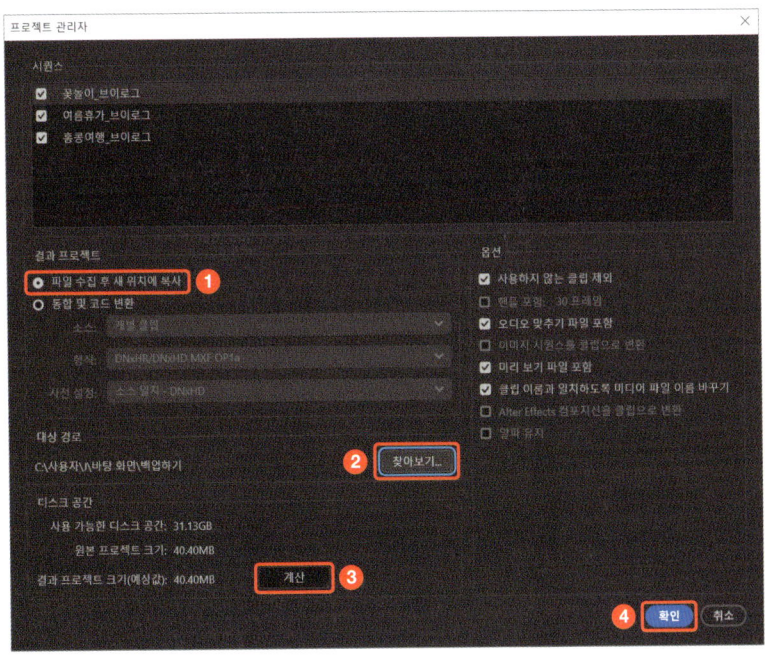

TIP [파일 수집 후 새 위치에 복사]를 선택하면 원본 파일을 그대로 복사하여 수집하고, [통합 및 코드 변환]을 선택하면 특정한 코덱으로 변환한 파일을 수집합니다.

04 ① 프로젝트 관리자 진행률 창이 열리고 백업 진행 정도가 표시되며, ② 백업이 완료되면 앞서 지정한 백업 위치에 '복사_프로젝트 이름' 형식의 폴더가 생성됩니다. ③ 폴더 내용을 확인하기 위해 더블 클릭해서 입니다.

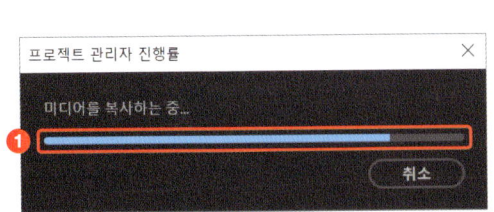

05 다음과 같이 프로젝트 파일과 프로젝트에 사용한 영상, 이미지, 음악 등 모든 소스가 포함되어 있습니다. 또한 비디오, 오디오 프리뷰 소스까지 별도의 폴더에 저장됩니다. 이제 백업 폴더를 통째로 복사하여 다른 컴퓨터로 옮기면 이어서 작업할 수 있습니다.

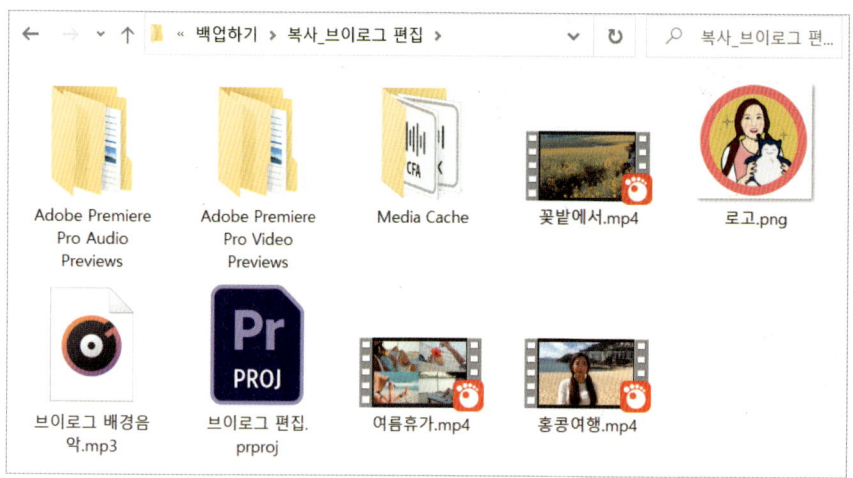

TIP 꼭 다른 컴퓨터에서 작업하는 용도가 아니더라도, 프로젝트가 완료된 후 프로젝트를 백업하여 외장 하드에 보관하면 안전하게 관리할 수 있습니다.

프리미어 프로 최신 기능 맛보기

여기서는 프리미어 프로 2025 정식 버전과 베타 버전에 새롭게 추가된 기능들을 간단히 소개합니다. 간소화된 프로젝트 설정, 손쉬운 클립 조정, 그리고 AI 기반 생성형 확장 도구까지! 이번 업데이트를 통해 작업 과정이 더욱 간편하고 직관적으로 개선되었습니다. 특히, 새롭게 추가된 [속성] 패널은 클립 유형에 맞는 설정 옵션을 자동으로 표시해 편집 작업이 훨씬 수월해졌습니다. 이제 프리미어 프로 2025의 주요 업데이트를 하나씩 확인해 보세요!

Pr 더 간편해진 '새 프로젝트' 만들기

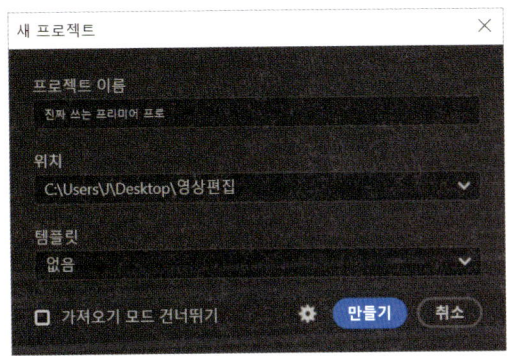

프리미어 프로 2025에는 더 직관적이고 간소화된 [새 프로젝트] 만들기 창이 추가되었습니다. 이 창에서는 프로젝트 이름과 저장 위치를 간편하게 설정할 수 있으며, 템플릿 기능을 활용해 반복 작업도 빠르고 효율적으로 시작할 수 있습니다. 템플릿에는 자주 사용하는 폴더 구조, 영상 소스, 효과음 등을 미리 저장해 두었다가 필요할 때 불러올 수 있어 초기 설정에 걸리는 시간을 크게 줄여줍니다.

또한, [가져오기 모드 건너뛰기] 옵션을 사용하면 미디어 없이 빈 프로젝트로 시작할 수 있으며, 필요한 파일은 나중에 자유롭게 추가할 수 있습니다. 이러한 기능들은 프로젝트를 보다 쉽게 시작할 수 있게 하고, 작업 시간을 효과적으로 절약할 수 있도록 도와줍니다. Link [새 프로젝트]에 대한 자세한 내용은 063쪽에서 확인할 수 있습니다.

Pr 새롭게 추가된 [속성] 패널로 간편하게 작업하기

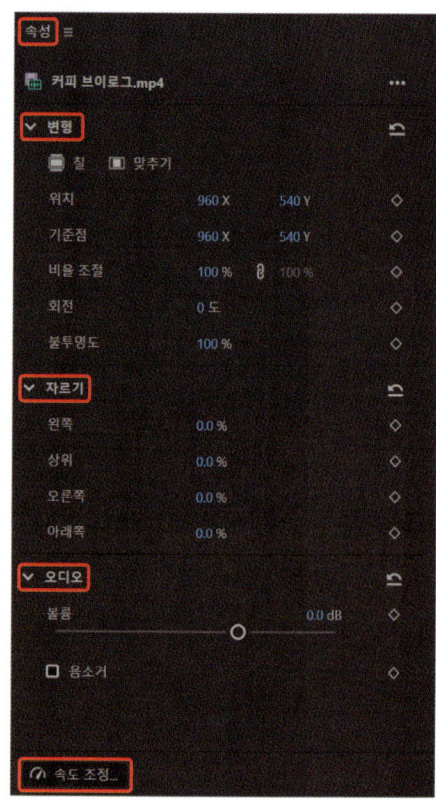
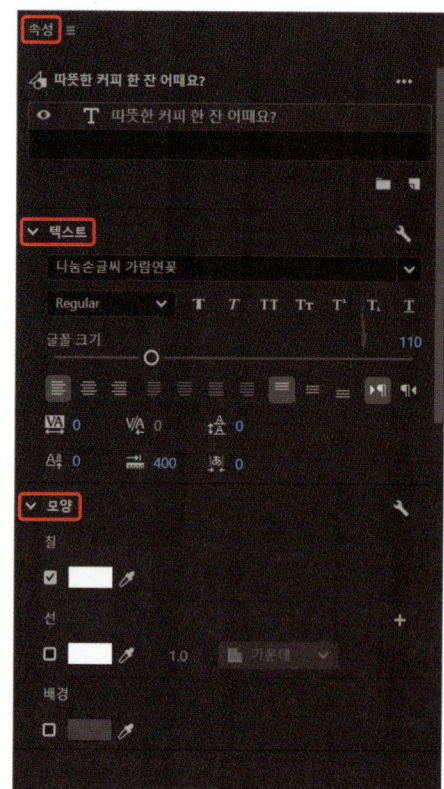

프리미어 프로 2025에 새롭게 추가된 [속성] 패널은 선택한 클립 유형에 따라 필요한 설정 옵션을 자동으로 표시하여 작업을 더욱 간편하게 만듭니다. 비디오 클립을 선택하면 위치, 크기, 회전, 불투명도, 자르기, 속도 조정을 빠르게 설정할 수 있으며, 오디오 클립에서는 볼륨 조정과 음소거 같은 사운드 속성을 손쉽게 수정할 수 있습니다. 그래픽 클립을 선택하면 텍스트, 글꼴, 색상, 도형 속성 등 디자인 요소를 즉시 편집할 수 있습니다.

또한, 여러 클립을 한 번에 선택해 공통된 설정을 동시에 변경할 수 있어 작업 효율이 크게 향상됩니다. 이처럼 [속성] 패널은 패널 전환 없이 모든 작업을 한곳에서 처리할 수 있도록 도와 작업 과정을 단순화하고 시간을 절약해줍니다. Link [속성] 패널에 대한 자세한 내용은 394쪽과 [CHAPTER 04] 실습에서 확인할 수 있습니다.

Pr 클릭 한 번으로 '변형'과 '자르기' 조정하기

프리미어 프로 2025에서는 타임라인에서 비디오 클립을 선택하면 [프로그램 모니터] 패널 왼쪽 하단에 [변형]과 [자르기] 아이콘이 표시됩니다. [변형] 아이콘을 클릭하면 [프로그램 모니터]에 조절점이 나타나, 이를 드래그하여 클립의 위치를 이동하거나 크기를 조정하고, 회전을 적용할 수 있습니다.

[자르기] 아이콘을 클릭하면 조절점을 움직여 클립의 특정 영역을 손쉽게 자를 수 있습니다. 두 기능 모두 화면에서 바로 조작할 수 있어 직관적이고 작업 속도를 크게 향상시킵니다. Link [변형] 및 [자르기] 실습은 335쪽에서 확인할 수 있습니다.

Pr '색상 테마' 모드로 화면 색상 조정하기

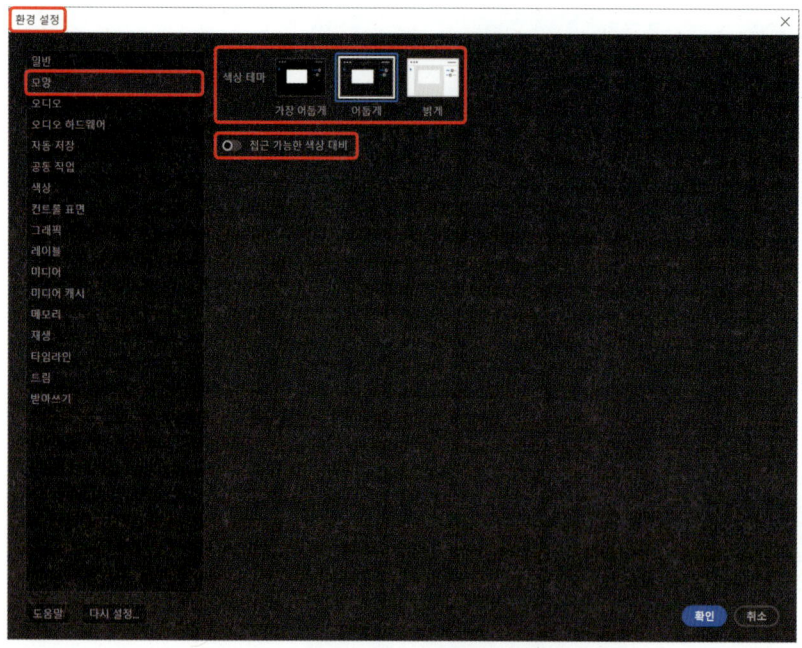

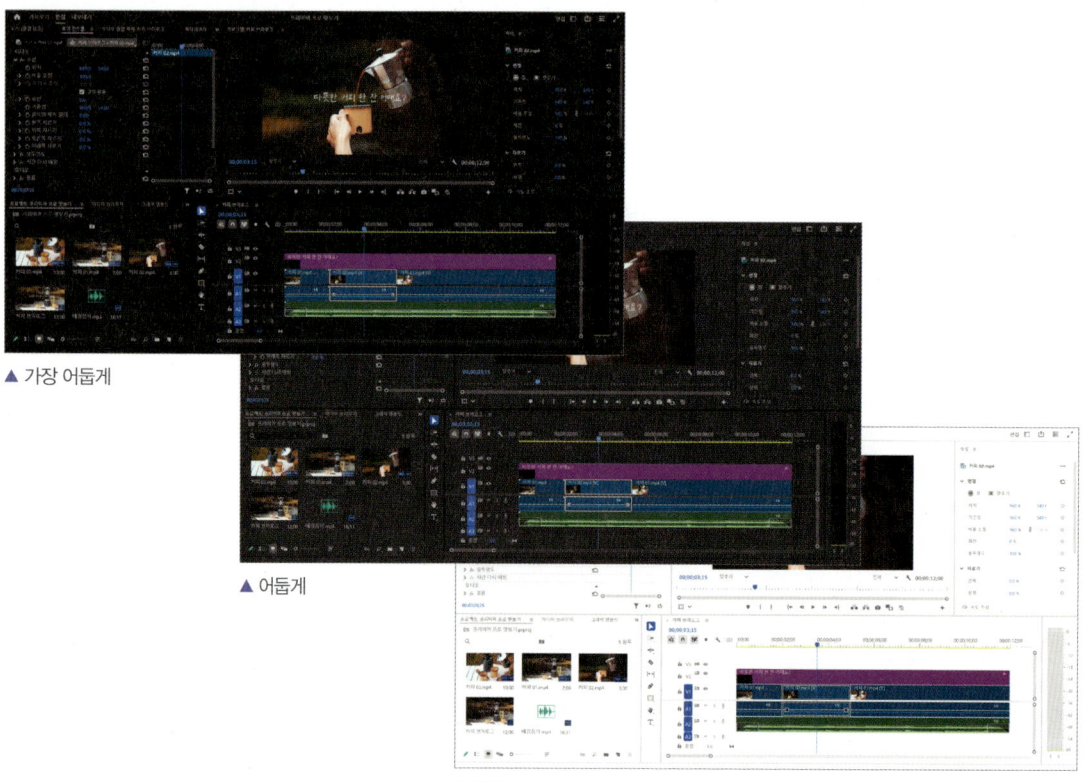

▲ 가장 어둡게

▲ 어둡게

▲ 밝게

프리미어 프로 2025에는 작업 환경에 맞게 화면 색상을 조정할 수 있는 색상 테마 기능이 추가되었습니다. **[편집] → [환경 설정] → [모양]**에서 가장 어둡게, 어둡게, 밝게 중 선택할 수 있으며, 어두운 방에서는 눈의 피로를 줄이는 어두운 모드, 밝은 환경에서는 화면이 잘 보이는 밝은 모드를 사용할 수 있어 작업이 더욱 편리해집니다. 또한, **[접근 가능한 색상 대비]** 옵션을 활성화하면 아이콘과 텍스트가 더 선명하게 표시되어 화면이 깔끔하고 정돈된 느낌을 줍니다. 이처럼 색상 테마 기능은 화면을 보기 편하게 조정하고, 작업 환경을 자신의 스타일에 맞게 설정할 수 있어 더 편안하게 작업할 수 있습니다.

Pr '생성형 확장' 도구로 자연스럽게 동영상 늘리기

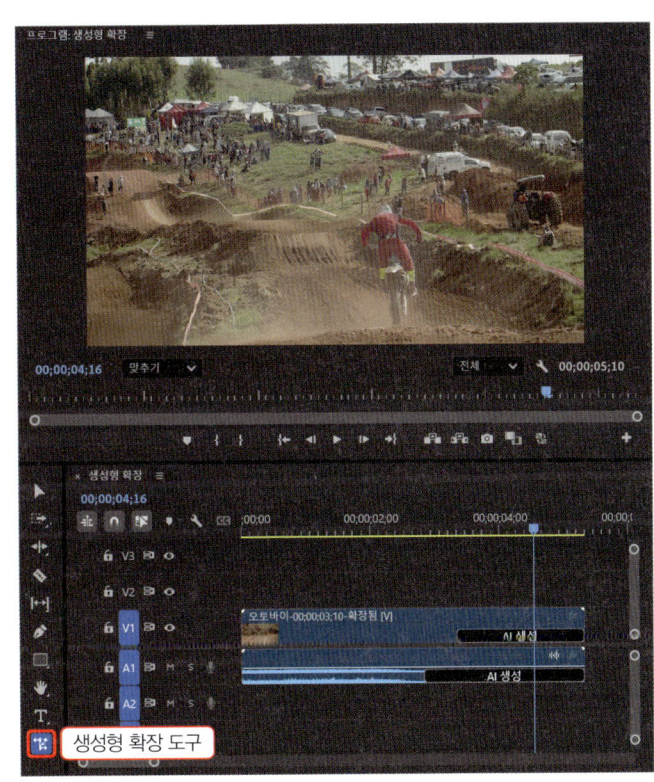

프리미어 프로 2025(버전25.2)에 새롭게 추가된 **[생성형 확장]** 도구는 Adobe Firefly 기반 AI를 활용해 비디오와 오디오 클립의 시작과 끝을 자연스럽게 이어주는 기능입니다. 이 도구를 사용하면 부족한 영상이나 끊긴 소리를 간단히 보완해 더 완성도 높은 결과물을 만들 수 있습니다. 비디오 클립은 최대 2초까지 연장할 수 있어 장면 전환을 부드럽게 하거나 인물의 동작을 자연스럽게 연결할 수 있습니다.

오디오 클립은 최대 10초까지 확장이 가능하며, 배경음, 룸 톤(녹음된 공간의 자연스러운 소음) 또는 음향 효과를 매끄럽게 이어주는 데 유용합니다. 단, 대화 음성에는 사용할 수 없습니다. Link [생성형 확장] 실습은 147쪽에서 확인할 수 있습니다.

Pr 실시간으로 반응하는 '동적 오디오 파형'

프리미어 프로 2025(버전 25.2)부터는 오디오 클립의 볼륨을 조절하면, 해당 구간의 오디오 파형 크기도 실시간으로 함께 변경됩니다. 이전에는 오디오 볼륨을 조절해도 파형에는 변화가 없어 시각적으로 편집 상태를 확인하기 어려웠지만, 이제는 파형만 보고도 볼륨 조절 상태를 한눈에 파악할 수 있습니다.

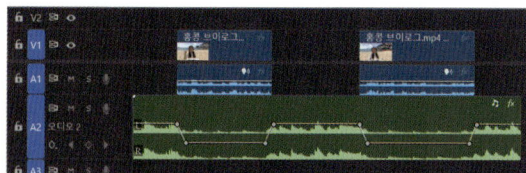
▲ 동적 오디오 파형 켠 상태

▲ 동적 오디오 파형 끈 상태

위 이미지는 '동적 오디오 파형' 기능을 켠 상태(좌)와 끈 상태(우)를 비교한 화면입니다. 파형의 크기 변화 유무로 기능이 작동 중인지 쉽게 확인할 수 있습니다.

이 기능은 기본적으로 활성화되어 있으며, [보기] 메뉴의 [동적 오디오 파형(Dynamic Audio Waveforms)] 옵션에서 설정을 켜거나 끌 수 있습니다. Link 키프레임을 사용한 오디오 볼륨 조정은 424쪽에서 자세히 설명합니다.

Pr '캡션 번역'으로 다양한 언어 자막 만들기

프리미어 프로 2025(버전 25.2)에는 캡션을 여러 언어로 자동 번역할 수 있는 '캡션 번역' 기능이 새롭게 추가되었습니다. 별도의 번역 작업 없이도 다양한 언어권의 시청자에게 콘텐츠를 전달할 수 있어, 글로벌 영상 제작에 효과적으로 활용할 수 있습니다.

[텍스트] 패널의 [캡션] 탭에서 🔤 아이콘을 클릭하거나, [⋯] 메뉴에서 [캡션 번역]을 실행합니다. [소스 언어]와 [대상 언어]를 선택한 후 [번역] 버튼을 누르면 캡션 트랙이 자동 생성됩니다. 생성된 트랙은 기본적으로 비활성화되어 있으므로, 눈 모양 아이콘을 눌러 활성화하고 자막 위치를 조정해 사용할 수 있습니다. Link 대본으로 캡션 만드는 방법은 283쪽에서 자세히 설명합니다.

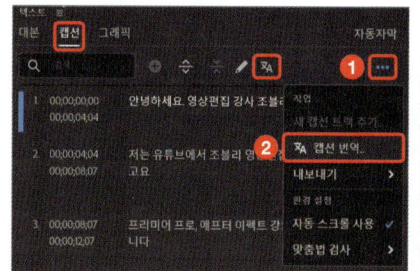
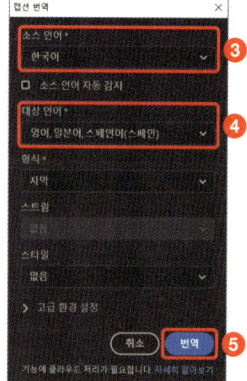

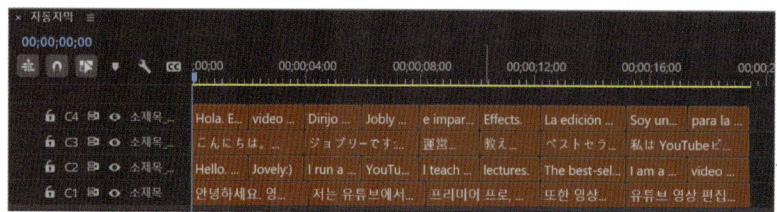
▲ '캡션 번역'으로 생성된 다국어 캡션 트랙

APPENDIX 02

환상의 짝꿍,
애프터 이펙트 & 포토샵

프리미어 프로의 강력한 장점 중 하나는 어도비 프로그램들과 자유롭게 연동된다는 점입니다.
여기서는 애프터 이펙트와 포토샵을 실시간으로 연동하여 작업하는 과정을 자세히 소개합니다.
또한, 어도비 다이내믹 링크를 활용해 프리미어 프로와 애프터 이펙트를 연동하고,
텍스트 애니메이션을 손쉽게 만드는 방법도 배워봅니다.
모르면 밤새 고생하고, 알면 즐거워지는 시간, 지금부터 금손을 뛰어넘는 비법을 공개합니다.

[다운로드 제공]

금손을 뛰어넘는 첫 걸음 애프터 이펙트 & 포토샵 연동하기(PDF 제공)

프리미어 프로는 어도비 프로그램과 자유롭게 연동됩니다. 부록으로 제공하는 5가지 보너스를 잘 익혀서 애프터 이펙트의 다양한 프리셋과 효과, 포토샵의 풍부한 이미지 소스를 영상 편집에 적용해 보세요.

부록 PDF는 https://bit.ly/real_prpro2025에서 다운로드할 수 있으며, 암호는 real_prpro 입니다.

- 저작권법에 따라 보호를 받는 저작물이므로 무단 전재와 무단 복제를 금지합니다.
- 내용의 일부 또는 전부를 이용하려면 반드시 저작권자와 제이펍(help@jpub.kr)의 서면동의를 받아야 합니다.

찾아보기

숫자
29.97fps 40
4K 35
4분할 영상 324
8K 35

A B
Adjustment Layer 516
Adobe Stock 299
AI 147, 149
Auto Reframe 174
Bit Rate 524
bps 524

C D E
Codec 523
Color Correction 384
Constant Power 421
Corner Pin 366
DynamicAudio Waveforms 427
Extract 134

F G
FHD 35
fps 39
Frame 38
Frame Rate 39
Gaussian Blur 373, 506

H I
H.264 523
HDTV 34
HEVC 524
Horizontal Flip 348
HSL 보조 509
Hue vs Hue 493
Hue vs Sat 484
Insert 126
Interlaced Scan 42

J K
Join Through Edits 115
JPEG 538
K 35

L
Lift 132
Linear Wipe 339
Link Media 556
Look 473
Luma Waveform 455
Lumetri Scopes 454

M
macOS 97
Magnify 355
Make Subclip 222
Matte Cleanup 383
Matte Generation 383
Mosaic 370
MP3 537

O
Overwrite 128

P Q
Pixel 32
Posterize Time 281
Progressive Scan 42
QuickTime 534

R
Replace Fonts in Projects 306
RGB Parade 456
Ripple Edit 150
Rolling Edit 153

S
Screen 261
SDTV 34
Sequence 87
Slide Tool 159
Slip Tool 157
Speed/Duration 180
Spill Suppression 383
Subclip 221

T U
Time Remapping 180

Timeline 102
Track Matte Key 387
Ultra Key 377
Unlink 125

V W

Vectorscope 458
Vertical Flip 348
Vignette 517
Warp Stabilizer 391
Wave Warp 280
White Balance 469

ㄱ

가로 블록 370
가로로 뒤집기 348
가변 비트 전송률 524
가우시안 흐림 506
가져오기 81
가져오기 화면 64
간격 닫기 118
검색 패널 71
게인 406
게인 조정 406
고속 촬영 40
고정 비트 전송률 524
곡선 486
관통 편집물 연결 114
광학 흐름 185, 194
교차 디졸브 203
구간 제거 132

구간 추출 134
권장 사양 52
그라디언트 241
그라디언트 배경 318
그라디언트 텍스트 237
그래픽 합성 256
글꼴 바꾸기 306
기본 교정 470
기본 그래픽 233
기본 사운드 416
기본 자막 228
기본 전환 효과 208
기준선 이동 234

ㄴ ㄷ

내보내기 527, 530
노이즈 제거 512
노출 462
다각형 도구 101
단축키 94
단축키 변경 91
대본으로 캡션 만들기 284
대비 464
대화 옵션 416
덮어쓰기 128, 130
데시벨 404
도구 73
도플갱어 345
뒤로 트랙 선택 도구 100
드롭 프레임 40
디졸브 효과 203

ㄹ

라디오 목소리 438
레거시 제목 237
레이아웃 삭제 80
레이아웃 선택 75
레이아웃 저장 79
레이아웃 초기화 555
로고 삽입 165
롤 271
롤링 편집 도구 101, 150
루마 매트 385
루마 파형 455
리믹스 도구 101, 447

ㅁ

마스크 340
마스크 반전 344
마스크 패스 344, 496
마스크 페더 344
마스크 확장 344
마스터 스타일 301, 305
마스터 클립 397
말 멈춤 145
매트 생성 383
매트 정리 383
모든 최고점을 다음으로 표준화 409, 415
모션 그래픽 292
모션 그래픽 템플릿으로 내보내기 309
모자이크 369, 374
모퉁이 고정 366

목록 보기 85
무료 디자인 50
무료 아이콘 47
무료 영상 46
무료 음악 48, 450
무료 체험 53
무료 템플릿 300
무료 폰트 44
무음 구간 자동 편집 144, 283
문자 도구 101, 227, 233
미디어 분석 66, 142
미디어 브라우저 84
미디어 연결 556
미디어 인코더 543
밀기 도구 101, 159
밀어내기 269
밀어넣기 도구 101, 157

ㅂ

바둑판 지우기 215
바람개비 215
반음 441
반응형 자막 244
반전 264
받아쓰기 138
방사형 그라디언트 242
배경 235
배경 색상 314
백업 559
버전 관리 67

번짐 억제 383
벡터 스코프 458
복구 418
볼륨 레벨 410
불투명도 165
비교 보기 500
비네팅 516
비디오만 드래그 121
비월 주사 42
비트 전송률 524
빛바랜 필름 476
빨간 화면 556
빨리 감기 180
뽀샤시 505

ㅅ

사각형 도구 101, 318
사용 언어 변경 59
사이 간격 273
사진 애니메이션 360
삽입 126, 130
상단 표시줄 71
새 시퀀스 만들기 66
새로운 프로젝트 63, 563
색감 맞추기 500
색상 교정 384
색상 매트 314
색상 변경 315
색상 설정 509
색상 일치 500

색상 정보 454
색상 조합 50
색상 추천 322
색상 테마 566
색상 피커 창 322
색조 470
색조 균형 477
색조 및 색조 492
색조 및 채도 484
색조 원반 477
색조 채도 곡선 483
생동감 476
생성형 확장 147, 567
선 235
선명 476
선택 도구 100
선택 트레이 66
선형 그라디언트 238
선형 지우기 339
섬네일 크기 86
세그먼트 448
세로 문자 도구 101
세로 블록 370
세로 영상 169
세로로 뒤집기 348
세로로 분포 273
소셜 169
소셜 미디어 169
소스 모니터 72
소스 패치 128, 550

속성 394, 564
속도 조정 도구 101, 188
속도/지속 시간 180
손 도구 101
솔로 트랙 430
순차 주사 42
스냅 551
스킨 톤 라인 459
스타일 303
스틸 이미지 201, 538
슬로우 모션 40, 183
시간 다시 매핑 180
시간 보간 364
시간 포스터화 281
시계 방향 지우기 215
시작 지우기 124
시작 표시 119
시퀀스 87
시퀀스 규격 89
시퀀스 만들기 88
시퀀스 자동 리프레임 178
싱크 맞추기 428

ㅇ

아비드 93
아이콘 보기 85
압축 522
앞으로 트랙 선택 도구 100
애니메이션 360
어두운 영상 461

어두운 영역 235
얼굴 감지 501
업데이트 58
엔딩 크레딧 271
여닫이문 215
여행 영상 478
역재생 184
연결 해제 125
연결된 선택 103
영상 규격 167
영상 배치 332
영상 출력 527
영상 합성 256
예능 자막 237
오디오 게인 406
오디오 리믹스 447
오디오 미터 404
오디오 시간 단위 433
오디오 전환 422
오디오 클립 믹서 412
오디오 파형 427, 567
오디오 페이드 420
오디오 하드웨어 549
오디오 헤드룸 405
오디오만 드래그 122
온도 470
울트라 키 377, 383
움직이는 자막 276
워터마크 539
위치 161

유튜브 권장 비트 전송률 526
음성 강화 418
음성 변조 440
이동하여 동기화 436
인디케이터 103
인물 505
인터페이스 70
일시 정지 199

ㅈ

자간 234
자동 더킹 442
자동 리프레임 174
자동 받아쓰기 66, 137
자동 보정 465
자동 일치 416
자동 자막 283, 289
자동 저장 67
자르기 도구 101, 108
지르기 효과 336
자막 내보내기 290
자막 저장 308
자막 전환 268
자막 트래킹 277
자막 파일 가져오기 290
자유로운 그리기 350
자유형 보기 85
작업 영역 75
잔물결 편집 150
잔물결 편집 도구 101

잔상 효과 38
잡티 제거 506
재생 해상도 548
재생헤드 103
정사각형 시퀀스 172
정지 화면 199
제거 133
조리개 다이아몬드형 214
조리개 원형 214
조정 레이어 516
종료 지우기 124
종료 표시 119
주사선 41
중첩 324, 509
지속 가감속 421
진행 상황 대시보드 열기 71

ㅊ

채도 470, 477
초기화하기 61
최소 사양 52
최신 버전 설치 53
추출 134
칠 235

ㅋ

캡션 285
캡션 병합 289
캡션 스타일 286
캡션 번역 291, 568
커닝 234
코덱 523
크기 161
크로마키 376
크리에이티브 영역 475
클리핑 405
클립 동기화 428
클립 분리 112
클립 불일치 경고 170
클립 순서 변경 136
클립 자동 받아쓰기 142
클립 자르기 117
키 색상 378
키프레임 360
키프레임 추가 363

ㅌ

타원 도구 101, 358
타임라인 73, 102
타임라인 확대/축소 105
타임코드 104
텍스트 기반 편집 137
텍스트 마스크 235, 256
텍스트 스타일 내보내기 288
텍스트 애니메이션 267
템플릿 292
투명 자막 263
투명도 격자 378
트래킹 276
트랙 107

트랙 대상 112
트랙 매트 키 387
트랙 스타일 287
트랙 음소거 430
트랙 헤더 106
트랙 확장 106
트리밍 150, 155
특성 붙여넣기 399
특성 제거 401

ㅍ

파도 비틀기 280
파이널 컷 프로 93
파일 열기 68
파일 저장 66
패널 70, 554
패널 닫기 78
패널 이동 77
패널 크기 77
퍼레이드 456
페이지 벗기기 215
페이드 핸들 422
페인트 튀기기 215
펜 도구 101
푸른 영상 467
프레임 38
프레임 고정 200
프레임 내보내기 334
프레임 레이트 39
프로그램 모니터 73

프로그램 삭제 58
프로젝트 72
프로젝트 관리자 560
프로젝트 글꼴 305
프로젝트 닫기 69
프로젝트 변환 69
프로젝트 열기 68
프록시 연결 220
프록시 편집 218
플랜 해지 57
픽셀 32
필터 472

효과 74
효과음 450
효과 적용 282
효과 컨트롤 74
휩 270
흑백 488
흔들림 안정화 391
흰색 균형 470

ㅎ

하위 버전 69
하위 클립 221
한가운데로 정렬 234
해상도 33
행간 234
혼합 모드 261
화면 분할 335
화면 전환 203, 207
화면 전환 지속 시간 210
화면 조정 317
화소 32
화이트 밸런스 467
화자 구분 285
확대 356
확대/축소 도구 101
회전 161

■ 진솔한 서평을 올려주세요!

이 책 또는 이미 읽은 제이펍의 책이 있다면, 장단점을 잘 보여주는 솔직한 서평을 올려 주세요.
매월 최대 5건의 우수 서평을 선별하여 원하는 제이펍 도서를 1권씩 드립니다!

- **서평 이벤트 참여 방법**
  1. 제이펍 책을 읽고 자신의 블로그나 SNS, 각 인터넷 서점 리뷰란에 서평을 올린다.
  2. 서평이 작성된 URL과 함께 review@jpub.kr로 메일을 보내 응모한다.

- **서평 당선자 발표**

  매월 첫째 주 제이펍 홈페이지(www.jpub.kr)에 공지하고, 해당 당선자에게는 메일로 연락을 드립니다.
  단, 서평단에 선정되어 작성한 서평은 응모 대상에서 제외합니다.

독자 여러분의 응원과 채찍질을 받아 더 나은 책을 만들 수 있도록 도와주시기 바랍니다.